테라가타 3(長老偈)

부처님 제자, 아라한들의 게송

테라가타

제3권

Theragāthā III

장로게(長老偈)
부처님 제자, 아라한들의 게송

초기불전연구원

그분
부처님
공양 올려 마땅한 분
바르게 깨달으신 분께 귀의합니다.

Namo tassa Bhagavato Arahato Sammāsambuddhassa

제3권 목차

열여섯의 모음(Thag16:1～16:2) 19
1. 안냐꼰단냐 장로(Th16:1 {673}～{688}) 19
2. 우다이 장로(Th16:2 {689}～{704}) 31

스물의 모음(Thag20:1～20:10) 41
1. 아디뭇따 장로(Th20:1 {705}～{725}) 41
2. 빠라빠리야 장로(Th20:2 {726}～{746}) 50
3. 뗄라까니 장로(Th20:3 {747}～{768}) 59
4. 랏타빨라 장로(Th20:4 {769}～{793}) 71
5. 말룽꺄뿟따 장로(Th20:5 {794}～{817}) 82
6. 셀라 장로(Th20:6 {818}～{841}) 90
7. 깔리고다의 아들 밧디야 장로(Th20:7) {842}~{865}) ...100
8. 앙굴리말라 장로(Th20:8 {866}～{891}) 106
9. 아누룻다 장로(Th20:9 {892}～{919}) 120
10. 빠라빠리야 장로(Th20:10 {920}～{948}) 136

서른의 모음(Thag30:1～30:3) 149

1. 풋사 장로(Th30:1 {949}～{980}) 149

2. 사리뿟따 장로(Th30:2 {981}～{1017}) 161

3. 아난다 장로(Th30:3 {1018}～{1050}) 186

마흔의 모음(Thag40:1) 211

1. 마하깟사빠 장로(Th40:1 {1051}～{1090} 211

쉰의 모음(Thag50:1) 233

1. 딸라뿌따 장로(Th50:1 {1091}～{1145}) 233

예순의 모음(Thag60:1) 259

1. 마하목갈라나 장로(Th60:1 {1146}～{1207}) 259

큰 모음(Thag70:1) 291
1. 왕기사 장로(Th70:1 {1209~1279}) 291

역자 후기 335
참고문헌 341
찾아보기 355

약어

√	Root(어근)
1.Sg.	First Person Singular(1인칭 단수)
1.Pl.	First Person Plural(1인칭 복수)
2.Sg.	Second Person Singular(2인칭 단수)
2.Pl.	Second Person Plural(2인칭 복수)
3.Sg.	Third Person Singular(3인칭 단수)
3.Pl	Third Person Plural(3인칭 복수)

A.	Aṅguttara Nikāya(앙굿따라 니까야, 증지부)
AA.	Aṅguttara Nikāya Aṭṭhakathā = Manorathapūraṇī(증지부 주석서)
AAṬ.	Aṅguttara Nikāya Aṭṭhakathā Ṭīkā(증지부 복주서)
Abhi-Sgh.	Abhidhammatthasaṅgaha(아비담맛타상가하 = 아비담마 길라잡이)
Aor.	Aorist(아오리스트 과거)
ApA.	Apadāna Aṭṭhakathā(아빠다나(譬喩經) 주석서)
Ā	Ātmanepāda(the middle voice)

Be	Burmese-script edition(VRI 간행 미얀마 육차결집본)
BHD	Buddhist Hybrid Sanskrit Dictionary
BHS	Buddhist Hybrid Sanskrit
BPS	Buddhist Publication Society
Bv.	Buddhavaṁsa(佛種姓)
BvA.	Buddhavaṁsa Aṭṭhakathā
CBETA	CBETA Chinese Electronic Tripitaka Collection: CD-ROM
cf.	*confer*(=*compare*, 비교, 참조)
CDB	The Connected Discourses of Buddha(상윳따 니까야 영역)
CMA	A Comprehensive Manual of Abhidhamma(아비담맛타 상가하 영역)
Cond.	Conditional(조건법)
CPD	Critical Pāli Dictionary
D.	Dīgha Nikāya(디가 니까야, 長部)
DA.	Dīgha Nikāya Aṭṭhakathā = Sumaṅgalavilāsinī(디가 니까야 주석서)
DAṬ.	Dīgha Nikāya Aṭṭhakathā Ṭīkā(디가 니까야 복주서)

Dhp.	Dhammapada(담마빠다, 법구경)
DhpA.	Dhammapada Aṭṭhakathā(담마빠다 주석서)
Dhs.	Dhammasaṅgaṇi(담마상가니, 法集論)
DhsA.	Dhammasaṅgaṇi Aṭṭhakathā = Aṭṭhasālinī(담마상가니 주석서)
DPL	A Dictionary of the Pali Language(Childers)
DPPN.	G. P. Malalasekera's *Dictionary of Pali Proper Names*
Ee	Roman-script edition(PTS본)
EV1	Elders' Verses I(테라가타 영역, Norman)
EV2	Elders' Verses II(테리가타 영역, Norman)
GD	Group of Discourse(숫따니빠따 영역, Norman)
Grd.	Gerund(동명사)
Ibid.	*Ibidem*(전게서, 前揭書, 같은 책)
Imp.	Imparative(명령형)
It.	Itivuttaka(如是語)
ItA.	Itivuttaka Aṭṭhakathā(여시어경 주석서)

Jā.	Jātaka(자따까, 本生譚)
JāA.	Jātaka Aṭṭhakathā(자따까 주석서)
Khp.	Khuddakapātha(쿳다까빠타)
KhpA.	Khuddakapātha Aṭṭhakathā(쿳다까빠타 주석서)
Kv.	Kathāvatthu(까타왓투, 論事)
KvA.	Kathāvatthu Aṭṭhakathā(까타왓투 주석서)
M.	Majjhima Nikāya(맛지마 니까야, 中部)
MA.	Majjhima Nikāya Aṭṭhakathā = Papañcasūdanī(맛지마 니까야 주석서)
MAṬ.	Majjhima Nikāya Aṭṭhakathā Ṭīkā(맛지마 니까야 복주서)
Mhv.	Mahāvaṁsa(마하왐사, 大史), edited by Geiger
Mil.	Milindapañha(밀린다빤하, 밀린다왕문경)
Moh.	Mohavicchedanī(모하윗체다니)
Mtk	Mātikā(마띠까)
Mvu.	Mahāvastu(북전 大事, Edited by Senart)
MW	Monier-Williams' Sanskrit-English Dictionary

Nd1.	Mahā Niddesa(마하닛데사, 大義釋)
Nd2.	Cūla Niddesa(쭐라닛데사, 小義釋)
Netti.	Nettippakaraṇa(넷띠빠까라나, 指道論)
NetA	Nettippakaraṇa Aṭṭhakathā(넷띠빠까라나 주석서)
NMD	Ven. Ñāṇamoli's Pali-English Glossary of Buddhist Terms
Opt.	Optative(기원법)
Pass.	Passive(수동형)
PAP	Present Active Participle(현재능동분사)
PdṬ.	Paramatthadīpani-ṭīkā(빠라맛타디빠니 띠까)
Pe.	Peṭakopadesa(뻬따꼬바데사, 藏釋論)
PED	Pāli-English Dictionary(PTS)
pl	plural(복수)
Pm.	Paramatthamañjūsā = Visuddhimagga Mahāṭīkā(청정도론 복주서)
Pot.	Potential(가능법)
PPP	Past Passive Participle(과거수동분사)
Pre.	Present(현재시제)

Ps.	Paṭisambhidāmagga(빠띠삼비다막가, 무애해도)
Ptn̩.	Paṭṭhāna(빳타나, 發趣論)
PTS	Pāli Text Society
Pug.	Puggalapaññatti(뿍갈라빤냣띠, 人施設論)
PugA.	Puggalapaññatti Aṭṭhakathā(뿍갈라빤냣띠 주석서)
Pv.	Petavatthu(뻬따왓투, 餓鬼事)
Pvch.	Paramatthavinicchaya(빠라맛타 위닛차야)
Rv.	Ṛgveda(리그베다)
S.	Saṁyutta Nikāya(상윳따 니까야, 相應部)
SA.	Saṁyutta Nikāya Aṭṭhakathā = Sāratthappakāsinī(상윳따니까야 주석서)
SAṬ.	Saṁyutta Nikāya Aṭṭhakathā Ṭīkā(상윳따 니까야 복a주서)
Sdnt.	Saddanītippakaraṇa(문법서 삿다니띠)
Se	Sinhala-script edition(스리랑카본)
sg	singular(단수)
Sk.	Sanskrit
Sn.	Suttanipāta(숫따니빠따, 經集)

SnA.	Suttanipāta Aṭṭhakathā(숫따니빠따 주석서)
Sv	Sāsanavaṁsa(사사나왐사, 교단의 역사)
s.v.	*sub verbō*(*under the word*, 표제어)
Te	Thai-script edition(태국본)
Thag.	Theragāthā(테라가타, 장로게)
ThagA.	Theragāthā Aṭṭhakathā(테라가타 주석서)
Thig.	Therīgāthā(테리가타, 장로니게)
ThigA.	Therīgāthā Aṭṭhakathā(테리가타 주석서)
Ud.	Udāna(우다나, 감흥어)
UdA.	Udāna Aṭṭhakathā(우다나 주석서)
Uv	Udānavarga(북전 출요경, 出曜經)
Vbh.	Vibhaṅga(위방가, 分別論)
VbhA.	Vibhaṅga Aṭṭhakathā = Sammohavinodanī(위방가 주석서)
Vin.	Vinaya Piṭaka(율장)
VinA.	Vinaya Piṭaka Aṭṭhakathā = Samantapāsādikā(율장 주석서)

VinAṬ	Vinaya Piṭaka Aṭṭhakathā Ṭīkā = Sāratthadīpanī-ṭīkā(율장 복주서)
Vin-Kaṅ-nṭ.	Kaṅkhāvitaraṇī-abhinavaṭīkā(깡카위따라니 아비나와띠까)
Vin-Vmv	Vmativinodanī Ṭīkā(위마띠위노다니 띠까)
Vis.	Visuddhimagga(청정도론)
v.l.	*varia lectio, variant reading*(이문, 異文)
VRI	Vipassanā Research Institute(인도)
VṬ	Abhidhammaṭṭha Vibhavinī Ṭīkā(위바위니 띠까)
Vv.	Vimānavatthu(위마나왓투, 천궁사)
VvA.	Vimānavatthu Aṭṭhakathā(위마나왓투 주석서)
Yam.	Yamaka(야마까, 雙論)
YamA.	Yamaka Aṭṭhakathā = Pañcappakaraṇa(야마까 주석서)

디가 니까야	각묵 스님 옮김, 초기불전연구원, 2006, 3쇄 2010
맛지마 니까야	대림 스님 옮김, 초기불전연구원, 2012, 2쇄 2015
상윳따 니까야	각묵 스님 옮김, 초기불전연구원, 2009, 3쇄 2016
앙굿따라 니까야	대림 스님 옮김, 초기불전연구원, 2006~2007, 3쇄 2016
담마상가니	각묵 스님 옮김, 초기불전연구원, 2016, 초판.
위방가	각묵 스님 옮김, 초기불전연구원, 2018, 초판.
육차결집본	Vipassana Research Institute(인도) 간행 육차결집 본
아비담마 길라잡이	대림 스님/각묵 스님 옮김, 초기불전연구원, 2002, 14쇄 2018
우다나	각묵 스님 옮김, 초기불전연구원, 2021
이띠웃따까	각묵 스님 옮김, 초기불전연구원, 2020
청정도론	대림 스님 옮김, 초기불전연구원, 2004, 6쇄 2016
초기불교 이해	각묵 스님 지음, 초기불전연구원, 2010, 5쇄 2015
초기불교 입문	각묵 스님 지음, 초기불전연구원, 초판 2014, 개정판 2018.

K.R. Norman	Elders' Verses I, London. PTS, 1969(테라가타 영역본)
리스 데이비즈	A Buddhist Manual of Psychological Ethics(담마상가니 영역본)
보디 스님	The Connected Discourses of the Buddha(상윳따 니까야 영역본)

일러두기

(1) 『테라가타』(Thag.)는 PTS본과 미얀마 육차결집본(VRI본, Be)을 저본으로 하였음.

(2) { }는 PTS본 게송 번호임. 예를 들면 {271}~{274}는 넷의 모음 바구 장로(Th4:2)의 271번 게송부터 274번 게송까지를 뜻함

(3) 본서에 나타나는 장로들에 대한 고유번호, 예를 들면 Th3:4 등은 모두 역자가 임의로 표기하였음.
예를 들면 Th1:1은『테라가타』하나의 모음의 첫 번째 장로인 수부띠 장로를, Thag4:2는 테라가타 넷의 모음의 두 번째 장로인 바구 장로(Th4:2 {271}~{274})를 뜻함.

(4) 본문의 [ ] 안에는 PTS본(Ee)의 쪽 번호를 넣었음.

(5) 본서에 실린 259분 장로들의【행장】은 대부분『테라가타 주석서』를 요약/발췌하여 정리한 것임.

(6) 『담마상가니』(Dhs.)와『위방가』(Vbh.)와『이띠웃따까』(It.)는 미얀마 육차결집본(VRI본, Be)을 저본으로 하였고 그 외 삼장(Tipitaka)과 주석서(Aṭṭhakathā)들은 별다른 언급이 없는 한 모두 PTS본(Ee)임.

(7) 『디가 니까야 복주서』(DAṬ)를 제외한 모든 복주서(Ṭīka)들은 VRI본(Be)이고,『디가 니까야 복주서』(DAṬ)는 PTS본(Ee)이며,『청정도론』은 HOS본임.

(8) S56:11은『상윳따 니까야』56번째 상윳따의 11번째 경을 뜻하고 M.ii.123은 PTS본(Ee)『맛지마 니까야』제2권 123쪽을 뜻함.

(9) 빠알리어와 산스끄리뜨어는 정체로, 영어는 이탤릭체로 표기함을 원칙으로 하였음.

namo tassa bhagavato arahato sammāsambuddhassa
그분 부처님, 공양받아 마땅한 분, 바르게 깨달으신 분께 귀의합니다

테라가타

열여섯의 모음

Soḷasaka-nipāta({673}~{704})

1. 안냐꼰단냐 장로(Th16:1 {673}~{688})

【행장】

안냐꼰단냐(Aññā-Koṇḍañña)[1] 장로는 까삘라왓투 근처에 있는

---

1) 먼저 안냐꼰단냐(Aññā-koṇḍañña)라는 이름의 표기부터 살펴보자.

PTS본으로 살펴보면 ① 안냐꼰단냐(Aññā-Koṇḍañña, Thag.69; A.i.23 등)와 ② 안냐따꼰단냐(Aññāta-Koṇḍañña, V.i.12; S.v.424; Ud.77; Ps. ii.249)와 ③ 안냐시꼰단냐(Aññāsi-Koṇḍañña, S.i.193; 194)라는 세 가지 표기가 나타나고 있다.
VRI본의 삼장에서는 모두 ③ 안냐시꼰단냐(Aññāsi-Koṇḍañña)로 통일되어 나타나고 있다. VRI본의 주석서 문헌에서도 대부분이 ③ 안냐시꼰단냐(Aññāsi-Koṇḍañña)로 나타나고 ① 안냐꼰단냐(Aññā-Koṇḍañña)로는 네 곳 정도에서, ② 안냐따꼰단냐(Aññāta-Koṇḍañña)는 14곳 정도에서만 나타나고 있다.

역자는 『테라가타』의 PTS본을 따라서 ① 안냐꼰단냐 장로(Aññā-Koṇḍañña thera)로 통일하여 옮기고 있다. 이처럼 『테라가타』의 PTS본에는 여기처럼 ① Aññā-Koṇḍañña로 나타나고 VRI본에는 ③ Aññāsi-Koṇḍañña로 나타나는데 꼰단냐(Koṇḍañña)는 이 존자의 족성(gotta)을 나타낸다.(ThagA.iii.2; UdA.371)
여기서 aññāta는 ā+√jñā(*to know*)의 동사 ājānāti의 과거분사이고 aññā

도나왓투(Doṇavatthu)라는 곳의 부유한 바라문 가문에 태어났다. 그는 고따마 싯닷타 태자(세존)가 태어났을 때 관상을 보기 위해서(lakkhaṇa-pariggahaṇattha) 온 8명의 바라문 가운데 한 명이었으며 그들 가운데 가장 젊었다(sabba-navaka)고 한다.
그는 태자가 깨달은 분이 될 것을 예견하고 그분이 출가하기를 기다렸다. 그는 태자가 출가하였다고 듣게 되자 관상을 함께 보았던 바라문들의 아들들이었던 왑빠 바라문 학도 등과 함께 자신을 다섯 번째로 하여 출가하였다.[2] 그들은 보살의 근처로 다가가서 6년 동안 그분의 시중을 들었는데 그분이 거친 음식을 수용하시는 것(oḷārikāhāra-paribhoga)에 염오하여(nibbinna) 그분을 떠나서 이시빠따나로 갔다.(ThagA.iii.1~2)

『상윳따 니까야』 제6권 「초전법륜 경」(S56:11)에서 세존께서는 오비구에게 중도인 팔정도를 천명하신 뒤 사성제를 설하셨는데 안냐꼰단냐 존자가 제일 먼저 이를 이해하여 예류과를 얻었다. 그래서 「초전법륜 경」(S56:11)은 아래의 세존의 기쁨 가득한 우러나온 말씀(감흥어)으로 마무리가 된다.

"그때 세존께서는 우러나온 말씀을 읊으셨다. '참으로 꼰단냐는 완전하게 알았구나. 참으로 꼰단냐는 완전하게 알았구나.'라고. 이렇게 해서 꼰단냐 존자는 안냐꼰단냐라는 이름을 가지게 되었다."(S56:11 §20; Vin.i.12)
여기서 '참으로 꼰단냐는 완전하게 알았구나.'는 aññāsi vata bho koṇḍañño를 옮긴 것이다. VRI본은 이를 채택하여 장로의 이름을 안냐시꼰단냐(Aññāsikoṇḍañña)로 표기하고 있다. 그런지 5일 뒤에 그를 위시한 오비구는 『상윳따 니까야』 제3권 「무

-si는 이 ājānati의 아오리스트 과거 삼인칭 단수(Aor.3.Sg)라고 해야 한다.

2) 그래서 이들은 오비구(五比丘, pañcavaggiyā bhikkhū)로 우리에게 잘 알려져 있다. 오비구(五比丘)에 대해서는 본서 제1권 왑빠 장로 {61} 【행장】의 해당 주해를 참조할 것.

아의 특징 경」(無我相經, S22:59)을 듣고 아라한이 되었다.(Vin. i.13~14.)
그는 "ehi, bhikkhu(오라, 비구여.)"라는 말씀으로 구족계를 받은 첫 번째 비구이며 전체 비구 가운데서도 첫 번째로 구족계를 받은 분이다. 그래서 『앙굿따라 니까야』 제1권 하나의 모음 「으뜸 품」(A1:14)의 맨 처음에는 "비구들이여, 나의 구참(久參, rattaññu) 비구 제자들 가운데서 안냐꼰단냐가 으뜸이다."(A1:14:1-1) 라고 나타난다.

여기에 대해서 『테라가타 주석서』는 이렇게 설명한다.
"세존께서는 칠칠일(7×7=49일, sattasattāhaṁ)을 대보리좌(mahā-bodhimaṇḍa)에서 보내신 뒤 오비구의 지혜가 무르익었음(ñāṇa-paripāka)을 아시고 아살하 달의 보름에 이시빠따나로 가셔서 그들에게 「초전법륜 경」(S56:11)을 설하셨다. 설법이 끝나자 꼰단냐 장로는 일억 팔천만의 범천들과 함께 예류과에 확립되었다. 그때 하현의 5번째 날(음력 20일)에 「무아의 특징 경」(S22:59)의 가르침으로 아라한됨을 실현하였다. 장로의 일화는 『아빠다나』에도 나타나고 있다."(ThagA.iii.2)

계속해서 주석서는 이렇게 설명한다.
"그리고 스승님께서는 그 뒤에 제따와나 대승원에서 비구 승가 가운데서 지정된 부처님의 빼어난 자리(paññatta-vara-Buddhāsana)에 앉으셔서 그가 첫 번째로 법을 꿰뚫었음(paṭividdha-dhamma-bhāva)을 밝히시면서 '비구들이여, 나의 구참 비구 제자들 가운데서 안냐꼰단냐가 으뜸이다.'(A1:14:1-1)라고 [장로를] 으뜸에 놓으셨다.
장로는 [사리뿟따와 목갈라나] 두 상수제자들이 자신에게 표하는 최상의 존경(parama-nipaccakāra)과 마을 안의 거처(gāmanta-senāsana)와 번잡한 승원(ākiṇṇa-vihāra)을 피하고자 하였다. 그리고 한거를 기뻐하며 머물고 자신의 가까이로 다가오는 재가

자들과 출가자들에게 호의를 베푸는 행위(paṭisanthāra-karaṇa)도 사량분별(papañca)로 여겨서 스승님께 여쭌 뒤 히말라야 산에 들어가서 찻단따 코끼리들의 시중을 받으면서 찻단따 호수의 언덕(Chaddanta-daha-tīra)에서 12년을 머물렀다."(ThagA.iii.2~3)

계속해서 주석서는 장로에 대한 설명을 이렇게 마무리하고 있다. "장로는 찻단따 호수로 가서 거기서 12년을 머문 뒤 반열반이 가까워지자 스승님께 다가가서 반열반을 알려드린 뒤 거기 [히말라야의 숲속 거처로] 돌아가서 반열반하였다."(ThagA.iii.7)

안냐꼰단냐 장로와 관계된 경으로는 『상윳따 니까야』 제1권 「꼰단냐 경」(S8:9)과 『우다나』 「갈애의 멸진 경」(Ud7:6)을 들 수 있다. 이 「갈애의 멸진 경」(Ud7:6)은 갈애의 멸진을 통한 해탈을 반조하면서 좌정하고 있는 안냐꼰단냐 존자를 보시고 세존께서 우러나온 말씀(감흥어)을 읊으신 경이다.
그리고 「꼰단냐 경」(S8:9)은 꼰단냐 존자가 12년 만에 세존께 와서 세존의 발에 입을 맞추고 손으로 어루만지면서 "세존이시여, 저는 꼰단냐입니다. 선서시여, 저는 꼰단냐입니다."(S8:9 §2) 라고 [자신의] 이름을 알려드리는 것을 보고 감흥을 받은 왕기사 존자가 읊은 세 개의 게송들(S8:9 §5 {746}~{748})을 담고 있다. 이 게송들은 본서의 마지막 모음인 큰 모음을 구성하는 왕기사 장로의 71개 게송들 가운데 {1246}~{1248}의 세 개의 게송과 같다.

「꼰단냐 경」(S8:9)에 대한 『상윳따 니까야 주석서』에 의하면 꼰단냐 존자는 자신의 반열반이 가까웠음을 알고 부처님께 하직 인사를 드리기 위해서 세존께서 머물고 계시는 라자가하 대나무 숲의 다람쥐 보호구역에 왔으며 12년 만에 세존을 뵌 것이라고 한다. 이 기간 동안 그는 히말라야의 찻단따 숲(Chaddanta-bhavana)에 있는 만다끼니 호수(Mandākini-pokkharaṇi)의 언덕에서 머물렀다고 한다. 이곳은 예전부터 벽지불(paccekabuddha)들이 머물렀던 곳이라 하며, 꼰단냐 존자는 혼자 한거하기를 좋아하여 대중처소에는 아주 드물게 나타났다고 한다.(SA.i.283~284)

이 『상윳따 니까야 주석서』에 의하면 그는 세존께 인사를 드리고 히말라야로 돌아가서 그의 숲속 거처에서 임종하였다. 코끼리들이 그의 임종을 슬퍼하였으며 그의 유체를 에워싸고 히말라야에서 행진을 하였다. 그러자 신들이 관을 만들어서 여러 천상에 다니면서 신들과 범천들이 예배하게 하였으며 그 뒤에 지상에서 화장을 하였다. 그의 유골은 죽림정사(Veḷuvana-vihāra)의 세존께 보내졌으며 세존께서는 탑(cetiya)을 조성하셨고 지금도 그 탑은 존재한다고 한다.(Ibid.)

673. [신들의 왕 삭까][3)]
"위대한 맛을 가진 [69] 법을 듣고서
그런 나는 더욱 청정한 믿음을 가집니다.
모든 측면에서 취착이 완전히 없어져
탐욕의 빛바램[離慾]이라는 법이 가르쳐졌습니다.[4)]"

---

3) "장로는 이와 같이 그곳 [찻단따 호수의 언덕에] 머물고 있었는데 어느 날 신들의 왕 삭까(Sakka devarājā)가 다가와서 절을 올리고 서서 법을 설해주기를 청했다. 장로는 부처님의 품위를 드러내기 위해서(Buddha-līlāya) 네 가지 진리를 모태로 하고(catusacca-gabbha) 삼특상의 날인이 찍혀있으며(tilakkhaṇ-abbhāhata) 공성과 연결되고(suññata-paṭisaṁyutta) 여러 가지 방법으로 다채로우며(nānā-naya-vicitta) 죽음 없음[不死]으로 귀결되는(amat-ogadha) 법을 설하였다. 그것을 듣고 삭까는 자신의 청정한 믿음을 드러내면서 첫 번째 게송({673})을 말하였다. 이와 같이 신들의 왕 삭까는 장로의 가르침을 찬탄한 뒤 장로에게 절을 올리고 자신의 거처로 갔다.(ThagA.iii.3)

4) '모든 측면에서 취착이 완전히 없어져 / 탐욕의 빛바램[離慾]이라는 법이 가르쳐졌습니다.'는 virāgo desito dhammo, anupādāya sabbaso를 옮긴 것이다. 주석서는 이렇게 설명한다.

"모든 오염원들로부터(sabba-saṅkilesato) 그리고 모든 형성된 것들로부

674. [꼰단냐 장로]

5)"세상에는, 이 땅이라는 영역 안에는6)
많고 다양한 [대상]들이 있지만7)
내 생각에 이들은 아름답다는 탐욕과 관련되어 있어서8)
사유를 혼란스럽게 한다.

터(sabba-saṅkhārato ca) 탐욕이 빛바랬기 때문에(virajjanato), 즉 탐욕의 빛바램이 생겼기 때문에(virāga-jananato) '탐욕의 빛바램(virāgo)'이다. 그로부터 형색 등에 대해서 어떤 법도 취착하지 않고(kañci dhammaṁ anupādāya), 즉, 거머쥐지 않고(aggahetvā), 해탈을 성취함을 통해서(vimutti-sādhana-vasena) 전개되기 때문에(pavattattā) 모든 측면에서 취착이 완전히 없어져서(sabbaso anupādāya), [탐욕의 빛바램[離慾]이라는 법이] 가르쳐졌습니다(desita)라는 말이다."(ThagA.iii.3)

5) 그때 어느 날 장로는 그릇된 생각들(micchā-vitakkā)의 지배를 받는 전적으로 범부인 사람들(ekaccā puthujjanā)의 마음의 움직임(cittācāra)을 본 뒤 그것과 반대되는 그의 순리에 맞는(anukkama) [사유를] 계속해서 마음챙겨 자신의 마음을 거기로부터 완전히 되돌려서(vinivattita-mānasatā) 전향시킨 뒤 그 의미를 밝히고 두 개의 게송({674}~{675})을 읊었다.(ThagA.iii.3~4) 그리고 통찰지로 보는 것에 따라 세 개의 게송({676}~{678})을 읊었다.(ThagA.iii.4)

6) "'이 땅이라는 영역 안에는(asmiṁ pathavi-maṇḍale)'이란 직접 경험되는(paccakkhabhūta) 인간 세상(manussa-loka)을 두고 말한 것이다."(ThagA.iii.4)

7) '세상에는 많고 다양한 [대상]들이 있지만'은 bahūni loke citrāni를 주석서를 참조해서 옮긴 것이다. '다양한 [대상]들'로 옮긴 citrāni는 그림들을 뜻하기도 한다. 주석서는 이렇게 설명한다.

"'세상에는 많고 다양한 [대상]들이 있지만(bahūni loke citrāni)'이라고 하였다. 형색 등을 통해서(rūpādivasena), 거기서도 파란색이나 노란색 등과 여자와 남자 등을 통해서, 세상에는 여러 가지 다양한(citta-vicittāni) 대상들이 생겨났다(ārammaṇa-jātāni)는 말이다."(ThagA.iii.4)

8) "'아름답다는 탐욕과 관련되어 있어서(subhaṁ rāgūpasaṁhitaṁ)'라는 것은 이것과 관련되어 있는 감각적 쾌락에 대한 사유(kāma-vitakka)라는 뜻이다. 이것은 아름다운 형태를 얻음(subhākāra-ggahaṇa)에 의해서 '아름다움(subha)'이라고 인습적으로 불리기 때문이다(vohariyati)."(ThagA.iii.4)

675. 바람이 끌어올린 먼지를
비구름이 가라앉히듯이[9]
그와 같이 통찰지로 볼 때
사유는 쉬게 된다.[10]

676. 모든 형성된 것들은 무상하다고
통찰지로 볼 때
괴로움에 대해서 염오하나니
이것이 청정에 [이르는] 도이다."[11] (Dhp {277})

---

9) '바람이 끌어올린 먼지를 / 비구름이 가라앉히듯이'는 PTS본에 rajam upata vātena, yathā megho pasamaye로 나타난다. 노만 교수는 이것을 rajam uhatañca vātena, yathā megho upasamaye로 읽어서 옮겼다(K.R. Norman, 222~223쪽 §675 주해 참조). 그래서 노만 교수는 uhata를 ūhata (ud+√hṛ/dhṛ, *to hold* PED: *lifted, risen, raised*)로 읽어서 'r*aised by*'로 옮겼고 pasamaye를 upasamaye(upa+√śam2, *to be quiet*)로 읽어서 '*would settle*'로 옮겼다. 역자도 이것을 따랐다.

10) "'그와 같이 통찰지로 볼 때 / 사유는 쉬게 된다(evaṁ sammanti saṅkappā, yadā paññāya passati).'라고 하였다. 성스러운 제자가 그 세상의 그림들(loka-citrāni)을 일어남(samudaya)과 달콤함(assāda)과 위험(ādī-nava)과 벗어남(nissaraṇa)을 통해서 있는 그대로 통찰지로 볼 때 마치 비구름이 그 먼지를 가라앉히듯이 그와 같이 모든 그릇된 사유들(micchā-saṅkappā)은 통찰지에 의해서 쉬게 된다. 바른 견해가 생김에 의해서 그릇된 사유들은 기반(patiṭṭha)을 얻지 못하기 때문이다. 통찰지로 볼 때에 그러하나니, 이것을 보여주면서 세 개의 게송({676}~{678})을 읊었다."(ThagA.iii.4)

11) 본 게송의 원문은 다음과 같다.

> sabbe saṅkhārā aniccāti, yadā paññāya passati |
> atha nibbindati dukkhe, esa maggo visuddhiyā || {676}

본 게송은 『법구경』 {277}로도 나타나고 『청정도론』 (Vis.I.6)에서 인용되고 있으며 상좌부 스님들이 많이 암송하고 인용하는 게송이다. 『테라가타 주석서』는 본 게송을 이렇게 설명한다.

"여기서 '모든 형성된 것들(sabbe saṅkhārā)'은 여섯 가지 대상을 함께 모

677. 모든 형성된 것들은 괴로움[12]이라고
통찰지로 볼 때
괴로움에 대해서 염오하나니
이것이 청정에 [이르는] 도이다. (Dhp {278})

678. 모든 법들은 무아[13]라고
통찰지로 볼 때

은 것(chaḷārammaṇa-saṅgahā)으로 삼계에 속하는(tebhūmakā) 모든 오온이다.
'무상하다(aniccā).'라는 것은 ① 처음도 중간도 마지막도 무상으로 끝나기 때문에(aniccantikato), ② 오직 그 시간까지만 [존재]하기 때문에(tāvakāli-kato), ③ 바로 거기에서 부서지기 때문에(bhijjanato) 항상하지 않다라고 위빳사나의 통찰지(vipassanā-paññā)로 볼 때라는 말이다.
'괴로움에 대해서 염오하나니(atha nibbindati dukkhe)'라고 하였다. 이제 이 윤회의 괴로움에 대해서(imasmiṁ vaṭṭa-dukkhe) 염오하고, 염오하면서 괴로움을 철저하게 앎 등의 방법(dukkha-parijānanādi-vidhi)으로 진리들을 꿰뚫는다(paṭivijjhati)는 말이다.
'이것이 청정에 [이르는] 도다(esa maggo visuddhiyā).'라고 하였다. 이것은 앞에서 설명한 것처럼 위빳사나의 방법(vipassanā-vidhi)인데 지견청정(ñāṇadassana-visuddhi)의 도(magga)요 지극히 청정함(accanta-visud-dhi)의 도, 즉 증득하는 수단(adhigam-upāya)이라는 말이다."(ThagA. ii.4)

12) "'괴로움(dukkhā)'이라고 하였다. ① 두려움과 함께하기 때문에(sappaṭi-bhayato), ② 일어나고 사라짐의 압박 때문에(udayabbaya-sampaṭi-pīḷanato), ③ 감내하기 어렵기 때문에(dukkhamato), ④ 행복과 반대되기 때문에(sukhapaṭikkhepato) 괴로움이다."(ThagA.iii.5)

13) "'모든 법들은 무아(sabbe dhammā anattā)'라고 하였다. [출세간을 포함한] 네 가지 경지에 속하는(catu-bhūmakā) 법들은 무아라는 말이다. 그러나 여기서는 [출세간을 제외한] 삼계에 속하는 법들만(tebhūmaka-dhammā-va)을 취해야 한다. 이들은 ① 심재가 없기 때문에(asārato), ② 지배력이 없기 때문에(avasavattanato), ③ 공하기 때문에(suññato), ④ 자아와 반대가 되기 때문에(atta-paṭikkhepato) 무아라고 통찰해야 한다."(ThagA. iii.5)

괴로움에 대해서 염오하나니
이것이 청정에 [이르는] 도이다.[14] (Dhp {279})

679. [15]부처님을 따라 깨달은[16] 장로
꼰단냐는 굳세게 정진하여 (ab=S8:9 §5 {746}ab)
태어남과 죽음을 제거하고
청정범행을 완성한 자이다.[17]

---

14) 『맛지마 니까야』 「삿짜까 짧은 경」(M35) §4에서도 앗사지 존자는 니간타의 후예인 삿짜까에게 오온의 무상과 무아를 설하고 있다.

15) "이와 같이 위빳사나의 방법을 보여준 뒤({676}~{678}) 그 방법에 의해서 해야 할 일을 다 한 것을 자신의 구경의 지혜(aññā)인 것처럼 드러내어 보여주면서 두 개의 게송({679}~{680})을 읊었다."(ThagA.iii.5)

16) "'부처님을 따라 깨달은(Buddha-anubuddho)'이란 부처님들을 따라 깨달은(Buddhānaṁ anubuddho)이란 말이다. 정등각자들께서 깨달으신 진리들을 그분들의 가르침을 계속해서 생각함을 통해서(desanānusārena) 깨달았다는 뜻이다. 견고한 무학들(thirā asekkhā)의 계행의 심재 등(sīlasāra-adi)을 구족하였기 때문에 '장로(thero)'이다."(ThagA.iii.5)

『상윳따 니까야 주석서』는 『상윳따 니까야』 제1권 「꼰단냐 경」(S8:9) §5 {746}을 주석하면서 "'부처님을 따라 깨달은(Buddha-anubuddho)'이란 처음에는 스승님께서 사성제를 깨달으셨고 그 뒤에 장로가 깨달았다는 말이다."(SA.i.283)라고 설명한다.(S8:9 §5의 해당 주해 참조) 역자는 『상윳따 니까야 주석서』의 설명에 따라 '부처님을 따라 깨달은'으로 단수로 옮겼다.

17) "'청정범행을 완성한 자(brahmacariyassa kevalī)'라는 것은 도의 청정범행(magga-brahmacariya)을 남김없이(anavasesa), 혹은 남김없이 도의 청정범행을 가득 채운 자(pāripūraka)라는 말이다. 혹은 '완성한 자(kevalī)'라고 하였다. 오염원들에 의해서 섞이지 않았기 때문에(asammissatāya) 도의 지혜와 과의 지혜가 여기에 있다고 해서(imasmiṁ atthīti) 완성한 자이다. 그러나 이 둘도 도의 청정범행을 통해서 있고 다른 경우에 존재하는 것이 아니다. 그래서 '청정범행을 완성한 자'라고 부른다."(ThagA.iii.5)

『맛지마 니까야 주석서』는 『맛지마 니까야』 제3권 「브라흐마유 경」(M91) §32의 주석에서 이렇게 설명한다.

"'청정범행을 완성한 자(brahma-cariyassa kevalī)'란 청정범행의 완전한 상태(sakala-bhāva)를 구족한 자, 즉 네 가지 도의 청정범행을 모두 갖추

680. 폭류와 올가미, 튼튼한 말뚝,[18] 찢어버리기 어려운 산
말뚝과 올가미를 자르고 부수기 어려운 바위산을 부수어[19]
[폭류를] 건너서 저 언덕에 도달한 참선을 하는 자
그는 마라의 속박으로부터 풀려났다.[20] [21]

어 머무는 자(sakala-catu-magga-brahmacariya-vāsa)를 말한다. '완성한 자(kevalī)'란 모든 공덕을 갖춘 자(sakalaguṇa-sampanna)를 말한다."(MA.iii.397~396)

18) "'폭류와 올가미(oghapāso)'라고 하였다. [여기서 폭류는] '감각적 쾌락의 폭류, 존재의 폭류, 견해의 폭류, 무명의 폭류'(Dhs. §1156; Vbh. §938)라고 이와 같이 설하신 네 가지 폭류(cattāro oghā)이다. [여기서 올가미는 『상윳따 니까야』 제1권 「정신적인 것 경」(S4:15)에서] '허공에서 움직이는 올가미가 있나니 / 움직이는 그것은 정신적인 것이로다.'(S4:15 §2 {476}) 라고 이와 같이 설하신 탐욕의 올가미(rāgapāsa)이다.
'튼튼한 말뚝(daḷhakhilo)'이란 '스승에 대해서 회의한다(kaṅkhati). 법에 대해서 회의한다. 승가에 대해서 회의한다. 공부지음에 대해서 회의한다. 동료 수행자들에게 화내고 마음으로 기뻐하지 않고 마음에 불쾌함과 삭막함이 생긴다.'(D33 §2.1-19; M16 §3~7; A5:205 §2~3 등)라고 이와 같이 설하신 튼튼하고 견고한 다섯 가지 마음의 삭막함이다(pañcavidha ceto-khila)."(ThagA.iii.5)

19) "이처럼 이 모든 '말뚝과 올가미를 자르고(chetvā khilañca pāsañca)'라는 것은 이들 네 가지 종류의 오염원인 법들(saṁkilesa-dhammā) 가운데 말뚝과 올가미를 성스러운 도의 지혜의 칼(ariyamagga-ñāṇāsi)로 자르고라는 말이다. '부수기 어려운 바위산을 부수어(selaṁ bhetvāna dubbhidaṁ)'라는 것은 이런저런 지혜로 자를 수 없는 무지의 바위산(aññāṇa-sela)을 벼락(금강)에 비유되는 지혜(vajirūpama-ñāṇa)로 자른 뒤 네 가지 폭류를 건너서 그들로부터 저 언덕(para-tīra)인 열반에 확고해졌기 때문에 '저 언덕에 도달했다(tiṇṇo pāraṅgato).'고 한다.(ThagA.iii.5~6)

20) "대상을 정려(靜慮)하는 특징(ārammaṇ-ūpanijjhāna-lakkhaṇa)과 특상을 정려하는 특징(lakkhaṇ-ūpanijjhāna-lakkhaṇa)이라는 두 가지로 '참선을 하는 자(jhāyī)'이다. '그는 마라의 속박으로부터 풀려났다(mutto so Māra-bandhanā).'라고 하였다. 그는 이러한 모습으로 번뇌가 다하여 모든 오염원으로서의 마라의 속박으로부터 풀려나고 해탈하고 벗어났다(mutto vippamutto visaṁyutto)는 말이다."(ThagA.iii.6)
『디가 니까야 복주서』는 이렇게 설명한다.

681. [22] 경솔하고 우쭐대는 비구는
사악한 친구를 만나서
큰 폭류에 가라앉고
파도에 제압당해 버린다.[23] [24]

"사마타를 통해서 대상을 정려하고 위빳사나를 통해서 특상을 정려한다." (DAṬ.iii.97)

여기서 '특상을 정려함'은 lakkhaṇ-ūpanijjhāna를 옮긴 것인데 『앙굿따라 니까야 주석서』는 이렇게 설명한다.

"'특상을 정려함(lakkhaṇūpanijjhāna)'이란 위빳사나와 도와 과이다(vipassanā-magga-phalāni). ① 위빳사나는 무상 등(aniccādi)을 통해서 형성된 것들의 특상(saṅkhāra-lakkhaṇa)을 정려하기 때문에 특상을 정려함이라 한다. ② 그런데 위빳사나의 특징을 정려함의 역할(lakkhaṇūpanijjhāna-kicca)을 도에 의해서 성취한다고 해서 도는 특상을 정려함이다. ③ 과는 공함과 표상 없음과 원함 없음의 특상을 가진(suññata-animitta-appaṇihita-lakkhaṇa) 열반을 정려하기 때문에 특상을 정려함이라고 부른다."(AA.ii.41)

21) "여기서 장로는 자신에 대해서 말한 것이다."(ThagA.iii.6)

22) "어느 날 장로는 자신과 함께 사는 한 비구가 좋지 않은 도반과 교제하여(akalyāṇamitta-saṁsagga) 게으르고 정진하지 않고 경솔하고 거들먹거리며 머무는 것을 본 뒤 신통으로 그곳에 가서 그에게 '도반이여, 그와 같이 하지 마십시오. 좋지 않은 도반들을 버리고 좋은 도반[善友]들을 의지해서 살면서 사문의 법을 행하십시오.'라고 교계하였다. 그러나 그는 장로의 말에 유념하지 않았다.
장로는 그가 관심을 기울이지 않자(anādiyana) 법에 대한 절박함이 생겨(dhamma-saṁvegappatta) 사람에 관한 이야기(puggala-adhiṭṭhānā kathā)로 그릇된 도닦음을 꾸짖고 바른 도닦음(sammā-paṭipatti)과 한거하여 머묾(viveka-vāsa)을 칭송하면서 [나머지 8개] 게송들({681}~{688})을 읊었다."(ThagA.iii.6)

23) 『상윳따 니까야 주석서』는 『상윳따 니까야』 제1권 「잔뚜 경」(S2:25) §2를 주석하면서 다음과 같이 설명한다. S2:25 §2의 주해에서 전재하였다.

"'경솔하고(uddhato)'란 [율장에서] 허락되지 않은 것(akappiya)을 허락된 것으로 인식하고(kappiya-saññita) 허락된 것을 허락되지 않은 것으로 인식하며, 비난받지 않을 것(anavajja)을 비난받을 것으로 인식하고 비난받을 것을 비난받지 않을 것으로 인식하는 것이다. …
'우쭐대는(capala)'이란 발우와 가사를 치장하는 것(maṇḍana) 등으로 우쭐

682. 경솔하지 않고 우쭐대지 않으며
슬기롭고 감각기능이 제어되었으며
좋은 친구를 가졌고 슬기로운 자는
괴로움의 끝을 만들 것이다.

683. [25]깔라 풀의 매듭을 닮았고
홀쭉하고 정맥이 보이고
먹을 것과 마실 것에 적당함을 알고
굴하지 않는 마음을 가진 사람은

684. 아란냐 넓은 숲에서
파리들과 모기들에 닿지만
코끼리가 전쟁의 선봉에서 그리하듯이
마음챙겨 거기서 견뎌야 한다. (={31}; {244})

685. 나는 죽음을 바라지 않는다.
나는 삶을 바라지 않는다.
나는 시간을 기다리고 있으니
[일을 마친] 하인이 급료를 그렇게 하듯이. (={606} 등)

대는 것을 말한다."(SA.i.115)

24) "이와 같이 윤회의 큰 폭류(saṁsāra-mahogha) 속에서 방황하면서 분노와 절망의 파도(kodhupāyāsa-ūmi)에 의해서 제압당하고(paṭikujjito) 가려져서 위빳사나를 통해서 통찰지의 머리(paññā-sīsa)를 들어 올리지 못하면서 거기서 가라앉는다(saṁsīdati)는 말이다."(ThagA.iii.6)

25) "'깔라 풀의 매듭을 닮았고(kāla-pabbaṅga-saṅkāso)'라는 등({683}~{684})은 한거를 기뻐함을 찬탄하는 것(vivekābhirati-kittana)이고 '나는 죽음을 바라지 않는다(nābhinandāmi maraṇaṁ).'는 등({685}~{688})은 해야 할 일을 다 한 상태를 보여주는 것(kata-kicca-bhāva-dassana)인데 앞에서 설명하였다."(ThagA.iii.7)

686. 나는 죽음을 바라지 않는다.
나는 삶을 바라지 않는다.
나는 알아차리고 마음챙기면서
시간을 기다리고 있다. (={196}; {607}; {655})

687. 나는 스승님을 섬겼고
부처님의 교법을 실천하였다.
무거운 짐을 내려놓았고
존재에 [묶어두는] 사슬은 뿌리 뽑혔다. (={604}; {656} 등)

688. 그리고 그것을 위해서
집을 나와 집 없이 출가한
그 목적을 나는 얻었나니
내가 울창한 숲에 사는 것[26]이 무슨 소용 있겠는가?"[27]

이처럼 참으로 존자 안냐꼰단냐 장로가 게송을 읊었다.

2. **우다이 장로**(Th16:2 {689}~{704})

【행장】

"우다이 장로(Udāyi thera)는 까삘라왓투에서 바라문 가문에 태어났다. 그는 적당한 나이가 되어 부처님께서 고향을 방문하셨을 때 부처님의 위신력을 보고 믿음을 얻어 출가하여 위빳사나의 업

26) 여기서 '울창한 숲에 사는 것'은 PTS본의 sanda-vihārena를 옮긴 것이다. VRI본에는 '[대중과] 함께 사는 것(saddhi-vihārinā)'으로 나타나고 있다.

27) "그는 이와 같이 말한 뒤 [히말라야 산속의] 찻단따 호수(Chaddantadaha)로 갔다. 그곳에서 12년을 머문 뒤 반열반이 가까워지자 스승님께 다가가서 반열반을 알려드린 뒤 [다시] 거기로 가서 반열반하였다."(ThagA.iii.7)
비슷한 게송이 본서 {136}, {605}, {657} 등으로 나타나고 있다.

을 행하면서 오래지 않아 아라한됨을 얻었다. 세 분의 우다이 장로들이 있는데 대신의 아들로 앞의 [열의 모음]에서 언급된 ({527}~{536}) 깔루다이(Kāḷudāyī)와 꼬와리야의 아들(Kovariya-putta) 랄루다이(Lāḷudāyī)와 바라문의 아들인 이 마하우다이이다(Mahāudāyīti).[28)]

---

28) 여기 『테라가타 주석서』에서도 언급되고 있듯이 초기불전에는 "우다이(Udāyī)라 이름하는 세 분의 장로가 있는데 랄루다이(Lāḷudāyī), 깔루다이(Kāḷudāyī), 마하우다이(Mahāudāyī)이다."(DA.iii.903)
① 이 가운데 깔루다이 장로의 게송은 본서 제2권 열의 모음 {527}~{536}에 나타났다. 깔루다이 장로는 부처님과 같은 날에 까삘라왓투의 대신 집에 태어나서 어릴 적부터 부처님과 친구였으며 [피부가] 조금 검다고 해서 깔루다이라고 알려지게 되었다고 한다.(ThagA.ii.221) 깔루다이 장로에 대해서는 본서 제2권 열의 모음 {527}의 【행장】을 참조하기 바란다.
② 본서에서는 마하우다이 장로를 우다이 장로로 칭하고 있다. 그는 여기서 보듯이 까삘라왓투에서 바라문 가문에 태어났다. 복주서들은 "그의 몸이 컸기 때문에(mahāsarīratā, DAṬ.iii.109; mahādehatā, MAṬ.ii.73) 마하우다이라 알려졌다."(Ibid.)라고 설명하고 있다. 그리고 이 마하우다이 존자를 빤디따우다이(MA.ii.629; SA.iii.86)로 부르고 있다.
③ 또 한 분의 우다이 존자인 랄루다이 존자에 대해서 DPPN은 아무 설명을 하지 않는다. 주석서는 랄루다이 존자를 꼬와리야의 아들(Kovariya-putta)이라 부르고 있다.(ThagA.iii.7) 주석서는 그를 자신의 이로움을 위해서도 남의 이로움을 위해서도 도닦지 않는 사람의 본보기로 들고 있고(MA.ii.138), 율장은 그를 제멋대로 다니는 짐승을 닮았고 게으름 등에 빠진 탐욕스러운 비구(lola-bhikkhu)라고 혹평을 하고 있다.(Vin.iii.517) 랄루다이 존자에 대해서는 『앙굿따라 니까야』 제3권 「소멸 경」(A5:166) §2의 주해를 참조하기 바란다.

주석서를 참조해서 살펴보면 이들 가운데 『앙굿따라 니까야』 제5권 「아난다 경」(A9:37)과 「빤짤라 경」(A9:42)에 나타나는 우다이 존자는 ① 깔루다이 존자(Kāḷudāyi)이다. 『상윳따 니까야』 제4권 「빤짜깡가 경」(S36:19)과 동일한 『맛지마 니까야』 제2권 「많은 느낌 경」(M59)에 나타나는 우다이 존자는 ② 마하우다이 장로(Mahā-Udāyi-tthera)이다. 그리고 『맛지마 니까야』 제2권 「메추라기 비유 경」(M66)에 나타나는 분도 마하우다이 존자이다. 『앙굿따라 니까야』 제1권 「아비부 경」(A3:80) §5와 제3권 「소멸 경」(A5:166)과 제4권 「우다이 경」(A6:29)에 나타나는 우다이 존자는 ③ 랄루다이(Lāḷudāyī) 존자이다.
그 외 『상윳따 니까야』 제4권 「웨라핫짜니 경」(S35:133)에 나타나는 우다

어느 날 전체를 멋있게 장엄한 세따라는 코끼리(Seta-vāraṇa)가 많은 사람들에 의해서 칭송되자 그는 스승님께 질문을 드렸고 스승님께서 그 사례(事例)로 [『앙굿따라 니까야』 제4권] 「코끼리 경」(A6:43)을 설하시었다.[29] 가르침이 끝나자 [장로는] 스승님의 덕스러움들을 자신의 지혜의 힘과 어울리게 기억해 내면서 부처님을 대상으로 하여 희열로 고무된 마음으로 '이 많은 사람들은 이 축생인 코끼리를 칭찬하면서도 부처님이라는 큰 코끼리에 대해서는 [칭송하지] 못하는구나. 그러니 참으로 나는 부처님이라는 큰 향기를 가진 코끼리(Buddha-mahāgandha-hatthi)의 덕스러움들을 드러내리라.'라고 스승님을 찬탄하면서 이 게송들을 읊었다."(ThagA.iii.7~8)

주석서는 장로에 대한 설명을 이렇게 마무리하고 있다.

이 존자와 「우다이 경」(S35:234)에서 아난다 존자와 대화를 나누는 우다이 존자와 제5권 「우다이 경」(S46:30)에서 자신의 깨달음의 경지를 세존께 말씀드리고 세존께서 인정하시는 우다이 존자와 『앙굿따라 니까야』 제3권 「우다이 경」(A5:159)의 우다이 존자도 누구인지 주석서는 밝히지 않는다. 그러나 주석서는 랄루다이와 깔루다이 존자의 경우는 이름을 밝히고 있기 때문에 별다른 언급 없이 우다이 존자로 언급되는 우다이 존자는 모두 ② 마하우다이(빤디따우다이) 존자로 보는 것이 타당하다고 여겨진다. 여기 『테라가타 주석서』에서도 ② 마하우다이 존자가 우다이 장로로 언급되고 있다.

29) 『앙굿따라 니까야』 제4권 「코끼리 경」(A6:43) §2에서 세존께서는 말씀하신다.

"우다이여, 사람들은 크고 우람하고 멋진 몸을 가진 코끼리를 보고도 '오, 참으로 이런 영웅(nāga)이야말로 [진정한] 영웅이로구나.'라고 말하고, 크고 우람하고 멋진 몸을 가진 말을 보고도 … 소를 보고도 … 뱀을 보고도 … 나무를 보고도 … 사람을 보고도 '오, 참으로 이런 영웅이야말로 [진정한] 영웅이로구나.'라고 말한다.
우다이여, 그러나 신을 포함하고 마라를 포함하고 범천을 포함하고 사문・바라문을 포함하고 신과 인간을 포함한 이 세상에서 몸과 말과 마음으로 나쁜 짓을 하지 않은 자를 나는 영웅이라 부른다."(A6:43 §2)

그러자 우다이 존자는 "세존이시여, 저는 세존께서 말씀하신 금언을 듣고 이런 게송으로 기뻐합니다."(Ibid.)라고 말씀드린 뒤 §3에서 여기 『테라가타』 열여섯의 모음 {689}~{704}로 나타나는 16개 게송들을 거기서 읊고 있다.

"[장로는] 이와 같이 14개의 비유로 장엄을 한 뒤 16개의 게송으로 64개의 구절을 통해서 스승님의 덕스러움들(guṇā)을 칭송하면서 무여열반에 대한 가르침을 마무리하였다."(ThagA.iii.11)

이런 배경 때문에 여기 열여섯의 모음({689}~{704})에 나타나는 우다이 장로가 읊은 16개의 게송은 『앙굿따라 니까야』 제4권 「코끼리 경」(A6:43) §3에서 같은 우다이 장로가 읊은 16개의 게송들과 일치한다. 역자는 대림 스님이 옮긴 「코끼리 경」(A6:43)을 대부분 여기에 전재하였다.

689. "인간으로서 바르게 깨닫고
자신을 제어하며
삼매에 들고 범천의 길[30]을 걸으시며[31]
마음이 고요해짐을 기뻐하고[32] (A6:43 §3 {1})

690. 모든 법의 저 언덕[彼岸]에 도달하신 분[33] —

---

30) "'범천의 길(brahma-patha)'이란 최상의 길, 불사(不死)의 길, 열반의 길을 뜻한다."(AA.iii.370)

31) "'범천의 길을 걸으시며(iriyamānaṁ brahmapathe)'라고 하였다. 네 가지 거룩한 마음가짐의 길을(catubbidhepi brahmavihāra-pathe), 혹은 거룩함(brahma)이라는 최상의 경지(seṭṭha)인 과의 증득의 길(phala-samāpatti-patha)을 증득함을 통해서 나아가면서(pavattamāna)라는 뜻이다."(ThagA.iii.9)

32) "'마음이 고요해짐을 기뻐하고(cittassūpasame rataṁ).'라는 것은 마음이 고요해지는 원인이 되는(upasama-hetubhūte) 모든 형성된 것들의 가라앉음인(sabbasaṅkhāra-samathe) 열반을 기뻐한다는 뜻이다."(ThagA.iii.9)

"'마음이 고요해짐을 기뻐한다.(cittassūpasame rataṁ)'는 것은 초선으로 다섯 가지 장애를 가라앉히고, 제2선으로 일으킨 생각과 지속적인 고찰을 가라앉히고, 제3선으로 희열을 가라앉히고, 제4선으로 행복과 괴로움을 가라앉힌 뒤 그 마음이 고요해짐을 기꺼워한다는 뜻이다."(AA.iii.370)

33) "'모든 법의 저 언덕[彼岸]에 도달하신 분(sabbadhammāna-pāragū)'이라고 하였다. 정등각자께서는 ① 모든 무더기(온), 감각장소(처), 요소(계)의

인간들은 그분께 예배하고
신들도 그분께 예배합니다.
이처럼 저는 아라한으로부터 들었습니다.[34] (A6:43 §3 {2})

691. 모든 족쇄를 넘어섰고 [70]
숲으로부터 숲이 없는 [열반]으로 오셨으며[35]

법들을 최상의 지혜로 알아서 저 언덕에 도달하신 분(abhiññā-pāragū)이고 ② 철저하게 알아서 저 언덕에 도달하신 분(pariññā-pāragū)이고 ③ 버려서 저 언덕에 도달하신 분(pahāna-pāragū)이고 ④ 닦아서 저 언덕에 도달하신 분(bhāvanā-pāragū)이고 ⑤ 실현함으로써 저 언덕에 도달하신 분(sacchikiriya-pāragū)이며 ⑥ 증득하여 저 언덕에 도달하신 분(samāpatti-pāragū)이라는 이러한 여섯 가지로 저 언덕에 도달하신 분이다. 그분은 이러한 으뜸가는 최고의 경지에 도달함을 성취하신(para ukkaṁsa-gata-sampatti) 분이라고 끄샤뜨리야와 현자 등의 사람들은 그분께 예배한다(namassanti)."(ThagA.iii.9; cf. AA.iii.370; cf. MA.iii.397)

34) "'이처럼 저는 아라한으로부터 들었습니다(iti me arahato sutaṁ).'라고 하였다. 이와 같이 멀리 여의었음 등을 이유로 해서(āra-kattādīhi kāraṇehi) 아라한이시고 세존이시기 때문에 '하늘과 인간의 스승[天人師]'이라는 등으로 언급을 하는 법의 대장군 [사리뿟따 장로] 등의 곁에서 이와 같이 저는 들었습니다라는 것을 보여주고 있다."(ThagA.iii.9)

『앙굿따라 니까야 주석서』는 이렇게 설명한다.

"네 가지 이유 때문에(catūhi kāraṇehi) 아라한이라고 인습적 표현을 얻은(laddhavohārā) 바로 당신들의 곁에서 들었다고 그는 밝히고 있다."(AA.iii.370)

『청정도론』은 ① 멀리 여의었기 때문에(ārakattā) ② 적(ari)과 바퀴살(ara)을 부수어버렸기 때문에(hatattā) ③ 필수품 등을 수용할 만하기 때문에(arahattā) ④ 비밀리에(raha) [행하는] 악이 존재하지 않기 때문에(abhāvā) 아라한이라고 네 가지 이유를 밝히고 있다.(Vis.VII.4) 이 네 가지에 대한 자세한 설명은 『청정도론』 VII.4 이하를 참조하기 바란다.

35) 『앙굿따라 니까야 주석서』는 이렇게 설명한다.
"'숲으로부터 숲이 없는 [열반]으로 오셨다(vanā nibbanam āgataṁ).'는 것은 오염원의 숲(kilesa-vana)으로부터 숲이 없는(nibbana), 즉 오염원의 숲이 없는 열반(kilesa-vana-rahita nibbāna)을 증득했다(āgata), 도달했다sampatta는 뜻이다."(AA.iii.371)

암석에서 나온 황금처럼
감각적 쾌락으로부터 벗어남[出離]을 기뻐하고 (A6:43 §3 {3})

692. 히말라야가 다른 산들을 그렇게 하듯이
영웅(나가)[36]은 [모든 세상에] 빛을 발하시나니[37]
모든 영웅의 이름들 가운데
위없는 진정한 이름입니다. (A6:43 §3 {4})

693. 저는 이제 영웅을 찬탄할 것입니다.

'숲으로부터 숲이 없는 [열반]'으로 옮긴 vanā nibbanaṁ은 동음이의(同音異義, *pun*)로 해석하여 옮긴 것이다. vana는 숲이면서도 원함이나 갈망을 뜻한다. 후자의 경우 vana는 √van(vaṇeti, Sk: vanoti, *to wish*)의 명사로 볼 수 있다. 그리고 숲이 없음으로 옮긴 nibbana(nis+vana)는 열반인 nibbāna와 동음이의로 볼 수 있다.

『테라가타 주석서』는 이렇게 설명한다.
"'숲으로부터 숲이 없는 [열반]으로 오셨다(vanā nibbanam āgataṁ).'는 것은 오염원의 숲(kilesa-vana)으로부터 그것이 없는(tabbirahita) 열반에 도달했다(upagata)는 말이다."(ThagA.iii.9)

36) "'영웅(나가, nāga)'이라는 이름을 얻은 정등각자(Sammāsambuddha)를 뜻한다."(ThagA.iii.9)

『앙굿따라 니까야』 제4권 「코끼리 경」(Nāgasutta, A6:43)에서 nāga는 기본적으로 코끼리를 뜻한다(A6:43 §2). 그러나 nāga는 단지 코끼리만을 말하는 것이 아니라 용도 nāga라고 불리고(M23 §2; M92 §28 등) 특히 여기서처럼 부처님이나 아라한들과 같은 영웅이나 위대한 사람도 nāga라고 불린다. 이런 문맥을 고려해서 본 게송 이하에서는 nāga를 영웅으로 통일하여 옮겼음을 밝힌다.

37) "'영웅(나가)은 [모든 세상에] 빛을 발하시나니(sa ve accaruci nāgo)'라고 하였다. 그분은 결코 나쁜 짓(āgu)을 하지 않고 다시 존재함(punabbhava)으로 가지 않고 코끼리(nāga)처럼 힘이 세시다. 그는 '영웅(nāga)'이라는 이름을 얻은 정등각자이시다. '빛을 발하시나니(accaruci)'라고 하였다. 자신의 몸의 빛(kāya-ruci)과 지혜의 빛(ñāṇa-ruci)으로 신들을 포함한 세상(sadevaka loka)을 뛰어넘어 빛을 발하시나니(atikkamitvā ruci) 이름답게 빛났다(sobhi)는 뜻이다."(ThagA.iii.310)

그는 나쁜 짓을 하지 않습니다.
온화함과 해코지 않음이
영웅의 두 앞발이요 (A6:43 §3 {5})

694. 마음챙김과 알아차림[38]이
영웅의 두 뒷발이며
큰 영웅은 믿음의 코를 가졌고
평온의 흰 상아를 가졌으며 (A6:43 §3 {6})

695. 목은 마음챙김, 머리는 통찰지, 코끝은 법을 사유함[39]
배는 법에 대한 열정, 꼬리는 한거입니다. (A6:43 §3 {7})

696. 그는 禪을 닦고 안식(安息)을 기뻐하고[40]
안으로 잘 삼매에 들어있나니
걸을 때에도 영웅은 삼매에 들어있고

---

38) 본서에는 여기처럼 '마음챙김과 알아차림(sati ca sampajaññañca)'으로 나타나는데 『앙굿따라 니까야』 「코끼리 경」(A6:43) §3의 해당 부분에는 '고행과 청정범행(tapo ca brahmacariyaṁ)'으로 나타나고 있다. '고행과 청정범행'에 대해서는 본서 제2권 열둘의 모음 {631}의 주해를 참조할 것.

39) 여기서 '코끝'으로 의역한 원어는 vīmaṁsā(검증)이다. 주석서의 설명을 참조해서 코끝으로 옮겼다.

"'코끝은 법을 사유함(vimaṁsā dhamma-cintanā)'이라고 한 것은 마치 코끼리의 코끝(agga-soṇḍa)은 검증하는 것(vīmaṁsā)이라 불리는 것과 같다. 그는 그 코끝으로 단단한 것과 부드러운 것, 먹어야 할 것과 먹지 말아야 할 것을 조사한다. 그리하여 버려야 할 것은 버리고 가질 만한 것은 가진다. 그와 마찬가지로 부처님 나가(코끼리)도 법의 부분을 결정짓는 지혜라 불리는 법을 사유함, 즉 검증이 있으시다. 그분은 이러한 지혜로 적당한 것과 적당하지 않은 것(bhabba-abhabba)을 아시는 것이다."(AA.iii.372, cf. ThagA.iii.10)

40) "'안식(安息)을 기뻐하고(assāsarato)'라는 것은 최고의 안식(paramassāsa-bhūta)인 열반을 기뻐한다는 뜻이다."(ThagA.iii.10)

서있을 때에도 영웅은 삼매에 들어있으며 (A6:43 §3 {8})

697. 누울 때에도 영웅은 삼매에 들어있고
앉아있을 때에도 삼매에 들어있습니다.41)
영웅은 모든 곳에서 단속하나니
이것이 영웅이 구족한 것입니다. (A6:43 §3 {9})

698. 비난받을 일이 없는 것들을 먹으며
비난받는 것들을 먹지 않습니다.
먹을 것과 입을 것을 얻지만
축적하는 것을 피합니다. (A6:43 §3 {10})

699. 미세하든 거칠든 모든 족쇄와 속박을 잘라버리고42)
어디를 가든 바라는 것 없이 갑니다. (A6:43 §3 {11})

700. 백련이 물에서 태어나 [물에서] 자라지만 물에 젖지 않고
매혹적이고 깨끗한 향내를 가지듯이 (A6:43 §3 {12})

701. 그와 같이 부처님도 세상에 태어나셔서
세상에 머무시지만

---

41) "세존께서는 참으로 훈습(薰習, 習氣)과 더불어(sa-vāsana) 들뜸[掉擧, uddhacca]을 제거하여 산란함이 없으셨기 때문에(vikkhepābhāvato) 항상 삼매에 드신 것과 같았다(niccaṁ samāhitova). 그러므로 어떠한 자세(iriyā-patha)를 취하고 계시든 그것을 삼매에 드신 것처럼 하셨다(samāhitova kappesi)는 뜻이다."(ThagA.iii.10)

42) "'족쇄(saṁyojana)'란 윤회의 괴로움(vaṭṭa-dukkha)과 함께 흘러가는 것(santāna)으로, 이 족쇄 때문에 윤회에 가라앉게 하는(vaṭṭe osīdāpana-samattha) 열 가지 족쇄이다. '미세하든 거칠든(aṇuṁ thūlaṁ)': 작은 것이든 큰 것이든. '모든 속박을 잘라버리고(sabbaṁ chetvāna bandhanaṁ)': 도의 지혜(magga-ñāṇa)로 남김없이 오염원의 속박을 잘라버리고."(ThagA.iii.10)

세상에 대한 욕망이 빛바랬고
세상의 물에 젖지 않는 홍련과 같습니다. (A6:43 §3 {13})

702. 큰불이 타오르더라도
땔감이 없으면 꺼지듯이
숯불이 사그라지면[43]
적멸해졌다고 일컬어집니다. (cf. A6:43 §3 {14})

703. 뜻을 잘 드러내는 이러한 비유를
지자가[44] 설하였나니
영웅이 설한 영웅을
큰 영웅들은 알 것입니다.[45] (A6:43 §3 {15})

---

43) '숯불이 사그라지면'은 aṅgāresu ca santesu를 옮긴 것이다. 「코끼리 경」(A6:43 §3 {15})에는 '형성된 것들이 고요해지면(saṅkhāresu upasante-su)'으로 나타나고 있다.

44) "'지자가(viññūhi)'라고 하였다. 스승의 네 가지 진리의 법을 꿰뚫었음(paṭi-viddha-catusacca-dhamma)을 철저하게 아는 이가 자신을 두고(attā-naṁ sandhāya) 말한 것이다."(ThagA.iii.11)

한편 『앙굿따라 니까야 주석서』는 "여기서 '지자(viññū)'란 무애해체지를 얻은 깔루다이(Kāḷudāyi) 존자를 뜻한다. 그는 지자고 현자였다(viññū paṇḍito). 그가 말한 것이라는 뜻이다."(AA.iii.373)라고 설명하고 있다.

깔루다이 장로의 게송은 본서 제2권 열의 모음 {527}~{536}에 나타났다. 깔루다이 장로에 대해서는 제2권 {527}의 【행장】과 여기 랄루다이 장로 {689}의 【행장】을 참조하기 바란다.

45) '영웅이 설한 영웅을 / 큰 영웅들은 알 것입니다.'는 viññassanti mahānāgā, nāgaṁ nāgena desitaṁ를 옮긴 것이다. 『테라가타 주석서』는 이렇게 설명한다.

"영웅인 내가(nāgena mayā) 설한 여래라는 향기로운 코끼리인 영웅을(nāgaṁ tathāgatagandhahatthiṁ) 번뇌 다한 큰 영웅들이(mahānāgā khīṇāsavā) 자신의 영역에 서서 알게 될 것이기 때문에 다른 범부들에게 알도록 하기 위해서(ñāpanatthaṁ) 이 비유가 나에 의해서 설해졌다는 의미이다."(ThagA.iii.11)

704. 탐욕을 여의고 성냄을 여의고
어리석음을 여의고 번뇌가 없는
영웅[46]은 몸을 버리신 뒤 번뇌 없이
반열반에 드실 것입니다.[47]" (A6:43 §3 {16})

우다이 장로 (끝)

열여섯의 모음이 끝났다.

[열여섯의 모음에 포함된 장로들의] 목록은 다음과 같다.

꼰단냐와 우다이, 이들 두 장로들은 신통력을 구족하였나니
열여섯의 모음에 게송들은 32개이다.

『앙굿따라 니까야』 제4권 「코끼리 경」(A6:43) §3에 나타나는 본 게송에 대한 『앙굿따라 니까야 주석서』의 설명은 더 명쾌하다.

"'영웅이 설한 영웅을 / 큰 영웅들은 알 것입니다.'라는 것은 우다이 존자 영웅이 설한(Udāyitthera-nāgena desitaṁ) 부처님 영웅을(Buddha-nāgaṁ) 다른 번뇌 다한 영웅들이(khīṇāsavā nāgā) 알 것입니다라는 뜻이다."(AA.iii.373)

46) 주석서는 여기서 '영웅(nāga)'은 정등각자이신 영웅(sammāsambuddha-nāga), 즉 세존이라고 설명하고 있다.(ThagA.iii.11)

47) PTS본에는 parinibbāti(반열반하다. 현재 시제)로 나타나지만 6차결집본과 주석서에는 parinibbissati(미래 시제)로 나타나고 있어서 이를 따랐다.(ThagA.iii.11)

테라가타

스물의 모음

Vīsati-nipāta({705}~{948})

1. 아디뭇따 장로(Th20:1 {705}~{725})

【행장】

"아디뭇따 장로(Adhimutta thera)는 상낏짜 장로(Saṅkicca thera, Th11:1)48) 누이(bhaginī)의 아들로 태어났다. [그러므로 그는 사왓티에서 바라문 가문에 태어났다고 할 수 있다.] 그는 적당한 나이가 되어 외삼촌인 [상낏짜] 장로(mātulatthera)의 곁에서 출가하여 위빳사나의 업을 증장시켜 아직 사미였을 때(sāmaṇera-bhūmiyaṁyeva ṭhito) 아라한됨을 얻었다. 장로의 일화는 『아빠다나』에도 나타나고 있다. …"(ThagA.iii.12)

"그는 아라한됨을 얻은 뒤 증득의 행복(samāpatti-sukha)으로 보내면서 구족계를 받기 위해서 '어머니께 여쭈어보리라.'라면서 어머니 곁으로 가고 있었다. 그는 가는 도중에 천신에게 공물(供物, bali)을 헌공하기 위해서(balikamma-karaṇattha) 육고기를 구하러(maṁsa-pariyesana) 돌아다니던 500명의 도둑들과 마주쳤다. 도둑들은 그를 잡아서 '천신에게 [좋은] 공물이 될 것이다.'라고 하였다. 그는 도둑들에게 잡혔지만 두려워하지 않고 떨지 않으면서 고요한 얼굴로 서있었다.

48) 상낏짜 장로(Saṅkicca thera, Th11:1)에 대해서는 본서 제2권 열하나의 모음{597}의 【행장】을 참조할 것. 장로는 죽은 어머니 배 속에서 살아 있었다.

그를 보고 도둑의 우두머리는 경이로운 마음이 생겨서(cora-gāmaṇi-acchariyabbhuta-cittajāto) 그를 칭송하면서 처음 두 개의 게송({705}~{706})을 읊었다.(ThagA.iii.12) … 그러자 장로는 도둑의 우두머리에게 답변을 베푸는 방법을 통해(paṭivacana-dāna-mukhena) 법을 설하면서 [그다음 13개의] 게송들({707}~{719})을 읊었다. …
그리고 [{720}번 게송]은 합송자들에 의해서 설해진 게송이다. 이다음의 세 개의 게송({721}~{723})은 도둑들과 장로의 질문과 답변으로 된 게송들(vacana-paṭivacana-gāthā)이다. … [마지막의 두 개의 게송들({724}~{725})]도 합송자들에 의해서 설해진 게송이다."(ThagA.iii.13~14)

이렇게 하여 아디뭇따 장로의 21개 게송들 가운데는 도둑들이 읊은 게송 3개와 합송자들이 읊은 게송 3개가 포함되어 있다. 계속해서 주석서는 다음과 같은 설명으로 아디뭇따 장로의 일화를 마무리하고 있다.

"아디뭇따 [장로]는 도둑들에게 [자기들] 하고 싶은 대로 하지 못하게 하고(nibbisevane katvā) 그들을 그곳에 서있게 한 뒤 어머니의 곁에 가서 어머니에게 여쭈어보고 다시 돌아와서는 그들과 함께 스승님의 곁에 가서 그들을 출가하게 하여(pabbājetvā) 구족계를 받도록 하였다고 한다. 그때 그는 그들에게 명상주제를 설명해 주었고 그들은 오래지 않아 아라한됨에 확립되었다. 그래서 '그들은 선서의 교법에 출가하였다. … 형성되지 않은[無爲] 열반의 경지에 닿았다.'({725})라고 하였다."(ThagA.iii.18)

다른 아디뭇따 장로(Th1:114)의 게송이 본서 제1권 하나의 모음 {114}로 나타나고 있다. 이 두 분은 서로 다르다. 여기 스물의 모음의 아디뭇따 장로(Th20:1)는 상낏짜 장로(Saṅkicca thera, Th11:1)의 누이(bhaginī)의 아들이며 『법구경 주석서』에서 아띠뭇따까(Atimuttaka, DPPN)로도 나타나고 아디뭇따 사미(Adhimutta-sāmaṇera, VRI)로도 나타나는데 상낏짜 장로가 그의 외삼촌으로 언급되고 있다.(DhpA.ii.252~253)

705. [도둑의 우두머리][49]

"제사를 위해서나 [71] 재물을 위해서
우리가 전에 죽였던
자기 의지대로 하지 못하는 그들은 두려워하였고[50]
떨었고 울부짖었습니다.

706. 그렇지만 그대에게는 두려워함이 없고
그대의 용모는 더욱 밝습니다.
이러한 큰 두려움에 대해서
왜 그대는 탄식하지 않습니까?"

---

49) "도둑들에게 잡혔지만 두려워하지 않고 떨지 않으면서 고요한 얼굴로(vippa-sanna-mukhova) 서있는 그를 보고 도둑의 우두머리는 경이로운 마음이 생겨서 그를 칭송하면서 처음 두 개의 게송({705}~{706})을 읊었다."(ThagA.iii.12)

50) '자기 의지대로 하지 못하는 그들은 두려워하였고'는 avasesaṁ bhayaṁ hoti를 옮긴 것이다. 여기서 '의지대로 하지 못하는'은 avasesaṁ을 옮긴 것인데 주석서는 avase taṁ으로 읽고 있으며 이렇게 설명한다.

"'자기 의지대로 하지 못하는(avase)'은 의지대로 하지 못하게 하고(aseri-ke katvā)라는 말이다. 'taṁ'은 tesaṁ(그들의)이다. 'avasesaṁ'으로 나타나는 이본(異本, pāṭha)도 있다."(ThagA.iii.12)

노만 교수는 주해에서 이 avasesaṁ을 avase'saṁ 즉 avase esaṁ(대명사 eso의 소유격 복수형)으로 보는 것이 타당하다고 하면서 그래서 '*against their will*' 즉 '그들의 의지와 반대로'로 옮겼다.(K.R. Norman, 226쪽 §705의 주해 참조) PED는 avasa를 '(adj.) a+vasa, *powerless*'로, DPL은 '(adj.) *unsubdued, independent; powerless*'로 설명하고 있다. 한편 seri/serin은 PED에서 '(adj.) *self-willed, independent, according to one's liking*'으로 설명하고 있다. 주석서의 인용에서 '의지대로 하지 못하는'으로 옮긴 aserika는 이것에 부정접두어 a-를 붙여 aseri에 명사형 어미 -ka를 붙인 것으로 이해된다.

707. [아디뭇따 장로][51]

"우두머리여, 바라는 것이 없는 자[52]에게
정신적인 괴로움이란 없습니다.
참으로 족쇄들을 멸진한 이는
모든 두려움을 넘어섰습니다.[53]

708. 존재에 [묶어두는] 사슬[54]이 멸진되고
법들이 있는 그대로 보아졌을 때[55]
죽음에 대해 두려움은 없나니
짐을 내려놓은 것과 같습니다.[56]

---

51) "이제 장로는 도둑의 우두머리에게 답변을 베푸는 방법을 통해(paṭivacana-dāna-mukhena) 법을 설하면서 [13개의] 게송들({707}~{719})을 읊었다."(ThagA.iii.13)

52) 주석서는 여기서 '바라는 것이 없는 자(apekkha)'를 "갈애(taṇhā)가 없는 나와 같은 사람(mādisa)"(ThagA.iii.14), 즉 아디뭇따 장로로 설명하고 있다.

53) "족쇄들을 멸진한 아라한은 25가지 큰 두려움들(mahābhayā)과 다른 모든 두려움들을 전적으로 넘어섰고(atikkantā) 건넜고(atītā) 사라졌다(apagatā)는 뜻이다."(ThagA.ii.14)

25가지 두려움(bhayā)에 대해서는 본서 제1권 하나의 모음 {5}의 해당 주해를 참조할 것.

54) '존재에 [묶어두는] 사슬(bhavanetti)'에 대해서는 본서 제2권 둘의 모음 {135}의 주해를 참조할 것.

55) "'법들이 있는 그대로 보아졌을 때(diṭṭhe dhamme yathātathe)'라는 것은 네 가지 진리[四諦]의 법들(catusacca-dhammā)을 [각각] 철저하게 알고 제거하고 실현하고 수행함(pariññā-pahāna-sacchikiriya-bhāvanā)을 통해서 도의 통찰지로 있는 그대로 보았을 때(yathābhūtaṁ diṭṭhe)라는 말이다."(ThagA.iii.14)

56) "'짐을 내려놓은 것과 같습니다(bhāra-nikkhepane yathā).'라고 하였다. 마치 어떤 사람이 머리에 놓여 있는 크고 무거운 짐 때문에 주저앉았다가 그것을 내려놓고(nikkhepana) 제거하면(apanayana) 두려움이 없어지는 것처럼 이것도 그와 같이 성취된다(sampadā)는 뜻이다. 세존께서는 [『상윳

709. 나는 청정범행을 잘 닦았고
도(道) 역시 잘 수행하였습니다.
나에게 죽음에 대해 두려움은 없나니
병을 모두 멸진했을 때와 같습니다.

710. 나는 청정범행을 잘 닦았고
도(道) 역시 잘 수행하였습니다.[57]
달콤함이 없는 것이 존재들임을 보았나니
독을 마시고 버린 것과 같습니다.

711. 저 언덕[彼岸]에 도달한 자, 취착이 없는 자,
해야 할 일을 다 한 자, 번뇌가 없는 자는
수명의 멸진 때문에 만족하나니[58]

따 니까야』 제3권 「짐 경」(S22:22)에서] 이렇게 말씀하셨기 때문이다.

'짐은 오온이요
짐을 나르는 자는 사람을 말하네.
짐을 지는 것은 세상에서 괴로움이요
짐을 내려놓는 것은 즐거움이라네.'(S22:22 §7)"(ThagA.iii.14~15)

57) "'청정범행(brahmacariyaṁ)'은 세 가지 공부지음[三學]으로 함께 모은 것(sikkhattaya-saṅgaha)인데 교단에서의 청정범행(sāsana-brahmacariya)이다. 그래서 '도(道) 역시 잘 수행하였습니다(maggo cāpi subhāvito).'라고 하였다. 여덟 가지 구성요소를 가진 성스러운 도[八支聖道, 팔정도]도 바르게 수행되었다는 말이다."(ThagA.iii.15)

58) "윤회의 저 언덕(saṁsārapāra)인 열반에 도달하였기 때문에 '저 언덕[彼岸]에 도달한 자(pāragū)'이고, 네 가지 취착들로부터 '취착이 없는 자(an-upādāna)'이며, 철저하게 앎(통달지) 등의 16가지 해야 할 바를 했기 때문에 '해야 할 일을 다 한 자(katakicca)'이다. 감각적 쾌락의 번뇌 등의 '번뇌가 없는 자는(anāsavo)', '수명의 멸진 때문에(āyukkhayā)', 즉 수명의 멸진을 원인으로 하여(āyukkhaya-hetu) '만족한다(tuṭṭho).' 즉 기쁨을 가진 자(somanassika)가 된다는 말이다."(ThagA.iii.15)

16가지 해야 할 일(soḷasa kiccā)에 대해서는 본서 제1권 하나의 모음 {63}

사형대에서 풀려나온 것과 같습니다.

712. 최상의 법다움[59]을 얻었고
모든 세상에 대해서 바라는 것이 없는 자는
마치 불붙는 집에서 풀려난 사람처럼
죽음을 슬퍼하지 않습니다.

713. 모아져서 만들어진 것은 무엇이든[60]
혹은 어떤 존재를 얻어 [태어났든]
이 모든 것은 지배자가 없다고[61]
이처럼 대선인은 말씀하셨습니다.

714. 부처님이 가르치신 것을
그대로 꿰뚫어 아는 자는
어떤 존재든 거머쥐지 않나니[62]

의 해당 주해를 참조할 것.

59) "'법다움(dhammatā)'이란 법의 고유성질(dhamma-sabhāva)이다. 아라한됨을 성취했을 때 성취함을 원인으로 하여(sijjhana-hetu) 원하는 것 등에 대해서 여여한 상태임(tādibhāva)을 말한다."(ThagA.iii.15)

60) "'모아져서 만들어진 것은 무엇이든(yadatthi saṅgataṁ kiñci)'이라고 하였다. 이 세상에 있고(atthi) 존재하고(vijjati) 얻어진(upalabbhati) 것은 무엇이든 모아져서 만들어진 것, 즉 중생들에 의해서나 형성된 것들에 의해서 함께 모아진 것(samāgama)이고 조합된 것(samodhāna)이라는 말이다. '형성된(saṅkhata)'으로 나타나는 이본(異本, pāṭha)도 있다. 이럴 경우에는 조건들(paccā)에 의해서 모아지고(samacca) 모여서(sambhuyya) 이루어진 것은 무엇이든, 즉 조건발생[緣起, paṭiccasamuppanna]이라는 뜻이다."(ThagA.iii.15)

61) 여기서 '지배자가 없다고'는 anissara를 옮긴 것인데 주석서는 이 단어를 지배자가 없는(issara-rahita)으로 풀이하면서 "여기에는 누군가가 '이렇게 되어라(evaṁ hotu).'라고 지배력을 행사할 수(issariyaṁ vattetuṁ)가 없다."(ThagA.iii.15)라고 설명하고 있다.

벌겋게 달아오른 철환을 그렇게 하듯이.

715. 나에게는 '나는 있었다.'라는 것이 없고[63]
'나는 있을 것이다.'라는 것이 없습니다.[64]
형성된 것들은 사라질 것이니
거기에 무슨 비탄이 있겠습니까?

716. 오직 법의 일어남[65]과
오직 형성된 것들의 흐름[66]을

62) "'부처님이 가르치신 것을 / 그대로 꿰뚫어 아는 자는 / 어떤 존재든 거머쥐지 않나니(yo taṁ tathā pajānāti, yathā Buddhena desitaṁ, na gaṇhā-ti bhavaṁ kiñci)'라고 하였다. 성스러운 제자가 '모든 형성된 것들은 무상하다(sabbe saṅkhārā aniccā).'라는 등으로 부처님 세존께서 가르치신 그 세 가지 존재[三界, bhava-ttaya]를 위빳사나의 통찰지와 함께한 도의 통찰지로 꿰뚫어 보는 자는 '어떤 존재든 거머쥐지 않는다(na gaṇhāti bhavaṁ kiñci).'는 말이다."(ThagA.iii.16)

63) "'나에게는 '나는 있었다.'라는 것이 없고(na me hoti 'ahosi'nti)'라고 하였다. '과거의 시간(atīta addhāna)에 나는 이러한 존재였다(īdiso ahosiṁ).'라고 자아라는 견해(atta-diṭṭhi)를 통해서 일어나는 마음의 전개(citta-ppavatti)가 나에게는 없었으니 견해에 의해서 바르게 제거하였기 때문이고(ugghāṭitattā) 법의 고유성질을 잘 보았기 때문(sudiṭṭhattā)이라는 말이다."(ThagA.ii.16)

64) "'나는 있을 것이다.'라는 것이 없습니다('bhavissa'nti na hoti me).'라는 것은 이 경우에도 '미래의 시간(anāgata addhāna)에 나는 이러한 존재가 될 것이다, 되어야 한다(bhavissaṁ bhaveyyaṁ).'라는 이러한 것도 내게는 없다는 말이다."(ThagA.ii.16)

65) "'오직(suddhaṁ)'이란 궁극적으로(kevalaṁ)라는 뜻이니 자아라는 심재가 섞이지 않은 것이다(attasārena asammissaṁ).
'법의 일어남(dhamma-samuppādaṁ)'이란 조건과 조건 따라 생긴 법의 일어남(paccaya-paccayuppannadhamma-samuppatti)이니 무명 등을 조건으로 하여 [업]형성 등의 법이 오직 발생함(saṅkhārādi-dhammamatta-ppavatti)이다."(ThagA.ii.16)

66) "'형성된 것들의 흐름(saṅkhāra-santati)'이란 오염원과 업과 과보로 구분되는 형성된 것들의 연속이다(kilesa-kamma-vipākappabheda-saṅkhāra

있는 그대로 보는 자에게는[67]
두려움이 없습니다, 우두머리여.

717\. 풀과 나무와 같은 것이
세상이라고 통찰지로 볼 때
그는 내 것이라는 것을 찾지 못하나니[68]
'그것은 내 것이 아니다.'라고 하면서 슬퍼하지 않습니다.

718\. 나는 [72] 몸뚱이에 대해 불만족스럽고[69]
존재에 대해서도 바라는 것이 없습니다.
그러한 이 몸은 부서질 것이고

-pabandha)라는 말이다."(ThagA.ii.16)

오염원과 업과 과보(kilesa-kamma-vipāka)의 세 가지 회전들(tīṇi vaṭṭā-ni)에 대해서는 『아비담마 길라잡이』 제8장 §8과 『청정도론』 XVII.298 이하를 참조할 것.

67) "'있는 그대로 보는 자에게는(passantassa yathābhūtaṁ)'이라고 하였다. 위빳사나와 함께 도의 통찰지로 정확하게 아는 자에게는이라는 말이다."(ThagA.ii.16)

68) "'풀과 나무와 같은 것이 / 세상이라고(tiṇa-kaṭṭha-samaṁ lokaṁ)'라 하였다. 숲에 주인이 없는 풀과 나무가 있는데 그것을 어떤 사람이 가져가면 [그 풀과 나무가] 그에게 '이 사람이 나를 자기 곁으로 가져간다.'라고 하지 않는다. 그와 같이 그는 주인이 없기 때문에(asāmikatāya) 풀과 나무와 같은 형성된 세상(saṅkhāra-loka)을 '통찰지로 볼 때(yadā paññāya passa-ti)' 거기서 '그는 내 것이라는 것을 찾지 못한다(mamattaṁ so asaṁvin-daṁ).' 즉 찾지 못하고 얻지 못하고(alabhanta) 만들지 못한다(akaronta)는 말이다."(ThagA.ii.16)

69) "'나는 몸뚱이에 대해 불만족스럽고(ukkaṇṭhāmi sarīrena)'라고 하였다. 심재가 없고 내몰고 괴롭고 은혜를 모르고(asāraka abhinuda dukkha akataññu) 불결하고 악취가 나고 넌더리 나고 혐오스러운 고유성질을 가진(asuci-duggandha-jeguccha-paṭikkūla-sabhāva) 이 몸에 대해서 나는 불만족스럽다(ukkaṇṭhāmi), 즉 이 몸을 염오하면서(nibbindanta) 이와 같이 서있다는 말이다."(ThagA.ii.16)

다른 것은 존재하지 않을 것입니다.

719. 그대들이 [내] 몸을 가지고 하려는 일을
그대들이 원하는 대로 하십시오.
거기서 나에게는 그것을 조건으로 하여
성냄이나 애정이 없을 것입니다."

720. [합송자들][70]
그의 이런 말을 듣고 놀라고 모골이 송연한 채로
칼을 내려놓고 학도들[71]은 이렇게 말하였다.

721. [도둑들]
"존자시여, 무엇을 하셨습니까?
아니 당신의 스승은 누구십니까?
누구의 교법을 전승하여
그 슬픔 없음을 얻었습니까?"

722. [아디뭇따 장로]
"일체지자이시고 일체를 보시는 분이시며
승자이신 분이 나의 지도자이십니다.
큰 연민을 가지신 그분이 스승이시니
온 세상을 치료하시는 분입니다.

---

70) "이것은 합송자들(saṅgītikārā)이 읊은 게송이다. 이다음의 세 개의 게송({721}~{723})은 도둑들과 장로의 질문과 답변으로 된 게송(vacana-paṭi-vacana-gāthā)이다."(ThagA.iii.14)

71) "여기서 '학도들(māṇavā)'은 도둑들(corā)을 말한다. [『맛지마 니까야』 제2권 「메추라기 비유 경」(M66)에서] '도둑질을 이미 했거나(katakammā) 꾀하고 있는 학도들(도둑들, māṇavā)을 만나고'(M66 §6)에서처럼 도둑들은 학도들이라 불리고 있다."(ThagA.iii.17)

723. 그분이 이 법을 가르치셨으니
멸진으로 인도하고 위없는 것입니다.
그분의 교법을 전승하여
그 슬픔 없음을 얻었습니다."

724. [합송자들][72]
도둑들은 선인의 좋은 말씀을 듣고서
칼들과 무기들을 내려놓은 뒤
어떤 자들은 그 일을 그만두었고
어떤 자들은 출가를 선택하였다.

725. 그들은 선서의 교법에 출가하였다.
깨달음의 구성요소[七覺支]와 힘[五力]을 닦은 그 현자들은
고무된 마음과 행복한 마음으로 기능들[五根]을 닦아서
형성되지 않은[無爲] 열반의 경지에 닿았다.

아디뭇따 장로 (끝)

2. **빠라빠리야 장로**(Th20:2 {726}~{746})

【행장】

『테라가타 주석서』는 여기 {726}~{746}을 주석하면서 빠라빠리야 장로(Pārāpariya thera)[73]에 대해서 이렇게 설명한다.

---

72) "이들({724}~{725})도 합송자들이 읊은 게송이다."(ThagA.iii.17)

73) 같은 빠라빠리야 장로(Pārāpariya thera)의 게송들이 본서 제1권 하나의 모음 {116}과 여기 스물의 모음 Th20:2 {726}~{746}의 21개 게송들과 스물의 모음 Th20:10 {920}~{948}의 29개 게송들로 모두 세 곳에 나타나고 있다. 주석서는 이 가운데 여기 {726}~{746}의 게송들은 부처님 재세 시에 읊은 것이고 {920}~{948}은 부처님 입멸 후에 읊은 것이라고 설명하고 있

"빠라빠리야 장로는 사왓티에서 부유한 바라문 가문의 아들로 태어났다. 그가 적당한 나이가 되었을 때 족성을 통해서 빠라빠리야라는 일반적 호칭이 있게 되었다. 그는 세 가지 베다를 섭렵한 뒤 바라문의 기술에 능통하였다.
그는 어느 날 스승님께서 법문을 하실 시간에 제따와나 승원으로 가서 회중의 가장자리에 앉았다. 스승님께서는 그의 성향(ajjhāsa-ya)을 관찰하시고 [『맛지마 니까야』 제4권] 「감각기능을 닦음 경」(M152)을 설하셨다. 그는 그것을 듣고 믿음을 얻어서 출가하였다. 그는 그 경을 호지한 뒤 그 의미를 사유하였다(anucintesi). 그가 사유한 내용(의미, attha)은 여기 본 게송들에서 분명하게 드러나고 있다. 그는 이처럼 사유하면서 감각장소라는 방법을 통해(āyatana-mukhena) 위빳사나를 확립한 뒤 오래지 않아 아라한됨을 얻었다. 그는 나중에 자신이 사유하는 방식(cintitākāra)을 드러내면서 이 게송들을 읊었다. …"(ThagA.iii.18)

주석서는 다음과 같이 빠라빠리야 장로의 설명을 마무리한다.
"이와 같이 장로는 자신이 사유하는 방식을 설명함(cintitākāra-vibhāvanā)을 통해서 도닦음을 드러내었기 때문에 이것은 그의 구경의 지혜를 천명한 것이라고 봐야 한다."(ThagA.iii.26)

726. "혼자 앉아있고
끊임없이 한거(閑居)하여[74] 참선을 하는

다(ThagA.iii.73). 빠라빠리야 장로에 대한 논의와 설명은 본서 제1권 하나의 모음 {116} 【행장】의 주해와 {116}의 해당 주해도 참조하기 바란다.

74) '끊임없이 한거(閑居)하여'는 pavivitta를 옮긴 것이다. 『맛지마 니까야 주석서』에서 이 pavivitta를 "끊임없이(accantaṁ) 한거하다(vivitta)."(MA.i.101)로 설명하고 있어서 이렇게 옮겼다. 『테라가타 주석서』는 이렇게 설명한다.
"'끊임없이 한거(閑居)하여(pavivittassa)'라는 것은 끊임없이 한거함을 원인으로(paviveka-hetu) 오염원들을 억압함(vikkhambhana)에 의해서 부

사문 빠라빠리야 비구에게
[이러한] 사유[75]가 일어났다.[76]

727. 어떤 순서로 어떤 서계로
어떤 품행으로 [실천]해야
자신이 해야 할 일을 하는[77] 사람이고
누구에게도 해를 끼치지 않는 것인가?

728. 인간의 감각기능들은 이익을 위하기도 하고
손해를 위하기도 하나니
보호받지 않는 것은 손해를 위한 것이고
보호받는 것은 이익을 위한 것이다.

729. 감각기능들을 보호하고
감각기능들을 지킴이
자신이 해야 할 일을 하는 것이고

지런히 한거하여(vivekaṁ āraddha)라는 말인데 이것으로 마음으로 떨쳐버림(citta-viveka)을 보여주고 있다."(ThagA.iii.20)

'떨쳐버림(viveka)'에 대해서는 본서 제1권 하나의 모음 시따와니야 장로(Th1:6)의 게송({6})의 해당 주해와 와나왓차 장로(Th1:13)의 게송({13})의 해당 주해를 참조하기 바란다.

75) "'[이러한] 사유(cintā)'란 법에 대한 사유(dhamma-cintā), 법에 대한 지속적 고찰(dhamma-vicāraṇā)이다."(ThagA.iii.20)

76) "이것은 모두 장로가 자신을 남처럼 여긴 뒤(attānaṁ paraṁ viya katvā) 말한 것이다."(ThagA.iii.20)

77) "'자신이 해야 할 일을 하는(attano kiccakāri)'이라 하였다. '자신이 해야 할 일(attano kicca)'이란 바로 사문의 법(samaṇa-dhamma)이다. 간략하게 말하면 계행과 삼매와 통찰지[戒·定·慧, sīla-samādhi-paññā]이다. 이것을 성취하는 자에게는 남을 괴롭힘(paraviheṭhana)이란 것이 털끝만큼도(lesopi) 없다. 이 [남을 괴롭힘]이 있을 때에는 사문의 삶(samaṇa-bhāva)이란 것이 있지 않기 때문이다."(ThagA.iii.20)

누구에게도 해를 끼치지 않는 것이다.

730. [78]만일 눈의 감각기능이 형색들에 대해
가면서 제지를 하지 않고
위험을 보지 못하면
그는 괴로움으로부터 벗어나지 못한다.

731. 만일 귀의 감각기능이 소리들에 대해
가면서 제지를 하지 않고
위험을 보지 못하면
그는 괴로움으로부터 벗어나지 못한다.

732. 만일 벗어남을 보지 못하면서 [73]
냄새들을 수용하면
그는 괴로움으로부터 벗어나지 못하여
냄새들에 빠진다.

733. 쓰면서도 달콤한 부분을 가졌고[79]
시큼한 부분도 가진 것을 계속해서 생각하면서
맛에 대한 갈애에 계박되어
그는 [교법의] 심장을 깨닫지 못한다.[80]

---

78) "이와 같이 감각기능들을 보호하는 것(rakkhitāni)이 이익(hita)이 된다고 깨끗함의 편(vodāna-pakkha)을 간략하게 보여준 뒤 보호하지 않으면 이로움이 없다고 오염원의 편(saṁkilesa-pakkha)을 분석하여 보여주면서 본 게송 등({730}~{735})을 설하였다."(ThagA.iii.21)

79) '달콤한 부분을 가졌고'는 madhur-aggaṁ을 옮긴 것인데 주석서는 "달콤한 맛의 부분을 가진 것(madhura-rasa-koṭṭhāsaṁ)"(ThagA.iii.22)으로 설명하고 있다.

80) "'그는 [교법의] 심장을 깨닫지 못한다(hadayaṁ nāvabujjhati).'라고 하였

734. 아름답고 혐오스럽지 않은
감촉들을 계속해서 생각하면서
탐욕에 빠진 자는 탐욕을 원인으로
여러 가지 괴로움을 얻는다.

735. 이 법들로부터 마음을
보호할 수 없는 자는
그 때문에 괴로움이 그를 따라오나니
이들 다섯 가지 모두 때문이다.

736. 81)송장이나 다름없는 저 많은 [몸]은
고름과 피로 가득하고
숙련된 사람들이 만든
아름다운 상자처럼 채색되어 있다.

737. 달콤한 맛을 가진 것이 쓰고
사랑하는 자들에 묶인 것이 괴로움이라고 깨닫지 못하여
꿀이 발린 칼날을 빠는 것을

다. '괴로움의 끝을 만들리라.'(S56:32 §3)라고 출가하는 등의 순간에 생겼던 마음을 알지 못하고 관찰하지 못하고, 비난받지 않는 법들을 분쇄하는 맛이라는 갈애(sammaddana-rasa-taṇhā)에 묶여서 교법(sāsana)의 심장, 즉 내면(abbhantara)을 깨닫지 못한다, 알지 못한다, 수행하지 못한다는 뜻이다."(ThagA.iii.22)

81) "이와 같이 보호되지 않은 감각의 문을 가진(agutta-dvāra) 인간들의 여섯 가지 문들을 통해서 여섯 가지 대상들에 대해서 단속되지 않은 표상(asaṁvara-nimitta)을 가져서 생겨나는 괴로움을 보여주었다. 그런데 이 단속되지 않음은 몸의 고유성질을 자각하지 못함(sarīra-sabhāva-anavabodha)에 의한 것이기 때문에 이제 몸의 고유성질을 고찰하면서 이 두 개의 게송({736}~{737})을 설하였다."(ThagA.iii.22)

깨닫지 못하는 것과 같다.[82]

738. [83]여인의 모습에서 여인의 소리에서
여인의 감촉에서 그리고 여인의 냄새에서
애욕에 물들어
여러 가지 괴로움을 얻게 된다.

739. 여인의 흐름들은 모두
다섯이 다섯에서 흐르나니[84]
이것들을[85] 막을 수 있는
정진하는 사람 —

740. [86]그는 목적[87]을 가졌고 그는 법에 서있으며[88]

---

82) '꿀이 발린 칼날을 빠는 것을 / 깨닫지 못하는 것과 같다.'는 khuraṁva madhunā littaṁ, ullittaṁ(ud+√limp, *to smear*) nāvabujjhati를 옮긴 것이다. 주석서는 이렇게 설명한다.

"이러한 몸에 있는 맛에 대한 탐욕(assāda-lobha)에 의해서 큰 괴로움을 겪는다는 것을 깨닫지 못하는 세상(loka)은, 달콤함에 대한 탐욕에 빠져(madhura-giddha) 칼날에 달려 있는 [꿀을] 빨아먹으려는 사람(khura-dhārālehaka-purisa)처럼 보아져야 한다는 말이다."(ThagA.iii.23)

83) "이제 눈 등의 영역이 되는(gocara-bhūtā) 이들 형색 등이 말해졌다. 이것들은 특히 남자가 여자에 계박되었기(itthi-paṭibaddhā) 때문에 좋아하는 것이라고 해서 여기서 단속을 해야 한다는 것을 보여주면서 본 게송({738})을 말하였다."(ThagA.iii.23)

84) "'여인의 흐름들은 모두 / 다섯이 다섯에서 흐르나니(itthisotāni sabbāni, sandanti pañca pañcasu)'라고 하였다. 여인의 형색 등의 [다섯 가지] 대상은 모두 남김없이(anavasesāni) 다섯 가지 갈애의 흐름들(taṇhā-sotāni)로 흐른다. '다섯에서(pañcasu)'라는 것은 [눈 등의] 남자의 다섯 가지 문들에서라는 말이다."(ThagA.iii.24)

85) "'이것들을(tesaṁ)'이란 이 다섯 가지 흐름들을(sotānaṁ)이라는 말이다." (ThagA.iii.24)

86) "이와 같이 형색 등의 영역에 대해서 출가자의 도닦음(paṭipatti)을 보여준

그는 능숙하고 그는 주도면밀한 자이니
기쁨을 누리면서도
법과 목적과 관계된 의무를 행한다.89)

741. 방일하지 않고 분별력이 있는 자는
가라앉게 되어 있는 일을90)

뒤 이제 재가자(gahaṭṭha)의 [도닦음을] 보여주기 위해서 본 게송({740})을 말했다."(ThagA.iii.24)

87) 여기 빠라빠리야 장로(Th20:2 {726}~{746})의 게송들 가운데 본 게송({726}) 이하에서 '목적'으로 옮긴 용어는 attha이다. attha의 의미에 대해서는 본서 제1권 {4}의 첫 번째 주해의 해당 부분을 참조하기 바란다.

88) '그는 목적을 가졌고 그는 법에 서있으며'는 so atthavā so dhammaṭṭho를 옮긴 것이다. 여기에 대해서는 아래 {746}의 첫 번째 주해를 참조할 것.

89) "'기쁨을 누리면서도 / 법과 목적과 관계된 의무를 행한다(kareyya ramamānopi, kiccaṁ dhammatthasaṁhitaṁ).'라고 하였다. 재가의 삶을 기뻐하여 기쁨을 누리면서도(geha-ratiyā ramamānopi) 법과 목적과 관계된, 즉 법과 목적으로부터는 벗어나지 않은(dhammato atthato ca anapeta) 그런 것을 행해야 한다는 말이다. ① 아직 생기지 않은 재물들을 생기게 함(uppādana)과 ② 생긴 것들을 보호함(paripālana)과 ③ 그것을 수용함(paribhoga)을 행해야 한다. 서로에게 온화하고(avirodha) 서로서로 방해되지 않아서(abādhana) 이 세 항목의 목적(tivaggattha)을 위해서 몰두해야 한다는 의미이다. 그리고 이 방법은 바른 도닦음과 어긋나지 않고 세 항목의 목적을 통해서 전개되는데 빔비사라 대왕 등의 경우와 같아서 그들을 통해서 말한 것이다. 이런저런 사람들을 통해서가 아님을 알아야 한다." (ThagA.iii.24)

여기서 살펴봐야 할 용어는 '법과 목적과 관계된 의무'로 옮긴 kicca dhammattha-saṁhita와 '법과 의미와 연결된 구절'로 옮긴 본서 제2권 다섯의 모음 가야깟사빠 장로(Th5:7) {347}b의 dhammattha-sahita pada이다. 같은 dhammattha를 여기 {740}에서는 '법과 목적'으로 옮겼고 {347}b에서는 '법과 의미'로 옮겼는데 문맥과 주석서의 설명에 따라서 이렇게 다르게 옮겼다. {347}에서 dhamma(법)는 사성제를 뜻하고 attha는 이 사성제가 가지는 의미를 뜻하는 것으로 주석서는 설명하고 있다. 여기 {740}에서 dhamma는 부처님 가르침이나 유익한 법을 뜻하고 attha는 재가자들이 세상의 삶에서 성취하려는 목적을 뜻하는 것으로 여겨지기 때문에 고심 끝에 여기서는 attha를 목적으로 옮겼음을 밝힌다.

'저것은 해야 할 일이 아니다.'라고 생각하여
아무 이익이 없는 일을 피해야 한다.

742. 목적과 연결되어 있는 것과
법에 관계된 기쁨 —
그것을 받아들여야 한다.91)
그것이 가장 높은 기쁨이다.

743. 92)그는 이런저런 수단들을 사용하여

---

90) '가라앉게 되어 있는 일을'은 atho sīdati saññuttaṁ을 옮긴 것이다. 노만 교수는 '*business which is doomed to failure*'로 옮겼다. 그는 주해에서 Woodward가 제안한 adho-sīdana-saṁyuttaṁ(*connected with sinking down*)을 소개하고 있다.(K.R. Norman 230쪽 §741의 주해 참조) 여기서 동사 sīdati는 √sad(*to sit*, 앉다)의 현재 3인칭 단수이고 saññutta(saṁyutta)는 saṁ+√yuj(*to join*)의 과거분사로 '묶인, 연결된'을 뜻한다. 역자는 이를 참조해서 이렇게 옮겼음을 밝힌다. 주석서는 "만일 이 세상에서 잘 연결되어 있는 지금·여기의 일을 파악하여 확립된다면(yadi idha-loke supasaṁhitaṁ diṭṭhadhammikaṁ atthaṁ pariggahetvā ṭhitaṁ)" (ThagA.iii.24)으로 설명하고 있다.

91) "'목적과 연결되어 있는 것과 / 법에 관계된 기쁨 — / 그것을 받아들여야 한다(yañca atthena saññuttaṁ, yā ca dhammagatā rati / taṁ samādā-ya vattetha).'라고 하였다. 지금·여기와 미래로 구분되는 목적(attha)이 이익(hita)과 연결되어 있어서 이 두 가지 이익을 가져오는 것과 아주 유익한 법과 연결된(adhikusala-dhammagatā) 사마타와 위빳사나와 관계된 기쁨 — 이 두 가지를 바르게 받아들이고(sammā ādiyitvā) 수지한 뒤(pariggahaṁ katvā) 진행해야 한다(vatteyya)는 말이다. [『법구경』의] '법의 기쁨이 모든 기쁨을 이긴다.'(Dhp {345})라는 말씀으로부터 그것은 전적으로 가장 높은 이치(uttamattha)를 얻기 때문에 '가장 높은 기쁨(uttamā rati)'이라 한다."(ThagA.iii.24~25)

한편 『테라가타 주석서』는 본서 제2권 열의 모음 쭐라빤타까 장로(Th10:4)가 읊은 "가장 높은 이치를 얻기 위해 나는 삼매를 닦았습니다."({561})를 설명하면서 "여기서 가장 높은 이치란 아라한됨이다."(ThagA.ii.240)라고 하였다. 본서 제2권 열셋의 모음 소나 꼴리위사 장로(Th13:1) {639}의 주해도 참조할 것.

남의 것들을 뺏어오기를 원한다.
그는 죽이고 때리고 슬프게 만들고
남들에게 폭력을 행사한다.

744. 마치 힘센 사람이 쐐기로
쐐기를 쳐서 [그것을] 빼내는 것처럼
능숙한 자는 [다섯 가지] 기능들로
감각기능들을 쳐서 그렇게 한다.93)

745. 믿음과 정진과 삼매와
마음챙김과 통찰지를 닦으면서
다섯 가지들로 다섯 가지들을 쳐서
바라문은 근심 없음으로 간다.94)

---

92) "그러나 감각적 쾌락의 기쁨과 연결된 의무(kāma-rati-saṁyutta kicca)는 이로움이 없는 것(niratthaka)이라고 말하였는데(cf. {741}) 그것이 목적과 연결되지 않았음(anatth-upasaṁhita-bhāva)을 보여주기 위해서 본 게송({743})을 말했다."(ThagA.iii.25)

93) '마치 힘센 사람이 쐐기로 / 쐐기를 쳐서 [그것을] 빼내는 것처럼'은 tacchan-to āṇiyā āṇiṁ, nihanti balavā yathā를 옮긴 것이다. 주석서는 본 게송의 의미를 이렇게 설명한다.

"마치 '힘센 사람이(balavā)', 즉 몸의 힘과 지혜의 힘을 구족한 목수(tacchaka)가 나무토막으로 만든 쐐기(āṇi)를 빼내려고(nīharitukāma) 거기에다 강한 쐐기를 박아 넣어서(koṭenta) 그곳에서 빼내는(nīharati) 것과 같다. 그와 같이 능숙한(kusala) 비구는 눈 등의 감각기능들(cakkhādīni indriyāni)을 위빳사나의 힘으로 내리치고자 하여(nihantukāma) [다섯 가지] 기능들(indriyāni)을 통해서 그렇게 내리친다(nihanti)는 말이다."(ThagA.iii.25)

94) "그 뜻은 이러하다. — [참된 바라문은] 확신을 특징으로 가진(adhimokkha-lakkhaṇa) 믿음과 분발(paggaha)을 특징으로 가진 정진과 산만하지 않음(avikkhepa)을 특징으로 가진 삼매와 확립(upaṭṭhāna)을 특징으로 가진 마음챙김과 봄(dassana)을 특징으로 가진 통찰지라는 이들 해탈을 익게 하는(vimuttiparipācakāni) 다섯 가지 기능들[五根, pañcindriyāni]을 수행

746. 그는 목적을 가졌고 그는 법에 서있다.[95]
부처님께서 말씀으로 교계하신 것을
모든 방면에서 완전하게 행하여서
그 사람은 행복을 증장시킨다."[96]

빠라빠리야 장로 (끝)

3. **뗄라까니 장로**(Th20:3 {747}~{768})

【행장】

"뗄라까니 장로(Telakāni thera)는 사왓티에서 어떤 바라문 가문에 태어났다. 그는 스승님보다 먼저 태어났다. 그는 적당한 나이가 되어 인연이 성숙되었기 때문에(hetu-sampannatā) 감각적 쾌락들을 혐오하면서(jigucchanta) 재가의 삶을 버리고 유행승으로 출가하였다. 그는 [세속으로부터] 벗어나는 성향을 가져(vivaṭṭ-ajjhāsaya) '저 언덕에 도달한(pāraṅgata) 사람은 이 세상에서 누구인가?'라는 등으로 해탈을 추구하면서 유행하여 이런저런 사문과 바라문들에게 다가가서 질문을 하였지만 성취되지 않

하고 증장시킨다. 그는 눈 등의 다섯 가지 감각기능들에서 친밀함과 적대감(anunaya-paṭigha) 등의 오염원이 일어나면(kilesuppatti) 이들 다섯 가지 기능들(오근)을 통해서 [이 감각기능들이] 문이 됨을 제거하여(dvārabhāva-vihana) 죽인 뒤에 성스러운 도로써 그것이 강하게 의지하고 있는 [조건인] 오염원들을 뿌리 뽑는다. 이처럼 거기서 근심 없고(anīgha) 괴로움 없는(niddukkha) 바라문은 무여열반으로 간다(yāti), 다가간다(upagacchati)는 뜻이다."(ThagA.iii.25)

95) "'그는 목적을 가졌고(so atthavā)'라고 하였다. 그는 앞에서 말한 바라문이어서(yathāvutto brāhmaṇo) 가장 높은 이치(uttamattha) 즉 아라한됨을 구족하였기 때문에 목적을 가졌다고 하고 그것을 얻게 하는(sampāpaka) 법에 섰기 때문에 '법에 서있다(dhammaṭṭho).'라고 하였다."(ThagA.iii.25)

96) "이와 같이 장로는 자신이 사유하는 방식을 설명함(cintitākāra-vibhāvana)을 통해서 도닦음을 설명하였기 때문에 이것은 그의 구경의 지혜를 천명한 것이라고 봐야 한다."(ThagA.iii.26)

았다.

그때 우리 세존께서 세상에 오셔서 뛰어난 법의 바퀴를 굴리시면서 세상의 이익(lokahita)을 행하고 계셨는데 어느 날 그는 스승님께 다가가서 법을 듣고 믿음이 생겨 출가하였다. 그는 위빳사나의 업을 행하면서 오래지 않아 아라한됨에 확립되었다."(ThagA.iii.26~27)

주석서는 장로가 이 게송들을 읊게 된 이유를 다음과 같이 설명하고 있다.

"그는 어느 날 비구들과 함께 앉아서 자신이 증득한 특별함을 반조한 뒤에 그것을 계속해서 생각하고 자신의 도닦음을 계속해서 생각한 뒤 모든 비구들에게 설명하면서 이 게송들을 읊었다."(ThagA.iii.26~27)

747. "참으로 오랜 세월을 근면하게
나는 법을 사유하여 왔고
사문들과 바라문들에게 질문하였지만
마음의 편안함을 얻지 못하였습니다.97)

748. '세상의 [74] 저 언덕에 간 자는 누구인가?
누가 불사(不死)로 귀결됨을 얻었는가?
궁극적 의미[勝義]98)를 알게 하는

---

97) "'사문들과 바라문들에게 질문하였지만 / 마음의 편안함을 얻지 못하였습니다(samaṁ cittassa nālatthaṁ, pucchaṁ samaṇabrāhmaṇe).'라고 하였다. 이런저런 여러 외도의 사문과 바라문들에게 해탈의 법(vimutti-dhamma)을 질문하였지만 천성적으로 고요하지 못한 고유성질을 가진(an-upasanta-sabhāva) 그는 마음의 편안함이요(vūpasama-bhūta), 윤회의 괴로움을 벗어남(vaṭṭa-dukkha-vissaraṇa)인 성스러운 법을 얻지 못하였다(nālatthaṁ), 증득하지 못하였다(nādhigacchaṁ)는 뜻이다."(ThagA.iii.28)

누구의 법을 나는 인정하는가?'

749. 나는 안으로 갈고리에 걸려 있었나니
마치 물고기가 미끼를 삼킨 것과 같았으며
[신들의 왕] 마힌다[99]의 올가미에 걸린
웨빠찌띠 아수라[100]와 같았습니다.[101]

---

98) "'궁극적 의미[勝義, paramattha]'란 전도되지 않은 발생과 정지(aviparīta-ppavatti-nivattiyo, 즉 고성제와 멸성제)이다."(ThagA.iii.28)

99) '[신들의 왕] 마힌다'는 Mahinda를 옮긴 것이다. 마힌다(위대한 인다)는 인드라(Indra) 즉 신들의 왕인 삭까(Sakka)를 말한다.(ThagA.iii.28) 신들의 왕 삭까에 대해서는 본서 제2권 열의 모음 {533}의 해당 주해를 참조하고 다음 주해도 참조할 것.

100) '웨빠찌띠 아수라'는 Vepacity asura를 옮긴 것이다. PTS 본과 VRI본에 이렇게 나타난다. 그러나 PTS 본과 VRI본의 『디가 니까야』 제2권 「대회경」(大會經)」(D20) §12에는 Vepacitti로 『상윳따 니까야』 제1권 「웨빠찟띠 경」(S11:4) 등에는 모두 Vepacitti asurinda로 나타나고 있어서 4부 니까야에서는 모두 웨빠찟띠 아수라로 옮겼다.
『상윳따 니까야』 제1권 「웨빠찟띠 경」(S11:4)과 「금언의 승리 경」(S11:5)과 「해치지 않음 경」(S11:7) 「숲의 선인 경」(S11:9) 「요술 경」(S11:23)에서는 삭까와 대적하는 아수라의 왕으로 웨빠찟띠가 등장한다. 이처럼 웨빠찌띠 아수라는 신들의 왕 삭까(인드라)와는 아주 오래된 적대자였다.

그러나 신들의 왕 삭까(인드라)의 아내는 빠자빠띠라는 아수라 처녀였으며 그래서 인드라는 수자의 남편(수잠빠띠)이라고도 불린다고 「삭까의 이름 경」(S11:12 §3)은 말하고 있다. 신들의 왕인 삭까(인드라)가 어떻게 해서 아수라 왕 웨빠찟띠의 딸인 수자(Sujā)의 남편이 되었는가 하는 것은 『법구경 주석서』(DhpA.i.278~279; BL 1:323)와 『자따까』(J.i.206)에 나타나고 있다.

그런데 아수라 왕 삼바라(Sambara asurinda)가 아수라 왕 웨빠찟띠와 동일인이라고 주석서는 설명한다.(SA.i.347. S11:10 §7의 주해 참조) 그러나 리스 데이비즈 여사(C.Rh. D)는 『상윳따 니까야』 제1권 「요술 경」(S11:23)을 예로 들면서 다른 인물이라고 지적하고 있다. 「요술 경」(S11:23) {943}에서 웨빠찟띠(Vepacitti)는 자신과 삼바라(Sambara)를 다른 아수라로 구분하고 있기 때문이다. 복주서도 삼바라는 웨빠찟띠 이전에 아수라들의 왕을 지낸 자라고 적고 있다.

101) "이와 같이 나는 이전에 오염원의 올가미(kilesa-pāsa)에 걸려서 자기 의지

750. 나는 그것을[102] 끌어당겼지만
나는 이 슬픔과 비탄으로부터 벗어나지 못했습니다.
세상에서 누가 나의 묶임을 풀게 할
바른 깨달음을 체득하게 할 것인가?

751. 부서지기 쉬운 것[103]을 보여주는
어떤 사문이나 바라문을 [나는 받아들이며]
늙음과 죽음을 씻어 가버리는 것으로
누구의 법을 나는 인정하는가?

752. 의심과 의혹에 묶였고[104]

대로 하지 못하면서 머물렀고(aseri-vihārī) 큰 괴로움을 얻었다는 의미이다."(ThagA.iii.28)

102) "여기서 '그것(naṁ)'이란 오염원의 올가미(kilesa-pāsa)이다."(ThagA.iii.28)

103) "'부서지기 쉬운 것(pabhaṅguṇa)'이란 부서짐(pabhañjana)인데 오염원들을 부숨(kilesānaṁ viddhaṁsana)이다."(ThagA.iii.28~29)

『상윳따 니까야 주석서』는 『상윳따 니까야』 제3권 「부서지기 쉬운 것 경」 (S22:32) §2에서 이렇게 설명한다.
"'부서지기 쉬운 것(pabhaṅgu)'이란 부서지는 고유성질을 가진 것(pabhijjana-sabhāva)이다. 이와 같이 여기서는 무상의 특상(anicca-lakkhaṇa)이 설해지고 있다."(SA.ii.265)

104) "'의심과 의혹에 묶였고(vicikicchā-kaṅkhā-ganthitaṁ)'라고 하였다. '나는 과거에 존재했을까?'(M2 §7; S12:20 §6)라는 등으로 전개되는 의심(vicikicchā)과, 회피와 망설임의 형태로 전개되는(āsappana-parisappan-ākāra-vutti) 의혹(kaṅkhā)에 묶였다는 말이다."(ThagA.iii.29)

『맛지마 니까야 주석서』는 「두려움과 공포 경」 (M4) §12에서 이렇게 설명한다.
"'의혹(kaṅkhā)'과 '의심(vicikicchā)'은 같은 것으로 다섯 번째 장애이다. '이것은 무엇인가?'라고 대상에 대해 의심하는 것이 '의혹'이고, '이것은 바로 그것이다.'라고 결정할 능력이 없는 상태를 '의심'이라 한다."(MA.i.116)

뻔뻔스러움의 힘과 결합되었으며
분노에 찬 마음으로 완고한
욕망의 화살은[105]

753. 갈애의 활에서 생겼고[106]
두 개의 15개와 연결되어 있나니[107]

---

105) '분노에 찬 마음으로 완고한 / 욕망의 화살은'은 kodha-ppatta-mana-tthaddhaṁ, abhijappappadāraṇaṁ을 옮긴 것이다. 여기서 '욕망의 화살'로 옮긴 abhijappappadāraṇa는 abhijappa+padāraṇa로 분석되는데 abhi-jappa는 갈애(taṇhā)를 뜻한다(MAṬ.ii.134). 노만 교수는 CPD를 참조하여 padāraṇa를 *arrow*로 옮겨서 이 전체를 *the arrow of desire*로 옮겼다. 이것은 아래 {753}a에 나타나는 갈애의 활(taṇhā-dhanu)과 잘 배대가 된다.(K.R. Norman, 233쪽 §752의 주해 참조) 역자도 이를 따랐다. 주석서는 이렇게 설명한다.

"'분노에 찬 마음으로 완고한(kodhappatta-mana-tthaddhaṁ)'이라고 하였다. 모든 곳에서 분노에 의해서 결합된 마음으로 완고한 상태(thaddha-bhāva)에 이른 욕망의 화살(abhijappa-ppadāraṇa)이라는 말이다. 원하는 것을 얻지 못함 등(icchitālābhādi)을 통해서 갈애는 중생들의 마음을 쪼개버리는 것처럼(padālentī viya) 전개되기 때문이다."(ThagA.iii.29)

106) '갈애의 활에서 생겼고'는 taṇhā-dhanu-samuṭṭhānaṁ을 옮긴 것이다. 주석서는 이렇게 설명한다.

"멀리 서있다 하더라도 다가가지 않고도 뚫어버리기 때문에(vijjhanupāyatā-ya) 갈애는 참으로 활에서 생겼다, 발생했다고 해서 '갈애의 활에서 생긴 것(taṇhā-dhanu-samuṭṭhānaṁ)'이니 견해의 쇠살(diṭṭhi-salla)을 말한다."(ThagA.iii.29)

107) "'그런데 이것은 20가지 토대를 가진 유신견(vīsati-vatthukā sakkāya-diṭṭhi)과 10가지 토대를 가진 그릇된 견해(micchādiṭṭhi)로 30가지로 구분이 된다(tiṁsa-ppabhedaṁ). 그래서 '두 개의 15개와 연결되어 있나니(dve ca pannarasāyutaṁ).'라고 하였는데 15개로 구분되는 것을 두 번 더 했다(dvikkhattuṁ pannarasa-bhedavantaṁ)는 뜻이다."(ThagA.iii.29)

경에 의하면 20가지 유신견(有身見, sakkāya-diṭṭhi), 즉 20가지 [불변하는] 자신이 존재한다는 견해는 ①~⑤ 오온을 자아라고 수관(隨觀)하는 것(rūpaṁ attato samanupassati) ⑥~⑩ 오온을 가진 것이 자아라고 [수관하는 것](rūpavantaṁ vā attānaṁ) ⑪~⑮ 오온이 자아 안에 있다고 [수관

강인한 가슴을 부수고
어떻게 머무는지를 보십시오.108)

754. 회의적인 견해를 버리지 못하고109)
[그릇된] 사유와 기억으로 날카로워지고
이것에 찔려서 나는 흔들리고 있습니다.110)
마치 바람에 흩날리는 잎사귀처럼.

하는 것](attani vā rūpaṁ) ⑯~⑳ 오온 안에 자아가 있다고(rūpasmiṁ vā attānaṁ) [수관하는 것]이다.(S22:1 §§10~14 등 참조) 이 유신견은 예류도에 듦으로써 없어진다. 『상윳따 니까야』 제3권 「자기 존재 경」(S22:105) §4에서는 취착의 [대상이 되는] 다섯 가지 무더기(오취온)가 바로 자기 존재[有身, sakkāya]라고 나타난다.

『위방가』는 열 가지 토대를 가진 그릇된 견해를 이렇게 정의한다.
"여기서 무엇이 '열 가지 토대를 가진 그릇된 견해(dasavatthukā micchā-diṭṭhi)'인가? ① 보시도 없고, ② 공물도 없고, ③ 제사(헌공)도 없다. ④ 선행과 악행의 업들에 대한 열매도 과보도 없다. ⑤ 이 세상도 없고, ⑥ 저 세상도 없다. ⑦ 어머니도 없고, ⑧ 아버지도 없다. ⑨ 화생하는 중생도 없고, ⑩ 이 세상과 저 세상을 스스로 최상의 지혜로 알고 실현하여 드러내는 바른 도를 구족한 사문・바라문들도 이 세상에는 없다.(Dhs §1221) — 이것이 열 가지 토대를 가진 그릇된 견해이다."(Vbh. §971 = M41 §10; M60 §5; S24:5 §3; A10:176 §5 등)

108) "자신에게 말한 것이다(attānameva ālapati)."(ThagA.iii.29)

109) "'회의적인 견해를 버리지 못하고(anudiṭṭhīnaṁ appahānaṁ)'라고 하였다. 회의적인 견해가 되는 나머지 견해들을 버리지 못함을 그 이유로 해서 그렇다는 말이다. 유신견(sakkāya-diṭṭhi, 자아가 있다는 견해)이 흐름[相續, santāna]으로부터 사라지지 않는 한 상견(常見, sassata-diṭṭhi) 등이 버려지지 않았기 때문이라는 말이다."(ThagA.iii.29)

110) "'이것에 찔려서 나는 흔들리고 있습니다(tena viddho pavedhāmi).'라고 하였다. 이러한 견해의 쇠살(diṭṭhi-salla)에 의해서 가슴(hadaya)을 맞아서 서있는 것처럼 그와 같이 찔려서 나는 흔들리고 있다, 즉 [이처럼 그릇된] 사유에 빠져 있다(saṅkappāmi)는 말이다. 상견과 단견 등(sassat-ucched-ādi)을 통해서 이곳저곳으로 떠돌아다니고 있다(parivaṭṭāmi)는 뜻이다."(ThagA.iii.29)

755. [그것은] 내 안에서 생겨서
즉시에 내 것을 태우나니
여섯 가지 감각접촉의 장소를 가진
몸은 늘 흘러갑니다.111)

756. 나는 여러 가지 탐침(探針)이나
칼을 사용하지 않고
이러한 나의 화살, 즉 의심함을
뽑아낼 의사(醫師)를 보지 못합니다.

757. 화살이 나의 내면을 의지하고 있는데
누가 칼도 상처도 없이
사지를 아무것도 해치지 않고
그 화살을 뽑아낼 것입니까?

758. 참으로 법의 주인이시고
독약의 결점을 제거하시는 최상이신 그분께서
심연에 떨어진 나에게
땅과 손을 보여주실 것입니다.112)

---

111) "'[그것은] 내 안에서 생겨서(ajjhattaṁ me samuṭṭhāya)'라고 하였다. 세상에서 쇠살(salla)이란 것은 밖에서 생겨서 안을 부수고 억압하지만 이것은 그렇지 않다. 이것은 안에서(ajjhattaṁ), 나에게서(me), 나 자신에게서(mama attabhāve) 생긴다. 자기 존재(atta-bhāva)라 알려진 여섯 가지 감각접촉의 장소를 가진 이 몸(cha-phass-āyatana-kāya)은 '즉시에(khip-paṁ)', 빨리(sīghaṁ), '태우나니(paccati)', 불타게 하나니(ḍayhati). 무엇처럼? 불처럼 의지처를 태움(sanissaya-ḍāhaka)과 함께 그것을, 즉 '내 것을(māmakaṁ)', 내 곁에 있는 자기 자신을 태우면서 생기는 것처럼 거기서 '흘러간다(sarati)', 전개된다(pavattati)."(ThagA.iii.29)

112) "'심연에 떨어진 나에게 / 땅과 손을 보여주실 것입니다(gambhīre patita

759. 나는 진창과 먼지가 제거될 수 없는
호수에 뛰어들어 있었는데[113]
[그곳은] 속임수와 시기와 뻔뻔스러움과
해태와 혼침으로 덮여있었습니다.

760. 사유들은 탐욕을 의지하나니
들뜸의 먹구름으로 천둥 치고
족쇄의 구름을 가진[114]
나쁜 견해를 실어 나르는 바람들입니다.

761. 흐름들은 모든 곳에서 흐르고[115]

-ssa me, thalaṁ pāṇiñca dassaye).'라고 하였다. 너무나도 깊은(atigambhīra) 윤회의 큰 폭류(saṁsāra-mahogha)에 떨어진 나에게 '두려워하지 말아라.'라고 편안하게 하시면서(assāsenta) 열반의 땅(nibbāna-thala)과 그것을 얻게 하는 성스러운 도의 손(ariyamagga-hattha)을 보여주실 것이라는 말이다."(ThagA.iii.30)

113) "'나는 호수에 뛰어들어 있었는데(rahade' ham asmi ogāḷho)'라고 하였다. 윤회의 큰 호수에(mahati saṁsāra-rahade) 나는 머리와 더불어(sasīsaṁ, 통째로) 빠져듦(nimujjana)을 통해서 뛰어들었다, 들어갔다(anupa-viṭṭha)는 말이다."(ThagA.iii.30)

114) '족쇄의 구름을 가진'은 saṁyojana-valāhakaṁ을 옮긴 것이다. 이것은 소유복합어[有財釋, bahuvrīhi]이다. 주석서는 이렇게 설명한다.

"열 가지 족쇄들이 이들의 구름들이라고 해서(dasavidhā saṁyojanā eva valāhakā etesanti) '족쇄의 구름을 가진 것들(saṁyojana-valāhakā)'이라고 한다."(ThagA.iii.31)

115) "'흐름들은 모든 곳에서 흐르고(savanti sabbadhi sotā)'라고 하였다. 갈애의 흐름(taṇhā-sota), 사견의 흐름(diṭṭhi-sota), 자만의 흐름(māna-sota), 무명의 흐름(avijjā-sota), 오염원의 흐름(kilesa-sota)이라는 이 다섯 가지 흐름들(sotā)은 눈의 문 등을 통해서 모든 형색 등의 대상들에서 흐르기 때문에 '형색에 대한 갈애는 … 법에 대한 갈애는'(Vbh §204; §232 등)이라는 등으로 모든 부분들(sabba-bhāgā)을 통해서 흐르기 때문에 '모든 곳에서 흐른다.'고 하였다(sabbabhāgehi vā savanato sabbadhi savanti)."

넝쿨은 솟아올라 서있습니다.116)
누가 그 흐름들을 막고
누가 그 넝쿨을 자를 것입니까?117)

762. 존자들이시여, 흐름들을 막는 [75] 둑을 만드십시오.
그대의 마음으로 만든 흐름이
마치 [둑에 서있는] 나무를 그렇게 하듯이118)
그대들을 급작스럽게 망가뜨리지 않게 하십시오.119)

(ThagA.iii.31)

한편 『쭐라닛데사』(Nd2.7)에는 갈애의 흐름, 사견의 흐름, 오염원의 흐름, 나쁜 행위의 흐름(duccarita-sota), 무명의 흐름의 다섯 가지가 나타나고 있다. 즉 자만의 흐름 대신에 나쁜 행위의 흐름이 나타난다.

116) "'넝쿨은 솟아올라 서있습니다(latā ubbhijja tiṭṭhati).'라고 하였다. 여기서 '넝쿨(latā)'은 에워싼다는(paliveṭhana) 뜻에서, 엉킨다(saṁsibbana)는 뜻에서 넝쿨인데 넝쿨은 갈애(taṇhā)를 말한다. '솟아올라 서있습니다(ubbhijja tiṭṭhati).'라는 것은 [눈 등의] 여섯 가지 문들로부터 솟아올라서 형색 등의 대상들에 서있다는 말이다."(ThagA.iii.31)

117) "'누가 그 흐름들을 막고 / 누가 그 넝쿨을 자를 것입니까(te sote ko nivāreyya, taṁ lataṁ ko hi checchati)?'라고 하였다. 여기서 '그 흐름들(te sote)'이란 갈애 등의 흐름들인데 나의 흐름들(santānā)을, 즉 흘러감들(sandantā)을 도의 다리로 막음(maggasetu-bandhana)에 의해서 어떤 특별한 사람(purisa-visesa)이 막을 것인가라는 말이다. '그 넝쿨을(taṁ lataṁ)'이라고 하였다. 갈애의 넝쿨(taṇhā-latā)을 도의 칼(magga-sattha)로써 누가 '자를 것입니까(checchati)?'라는 말이다."(ThagA.iii.31)

118) '마치 [둑에 서있는] 나무를 그렇게 하듯이'는 rukkhaṁva(마치 나무를)를 주석서를 참조하여 풀어서 옮긴 것이다. 주석서는 이렇게 설명한다.

"마치 그 물의 흐름이 증가하여(udaka-soto vaḍḍhanto) 둑에 서있는 나무를(kūle ṭhitaṁ rukkhaṁ) 쓰러뜨린 뒤 망가지게 하듯이(pātetvāva nāseti)라는 뜻이다."(ThagA.iii.31)

119) '망가뜨리지 않게 하십시오.'는 mā luve를 옮긴 것이다. luve는 빠알리 삼장 가운데서 여기에만 나타나는 것으로 여겨진다. 주석서는 이것을 "mā vināseyya(파멸하게 하지 말라.)"(ThagA.iii.31)로 설명하고 "재앙(anayabyasana)을 얻게 하지 말라(mā pāpeyya)는 뜻이다."(Ibid.)로 설명을 덧붙이

763. [120]이와 같이 나에게는 두려움이 생겼고
이쪽 기슭으로부터 저 언덕[彼岸]을 찾았습니다.[121]
통찰지를 무기로 하는 스승님은 나에게 의지처였으며
선인의 모임이 [그분을] 의지하고 있었습니다.

764. 내가 휩쓸려 가는 동안[122] 그분은
잘 만들어지고 깨끗하고 법의 정수로 만들어진
튼튼한 사다리를 주셨습니다.
그리고 '두려워하지 마라.'라고 나에게 말씀하셨습니다.

765. 마음챙김의 확립이라는 누각으로
나는 올라가서 반조하였는데[123]

고 있어서 이렇게 옮겼다. 노만 교수는 luve를 √lu/lū, lunāti, Sk:lunāti/lunoti, 자르다, *to cut*)에서 파생된 것으로 설명한다.

120) "이와 같이 이 장로는 이전의 자기 존재에서 형성된 것들을 잘 고찰하였고(parimaddita-saṅkhārattā) 지혜가 무르익었기 때문에 지금 진행되는 괴로움을 지탱하면서 의심 등의 오염원인 법들(saṁkilesa-dhammā)을 파악하였다. 그런 모습을 보여준 뒤 이제 절박함이 생겨(jāta-saṁvega) 유익함이 무엇인지를 찾으면서(kiṁ-kusala-gavesī) 스승님의 곁에 가서 그 특별함을 확신하게 되었는데 그것을 보여주면서 본 게송 등({763}~{766})을 말하였다."(ThagA.iii.31)

121) '이쪽 기슭으로부터 저 언덕[彼岸]을 찾았습니다.'는 apārā pāram esato를 옮긴 것이다. 주석서는 이렇게 설명한다.

"apārā(이쪽으로부터)라는 것은 이쪽 기슭으로부터(orima-tīrato)라는 뜻이다. 두려움과 함께하는(sappaṭibhayato) 윤회의 흐름으로부터(saṁsāra-vaṭṭato) 어떻게 벗어날 것인가(muñceyyaṁ)라고 하면서 '저 언덕(pāra)' 즉 열반을 찾았다(gavesata)는 말이다."(ThagA.iii.31)

122) '내가 휩쓸려 가는 동안'은 vuyhamānassa를 주석서를 참조하여 옮긴 것이다. 주석서는 이 부분을 "스승님께서는 위빳사나라 불리는 사다리(sopāna)를 큰 폭류에 의해서 휩쓸려 가는 나에게(mahoghena vuyhamānassa mayhaṁ) 주시면서"(ThagA.iii.32)로 설명하고 있다.

사람들은 내가 전에 사량(思量)하였던
자기 존재가 있음[有身]을 기뻐하고 있었습니다.

766. 그리고 배가 올라가는 길을
내가 보았을 때[124)]
[나의 마음은] 자아에 고착되지 않고[125)]
가장 높은 성소(聖所)의 계단[126)]을 보았습니다.[127)]

---

123) '마음챙김의 확립이라는 누각으로 / 나는 올라가서 반조하였는데'는 satipaṭṭhānapāsādaṁ, āruyha paccavekkhisaṁ을 옮긴 것이다. 주석서는 이렇게 설명한다.

"'마음챙김의 확립이라는 누각으로(satipaṭṭhāna-pāsādaṁ)'라는 것은 그 위빳사나의 사다리(vipassanā-sopāna)인 몸을 관찰함 등(kāya-anupassanādi)으로 얻어지는 네 가지 사문됨의 결실이라는 특별함(laddhabba-catubbidha-sāmañña-phala-visesa)을 통해서 네 가지 경지를 구족한 마음챙김의 확립이라는 누각(satipaṭṭhāna-pāsāda)으로 올라가서 '반조하였다(paccavekkhisaṁ).' 즉 네 가지 진리의 법을 도의 지혜로 반조하였다(patiavekkhiṁ), 즉 꿰뚫었다(paṭivijjhiṁ)는 말이다."(ThagA.iii.32)

124) "'그리고 배가 올라가는 길을 / 내가 보았을 때(yadā ca maggam addakkhiṁ, nāvāya abhirūhanaṁ)'라는 것은 성스러운 도의 배(ariyamagga-nāvā)가 올라가는 수단이 되는(abhiruhanūpāya-bhūta) 위빳사나의 도를 정확하게(yāthāvato) 보았을 때라는 말이다."(ThagA.iii.32)

125) '[나의 마음은] 자아에 고착되지 않고'는 anadhiṭṭhāya attānaṁ을 주석서를 참조해서 옮긴 것이다. 주석서는 "자아를 마음에(citte) 고착되게 하지 않고, 즉 놓지 않고 취하지 않고(aṭṭhapetvā aggahetvā)"(ThagA.iii.32)로 설명하고 있다.

126) 여기서 '성소(聖所)의 계단'은 tittha를 옮긴 것이다. tittha(Sk: tīrtha)는 √tṝ(*to cross*)에서 파생된 명사로 인도 바라나시의 강가 강 등의 성스러운 곳[聖所]의 기슭에 있는 계단을 말한다.
성소의 계단으로 옮기는 이 tittha와 관계가 있는 용어에는 '외도'로 옮기는 titthiya(D16 §5.15 등등)가 있다. 문자적으로 titthiya는 'tittha, 즉 성소(聖所)의 계단에 속하는 자'라는 뜻이다. 이 용어는 다른 쪽을 뜻하는 단어 añña와 함께 쓰여 añña-titthiya(외도, 다른 외도, D08 §22 등등)로도 초기불전에 많이 나타나고 있는데 다른 쪽 성소의 계단에 속하는 자라는 의미에서 역시 외도를 뜻한다. 주석서는 외도를 이렇게 설명하고 있다.

767. 128)화살과 [그것이] 자아에서 생김과129)
존재에 [묶어두는] 사슬에서 만들어짐과130)
이들의 존재하지 않음을 위하여131)
가장 높은 도를 가르치셨습니다.132)

"'외도들(añña-titthiyā)'이라는 것은 견해(dassana)도 외관(ākappa)도 처신(kutta)도 행실(ācāra)도 거처(vihāra)도 행동거지(iriyāpatha)도 [모두] 다른 외도들(aññe titthiyā)을 말한다."(DA.iii.833)

127) '가장 높은 성소(聖所)의 계단을 보았습니다.'는 tittham addakkhim utta-maṁ을 옮긴 것이다. 주석서는 이렇게 설명한다.

"'성소(聖所)의 계단(tittha)'이란 열반이라 부르는(nibbāna-saṅkhāta) 죽음 없음이라는 위대한 저 언덕(amata-mahā-pāra)의 성소의 계단이 되는 것(tittha-bhūta)을 뜻한다. '가장 높은(uttama)'이라 하였다. 이러한 성스러운 도를 보는 것(ariyamagga-dassana)이 모든 도와 모든 유익한 법들 가운데 가장 높음(ukkaṭṭha)을 말한다. 이러한 것을 나는 '보았습니다(addakkhiṁ)', 정확하게 보았습니다(yāthāvato apassiṁ)라고 말하고 있다."(ThagA.iii.32)

128) "이와 같이 자신의 위없는 도의 증득(anuttara maggādhigama)을 밝힌 뒤 이제 그것을 설하시는 정등각자를 찬탄하면서(thomento) 본 게송 등({767}~{768})을 읊었다."(ThagA.iii.32)

129) "'화살과 [그것이] 자아에서 생김과(sallaṁ atta-samuṭṭhānaṁ)'라고 하였다. 여기서 '화살(sallaṁ)'은 사견과 자만 등의 오염원의 화살(diṭṭhi-mānādi-kilesa-salla)이다. '자아에서 생김(atta-samuṭṭhāna)'이란 '나'라는 자만이 있는 장소이기 때문에(mānaṭṭhānatāya) [생긴 것이고] '자아(atta)'라고 이름을 얻은 자기 자신에서 생긴 것이라는 말이다."(ThagA.iii.32)

130) "'존재에 [묶어두는] 사슬에서 만들어짐(bhava-netti-ppabhāvitaṁ)'이란 존재에 대한 갈애에서 생긴(bhava-taṇhā-samuṭṭhita), 즉 존재에 대한 갈애에 의지하는 것(sannissaya)이라는 말이다. 이것은 사견과 자만 등의 근원(diṭṭhi-mānādīnaṁ sambhava)이기 때문이다."(ThagA.iii.32)

'존재에 [묶어두는] 사슬(bhava-netti)'에 대해서는 본서 제2권 둘의 모음 {135}의 해당 주해를 참조할 것.

131) "'이들의 존재하지 않음을 위하여(etesaṁ appavattāya)'라는 것은 앞에서 설명한 사악한 법들(pāpadhammāna)이 전개되지 않음(appavatti)을 위하여, 일어나지 않게 하기 위하여(anuppādāya)라는 말이다."(ThagA.iii.32)

768. 긴 세월 [나에게] 잠재해 있었고133)
오랜 세월 [나에게] 확고했던 매듭134)을
독약의 결점을 제거하시는
부처님께서 몰아내셨습니다."

떼라까니 장로 (끝)

4. **랏타빨라 장로**(Th20:4 {769}~{793})

【행장】

"랏타빨라 장로(Raṭṭhapāla thera)는 꾸루 지역에서 툴라꼿티까 성읍(Thullakoṭṭhika-nigama)의 랏타빨라 상인(금융업자)의 가문에 태어났다. 갈라진 지역(bhinna raṭṭha)을 조정할 수 있는(sandhāretuṁ) 가문에서 태어났다고 해서 랏타빨라라는 종족에서 전승되어 오는 이름을 가지게 되었다. 그는 많은 측근들에 에워싸여 성장하였으며 청년이 되었을 때 부모님이 정해준 아내를 맞이하여 큰 명성에 확립되었고 천상의 번영(dibbasampatti)과도 같은 번영을 누렸다.kicchena kasirena

---

132) "'가장 높은 도를 가르치셨습니다(desesi maggam uttamaṁ).'라는 것은 가장 높고 으뜸가는(seṭṭha) 여덟 가지 구성요소를 가진 성스러운 도[八支聖道, 팔정도]와 그 수단(tadupāya)인 위빳사나의 도를 설하셨다는 말이다."(ThagA.iii.32)

133) "'긴 세월 [나에게] 잠재해 있었고(dīgha-ratta-anusayitaṁ)'라고 하였다. 시작을 알지 못하는 윤회인(anamatagge saṁsāre) 오랜 세월의 흐름에서(cira-kālaṁ santāne) 계속적으로 쌓여서 잠재해 있었기(anu anu sayita) 때문에 앞으로도 계속해서 일어날 수 있는 상태(uppajjana-arahabhāva)로 강인하게 된 것(thāma-gata)을 말한다."(ThagA.iii.32)

134) "'매듭(gantha)'이란 간탐의 몸의 매듭 등(abhijjhā-kāya-ganthādi)의 나의 흐름에서 매듭이 된 오염원의 독약의 결점(kilesa-visa-dosa)을 말한다."(ThagA.iii.32)

네 가지 '매듭(gantha)'에 대해서는 본서 제1권 하나의 모음 {89}의 해당 주해를 참조할 것.

그때 세존께서는 꾸루 지역에서 지방으로 유행을 하시면서 툴라꼿티까에 도착하셨다. 그것을 듣고 랏타빨라 선남자는 스승님께 다가가서 스승님의 곁에서 법을 듣고 믿음이 생겨서 출가하고자 하여 칠 일을 음식을 끊어 힘들고 고통스러운 모습으로 부모의 허락을 받고 스승님께 다가가서 출가를 청하여 스승님의 명으로 어떤 장로의 곁에서 출가하였다. 그는 지혜롭게 마음에 잡도리함으로 [수행에 몰두하는] 업을 지으면서 위빳사나를 증장시켜 아라한됨을 얻었다. 장로의 일화는 『아빠다나』에도 나타나고 있다. …"(ThagA.iii.33~34)

계속해서 주석서는 랏타빨라 장로가 이 게송들을 설하게 된 배경을 다음과 같이 설명하고 있다.
"[장로는] 아라한됨을 얻은 뒤 스승님의 허락을 받고 부모님을 뵙기 위해서 툴라꼿티까로 갔다. 그는 거기서 집집마다 차례대로 탁발을 하면서 아버지의 거처에서 지난밤에 만든 죽을 얻어 그것을 감로(amata)인 것처럼 먹었다. 아버지가 초청하자 내일 아침으로 약속을 하고 그다음 날에 아버지 곁에서 탁발을 하여 공양을 한 뒤 여인들의 처소에 있는 치장을 한 [그의 전 아내들]에게 다가갔다. 그들은 '서방님, 어떤 요정들이 있기에 그들을 위해 당신은 청정범행을 닦으십니까?'(M82 §23)라는 등으로 말을 하면서 그를 유혹하는 업(palobhana-kamma)을 짓기 시작하였다. 그는 그의 의향(adhippāya)을 드러낸 뒤 무상함 등(aniccatādi)과 관계된 법을 설하면서 이 게송들을 읊었다."(ThagA.iii.33~35)

랏타빨라 장로와 관계된 경으로는 『맛지마 니까야』 제3권 「랏타빨라 경」(M82)이 있다. 이 경은 랏타빨라 존자의 출가기와 설법을 간직한 경이다. 세존께서는 『앙굿따라 니까야』 제1권 하나의 모음 「으뜸 품」(A1:14)에서 "믿음으로 출가한 자들(saddhā-pabbajitā) 가운데서 랏타빨라가 으뜸이다."(A1:14:3-2)라고 랏타빨라 존자를 칭찬하고 계시는데 왜 그가 믿음으로 출가한 자들 가운데 으뜸인지 이 경이 그 이유를 잘 보여주고 있다.

「랏타빨라 경」(M82)에 의하면 랏타빨라 존자는 세존의 설법을 듣고 출가를 결심한다.(§§4~6) 부모님의 반대가 완강하였지만 부처님 가르침에 대한 강한 믿음과 출가에 대한 확신으로 어렵게 허락을 받고 출가하여(§§7~13) 아라한이 된다.(§14) 그리고 그는 출가할 때 한 약속대로 집을 방문하였다. 이 경에는 그가 집을 방문하여 벌어지는 일화들이 나타나는데(§§16~25) 특히 부친은 그의 전 아내들을 치장시켜 그에게 보냈지만 그는 좋은 게송을 읊고 집을 나온다.(§§23~25) 그리고 경의 후반부(§§26~33)에는 꼬라뱌(Korabya) 왕의 미가찌라 정원(Migacīra uyyāna, DPPN: Migācira)으로 가서 왕과 나눈 대화가 나타나고 있다. 그는 세존께서 설하신 네 가지 가르침을 왕에게 설한다.(§§36~42)

한편 여기 『테라가타』 스물의 모음 {769}~{793}으로 나타나는 랏타빨라 장로의 25개 게송 가운데 처음 {769}~{774}의 6개 게송은 「랏타빨라 경」(M82) §25에 나타나는 6개의 게송과 일치한다. 그리고 {776}~{788}의 13개 게송은 「랏타빨라 경」(M82) §42의 게송들과 같다. 역자는 대림 스님이 번역하여 초기불전연구원에서 출판한 『맛지마 니까야』 제3권 「랏타빨라 경」(M82) §25와 §42의 게송들을 대부분 그대로 여기에 옮겨와서 평어체로 옮겼던 것을 경어체로 바꾸어서 실었다.

769. "보십시오,[135] 잘 치장했고 상처 덩이이고
잘 세워진[136] 저 꼭두각시[137]를.

---

135) "옆에 서있던 사람(santike ṭhita-jana)에게 한 말이다."(MA.iii.301) "곁에 서있던 사람에게(samīpe ṭhita jana), 혹은 자신을 두고(attānam-eva vā sandhāya) 한 말이다."(ThagA.iii.35)

136) "아홉 개의 상처 구멍(vaṇa-mukha)이 있기 때문에 '상처 덩이(arukāya)'이다. 300개의 뼈(aṭṭhi)가 900개의 힘줄(nhāru)에 묶이고 그 위에 900개

그것은 고통스럽고[138] 많은 관심의 대상[139]이고

견고하게 머물지 않습니다.[140] (M82 §25 {1})

770. 보십시오, 보석과 귀걸이로

잘 치장한 형색[色][141]을.

의 살점(maṁsa-pesi)이 덧붙여져 반듯하게 서있기 때문에 '잘 세워진(samussita)'이라고 했다."(MA.iii.302)

137) 여기서 '꼭두각시'는 bimba(형체)를 옮긴 것인데 주석서에서 atta-bhāva(자기 존재)라고 설명하고 있어서(ThagA.iii.35; MA.iii.302) 이렇게 옮겼다. 『상윳따 니까야』 제1권 「셀라 경」(S5:9) {548} 등에서도 '꼭두각시'로 옮겼고 노만 교수도 *puppet*으로 옮겼다.

138) "'고통스럽고(ātura)'라고 하였다. 늙음(jarā)으로 고통스럽고 병(roga)으로 고통스럽고 오염원(kilesa)으로 고통스럽고 항상 고통스럽다는 뜻이다."(MA.iii.302)

139) '많은 관심의 대상'은 bahu-saṅkappa(많은 관심)를 주석서를 참조해서 옮긴 것이다. 주석서는 이렇게 설명한다.

"'많은 관심의 대상(bahu-saṅkappa)'이란 다른 사람에 대해서 일어난 소망과 관심(patthanā-saṅkappa)을 통해서 많은 관심을 [일으키는 것]이다. 여자들의 몸에 대해 남자들의 관심(saṅkappa)이 생기고, 또한 그들의 몸에 대해 여자들의 관심이 생긴다. 공동묘지에 버려진 시체에 대해서도 까마귀나 매 등은 열망하기(patthayanti) 때문에 많은 관심을 [일으키는 것], 즉 많은 관심의 대상이라고 한다."(MA.iii.302)

140) "'견고하게 머물지 않습니다(yassa natthi dhuvaṁ ṭhiti).'라고 했다. 그 몸의 견고함(dhuva-bhāva), 확고함(ṭhiti-sabhāva)은 없고 전적으로 부서지고 변하고 흩어지는 성질을 가졌을 뿐(bhedana-vikiraṇa-viddhaṁsana-dhamma)이라는 말이다. 그것을 '보십시오(passa)'라고 옆에 서있던 사람에게 혹은 자신에게 말한 것이다."(ThagA.iii.35)

"'견고하게 머물지 않습니다(natthi dhuvaṁ ṭhiti).'라고 했다. 이 몸은 환영(幻影, māyā)과 같고 신기루(marīci)와 같고 포말 덩이(pheṇa-piṇḍa)와 같고 물거품(udaka-pupphuḷa) 등과 같아서 영원히 머문다는 것은 있을 수 없다. 부서지는 성질을 가졌음(bhijjana-dhammatā)이 명확하기(niyata) 때문이다."(MA.iii.302)

141) "여기서 '형색[色, rūpa]'은 몸(sarīra)을 말한다. [『맛지마 니까야』 제1권 「코끼리 발자국 비유의 긴 경」(M28)에서 사리뿟따 존자가 설한] '도반들

해골이 피부에 포장되어
옷으로 아름답게 꾸며졌습니다. (M82 §25 {2})

771. 발에는 헤나 물감으로 붉게 칠하고142)
얼굴은 분칠하여
어리석은 자 현혹시키기에는 충분하나
피안을 찾는 자 현혹시키지는 못합니다. (M82 §25 {3})

772. 머리는 여덟 가닥으로 땋았고
눈에는 연고를 발라
어리석은 자 현혹시키기에는 충분하나
피안을 찾는 자 현혹시키지는 못합니다. (M82 §25 {4})

773. 새로 착색한 연고 단지처럼
썩기 마련인 몸을 아름답게 치장하여
어리석은 자 현혹시키기에는 충분하나
피안을 찾는 자 현혹시키지는 못합니다. (M82 §25 {5})

774. 사냥꾼이 올가미를 놓았으나
사슴은 덫에 걸리지 않고143)

이여, 마치 목재와 덩굴과 진흙과 짚으로 허공을 덮어서 '집(agāra)'이라는 명칭이 생기는 것처럼 그와 같이 뼈와 신경과 살과 피부로 허공을 덮어서 '형색[色]'이라는 명칭이 생깁니다.'(M28 §26)라는 등에서는 몸도 형색[色]이라고 설해지기 때문이다."(ThagA.iii.35)

142) '발에는 헤나 물감으로 붉게 칠하고'는 alattakakatā pādā를 옮긴 것이다. 본서 제2권 일곱의 모음 {459}c에는 alattakakatā-pādā로 합성되어 나타나고 있는데 그곳의 주해를 참조하기 바란다.

143) '사슴은 덫에 걸리지 않고'는 nāsadā vākuraṁ migo를 옮긴 것이다. 노만 교수는 이 nāsadā를 na āsādeti(ā+√sad, 공격하다)의 아오리스트 과거(Aor.)로 보고 있다.(K.R. Norman, 236쪽 §774의 주해 참조) 주석서는 이

미끼를 먹고서 떠나버리나니
사슴 사냥꾼을 슬피 울게 합니다.144) (M82 §25 {6})

775. 사냥꾼의 올가미는 부서졌습니다.
사슴은 덫에 걸리지 않고
미끼를 먹고서 떠나버리나니
사슴 사냥꾼을 슬프게 합니다."145)

776. [장로가 꼬라뱌 왕에게]146)

---

nāsadā를 na saṅghaṭṭesi(부딪치지 않았다, Aor.3.Sg)로 설명하고 있다.(ThagA.iii.36)

144) "이 구절을 통해 장로는 부모님을 사슴 사냥꾼(miga-luddaka)에 비유하고, 나머지 친척들은 사슴 사냥꾼의 일행들에, 금화와 황금(hirañña-suvaṇṇa)은 덫의 그물(vākarā-jāla)에, 자신이 먹은 밥(bhutta-bhojana)은 미끼로 준 풀(nivāpa-tiṇa)에, 자신은 큰 사슴(mahā-miga)에 비유하여 보여주었다. 마치 큰 사슴이 미끼로 놓은 풀을 원하는 만큼 먹고 물을 마시고 목을 들어 사방을 둘러본 뒤 '이곳으로 가면 안전할 것이다.'라고 생각하면서 사슴 사냥꾼을 슬픔에 빠트리고 숲으로 되돌아가듯이 장로도 이 게송을 읊은 뒤에 허공(ākāsa)으로 날아서 미가찌라 정원(Migacīra uyyāna)으로 되돌아갔다."(MA.iii.303)"

145) 본 게송은 「랏타빨라 경」(M82)에는 나타나지 않고 여기에만 나타난다. 바로 앞의 게송과 짝을 이루는 게송인데 주석서는 이렇게 설명하고 있다.

"힘이 있고 영리하고 아주 빠른 다른 사슴(miga)이 그곳에 가서 미끼(nivāpa)를 먹고서 거기에 있는 올가미(pāsa)를 잘라버렸다. 그는 '오, 사슴이 빠져나가 버렸구나. 올가미는 부서졌구나.'라고 사슴 사냥꾼이 슬퍼할 때(migaluddake socante) 가버렸다. 그와 같이 우리도 전에 범부였을 때에는 부모가 집착하여 베푼 음식을 먹었지만 거기에 집착하지 않고 [집을] 나왔다(asajjamānā nikkhantā). 그러나 이제 모든 곳에서 오염원들을 잘라버려(chinnakilesā) 올가미가 없이 되어 서있다. 그들이 베푼 음식을 먹은 뒤 그들이 슬퍼하더라도(tesu socantesu) 우리는 떠난다는 말이다."(ThagA.iii.36)

146) 이하 {776}~{788}의 13개 게송들은 『맛지마 니까야』 제3권 「랏타빨라 경」(M82) §42에 실려 있는 13개 게송들과 같다. 이 두 곳의 게송들은 두 개 정도의 단어의 철자가 조금 다를 뿐 내용이 다른 부분은 없다. 역자는 「랏타

147)"이 세상에 [76] 부유한 사람들을 나는 보나니
재산을 얻지만 어리석음 때문에 베풀지를 않습니다.
탐욕으로 재물을 쌓아두면서
더욱더 감각적 쾌락들을 동경합니다.148) (M82 §42 {1})

777. 왕은 무력으로 땅을 정복하여
바다와 맞닿는 대지를 통치하면서도
바다의 이쪽 기슭149)으로 만족하지 못하고

빨라 경」(M82) §42의 게송들을 대부분 그대로 여기에 옮겨와서 실었다.

147) "이와 같이 장로는 부모를 사슴 사냥꾼처럼, 황금과 보석으로 치장을 한 여인들을 덫과 그물(vāgura-jāla)처럼, 자신이 전에 먹었던 음식들과 지금 먹은 음식을 미끼로 준 풀(nivāpa-tiṇa)처럼, 자신을 큰 사슴(mahā-miga)처럼 만들어서 보여주었다. 그는 이 게송들을 읊은 뒤 허공으로 올라가서 꼬라뱌 왕(rāja Korabya)의 미가찌라 정원(Migacīra uyyāna, ThagA.iii.36에는 미가지나 정원(Migājina-uyyāna)으로 나타남)에 있는 망갈라 암반(Maṅgala-silāpaṭṭa)에 앉았다. 장로의 아버지가 일곱 개의 출입구에 빗장을 걸게 하고 힘센 사람들에게 명하여 '나가게 하지 마라. 가사를 벗기고 흰옷을 입게 하라.'라고 하였다. 그래서 장로는 허공으로 간 것이다.

그때 꼬라뱌 왕은 장로가 거기서 앉아있다는 것을 듣고 그에게 다가가서 유쾌하고 기억할 만한 이야기로 서로 담소를 한 뒤 '랏타빨라시여, 여기서 출가하는 것은 병들어 나약해져서입니까, 아니면 늙어 재산과 친척을 잃어서 출가하였습니까? 그러나 당신은 어떤 것도 잃지 않았는데 왜 출가하였습니까?'라고 물었다.
그러자 장로는 그에게 ① '세상은 견고하지 않기 마련이다(paniyyati loko addhuvo).' ② '세상은 피난처가 없고(atāṇa) 보호자가 없다(anabhissara).' ③ '세상은 자기 것이 없다(assaka). 모든 것을 버리고 가야 한다.' ④ '세상은 항상 불완전하고(ūna) 만족할 줄 모르며(atitta) 갈애의 노예(taṇhā-dāsa)이다.'(M82 §36)라는 이 네 가지 법의 개요들(dhammuddesā)로 자신의 한적함(vivitta-bhāva)을 설명한 뒤 이 가르침을 부연하는 시구(anugīti)를 설명하면서 이 게송들을 말하였다."(ThagA.iii.36~37)

148) "하나를 얻으면 둘을 '동경한다(abhipatthayanti).' 둘을 얻고는 넷을 동경한다. 이와 같이 점점 더 대상으로서의 감각적 쾌락과 오염원으로서의 감각적 쾌락(vatthukāma-kilesakāma)을 동경한다."(MA.iii.307)

149) "'바다의 이쪽 기슭(oraṁ samuddassa)'인 자기 왕국(saka-raṭṭha)을 말

바다의 저쪽 기슭마저 열망합니다. (M82 §42 {2})

778. 왕뿐만 아니라 다른 많은 인간들도
갈애를 여의지 못하고 죽음을 맞고
불완전한 채로 몸을 버리니
세상에서 감각적 쾌락의 만족이란 없습니다. (M82 §42 {3})

779. 친척들은 머리를 풀고
'오, 참으로 우리 [사람이] 죽었구나.'라고 통곡을 하지만
수의로 그를 감싸서 둘러메고 나가
화장용 [장작] 더미 위에 놓고 거기서 태웁니다. (M82 §42 {4})

780. 재산은 남겨두고 한 벌 수의에 입혀
쇠꼬챙이들에 찔리면서 타들어 가니
여기 친지도 친구들도 동료들도
죽어가는 그에게 의지처가 되지 못합니다. (M82 §42 {5})

781. 상속자들이 그의 재물을 가져가고
중생은 자기 업에 따라 저 세상으로 가고
재물은 죽은 자를 따르지 않나니
처자도 재물도 왕국도 또한 그와 같습니다. (M82 §42 {6})

782. 재물로 긴 수명을 얻을 수 없고
재산으로 늙음을 내쫓을 수 없습니다.
삶은 짧고 영속하지 않고 변하기 마련인 법이라
현자들은 말합니다. (M82 §42 {7})

하는데 그것으로 만족하지 못하는 모습(atitta-rūpa)을 뜻한다."(MA.iii.307)

783. 부자도 가난뱅이도 [죽음과] 맞닥뜨리고[150)]
우둔한 자도 현자도 그와 같습니다.
우둔한 자는 우둔함으로 인해 그것에 부딪혀 드러눕지만
현자는 [죽음과] 맞닥뜨려도 떨지 않습니다.[151)] (M82 §42 {8})

784. 그러므로 통찰지가 재물보다 소중하니
그것으로 여기서 목적을 이루기 때문입니다.[152)]
목적을 성취하지 못했기 때문에 여러 존재들에서[153)]
중생들은 어리석어 사악한 업들을 짓습니다. (M82 §42 {9})

785. 계속해서 윤회하면서 [77] 모태에 들고

---

150) '[죽음과] 맞닥뜨리고'는 phusanti phassaṁ(접촉을 맞닿는다.)을 옮긴 것인데, 주석서에서 "죽음의 접촉(maraṇa-phassa)과 맞닿는다."(MA.iii.308)라고 풀이하고 있어서 이렇게 옮겼다.

151) '현자는 [죽음과] 맞닥뜨려도 떨지 않습니다.'는 dhīro ca no vedhati phassa-phuṭṭho를 옮긴 것이다. 『맛지마 니까야 주석서』는 이렇게 설명한다.

"어리석은 자(bāla)가 죽음의 접촉과 맞닥뜨리듯이(maraṇa-phassaṁ phusanti) 현자(dhīra)도 죽음과 맞닥뜨린다. 죽음과 맞닥뜨리지 않는 사람은 아무도 없다. 그러나 어리석은 사람은 그 어리석음 때문에 죽음과 맞닥뜨리면 그것에 부딪혀 드러눕고 만다(abhihatova sayati). '나는 해탈에 도움될 만한 선한 행위를 하지 못했다.'라는 등으로 가책하면서(vippaṭisāra) 동요하고(calati) 떨고(vedhati) 전율한다(vipphandati). 그러나 현자는 선처의 표상(sugati-nimitta)을 보면서 전율하지 않고 동요하지 않는다."(MA.iii.308; cf. Thag.iii.40)

152) "그 통찰지로 '여기서(idha)' 이 세상에서(imasmiṁ loke) 모든 해야 할 일을 다 해 마친(sabba-kicca-vosāna) 아라한과라는 '목적(vosāna)'을 얻는다. 그러므로 재물보다 더 귀중한 것이다."(MA.iii.308)

153) '여러 존재들에서'는 bhavābhavesu를 옮긴 것이다. 주석서는 "저열하거나 수승한 존재들에서(hīnappaṇītesu bhavesu)"(MA.iii.308)로 설명하기도 하고 "크거나 크지 않은 존재들에서(mahantāmahantesu bhavesu)"(ThagA.iii.40)로 설명하고 있으며 『숫따니빠따 주석서』는 "욕계 존재 등에서(kāmabhavādīsu)"(SnA.ii.517) 등으로 설명하고 있다.

저 세상으로 가나니
작은 통찰지를 가진 자는 그에 믿음을 가져[154]
모태에 들고 저 세상으로 갑니다. (M82 §42 {10})

786. 강도 짓을 하다 잡힌, 나쁜 성품의 도적이
자기 업으로 고통받듯이
그처럼 나쁜 성품의 사람들도 저 세상으로 가서
자기 업으로 고통받습니다. (M82 §42 {11})

787. 감각적 쾌락은 다양하고[155] 달콤하고 매혹적이어서
여러 형태로 마음을 뒤흔드니
왕이여, 얽어매는 감각적 쾌락에서
위험을 보고 나는 출가했습니다. (M82 §42 {12})

788. 과일이 나무에서 떨어지듯이 젊은이든 늙은이든
몸이 무너지면 [떨어지나니]
왕이여, 이것을 보고 나는 출가했습니다.
분명 출가자의 삶이 더 뛰어납니다.[156] (M82 §42 {13})

---

154) "'작은 통찰지를 가진(appa-pañña)' 그러한 사람은 그러한 작은 통찰지를 가진 다른 사람에게 '믿음을 가진다(abhisaddahanta).'는 말이다."(MA.iii.308, cf. ThagA.iii.40)

155) '다양하고'는 citrā를 옮긴 것인데 주석서에서 "형색 등을 통해서 여러 가지 모양을 가졌기 때문에(aneka-ppakāratāya) 다양하다."(ThagA.iii.40)라고 설명하고 있어서 이렇게 옮겼다.

156) "'분명 출가자의 삶이 더 뛰어납니다(apaṇṇakaṁ sāmaññam eva seyyo).'라고 했다. 방해받지 않고(aviruddha) 두 갈래로 갈라지지 않고(advejjha-gāmi) 반드시 출리로 인도하는(ekanta-niyyānika) 출가자의 삶(sāmañña)이 더 고귀하고 더 수승하다고 결론짓고 출가를 선택했습니다, 대왕이여. 그러므로 대왕이 질문한 '무엇을 보고 듣고 출가를 했습니까?'(M82 §34)라는 것에 대해 '이것을 보고 이것을 듣고 출가를 했습니다.'라고 나를 이해하라고

789. 믿음으로[157] 나는 출가하여
승자의 교법에 들어왔습니다.
나의 출가는 비난받지 않는 것이었습니다.[158]
나는 빚 없이 음식을 수용합니다.[159]

790. 감각적 쾌락들을 타오르는 불이라고 보고
황금을 칼이라고 [보고]
모태에 들어간 것부터 괴로움이라고 [보고][160]
지옥들에서 큰 두려움을 [보고]

791. 이러한 위험을 알고
그때 나는 절박함을 얻었습니다.[161]

하면서 가르침을 끝맺고 있다."(MA.iii.309)

『맛지마 니까야』 제3권 「랏타빨라 경」(M82)은 여기서 끝난다.

157) "'믿음으로(saddhāya)'라는 것은 ① 업(kamma)과 업의 결실(kamma-phala)과 ② 부처님이 수승하신 부처님임(Buddha-subuddhatā)과 ③ 법이 수승한 법임(dhamma-sudhammatā)과 ④ 승가가 도를 잘 닦음(saṅgha-suppaṭipatti)을 믿고서(saddahitvā)라는 말이다."(ThagA.iii.41)

본서 제1권 {46}a의 해당 주해도 참조할 것.

158) "아라한됨(arahatta)을 증득하였기 때문이다."(ThagA.iii.41)

159) "'나는 빚 없이 음식을 수용합니다(anaṇo bhuñjāmi bhojanaṁ).'라고 하였다. 오염원이 없음(nikkilesa)을 통해서 주인이 되어(sāmi-bhāvato) 주인의 수용(sāmi-paribhoga)으로 음식을 수용하기 때문이다(paribhuñjanato)." (ThagA.iii.41)

'주인의 수용(sāmi-paribhoga)' 등의 네 가지 수용(paribhoga)에 대해서는 『청정도론』 I.125~129를 참조할 것.

160) "'모태에 들어간 것부터 괴로움이라고 [보고](gabbha-vokkantito dukkham)'라는 것은 모태에 들어간 것부터 시작하여 모든 윤회가 전개되는 괴로움(sabba-saṁsāra-pavatti-dukkha)이라고 [본다]는 말이다."(ThagA.iii.41)

그런 나는 그때 찔려 있었지만 평화로워졌고[162]
번뇌의 멸진을 성취하였습니다.

792. 나는 스승님을 섬겼고
부처님의 교법을 실천하였습니다.
무거운 짐을 내려놓았고
존재에 [묶어두는] 사슬은 뿌리 뽑혔습니다. (={604}; {656} 등)

793. 그것을 위해서
집을 나와 집 없이 출가한
그 목적을 나는 얻었으니
모든 족쇄들을 멸진하였습니다."[163] (={136} 등)

랏타빨라 장로 (끝)

5. 말룽꺄뿟따 장로(Th20:5 {794}~{817})

【행장】

말룽꺄뿟따 장로(Māluṅkyaputta thera)는 본서 제2권 여섯의 모음

---

161) "'그때 나는 절박함을 얻었습니다(saṁvegaṁ alabhiṁ tadā).'라고 하였다. 스승님의 곁에서 법을 듣는 시간에 존재 등(bhavādika)에 대해서 절박함을 얻었다는 말이다."(ThagA.iii.41)

162) "'그런 나는 그때 찔려 있었지만 평화로워졌고(sohaṁ viddho tadā santo)'라고 하였다. 그때 재가에 머물 때에는 탐욕의 쇠살 등(rāga-sallādī)에 찔려 있었지만 이제는 스승님의 교법에 들어와서 번뇌의 멸진을 성취하였다는 말이다. 혹은 네 가지 진리[四諦]를 찔렀다(viddha), 꿰뚫었다(paṭividdha)는 뜻이다."(ThagA.iii.41)

163) "이와 같이 장로는 꼬라뱌 왕에게 법을 설한 뒤 스승님의 곁으로 갔다. 그리고 스승님께서는 나중에 성스러운 무리들 가운데(ariya-gaṇa-majjhe) 앉으셔서 [『앙굿따라 니까야』 제1권 하나의 모음 「으뜸 품」(A1:14)에서] 장로를 믿음으로 출가한 자들(saddhā-pabbajitā) 가운데 으뜸의 위치(agga-ṭṭhāna)에 놓으셨다(A1:14:3-2)."(ThagA.iii.41)

{399}~{404}을 읊은 분이다. 『테라가타 주석서』는 여기 스물의 모음 {794}~{817}의 24개 게송들을 설명하면서 말룽꺄뿟따 장로에 대해서 이렇게 설명하고 있다.

"이 존자의 일화는 앞의 여섯의 모음({399}~{404})에서 설명하였다. 그런데 거기서는 장로가 아라한됨에 확립되어 친지들에게 법을 설함을 통해서 말한 것이다. 여기서는 [『상윳따 니까야』 제4권] 「말룽꺄뿟따 경」(S35:95)에 나타나는 대로 그가 범부였을 때(puthujjanakāle) '세존이시여, 세존께서 제게 간략하게 법을 설해주시면 감사하겠습니다. 그러면 저는 세존으로부터 법을 들은 뒤 혼자 은둔하여 방일하지 않고 열심히, 스스로 독려하며 지내고자 합니다.'(S35:95 §3)라고 세존께 간청을 드리고 [세존과 이렇게 문답을 나눈다.]

'말룽꺄뿟따여, 이를 어떻게 생각하는가? 그대가 보지 못했고 전에도 본 적이 없으며 지금도 보지 못하고 앞으로도 보지 못할, 눈으로 알아야 하는 형색들이 있다면 … 귀로 알아야 하는 소리들이 있다면 …코로 알아야 하는 냄새들이 있다면 … 혀로 알아야 하는 맛들이 있다면 … 몸으로 알아야 하는 감촉들이 있다면 … 마노로 알아야 하는 법들이 있다면 그대는 그것들에 대한 욕망이나 탐욕이나 애정을 가지겠는가?'
'그렇지 않습니다, 세존이시여.'
'말룽꺄뿟따여, 그대가 보고 듣고 감지하고 알아야 하는 법들에 대해서 볼 때는 단지 봄만이 있을 것이고 들을 때는 단지 들음만이 있을 것이고 감지할 때는 단지 감지함만이 있을 것이고 알 때는 단지 앎만이 있을 것이다.[164]
말룽꺄뿟따여, 그대가 보고 듣고 감지하고 알아야 하는 법들에

164) '볼 때는 단지 봄만이 있을 것이다(diṭṭhe diṭṭhamattaṁ bhavissati).'라는 등에 대한 『상윳따 니까야 주석서』의 설명은 「말룽꺄뿟따 경」(S35:95) §§12~13의 주해들을 참조하기 바란다.

대해서 볼 때는 단지 봄만이 있을 것이고 들을 때는 단지 들음만 이 있을 것이고 감지할 때는 단지 감지함만이 있을 것이고 알 때는 단지 앎만이 있을 것이면 그대에게는 '그것에 의함'이란 것이 있지 않다. 말룽꺄뿟따여, '그것에 의함'이 있지 않으면 그대에게는 '거기에'라는 것이 있지 않다. 말룽꺄뿟따여, 그대에게 '거기에'가 있지 않으면 그대에게는 여기 [이 세상]도 없고 저기 [저 세상도] 없고 이 둘의 가운데도 없다. 이것이 바로 괴로움의 끝이다.'(S35:95 §§6~13)[165]
이와 같이 세존께서 간략하게 법을 설하시자 그 법을 잘 섭수하였음(uggahitabhāva)을 설명하면서 이 게송들 [24개를] 읊었다."(ThagA.iii.42)

이러한 일화를 가진 『상윳따 니까야』 제4권 「말룽꺄뿟따 경」(S35:95) §14에 12개의 게송들로 편집되어 실려 있는 말룽꺄뿟따 존자의 게송들은 본서 여기 {794}~{817}로 실려 있는 24개의 게송들과 동일하다.[166]

794. "형색을 보고 마음챙김을 놓아버리고
사랑스러운 표상을 마음에 잡도리하여
그는 애욕에 물든 마음으로 그것을 경험하고

---

165) 『테라가타 주석서』는 이 긴 문장을 생략하지 않고 모두 다 싣고 있다. 『테라가타 주석서』의 저자 담마빨라 스님은 이 구절들을 중요하게 여기고 있기 때문일 것이다.

166) 이 게송들은 본서 여기에서는 {794}~{817}의 24개의 게송들로 편집되어 실려 있고 『상윳따 니까야』 제4권 「말룽꺄뿟따 경」(S35:95) §14에서는 {1}~{12}의 12개 게송들로 편집되어 나타난다. 예를 들면 본서 {794}~{795}는 S35:95 §14의 {1}에 해당하고 본서 {816}~{817}은 S35:95 §14의 {12}에 해당한다. 그리고 S35:95 §14의 {3}~{6}의 4개 게송의 번역에는 반복되는 부분(뻬얄라, peyyala)의 생략이 들어있지만 본서 여기에서는 이 반복되는 부분(peyyala)을 생략하지 않고 모두 옮겼다. 역자는 역자가 옮긴 『상윳따 니까야』 「말룽꺄뿟따 경」(S35:95) §14의 {1}~{12}를 여기에 대부분 그대로 옮겨 실었다.

그리고는 거기에 달라붙어 머뭅니다.167)

(={98}abcd; S35:95 §14 {1}ab)

795. 형색에서 생겨난 여러 가지 느낌들은 그에게서 증장하고
마음을 어지럽히는168) 욕심과 해침169)도 그러하나니
이처럼 괴로움을 쌓는 자에게
열반은 아주 멀다고 말합니다. (S35:95 §14 {1}cde)

796. 소리를 보고 마음챙김을 놓아버리고
사랑스러운 표상을 마음에 잡도리하여
그는 애욕에 물든 마음으로 그것을 경험하고
그리고는 거기에 달라붙어 머뭅니다. (S35:95 §14 {2}ab)

797. 소리에서 생겨난 여러 가지 느낌들은 그에게서 증장하고
마음을 어지럽히는 욕심과 해침도 그러하나니
이처럼 괴로움을 쌓는 자에게
열반은 아주 멀다고 말합니다. (S35:95 §14 {2}cde)

798. 냄새를 맡고 마음챙김을 놓아버리고
사랑스러운 표상을 마음에 잡도리하는 자는
애욕에 물든 마음으로 그것을 경험하고
거기에 묶여있습니다. (S35:95 §14 {3}ab)

---

167) 본 게송은 본서 제1권 하나의 모음(Th1:98) {98}abcd와 같다. 그곳의 주해도 참조할 것.

168) '마음을 어지럽히는'은 Ee, Be, Se: cittam ass' ūpahaññati로 읽었다. S35:95 §14 {1}의 Ee는 cittam assu pahaññati로 나타난다.

169) "여기서 무엇이 '해침(vihesā)'인가? 여기 어떤 사람은 손이나 흙덩어리나 몽둥이나 칼이나 밧줄이나 여러 가지 다른 것으로 중생들을 해코지한다. 이런 형태의 괴롭힘, 고통을 줌, 공격함, 해코지, 격분케 함, 모욕을 줌, 남을 파멸시킴(§182) — 이를 일러 해침이라 한다."(Vbh17. §926)

799. 냄새에서 생겨난 여러 가지 느낌들은 그에게서 증장하고
마음을 어지럽히는 욕심과 해침도 그러하나니
이처럼 괴로움을 쌓는 자에게
열반은 아주 멀다고 말합니다. (S35:95 §14 {3}cde)

800. 맛을 보고 마음챙김을 놓아버리고
사랑스러운 표상을 마음에 잡도리하는 자는
애욕에 물든 마음으로 그것을 경험하고
거기에 묶여있습니다. (S35:95 §14 {4}ab)

801. 맛에서 생겨난 여러 가지 느낌들은 그에게서 증장하고
마음을 어지럽히는 욕심과 해침도 그러하나니
이처럼 괴로움을 쌓는 자에게
열반은 아주 멀다고 말합니다. (S35:95 §14 {4}cde)

802. 감촉에 닿고 [78] 마음챙김을 놓아버리고
사랑스러운 표상을 마음에 잡도리하는 자는
애욕에 물든 마음으로 그것을 경험하고
거기에 묶여있습니다. (S35:95 §14 {5}ab)

803. 감촉에서 생겨난 여러 가지 느낌들은 그에게서 증장하고
마음을 어지럽히는 욕심과 해침도 그러하나니
이처럼 괴로움을 쌓는 자에게
열반은 아주 멀다고 말합니다. (S35:95 §14 {5}cde)

804. 법을 알고[170] 마음챙김을 놓아버리고

---

170) "'법을 알고(dhammaṁ ñatvā)'는 법이라는 [마노의] 대상(dhammāram-

사랑스러운 표상을 마음에 잡도리하는 자는
애욕에 물든 마음으로 그것을 경험하고
거기에 묶여있습니다. (S35:95 §14 {6}ab)

805. 법에서 생겨난 여러 가지 느낌들은 그에게서 증장하고
마음을 어지럽히는 욕심과 해침도 그러하나니
이처럼 괴로움을 쌓는 자에게
열반은 아주 멀다고 말합니다. (S35:95 §14 {6}cde)

806. 171)마음챙기면서 형색을 보고
형색들에 물들지 않는 자는
탐욕이 빛바랜 마음으로 그것을 경험하고
거기에 묶여있지 않습니다. (S35:95 §14 {7}ab)

807. 그는 형색을 보고 아울러 느낌도 감수하지만
[괴로움 등은] 멸진되고 쌓이지 않나니172)
그는 이처럼 마음챙기며 유행합니다.
이처럼 괴로움을 쌓지 않는 자에게
열반은 가깝다고 말합니다. (S35:95 §14 {7}cde)

808. 마음챙기면서 소리를 듣고
소리들에 물들지 않는 자는

---

maṇa)을 식별하고(vijānitvā)라는 뜻이다."(ThagA.iii.44)

171) "이와 같이 여섯 가지 문의 영역(chadvāra-gocara)에 집착하는 자의 윤회(vaṭṭa)를 보여준 뒤 이제 거기서 집착을 여읜 자가 윤회로부터 벗어남(vivaṭṭa)을 보여주면서 본 게송 등을 읊었다."(ThagA.iii.44)

172) '[괴로움 등은] 멸진되고 쌓이지 않나니'는 khīyati no pacīyati를 옮긴 것인데 주어가 없다. 주석서는 괴로움(dukkha)과 여러 가지 오염원들(kilesa-jāta)이 주어라고 설명하고 있어서(SA.ii.384) 이렇게 옮겼다.

애욕에 물들지 않은 마음으로 그것을 경험하고
거기에 묶여있지 않습니다. (S35:95 §14 {8}ab)

809. 그는 소리를 듣고 아울러 느낌도 감수하지만
[괴로움 등은] 멸진되고 쌓이지 않나니
그는 이처럼 마음챙기며 유행합니다.
이처럼 괴로움을 쌓지 않는 자에게
열반은 가깝다고 말합니다. (S35:95 §14 {8}cde)

810. 마음챙기면서 냄새를 맡고
냄새들에 물들지 않는 자는
애욕에 물들지 않은 마음으로 그것을 경험하고
거기에 묶여있지 않습니다. (S35:95 §14 {9}ab)

811. 그는 냄새를 맡고 아울러 느낌도 감수하지만
[괴로움 등은] 멸진되고 쌓이지 않나니
그는 이처럼 마음챙기며 유행합니다.
이처럼 괴로움을 쌓지 않는 자에게
열반은 가깝다고 말합니다. (S35:95 §14 {9}cde)

812. 마음챙기면서 맛을 보고
맛들에 물들지 않는 자는
애욕에 물들지 않은 마음으로 그것을 경험하고
거기에 묶여있지 않습니다. (S35:95 §14 {10}ab)

813. 그는 맛을 보고 아울러 느낌도 감수하지만
[괴로움 등은] 멸진되고 쌓이지 않나니
그는 이처럼 마음챙기며 유행합니다.

이처럼 괴로움을 쌓지 않는 자에게
열반은 가깝다고 말합니다. (S35:95 §14 {10}cde)

814. 마음챙기면서 감촉에 닿고
감촉들에 물들지 않는 자는
애욕에 물들지 않은 마음으로 그것을 경험하고
거기에 묶여있지 않습니다. (S35:95 §14 {11}ab)

815. 그는 감촉에 닿고 아울러 느낌도 감수하지만
[괴로움 등은] 멸진되고 쌓이지 않나니
그는 이처럼 마음챙기며 유행합니다.
이처럼 괴로움을 쌓지 않는 자에게
열반은 가깝다고 말합니다. (S35:95 §14 {11}cde)

816. 마음챙기면서 법을 알고
법들에 물들지 않는 자는
애욕에 물들지 않은 마음으로 그것을 경험하고
거기에 묶여있지 않습니다.(S35:95 §14 {12}ab)

817. 그는 법을 알고 아울러 느낌도 감수하지만
[괴로움 등은] 멸진되고 쌓이지 않나니
그는 이처럼 마음챙기며 유행합니다.
이처럼 괴로움을 쌓지 않는 자에게
열반은 가깝다고 말합니다."[173] (S35:95 §14 {12}cde)

---

173) "이와 같이 장로는 이 게송들을 통해서 자신이 스승님의 교계를 잘 호지하고 있음(upadhārita-bhāva)을 말씀드리고 자리에서 일어나 스승님께 절을 올린 뒤에 나갔다. 그는 오래지 않아 위빳사나를 증장시켜 아라한됨을 얻었다."(ThagA.iii.45)

말룽꺄뿟따 장로 (끝)

6. 셀라 장로(Th20:6 {818}~{841})

【행장】

"셀라 장로(Sela thera)는 앙굿따라빠(Aṅguttarāpa)의 아빠나(Āpaṇa)라는 바라문 마을에서 바라문 가문에 태어났다. 그는 적당한 나이가 되어 세 가지 베다와 바라문의 기술에 통달하였고 300명의 바라문 학도들에게 만뜨라를 가르치면서 아빠나에 살고 있었다. 그때 스승님께서 사왓티에서 나오셔서 1,250명의 비구들과 함께 앙굿따라빠에서 유행을 하시다가 셀라와 제자들의 지혜가 무르익었음을 보시고 어떤 밀림에서 머무셨다. 그때 땋은 머리를 한 고행자 께니야(Keṇiya jaṭila)가 스승님께서 오신다는 것을 듣고 그곳에 가서 비구 승가와 더불어 스승님을 다음 날 아침 공양에 초청을 하고 자신의 아쉬람에 많은 음식들을 준비하고 있었다."(ThagA.iii.45)

셀라 바라문은 땋은 머리를 한 고행자 께니야로부터 부처님이 세상에 출현하셨고 그분이 여러 곳을 유행하시다가 아빠나라는 앙굿따라빠의 읍에 도착하셨다는 소식을 듣는다. 그는 부처님이라는 말에 놀라면서 300명의 바라문 학도들과 함께 세존을 뵈러 갔다.[174]

계속해서 주석서는 이렇게 설명하고 있다.

"그는 한 곁에 앉아서 세존의 몸에서 32가지 대인상(bāttiṁsa-mahāpurisa-lakkhaṇāni)을 본 뒤 이렇게 생각하였다. '이러한 특

---

174) 셀라 바라문(Sela brāhmaṇa)이 땋은 머리를 한 고행자 께니야(Keṇiya jaṭila)로부터 부처님이라는 단어를 듣고 놀라면서 지금 부처님께서 어디에 계시는지를 물어 자기 제자들 300명과 함께 세존을 뵈러 가는 일화는 『맛지마 니까야』 제3권 「셀라 경」(M92) §§5~13에 잘 나타나고 있으므로 참조하기 바란다.

징들을 구족한 분은 전륜성왕(rājā cakkavattī)이거나 부처님이 되어 세상의 장막을 벗겨버린다(vivaṭṭa-cchada). 그러나 이분은 출가하였다. 그리고 나는 그가 부처님인지 아닌지 모른다. 그러나 나는 나이 들고 연로하고 스승들의 스승들(ācariya-pācariyā)인 바라문들로부터 '아라한이고 바르게 깨달은 분들은 자신을 칭송하는 말을 들으면 자신을 드러낸다(pātukaronti).'라고 말하는 것을 들었다. 참으로 정등각자가 아니면 면전에 서서 부처님의 덕들(Buddha-guṇā)에 대해서 우렁차게 말하면 부끄러워하고 의기소침해질 것이기 때문이다. 담대함을 얻지 못하여서(avesārajja-ppattatā) 유가안은을 얻지 못하였기 때문이다. 나는 이제 참으로 사문 고따마의 면전에서 여기에 어울리는 게송들로 우렁차게 말하리라.'라고. 이와 같이 생각한 뒤 그는 여섯 개 게송들({818}~{823})로 세존께 우렁차게 말하였다."(ThagA.iii.45~46)

주석서는 이런 방법으로 본 게송들이 설해지게 된 배경을 설명하고 있다. 여기에 대해서는 아래 해당 게송들의 주해들을 참조하기 바란다. 그리고 {827}~{831}의 부처님의 간곡하신 말씀을 듣고 청정한 믿음이 생긴 셀라는 {834}~{836}에서 그의 제자 300명과 함께 부처님 문하로 출가를 결행한다.

계속해서 주석서는 이렇게 밝히고 있다.
"그는 이와 같이 출가하여 위빳사나의 업을 행하면서 일곱 번째 날에 회중과 함께(saparisa) 아라한됨을 얻었다. 장로의 일화는 『아빠다나』에도 나타나고 있다. … 아라한됨을 얻은 뒤 그는 스승님께 다가가서 구경의 지혜를 말하면서 게송({838})을 읊었다."(ThagA.iii.51)

셀라 장로와 연관된 경으로는 『맛지마 니까야』 제3권 「셀라 경」(M92)이 전승되어 온다. 본경을 통해서 셀라 바라문은 자기 제자였던 삼백 명의 바라문 학도들과 함께 출가하여 구족계를 받았고 셀라 장로와 그의 회중은 아라한이 되었다.

여기 본서 스물의 모음에 나타나는 셀라 장로의 게송들 24개({818}~{841})는 『맛지마 니까야』 「셀라 경」(M92) §16 이하에 나타나는 게송들과 일치한다. 그리고 이 「셀라 경」(M92)은 『숫따니빠따』에도 「셀라 경」(Sn3:7/102ff)으로 나타나고 있다. 본서 여기에 실린 한글 번역은 대림 스님이 번역하여 초기불전연구원에서 출간한 『맛지마 니까야』 제3권 「셀라 경」(M92) §16 이하에 나타나는 게송들을 대부분 그대로 전재하였음을 밝힌다.

818. [셀라 바라문][175]
"세존께서는 완전한 몸을 가지셨고[176]
광휘롭고 고귀한 태생이며
매혹적이고 황금색이고
흰 치아를 가진 용맹한 분입니다. (M92 §16 {1})

819. 고귀한 태생의 사람이 가지는 특성[177]인 대인상들[178]

---

175) "'나는 이제 참으로 사문 고따마의 면전에서 여기에 어울리는 게송들로 우렁차게 말하리라.'라고. 이와 같이 생각한 뒤 그는 여섯 개 게송들({818}~{823})로(chahi gāthāhi) 세존께 우렁차게 말하였다."(ThagA.iii.46)

176) "'완전한 몸을 가지셨다(paripuṇṇa-kāya).'는 것은 서른두 가지 대인상들[三十二大人相, dvattiṁsa-mahā-purisa-lakkhaṇāni]을 완전하게 갖추셨다는 말이다."(MA.iii.402)

177) 여기서 '특성'은 viyañjana를 옮긴 것이다. PTS본과 VRI본과 M92 등에도 이렇게 나타나고 있다. 그런데 PED나 BDD 등의 사전에는 이 표제어가 나타나지 않는다. 대신에 vyañjana와 byañjana로 나타난다. 그리고 주석서 문헌들에도 byañjana와 vyañjana로 언급되고 있다. 주석서에 의하면 이것은 ① 부처님이 가지신 32가지 대인상과 ② 부처님이 가지신 80가지 세세한 부분상[細相]이라 불리는 물질적인 공덕들(asīti-anubyañjana-saṅkhātā rūpaguṇā), 즉 팔십종호(八十種好)를 말한다. 주석서는 이렇게 설명한다.

"'특성(viyañjana/byañjana)'이라고 하였다. 발이 평면으로 땅바닥에 닿음(suppatiṭṭhitapādatā, 足下平滿相, 足安平) 등을 통해서 인습적인 표현을

그 모든 것이 당신의 몸에 있습니다. (M92 §16 {2})

820. 맑은 눈, 잘생긴 얼굴,
좋은 풍채에다 곧고 위엄 있으니
사문의 무리들 가운데서
태양처럼 빛납니다. (M92 §16 {3})

821. 비구가 선하게 보이면서
황금빛 피부를 가졌거늘
이렇듯 빼어난 외모의 당신이
왜 사문의 삶에 만족하십니까? (M92 §16 {4})

822. 전차의 주인인 왕으로서
전륜성왕이 되고
사방 정복하여 잠부 숲[179]의

얻은 32가지 대인상이라 불리는 것들(bāttiṁsa-mahā-purisa-lakkhaṇa-saṅkhātā)과 손톱과 발톱이 불그스레한 구리색임(tambanakhatā)과 손톱과 발톱이 [길고] 끝이 살짝 올라가 [우아한] 모습임(tuṅganakhatā) 등의 80가지 세세한 부분상[細相]이라 불리는 물질적인 공덕들(asīti-anubyañjana-saṅkhātā rūpaguṇā) — 이들이 남김 없이 [모두] 당신의 몸에 있습니다라는 것이 [장로가 덧붙이고자 하는] 나머지 말(vacana-sesa)이다."(ThagA.iii.46~47)

32상과 80종호에 대한 좋은 글들이 초기불전연구원 까페의 동호회원 공부방에 올려져 있다.(https://m.cafe.daum.net/chobul/NDpC/847? 등) 이 글들은 담마삐야님이 올린 것인데 참조하기 바란다.

178) 여기서 '대인상(mahāpurisalakkhaṇā)'은 서른두 가지 대인상[三十二大人相, dvattiṁsa-mahā-purisa-lakkhaṇāni], 줄여서 삼십이상(三十二相)을 말한다. 이 서른두 가지 대인상은 『디가 니까야』 제3권 「삼십이상경」(D30)에서 게송과 함께 상세하게 설명되고 있으므로 참조하기 바란다. 그리고 『디가 니까야』 제1권 「대본경」(D14) §1.32에도 전체가 나타나고 있으며 『맛지마 니까야』 제3권 「브라흐마유 경」(M91) §9에도 전체가 다 나타나고 있다.

주인 되시기에 충분합니다. (M92 §16 {5})

823. 끄샤뜨리야들과 호족들과 왕들은
당신께 충성을 바칠 것이니
고따마시여, 왕 중의 왕,
인간의 제왕이 되어 통치를 하십시오." (M92 §16 {6})

824. [세존]180)
"셀라여, 나는 왕이니 [79]
가장 위대한 법왕입니다.181)
법으로써 바퀴를 굴리나니182)
아무도 멈추게 할 수 없는 바퀴를." (M92 §17)

825. [셀라 바라문]183)

---

179) "'잠부 숲(Jambu-saṇḍa)'은 잠부디빠(Jambudīpa)를 말한다."(MA.iii.403)
잠부디빠(Jambudīpa, 염부제, 閻浮提, 잠부 섬)는 우리 인간이 사는 세상을 말한다. '잠부디빠(Jambudīpa)' 혹은 '잠부 섬'에 대해서는 본서 {1202}의 주해를 참조할 것.

180) "셀라가 이렇게 말하자 세존께서는 '아라한들이고 바르게 깨달은 분들은 자신들을 칭송하는 말을 들으면 자신들을 드러낸다.'라는 이것으로 셀라의 소원(manoratha)이 성취되도록 이 게송을 읊으셨다."(ThagA.iii.47)

181) "'가장 위대한 법왕입니다(dhamma-rājā anuttaro).'라고 하신 것은, '나는 최상의 존재(bhav-agga, 즉 비상비비상처)로부터 아래로 무간지옥에 이르기까지(avīci-pariyanta), 옆으로는 무량한 세계(appamāṇa-loka-dhātu-yo)의 중생들을 가르친다. 나는 발 없는 [중생], 두 발 가진 [중생] 등으로 분류되는(apada-dvipadādi-bhedā) 중생들이 있는 한 그들 가운데 최상(agga)이다.'라는 말씀이다."(MA.iii.403)

182) "'법으로써 바퀴를 굴리나니(dhammena cakkaṁ vattemi).'라는 것은 계·정·혜·해탈·해탈지견(오법온)이 나를 닮은 자(paṭibhāga)란 아무도 없다. 그런 나는 이와 같이 가장 위대한 법왕이 되어 위없는 네 가지 마음챙김의 확립[四念處] 등으로 구분되는 법으로써 바퀴를 굴린다는 말씀이시다."(MA.iii.403; cf. ThagA.iii.48)

"완전히 깨달은 분이라고,
무상의 법왕이라 선언하시고
법의 바퀴를 굴리노라고
말씀하십니다, 고따마시여. (M92 §18 {1})

826. 누가 존자님의 대장군이며
누가 스승을 따르는 제자며
당신이 굴리신 법륜을
누가 뒤를 이어 굴립니까?" (M92 §18 {2})

827. [세존][184]
"셀라여, 내가 굴린 바퀴는
위없는 법의 바퀴이니
여래의 아들인[185] 사리뿟따가
뒤를 이어 굴릴 것입니다. (M92 §19 {1})

828. [186]최상의 지혜로 알아야 할 것을 최상의 지혜로 알았고,

---

183) "이와 같이 세존께서 자신을 드러내시는 것을 보고 셀라 바라문은 희열과 기쁨(pīti-somanassa)이 생겨 다시 더 확고하게 하기 위해(daḷhīkaraṇattha) 이제 두 게송({825}~{826})을 더 읊는다."(ThagA.iii.48; MA.iii.403)

184) "그때 세존의 오른쪽에 사리뿟따 존자가 앉아있었는데 황금 덩이처럼 길상(siri)으로 빛나고 있었다. 그를 가리키시면서 세존께서는 이 게송을 읊으셨다."(ThagA.iii.48)

185) "여기서 '여래의 아들인(anujāto tathāgataṁ)'이란 것은 여래의 뒤를 이어 태어난(anujāta), 여래를 원인(hetu)으로 하여 성자의 태생(ariyāya jāti)으로 태어난이란 뜻이다."(ThagA.iii.48)

186) "'누가 존자님의 대장군이며(ko nu senāpati bhoto)'({826}a)라는 셀라의 질문에 이와 같이 설명하신 뒤 셀라가 '완전히 깨달은 분이라고 선언하시고(sambuddho paṭijānāsi).'({825}a)라고 말한 그것에 대한 의심을 없애기 위해서 '나는 서원만(paṭiññā-matta)으로 언약하지 않았다. 이러한 이유로

닦아야 할 것을 닦았고
내게서 버려야 할 것을 버렸으니
바라문이여, 그러므로 나는 부처입니다.[187] (M92 §19 {2})

829. [188]나에 대한 의심을 버리고
확신을 가지십시오, 바라문이여.
완전하게 깨달은 자들을
친견하는 것은 참으로 어렵습니다. (M92 §19 {3})

830. 나는 이 세상에 출현이 그토록 어려운
완전하게 깨달은 자이니
바라문이여, 그런 나는
최고의 의사입니다.[189] (M92 §19 {4})

나는 부처이다.'라는 것을 알게 하시기 위해서 본 게송({828})을 읊으셨다." (ThagA.iii.48~49)

187) 여기에 나타나는 '최상의 지혜로 … 그러므로 나는 부처입니다.'({828})라는 이 게송은 『맛지마 니까야』 제3권 「셀라 경」(M92) §19와 「브라흐마유 경」(91) §31과 『숫따니빠따』 「셀라 경」(Sn3:7) {558}에도 나타나는 잘 알려진 게송이다. 그리고 『청정도론』 VII.26에서도 부처님을 설명하는 구절로 인용되고 있다. 『맛지마 니까야 주석서』는 본 게송을 이렇게 설명한다.

"'최상의 지혜로 알아야 할 것(abhiññeyya)'은 명지(vijjā)와 해탈(vimutti)이고(네 가지 진리, 즉 네 가지 성스러운 진리이고, ThagA.iii.49), '닦아야 할 것(bhāvetabba)'은 도의 진리[道諦, magga-sacca]이며, '버려야 할 것(pahātabba)'은 일어남의 진리[集諦, samudaya-sacca]이다. 원인을 언급함으로써 결과는 성취되었기 때문에(hetu-ggahaṇeneva phala-siddhi-to) 그들의 결과인 소멸의 진리[滅諦, nirodha-sacca]와 괴로움의 진리[苦諦, dukkha-sacca]는 이미 설명된 것이다. 이와 같이 실현해야 할 것(sacchikātabba = 滅諦)을 실현했고, 철저하게 알아야 할 것(pariññā-tabba = 苦諦)을 철저하게 알았다는 이 뜻도 또한 여기에 포함된 것이다." (MA.iii.404; cf. ThagA.iii.49)

188) "이와 같이 방편을 여의고(nippariyāya) 자신을 드러내신 뒤 자신을 향한 의심을 극복하기 위해서(kaṅkhā-vitaraṇattha) 바라문을 고무하시면서(ussāhento) 세 개의 게송({829}~{831})을 말씀하신다."(ThagA.iii.49)

831. 견줄 이 없는 브라흐마가 되어[190]
마라의 군대를 파멸시켰고
모든 적들을[191] 지배하여
어디서도 두려움 없이 기뻐합니다." (M92 §19 {5})

832. [셀라][192]
"그대들은 이것을 들으십시오.
눈 있으시고 의사이신 대영웅께서
마치 숲속의 사자처럼 포효하십니다. (M92 §20 {1})

---

189) "'의사(sallakatta)'란 탐욕(rāga) 등을 치료하는 의사이다. '최고(anuttara)'라고 한 것은 일반 의사(bāhira-vejja)가 치료하여 가라앉은 병(vūpasamita-roga)은 이 몸에 다시 요동치지만 부처님은 그런 의사가 아니시다. 부처님이 치료하여 가라앉은 병은 다른 생(bhav-antara)에도 다시 일어나지 않는다. 그러므로 부처님은 최고의 의사라는 말이다."(MA.iii.403)

여기서 의사로 옮긴 salla-katta는 '[독 묻은] 화살(salla)에 대해서 일하는 자(katta, Sk. kartṛ)라는 뜻으로 외과 의사를 뜻한다. 『맛지마 니까야』(M63 §5, M75 §13, M101 §7, M105 §19 등)와 『청정도론』 IV.68 등에도 나타난다.

190) "여기서 '브라흐마가 되어(brahma-bhūta)'란 최상의 존재가 되어(seṭṭha-bhūta)라는 뜻이다."(ThagA.iii.49; MA.iii.403)

191) "'모든 적들(sabba-amittā)'이란 무더기, 오염원, 업형성력, 염라대왕, 신으로서의 마라라고 불리는(khandha-kilesa-abhisaṅkhāra-maccu-deva-putta-māra-saṅkhāta) 모든 적들(paccatthikā)이다."(ThagA.iii.49; MA.iii.403)

전통적으로 빠알리 주석서는 다양한 마라의 언급을 무더기로서의 마라부터 신으로서의 마라까지의 다섯 가지로 정리한다. 마라(Māra)에 대해서는 본서 제1권 하나의 모음 {47}의 해당 주해를 참조할 것.

192) "이와 같이 말씀하시자 셀라 바라문은 바로 거기서 세존께 청정한 믿음이 생겨서(sañjāta-pasāda) 출가하기를 원하여(pabbajjāpekkha) [바라문 학도들에게] '그대들은 이것을 들으십시오. …'라는 세 개의 게송({832}~{834})을 말하여 [그들도 출가를 원함이] 무르익게 하여 [깨달음을 실현하기 위한] 강하게 의지하는 조건을 갖추도록 자극하였다."(ThagA.iii.50)

833. 견줄 이 없는 브라흐마가 되어
마라의 군대를 파멸시켰으니
그분을 보면 비록 천한 태생일지라도
그 누가 청정한 믿음을 내지 않겠습니까? (M92 §20 {2})

834. 원하는 자는 따르고
원하지 않는 자는 가십시오.
고귀한 통찰지를 구족하신 분의 곁으로
여기서 나는 출가할 것입니다." (M92 §20 {3})

835. [학도들][193]
"정등각자의 교법을 이제
존자께서 좋아하신다면
고결한 통찰지를 구족하신 분의 곁으로
저희들도 출가할 것입니다." (M92 §21)

836. [셀라][194]
"저희들 삼백 명 바라문은
합장하고 간청하오니
세존이시여, 당신의 곁에서
청정범행을 닦고자 합니다." (M92 §22)

---

193) "그러자 그 바라문 학도들도 원인을 구족하였기 때문에 출가하기를 기대하여 거기서 '존자께서 좋아하신다면 …'({835})이라고 게송을 읊었는데 그들도 그와 함께 [전생에] 닦았던 좋은 가문의 아들들(kulaputtā)이었기 때문이다."(ThagA.iii.50)

194) "그러자 셀라는 그 바라문 학도들을 보면서 그들에게 만족한 마음을 가지고(tuṭṭha-citta) 그들의 출가를 간청하여(yācamāna) 이렇게 말씀드렸다." (ThagA.iii.50)

837. [세존][195]

"셀라여, 청정범행은 잘 설해졌고,

스스로 보아 알 수 있고, 시간이 걸리지 않습니다.[196]

청정범행을 닦는 것에 방일하지 않고 공부지으면

거기서[197] 출가는 헛되지 않을 것입니다."[198] (M92 §23)

838. [셀라][199]

"당신께 [80] 귀의한 지 오늘로

---

195) "셀라는 앞에서 말한 것처럼 빠두뭇따라 세존의 시대에 그들 300명 무리 가운데 으뜸이 되어 선근이 자랐기 때문에(ropita-kusala-mūla) 이제 마지막 존재(pacchima-bhava)에서도 그들의 스승이 되어 태어났고 그와 그들의 지혜도 익었다. 그래서 [그들은] '오라, 비구여.'라는 말씀(ehi-bhikkhu-bhāva)이 강하게 의지하는 조건을 갖추었다. 그래서 이러한 [사실을 아시고] 세존께서는 그들 모두로 하여금 '오라, 비구여.'라는 [말씀]을 통해 출가자로 출가하도록 하시면서 본 게송을 읊으셨다."(ThagA.iii.50)

196) "'시간이 걸리지 않는다(akālika).'라고 하셨다. 도의 바로 다음 순간에 과가 일어나기 때문에(magga-anantara-phal-uppattito) 과는 다른 시간에(kālantara), 즉 일정한 기간이 지난 뒤에 얻어지는 것이 아니다. 그래서 시간이 걸리지 않는다고 하셨다."(ThagA.iii.50; MA.iii.406)

197) "'거기서(yatthā)'라고 하신 것은 그것을 표상으로 하여(yaṁnimittā)라는 말이다. 도의 청정범행을 표상으로 가진(magga-brahmacariya-nimittā) [그들의] 출가는 헛되지 않고(amoghā) 결실이 없지 않기(anipphalā) 때문이다. 혹은 '거기서'라는 것은 그 교법(sāsana)에서라는 말이다.
'방일하지 않고(appamattassa)'라는 것은 마음챙김이 머물지 않음(sati-vippavāsa, 마음챙김이 현전하지 않음, 즉 마음챙김을 놓아버림(muṭṭha-sacca)을 뜻함, DA.iii.982)이 없어서(rahita) 세 가지 공부지음[三學, ti sikkhā]에서 '공부지으면(sikkhato)'이라고 하셨다."(ThagA.iii.50~51)

198) "이렇게 말씀하신 뒤 '오라, 비구들이여.'라고 세존께서는 말씀하셨다. 바로 거기서 그들 모두는 신통으로 만들어진 발우와 가사를 수지하여 마치 출가한 지 60년이 된 장로들처럼 되어서 세존께 절을 올린 뒤 머물렀다."(ThagA.iii.51)

199) "그는 이와 같이 출가하여 위빳사나의 업을 행하면서 일곱 번째 날에 회중과 함께(saparisa) 아라한됨을 얻었다."(ThagA.iii.51)

8일이 지났습니다, 눈을 가진 분이시여.
세존이시여, 7일 밤 동안 저희들은
당신의 교법에 길들여졌습니다. (M92 §28 {1})

839. 당신은 부처님이시고 스승님이시고
마라를 정복하신 성인이십니다.
당신은 잠재성향들을 잘랐고 스스로도 건넜고
이 사람들을 건네주셨습니다. (M92 §28 {2})

840. 당신은 재생의 근거를 건너셨고
당신은 번뇌를 부수었습니다.
당신은 취착 없는 사자로서
두려움과 공포를 제거하셨습니다. (M92 §28 {3})

841. 이들 삼백 명 비구들은
합장하고 서있습니다.
영웅이시여, 발을 뻗어주십시오.
용들이 스승님께 절을 올리게 하소서." (M92 §28 {4})

셀라 장로 (끝)

7. 깔리고다의 아들 밧디야 장로(Th20:7 {842}~{865})

【행장】

"깔리고다(Kāḷigodhā)[200]의 아들 밧디야 장로(Bhaddiya thera)

200) '깔리고다(Kāḷigodhā)'는 『상윳따 니까야』 제6권 「깔리고다 경」(S55:39)에 나타나는 삭까의 여인 깔리고다(Kāḷigodhā Sākiyāni)이다. 주석서에 의하면 그녀의 이름은 고다(Godhā)였는데 그녀의 피부가 검은색이었기 때문에(kāḷa-vaṇṇā) 깔리고다라 불리었다고 한다. 그녀는 당시 삭까의 여인들 가운데서 가장 연장자(sabba-jeṭṭhikā)였다고 한다.(AA.i.193~194)

는 까삘라왓투에서 사까의 왕의 가문에 태어났다. 그는 적당한 나이가 되어 아누룻다 등의 다섯 명의 끄샤뜨리야들(pañca khattiyā)[201]과 함께 스승님께서 아누삐야의 대나무 숲(Anupiy-ambavana)에 머무실 때 스승님의 곁으로 출가하여 아라한됨을 얻었다. 스승님께서는 나중에 제따와나에서 성자들의 무리 가운데 앉으셔서 그를 두고 "고귀한 가문 출신인 자들(uccā-kulikā) 가운데서 깔리고다의 아들 밧디야가 으뜸이다."(A1:14:1-6)라고 하셨다.

그는 과의 행복과 열반의 행복으로 지내면서 '숲에 들어가서도 나무 아래에 가서도 빈집에 가서도 끊임없이 '아, 행복하다. 아, 행복하다.'라고 우러나온 말(감흥어, udāna)을 읊었다.'(「밧디야 경」, Ud2:10 §2)

그 말을 듣고 비구들은 세존께 이와 같이 말씀드렸다. '세존이시여, 깔리고다의 아들 밧디야 존자가 이 숲에 들어가서도 나무 아래에 가서도 빈집에 가서도 끊임없이 '아, 행복하다. 아, 행복하다.'라고 우러나온 말을 읊습니다. 의심할 여지가 없이 그는 아무런 기쁨 없이 청정범행을 닦고 있습니다.'(Ud2:10 §3)

스승님께서는 그를 불러오게 하셔서 '그대가 끊임없이 '아, 행복하다. 아, 행복하다.'라고 말한 것이 사실인가?'라고 물으셨다.(Ud2:10 §5) 그는 '사실입니다, 세존이시여.'라고 대답한 뒤 '세존이시여, 제가 출가하기 전에 왕국을 통치할 때에는 저는 호

여기 밧디야 장로의 게송 {843}과 {864}와 『상윳따 니까야』 「고다 경」(S55:23)에서 깔리고다는 고다(Godhā)로도 나타나는데 삭까의 여인 깔리고다와 같은 사람이다.

201) 그와 함께 출가한 아누룻다(Anuruddha), 아난다(Ānanda), 바구(Bhagu), 낌빌라(Kimbila), 데와닷따(Devadatta)의 다섯 명의 왕자를 말한다. 그리고 이발사 우빨리(Upāli-kappaka)도 함께 출가하였다.(Vin.ii.182; DhpA.i.133; Mil.107~108. 본서 제2권 셋의 모음 {249} 우빨리 장로의 【행장】의 해당 주해도 참조할 것.)

위가 잘 마련되어 있었지만 그래도 두렵고 동요하고 믿지 못하고 무서워하며 지냈습니다. 세존이시여, 그러나 이제 저는 출가하여 두려워하지 않고 동요하지 않고 믿지 못하지 않으면서 머뭅니다.' 라고 말씀드렸다.(Ud2:10 §6)

그런 뒤 그는 이 [{842}~{865}의 24개] 게송들로 스승님의 면전에서 사자후를 토했다. … 이것을 듣고 비구들은 청정한 믿음을 가지게 되었다."(ThagA.iii.52~54)

여기서 보듯이 깔리고다의 아들 밧디야 장로는 사꺄 족 왕자였으며 성도 후에 까삘라왓투를 방문하신 부처님을 따라서 사꺄의 아누삐야(Anupiya)에서 아누룻다 등과 함께 출가하였으며 오래지 않아 아라한이 되었다. 그는 아누룻다 존자와는 둘도 없는 친구였으며, 아누룻다의 어머니는 밧디야가 같이 간다면 출가를 허락하겠다 하여 아누룻다는 밧디야를 설득하여 함께 출가하였다고 한다.(Vin.ii.180 이하; AA.i.192ff; ThagA.iii.52) 이런 이유 등으로 세존께서는 『앙굿따라 니까야』 제1권 하나의 모음 「으뜸 품」(A1:14)에서 "고귀한 가문 출신인 자들(uccā-kulikā) 가운데서 깔리고다의 아들 밧디야가 으뜸"(A1:14:1-6)이라고 말씀하셨다.

그는 500생을 왕이었다고 하며 그래서 세존께서는 그를 고귀한 가문 출신인 자들 가운데서 으뜸으로 꼽으셨다고 주석서는 설명한다.(AA.i.193) 이처럼 수백 생을 고귀한 가문 출신이었던 밧디야 장로는 여기 24개의 게송들 가운데 {844}부터 {856}까지의 13개 게송에서 13가지 두타행을 기뻐하고 있다.

DPPN에는 7명의 밧디야가 언급되고 있다. 이 가운데 여기서 언급되는 ① 깔리고다의 아들 밧디야 장로(Kāḷigodhāya putta Bhaddiya thera, 『우다나』 「밧디야 경」(Ud2:10)도 참조할 것)와 ② 라꾼따까 밧디야 존자(āyasmā Lakuṇṭaka Bhaddiya, 『우다나』 「라꾼따까 밧디야 경」1/2/3 (Ud7:1/2/5) 참조)와 ③ 오비구(五比丘

pañcavaggiyā bhikkhū) 가운데 한 분인 밧디야 존자가 출가한 아라한으로 알려져 있다. 그런데 오비구에 포함된 밧디야 존자에 대해서는 그가 「초전법륜 경」(S56:11)을 듣고 둘째 날에 예류과를 얻었다는 언급(MA.ii.192; AA.i.147 등) 외에는 특별한 설명이 삼장과 주석서 문헌에는 나타나지 않는 것 같다.

깔리고다의 아들 밧디야 장로와 관계된 경으로는 『우다나』 「밧디야 경」(Ud2:10)이 있다. 위에서 인용한 『테라가타 주석서』에 나타나는 '아, 행복하다. 아, 행복하다.'라고 감흥어를 읊은 그의 일화는 이 「밧디야 경」(Ud2:10)에 나타나고 있다. 그리고 그의 어머니 깔리고다와 관계된 경으로는 『상윳따 니까야』 제6권 「깔리고다 경」(S55:39)과 「고다 경」(S55:23)을 들 수 있다.

842. "제가 입었던 부드러운 옷들과
코끼리의 목을 [타고 다녔던 것과]
쌀로 지은 밥과 양념을 한 깨끗한 살코기를 먹었던 것은
[저를 행복하게 만들지 못했습니다.][202)]

843. 복 받은 그런 저는 오늘 참을성 있게
탁발하는 발우에 들어온 것으로 기뻐하나니 (b={155}d)
고다의 아들 밧디야는[203)]
취착하지 않고 참선을 합니다.[204)]

---

202) 『테라가타 주석서』는 "그래도 그 행복은(tathāpi taṁ sukhaṁ) 저의 마음을 만족하게 만들지 못했습니다(na mayhaṁ citta-paritosa-karaṁ ahosi)."(TgagA.iii.53)라고 덧붙이고 있어서 [ ] 안에 이렇게 넣어서 옮겼다.

203) "'고다의 아들 밧디야는(putto Godhāya Bhaddiyo)'이라고 하였다. 깔리고다라는 끄샤뜨리야의 아들인 '밧디야는(Bhaddiyo)', 즉 장로는 이러한 이름을 가진 자기 자신을 남처럼 여기면서(aññaṁ viya katvā) 말하고 있다." (ThagA.iii.53)

204) "'참선을 합니다(jhāyati).'라는 것은 과의 증득인 禪(phala-samāpatti-

844. ① 분소의를 입는 자는205) 참을성 있게
탁발하는 발우에 들어온 것으로 기뻐하나니
고다의 아들 밧디야는
취착하지 않고 참선을 합니다.

845. ②206) 탁발음식만 수용하는 자는 참을성 있게 …207)

846. ③ 삼의(三衣)만 수용하는 자는 참을성 있게 …

847. ④ 차례대로 탁발하는 자는 참을성 있게 …

848. ⑤ 한 자리에서만 먹는 자는 참을성 있게 …

849. ⑥ 발우 [한 개]의 탁발음식만 먹는 자는 참을성 있게 …

850. ⑦ 나중에 얻은 밥을 먹지 않는 자는 참을성 있게 …

---

jhāna)으로 참선을 한다는 말이다."(ThagA.iii.53)

205) 여기 {844}부터 {856}까지의 13개 게송은 13가지 두타행(terasa dhutaṅga)을 기뻐하는 게송으로 구성되어 있다. 13가지 두타행은 『청정도론』 제2장에서 상세하게 설명되고 있다. 역자는 남북방의 불교 자료를 통틀어서 『청정도론』 제2장의 설명이 13가지 두타행 전체에 대한 가장 자세하면서도 종합적인 설명이라고 받아들인다. 본서의 주석서인 『테라가타 주석서』도 13가지 용어를 간략하게 설명한 뒤 자세한 것은 『청정도론』을 참조하라고 적고 있다(ayamettha saṅkhepo. vitthārato pana dhutaṅgakathā Visuddhimagge vuttanayeneva gahetabbā. — ThagA.iii.54). 13가지 두타행의 자세한 설명은 『청정도론』 제2장을 참조하기 바란다.

206) 『청정도론』 제2장에는 '탁발음식만 수용하는 수행(piṇḍapātikaṅga)'이 세 번째로 나타나고 '삼의(三衣)만 수용하는 수행(tecīvarikaṅga)'이 두 번째로 언급되고 있다.(Vis.II.2; Vis.II.23; Vis.II.27 참조)

207) 이하 {861}까지 PTS본과 VRI본은 모두 반복되는 부분(뻬얄라, peyyala)의 생략으로 편집되어 있다. 역자도 '…'로 생략하여 옮겼다.

851. ⑧ 숲에 머무는 자는 참을성 있게 …

852. ⑨ 나무 아래 머무는 자는 참을성 있게 …

853. ⑩ 노천에 머무는 자는 참을성 있게 …

854. ⑪ 공동묘지에 머무는 자는 참을성 있게 …

855. ⑫ 배정된 대로 머무는 자는 참을성 있게 …

856. ⑬ 눕지 않는 자는 참을성 있게[208] …

857. 바라는 것이 적은[少欲] 자는 참을성 있게 …

858. 만족하는[知足] 자는 참을성 있게 …

859. 끊임없이 한거(閑居)하는 자는 참을성 있게 …

860. 교제를 하지 않는 자[209]는 참을성 있게 …

861. 부지런히 정진하는 자는 참을성 있게 …

862. 백 근이 나가는 청동 접시와
금으로 만든 백 돈이 나가는 것을 버리고
저는 흙으로 만든 발우를 택했습니다.
이것이 저의 두 번째 관정입니다.[210] (={97})

---

208) 이상 {844}~{856}은 13가지 두타행(terasa dhutaṅga)을 기뻐하고 있다.

209) '교제를 하지 않는 자(asaṁsaṭṭha)'에 대해서는 본서 제2권 열의 모음(Th 10:6) {581}의 마지막 주해를 참조할 것.

210) '이것이 저의 두 번째 관정입니다.'는 idaṁ dutiyābhisecana를 옮긴 것이다. 첫 번째 [관정]은 왕이 되면서 관정을 거행한 것이고 출가한 것은 나의

863. 높고 둥근 벽을 가졌고
튼튼한 난간과 출입구가 있는 도시에서
손에 칼을 든 사람들의 호위를 받으며
떨면서 저는 머물렀습니다.

864. 복 받은 그는 오늘 무서워하지 않고
두려움과 공포를 제거하여
고다의 아들 밧디야는
취착하지 않고 참선을 합니다.

865. 계의 무더기[戒蘊]에 굳게 서서
마음챙김과 통찰지를 닦으면서
차례대로 모든 족쇄들의 멸진을
나는 얻었습니다."211)

깔리고다의 아들 밧디야 장로 (끝)

8. 앙굴리말라 장로(Th20:8 {866}~{891})

【행장】

앙굴리말라 장로(Aṅgulimāla thera)는 사왓티에서 꼬살라 왕의 궁중제관이었던 박가와(Bhaggava) 바라문의 아들로 태어났다.(ThagA.iii.54) 그가 왜, 손가락으로 목걸이를 만들어서 걸고 다니

두 번째 관정이라는 말이다. 여기에 대한 주석서의 설명은 본서 제1권 하나의 모음 {97}의 주해를 참조할 것.

211) "여기서는 마음챙김을 필두로 하여(sati-sīsena) 삼매를 말했다. 과의 증득과 소멸의 증득을 두고 '마음챙김과 통찰지를 닦으면서(satiṁ paññañca bhāvayaṁ)'라고 하였다. 이와 같이 장로는 스승님의 면전에서 사자후를 토했다. 그것을 듣고 비구들은 청정한 믿음을 가졌다."(ThagA.iii.54)

는 자라는 뜻의 앙굴리말라(Aṅgulimāla)라 불리게 되었는지는 『맛지마 니까야』 제3권 「앙굴리말라 경」(M86)에 대한 『맛지마 니까야 주석서』(MA.iii.328~331)에 잘 나타나 있다. 이 부분은 「앙굴리말라 경」(M86) §2의 주해로 실려 있는데 여기에 옮겨 싣는다. 비슷한 설명이 『테라가타 주석서』에도 나타나고 있다.(ThagA.iii.54~57)

"손가락들로 목걸이를 만들어 [목에] 걸고 다닌다(aṅgulīnaṁ mālaṁ dhāreti)라고 해서 '앙굴리말라(Aṅgulimāla)'라고 했다. 무슨 까닭으로 걸고 다녔는가? 스승의 요구(ācariya-vacana)가 있었기 때문이다. 이 경의 유래는 다음과 같다.

앙굴리말라는 꼬살라 국왕의 궁중제관(purohita)이었던 박가와(Bhaggava)라는 이름의 바라문을 아버지로 만따니(Mantāṇi)라는 이름의 바라문 여자를 어머니로 하여 태어났다. 그가 어머니의 태에서 나올 때에 모든 도시의 무기들에 불이 났고, 왕궁의 길조(吉鳥, maṅgala-sakunta)에도, 침실에 놓여있던 칼과 막대기에도 불이 났다. 바라문이 밖으로 나가 성좌를 살펴보다가 그 아이가 도둑의 성좌(coranakkhatta) 아래에서 태어난 것을 알고 왕을 찾아가서 간밤에 잘 잤는지(sukhaseyyabhāva) 물었다. 왕은 대답했다.

'스승이시여, 어떻게 잠을 잘 잤겠습니까? 내 길상의 무기(maṅgalāvudha)에 불이 났습니다. 왕국이나 내 생명에 무슨 변고라도 생기지 않을까 싶습니다.'
'대왕이여, 두려워 마십시오. 저의 집에 사내아이가 태어났는데 그의 영향으로 궁궐뿐만 아니라 온 도시의 무기들에 불이 났습니다.'
'스승이여, 어떤 사람이 되겠습니까?'
'대왕이여, 도둑이 될 것입니다.'
'한 사람의 도둑(eka-coraka)이 되겠습니까, 아니면 왕국을 멸망

시킬 도둑(rajja-dūsaka)이 되겠습니까?'
'대왕이여, 한 사람의 도둑입니다.'

이렇게 말하고 나서 왕의 마음을 얻고자 하여 '왕이여, 그를 죽이십시오.'라고 말했다. 그러나 왕은 말했다. '한 사람의 도둑이라면 무엇을 하겠습니까? 천 까리사(karīsa)나 되는 넓은 들판에 한 알의 벼 이삭과 같습니다. 그냥 그를 키우십시오.' 그의 이름을 지으려 할 때 침실에 놓여 있던 길상검과 막대기에도 불이 나고 덮개 위에 놓여 있던 화살에도 불이 났지만 아무것도 손상되지 않았다. 그리하여 그의 이름을 아힘사까[不害者, Ahiṁsaka]라고 지었고, 얼마 후 학업과 기술을 익히도록 하기 위해 딱까실라(Takkasilā)로 보냈다.

그는 법다운 제자(dhamm-antevāsika)가 되어 학업에 전념했다. 소임에도 충실했고 시봉도 성심껏 잘했고 마음에 들게 행하고 고운 말을 했다. 나머지 제자들은 열외로 취급되었다. 그들은 '아힘사까 바라문 학도가 온 이래로 우리는 빛을 보지 못하고 있다. 어떻게 해서 그를 파멸시킬 것인가?'라고 앉아서 궁리를 했지만 그는 모든 사람들보다 월등한 통찰지를 갖고 있었기에 통찰지가 없다고 말할 수도 없었고, 소임도 충실히 이행했기 때문에 소임을 잘못한다고 말할 수도 없었고, 출생 신분이 좋았기 때문에 신분이 나쁘다고 말할 수도 없었다. 그렇다면 어떻게 할 것인가를 궁구하다 스승에게서 그를 떼어놓으면 그를 파멸로 이끌 수 있다는 계략(khara-manta)이 떠올랐다. 그들은 스승을 찾아가 아힘사까가 스승을 배신했다는 거짓을 고했다. 스승은 처음에는 믿지 않고 오히려 그들을 호되게 나무라지만 결국 그 말을 믿게 되고 자기 부인과 아힘사까 사이에 부정한 관계가 있었다고 의심하면서 그를 죽이기로 결심한다.
그러다 '내가 이 사람을 죽이면 사방에 명성이 자자한 스승이 자기 곁에 학업을 배우러 온 학생에게 화를 내어 생명을 앗아갔다.'

라고 생각하면서 다시는 어떤 사람도 학업을 배우러 오지 않을 것이다. 그것은 내 이득을 상실하는 것이다. 그리하여 그는 배움이 끝난 뒤에 스승께 올리는 감사의 선물을 떠올렸다.

그는 그에게 선물로 천 명의 오른 손가락을 바칠 것을 요구했다. 그는 자기가 남을 해치지 않는 가문(ahiṁsaka-kula)에 태어났기 때문에 그것을 할 수 없다고 말씀드렸지만 스승은 지금까지 배운 학업과 기술에 대해 감사의 선물을 올리지 않으면 그 학업은 결실을 볼 수 없다면서 요구했고, 아힘사까는 다섯 개의 무기(pañc-āvudha)를 들고 스승께 절을 올리고 숲으로 들어갔다. 그는 숲의 입구나 중앙이나 출구에 서서 사람들을 죽였다. 본래는 통찰지를 가졌지만 산 생명을 죽이면서 그의 마음은 안정되지 못했고 서서히 계산에도 집중할 수 없었다. 그래서 손가락(aṅguli)을 뚫어 실에 꿰어 화환(māla) 즉 목걸이를 만들어 목에 걸고 다녔다. 그리하여 앙굴리말라라는 이름이 생겨났다.

밤에는 마을 안으로 들어와 대문을 부수고 사람들을 죽여 마을과 성읍을 황폐화시켰다. 불안한 사람들이 궁전 앞으로 모여들어 앙굴리말라라는 도적이 나타나 사람들을 죽인다고 울면서 대왕께 고했다. 앙굴리말라의 아버지인 박가와는 '분명 내 아들이다.'라고 알아차리고는 부인에게 말했다. '앙굴리말라라는 도적이 나타났는데 그는 다른 사람이 아니라 분명 그대의 아들 아힘사까입니다. 이제 왕이 그를 붙잡아 들일 것인데 어떻게 하면 좋겠습니까?' 부인은 남편에게 아들을 데려올 것을 간청했지만 남편은 두려움으로 거절했다. 어머니의 가슴에 연민이 생겼고 내가 가서 내 아들을 데리고 오리라고 생각하면서 길을 나섰다.

바로 그날 세존께서 이른 아침에 세상을 굽어 살펴보시다가 앙굴리말라를 보시고는 '내가 가면 이 사람에게 축복이 있을 것이다. 마을이 없는 숲에 서서 네 구절로 된 게송[四句偈, catuppadikā gāthā]을 듣고 나의 곁에 출가하여 육신통(cha abhiññā)을 실현하게 될 것이다.[212] 만약 내가 가지 않으면 어머니에게 죄를 저지르게 될 것이다. 그에게 호의를 베풀리라.'라고 생각하셨다. 세존께서는 아침에 옷매무새를 가다듬고 탁발하러 갔다가 공양을 마치고 그를 거두고자 승원을 나서셨다. 이 뜻을 보이기 위해 '그때 세존께서는(atha kho bhagavā)'(M86 §3)이라고 말씀을 시작하셨다."(MA.iii.328~331)

본서의 여기 앙굴리말라 장로에 관계된 게송({866}~{891})은 모두 26개이다. 이 게송들 가운데 처음인 {866}~{870}의 다섯 개는 『맛지마 니까야』 제3권 「앙굴리말라 경」(M86) §6의 5개 게송과 같고 그다음인 본서 {871}~{886}의 16개 게송은 같은 경 §18의 16개 게송과 같다. 그리고 나머지인 본서 {887}부터 마지막인 {891}까지의 다섯 개 게송은 여기 본서에만 나타난다.

866. [앙굴리말라]

"사문이여, 그대는 가면서 '나는 멈추었다.'라고 말하고
멈춘 나에게 '그대는 멈추지 않았다.'라고 말한다.
사문이여, 나는 [81] 그대에게 이 뜻을 묻노니
어찌 그대는 멈췄고 나는 멈추지 않았는가?"[213] (M86 §6 {1})

---

212) 앙굴리말라 존자는 실제로 본서 {867}번 게송(=M86 §6 {2})을 듣고 출가를 결심하고 출가하여 아라한이 되었다. 아래 {870}을 참조할 것.

213) '어찌 그대는 멈췄고 나는 멈추지 않았는가?'는 kathaṁ ṭhito tvaṁ aham aṭṭhitomhi를 옮긴 것이다. 주석서는 이렇게 설명한다.

"그는 속력을 내지 못하고(parihīna-java) 굴굴 대는 소리를 내며(ghuru-ghuru-passāsī) 겨드랑이에는 땀을 흘리고 발을 들어 올리지도 못하면서 나무 그루터기처럼 서서 세존께 '멈춰라. 멈춰라, 사문이여.'라고 불렀다. 세존께서는 가고 계시면서 '앙굴리말라여, 나는 멈추었으니 그대도 멈추어라(ṭhito ahaṁ, tvañca tiṭṭha).'라고 하셨다. 그는 '이들 사문들은 사꺄의 후예들로 진실(sacca)을 말한다. 그런데 이제 이 사문은 걸어가면서도 말하기를 '앙굴리말라여, 나는 멈추었으니 그대도 멈추어라.'라고 한다. 그리고 나

867. [세존]

"앙굴리말라여, 나는 늘 멈추었으니
모든 존재들에게 영원히 몽둥이를 내려놓았음이라.
그러나 그대는 생명들에 대해 자제가 없으니
그러므로 나는 멈추었고 그대는 멈추지 않았다." (M86 §6 {2})

868. [앙굴리말라]

"참으로 오랜 끝에야[214] 존경하는 분, 위대한 선인
사문께서 큰 숲으로 오셨으니
게송으로 설한 당신의 법에 확립된 가르침을 듣고
저는 수많은 사악함을 버릴 것입니다."[215] (M86 §6 {3})

869. [합송자들][216]

이와 같이 말하고 도적은 칼과 무기를
깊은 낭떠러지 밑으로 던져버렸다.

는 멈추었다. 이 의미가 무엇인가. 나는 그에게 물어보리라.'라고 하면서 세존께 게송으로 물었다."(ThagA.iii.56~57; cf. M86 §5)

214) "도적(cora)은 다음과 같이 생각했다. '이렇게 큰 사자후(mahā sīha-nāda)는 분명 다른 사람의 것이 아닐 것이다. 사문의 왕인 싯닷타의 사자후일 것이다. 예리한 눈을 가진(tikhiṇa-cakkhu) 정등각자가 나를 본 것이 틀림없다. 세존께서 나에게 호의를 베풀기 위해(saṅgaha-karaṇ-attha) 오셨다.' 라고. 그리하여 그는 '참으로 오랜 끝에야(cirassaṁ vata me)'라고 말을 시작했다."(MA.iii.333; cf. ThagA.iii.57~58)

215) '저는 수많은 사악함을 버릴 것입니다.'는 sohaṁ cajissāmi sahassa-pāpaṁ을 옮긴 것이다. 『맛지마 니까야』 제3권 「앙굴리말라 경」(M86) §6에는 '저는 영원히 악을 버릴 것입니다(sohaṁ cirassā pahāssaṁ pāpaṁ).'로 나타나고 있다.

216) "합송자들(saṅgītikārā)이 이 두 개의 게송({869}~{870})을 넣었다."(ThagA.iii.58)

도적은 선서의 발에 절을 올리고
그곳에서 부처님께[217] 출가를 요청했다. (M86 §6 {4})

870. 자비롭고 위대한 선인인 부처님께서는
신들을 포함한 세상의 스승이셨으니
그때 '오라, 비구여.'라고 그를 부르셨다.
이렇게 그는 비구가 되었다.[218] (M86 §6 {5})

871. [앙굴리말라][219]
"전에 방일했지만
그 후로는 방일하지 않는 자
그는 이 세상을 비추나니
구름을 벗어난 달처럼.[220] (M86 §18 {1}, cd = {548}cd))

---

217) '부처님께'로 옮긴 Buddhaṁ은 M86 §6에는 나타나지 않고 여기 『테라가타』의 PTS본과 VRI본에만 나타나고 있다.

218) "이와 같이 그가 출가를 요청하자 스승님께서는 그의 이전의 업을 살펴보시면서 '오라, 비구여.'라는 말씀을 통해서 [출가할] 인연이 성숙됨(hetu-sam-patti)을 보시고 오른손을 펼치시어 '오라, 비구여, 법은 잘 설해졌다. 바르게 괴로움의 끝을 만들기 위해서 청정범행을 행하라.'(Vin.i.12 등)라고 말씀하셨다. 이것이 그의 출가를 위한 구족계(pabbajjā upasampadā)가 되었다. 그래서 [합송자들은] '그때 '오라, 비구여.'라고 그를 부르셨다. / 이렇게 그는 비구가 되었다(tam ehi bhikkhūti tadā avoca, eseva tassa ahu bhikkhu-bhāvo).'라고 하였다."(ThagA.iii.58~59)

219) "이와 같이 장로는 스승님의 곁에서 '오라, 비구여.'라는 말씀으로 출가하여 구족계를 받은 뒤 위빳사나의 업을 행하면서 아라한됨을 얻은 뒤에 해탈의 행복을 경험하면서 희열과 기쁨에서 생긴 감흥어를 통해서 본 게송 세 개({871}~{873})를 읊었다."(ThagA.iii.59)

220) "마치 오염원이 가신(nirupakkilesa) 달(candimā)이 세상을 비추듯이, 방일함의 오염원을 벗어난(pamāda-kilesa-vimutta) 방일하지 않는 비구는 자신의 무더기[蘊], 감각장소[處], 요소[界]라는 이 세상(loka)을 비춘다. 오염원인 어둠을 몰아낸다(vihata-kiles-andhakāra)는 말이다."(MA.iii.340)

872. 그가 지은 사악한 업을
유익함[善]으로 덮는 자[221]
그는 이 세상을 비추나니
구름을 벗어난 달처럼. (M86 §18 {2})

873. 참으로 젊은 비구가
부처님의 교법에 몰두할 때[222]
그는 이 세상을 비추나니
구름을 벗어난 달처럼.[223]" (M86 §18 {3})

874. [앙굴리말라][224]
"나의 적들은 참으로 부처님의 가르침을 듣고

---

221) "'유익함[善]으로 덮는(kusalena pidhīyati)'이라고 하였다. 도의 유익함으로 덮어 재생연결을 없애버리는 것(appaṭisandhika)을 말한다."(MA.iii.340)

222) "'부처님의 교법에 몰두할 때(yuñjati Buddha-sāsane).'라는 것은 부처님의 교법에 몸과 말과 마음으로 몰두하여 머문다는 말이다."(MA.iii.340)

223) "이상 세 개의 게송({871}~{873})은 장로의 감흥어인 게송들(udāna-gāthā)이다."(MA.iii.340)

224) "이와 같이 희열과 기쁨이 생겨 해탈의 행복으로 머물면서 그는 탁발을 위해서 도시로 들어갔다. 그때 어떤 사람이 던진 흙덩이(leḍḍu)가 앙굴리말라 존자의 몸에 떨어졌고, 다른 사람이 던진 몽둥이(daṇḍa)가 앙굴리말라 존자의 몸에 날아왔다.(M86 §17) 그때 앙굴리말라 존자는 발우가 부서진 채 승원에 들어와서 세존을 뵈러 갔다. 세존께서는 그에게 '감내하라, 바라문이여. 감내하라, 바라문이여. 그대가 수년, 수백 년, 수천 년을 지옥에서 고통받을 그 업의 과보(kammassa vipāka)를 그대가 지금 · 여기에서 겪는 것이다.'(M86 §17)라고 교계하셨다.
그러자 장로는 제한 없이(anodhiso) 모든 중생들에게 자애의 마음(mettacitta)을 확립한 뒤 '나의 적들은 참으로 부처님의 가르침을 듣고 …'({874})라는 [본 게송]부터 '존재에 [묶어두는] 사슬은 뿌리 뽑혔다.'{891}까지의 이 [18개의] 게송들을 읊었다."(ThagA.iii.59~61)
"'바라문(brāhmaṇa)'이라는 호칭으로 부르신 것은 번뇌 다한 경지(khīṇāsava-bhāva)인 아라한을 두고 하신 말씀이다."(MA.iii.339)

부처님 교법에 몰두하기를!
나의 적들은 참으로 법으로 인도하는
좋은 분들을 가까이하기를! (M86 §18 {4})

875. 참으로 인욕을 설하고
온화함[225]을 칭송하는 분들이 있으니
나의 적들은 그들의 법을 때때로 듣고
그것을 따라 행하기를! (M86 §18 {5})

876. 그러면 분명 그들은 나를 해치지도
다른 이를 해치지도 않으리라.
궁극적인 평화를 얻어
약하거나 강한 자들을 보호하기를![226] (M86 §18 {6})

---

225) '온화함'은 avirodha를 옮긴 것인데 주석서는 자애(mettā)라고 설명하고 있다.(ThagA.iii.61; MA.iii.341)

226) "'궁극적인 평화(parama santi)'란 평화로운(santi-bhūta) 열반을 말한다."(MA.iii.341)

한편 '약하거나 강한 자'는 tasa-thāvare를 옮긴 것인데, 주석서는 다음과 같이 설명하고 있다.

"여기서 tasā는 갈애가 있는 자들(sataṇhā)을 뜻하고, thāvarā는 갈애가 없는 자들(nittaṇhā)을 말한다. 이것의 의미는 '열반을 얻는 자는 갈애가 있거나 갈애가 없는(tasa-thāvara) 모든 자들을 보호할 수 있다. 그러므로 나의 적들은 열반을 얻기를! 그리하여 그들은 절대로 나를 해치지 않기를.'이라는 것이다. 이상의 세 게송은 자신의 보호(attano parittāṇākāra)를 위해서 읊은 것이다."(MA.iii.341)

그런데 단어의 뜻으로 보자면 tasa(Sk. trasa)는 √tras(*to tremble*)에서 파생된 명사이고 thāvara(Sk. sthāvara)는 √sthā(*to stand*)에서 파생된 명사이다. 문맥상 tasā는 움직이는 것들 즉 인간을 포함한 동물들을 뜻하고 thāvara는 움직이지 못하고 서있는 것들 즉 식물을 뜻하는 것으로, 혹은 더 간단히 전자는 유정으로 후자는 무정물로 평이하게 볼 수도 있다.

877. 227)물 대는 자들은 [82] 물을 인도하고
화살 만드는 자들은 화살대를 곧게 하고
목수들은 나무를 다루고
현자들은228) 자신을 길들인다.229) (M86 §18 {7}; Thag {19})

878. 어떤 자들은 몽둥이로 길들이고
갈고리와 채찍으로 길들인다.
그러나 나는 몽둥이도 없고 칼도 없는
여여한 분230)에 의해서 길들여졌다. (M86 §18 {8})

879. 비록 예전에는 살인자였지만
이제 내 이름은 '불해(不害)'이다.
이제야 나는 진정한 이름을 가졌으니
그 누구도 해치지 않는다. (M86 §18 {9})

880. 나는 전에 도적이었으니
앙굴리말라라 알려졌었다.

---

227) "이처럼 장로는 앞의 [3개의] 게송들을 통해서 남들을 사악함(pāpa)으로부터 벗어나게 하여 보호주로 작용하게(paritta-kiriya) 만든 뒤 이제 자신의 도닦음(paṭipatti)을 밝히면서 본 게송을 읊었다."(ThagA.iii.61)

228) 본서 제1권 하나의 모음 {19}에는 '현자들은(paṇḍitā)' 대신에 '좋은 서계(誓戒)를 가진 자들은(subbatā)'으로 나타난다.

229) "'현자들은 자신을 길들인다(attānaṁ damayanti paṇḍitā).'라고 했다. '물 대는 자들(nettikā)'은 길을 곧게 만들어 물을 끌어들이고, '화살을 만드는 자들(usukārā)'은 화살대를 곧게 만들고, '목수들(tacchakā)'은 나무를 곧게 만들듯이, 현자는 자신을 길들여서 올곧게(ujukaṁ) 만들고 온화하게(nibbisevanaṁ) 만든다는 말이다."(MA.iii.342)

230) '여여한 분(tādi)'에 대한 설명은 본서 제2권 여섯의 모음(Th6:12) {441}의 해당 주해를 참조할 것.

큰 격류에 휩쓸리다
부처님을 귀의처로 다가갔다. (M86 §18 {10})

881. 비록 전에는 앙굴리말라라고 알려진
손에 피를 묻히는 자였지만
이제 나의 귀의처를 보라.
나는 존재에 [묶어두는] 사슬231)을 끊었노라. (M86 §18 {11})

882. 악처로 인도하는 그러한 업을
참으로 많이 지어 왔지만
업의 과보에 닿아232) 이제 나는

---

231) '존재에 [묶어두는] 사슬(bhava-netti)'에 대해서는 본서 제2권 둘의 모음 {135}의 해당 주해를 참조할 것.

232) "'업의 과보에 닿아(phuṭṭho kamma-vipākena)'라는 것은 도(道)의 의도(magga-cetanā)를 경험한 것을 말한다. 그 도의 의도, 즉 도라는 의도는 업을 익게 하고(paccati) 과보를 가져오고(vipaccati) 불타게 한다(ḍayhati). 그래서 도의 의도를 업의 과보(kamma-vipāka)라 한 것이다."(MA.iii.343)

"[윤회를] 감소시키는 의도(apacayagāminī cetanā)는 중생들에게 청정을 가져온다(suddhimāvahati)고 해서 업이 바로 도의 의도라 한다(kamman-ti maggacetanāti)."(MAṬ.ii.198)
'[윤회를] 감소시키는 법'에 대해서는 『담마상가니』 마띠까(Dhs ma3-10)를 참조하기 바란다.

'업(業, kamma, Sk. karma)'은 √kṛ(*to do*)에서 파생된 명사이다. 그러므로 기본적으로는 행위를 뜻한다. 그러나 불교에는 무슨 행위든 다 업이라고 하지 않는다. 행위 중에서도 의도(cetanā)가 개입된 행위를 업이라 한다. 그래서 『앙굿따라 니까야』 제4권 「꿰뚫음 경」(A6:63) §11에서 세존께서는 "비구들이여, 의도가 업이라고 나는 말하노니(cetanāhaṁ bhikkhave kammaṁ vadāmi) 의도한 뒤 몸과 말과 마음으로 업을 짓는다."라고 정의하신다. 그러므로 의도들 가운데 도의 의도, 즉 도라는 의도는 당연히 중요한 업이요 유익한 업이라고 해야 할 것이다.
상좌부 불교의 이론적 토대라 할 수 있는 『청정도론』은 12가지로 업을 분류하여 설명하고 있다(Vis.XIX.14~16). 이것은 다시 『아비담마 길라잡이』

빚 없이 음식을 수용하도다.[233] (M86 §18 {12})

883. 어리석고 슬기가 없는 사람들은
방일에 빠지지만
슬기로운 자는 방일하지 않음을
으뜸가는 재산처럼 보호한다. (M86 §18 {13})

884. 방일에 빠지지 말고
감각적 쾌락에 탐닉하지 마라.
방일하지 않고 참선하는 자
궁극적인 행복을 얻으리.[234] (M86 §18 {14})

에서 16가지 측면으로 자세하게 설명이 되는데 불교의 업설을 이해하는 중요한 자료이다. 업은 『아비담마 길라잡이』 제5장 §§18~33에서 자세하게 설명하고 있으므로 참조하기 바란다.

233) "'빚 없이 음식을 수용하도다(anaṇo bhuñjāmi bhojanaṁ).'라고 했다. 이러한 도의 의도(magga-cetanā)를 경험했기 때문에 이 사람은 '빚이 없다(anaṇa).' 오염원이 없어졌다(nikkilesa jāta)는 말이다.
'수용한다(bhuñjāmi).'고 했다. 네 가지 수용(cattāro paribhogā)이 있다. ① 훔친 것의 수용(theyya-paribhoga) ② 빚낸 것의 수용(iṇa-paribhoga) ③ 상속자의 수용(dāyajja-paribhoga) ④ 주인의 수용(sāmi-paribhoga)이다.
① 계행이 나쁜 자가 승가 가운데 버젓이 앉아서 [필수품을] 수용할 때 그것을 훔친 것의 수용이라 한다. ② 계를 지니는 자가 반조하지 않고 수용하는 것을 빚낸 것의 수용이라 한다. ③ 일곱 부류의 유학(有學, sekkha)들이 필수품을 수용하는 것을 상속자의 수용이라 한다. ④ 번뇌 다한 자(khīṇ-āsava)들이 수용하는 것을 주인의 수용이라 한다. 여기서는 오염원이 없는 상태와 관련하여 빚 없음이라고 했다."(MA.iii.343)

네 가지 수용(cattāro paribhogā)에 대한 자세한 설명은 『청정도론』 I.125~129를 참조할 것.

234) '어리석고'부터 '행복을 얻으리.'까지의 이 두 게송({883}~{884})은 『맛지마 니까야』 제3권 「앙굴리말라 경」(M86) §18에서는 앙굴리말라 존자가 읊은 것으로 나타나고 『상윳따 니까야』 제1권 「믿음 경」(S1:36) §4의 {119}~{120}과 『법구경』(Dhp) {26}~{27}에는 세존께서 읊으신 것으로

885. 잘 왔노라, 잘못 오지 않았노라.
나의 이런 요청은 잘못된 것이 아니었어라.[235]
분석해서 [설하신] 가르침들 가운데
으뜸가는 것을 나는 얻었노라.[236] (={9}; M86 §18 {15})

886. 잘 왔노라,[237] 잘못 오지 않았노라.
나의 이런 요청은 잘못된 것이 아니었어라.
세 가지 명지[三明]를 얻었고
부처님의 교법을 실천하였노라.[238] (M86 §18 {16})

887. [239]숲에서나 나무 아래서나

나타난다.

235) "'나의 이런 요청은 잘못된 것이 아니었어라(nayidaṁ dummantitaṁ mama).'라는 것은 정등각자를 만나고 나서 '출가하겠습니다.'라고 말씀드렸는데, 나의 그런 말이 잘못된 요청이 아니라는 것이다."(MA.iii.343; cf. ThagA.iii.63)

236) 본 게송에 대한 설명은 본서 제1권 {9}의 주해들도 참조할 것.

237) "'나는 스승이다.'라고 세상에 출현하신 분에 의해 가르침은 잘 설해졌다. 그 가르침 가운데 가장 으뜸인 열반을 내가 얻었으니 '잘 온 것(sāgata)'이라는 말이다."(MA.iii.343)

238) "'부처님의 교법을 실천하였노라(kataṁ Buddhassa sāsanaṁ).'라는 것은 부처님의 교법에서 해야 할 의무(kattabba-kicca)를 내가 모두 다 해 마쳤다. [즉] 세 가지 명지와 아홉 가지 출세간법(nava lokuttara-dhammā)에 의해 가르침의 정수리(matthaka)를 얻은 것이다."(MA.iii.344)

아홉 가지 출세간법은 네 가지 도(예류도부터 아라한도)와 네 가지 과(예류과부터 아라한과까지)와 열반을 말한다.(MA.i.89)
이상 {871}~{886}까지의 16개 게송은 『맛지마 니까야』 제3권 「앙굴리말라 경」(M86) §18의 16개 게송과 같고 「앙굴리말라 경」(M86)은 여기서 끝이 난다.

239) "'나는 범부였던 시기에는 [바른] 노력과 의향을 구족하지 못하였기 때문에(payogāsaya-vipannatāya) 숲 등에서 괴롭게 머물렀다. 이제 그 [바른]

산에서나 동굴에서나
그때 나는 여기저기서
동요하는 마음으로 서있었다.

888. [그러나 지금은] 나는 행복하게 눕고 서며
행복하게 생명을 영위한다.
마라의 손이 닿지 않는 곳에 있나니
오, 참으로 스승님의 연민을 얻었도다.

889. 전에 나는 바라문 혈통이었으니
양쪽 모두 높은 가문이었다.
그런 나는 이제 법왕이시고 스승님이신
선서의 아들이다.

890. 갈애를 여의어 취착하지 않고
[감각기능들의] 문을 보호하고 잘 단속하며
재난의 뿌리240)를 부순 뒤

노력과 의향을 구족하였기 때문에(sampannatāya) 거기서 나는 행복하게 머문다.'라고 행복하게 머묾(sukha-vihāra-bhāva)을 [보여주고], '전에는 단지 태생(jāti-matta)에 의해서 바라문이었지만 이제는 스승의 가슴에서 태어난 아들이 되었기 때문에(orasa-puttatāya) 바라문이다.'라고 궁극적 의미의 바라문이 됨(paramattha-brāhmaṇa-bhāva)을 보여주면서 본 게송 등을 읊었다."(ThagA.iii.63)

『이띠웃따까 주석서』는 이렇게 설명한다.
"여기서는 훌륭한 계행(bhaddaka sīla)으로는 [바른] 노력을 구족한 것(payoga-sampanna = sammāpayoga, VbhA.441)을 말씀하셨고 훌륭한 견해(bhaddikā diṭṭhi)로는 의향을 구족한 것(āsaya-sampanna)을 말씀하셨다."(ItA.i.104)

240) 여기서 '재난의 뿌리'로 옮긴 원어는 agha-mūla인데 『상윳따 니까야 주석서』는 『상윳따 니까야』 제3권 「재난의 뿌리 경」(S22:31)을 설명하면서 이 재난을 괴로움(dukkha)이라고 밝히고 있다.(SA.ii.265)

나는 번뇌의 멸절을 얻었다.

891. 나는 스승님을 섬겼고
부처님의 교법을 실천하였다.
무거운 짐을 내려놓았고
존재에 [묶어두는] 사슬은 뿌리 뽑혔다." (={604}; {656} 등)

앙굴리말라 장로 (끝)

9. **아누룻다 장로**(Th20:9 {892}~{919})

【행장】

"아누룻다 장로(Anuruddha thera)는 까삘라왓투에서 삭까의 숙꼬다나 집안(Sukkodana-Sakkassa geha)에 태어났다. 그는 삭까의 마하나마(Mahānāma)의 동생이었다. 그는 세존의 작은 아버지(cūḷapitu)의 아들이었으며 극도로 섬세하고 많은 공덕을 가졌으며 세 계절 동안 적합한 세 개의 궁전에서 치장을 한 무희들에 에워싸여서 천신처럼 번영을 누렸다. 그리고 숫도다나 대왕은 사꺄의 왕자들을 재촉하여 스승님을 가까이에서 시중들기 위해서(parivārattha) 보내었는데 세존께서 아누삐야의 대나무 숲에 머무실 때 그는 밧디야 왕자 등과 더불어 스승님께 다가가서 스승님의 곁에서 출가하여 그 안거 중에 천안(天眼, dibba-cakkhu)을 얻었다.

「재난의 뿌리 경」(S22:31)에서 세존께서는 이렇게 가르치신다.
"비구들이여, 그러면 어떤 것이 재난의 뿌리인가?
그것은 갈애이니, 다시 태어남을 가져오고 즐김과 탐욕이 함께하며 여기저기서 즐기는 것이다. 즉 감각적 쾌락에 대한 갈애[欲愛], 존재에 대한 갈애[有愛], 존재하지 않음에 대한 갈애[無有愛]가 그것이다.
비구들이여, 이를 일러 재난의 뿌리라 한다."(S22:31 §4)

'재난의 뿌리(agha-mūla)'에 대해서는 본서 제1권 {116}의 해당 주해도 참조할 것.

그는 다시 법의 대장군의 곁에서 명상주제를 수지하여 쩨띠 지역에서 동쪽 대나무 숲(Pācīnavaṁsa-dāya)[241]으로 가서 사문의 법을 행하면서 일곱 가지 대인의 사유들(satta-mahāpurisa-vitakkā)을 하였지만 여덟 번째를 알 수가 없었다.[242]
그의 그런 사정을 아시고 스승님께서는 여덟 번째 대인의 사유를 설하신 뒤에[243] 네 가지 필수품에 만족하며 수행함을 즐거워하는 것을 장엄하는 위대한 성자들의 계보에 속하는 길(mahā-ariya-vaṁsa-paṭipadā, A4:28)을 설하셨다. 그는 가르침을 기억하면서 위빳사나를 증장시켜 신통지와 무애해체지와 더불어 아라한됨을 실현하였다. 장로의 일화는 『아빠다나』에도 나타나고 있다. …
그래서 스승께서는 나중에 제따와나의 대승원에서 성자들의 무리 가운데에 앉으셔서 그를 천안(天眼)을 가진 자들 가운데 으뜸가는 위치에 놓으시고 '천안을 가진 자들 가운데서 아누룻다가 으뜸이다.'(A1:14:1-5)라고 하셨다."(ThagA.iii.65~66)

계속해서 주석서는 아누룻다 장로가 읊은 본 게송들에 대해서 이렇게 설명하고 있다.

---

241) 쩨띠(Ceti) 혹은 쩨띠야(Cetiya)는 부처님 당시 인도 중원의 16국 가운데 하나였다. 『리그베다』에서 쩨디(Ceḍi)로 나타나는 지역과 동일한 듯하다. 현재 북인도의 분델칸드(Bundelkhand) 지역이라고 한다. 동쪽 대나무 숲(Pācīnavaṁsa-dāya)에 대해서는 본서 제2권 둘의 모음(Th2:18) {155}의 해당 주해를 참조할 것.

242) 여기에 대해서는 『앙굿따라 니까야』 제5권 「아누룻다 경」(A8:30)을 참조할 것.

243) 『앙굿따라 니까야』 제5권 「아누룻다 경」(A8:30) §1에 의하면 아누룻다 존자는 '이 법은 바라는 바가 적은[少欲] 자를 위한 것, 만족할 줄 아는[知足] 자를 위한 것, 한거(閑居)하는 자를 위한 것, 부지런히 정진하는 자를 위한 것, 마음챙김을 확립한 자를 위한 것, 삼매에 든 자를 위한 것, 통찰지를 갖춘 자를 위한 것'이라는 일곱 가지 사유를 하였다. 이러한 아누룻다 존자에게 세존께서는 §3에서 '사량분별 없음(nippapañca)에 대한 사유'를 더하셔서 모두 여덟 가지 대인의 사유(mahāpurisa-vitakka)를 말씀해 주신다.

"그는 해탈의 행복을 경험하며 머물면서 어느 날 자신의 도닦음을 반조한 뒤 희열과 기쁨이 생겨서 감흥어를 통해서 '어머니와 아버지, 누이들과 / 친척들과 형제들을 떠나서 …'({892})라는 등의 게송들을 읊었다. 그런데 어떤 자들은 '장로의 출가와 아라한됨을 얻음을 설명하는 합송자들(saṅgītikārā)에 의해서 첫 번째 네 개의 게송({892}~{895})은 설해졌다. 그 뒤 [두 개의 게송]들은({896}~{897}) 장로의 성자들의 계보에 속하는 도닦음(ariya-vaṁsa-paṭipatti)에 의해서 마음으로 만족하신 세존께서 말씀하신 것이다. 그 나머지 모두는 이런저런 이유로 장로가 설한 것이다.'라고 말한다. 이처럼 장로가 이들 모두를 설한 것이든 아니면 장로를 지칭하여(theraṁ uddissa) 설해진 것이든 이 게송들은 장로에 속하는 것이라고 알아야 한다."(ThagA.iii.66)

이처럼 아누룻다 존자(āyasmā Anuruddha)는 부처님의 사촌이고 사까의 숙꼬다나(Sukkodāna)의 아들이다. 성도 후에 까삘라왓투를 방문하신 부처님을 따라서 사까의 아누삐야(Anupiya)에서 밧디야(Bhaddiya), 아난다(Ānanda), 바구(Bhagu), 낌빌라(Kimbila), 데와닷따(Devadatta) 같은 왕자들과 이발사 우빨리(Upāli-kappaka)와 함께 출가하였다.(Vin.ii.182; DhpA.i.133; Mil.107~108)

장로는 『앙굿따라 니까야』 제1권 하나의 모음 「으뜸 품」(A1:14)에서 "천안을 가진 자들(dibba-cakkhukā) 가운데 으뜸"(A1:14:1-5)이라고 언급되듯이 우리에게 천안제일로 알려진 분이다. 그는 부처님께 대한 한없는 신뢰를 가진 분이었으며 부처님 입멸 후 마하깟사빠 존자가 당도할 때까지 승가를 통솔하였던 분이다.(cf. D16 §§11~12; §14; §21) 『앙굿따라 니까야 복주서』에 의하면 아누룻다 장로는 150세까지 살았다.(AAṬ.iii.183)

니까야에는 아누룻다 존자와 관계된 여러 경들이 전승되어 온다. 그 가운데 대표적인 경으로는 『맛지마 니까야』 제2권 「고싱가살라 짧은 경」(M32)과 「고싱가살라 긴 경」(M33)을 들 수가 있다.

그리고 아누룻다 존자와 관계된 경들로는 「아누룻다 상윳따」(S52)에 포함된 24개의 경들도 있다. 「아누룻다 상윳따」는 아누룻다 존자의 네 가지 마음챙김의 확립에 대한 경들을 모은 것이다. 이미 『상윳따 니까야』 제5권 「부분적으로 경」(S47:26~28) 등에서 아누룻다 존자는 네 가지 마음챙김의 확립에 능통하였음이 설해지고 있다. 이런 의미에서 「아누룻다 상윳따」(S52)는 『상윳따 니까야』 제5권 「마음챙김의 확립 상윳따」(S47)에 대한 일종의 부록이라 할 수 있다.
일차결집에서 『앙굿따라 니까야』는 아누룻다 존자와 그의 제자들(nissitakā)에게 부촉해서 전승하도록 하였다(vāceti)고 한다.(DA.i.15; 『디가 니까야』 제3권 564~565쪽 참조)

892. [244]"어머니와 아버지, [83] 누이들과
친척들과 형제들을 떠나서
다섯 가닥의 감각적 쾌락을 버리고
아누룻다는 참으로 참선을 한다.[245]

893. 춤과 노래로 시중을 받고
심벌즈 [소리]로 잠에서 깨어났나니
그것으로 그는 청정함을 얻지 못하였고

---

244) 바로 위의 아누룻다 장로의 【행장】에서 밝힌 것처럼, 주석서는 여기 실린 아누룻다 장로의 게송 28개({892}~{919}는 모두 아누룻다 존자가 읊은 것으로 보는 것이 기본적인 관점이다. 그러면서 주석서는 "그런데 어떤 자들은 '장로의 출가와 아라한됨을 얻음을 설명하는 합송자들(saṅgītikārā)에 의해서 첫 번째 네 개의 게송({892}~{895})은 설해졌다. … 라고 말한다."(ThagA.iii.66)라고도 밝히고 있다.

245) "'참선을 한다(jhāyati).'라는 것은 대상을 정려(靜慮)함과 특상을 정려함이라는 두 가지로 참선에 몰두하며 머문다(duvidhampi jhānaṁ anuyutto viharati)는 말이다."(ThagA.iii.68)

대상을 정려(靜慮)함과 특상을 정려함에 대해서는 본서 제1권 하나의 모음 {12}의 해당 주해를 참조할 것.

마라의 영역에서 기뻐하였다.[246)]

894. 그러나 이것[247)]을 넘어서서
부처님의 교법에서 기뻐하며
모든 폭류를 넘어서서
아누룻다는 참으로 참선을 한다.

895. 매력적인 형색들과 소리들과
맛들과 냄새들과 감촉들 —
이들도 넘어서서
아누룻다는 참으로 참선을 한다.

896. [248)]탁발에서 돌아와서
혼자, 짝(두 번째)이 없이[249)] 성인인

---

246) "'그것으로 그는 청정함을 얻지 못하였고(na tena suddhimajjhagaṁ)'라는 것은 그 감각적 쾌락을 즐김(kāma-bhoga)으로 윤회의 청정(saṁsāra-suddhi)을 증득하지 못했다는 말이다. '마라의 영역에서 기뻐하였다(mārassa visaye rato).'라는 것은 오염원으로서의 마라의 영역이 되어(kilesa-mārassa visayabhūta) 감각적 쾌락의 가닥(kāmaguṇa)에서 기뻐하였다는 말이다."(ThagA.iii.68)

247) "'이것(taṁ)'이란 이 다섯 종류의 감각적 쾌락의 가닥(pañcavidha kāma-guṇa)을 말한다."(ThagA.iii.68)

248) 주석서는 아누룻다 장로의 게송 28개({892}~{919}는 모두 아누룻다 존자가 읊은 것으로 여긴다. 그러면서도 주석서는 "그 뒤 [두 개의 게송]들은({896}~{897}) 장로의 성자들의 계보에 속하는 도닦음(ariyavaṁsa-paṭi-patti)에 의해서 마음으로 만족하신 세존께서 말씀하신 것이다."(ThagA.iii.66)라고 하여 이 두 개의 게송은 세존께서 아누룻다 장로를 칭찬하여 말씀하신 것이라는 관점도 있음을 밝히고 있다.

249) "'짝(두 번째)이 없이(adutiyo)'라는 것은 갈애가 없이(nittaṇho)라는 뜻이다. 갈애는 참으로 사람의 짝(purisassa dutiya)이기 때문이다. 그래서 [세존께서는] '갈애와 짝하는 사람은(taṇhā-dutiyo puriso) / 오랜 세월 윤회한다.'(『이띠웃따까』 「갈애의 일어남 경」(It4:6) §2)라고 말씀하셨다."

번뇌가 없는 아누룻다는
분소의를 찾는다.

897. 사려 깊고 번뇌가 없는 성인인 아누룻다는
분소의를 살펴보고 취하고 씻고 물들여서 입었다.

898. [250]많은 것을 바라고 만족하지 못하고
[절제 없이] 교제하고 경솔한[251]
이런 사람은 이러한 법들을 가져서
사악하고 오염되었습니다.

899. 그러나 그는 마음챙기고 바라는 것이 적고[少欲]
만족하고[知足] 성마르지 않으며
한거를 기뻐하고 즐거워하고
항상 부지런히 정진하였습니다.

900. 유익하고 깨달음의 편에 있는[252]

(ThagA.iii.69)
여기에 대해서는 본서 제2권 열의 모음 {541}의 주해도 참조하기 바란다.

250) "이제 빠찌나왐사의 삼림 지대에서 스승님께서 주신 교계와 자신이 그것의 정점에 도달했음(matthaka-ppatta-bhāva)을 밝히면서 본 게송({898}) 등을 읊었다."(ThagA.iii.69)

『앙굿따라 니까야』 제5권 「아누룻다 경」(A8:30) §1에서 아누룻다 존자는 '이 법은 바라는 바가 적은[少欲] 자를 위한 것이다.'라는 등의 일곱 가지 사유를 하였고 세존께서는 아누룻다 존자에게 '사량분별 없음(nippapañca)에 대한 사유'(§3)를 더하셔서 모두 여덟 가지 대인의 사유(mahāpurisa-vita-kka)를 말씀해 주셨다. {892} 【행장】의 해당 주해와 아래 {901} 등의 주해를 참조할 것.

251) '경솔한(uddhata)'에 대해서는 본서 열여섯의 모음 {681}의 해당 주해를 참조할 것.

252) "마음챙김의 확립 등의 이들 37가지로 구분되고(sattatiṁsa-ppabhedā) [무

이러한 법들을 그는 가졌습니다.
그리고 그는 번뇌 없는 사람이라고
대선인은 이처럼 말씀하셨습니다.

901. 나의 사유를 구경의 지혜로 아신 뒤[253)]
세상에서 위없는 스승께서는
마음으로 만든 몸을 통해서
신통으로 다가오셨습니다.

902. 내게 사유가 있으면
그때마다 더 높은 것을 말씀하셨습니다.[254)]
부처님께서는 사량분별 없음을 기뻐하시니

상·고·무아라는](cf. SA.iii.41; Vis.XXI.66) 세 가지 위빳사나의 길잡이이며(tividha-vipassanā-saṅgahā) 능숙함에서 생긴 것이라는 뜻(kosalla-sambhūtaṭṭha)에서 '유익하고(kusalā)' 도에 포함된(magga-pariyāpannā) '깨달음의 편에 있는(bodhipakkhikā)' 법들[菩提分法]을 말한다."(ThagA.iii.69)

"마치 숲에 포함된 것을 숲에 포함됨이라 하듯이 도에 포함된 것을 '도에 포함됨(magga-pariyāpanna)'이라 한다. 도와 연결된 것이라는 뜻이다."(DhsA.217)

253) "'나의 사유를 구경의 지혜로 아신 뒤(mama saṅkappamaññāya)'라고 하였다. '비구들이여, 이 법은 바라는 바가 적은[少欲] 자를 위한 것이지 바라는 바가 많은 자를 위한 것이 아니다.'(A8:30 §15)라는 등의 대인의 사유(mahāpurisa-vitakka)를 통해서 시작되었지만 아직 정점(matthaka)에 도달할 수 없음에 머물고 있는 나의 사유(saṅkappa)를 아신 뒤에라는 말이다."(ThagA.iii.70)

254) "'더 높은 것을 말씀하셨습니다(uttari desayi).'라는 것은 '이 법은 사량분별(思量分別) 없음을 좋아하고(nippapañc-ārāma) 사량분별 없음을 즐기는 자(nippapañca-rati)를 위한 것이지 사량분별을 좋아하고 사량분별을 즐기는 자를 위한 것이 아니다.'(A8:30 §15)라는 이러한 뜻을 가진 대인의 사유(mahāpurisa-vitakka)를 완성하시면서 더 높은 것을 말씀하셨다는 뜻이다."(ThagA.iii.70)

사량분별 없음을 가르치셨습니다.[255)]

903\. 그분의 법을 구경의 지혜로 알고
나는 교법에서 기뻐하면서 머물렀습니다.
세 가지 명지를 얻었고
부처님의 교법을 실천하였습니다.

904\. [256)]나는 눕지 않는 [수행][257)]을 한 지 55년이 지났고
혼침이 뿌리 뽑힌 지 25년이 되었습니다.

905\. [258)]마음이 확고하신 분, 여여하신 분에게는
들숨날숨이 없으셨으니[259)]

---

255) "'부처님께서는 사량분별 없음을 기뻐하시니 / 사량분별 없음을 가르치셨습니다(nippapañcarato Buddho, nippapañcam adesayi).'라고 하였다. 사량분별이란 탐욕 등의 오염원들(rāgādayo kilesā)이고 이들의 가라앉음 때문에(vūpasamatāya) 그리고 존재하지 않음 때문에(tad-abhāvato) 출세간법들(lokuttara-dhammā)이 바로 '사량분별 없음(nippapañcā)'이다. 그러한 사량분별 없음에 대해 기뻐하고 즐거워하시는(rata abhirata) 정등각자께서는 그것을 얻으신 대로 그러한 법(tādisa dhamma)을 가르치셨다, 즉 [부처님께서] 직접 얻으신(sāmukkaṁsika) 네 가지 진리의 법의 가르침(catu-sacca-dhamma-desanā)을 드러내셨다는 뜻이다."(ThagA.iii.70)

256) "스승님과 자신의 만남이 이루어진 의미(sādhita attha)를 보여준 뒤 이제 ① 자신이 출가할 때부터 시작하여 부지런히 정진하였음(āraddha-vīriya-tā)을, ② 몸에 대해서 기대하지 않았기 때문에 잠자는 즐거움과 옆구리로 기대는 즐거움을 버렸음(seyya-sukha-passa-sukhānaṁ pariccāga)을, ③ 혼침이 적었던 때(appa-middha-kāla)부터 시작하여 부지런히 정진하였음을 보여주면서 본 게송을 말했다."(ThagA.iii.70)

257) '눕지 않는 [수행]'은 nesajjika를 옮긴 것이다. 눕지 않는 수행(nesajjik-aṅga), 즉 장좌불와(長坐不臥) 수행은 13가지 두타행 가운데 마지막에 해당한다. 여기에 대해서는 『청정도론』 II.73 이하를 참조할 것.

258) "본 게송부터 세 개의 게송({905}~{907})은 스승님께서 반열반하셨을 때 비구들이 '세존께서는 반열반하셨습니까?'라고 묻자 반열반의 경지(parini-bbāna-bhāva)를 알게 하면서 말하였다."(ThagA.iii.70)

동요가 없으신 분, 눈을 가지신 분께서는

평화로움으로 기우셔서 완전한 열반에 드셨습니다.260) 261)

---

259) "여기서 '마음이 확고하신 분, 여여한 분에게는 / 들숨날숨이 없으셨으니(nāhu assāsapassāsā, ṭhitacittassa tādino)'라고 하였다. [초선부터 상수멸까지의] 오름차순[流轉, anuloma, D16 §6.8]과 [상수멸부터 초선까지의] 내림차순[還滅, paṭiloma, D16 §6.9]으로 여러 가지 형태의 구성요소를 가진(anekākāra-vokārā) 모든 증득들에 들어 머무신 뒤 출정하셔서(vuṭṭhāya) 모든 것의 마지막에 네 번째 禪(제4선)에 확립된 마음을 가진(D16 §6.9) 여여하신 부처님 세존의 들숨과 날숨(assāsa-passāsā)은 없으셨다(na ahu), 있지 않았다(na ahesuṁ)는 뜻이다. 이것에 의해서 네 번째 禪을 증득한 분의 몸의 작용들[身行, kāya-saṅkhārā]은 소멸하기 때문이다. 그리고 몸의 작용들이란 것은 들숨과 날숨을 말한다. 그러므로 네 번째 禪의 순간부터 시작하여 들숨과 날숨은 존재하지 않는다고 보여주고 있다."(ThagA.iii.70~71)

보디 스님에 의하면 스리랑카의 와나라따 아난다 장로(Vanarata, Ānanda thera)는 여기서 들숨날숨이 끊어진 것이 세존의 입멸보다 먼저 된 사실에 주목하였다고 한다. 게송을 정확하게 읽으면 이미 들숨날숨이 없어지신 세존께서 그다음에 입적하셨기 때문이다. 그러므로 여기서 들숨날숨이 없는 것은 세존께서 제4선에 드셨기 때문이라고 이해해야 한다. 제4선의 육체적 특징은 들숨날숨이 끊어지는 것이다. 여기에 대해서는 『상윳따 니까야』 제4권 「한적한 곳에 감 경」(S36:11/iv.217 §6) 등을 참조할 것. 그러므로 여기서 들숨날숨이 없는 것은 일반 사람들이 임종하여 들숨날숨이 없는 것과는 확연히 구분이 된다는 것이다. — S6:15 §8의 주해에서.

260) "갈애라 불리는(taṇhā-saṅkhātā) 동요가 없기 때문에 '동요가 없으신 분(aneja)'이다. '평화로움으로 기운(santim ārabbha)'이란 무여열반으로 기운, 조건으로 하는(paṭicca), 의지한(sandhāya)이라는 뜻이다. '눈을 가지신 분(cakkhumā)'이란 다섯 가지 눈[五眼, pañca cakkhū]을 가졌다는 말이다. '완전한 열반에 드셨다(parinibbuto).'는 것은 무더기들(오온)이 완전히 소멸된 열반(khandha-parinibbāna)을 통해서 반열반하신 것을 말한다."(ThagA.iii.71; SA.i.224) — S35:136 §5의 주해에서)

『담마상가니 주석서』는 초기불전에 나타나는 여러 종류의 '눈[眼, cakkhu]'을 언급하고 있다. 그것을 요약하면 다음과 같다.
"여기서 두 가지 '눈'이 있다. (1) 육체적인 눈[肉眼, maṁsa-cakkhu]과 (2) 통찰지의 눈[慧眼, paññā-cakkhu]이다.
이 가운데 (2) 통찰지의 눈은 ① 부처님의 눈[佛眼, Buddha-cakkhu], ② 모든 것을 볼 수 있는 눈[普眼, samanta-cakkhu], ③ 지혜의 눈[智眼,

906. 흔들림 없는 마음으로
느낌을 감내하셨으니[262)]
등불이 꺼지듯 그렇게
그분의 마음은 해탈하셨습니다.[263)] (S6:15 §8 {612})

ñāṇa-cakkhu], ④ 신성한 눈[天眼, dibba-cakkhu], ⑤ 법의 눈[法眼, dhamma-cakkhu]이라는 다섯 가지가 있다."(DhsA.306)

다섯 가지 눈[五眼]을 비롯한 초기불전에 나타나는 여러 종류의 '눈[眼, cakkhu]'에 대한 설명은 『상윳따 니까야』 제4권 「안의 무상 경」(S35:1) §3의 주해나 『이띠웃따까』 「눈 경」(It3:12) §1의 주해들을 참조할 것.

261) "여기서 그 뜻은 이러하다. — 열반을 대상으로 한 네 번째 禪의 과의 증득(nibbānārammaṇa-catutthajjhāna-phala-samāpatti)을 성취하시고 그 바로 다음에(tadanantarameva) 무여열반의 요소(anupādisesāya nibbāna-dhātu)로 반열반하셨다는 뜻이다."(ThagA.iii.71)

본 게송과 다음 게송은 각각 『상윳따 니까야』 제1권 「반열반 경」(S6:15) §8의 {611}과 {612}와 같다. 그리고 『디가 니까야』 제2권 「대반열반경」(D16) §6.10에도 나타나고 있다.
부처님께서 반열반하신 과정과 여기에 대한 주석서의 설명은 『디가 니까야』 제2권 「대반열반경」(D16) §§6.8~6.9를 참조하기 바란다. 이때 아누룻다 존자도 임석해 있었다.

262) "'느낌을 감내하셨으니(vedanaṁ ajjhavāsayi)'라고 하였다. 마음챙기고 알아차리신 뒤 죽음에 다다르는 [마지막] 느낌(māraṇantikā vedanā)을 견디셨지(adhivāsesi) 느낌에 따라서(vedanānuvattī) 이리저리로 치닫지 않으셨다(na samparivatti)는 말이다."(ThagA.iii.71)

263) "'등불이 꺼지듯 그렇게 / 그분의 마음은 해탈하셨습니다(pajjotasseva nib-bānaṁ, vimokkho cetaso ahu).'라고 하였다. 이것은 기름을 반연하고, 심지를 반연하여 타오르고(pajjalanta) 타고(pajjota) 밝게 타오르다가(padīpa) 그들이 멸진할 때 꺼지는 것과 같다(nibbāyati). 꺼지면 어떤 곳을 가서 머물지 않고 그와는 반대로 사라지고(antaradhāyati) 보이지 않게 된다.

그와 같이 오염원의 [업]형성(kilesābhisaṅkhāra)에 의지하여 전개되는 무더기의 흐름(khandha-santāna)은 그들이 멸진할 때 꺼진다. 그리고 꺼지면 어떤 곳을 가서 머물지 않고 그와는 반대로 사라지고 보이지 않게 된다는 것을 보여준다. 그래서 '현자들은 이 등불처럼 꺼진다(nibbanti dhīrā yathā-yaṁ padīpo).'(Khp.5)라거나 '마치 화염이 바람의 힘에 꺼지듯이(accī

907. 성인께는 이것들이264) 이제
감각접촉을 다섯 번째로 하는265) 마지막이어서
완전하게 깨달은 분께서 완전한 열반에 들면
다른 법들은 존재하지 않을 것입니다.

908. 유혹자여,266) 이제 내가 신들의 무리에

---

yathā vātavegena khittā)'(Sn5:6 {1074})라는 등을 말씀하셨다."(ThagA.iii.71)

"여기서 '해탈(vimokkha)'이란 어떤 법에 의해서도 방해받지 않는(anāvara-ṇa) 해탈이다. 이것은 완전히 개념적 존재가 아닌 곳으로 간 것(sabbaso apaññatti-bhāvūpagama)을 말하나니 등불이 꺼진 것과 같이(pajjota-nibbāna-sadisa) 된 것이다."(SA.i.225)

264) "여기서 '이것들이(ete)'라는 것은 반열반의 순간에(parinibbāna-kkhaṇe) 스승님의 흐름(santāna)에서 전개되는 법들을 자신이 직접 체험하였기 때문에 [이렇게] 말하였다."(ThagA.iii.71)

265) "'감각접촉을 다섯 번째로 하는(phassa-pañcamā)'이라고 하였다. 감각접촉을 다섯 번째로 하는 법들이 분명하기 때문에(pākaṭa-bhāvato) [여기서] 언급하였다. [『담마상가니』 제1편] 마음의 일어남 편(cittuppādakathā)에서도 감각접촉을 다섯 번째로 하는 것이 처음에 언급되고 있기 때문이다."(ThagA.iii.71)

'감각접촉을 다섯 번째로 하는'은 phassa-pañcama[ka]를 문자 그대로 옮긴 것이다. 그런데 아래 인용에서 보듯이 이것은 감각접촉[觸, phassa], 느낌[受, vedanā], 인식[想, saññā], 의도적 행위[行, saṅkhāra, 혹은 의도, cetanā], 마음[心, citta, 혹은 알음알이[識, viññāṇa]]의 순서로 나타나고 있으므로 알음알이를 다섯 번째로 하는 것이라 불러야 한다. 그러나 이렇게 부르면 오온을 뜻하는 것도 되기 때문에 오온에 포함되지 않는 촉을 강조하여 '감각접촉을 다섯 번째로 하는 것'이라는 표현을 사용하고 있다.

『담마상가니』(Dhs. §1)에서는 여러 법수들이 전개되는데 그 처음에 '그때에 감각접촉이 있고 느낌이 있고 인식이 있고 의도가 있고 마음이 있다(tasmiṁ samaye phasso hoti, vedanā hoti, saññā hoti, cetanā hoti, cittaṁ hoti,).'가 나타나고 주석서는 이것을 '감각접촉을 다섯 번째로 하는 모음(phassa-pañcamaka-rāsi)'으로 부르고 있다.(DhsA.107)

266) "여러 가지 형태의 대상이라는 그물(visaya-jāla), 혹은 갈애가 요동치는

다시 거주함은 없을 것입니다.[267)]

태어남의 윤회는 멸진하였고

이제 다시 존재함이란 없을 것입니다. (S9:6 §6 {777})

909. [268)]짧은 시간에[269)] [84] 천 겁씩

거처라 불리는 그물(jāla)이 그에게 있다고 해서 '유혹자(jālinī)'이다."(Dhs A.363) — Dhs. §1065의 주해에서.

"'그물에 걸리게 하고(jālini)'란 [갈애는] 삼계(tayo bhava)의 그물에 걸리게 하는 것이란 뜻이다."(SA.i.175) — S4:7 §4의 주해에서.

노만 교수는 이 jālini를 *ensnarer*로 옮기고 있다. 이런 것을 참조하여 『담마상가니』(Dhs. §1065)에서처럼 유혹자로 옮겼다.

한편 유혹자로 옮기고 있는 이 잘리니(jālini)는 아래 {909}d의 주해에서 보듯이 『상윳따 니까야』 제1권 「아누룻다 경」(S9:6)에 나타나는 잘리니 천신인데 그는 아누룻다 존자의 전생의 아내였다고 한다.(S9:6 §2)

267) "'유혹자여, 이제 내가 신들의 무리에 / 다시 거주함은 없을 것입니다(natthi dāni punāvāso, devakāyasmi jālini).'라고 하였다. 여기서 '유혹자(jālini)'란 [여자] 천신에게 말한 것이다(devataṁ ālapati). 천신(devatā)에, 신들의 무리(deva-kāya)에, 신들의 모임(deva-samūha)에 태어남을 통해서 다시 거주함은 이제 나에게는 없다는 뜻이다. [본 게송의] 다음({908}c)에서 '태어남의 윤회는 멸진하였고(vikkhīṇo jātisaṁsāro)'라고 그 이유를 말하고 있다."(ThagA.iii.71~72)

계속해서 주석서는 장로와 이 여자 천신의 관계를 이렇게 설명하고 있다.

"그 여자 천신(sā devatā)은 전생의 존재(purimattabhāva)에서 장로의 아내(pāda-paricārikā — sāmikassa pāde paricaratīti pādaparicārikā)였다고 한다.(이 여자 천신은 잘리니 천신(Jālini devatā, S9:6 참조)이었다고 한다. 다음 {909}의 해당 주해 참조) 그래서 이제 장로가 나이 들고 늙은 것을 보고 이전의 애정(purima-sineha)으로 다가와서 '당신이 전에 사셨던 그곳에 대해서 마음으로 염원하십시오(paṇidhehi).'라고 신으로 태어나기를 간청하였다. 그러자 장로는 '이제 내가 신들의 무리에 / 다시 거주함은 없을 것입니다.'라고 그 여자 천신에게 대답을 하였다. 그 말을 듣고 여자 천신은 기대가 꺾여(vihatāsā) 거기서 사라졌다."(ThagA.iii.72)

268) "그때 장로는 하늘(vehāsa)로 올라가서 자신의 위력(ānubhāva)을 청정범행을 닦는 동료 수행자들(sabrahmacārī)에게 보여주면서 본 게송을 말하였다."(ThagA.iii.72)

269) '짧은 시간에'는 muhuttena를 옮긴 것이다. 주석서는 '찰나 정도에 해당하

그는 범천을 포함한 세상을 알았나니270)
신통의 공덕과 죽음과 다시 태어남에 자유자재한
그 비구는 그 시간에 신들을 봅니다.271) (={1181})

는 시간에(khaṇamatte kāle)'로 설명하고 있다.(ThagA.iii.171) 산스끄리뜨로는 muhūrta(무후르따)인데 중국에서 分, 時, 牟呼栗多, 瞬息須臾, 須臾(분, 시, 모호율다, 순식수유, 수유)로 옮겼다. 그런데 북방의 『아비달마구사론』에 따라 요즘 시간 단위로 환산하면 24시간이 30무후르따이므로 1무후르따는 48분에 해당한다.(『아비담마 길라잡이』 역자 서문 6-(3)을 참조할 것.)

270) '짧은 시간에 천 겹씩 / 그는 범천을 포함한 세상을 알았나니'는 yassa muhuttena sahassadhā, loko saṁvidito sabrahmakappo를 옮긴 것이다. 주석서는 이렇게 설명한다.

"'그는(yassa)': 번뇌 다한 비구(khīṇāsava-bhikkhu)는, '천 겹씩(sahassa-dhā)': 1,000의 방법을 가져(sahassa-ppakāro) 삼천대천(三千大千)으로 구분되는(tisahassi-mahāsahassi-pabhedo), '범천을 포함한 세상을(loko sabrahmakappo)': 범천과 함께한 세상을(sahabrahma-loko), '알았나니(saṁvidito)': 바르게 체득했고(sammadeva vidita) 알았고(ñāta) 눈앞에 직접 보았나니(paccakkhaṁ kata)."(ThagA.iii.72)

본 게송은 {1181}에서 마하목갈라나 장로가 읊은 게송으로도 나타나는데 주석서는 '천 겹씩'으로 옮긴 이 sahassadhā를 거기서는 1,000의 세계(sahassi-lokadhātu)로 설명하고 있다.(ThagA.iii.171)

271) "그런데 장로는 잘리니 천신(Jālini devatā)에게 "잘리니여, 이제 내가 신들의 무리에 … 이제 다시 존재함이란 없을 것입니다."(S9:6 §6 {777}라고 [바로 앞 {908}의 게송을] 말하였다고 한다. 그러자 비구들은 잘리니를 보지 못하였기 때문에 '도대체 장로는 법을 읊음(dhammālapana)을 통해서 누구에게 무엇을 말하는가?'라고 생각하였다. 그들의 마음의 움직임을 안 뒤 장로는 본 게송을 읊은 것이다."(ThagA.iii.72)

『상윳따 니까야』 제1권 「아누룻다 경」(S9:6)은 잘리니에 대해서 이렇게 말한다. "잘리니라는 삼십삼천의 무리에 속하는 어떤 천신이 있었는데 그는 아누룻다 존자의 전생의 아내였다. 그가 아누룻다 존자에게 다가갔다."(S9:6 §2)

여기서 잘리니(Jālinī)는 문자적으로 '그물을 치는 여자'라는 뜻이다. 『상윳따 니까야』 제1권 「잠 경」(S4:7) {460}에서는 taṇhā(갈애)의 동의어로 나타나고 있다. 이 단어는 『앙굿따라 니까야』 「갈애 경」(A4:199/ii.211) §1에도 갈애를 설명하는 것으로 나타나고 있다. 주석서에 의하면 그녀는 바로 앞의 전생에 아누룻다 존자가 삼십삼천의 천신이었을 때 그의 아내였다고 한다.(SA.i.293)

910. 전에 나는 안나바라였으니[272]
사료로 쓰일 풀을 나르는 가난한 자였는데
명성을 가진 우빠릿타[273]라는 사문에게
공양을 올렸습니다.

911. [274]그런 나는 사꺄 가문에 태어났고
[사람들은] 나를 아누룻다라고 알았습니다.
춤과 노래로 시중을 받고
심벌즈와 징으로 잠에서 깨어났습니다.

912. 그때 나는 정등각자를 뵈었나니
스승께서는 어디서도 두려움 없으신 분이셨습니다.
그분에게 마음으로 청정한 믿음을 가져
나는 집 없이 출가하였습니다.

그리고 『담마상가니』(Dhs. §1065 등)에서 jālinī는 탐욕(lobha)의 동의어 101가지 가운데 포함되어 나타나며 거기서도 '유혹자'로 옮겼다.

272) "그는 [선행의 과보로] 천상에 태어나서 수명이 다하도록 머물다가 그곳에서 죽어서 부처님이 출현하시지 않았을 때 바라나시에서 불행한 가문(duggata-kula)에 태어났는데 '안나바라(Annabhāra, 음식을 나르는 자라는 뜻임)'는 그의 이름이었다."(ThagA.iii.64)

273) "그는 이런 이름을 가진 벽지불(paccekabuddha)이었다."(ThagA.iii.72)

이 '우빠릿타(Upariṭṭha)'는 『맛지마 니까야』의 보호주 [護呪, 호주]라 할 수 있는 『맛지마 니까야』 제4권 「이시길리 경」(M116) §§4~5에서 이시길리 산(Isigili pabbata)에 오래 머문 벽지불들 가운데 한 분으로 나타나고 있다.

274) "이 게송({911})으로 자신의 마지막 존재에 이르기까지(yāva carimatta-bhāvā) 고결한 성취의 원인이 되는(uḷāra-sampatti-hetu-bhūta) 자신의 이전의 업을 보여준다. 그래서 '그런 나는 사꺄 가문에 태어났고(somhi Sakyakule jāto) …'라고 시작한다."(ThagA.iii.72)

913. 전에 내가 어디에 살았는지
전생의 삶을 알게 되었습니다.
나는 삼십삼천의 신들 사이에서
삭까(인드라)로 태어나서 머물렀습니다.

914. 일곱 번을 인간의 지배자였던
나는 왕국을 다스렸습니다.
나는 사방을 정복한 자였고
잠부 숲275)의 지배자였으니
몽둥이 없고 칼이 없이
법으로 통치하였습니다.

915. 여기로부터 일곱 번, 저기로부터 일곱 번,276)
14번의 윤회들이 있었습니다.
나는 [전생에] 거주했던 곳을 알았고
그때 [바로 전생]에는277) 천상세계에 머물렀습니다.

---

275) "'잠부 숲(Jambu-saṇḍa)'은 잠부디빠(Jambudīpa)를 말한다."(MA.iii.403)

'잠부디빠(Jambudīpa)' 혹은 '잠부 섬'에 대해서는 본서 {1202}의 주해를 참조할 것.

276) '여기로부터 일곱 번, 저기로부터 일곱 번'은 ito satta tato satta를 풀어서 옮긴 것이다. 주석서는 이렇게 설명한다.

"'여기로부터 일곱 번(ito satta)'이란 이 인간 세상(manussa-loka)으로부터 떠나서 천상세계(deva-loka)에서 신성한 지배력(dibba ādhipacca)으로 일곱 번이라는 말이다. '저기로부터 일곱 번(tato satta)'은 저 천상세계로부터 떨어져서 인간 세상에서 전륜성왕이 됨(cakkavatti-bhāva)에 의해서 일곱 번이라는 말이다."(ThagA.iii.72)

277) '그때 [바로 전생]에는'은 tadā(그때)를 주석서를 참조해서 풀어서 옮긴 것이다. 주석서는 이렇게 설명한다.

"'그때(tadā)'라는 그것은 지금의 이 자기 존재(atta-bhāva) 뿐만 아니라 이

916. 278)평화롭고 한 끝에 집중되었으며
다섯 가지 구성요소를 가진 삼매에서279)
나는 아주 편안함을 얻었고
나의 신성한 눈[天眼]이 청정하게 되었습니다.

917. 다섯 가지 구성요소를 가진 禪에 서서
나는 죽음과 다시 태어남을 아나니
즉, 중생들의 오고 감이요
이 존재와 또 다른 존재가 [연속하여 전개됨]입니다.280)

것과 다른 과거의 자기 존재인 천상세계에 머물 때, 그때를 나는 알았다는 뜻이다."(ThagA.iii.72)

278) "이제 자신에 의해서 신성한 눈의 지혜[天眼通, dibbacakkhu-ñāṇa], 즉 중생들의 죽음과 다시 태어남을 [아는] 지혜[天眼通, cutūpapātañāṇa]를 증득한 방식을 보여주면서 두 개의 게송({916}~{917})을 읊었다."

279) "여기서 '다섯 가지 구성요소를 가진 삼매에서(pañcaṅgike samādhimhi)'라는 것은 신통지의 기초가 되는 제4선의 삼매(abhiññā-pādaka-catuttha-jjhāna-samādhi)에서라는 말이다. 그는 ① 희열이 충만함(pīti-pharaṇa-tā) ② 행복이 충만함(sukha-pharaṇatā) ③ 마음이 충만함(ceto-pharaṇa-tā) ④ 광명이 충만함(āloka-pharaṇatā) ⑤ 반조의 표상(paccavekkhaṇa-nimitta)이라는 이 다섯 가지 구성요소들을 구족하였기 때문에 이것을 두고 다섯 가지 구성요소를 가진 삼매라 부른다."(ThagA.iii.72~73)

280) '이 존재와 또 다른 존재가 [연속하여 전개됨]입니다.'는 itthabhāv-aññathā-bhāvaṁ을 옮긴 것이다. 『이띠웃따까 주석서』는 『이띠웃따까』 「갈애의 족쇄 경」(It1:15) §2에 나타나는 이 용어를 다음과 같이 설명하고 있다.

"'이 존재와 또 다른 존재가 [연속하여 전개됨](itthabhāv-aññathā-bhāvaṁ)'이라고 하셨다. 여기서 이 존재와 그리고 다른 존재라고 해서(ittha-bhāvo ca aññathā-bhāvo ca) '이 존재와 또 나른 존재'이나.
여기서 ① 이 존재(ittha-bhāva)는 인간이 된 것(manussatta)이고 또 다른 존재(aññathā-bhāva)는 이 이외의 나머지 중생의 거처들(avasiṭṭha-sattāvāsā)이다.(ThagA.iii.73) ② 혹은 이 존재는 이런저런 중생들의 현재의 자기 존재(paccuppanna attabhāva)이고 또 다른 존재는 미래(anāgata)의 자기 존재이다. ③ 혹은 [①과 ②에서 언급한] 이러한 또 다른 자기

918. 나는 스승님을 섬겼고
부처님의 교법을 실천하였습니다.
무거운 짐을 내려놓았고
존재에 [묶어두는] 사슬은 뿌리 뽑혔습니다. (={604}; {656} 등)

919. 왓지들의 웰루와 마을에서
나는 생명이 멸진하여
[어떤] 대나무(웰루) 덤불 아래에서
번뇌 없이 열반에 들 것입니다."281)

아누룻다 장로 (끝)

10. 빠라빠리야 장로(Th20:10 {920}~{948})

【행장】

여기 실린 29개의 게송들({920}~{948})은 빠라빠리야 장로(Pārāpariya thera)의 게송이다. 같은 빠라빠리야 장로의 게송이 본서 제1권 하나의 모음 {116}과 본서 스물의 모음(Th20:2) {726}~{746}으로도 나타나고 있다. 이 가운데 {726} 이하의 게송은 부처님 재세 시에 읊은 것이고 여기 본 게송들은 부처님께서 반열반하신 후에 읊은 것이라 한다.(ThagA.iii.73) 장로에 대한 논의와 설명은 본서 제1권 {116}의 【행장】과 제3권 {726}

존재도 이 존재이다(evarūpo aññopi attabhāvo itthabhāvo). 이러한 것은 다른 존재가 아니다(na evarūpo aññathābhāvo). 이 존재와 또 다른 존재인 윤회(itthabhāv-aññathābhāva saṁsāra) 즉, 무더기·요소·감각장소[蘊·處·界]의 연속(khandha-dhātu-āyatana-paṭipāṭi)인 그러한 '윤회를 넘어서지 못한다(saṁsāraṁ nātivattati).'는 말씀이다."(ItA.i.60)

281) 『앙굿따라 니까야 복주서』에 의하면 아누룻다 장로는 150세(vassasatañ-ceva paṇṇāsañca vassāni)까지 살았다고 한다.(AAṬ.iii.183)

의 【행장】을 참조하기 바란다.

『테라가타 주석서』는 본 게송들에 대해서 이렇게 설명한다. "'사문에게 [이런] 사유가 생겼나니'({920})라는 등은 빠라빠리야 장로의 게송들이다. 이분의 일화는 앞에서 나타났다. [앞의] 그 게송들은 스승님께서 계실 때 자신이 범부였던 시기에 마노(mano, 意)를 여섯 번째로 하는 자신의 감각기능들[根]을 꾸짖는 사유(niggaṇhana-cintā)를 드러내면서 말하였다. 그러나 [여기] 이 게송들은 그 후에 스승님께서 반열반하셨고 그리고 자신도 반열반에 가까이 있었을 때에 읊은 것이다. 그는 미래의 비구들이 거짓된 법을 닦음(uddhamma-paṭipatti)을 드러냄을 통해서 [합송자들이 읊은 두 개를 제외한 27개 게송들을] 설하였다."(ThagA.iii.73)

주석서에 의하면 이 29개의 게송들 가운데 맨 처음인 {920}번과 맨 마지막인 {948}번 게송은 합송자들이 읊은 것이라고 한다. (ThagA.iii.73; ThagA.iii.81)

920. [합송자들][282]
사문에게 [이런] 사유가 생겼나니
큰 숲[大林]에서 꽃이 피었을 때

282) "이 게송은 합송자들(saṅgītikārā)이 넣은 것이다. 본 게송들과의 관계(sambandha)는 이러하다. — 스승님과 상수제자들과 몇몇 대장로들이 반열반하셨을 때 예전에 스승님께서 하신 말씀들을 공부짓고자 하는 훈도하기 쉬운(subbacā) 비구들은 얻기 어렵다(dullabhā). 그러나 훈도하기 어렵고(dubbacā) 그릇된 도닦음을 많이 행하는(micchā-paṭipatti-bahulā) 비구들이 생겨났다. [이러한 시대에] 꽃이 살 핀 큰 살라 숲에 앉아서 한거하고 한 끝으로 집중되고 禪에 드는 습관을 가졌고(jhāyana-sīla) 사악함이 가라앉았기 때문에(samita-pāpatāya) '사문(samaṇa)'인 빠라빠리야 장로에게는 자신의 도닦음을 의지하여 '[이런] 사유가(cintā)', 즉 검증(vīmaṁsā)이 생겼다는 말이다. [이제 여기에 실린 {921}~{947}의 27개] 다른(itarā) 게송들은 장로가 설한 것이다."(ThagA.iii.74)

그는 한 끝으로 [집중]되어 앉아있고
끊임없이 한거(閑居)하고 참선을 하였다.

921. [빠라빠리야 장로]
"세상의 주인이시고 최고의 인간이신 분이
머물고 계시는 때와
지금 비구들의 행동거지는
다르게 보인다.

922. 차가운 바람으로부터 보호하고
부끄러운 부분을 가렸으며[283]
그들은 적당하게 먹었나니
그들은 어떤 것으로도 만족하였다.

923. [음식이] 수승하거나 거칠거나
그것이 적거나 많거나 간에
그들은 [몸을] 지탱하기 위해서 먹었으니
[그것을] 탐하지 않았고 [거기에] 빠지지도 않았다.[284]

---

283) '부끄러운 부분을 가렸으며'는 hiri-kopīna-chādanaṁ을 옮긴 것이다. 『청정도론』은 이렇게 설명한다.

"'부끄러운 부분을 가림(hirikopīna-paṭicchādana)'이라는 것은 명확한 목적(niyata-payojana)이다. 다른 것들은 한때의 [목적]이다. 부끄러운 부분이란 남녀의 은밀한 곳이다. 이 부분이 드러나면 양심이 방해를 받고 손상된다. 그것은 부끄러움을 흔들기(hiri-kopana) 때문에 '부끄러운 부분(hiri-kopīna)'이라 부른다."(Vis.I.88)

284) 『맛지마 니까야 주석서』는 이렇게 설명한다. 『맛지마 니까야』 제3권 「데와다하 경」(M101) §23의 주해에서 옮겨왔다.

"'법다운 즐거움(dhammika sukha)'이란 승가에서 얻거나 무리들(gaṇa)에게서 얻는 네 가지 필수품에 대한 행복(catu-paccaya-sukha)을 말한다.

924. 삶의 [85] 필수품들인
약품이나 필요한 것들을
간절하게 바라지 않았나니
그들은 번뇌들을 멸진하였기 때문이다.

925. 숲에서 나무들의 아래와
동굴들과 석굴들에서
그들은 한거를 증장시키면서
이것을 그들의 목적으로 하여 머물렀다.285)

926. 그들은 낮은 것에 헌신하였고286) 검박하였으며
온화하고 완고하지 않은 마음을 가졌으며
오염되지 않았고 수다스럽지 않았으며
이로움에 대한 생각을 따랐다.287)

그 즐거움에 '빠지지도 않았다(anadhimucchita).'는 것은 갈애를 가지고 집착하지(taṇhā-mucchana) 않았다는 말이다."(MA.iv.11)

285) "이와 같이 네 개의 게송들({922}~{925})은 네 가지 필수품에 만족함(catu-paccaya-santosa)과 수행을 기뻐함(bhāvanābhirati)을 드러냄에 의해서 그들의 성자의 계보의 도닦음(ariyavaṁsa-paṭipadā)을 보여주었다." (ThagA.iii.76)

286) '낮은 것에 헌신하였고'는 nīcaniviṭṭhā(VRI: nīcā niviṭṭhā)를 주석서를 참조하여 옮긴 것이다. 주석서는 이렇게 설명한다.

"'낮은 것(nīca)'이라고 하였다. '우리는 분소의를 입는 수행을 하는 자(paṁsukūlika)요, 탁발음식만 수용하는 수행을 하는 자(piḍḍapātika)이다.'라고 하여 자신을 최고로 여기고 남을 비난하지 않고(attukkaṁsana-paravambhanāni akatvā) 낮은 삶의 방식을 가진 것(nīca-vutti), 즉 겸손함을 갖춘 것(nivāta-vutti)이라는 뜻이다. '헌신하였고(niviṭṭhā)'라는 것은 교법에 안주된 믿음을 가졌음(sāsane niviṭṭha-saddhā)을 말한다." (ThagA.iii.76)

287) '이로움에 대한 생각을 따랐다.'는 attha-cintā-vasānugā를 옮긴 것이다.

927. 그러므로 가고 먹고 실행하는 것은
청정한 믿음을 내게 하였나니
그분들의 행동거지는
기름의 흐름처럼 부드러웠다.

928. 모든 번뇌가 멸진하였고
큰 禪을 닦고[288] 큰 이로움을 주는
그런 장로들은 이제 입멸하였으니
이제 그러한 분들은 적다.

929. 유익한 법들[289]과 통찰지가
멸진하기 때문에
모든 형태의 뛰어남을 갖춘
승자의 교법은 파괴된다.

930. [지금은] 사악한 법들과
오염원들의 시기이기도 하고[290]

주석서는 "이익이 되는 생각의 지배를 따르고 이익이 되지 않는 생각의 지배를 받지 않는(hita-cintā-vasānuga-ahita-cintāvasikā)"(ThagA.iii.76)으로 풀이한 뒤 "[그들은] 자신과 남들에게 이익이 되는 생각(hita-cintā)을 따르는 분들(anuparivattanakā)"(ThagA.iii.76)이라고 설명하고 있다.

288) '큰 禪을 닦고'는 큰 禪을 닦는 분들로 직역할 수 있는 mahā-jhāyī를 문맥에 맞게 옮긴 것이다. 주석서는 이렇게 설명한다.

"'큰 禪을 닦는 분들(mahā-jhāyī)'이라는 것은 큰 禪들로 禪에 드는 습관을 가진 분들(jhāyana-sīlā)이다. 혹은 큰 열반(mahanta nibbāna)을 [대상으로] 참선을 한다고 해서 큰 禪을 닦는 분들이다."(ThagA.iii.77)

289) "여기서 '유익한 법들(kusalānañca dhammānaṁ)'이란 윤회를 벗어남(vivaṭṭa)의 강하게 의지하는 [조건]이 되는, 해탈을 이루고 있는(vimokkha-sambhārā) 비난받지 않는 법들(anavajja-dhammā)을 말한다."(ThagA.iii.77)

남아있는 바른 법을 가진 자들의
한거에 확립된 [시기이기도] 하다.[291]

931. 그 오염원들은 증장하여
많은 사람에게 들어간다.
그것들은 우둔한 자들과 놀고 있다고 여겨지나니
마치 락카사[292]들이 미친 자들과 그러는 것과 같다.

932. 오염원들에 압도된 그들은
여기저기로 치달리나니
사람들은 오염원의 토대들에서
마치 전쟁이 선포된 것처럼 [치달린다.][293]

---

290) "'[지금은] 사악한 법들과 / 오염원들의 시기이기도 하고(pāpakānañca dhammānaṁ, kilesānañca yo utu)'라는 것은 몸의 나쁜 행위 등(kāya-duccaritādī)의 사악한 법들과 탐욕 등의 오염원들의 시기(utu), 즉 시대(kāla)인 그런 이것이 전개된다는 말이다."(ThagA.iii.77)

291) "'남아있는 바른 법을 가진 자들의 / 한거에 확립된 [시기이기도] 하다(upaṭṭhitā vivekāya, ye ca saddhamma-sesakā).'고 하였다. 그러나 이러한 시대(kāla)에 몸과 마음과 재생의 근거로부터 떨쳐버림이라는 [세 가지 떨쳐버림을] 위하여(kāya-citta-upadhi-vivekatthāya) 확립되고 부지런히 정진하는 자들은 남아있는 도닦음의 바른 법을 가진 자들(sesa-paṭipatti-saddhammakā)이라는 말이다."(ThagA.iii.77)

292) '락카사(rakkhasa, Sk. rakṣas)'는 베다에서부터 나타나는 일종의 나쁜 신이다. 『이띠웃따까』 「갈망 경」 2(It3:20)이나 「강의 흐름 경」(It4:10)에서처럼 주로 물 근처에서 나타나서 물 안으로 사람을 홀린다고 한다. 그래서 락카사에 붙들린 연못들(rakkhasa-pariggahitā pokkharaṇī) 등과 같은 표현이 주석서에 나타나고 있다.(DhpA.i.367 등) 힌두 신화에서는 아수라의 한 무리로 간주한다.

293) "'마치 전쟁이 선포된 것처럼 [치달린다](sasaṅgāmeva ghosite).'라고 하였다. 금은보화 등의 재물을 뿌려놓고 '누구든 그의 손에 금은보화가 들어가면 그것은 모두 그의 것이 된다.'라는 이와 같은 감각적 쾌락의 선포(kāma-ghosanā)가 전쟁의 선포(sasaṅgāma-ghosanā)이다. 즉 오염원의 토대들

933. 바른 법을 내팽개쳐 버리고
그들은 서로서로가 다툰다.
삿된 견해들을 따르면서[294]
'이것이 더 뛰어나다.'라고 여긴다.

934. 그들은 재물과 아들과 아내를
버리고 [집을] 나왔지만
한 숟가락 정도의 탁발음식을 원인으로
하지 않아야 할 짓을 서슴없이 행한다.

935. 배불리 먹은 뒤 그들은 눕나니
[등을 바닥에 대고] 반듯하게 누워서 잔다.[295]

에 대해서(kilesa-vatthūsu) '어떤 오염원이 어떤 중생을 붙잡고 지배하든 그것은 그의 것이 된다.'라고 오염원의 대장군(kilesa-senāpati)인 마라가 전쟁을 선포했을 때와 같다. 이런저런 오염원들에 지배된 그 우둔한 범부들(bāla-puthujjanā)은 이런저런 대상이라는 분배물(ārammaṇa-bhāga) 때문에 '치달리고(vidhāvitā)' 돌아다닌다는 말이다."(ThagA.iii.78)

294) "'삿된 견해들을 따르면서(diṭṭhigatāni anventā)'라고 하였다. 여기서 '삿된 견해들(diṭṭhi-gatāni)'은 '오직 알음알이만(viññāṇa-mattameva)이 있다. 물질의 법들은 없다.'라거나, '마치 궁극적 의미[勝義, paramattha)에서는 인간(puggala)이란 것이 없는 것처럼 그와 같이 고유성질을 가진 법들(sabhāva-dhammā)도 궁극적 의미에서는 없다. 단지 인습적인 표현일 뿐이다(vohāra-mattameva).'라는 등의 사견에 빠진 것들(diṭṭhi-gatāni)을 그릇되게 취착하여(micchā-gāha) 그것을 '따르면서(anventā)', 추구하면서 '이것이 더 뛰어나다(idaṁ seyyo)', 이것이 으뜸(seṭṭha)이고 다른 것은 거짓(micchā)이라고 여기는 것을 말한다."(ThagA.iii.78)

295) "'[등을 바닥에 대고] 반듯하게 누워서 잔다(sayant' uttāna-seyyakā).'라고 하였다. [『상윳따 니까야』 제4권 「마차 비유 경」(S35:239) 등에서] '발에다 발을 포개어 오른쪽 옆구리로(dakkhiṇena passena) 사자처럼 누워서 마음챙기고 알아차리면서[正念正知] 일어날 시간을 인식하여 마음에 잡도리한다.'(S35:239 §8)라고 말씀하신 방법을 기억하지 못하고 반듯하게 누워서 잔다는 말이다."(ThagA.iii.78)

그들은 깨어나면 이야기를 하나니
그런 이야기를 스승님께서는 나무라셨다.[296]

936. 모든 숙련공들의 솜씨를 높이 평가하여
그들도 그것을 배우나니
안으로 고요하지 않은[297] 그들은

---

296) "'그런 이야기를 스승님께서는 나무라셨다(yā kathā satthu-garahitā).'라는 것은 왕 이야기 등의 쓸데없는 이야기를 두고 말한 것이다."(ThagA.iii.78)

여기서 '왕 이야기 등의 쓸데없는 이야기(rājakathādi-tiracchāna-kathā)'는 니까야에서는 다음의 27가지 쓸데없는 이야기의 정형구로 언급되고 있다. "왕 이야기, 도둑 이야기, 대신들 이야기, 군대 이야기, 공포에 관한 이야기, 전쟁 이야기, 음식 이야기, 음료수 이야기, 옷 이야기, 침대 이야기, 화환 이야기, 향 이야기, 친척 이야기, 수레 이야기, 마을에 대한 이야기, 성읍에 대한 이야기, 도시에 대한 이야기, 지방에 대한 이야기, 여자 이야기, 영웅 이야기, 거리 이야기, 우물 이야기, 옛적 유령 이야기, 하찮은 이야기, 세상의 [기원]에 대한 이야기, 바다와 관련된 이야기, 이렇다거나 이렇지 않다는 이야기이다."(D1 §1.17; M76 §4; S56:10 §3; A10:91 §1 등)

주석서는 '이렇다거나 이렇지 않다는 이야기'를 다음과 같이 설명한다.
"'이렇다거나 이렇지 않다는 이야기(iti-bhava-abhava-kathā)'에서, 이렇다(bhava)는 것은 영속(sassata)에 관한 이야기이고, 이렇지 않다(abhava)는 것은 단멸(uccheda)에 관한 것이다. 이렇다는 것은 향상(vaḍḍhi)에 관한 것이고, 이렇지 않다는 것은 퇴보(hāni)에 관한 것이다. 이렇다는 것은 감각적 쾌락의 즐거움(kāma-sukha)에 관한 것이고, 이렇지 않다는 것은 자기 학대(atta-kilamatha)에 관한 것이다. 이와 같이 이 여섯 종류의 이렇다거나 이렇지 않다는 이야기와 함께 32가지 쓸데없는 이야기(bāttiṁsa-tiracchāna-kathā)가 있다."(MA.iii.223~224)

그런데 『청정도론』 등의 주석서 문헌에서는 모두 32가지 쓸데없는 이야기(Vis.IV.38)를 언급하고 있는데 『청정도론 복주서』(Pm)에 의하면 이 27가지에다 산, 강, 섬에 대한 이야기와 천상과 해탈에 대한 것도 쓸데없는 이야기에 포함시켜서 모두 32가지라고(Pm.59) 설명하고 있다. 말로만 해탈을 논하는 것도 쓸데없는 이야기에 포함시키고 있는 것에 주목해야 한다.

297) "'안으로 고요하지 않은(avūpasantā ajjhattaṁ)'이라고 하였다. 오염원을 고요하게 함이 없기 때문에(kilesa-vūpasama-abhāvato) 그리고 소젖을

'이것이 출가 생활의 목적이다.'라고 한다.

937. 그들은 더 많은 것을 바라면서
찰흙과 기름과 가루와
물과 거처와 음식을
재가자들에게 베푼다.

938. 양치하는 것과 까삣타 열매와
꽃과 씹어 먹는 음식과
[풍미를] 구족한 탁발음식과 망고와
아말라까 열매들을 [베푼다.]

939. 약품들에 있어서 그들은 의사와 같고
여러 가지 해야 할 일들에 있어서는 재가자와 같으며
장식을 하는 데 있어서는 기녀들과 같고
권능에 있어서는 끄샤뜨리야들과 같다.

940. 사기꾼과 [86] 협잡꾼과
거짓된 증인들과 파렴치한 자들은
많은 계략들을 통해서
세속적인 것을 즐긴다.

941. 핑곗거리들과 합의한 것들과
계략들을 좇아가서
생계를 위하여 방책을 세워

[한 번] 짜는 동안만큼의(gaddūhana-mattampi) [짧은 시간]도 마음을 집중함이 없기 때문에(samādhāna-abhāvato) 안으로 고요하지 않아서 그들은 고요하지 않은 마음을 가졌다(avūpasanta-cittā)는 뜻이다."(ThagA.iii.78)

많은 재물을 축적한다.

942. 그들은 회중을 모이게 하나니
일을 위해서이고 법을 위해서가 아니다.
그들은 남들에게 법을 설하지만
이득을 위해서이고 [궁극의] 이치를 위해서가 아니다.298)

943. [성스러운] 승가의 밖에 있으면서도299)
승가의 이득에 대해서 다투고
남들의 이득에 기대어 살면서도
양심이 없고 부끄러워하지 않는다.

944. 이처럼 [사문의 법에] 몰두하지 않는300) 어떤 자들은
머리를 깎고 가사를 수하였지만
이득과 존경에 혹하여
오직 존경받기만을 원한다.

945. 이와 같이 여러 가지로 드러난 것들에 대해서
닿지 않은 것에 닿으려 하는 것과
닿은 것을 지키려 하는 것이

---

298) "'[궁극의] 이치를 위해서가 아니다(no ca atthato).'라고 하였다. 그 [궁극의] 이치는 해탈의 경지를 으뜸에 두고(vimuttāyatana-sīsa) 바른 법을 설하여서 얻어야 하는 것인데, 지금 · 여기에 속하는 것 등으로 구분되는 이로움을 표상으로 하는(taṁ-diṭṭhadhammikādi-bheda-hita-nimitta) 그러한 법을 가르치지 않는다는 뜻이다."(ThagA.iii.80)

299) "'승가의 밖에 있으면서도(saṅghato paribāhirā)'라는 것은 성스러운 승가(ariya-saṅgha)로부터 그들은 밖에 있다(bahibhūtā)는 말이다. 성스러운 승가에는 그런 것이 없기 때문이다."(ThagA.iii.80)

300) "'몰두하지 않는(nānuyuttā)'이란 사문이 해야 하는(samaṇa-karaṇā) 법들에 몰두하지 않는 자들을 말한다."(ThagA.iii.80)

이제는 그처럼 쉽지가 않다.301)

946. 마치 가시가 있는 장소에
신발이 없이 다니는 것처럼
마음챙김을 확립하고
성인은 이와 같이 마을에서 다녀야 한다.

947. 이전의 수행자들을 기억하고
그들의 품행을 계속해서 생각하면서
비록 그것이 마지막 시간이라 할지라도
죽음 없는[不死] 경지에 닿아야 한다."

948. [합송자들]302)
살라 숲에서 이렇게 말한 뒤
기능들[五根]을 닦은 사문은

---

301) '닿지 않은 것에 닿으려 하는 것과 / 닿은 것을 지키려 하는 것이 / 이제는 그처럼 쉽지가 않다.'는 na dāni sukaraṁ tathā / aphusitaṁ vā phusituṁ, phusitaṁ vānurakkhituṁ을 옮긴 것이다. 주석서는 이렇게 설명한다.

"스승님께서 계셨을 때에(yathā satthari dharante) '닿지 않은(aphusitaṁ)', 즉 접촉하지 않은, 증득하지 못한 禪과 위빳사나(anadhigata jhāna-vipassanā)를 '닿으려 하는 것(phusituṁ)', 즉 증득하려 하는 것, 혹은 닿은 것(phusitaṁ vā)을 말한다. 퇴보에 빠진 것이나 정체에 빠진 것이 되지 않고 수승함에 동참하는 것이 있는데 그와 같이 그것을 '지키려 하는 것이(anurakkhituṁ)', 즉 보호하려 하는 것(pāletuṁ)이 [그때에는] 쉬웠다(sukara)는 말이다. 그러나 이제는 그것이 쉽지 않다, 즉 그것을 성취할 수가 없다는 뜻이다."(ThagA.iii.80)

퇴보에 빠진 것(hānabhāgiya)과 정체에 빠진 것(ṭhitibhāgiya) 등에 대해서는 『청정도론』(Vis.III.22)과 『위방가』(Vbh §799)를 참조할 것.

302) "앞에서 본 것처럼 오염과 깨끗함(saṁkilesa-vodāna)에 대해서 이 도닦음의 방법(paṭipatti-vidhi)을 설명한 뒤 이 마지막 게송(osāna-gāthā)은 합송자들이 장로의 반열반을 드러내기 위해서 말한 것이라고 알아야 한다."(ThagA.iii.81)

다시 존재함[再生]을 멸진한 바라문이요 선인이니
완전한 열반에 들었다.

빠라빠리야 장로 (끝)

스물의 모음이 끝났다.

[스물의 모음에 포함된 장로들의] 목록은 다음과 같다.

아디뭇따, 빠라빠리야, 뗄라까니, 랏타빨라
말룽꺄, 셀라, 밧디야, 앙굴리[말라] ||1||

신성한 눈을 가진 [아누룻다], 빠라빠리야 — 이들 10분은
스물의 모음에서 공개되었고 나아가 게송들은 245개이다. ||2||

테라가타

서른의 모음

Tiṁsa-nipāta({949}~{1050})

1. 풋사 장로(Th30:1 {949}~{980})

【행장】

"풋사 장로(Phussa thera)는 어떤 작은 지역의 왕의 아들로 태어났다. 그는 사리를 분별하는 나이가 되어 끄샤뜨리야 왕자들이 배워야 할 기술들에 통달하였다. 그는 [깨달음을 실현하기 위한] 강하게 의지하는 조건을 갖추었기 때문에 감각적 쾌락들에 마음이 꽂히지 않았고(alagga-citta) 어떤 큰 장로의 곁에서 법을 들은 뒤 믿음을 얻어 출가하였다. 그는 기질에 적합한(cariyānukūla) 명상주제를 들고 수행에 몰두하여 禪에 들어 禪을 기초로 한(jhānapādakā) 위빳사나를 확고하게 한 뒤 오래지 않아 육신통을 갖춘 분이 되었다.

어느 날 빤다라 족성을 가진(Paṇḍara-gotta)[303] 어떤 고행자(tāpasa)가 그의 곁에서 법을 듣고 앉아있었다. 그는 많은 비구들이 계의 바른 행실을 갖추고(sīlācāra-sampanna) 감각기능들을 잘 단속하고(susaṁvut-indriya) 몸을 닦고(bhāvita-kāya) 마음을 닦는 것(bhāvita-citta)을 보고 마음이 청정해져서(pasanna-citta)

303) 주석서와 본문에서 Paṇḍarasa(빤다라사)와 Paṇḍara(빤다라)는 혼용되고 있다. 역자는 빤다라로 통일하고 있다. 여기에 대해서는 {949}의 해당 주해를 참조할 것.

'참으로 좋구나! 이 도닦음이 세상에 오래 머물기를.'이라고 생각한 뒤 '존자시여, 미래세의 비구들은 어떻게 도닦음을 행하겠습니까?'라고 장로에게 물었다. 그 뜻을 보여주면서 합송자들은 '청정한 믿음을 가진 많은 사람들이 …'라는 게송({949})을 처음에 놓았다."(ThagA.iii.82)

949. [합송자들]

청정한 믿음을 가진[304] [87] 많은 사람들이
자신들을 잘 닦고[305] 잘 단속하는 것을 보고
빤다라 족성을 가진 선인은
풋사라 불리는 분에게 물었다.[306]

---

304) "'청정한 믿음을 가진(pāsādike)'이란 자신의 도닦음에 대해서 청정한 믿음을 가지기에 적합한 [사람들](pasādārahā)이라는 말이다."(ThagA.iii.82)

305) "'자신들을 잘 닦고(bhāvitatte)'라는 것은 사마타와 위빳사나 수행(samatha-vipassanā-bhāvanā)으로 마음을 닦고(bhāvita-citta)라는 말이다."(ThagA.iii.82)

306) '빤다라 족성을 가진 선인은 / 풋사라 불리는 분에게 물었다.'는 isi Paṇḍara-sagotto, apucchi Phussa-savhayaṁ을 옮긴 것이다. 먼저 주석서의 설명을 살펴보자. 주석서는 이렇게 설명한다.

"여기서 '빤다라 족성(Paṇḍara-sagotto)'은 빤다라라는 선인의(Paṇḍarassa nāma isino) 가문에 태어났기 때문에 그래서 가지게 된 같은 족성(samāna-gotta)이다. '풋사라 불리는 분에게(Phussa-savhayaṁ)'라는 것은 풋사라는 단어로 불러야 한다(Phussa-saddena avhātabba). 풋사라는 이름을 가진(Phussa-nāmakaṁ)이라는 뜻이다."(ThagA.iii.82)

먼저 살펴봐야 할 점은 '빤다라 족성'으로 옮기고 있는 Paṇḍarasagotta라는 합성어를 어떻게 끊어 읽어야 하는가 하는 점이다. 여기서 gotta(Sk. gotra)는 혈통, 종족, 족성 등을 뜻하는 중성명사이다. 그래서 빤다라사 족성(Paṇḍarasa-gotta)으로 읽으면 무난한 것처럼 여겨진다. 실제로 노만 교수는 여기 {949}와 아래 {951}에서 둘 다를 Paṇḍarasa(빤다라사)로 표기하고 있다.(K.R. Norman, 89쪽 참조)

그런데 PED와 BDD등의 사전에는 sagotta라는 단어도 표제어로 실려 있고 PED는 자따까의 출처도 밝히고 있으며 뜻으로는 *kinsman*(혈족, 혈통)

950. [빤다라 선인]

"미래의 시간에는 어떤 열의와

어떤 성향과 어떤 품행이 있게 됩니까?307)

을 들고 있다. 그러므로 sa-gotta도 gotta와 같이 족성을 뜻하는 단어이다.

그리고 무엇보다 중요한 것은 아래 {951}에는 isi-Paṇḍarasavhaya라는 단어가 나타난다는 점이다. '빤다라라 불리는 선인'으로 옮길 수 있는 이 isi-Paṇḍarasavhaya는 isi-Paṇḍarasa-vhaya가 아니라 isi-Paṇḍara-savhaya로 끊어 읽어야 한다. vhaya는 √hve(*to call*)의 명령형으로만 쓰이기 때문이고 여기 {949}에 나타나는 Phussasavhaya(풋사라 불리는 분)은 Phussa-savhaya로 끊어 읽을 수밖에 없기 때문이다.

PED도 'savhaya: sa3(=saṁ)+avhaya — (*adj.*) *called, named* (Dpvs 4,7; Ap I09.)'로 savhaya(불리는)를 표제어로 채택하고 있다. 이 경우에 avhaya는 ā+√hve(*to call*)의 형용사이다. 그러므로 이 Paṇḍarasavhaya는 Paṇḍara-savhaya로 끊어야 하며 그래서 Paṇḍarasa(빤다라사)가 아니라 Paṇḍara(빤다라)로 읽는 것이 더욱 타당하다. 이러한 이유 때문에 역자는 Paṇḍarasagotta도 Paṇḍara-sagotta로 끊어 읽고 '빤다라 족성'으로 통일해서 옮기고 있음을 밝힌다. DPPN도 본 게송을 언급하면서 Paṇḍara를 표제어로 택하고 있다.(s.v. Paṇḍara4)

307) '미래의 시간에는 어떤 열의와 / 어떤 성향과 어떤 품행이 있게 됩니까?'는 kiṁ-chandā kim-adhippāyā, kim-ākappā bhavissare를 옮긴 것이다. 주석서는 이렇게 설명한다.

"여기서 '어떤 열의(kiṁ chandā)'라는 것은 이 교단에서 미래에(anāgate) 비구들은 어떤 열의를 가진 자들이고(kīdisa-cchandā) 어떤 의향을 가진 자들입니까(kīdisādhimuttikā)? 즉 저열한 의향을 가진 자들입니까(kiṁ hīnādhimuttikā), 아니면 수승한 의향을 가진 자들입니까(paṇītādhimuttikā)라는 뜻이다."(ThagA.iii.82)

그리고 주석서는 여기서 열의(chandā)란 하고자 함(kattu-kamyatā)을 나타내기도 한다고 적고 있다. 계속해서 주석서는 여기서 '어떤 성향(kim-adhippāyā)'은 어떤 의향(kīdis-ajjhāsayā)을 뜻하며 그래서 '오염된(saṁkilesa) 의향입니까, 아니면 깨끗한(vodāna) 의향입니까라는 뜻이다.'라고 설명한다.(Ibid.) 그리고 '품행(ākappa)'에 대해서 주석서는 이렇게 설명한다.

"'어떤 품행이 있게 됩니까(kimākappā bhavissare)?'라고 하였다. 여기서 '품행(ākappā)'이란 외관을 취함 등에 있어서 금하거나 해야 하는 것(vesa-

이것을 질문하오니
저에게 말씀해 주십시오."

951\. [풋사 장로]
"빤다라라 불리는 선인이여,308)
나의 말을 들으십시오.
정성을 다하여 호지하십시오.
나는 미래에 대해서 설명하겠습니다.

952\. 분노하고 적의를 가지고 모욕하고
완고하고 사기 치고
질투하고 여러 가지 [다른] 주장을 하는 자들이
미래에는 많을 것입니다.

953\. 변두리를 영역으로 하면서도
심오한 법에 대해서 구경의 지혜를 가졌다고 자만하여
가볍고 법을 중시하지 않고
서로서로 존중하지 않습니다.

954\. 미래에는 많은 위험들이 세상에서 일어날 것입니다.
잘 설해진 이 법을 얼빠진 자들은 오염시킬 것입니다.

955\. 덕이 없는데도 승가에서 무모하게 결정을 내리고
입이 거칠고 배우지 못한 자들이 강성해질 것입니다.

---

gahaṇādi-vāritta-cārittavanta)이라는 뜻이다."(Ibid.)

308) '빤다라라 불리는 선인이여'는 isi Paṇḍara-savhaya를 옮긴 것이다. 여기서 '빤다라라 불리는'으로 옮긴 이 합성어는 Paṇḍarasa-vhaya가 아니라 Paṇḍara-savhaya로 끊어 읽어서 '빤다라라 불리는'으로 옮겨야 한다. 여기에 대해서는 앞 {949}의 마지막 주해를 참조하기 바란다.

956. 덕을 가져 승가에서 이치에 따라 결정을 내리고
양심이 있고 바라는 것이 없는 자들은 힘이 약해질 것입니다.

957. 미래에는 현명하지 못한 자들이
은과 금[309], 토지와 대지(垈地)[310]
염소와 양[311], 하녀와 하인을
받아들여 향유할 것입니다.

958. 허점을 찾는 우둔한 자들은
계행들에 집중하지 못하고[312]
거들먹거리면서 돌아다닐 것입니다,
싸우기를 좋아하는 동물들처럼.

959. 그리고 그들은 경솔하게 될 것이고
[부적절하게 물들인] 푸른 가사를 두르고[313]

---

309) "여기에는 보석과 진주 등(maṇi-muttādi)도 포함된다고 보아야 한다." (ThagA.iii.87)

310) "주요 곡물과 나머지 작물(pubbaṇṇa-aparaṇṇa)이 자라는 곳을 '토지(khetta)'라 한다. 이런 목적을 행하지 않은 땅의 부분(akatabhūmi-bhāga)이 '대지(垈地, vatthu)'이다."(ThagA.iii.87)

311) "여기서 '염소와 양(aj-eḷaka)'에는 소와 물소 등(go-mahiṁsādi)도 포함된다."(ThagA.iii.87)

312) "'계행들에 집중하지 못하고(sīlesu asamāhitā)'라는 것은 네 가지 청정한 계행들(catu-pārisuddhi-sīlā)에 마음이 집중되지 못한 자들을 말한다."(ThagA.iii.86)

『아비담마 길라잡이』는 "네 가지 청정한 계행이 계의 청정이니, (1) 계목(戒目)의 단속에 관한 계(pātimokkha-saṁvara-sīla), (2) 감각기능[根]의 단속에 관한 계(indriya-saṁvara-sīla), (3) 생계의 청정에 관한 계(ājīva-pārisuddhi-sīla), (4) 필수품에 관한 계(paccaya-sanñissitasīla)이다."(제9장 §28)라고 정의한다. 그리고 『청정도론』 제1장도 이 네 가지 계행에 대한 설명을 기본으로 하여 계행을 정리하고 있다.(Vis.I.42~130)

속이고 완고하고 수다스럽고 예민하지만
성자인 것처럼 유행할 것입니다.

960. 머리카락들을 기름으로 윤기 있게 하고
우쭐대고 눈에 세안제를 바르고
상아 빛깔의 옷을 두르고
대로로 나갈 것입니다.

961. 그들은 흰색의 옷들에 빠져서는
아라한들의 깃발이요
해탈한 분들이 혐오하지 않는
[염색된] 가사를 혐오할 것입니다.

962. 그들은 이득을 열망하게 될 것이고
게으르고 정진하지 않을 것이며314)

---

313) "'[부적절하게 물들인] 푸른 가사를 두르고(nīla-cīvara-pārutā)'라는 것은 부적절하게 물들여서(akappiya-rajana-ratta) 푸른색이 나는(nīlavaṇṇa) 가사를 두르고(pārutā)라는 뜻이다. 그러한 가사를 자기가 수할 뿐만 아니라(tādisaṁ cīvaraṁ nivāsetvā ceva) 남들에게도 두르게 한 뒤(pārupitvā) 유행하는 자들을 말한다."(ThagA.iii.86)

314) '정진하지 않을 것이며'는 hīna-vīriya를 옮긴 것이다. 일반적으로 hīna는 '저열한, 열등의' 등으로 옮길 수 있지만, 이 문맥에서는 '없음(virahitā viyuttā)'을 뜻한다고 『맛지마 니까야 주석서』에서 설명하고 있어서(MA.i.117) 이렇게 옮겼다. 『테라가타 주석서』는 "사문의 법(samaṇa-dhamma)을 행하기 위해서 마음으로 분발하지 않음(cittassa ussāha-abhāva)이 '정진하지 않음(hīna-vīriya)'이다."(ThagA.iii.87)라고 설명한다.

한편 『맛지마 니까야 주석서』는 『맛지마 니까야』 제1권 「두려움과 공포 경」(M4) §16을 설명하면서 '게으름(kusita)'과 '정진하지 않음(hīna-vīriya)'을 이렇게 구분한다.

"'게으름(kusita)'은 육체적인(kāyika) 정진이 없는 것을, '정진하지 않음(hīna-vīriya)'은 정신적인(cetasika) 정진이 없는 것을 말한다. 이 둘은 대

삼림 지대의 황폐함에 힘이 들어서
마을들의 안에 머물게 될 것입니다.

963. 항상 [88] 이득을 얻고
그릇된 생계를 기뻐하는 그런 자들을
단속하지 않는 자들은 오직 따라 배우고
본보기로 삼아 가까이하게 될 것입니다.

964. 이득을 얻지 못하는 [비구]들에게[315]
그들은 예배하지 않을 것이니
그 현자들이 매우 온후하더라도
그들은 그들을 섬기지 않을 것입니다.

965. 구리 빛깔로 물들인
그들 자신의 깃발인 [가사를] 비난하고[316]
어떤 자들은 흰 색깔로 된
외도들의 깃발을 입을 것입니다.[317]

상을 결정하는 것조차도 할 수가 없다."(MA.i.116)

315) "'이득을 얻지 못하는 [비구]들에게(ye ye alābhino lābhaṁ)'는 그릇된 생계를 피함(micchājīva-parivajjana)에 의해서 그리고 공덕이 적어서(appa-puññatā) 이득인 필수품(paccaya)을 얻지 못하는 그런 비구들에게(ye ye bhikkhū)라는 말이다."(ThagA.iii.87)

316) "'그들 자신의 깃발인 [가사를] 비난하고(garahantā sakaṁ dhajaṁ)'라고 하였다. 자신을 [상징하는] 깃발이 되는 가사(kāsāva)를 혐오하는 자들(jigucchantā)을 말한다. 교단에 출가한 자들에게 가사는 깃발이라 하기 때문이다."(ThagA.iii.87)

317) '어떤 자들은 흰 색깔로 된 / 외도들의 깃발을 입을 것이다.'는 titthiyānaṁ dhajaṁ keci, dhārissanty avadātakaṁ을 옮긴 것이다. 여기서 avadātaka(ava+√dā, *to give*)는 깨끗한 [옷]을 뜻하는데 주석서에서 seta-vattha, 즉 흰 옷[白衣]으로 설명하고 있어서 이렇게 옮겼다. 주석서는 이렇

966. 그때 그들은 가사를
존중하지 않게 될 것이고
비구들이 가사를 [수하면서 행하는]
숙고를 전혀 하지 않을 것입니다.318)

967. [가사를] 숙고하지 않는 이 무시무시함은
괴로움에 압도되고
화살에 꿰찔리어 상처를 입은
코끼리에게는 생각조차 할 수 없는 것이었습니다.319)

게 설명한다.

"어떤 자들은 [출가하여] 사꺄의 아들이 되었다고 서원을 하면서도(paṭi-jānantā) 흰색 옷을 입는(seta-vatthikā) 외도들의 깃발이 되는 깨끗한 옷(avadātaka), 즉 흰색 옷(setavattha)을 입을 것이라는 말이다."(ThagA.iii.87)

318) "'가사를 / 존중하지 않게 될 것이고(agāravo ca kāsāve)'라고 하였다. 아라한의 깃발이 되는(araha-ddhajabhūta) 가사를 존중하지 않고(agārava) 공경하지 않는(abahumāna) 자들이 그때 미래에 그들에게 있게 될 것이라는 말이다."(ThagA.iii.87)

'비구들이 가사를 [수하면서 행하는] / 숙고를 전혀 하지 않을 것입니다.'는 paṭisaṅkhā ca kāsāve, bhikkhūnaṁ na bhavissati를 주석서를 참조하여 옮긴 것이다. 주석서는 이렇게 설명한다.

"'비구는 지혜롭게 숙고하면서 옷(cīvara)을 수용하나니'(M2 §13)라는 등의 방법으로 반조함만(paccavekkhaṇa-matta)으로 가사를 수용하는 것(kāsāva-paribhoga)조차도 존재하지 않게 될 것이라는 말이다."(ThagA.iii.87)

319) "여섯 개의 상아를 가진 코끼리였을 때에(chaddanta-nāgarāja-kāle) 보살은 소눗따라(Soṇuttara)라는 사냥꾼이 숨어있는 장소에서 독이 잔뜩 묻은 화살에 꿰찔렸다. 크나큰 괴로움에 압도되어 그를 사로잡았지만 그가 [자신을 위장하기 위해서] 입고 있는 가사를 보고는 '이 사람은 성스러운 깃발(ariya-ddhaja)을 입고 있으니 내가 해치지 않아야 한다.'라고 하면서 거기서 자애의 마음(metta-citta)을 확립한 뒤 다음의 [{969}~{970} 게송으로] 법을 설하였다."(ThagA.iii.87~88)

968. 여섯 개의 상아를 가진 코끼리는
그때 잘 염색된 아라한의 깃발을[320] 보고
의미를 갖춘 [다음 두 개의] 게송을
즉시에 읊었기 때문입니다."

969. [코끼리 왕][321]
"불결함으로부터 벗어나지 못하였으면서도
[물들인] 옷을 입을 자는
길들임과 진리가 결여되어[322]
가사를 입을 자격이 없습니다.

970. 그러나 불결함을 토해버렸고
계행들에 잘 집중된 자는
길들임과 진리가 갖추어져서
참으로 가사를 입을 자격이 있습니다."

---

320) "여기서 '그때 잘 염색된 아라한의 깃발을(surattaṁ araha-ddhajaṁ)'이라는 것은 소눗따라 [사냥꾼이] 입고 있는 가사(paridahita-kāsāva)를 두고 말한 것이다."(ThagA.iii.88)

321) 주석서는 "여섯 개의 상아를 가진 코끼리 왕이 읊은 게송들 가운데서(chaddanta-nāgarājena vuttagāthāsu) …"(ThagA.iii.88)라고 하여 {969}와 {970}의 이 두 게송이 코끼리 왕이 읊은 게송임을 밝히고 있다. 이 두 게송은 『자따까』(J.ii.198)에 나타나고 있다. 그리고 여섯 개의 상아를 가진 큰 코끼리(chaddanta-mahāgajissara)와 소눗따라 사냥꾼(Sonuttara nāma nesāda)의 일화도 『자따까』(J.v.36)에 나타나고 있다. 노만 교수도 {969}~{970}의 두 게송을 따옴표 안에 넣어서 코끼리 왕이 읊은 게송으로 표시하고 있다.

322) "'길들임과 진리가 결여되어(apeto damas-accena)'라고 하였다. ① 감각기능을 길들임과(indriyadama ceva) ② 궁극적 의미의 진리[勝義諦]의 편에 속하는(paramattha-sacca-pakkhika) 언어의 진리가(vacīsacca ca) 결여되어라는 뜻이다."(ThagA.iii.88)

971. [풋사 장로]
"계행이 결여되었고 현명하지 못하고
제어되지 않았고 제멋대로 행하고
마음이 산란하고 밝지 못한 자323)는
가사를 입을 자격이 없습니다.

972. 그러나 계행이 구족되었고
탐욕으로부터 벗어났고 삼매에 들고
마음의 사유가 깨끗한 자는
가사를 입을 자격이 있습니다.

973. 경솔하고 거들먹거리는
우둔한 자에게는 계행이 없어서
흰 [옷]을 입기에[도] 적합하지 않으니
가사가 그에게 무엇을 하게 될 것입니까?

974. 악한 마음을 가졌고 [서로] 존경하지 못하는324)
비구들과 비구니들은
자애의 마음을 가진 여여한 분들을
미래에 비난할 것입니다.

---

323) "'밝지 못한 자(nissukka)'는 밝음이 없고(asukka) 밝은 법이 없고(sukka-dhamma-rahita) 양심과 수치심이 결여되었거나(hirottappa-vivajjita) 유익한 법을 성취하는 열정이 없다(kusaladhamma-sampādana-ussukka-rahita)."(ThagA.iii.88)

324) '[서로] 존경하지 못하는'은 anādarā를 옮긴 것인데 주석서에서 "스승의 법에서 서로서로(aññamaññañca) 존경함이 없다(ādara-rahitā), 즉 존중하지 않는다(agāravā)는 말이다."(ThagA.iii.89)라고 설명하고 있어서 이렇게 풀어서 옮겼다.

975. 승복을 입는 것에 대해서[325)]
우둔한 자들은 장로들로부터 학습을 받지만
현명하지 못한 그들은 듣지 않을 것이며
제어되지 않고 제멋대로 행할 것입니다.

976. 그 우둔한 자들은 그처럼 학습을 받지만
서로서로 존중하지 않을 것이며
그들의 은사들에게 주의를 기울이지 않을 것입니다.
마치 성마른 망아지가 마부를 그렇게 하듯이.

977. 미래의 시간에[326)]
말법시대(末法時代)가 다가왔을 때[327)]

---

325) "'승복을 입는 것에 대해서(cīvara-dhāraṇaṁ)'라고 하였다. 이것은 출가자의 삶의 방식(samaṇa-paṭipatti)의 보기로 든 것일 뿐(nidassana-matta)이다. 그래서 '그대는 앞으로 볼 때는 이와 같이 해야 하고, 뒤로 돌아볼 때는 이와 같이 해야 하고, 구부릴 때는 이와 같이 해야 하고, 펼 때는 이와 같이 해야 하고, 가사와 발우와 의복을 수할 때는 이와 같이 해야 합니다.'(「파도 경」(A4:122) §3)라고 학습을 받는 것에 대해서라는 뜻이다."(ThagA.iii.89)

326) '미래의 시간에'는 anāgataddhānaṁ을 옮긴 것인데 주석서는 anāgatam addhānaṁ으로 푼 뒤 "미래의 시간에(anāgate kāle)라는 뜻이다."(ThagA.iii.89)라고 설명하고 있어서 이렇게 옮겼다.

327) "이런 것을 자연스럽게 보여주면서 '말법시대[末法時代]가 다가왔을 때(patte kālamhi pacchime)'라고 하였다. 그러면 여기서 어떤 것이 '말법시대(末法時代, pacchima-kāla)'인가? '삼차합송(tatiya-saṅgīti)부터가 말법시대이다.'라고 어떤 자들은 말하지만 다른 자들은 인정하지 않는다. 교법의 다섯 시대(sāsanassa pañca-yugāni)가 있기 때문인데 그것은 ① 해탈의 시대(vimutti-yuga), ② 삼매의 시대(samādhi-yuga), ③ 계행의 시대(sīla-yuga), ④ 배움의 시대(suta-yuga), ⑤ 보시의 시대(dāna-yuga)이다.

그 가운데 첫 번째가 ① 해탈의 시대인데 그것이 끝나면 ② 삼매의 시대가 전개되고 그것이 끝나면 ③ 계행의 시대가 전개되며 그것이 끝나면 ④ 배움

비구들과 비구니들은
이와 같이 [그릇된] 도닦음을 행할 것입니다.[328]

978. [329]이러한 크게 두려운 미래가 다가오기 전에
좋은 말을 쓰고 상냥하고 서로서로 존중하십시오.

979. 자애로운 마음을 가지고 연민하는 자들이 되고
계행들에서 단속하며
부지런히 정진하고 스스로 독려하고
항상 분발하십시오.

980. 방일[330]을 [89] 두려움으로 보고

의 시대가 전개된다. 계행이 청정하지 못하면 한 지역에서 이득 등을 바라기 때문에(lābhādi-kāmatāya) 교학을 많이 배우기 위해서(pariyatti-bāhu-sacca) 분발하며(paggayha) 머물기 때문이다. 그러나 마띠까[論母]가 끝나면(mātikā-pariyosānā) 교학(pariyatti)은 모든 곳에서 사라지기 때문에 그때부터 시작하여 표식(문자)만(liṅgamatta)이 남게 된다. 그때 이런저런 재물(dhana)을 가져와서 보시하는 방법을 통해(dāna-mukhena) 나누어주는 [⑤ 보시의 시대가] 된다. 이것이 이들 가운데 마지막 바른 도닦음(carimā sammā-paṭipatti)이라고 한다.
여기서 ④ 배움의 시대부터가 말법시대라고 어떤 자들은 말하고 다른 자들은 ③ 계행의 시대부터가 그렇다고 말한다."(ThagA.iii.89)

328) 빤다라(Paṇḍara) 선인이 {950}번 게송에서 풋사 장로에게 질문한 것을 『테라가타 주석서』는 '존자시여, 미래세의 비구들은 어떻게 도닦음을 행하겠습니까?'라고 장로에게 질문한 것이라고 앞에서 설명하였다(ThagA.iii.82; 본서 {949}【행장】 참조). 여기에 대해서 풋사 장로는 {951}d에서 '나는 미래에 대해서 설명하겠습니다.'라고 말한 뒤 {952}부터 {976}까지에서 말법시대에 비구들에게 생기게 될 큰 두려움(mahā-bhaya)을 보여준 뒤(ThagA.iii.89) 본 게송({977}cd)에서 '비구들과 비구니들은 / 이와 같이 [그릇된] 도닦음을 행할 것입니다.'라고 이렇게 마무리를 하고 있다.

329) "이와 같이 장로는 말법시대에 생기게 될 큰 두려움(mahā-bhaya)을 보여준 뒤 다시 거기에 모인 비구들에게 교계(ovāda)를 베풀면서 본 게송 등, 세 개의 게송들({978}~{980})을 읊었다."(ThagA.iii.89)

불방일을 안은함으로 [보아서]
여덟 가지 구성요소를 가진 도(팔정도)를 닦고
불사의 경지에 닿으십시오."331)

풋사 장로 (끝)

2. **사리뿟따 장로**(Th30:2 {981}~{1017})

【행장】

세존께서 『디가 니까야』 제2권 「대전기경」(D14)에서 "지금의 나에게는 사리뿟따와 목갈라나라는 고결한 두 상수제자(agga bhadda-yuga)가 있다."(D14 §1.9)라고 하셨듯이 사리뿟따 장로(Sāriputta thera)는 부처님의 상수제자(agga-sāvaka)였다. 그리고 그는 『우다나』 「숩빠와사 경」(Ud2:8) §12에서 법의 대장군(dhamma-senāpati)이라 불리고 있으며 본서 마흔의 모음 {1083}에서 마하깟사빠 존자도 그를 법의 대장군이라 부르고 있다. 이런 전통은 주석서에 그대로 계승되어 주석서의 도처에서 그는 법의 대장군(총사령관)으로 혹은 법의 대장군 사리뿟따 장로(dhamma-senāpati-Sāriputta-tthera) 등으로 불리고 있다.(DA.i.15 등) 『테라가타 주석서』도 장로에 대해서 길게 설명을 하고 있

---

330) "'방일(pamāda)'이란 방일함(pamajjana)인데 유익한 법들에 대해서는 빈둥거리고(ananuṭṭhāna) 해로운 법들에 대해서는 마음을 놓아버림(citta-vossagga)이다. [『위방가』에서] 이렇게 설하셨기 때문이다.

'여기서 무엇이 '방일(pamāda)'인가? 몸으로 나쁜 행위를 저지르거나 말로 나쁜 행위를 저지르거나 마음으로 나쁜 행위를 저지르거나 다섯 가닥의 감각적 쾌락에 대해서 마음이 풀린 상태이거나 계속해서 풀리는 것, 유익한 법들을 닦는 데 있어서 정성을 다하여 행하지 못함, 끈기 있게 행하지 못함, 쉼 없이 행하지 못함, 굴복함, 열의를 버려버림, 이런 형태의 방일, 방일함, 방일하는 상태 — 이를 일러 방일이라 한다.'(Vbh §846 등)"(ThagA.iii.90)

331) "이와 같이 장로는 모인 회중(sampattaparisa)에게 교계하였다. 이것은 이 장로의 구경의 지혜를 천명하는 게송들(aññā-vyākaraṇa-gāthā)이 되었다."(ThagA.iii.90)

다.(ThagA.iii.90~108) 『테라가타 주석서』는 사라다 고행자(Sarada-tāpasa) 혹은 사라다 바라문 학도(Sarada-māṇava)라는 이름으로 장로의 전생들에 대한 인연을 길게 설명한 뒤(ThagA.iii.90~93) 금생의 인연에 대한 설명을 이렇게 시작하고 있다.

"우리의 세존께서 태어나시기 이전에 사라다 고행자(Sarada-tāpasa)는 라자가하에서 멀지 않은 우빠띳사 마을(Upatissa-gāma)[332]에서 루빠사리 바라문녀(Rūpasāri brāhmaṇī)의 모태에 들었다. 바로 그날에(taṁ-divasameva) 그의 친구 [목갈라나]도(sahāyopi)[333] 라자가하에서 멀지 않은 꼴리따 마을(Kolita-gāma)에서 목갈리 바라문녀(Moggali brāhmaṇī)의 모태에 들었다. 이 두 가문은 일곱 대 동안 서로 친분을 맺어온 사이였다. 이 두 가문은 어느 날 이렇게 태아를 가지게 되었다. 열 달이 지나서 태어난 그들을 66명의 보모들이 돌보았다. 이름을 짓는 날에는 루빠사리 바라문녀의 아들은 우빠띳사 마을에서 맏이 되는 가문의 아들이었기 때문에 우빠띳사(Upatissa)라 불렀다. 그리고 다른 아이(목갈라나)는 꼴리따 마을의 맏이 되는 가문의 아들이었기 때문에 꼴리따(Kolita)라 불리었다. 그 둘은 많은 측근들에 에워싸여 자랐으며 성장하면서 모든 기술의 저 언덕(pāra)에 도달하였다."(ThagA.iii.93)

---

332) '우빠띳사 마을(Upatissa-gāma)'의 본래 이름은 날라까 마을(Nālaka-gāma, 본서 제1권 {42} [행장] 참조)이다. DPPN의 설명처럼 이 마을의 유력한 씨족이었고 사리뿟따 존자가 태어난 가문의 이름이었던 우빠띳사에서 따와서 드물지만 날라까 마을을 이렇게 부르기도 한다(SnA.i.326 등). 여기서 보듯이 우빠띳사는 사리뿟따 존자의 이름이기도 하다.

333) 여기 『테라가타 주석서』 뿐만 아니라 『법구경 주석서』(DhpA.i.83~113)와 『숫따니빠따 주석서』(SnA.i.325~329) 등의 여러 주석서들도 두 사람은 같은 날(taṁdivasameva) 가까운 곳에서 태어났고 절친한 도반(sahāya-ka)이었다고 우리 세존의 상수제자인 사리뿟따 장로와 마하목갈라나 장로를 함께 설명하고 있다.

계속해서 주석서는 우빠띳사와 꼴리따가 산자야의 문하로 출가하였다가 앗사지 존자(āyasmā Assaji)를 만나서 부처님의 제자가 되어 상수제자가 되는 과정을 다음과 같이 설명하고 있다.

"그러던 어느 날 그들은 라자가하에서 춤추고 노래 부르는 축제공연(giragga-samajja)을 보면서 많은 사람들이 모여든 것을 보고 지혜(ñāṇa)가 무르익었고 지혜롭게 솟아올랐다(yoniso ummujjantā). 그래서 그들은 '이 모두는 백 년도 못 되어서 죽음의 입속으로(maccu-mukhe) 떨어질 것이다.'라는 절박함(saṁvega)을 얻어서 '우리는 해탈의 법(mokkha-dhamma)을 찾아야 한다. 그리고 그것을 찾는 자들과 하나가 되어 출가를 하리라.'라고 결심을 한 뒤 500명의 바라문 학도들과 함께 산자야 유행승(Sañjaya paribbājaka)의 곁으로 출가하였다.

그들이 출가한 때부터 산자야는 으뜸가는 이득과 으뜸가는 명성을 얻었다(lābhagga-yasagga-ppatta). 그들은 어느 정도 지나서 산자야의 모든 경지(samaya)를 파악한 뒤 거기서 심재(sāra)를 보지 못하고 그곳에서 나와 현자라고 일컬어지는 이런저런 사문・바라문들에게 질문을 하였다. 그들은 질문을 설명하지 못하였을 뿐만 아니라 오히려 그 둘이 그들에게 질문을 풀이해 주었다. 이와 같이 그들은 해탈을 찾으면서 '우리 [둘] 가운데 첫 번째로 죽음 없음[不死, amata]을 증득하는 사람이 다른 사람에게 알려주어야 한다.'라고 서로 동의를 하였다.

그때 우리의 스승님 세존께서는 첫 번째 정등각을 얻으신 뒤 뛰어난 법의 바퀴를 굴리시면서 차례대로 우루웰라깟사빠 등의 천 명의 헝클어진 머리를 한 [고행자]들을 길들이신 뒤 라자가하에 머물고 계셨다. 어느 날 우빠띳사 유행승(사리뿟따)은 유행승들의 승원으로 가면서 존자 앗사지 장로(āyasmā Assajitthera)가 라자가하에서 탁발을 하는 것을 보고 '나는 이런 모습의 품행이 단정한 출가자를 전에 본 적이 없다. 이분에게는 평화로운 법(santa-dhamma)이 있음이 분명하다.'라고 청정한 믿음이 생겨 질문을 하기 위해 존자를 쳐다보면서 계속하여 그를 뒤따라갔다. [앗사지] 장로도 탁발을 하여 음식을 먹기에 적당한 장소로 갔다. 유행승(사리뿟따)은 자신의 앉는 자리를 내어주었고 식사가 끝나자 자신의 물병에 든 물을 그에게 주었다.
이와 같이 그는 스승으로 모시는 의무(ācariyavatta)를 행하였고 식사를 마친 장로와 함께 인사를 나눈 뒤 '당신의 스승은 누구십니까? 당신은 그분으로부터 어떤 법을 배웠습니까?'라고 물었다. 장로는 정등각자를 언급하였다. 다시 그가 '존자의 스승께서는 무엇을 설하십니까?'라고 질문을 하자 장로는 '이 교법의 심오함을 보여드리겠습니다.'라고 하면서 자신이 신참임(navaka-bhāva)을 알린 뒤 간략하게 이 교법으로서의 법(sāsana-dhamma)을 말하면서 '원인으로부터 생긴 법들'이라는 게송[334]을 말하였다.

유행승인 그는 처음의 두 구절만을 듣고 1,000의 방법을 구족한 예류과에 확립되었고 나머지 두 구절을 통해서 예류자로서의 기간(sotāpanna-kāla)에 안주하였다. 그는 게송이 끝나자 예류자가 된 뒤 더 이상의 특별함에는 도달하지 못하였다. 그는 '여기에는 이유가 있을 것이다.'라고 판단한 뒤 장로에게 말하였다.

---

334) 게송의 전문은 다음과 같다.

"원인으로부터 생긴 법들
그들의 원인을 여래는 말씀하셨고
그들의 소멸도 [말씀하셨나니]
대사문은 이렇게 설하시는 분입니다."

ye dhammā hetuppabhavā
tesaṁ hetuṁ Tathāgato āha
tesañ ca yo nirodho
evaṁvādī Mahāsamaṇo.(Vin.i.40)

諸法從緣起 如來說是因
彼法因緣盡 是大沙門說 (『근본설일체유부 비나야』)

'존자시여, 더 이상의 법문을 증장시키지 않으셔도 됩니다. 이 정도로 되었습니다. 우리의 스승님은 어디에 계십니까?'
'웰루와나에 계십니다.'
'존자시여, 당신은 먼저 가십시오. 저는 저의 도반과 맺은 약속(kata-paṭiññā)으로부터 풀려난 뒤 그를 데리고 가겠습니다.'
그는 오체투지로 절을 올리고 오른쪽으로 세 번 돈 뒤 하직을 하고 유행승의 원림으로 갔다.

꼴리따 유행승(목갈라나)은 그가 오는 것을 멀리서 보고 '안색이 다른 날들과는 다르구나. 분명히 오는 길에 죽음 없음[不死]을 증득하였을 것이다.'라고 그가 특별함을 증득한 것을 존중하면서 죽음 없음을 증득한 것을 물었다. 그도 그에게 '도반이여, 그렇습니다. 죽음 없음을 증득하였습니다.'라고 인정한 뒤 그 게송을 읊었다. 게송이 끝나자 꼴리따는 예류과에 확립된 뒤 말하였다.
'우리의 스승님은 어디에 계십니까?'
'웰루와나입니다.'
'도반이여, 그렇다면 우리는 스승님을 뵈러 갑시다.'

우빠띳사는 모든 시간에 스승님을 숭상하였기 때문에 산자야의 곁에 가서 세존의 덕스러움들을 설명한 뒤 그도 스승님의 곁으로 인도하고자 하였다.
그 [산자야]는 이득에 대한 희망에 빠져있어서(lābhāsāpakata) 제자가 되는 것을 원하지 않았다. 그래서 '나는 그럴 수가 없네. 저수지(cāṭi)가 되었다가 물병(udaka-siñcana)이 되는 것은 있을 수가 없다네.'라고 하면서 거절하였다. 그들은 여러 가지 이유로도 그를 설득하지 못하자 자신의 교계를 통해서 함께 있게 된 250명의 제자들(aḍḍhateyyasata antevāsikā)과 함께 웰루와나(죽림정사)로 갔다.

스승님께서는 그들이 오는 것을 멀리서 보시고 '이들은 나의 한 쌍의 [상수] 제자(sāvaka-yuga)가 될 것이고 으뜸가는 길상한 한

쌍(bhadda-yuga)이 될 것이다.'라고 말씀하신 뒤 그들의 회중 [250명]에 맞는 기질을 통해서 법을 설하시어 아라한됨에 확립되게 하신 뒤(arahatte patiṭṭhāpetvā) '오라, 비구여.'라는 [말씀](ehibhikkhu-bhāva)으로 구족계를 주셨다.
그들에게 하신 것처럼 그와 같이 [두] 으뜸가는 제자들에게도 신통으로 만든 발우와 가사(iddhimaya-patta-cīvara)가 생겼다. 그러나 [이들 두 제자는] 증득해야 할 더 높은 세 가지 도의 경지(upari-maggattaya-kicca, 일래도부터 아라한도까지)에 안주하지는 못하였다. 왜 그런가? 제자들의 바라밀의 지혜(sāvaka-pāramī-ñāṇa)335)는 아주 크기 때문이다.

그들 가운데 마하목갈라나 존자는 출가한 날로부터 칠 일째 되던 날에 마가다 지역의 깔라왈라 마을(Kallavālagāma)에서 사문의 법을 행하면서 해태와 혼침에 빠졌을 때 스승님에 의해서 절박함이 생겨서(saṁvejita) 해태와 혼침을 제거한 뒤 요소별로 관찰하는 명상주제(dhātu-kammaṭṭhāna)를 들으면서(『앙굿따라 니까야』 제4권 「졸고 있음 경」(A7:58) 참조) 더 높은 세 가지 도를 증득한 뒤 상수제자의 바라밀의 지혜의 정수리(matthaka)를 얻었다.

사리뿟따 존자는 출가한 날로부터 보름이 지난 뒤에 스승님과 함께 라자가하에서 독수리봉 산에 있는 수까라카따 동굴(Sūkara-khata-leṇa)에 머물면서 세존께서 자신의 생질인 디가나카 유행승(Dīghanakha-paribbājaka)에게 느낌을 파악하는 경336)을 설

335) "'제자들의 바라밀의 지혜(sāvaka-pāramīñāṇa)'는 제자들이(sāvakānaṁ) 보시 등의 [열 가지 바라밀]을 완성하여(dānādipāripūri) 구체화한(nippha-nna) 세 가지 명지[三明]와 여섯 가지 신통지와 네 가지 무애해체지로 구분되는 지혜이다."(DAṬ.i.176)

336) 느낌을 파악하는 경은 vedanā-pariggaha-suttanta를 옮긴 것인데 『맛지마 니까야』 제3권 「디가나카 경」(M74)을 말한다.
이 경은 세존께서 사리뿟따 존자의 생질인 디가나카(Dīghanakha, 큰 손톱을 가진 사람이라는 뜻)에게 설하신 경이다. 참다운 수행자는 견해의 문제에

하실 때에 그 가르침을 계속해서 생각함에 의해서 지혜를 발산하며 마치 다른 사람을 향상시키는 밥(bhatta)을 먹은 것처럼 상수제자의 바라밀의 지혜의 정수리를 얻었다. 이처럼 두 상수제자들은 스승님의 곁에서 상수제자의 바라밀의 지혜의 정수리를 얻었다. 장로의 일화는 『아빠다나』에도 나타나고 있다. …"(ThagA.iii.93~95)

계속해서 『테라가타 주석서』는 이렇게 설명한다.
"스승님께서는 그 뒤에 제따와나 대승원에서 비구 승가 가운데에 앉으셔서 당신의 제자들을 각각의 덕스러움의 특별함에 의해서 으뜸에 놓으시면서 [『앙굿따라 니까야』 제1권 하나의 모음 「으뜸 품」(A1:14)에서] '큰 통찰지를 가진(mahāpaññā) 나의 비구 제자들 가운데서 사리뿟따가 으뜸이다.'(A1:14:1-2)라고 하시어 장로를 큰 통찰지를 가짐에 의해서 으뜸에 놓으셨다.
그는 이와 같이 제자들의 바라밀의 지혜의 정수리를 얻어 법의 대장군의 위치에 확립된 뒤 중생의 이로움을 행하면서 어느 날 청정범행을 닦는 동료 수행자들에게 자신의 실천을 설명하는 방법을 통해(cariya-vibhāvana-mukhena) 구경의 지혜를 천명하면서 본 게송들을 읊었다. …
이들 가운데 어떤 게송들은 장로가 읊은 것이고 어떤 것은 장로를 두고 세존께서 읊으신 것이다. 모두는 나중에(pacchā) 자신의 실천을 드러냄(cariya-pavedana)을 통해서 장로에 의해서 [다시] 읊어졌기 때문에 장로의 게송들이 되었다."(ThagA.iii.95~98)

사리뿟따 장로가 설한 경은 니까야에 많이 전승되어 오며 아난다

빠시지 않고(§§4~8) 지금·여기에서 몸과 느낌 등의 무상·고·무아를 통찰해서 염오-이욕-해탈-구경해탈지를 체득한다고 세존께서는 강조하신다.(§§10~12) 이것이야말로 진정으로 견해의 문제를 뛰어넘는 것이다. 이런 귀중한 말씀을 듣고 디가나카 유행승은 예류자가 되지만 정작 그의 삼촌인 사리뿟따 존자는 세존의 뒤에서 세존께 부채질을 해드리면서 이 가르침을 듣고 드디어 아라한이 된(§14) 유명한 가르침이다.

존자나 마하깟사빠 존자나 목갈라나 존자 등 다른 직계 제자들이 설한 경들보다 더 많다. 예를 들면 『맛지마 니까야』에 포함된 152개 경들 가운데 11개 경들이 그가 설한 것이고(M3; M5; M9; M24; M28; M32; M43; M69; M141; M143; M144) 아난다 존자가 설한 것은 7개 경이며(M52; M53; M76; M88; M108; M123; M132) 목갈라나 존자가 설한 경은 3개(M15; M37; M50)이다. 일차결집에서 『맛지마 니까야』는 사리뿟따 존자의 제자들에게 부촉해서 전승하도록 하였다고 한다.(DA.i.15; 『디가 니까야』 제3권 564~565쪽 참조) 특히 『디가 니까야』의 「합송경」(D33)[337]과 「십상경」(D34)[338]은 왜 사리뿟따 존자가 법의 대장군인지를 여실히 보여주는 경들이라 할 수 있다.

그리고 상좌부 아비담마 전통에서 사리뿟따 존자는 아비담마의 효시가 된다.[339] 물론 아비담마 마띠까를 위시한 아비담마의 기본 가르침은 부처님께서 설하셨음이 분명하지만 아비담마를 체계화하는 데는 사리뿟따 존자의 역할이 막중하였다. 여기에 대해서는 『담마상가니』 제1권 역자 서문 §6과 §9 등과 제2권 해제

---

337) 「합송경」(Saṅgīti Sutta, D33)은 사리뿟따 존자가 1에 관계된 법들부터 시작해서 10에 관계된 법들까지 모두 230가지의 부처님 가르침을 정리해서 비구들과 합송한 경이다.

338) 「십상경」(十上經, Dasuttara Sutta, D34)은 사리뿟따 존자가 비구들이 받아 지니고 공부해야 할 주제를 먼저 ① 많은 것을 만드는 법 ② 닦아야 할 법 … ⑩ 실현해야 하는 법이라는 열 가지로 정리한다. 그런 다음 이 열 가지에 해당되는 법들을 각각 하나의 법수(法數)부터 시작해서 10까지 증가하면서 설하고 있다. 그래서 경의 제목을 다숫따라(Dasa-uttara, 열 가지를 하나씩 증가하며, 혹은 열까지 하나씩 증가하며)라고 붙였고 십상(十上)으로 한역한 것이다.
이렇게 해서 「십상경」(D34)에서는 (1×10) + (2×10) + … + (10×10)로 모두 550개의 가르침이 10가지 주제하에 일목요연하게 정리되어 설해지고 있다.

339) 『담마상가니 주석서』는 삼차결집 때까지 아비담마를 전승한 장로들 15분의 이름을 나열하면서 사리뿟따 존자를 첫 번째로 들고 있다.(DhsA.32) 15분 장로들의 이름은 본서 제2권 둘의 모음 {163} 【행장】을 참조할 것.

§5 등을 참조하기 바란다. 사리뿟따 존자에 대해서는 『사리뿟따 이야기』(고요한 소리, 1995)도 참조하기 바란다.

『상윳따 니까야 주석서』는 사리뿟따 장로의 임종일에 대해서 이렇게 적고 있다.
"이들 가운데 법의 대장군(사리뿟따 존자)은 깟띠까 달(음력 10월)의 보름에 반열반하였고(kattikamāsa-puṇṇamāya parinibbuto) 마하 목갈라나는 그보다 보름이 지나서(tato aḍḍhamāsaṁ atikkamma) 초하루 우뽀사타에(amāvasī-uposathe) [즉 마가시라(Māgasira) 달(음력 11월)의 초하루에 반열반하였다.]"(SA.iii.225)
세존께서는 웨사카 달(음 4월) 보름에 입적하셨기 때문에(『디가 니까야』 제3권 부록, DA §17 참조) 사리뿟따 존자는 세존보다 6개월 먼저 입적하였고 목갈라나 존자는 5개월 보름 먼저 입적한 셈이다.

981. "그처럼 [계행을 구족하여] 실천하고340)
그처럼 마음챙기는 자의 마음챙김을 가졌으며341)
제어된 사유를 가져 참선을 하고342) 방일하지 않고

---

340) "'그처럼 [계행을 구족하여] 실천하고'는 yathācārī를 주석서를 참조하여 옮긴 것이다. 주석서는 이렇게 설명한다.

"그처럼 몸 등을 제어하고 단속하여서(saṁyato saṁvuto hutvā) 실천한다(carati), 머문다(viharati), 혹은 그처럼 실천하는 계행을 가졌다고 해서(yathā-caraṇa-sīloti vā) '그처럼 실천하고'라고 하였는데 계행을 구족하였다(sīla-sampanna)는 뜻이다."(ThagA.iii.98)

341) '그처럼 마음챙기는 자의 마음챙김을 가졌으며'는 yathāsato satimā를 옮긴 것이다. 여기서 yathā-sato를 주석서는 yathā-santo로 해석하여 'santo viya, ariyehi nibbisesoti attho.'(ThagA.iii.98)로 설명하여 '참되어서 성자들과 다름없다는 뜻이다.'로 해석하고 있는데 어색해 보인다. 노만 교수는 이 yathāsato를 yathā sato로 끊어 읽어 여기서 sato를 √smṛ(*to remember*)의 과거분사 sata의 주격 단수로 이해하여 *like a mindful one*으로 옮겼다. 역자도 이를 따라서 이처럼 옮겨보았다.

안으로 기뻐하고 자신이 삼매에 들었으며
혼자 지족하는 자 — 그를 일러 비구라 합니다.[343]

982. 촉촉하거나 마른 음식을 먹으면서
그는 아주 배불리 먹지 않아야 하나니
배가 가득 차지 않고 음식을 절제하고
마음챙기면서 비구는 유행을 해야 합니다.

983. [344]네 덩이나 다섯 덩이는 먹지 않고[345]
그는 물을 마셔 [끝내야] 하나니
이것은 편안하게 머물기 위해서
스스로를 독려하는 비구에게 충분합니다."[346]

---

342) "'제어된 사유를 가져 참선을 하고(yata-saṅkappa-jjhāyi)'라고 하였다. 모든 곳에서 그릇된 사유(micchā-saṅkappa)를 제거하여 출리의 사유 등(nekkhamma-saṅkappādi)을 통해서 사유를 절제한 뒤(saṁyata-saṅkappo hutvā) 대상을 정려(靜慮)함(ārammaṇūpanijjhāna)과 특상을 정려함(lakkhaṇūpanijjhāna)에 의해서 참선을 하는 성질을 가졌다(jhāyana-sīla)는 뜻이다."(ThagA.iii.98)

343) "'그를 일러 비구라 합니다(tamāhu bhikkhuṁ).'라고 하였다. 이러한 모습의 그 사람은 삼학을 완성하여(sikkhattaya-pāripūri) [윤회에서] 두려움을 보기 때문에(bhayaṁ ikkhanatāya) 그리고 오염원들이 부서졌기 때문에(bhinna-kilesatāya) 비구라고 부른다."(ThagA.iii.99)

344) "'위장은 다 차지 않아야 하고 음식은 제한되어야 한다(ūnūdaro mitāhāro).'(「날라까 경」(Sn3:11/137) {707})라는 [말씀이] 있다. 그것을 보여주기 위해서 본 게송을 말하였다."(ThagA.iii.99)

345) "'네 덩이나 다섯 덩이를 먹지 않고(cattāro pañca ālope abhutvā)'라고 하였다. 네 덩이나 다섯 덩이의 음식 덩이들(kabaḷā)을 먹지 않고, 즉 그만큼의 음식을 [먹을] 기회를 남긴 뒤 물을 마시고 [식사를 마쳐야 한다]는 말이다. 이것이 음식에 대한 검박한 태도(sallahuka-vutti)이다."(ThagA.iii.99)

346) 본 게송은 『청정도론』 제1장에서 필수품에 관한 계(paccaya-sannissita-sīla) 가운데 두 번째인 탁발음식(piṇḍapāta)을 설명한 뒤(Vis.I.89~94) 결론 부분에서 인용되고 있다.(Vis.I.94)

984. 만일 [출가자에게] 허락된 옷으로 감싸면
이러한 목적을 가진 것이 [옷이기에]
이것은 편안하게 머물기 위해서
스스로를 독려하는 비구에게 충분합니다.347)

985. 가부좌로 앉아있는 그의 무릎에는
비가 내리지 않을 것이니348)
이것은 편안하게 머물기 위해서
스스로를 독려하는 비구에게 충분합니다.

986. 349) 행복을 괴로움이라고 보았고350)

---

347) "이것으로 몸을 보호하는 옷(kāya-parihāriya cīvara)과 거기서 무엇으로든 만족함(itarītara-santosa)을 설하였다."(ThagA.iii.99)

348) "그 초막(kuṭi)에 앉아있을 때 비가 내리더라도 그의 두 무릎(jaṇṇuka-dvaya)이 빗물로 젖지 않으면 이 정도가 모든 거처의 한계점(sabba-pariyanta-senāsana)에 해당한다. 그곳에 앉아서 이로움을 바라는 모습을 가진(attha-kāma-rūpa) 좋은 가문의 아들[善男子]은 참된 목적을 성취할 수 있기 때문이다."(ThagA.iii.99)

349) "이와 같이 장로는 이 네 개의 게송({982}~{985})으로 큰 바람[願]을 가졌고 만족하지 못하는(asantuṭṭhā) 그 비구들이 남의 칭송을 받는 것에 대해서 지워 없앰의 교계(sallekha-ovāda)를 설명한 뒤에 이제 느낌의 방법을 통해(vedanā-mukhena) 수행의 대상에 지족함(bhāvanārāma-santosa)을 보여주면서 본 게송을 읊었다."(ThagA.iii.100)

350) '행복을 괴로움이라고 보았고'는 yo sukhaṁ dukkhato adda를 옮긴 것이다. 주석서는 이렇게 설명한다.

"여기서 '행복(sukha)'이란 즐거운 느낌(sukha-vedanā)이다. '괴로움이라고(dukkhato)'는 변하면 괴로움이라고(vipariṇāma-dukkhato)라는 말이다. '보았고(adda, √dṛś, *to see*, Aor. 3.P.Sg.)'란 보았다(assasa)는 말이다. 위빳사나의 통찰지와 함께하는 도의 통찰지(vipassanā-paññā-sahitā magga-paññā)로 있는 그대로 보았던 자라는 뜻이다. 즐거운 느낌은 수용하는 시간에는 달콤하지만(paribhoga-kāle assādiyamānāpi) 독이 섞인(visamissa) 음식처럼 변하는 시간에는(vipariṇāma-kāle) 괴롭게 되기

괴로움을 쇠살이라고 보았으며351)

이 둘의 가운데에는 [자아가] 없었다고 [깨달았다면]352)

세상에서 무엇으로 무엇을 할 것입니까?353)

때문이다. 그래서 여기서는 괴로움의 관찰(dukkhānupassana)을 보여주고 있다."(ThagA.iii.100)

351) "'괴로움을 쇠살이라고 보았으며(dukkham addakkhi sallato)'라는 것은 괴로운 느낌을 쇠살이라고 보았던 자라는 말이다. 쇠살은 몸에 파고 들어갈 때에도(anupavisantampi) 들어가서 머물 때에도(ṭhitampi) 빼낼 때에도(uddhariyamānampi) 참으로 압박(pīḷana)을 생기게 한다. 그와 같이 괴로운 느낌은 들어갈 때에도 머물 때도 부서질 때에도(bhijjamānāpi) 상해를 주기(vibādhati) 때문이다.

이처럼 여기서는 괴로움의 관찰(dukkhānupassana)을 칭송하여 말했다. 그래서 '괴로움인 것은 무아이다(yaṁ dukkhaṁ tad-anattā).'(S22:15 §3 등)라는 말씀으로부터 [즐거움과 괴로움이라는] 두 가지 느낌에서 자아와 자아에 속하는 것이라는 고정관념(attattaniya-gāha, 유신견)을 풀어내었다." (ThagA.iii.100)

352) "'이 둘의 가운데에는 [자아가] 없었다고 [깨달았다면](ubhayantarena nāhosi)'이라고 하였다. '이 둘의 가운데에는'[으로 옮긴] ubhayantarena는 ubhayesaṁ antare(둘의 가운데에)로 분석이 된다. 이것은 즐겁고 괴로운 느낌들의 가운데가 되는(majjha-bhūte) 괴롭지도 즐겁지도 않은 것[不苦不樂]에는(adukkhamasukhe)이라는 뜻이다. '[자아가] 없었다(nāhosi).'라고 하였다. 있는 그대로 자각할 때에는(yathābhūta-avabodhane) 자아와 자아에 속하는 것이라는 천착(attattaniya-abhinivesana)이 없었다는 말이다."(ThagA.iii.100)

353) '세상에서 무엇으로 무엇을 할 것입니까?'는 kena lokasmi kiṁ siyā를 옮긴 것이다. 주석서는 이렇게 설명한다.

"이와 같이 느낌이라는 방법을 통해(vedanā-mukhena) 취착의 [대상인] 다섯 가지 무더기들을 철저하게 안 뒤(parijānitvā) 그것을 묶고 있는 모든 오염원의 그물(sakala-kilesa-jāla)을 뿌리 뽑고 서있는 자(samucchinditvā ṭhita)가 참으로 어떤 오염원으로(kena nāma kilesena) 세상에 묶이며(baddha) 천신 등의 가운데에도 [태어나지 않는데] 미래에 무엇을 할 수 있겠는가(kiṁ vā āyati siyā)? 달리 말하면, 속박을 잘라버려(chinnabandhana) 자기 견해를 천명하지 않는 자일 것이라는(apaññattikova siyā) 의미이다."(ThagA.iii.100)

『앙굿따라 니까야』 제6권 「왓지야마히따 경」(A10:94)에 대한 『앙굿따라

987. 354) 게으르고 정진이 저열하고
배운 것이 적고 존경받지 못하며
사악한 바람을 가진 자와는 내가 부디 아무것도 하지 않기를.
세상에서 무엇으로 무엇을 할 것입니까?355)

988. 많이 배웠고 슬기로우며
계행들에 잘 집중되었고
마음의 사마타에 몰두한 자는
[나의] 머리 위에라도 서게 할 것입니다.356)

989. 사량분별357)에 몰두하고358)

니까야 주석서』에 의하면 여기서 '자기 견해를 천명하지 않는 자(apaññattika)'는 열반을 천명하는(nibbānaṁ paññāpeti) 사람을 뜻하는 것으로 이해할 수 있다. 주석서는 이렇게 설명한다.

"혹은 '자기 견해를 천명하지 않는 자'란 아직 경험하지 않은 열반을 천명하고(apaccakkhaṁ nibbānaṁ paññāpeti), 자기가 만든 것(sayaṁkata) 가운데서는 아무 것도 천명할 수 없는(na kiñci paññāpetuṁ sakkoti) 사람을 말한다."(AA.v.63)

354) "이제 그릇된 도를 닦는 사람들(micchā-paṭipannā puggalā)을 꾸짖고(garahanto) 바른 도닦음을 칭송하면서(pasaṁsanto) 본 게송부터 네 개의 게송들({987}~{990})을 읊었다."(ThagA.iii.100)

355) "여기서 '세상에서 무엇으로 무엇을 할 것입니까(kena lokasmi kiṁ siyā)?'라는 것은 세상에서 중생들의 무리에서(satta-nikāye) 그러한 그와 같은 인간에게 무슨 교계로(kena ovādena) 무엇을 할 수 있겠는가(kiṁ bhavitabbaṁ), 혹은 무엇을 함에 의해서(kena katena) 무엇을 하겠는가(kiṁ siyā), 아무 이익이 없다(niratthakameva)는 뜻이다."(ThagA.iii.100)

356) "'[나의] 머리 위에라도 서게 할 것입니다(api muddhani tiṭṭhatu).'라고 하였다. 그러한 사람은 나의 정수리에라도(mayhaṁ matthakepi) 서라고(tiṭṭhatu) 할 것인데 함께 거주하는 것은 말해 무엇 하겠는가(pageva sahavāso)라는 말이다."(ThagA.iii.100)

357) "'사량분별(papañca)'이란 갈애(taṇhā), 사견(diṭṭhi), 자만(māna)을 통해 일어나서 [술에] 취하는[醉, madana] 형태로 자리 잡은 오염원(kilesa)의

사랑분별을 즐기는 어리석은 자
위없는 유가안은인
열반을 놓칩니다. (A6:14 §6; A6:15 §5)[359]

990. 그러나 사랑분별을 버리고
사랑분별 없는 길[360]을 좋아하는 자
위없는 유가안은인
열반을 성취합니다. (A6:14 §6; A6:15 §5)

991. [361]마을에서든 밀림에서든
골짜기에서든 평지에서든
아라한들이 머무는 곳이야말로
진정 아름다운 땅입니다. (S11:15 §3 {914})[362]

사랑분별을 뜻한다."(AA.iii.348)

358) "'사랑분별에 몰두하고(yo papañcam anuyutto)'라고 하였다. [잡다한] 일하기를 즐김 등(kammārāmatādi)을 통하고 형색을 고집함 등(rūpa-abhi-saṅgādi)을 통해서 전개되는 사랑분별함의 뜻(papañcanaṭṭha)에 의해서 갈애 등으로 구분되는(taṇhādi-bheda) 사랑분별에 몰두하는 자는 거기서 위험을 보지 못하고 그것을 즐기는 사슴과 같다(maga-sadiso). 그는 열반을 놓쳐버리고 그는 열반으로부터 너무나 멀리 떨어져서(suvidūra-vidūre) 서있다는 말이다."(ThagA.iii.100)

359) 이 『앙굿따라 니까야』 제4권 「복됨 경」(A6:14)과 「고통스러움 경」(A6:15)도 사리뿟따 존자가 비구들에게 설한 경이다.

360) "'사랑분별 없는 길(nippapañca-patha)'이란 열반의 경지(nibbāna-pada)를 말한다."(AA.iii.348)

361) "그때 어느 날 장로는 자신의 동생인 레와따 장로(Revata thera)가 가시가 많이 달린 아카시아 나무로 가득한(kaṇṭaka-nicita-khadira-rukkha-sañ-channa) 물이 없는 황무지(nirudaka-kantāra)에서 거주하는 것을 보고 그를 칭찬하면서 두 개의 게송({991}~{992})을 읊었다."(ThagA.iii.101)

레와따 장로(Th14:1; Th1:42)에 대해서는 본서 제2권 열넷의 모음 {645} 【행장】의 해당 주해와 본서 제1권 하나의 모음 {42} 【행장】의 해당 주해를 참조할 것.

992. 숲들은 아름다운데363)
거기서 사람은 즐거워하지 않습니다.
탐욕을 여읜 자들이 즐거워할 것이니
그들은 감각적 쾌락을 찾지 않습니다.

993. 364)보물들을 찾아내는 사람처럼
잘못을 보고 [90] 꾸짖는 말을 하는 사람을

---

362) 『상윳따 니까야』 제1권 「아름다운 곳 경」(S11:15)은 세존께서 신들의 왕 삭까에게 설하신 말씀이다.

363) '숲들은 아름다운데'는 ramaṇīyāni araññāni를 옮긴 것이다. 『테라가타 주석서』는 "꽃이 잘 핀 나무들의 군집으로 장엄이 된(supupphita-taru-saṇḍa-maṇḍitāni) 아주 깨끗한 물의 터전을 구족한(vimala-salilāsaya-sampannāni) 숲들은 아름답다라고 연결이 된다."(ThagA.iii.101)라고 일반적인 설명을 하고 있다.

『맛지마 니까야 주석서』는 '아름다움(ramaṇīya)'을 다음과 같이 설명한다. "'아름다움(ramaṇīya)'에는 두 가지 아름다움이 있다. 숲의 아름다움(vana-rāmaṇeyyaka)과 사람의 아름다움(puggala-rāmaṇeyyaka)이다. 숲의 아름다움이란 코끼리와 향나무와 살라와 짬빠까 꽃 등이 가득하고, 그늘이 짙고 온갖 꽃과 과일이 있고, 여러 종류의 나무와 물이 있고, 마을에서 떨어져 있는 것을 말한다. 그러나 숲이 비록 불모의 땅이고 물이 없고 그늘이 없고 가시로 가득 차 있더라도 그곳에 부처님 등 성인들이 머문다면 이것은 사람의 아름다움이다."(MA.ii.250) — 『맛지마 니까야』 제2권 「고싱가살라 긴 경」(M32 §4)의 주해에서.

364) "다시 장로는 라다(Rādha)라는 불행한 바라문(duggata-brāhmaṇa)을 연민으로 출가하게 하여 구족계를 받게 한 뒤 그를 뒤따르는 사문(pacchā-samaṇa)으로 하여 유행을 하면서 어느 날 그가 좋은 말을 쓰는 것(subbaca-bhāva)에 만족하여 교계를 주면서 본 게송을 읊었다."(ThagA.iii.101)

이 라다 바라문(Rādha brāhmaṇa)은 본서 제2권 둘의 모음({133}~{134})에 나타나는 라다 장로(Rādha thera)이다. 세존께서는 『앙굿따라 니까야』 제1권 하나의 모음 「으뜸 품」(A1:14)에서 "[스승으로 하여금 법을 설할] 영감을 일으키게 하는 자들(paṭibhāneyyakā) 가운데서 라다가 으뜸이다."(A1:14:4-15)라고 하셨다. 본서 제2권 둘의 모음 {133}의 해당 주해를 참조할 것.

슬기로운 분으로 보아야 하나니
그는 그러한 현자를 가까이해야 합니다.
그러한 사람을 가까이하는 자에게
좋은 것이 있고 사악한 것은 없습니다.

994. 365)그는 교계해야 하고 훈도해야 하며366)

---

365) "그때 한 번은 앗사지(Assaji)와 뿌납바수까(Punabbasuka)가 끼따기리(Kīṭāgiri)에서 타락하여(dūsita) 머물고 있을 때 스승님께서 명하시어 법의 대장군 [사리뿟따] 장로는 자신의 회중과 마하목갈라나 장로와 함께 거기에 갔다. 장로가 교계를 하였지만 앗사지와 뿌납바수까가 그것을 귀담아듣지 않자 이 게송을 읊었다."(ThagA.iii.102)

『맛지마 니까야 주석서』는 『맛지마 니까야』 제2권 「끼따기리 경」(M70) §4를 주석하면서 이렇게 설명한다.

"앗사지(Assaji)와 뿌납바수까(Punabbasuka)는 [율장의 『건도부』(Vin.iii.179~184) 등에서 언급되는] 육군(六群, chabbaggiyā) 비구들 가운데 무리의 스승인(gaṇācariyā) 두 사람이다. 이들 여섯 명은 빤두까(Paṇḍuka), 로히따까(Lohitaka), 멧띠야(Mettiya), 붐마자까(Bhummajaka), 앗사지(Assaji), 뿌납바수까(Punabbasuka)인데, 이들 여섯 명을 육군비구(六群比丘, chabbaggiyā bhikkhū)라 한다. 이 중에서 빤두까와 로히따까는 자기들의 회중(parisā)을 거느리고 사왓티에서 머물렀고, 멧띠야와 붐마자까는 라자가하에서, 이 두 사람은 끼따기리에서 머물렀다."(MA.iii.186~187)

여기서 앗사지(Assaji)는 오비구 가운데 한 분인 앗사지 존자(āyasmā Assaji)와는 다른 사람이다. 오비구(五比丘)에 대해서는 본서 제1권 {61} 【행장】의 해당 주해를 참조할 것.

366) "여기서 ① '교계해야 한다(ovadeyya)'는 것은 교계(ovāda), 즉 권고를 주어야 한다(anusiṭṭhiṁ dadeyya)는 뜻이고 '훈도해야 한다(anusāseyya)'는 것은 그에게 방편적인 말(pariyāya-vacana)을 하는 것이다. ② 혹은 이미 일어난 일화(uppanna vatthu)에 대해서 말하는 것이(vadanto) 교계하는 것이고 일어나지 않은 것에 대해서 '불명예(ayasa)가 그대에게 있게 될 것이다.'라고 미래를 지칭하여(anāgataṁ uddissa) 말하는 것이 훈도이다. ③ 혹은 면전에서 직접(sammukhā) 말하는 것이 교계이고 그가 면전에 없을 때(parammukhā) 전령(dūta)이나 전갈(sāsana)을 보내어 말하는 것이 훈도이다. ④ 혹은 한 번(sakiṁ) 말하는 것이 교계이고 거듭해서(punappunaṁ) 말하는 것이 훈도이다."(ThagA.iii.102)

타당치 않은 것으로부터[367] 제지해야 합니다.
그는 선한 사람들에게[368] 사랑스럽고(친구)
선하지 못한 사람들에게 사랑스럽지 않기(적) 때문입니다.

995. [369]눈을 가지셨고 세존이신 부처님께서
다른 사람에게[370] 법을 설하셨습니다.
법이 설해지고 있을 때
나는 듣고자 하여 귀를 기울였습니다.

996. [371]나의 들음은 헛되지 않았으니

---

367) "'타당치 않은 것으로부터(asabbhā)'라고 하였다. 해로운 법으로부터 제지해야 하고(akusalā dhammā ca nivāraye) 유익한 법에 확립되게 해야 한다(kusale dhamme ca patiṭṭhāpeyya)는 뜻이다."(ThagA.iii.102)

368) 여기서 '선한 사람들에게'로 옮긴 sataṁ은 √as(*to be*)의 현재분사 sant의 소유격 복수이다. 주석서는 'sādhūnaṁ(좋은 사람들에게)'으로 설명하고 있다.(ThagA.iii.102)

369) "'[어떤 사람]을 대상으로 하여(yaṁ ārabbha) 스승님께서 법을 설하시는 바로 그 [사람]이(so eva) [깨달음을 실현하기 위한] 강하게 의지하는 [조건]을 구족하고 있다.'라는 이야기가 비구들 가운데서 돌았을 때 '그것은 그렇지 않다.'라고 보여주면서 본 게송을 읊었다."(ThagA.iii.102)

사리뿟따 장로는 부처님께서 자신을 대상으로 하여 설법을 하신 것을 듣고 아라한과를 얻은 것이 아니라 부처님께서 자신의 조카인 디가나카 유행승에게 설법하시는 것을 부처님 옆에서 부채질을 해드리면서 귀 기울여 듣고 아라한과를 얻었다.(다음 주해 참조) 그래서 주석서는 이렇게 설명한 것이다. 여기 {995}부터 {997}까지 3개의 게송은 장로가 자신이 아라한과를 얻은 인연을 드러내고 있다.

370) "여기서 '다른 사람에게(aññassa)'란 자신의 조카(bhāgineyya, 여동생의 아들)인 디가나카 유행승(Dīghanakha-paribbājaka)을 두고 말한 것이다. 스승님께서 그에게 [『맛지마 니까야』 제3권] 「디가나카 경」(M74)을 설하실 때에 이 대장로는 수행에 대한 도들(bhāvanā-maggā)을 증득하여 제자들의 바라밀의 지혜의 정수리(sāvaka-pāramī-ñāṇassa matthaka)를 얻었기 때문이다."(ThgaA.iii.102)

371) 여기서부터 PTS와 VRI의 게송 번호가 달라진다. 역자는 PTS에 준해서

나는 번뇌 없이 해탈하였습니다.
그것은 전생을 기억하는 [지혜(宿命通)]를 위한 것도 아니고
신성한 눈[의 지혜(天眼通)]를 위한 것도 아니며

997. [남의] 마음을 아는 신통[他心通]을 위하고
죽음과 다시 태어남을 [아는 지혜(天眼通)]를 위하고
귀의 요소[天耳界 = 天耳通]를 청정하게 하기 위한
어떤 염원도 나에게는 있지 않았습니다.

998. 372)오직 나무 아래를 의지하여
머리를 깎고 가사를 수하고
통찰지의 으뜸인 장로
우빠띳사가 참선을 합니다.373)

게송 번호를 매기고 있다. 여기서 VRI본은 다음과 같이 편집되어 있다.

aññassa bhagavā buddho, dhammaṁ desesi cakkhumā|
dhamme desiyamānamhi, sotamodhesimatthiko|
taṁ me amoghaṁ savanaṁ, vimuttomhi anāsavo ||995||

neva pubbenivāsāya, napi dibbassa cakkhuno|
cetopariyāya iddhiyā, cutiyā upapattiyā|
sotadhātuvisuddhiyā, paṇidhī me na vijjati ||996||

이처럼 PTS본에서 {995}~{997}의 세 개의 게송으로 편집한 것을 VRI본은 {995}~{996}의 두 개의 게송으로 줄였다. 그러나 내용은 달라진 것이 전혀 없다.

372) "여기 '오직 나무 아래를 의지하여 …'부터 세 개의 게송들({998}~{1000})은 비둘기 협곡(Kapota-kandarā)에 머물고 있는 장로에게 약카가 공격할 때에 [본삼매의] 증득의 힘으로 자신이 동요가 없었음을 밝힘(nibbikāratā-dīpana)을 통해서 설하였다."(ThagA.iii.103)

여기에 대해서는 『우다나』 「약카의 공격 경」(Ud4:4)을 참조하기 바란다.

373) "'참선을 합니다(jhāyati).'라는 것은 대상을 정려함과 특상을 정려함으로 참선을 한다, 여러 가지 [禪의] 증득에 머묾(samāpatti-vihāra)으로 머문다는 뜻이다."(ThagA.iii.103)

999. 일으킨 생각이 없음을 구족한 정등각자의 제자는
바로 즉시 성스러운 침묵에 들었습니다.[374] (={650})[375]

1000. 마치 저 바위산도
흔들리지 않고 확고하듯이
이와 같이 어리석음을 멸진한 비구도
저 산처럼 동요하지 않습니다. (={651}; Ud3:4 {24})[376]

1001. 흠이 없는 사람은
항상 깨끗함을 추구해야 하나니
단지 털끝만 한 사악함조차도
구름만큼 [크게] 여겨집니다. (={652}; S9:14 §5 {799})

1002. [377]나는 죽음을 바라지 않습니다.
나는 삶을 바라지 않습니다.
나는 알아차리고 마음챙기면서 (abc={196}abc; {606}abc)
이 몸을 내려놓을 것입니다.

---

374) "'바로 즉시 성스러운 침묵에 들었습니다(ariyena tuṇhībhāvena, upeto hoti tāvade).'라는 것은 약카가 머리를 때리는 바로 그때 '일으킨 생각 없음을 증득한(avitakkaṁ samāpanno)' 제4선에 속하는 과의 증득(catuttha-jjhānika-phala-samāpatti)에 들어서 성스러운 침묵(ariya tuṇhībhāva)에 들었다, 구족하였다는 말이다. 여기서 [들었다로 옮긴 upeto hoti의] hoti(√bhū, *to be*의 현재 3인칭 단수)는 과거의 뜻(atītattha)으로 쓰인 현재시제(vattamāna-vacana)이다."(ThagA.iii.103)

375) 여기 {999}~{1001} 세 개의 게송은 본서 제2권 {650}~{652}에서는 사리뿟따 장로의 동생인 레와따 장로(Th14:1)의 게송으로도 나타나고 있다.

376) 본 게송은 『우다나』 「사리뿟따 경」(Ud3:4) §2에서 세존께서 읊으신 우러나온 말씀(감흥어)으로 나타나고 있다.

377) "다시 죽음과 삶에 대해서 자신이 평등한 마음을 가지고 있음(samacittatā)을 보여주면서 두 개의 게송({1002}~{1003})을 설한 뒤 남들에게 법을 설하면서 두 개의 게송({1004}~{1005})을 더 설하였다."(ThagA.iii.103)

1003. 나는 죽음을 바라지 않습니다.
나는 삶을 바라지 않습니다.
나는 시간을 기다리고 있으니
[일을 마친] 하인이 급료를 그렇게 하듯이. (={606} 등)

1004. 뒤에든 앞에든 양쪽으로 이것은378)
오직 죽음이니 죽음이 아님이 아닙니다.
도를 닦으십시오, 멸망하지 마십시오.379)
순간이 그대들을 지나가게 하지 마십시오.380)

---

378) '뒤에든 앞에든 양쪽으로 이것은'은 ubhayenam idaṁ … pacchā vā pure vā를 옮긴 것이다. 주석서는 이렇게 설명한다.

"여기서 '양쪽으로(ubhayena)'라는 것은 양쪽 시간으로(ubhosu kālesu)라는 말이다. … 중간의 나이(majjhima-vaya)로 보면 '뒤에든(pacchā vā)'이라는 것은 나이가 들어 늙었을 때(jarājiṇṇa-kāle)이고 '앞에든(pure vā)'이라는 것은 어렸을 때(dahara-kāle)이다."(ThagA.iii.103~104)

379) "'멸망하지 마십시오(mā vinassatha).'라는 것은 악처들(apāyā)에서 큰 괴로움을 겪지 말라(mānubhavatha)는 말이다."(ThagA.iii.104)

380) "'순간이 그대들을 지나가게 하지 마십시오(khaṇo vo mā upaccaga).'라고 하였다. 여덟 가지 적당하지 않은 순간들(akkhaṇā)을 피한 이 아홉 번째 순간(navama khaṇa)이 그대들을 지나가게 하지 마라(mā atikkami)는 뜻이다."(ThagA.iii.104)

여덟 가지 적당하지 않은 순간들(aṭṭha akkhaṇā)은 『앙굿따라 니까야』 제5권 「적당하지 않은 순간 경」(A8:29)과 사리뿟따 존자가 설한 『디가 니까야』 제3권 「십상경」(D34) §2.1 (7)에 나타난다. 같은 사리뿟따 존자가 설한 「합송경」(D33) §3.2 (4)에는 아수라로 태어나는 것이 포함되어 모두 아홉 가지로 나타나고 있다. '아홉 가지 청정범행을 닦기에 적당하지 않은 순간과 적당하지 않은 때(nava akkhaṇā asamayā brahmacariyavāsāya)'는 본서 제2권 여섯의 모음 {403}의 주해로 인용되어 있으므로 참조하기 바란다.

'순간이 그대들을 지나가게 하지 마십시오.'는 본서 제2권 {403}b에서 말룽까뿟따의 게송 가운데 나타나고 있고 본서 제2권 열넷의 모음 레와따 장로의 게송들 가운데 {653}d로도 나타나고 있다. 이 두 곳의 주해들도 참조하기 바란다.

1005. 마치 변방에 있는 도시를
안팎으로 잘 보호하듯이
그와 같이 자신들을 보호해야 합니다.
순간이 그대들을 지나가게 하지 마십시오. (abcd= {653})
순간을 놓친 자들은 지옥으로 인도되어
참으로 슬퍼하기 때문입니다. (def={403}bcd)

1006. 381)고요하고 제어되고
지혜롭게 말을 하고 들뜨지 않은 그는
사악한 법들을 흔들어 없애버립니다.
마치 바람이 나무의 잎사귀를 그렇게 하듯이. (={2})

1007. 고요하고 제어되고
진실한 말을 하고 들뜨지 않은 그는
사악한 법들을 바로 뽑아 없애버렸습니다.382)
마치 바람이 나무의 잎사귀를 그렇게 하듯이.

1008. 고요하고 [91] 근심이 없고
맑고 흔들리지 않으며
좋은 계행을 가진 슬기로운 그는

---

381) "어느 날 장로는 마하꼿티까 존자(āyasmā Mahākoṭṭhika)를 보고 그의 덕을 설명하면서 세 개의 게송들({1006}~{1008})을 읊었다."(ThagA.iii.104)

이 {1006} 게송은 본서 제1권 하나의 모음 {2}에서 마하꼿티따 장로의 게송으로도 나타나고 있다. 그곳의 주해들을 참조하기 바란다.

382) '바로 뽑아 없애버렸습니다.'는 abbahi를 옮긴 것인데 ā+√bṛh1/vṛh(bahati, Sk:bṛhati, vṛhati, 6류, *to tear*, 찢다)의 아오리스트 과거 3인칭 단수(Aor. 3.P.Sg.)이다. 그런데 VRI본과 『테라가타 주석서』에는 appāsi로 나타나고 주석서는 "방금 제거하였다(adhunā pahāsi)는 뜻이다."(ThagA.iii.104)라고 설명한다.

괴로움의 끝을 만들어야 할 것입니다.

1009. 383)일부384) 재가자들과 출가자들에게조차도
이와 같이 신뢰를 해서는 안 됩니다.
좋았었지만 좋지 않게 된 자들이 있고
좋지 않게 되었지만 다시 좋게 된 자들이 있습니다.385)

1010. 386)감각적 쾌락에 대한 욕구와 악의, 해태·혼침
들뜸과 의심, 이들 다섯은 마음의 흔들림387)입니다.

---

383) "본 게송은 데와닷따를 믿었고 그의 견해를 좋아하여 지내던 왓지의 후예들(Vajjiputtakā)에 대해서 말한 것이다."(ThagA.iii.104)

384) "'일부(ekatiyesu)'라는 것은 확고하지 못한 고유성질을 가진(anavaṭṭhita-sabhāvesu) 어떤(ekaccesu) 범부들 가운데서라는 말이다."(ThagA.iii.104)

385) "마치 데와닷따가 전에는 계행을 구족하고(sīla-sampanna) 신통지와 선정의 증득을 얻었지만(abhiññā-samāpatti-lābhī) 이득과 존경에 빠져서(lābha-sakkāra-pakata) 이제는 특히 곤경에 빠져서(parihīna-visesa) 날개가 잘린 까마귀처럼 악처로 향하는 자(āpāyika)가 되었다. 그러므로 그러한 견해만으로 '좋은 사람(sādhu)'이라고 신뢰해서는 안 된다(na vissāsi-tabba). 그러나 어떤 사람들은 선우와 교제하지 않아서(kalyāṇamitta-saṁsagga-abhāva) 처음에는 좋지 않게 되었지만 뒤에는 선우와 교제하여 좋은 사람이 된다. 그러므로 데와닷따와 같은, 좋은 사람과 유사한 자들(sādhu-patirūpā)을 좋은 사람이라고 신뢰해서는 안 된다(na vissāseyya)는 뜻이다."(ThagA.iii.104)

386) "감각적 쾌락에 대한 욕구 등의 마음의 오염원들(citt-upakkilesā)이 사라지지 않은 자들이 좋지 않은 사람들(asādhū)이고 이들이 사라진 자들은 좋은 사람들이라는 것을 보여주기 위해서 본 게송({1010})을 설한 뒤 이들과 공통되지 않기 때문에 최고의 경지에 이른(ukkaṁsa-gata) 좋은 사람의 특징을 보여주면서 그다음 게송 두 개({1011}~{1012})를 설하였다."(ThagA.iii.104)

387) 여기서 '마음의 흔들림'은 citta-kelisā를 옮긴 것이다. PED는 이 'kelisā'를 '*at* Theg. {1010} *is to be corrected into* keḷiyo (*see* keḷi2).'로 설명하고 있다.(*s.v.* kelisā) 그러나 노만 교수의 지적처럼 PED에서 이 kelisā를 keḷiyo로 수정해야 한다는 이 설명은 잘못되었거나 필요가 없다.(K.R.

1011. 존중을 받고 존중을 받지 않는 양쪽에 대해서
방일하지 않고 머무는 자의 삼매는 흔들리지 않습니다.

1012. 그러한 참선을 하고 참을성이 있고
섬세한 견해에 대해서 통찰을 하며
취착의 멸진을 기뻐하는 그를
참된 사람이라 부릅니다.

1013. [388] 스승님의 고귀한 해탈에 대해서는
큰 바다로도 땅으로도
산으로도 바람으로도
참으로 비유를 적용할 수가 없습니다.

1014. [법의] 바퀴를 계속해서 구르게 하는 장로는[389]

Norman, 263쪽 §1010의 주해 참조)

주석서는 이것을 "마음의 오염원들(citt-upakkilesā)"(ThagA.iii.104)로 설명하고 있다. 감각적 쾌락에 대한 욕구 등의 이 다섯 가지 장애는 삼매에 들기 위해서 반드시 극복해야 하는 것이다. 역자는 keḷi2의 뜻으로 '*unsettledness, waverings*'를 제시하고 있는 PED를 참조하고(*s.v.* keḷi2), 다음 게송({1011})의 '삼매는 흔들리지 않는다(samādhi na vikampati).'와 반대되는 의미로 이 kelisā를 '마음의 흔들림'으로 옮겨보았다. 노만 교수는 *defilements*로 옮겼다.

388) "이들과 공통되지 않기 때문에 칭송을 받는 [좋은 사람의 특징을] 보여주기 위해서 스승님이신 [세존]과 자신을 보기로 들면서(satthāraṁ attānañca udāharanto) 본 게송 등({1013}~{1015})을 설하였다."(ThagA.iii.104)

389) '[법의] 바퀴를 계속해서 구르게 하는 장로는'은 cakkānuvattako thero를 옮긴 것이다. 주석서는 이렇게 설명한다.

"'[법의] 바퀴를 계속해서 구르게 하는(cakkānuvattako)'은 스승님께서 굴리신 법의 바퀴(satthārā vattita dhamma-cakka)를 계속해서 구르게 하는 자(anuvattaka)라는 말이다. '장로는(thero)'이라고 하였다. 무학의 계의 무더기 등(asekkhā sīlakkhandhādī)을 구족하였기 때문에 장로이다."

큰 지혜를 가졌고 삼매에 들었으며
대지와 물과 불과 같아서
집착하지도 않고 망가지지도 않습니다.

1015. 통찰지의 바라밀을 증득하였고390)
위대한 지성을 가졌고 위대한 생각을 가졌으며391)

(ThagA.iii.105)

여기서 사리뿟따 존자는 자신을 이렇게 장로라고 타인처럼(paraṁ viya) 칭하고 있다.

390) '통찰지의 바라밀을 증득하였고'는 paññā-pāramitaṁ patto를 옮긴 것이다. 주석서는 "제자들의 지혜의 바라밀(sāvaka-ñāṇassa pārami) 즉 저 언덕[彼岸]의 정점(pāra-koṭi)에 도달하였다."(ThagA.iii.105)는 뜻이라고 설명하고 있다.

통찰지의 바라밀로 옮긴 paññā-pāramita의 산스끄리뜨 prajñā-pāramitā는 대승 불교 육바라밀에 포함된 반야바라밀(般若波羅蜜, 慧波羅蜜)과 같은 용어이다. 이 용어는 빠알리 삼장 가운데에는 『테라가타』 여기와 『붓다왐사』(Bv.13)에만 나타나고 주석서 문헌들에 나타나는 것으로 조사되었다. 부처님의 상수제자요 지혜제일인 사리뿟따 존자가 읊은 게송에서 이 용어가 나타나는 것은 주목할 만하다 하겠다.

391) '위대한 지성을 가졌고 위대한 생각을 가졌으며'는 mahā-buddhi mahā-mati를 옮긴 것이다. 주석서는 이렇게 부연하고 있다.

"모든 곳에서 이러한 것들을 남김없이 증득하였고(adhigatattā) 큰 통찰지 등과 특별히 연관되어 있기 때문에(mahāpaññatādi-visesayogato) 이 대장로는 '위대한 지성을 가졌다(mahā-buddhi).'라고 굉장하게(sātisayaṁ) 말할 수 있다. 그래서 세존께서는 [『맛지마 니까야』 제4권 「차례대로 경」(M111)에서] '비구들이여, 사리뿟따는 현자이다. 비구들이여, 사리뿟따는 큰 통찰지를 가졌다. 비구들이여, 사리뿟따는 광대한 통찰지를 가졌다. 비구들이여, 사리뿟따는 명쾌한 통찰지를 가졌다. 비구들이여, 사리뿟따는 전광석화와 같은 통찰지를 가졌다. 비구들이여, 사리뿟따는 예리한 통찰지를 가졌다. 비구들이여, 사리뿟따는 꿰뚫는 통찰지를 가졌다.'(M111 §2)라고 말씀하셨다."(ThagA.iii.105)

주석서는 이렇게 설명한 뒤 여기 「차례대로 경」(M111) §2에 나타나는 큰 통찰지를 가짐(mahā-pañña)부터 예리한 통찰지를 가짐(tikkha-pañña)까지를 주석하고 있는데 이것은 「차례대로 경」(M111) §2에서 주해로 달

우둔하지 않지만 우둔한 것처럼 하면서
적멸하여 항상 유행합니다.392)

1016. 393)나는 스승님을 섬겼고
부처님의 교법을 실천하였습니다.
무거운 짐을 내려놓았고
존재에 [묶어두는] 사슬은 뿌리 뽑혔습니다. (={604} 등)

1017. 394)방일하지 말고 [해야 할 바를 모두] 성취하십시오.
이것이 나의 간곡한 당부입니다.
참으로 이제 나는 완전한 열반에 들 것입니다.
나는 모든 곳에서 완전히 해탈하였습니다." (={658})

사리뿟따 장로 (끝)

아놓은 『맛지마 니까야 주석서』의 설명과 대동소이하므로 「차례대로 경」(M111) §2의 해당 주해들을 참조하기 바란다.

392) '우둔하지 않지만 우둔한 것처럼 하면서(ajaḷo jaḷa-samāno)'라고 하였다. 그는 제자들 가운데 통찰지로 최고의 경지에 이르렀기 때문에(ukkaṁsa-gatattā) 모든 곳에서 우둔하지 않다. 그러나 그는 최고로 바라는 것이 적었기 때문에(paramappicchatāya) 자기 자신을 우매한 사람처럼(ajānanta viya) 만들어서, 우둔한 것처럼(jaḷa-sadisa) 어수룩한 것처럼(manda-sarikkha) 보이게 하였다. [그러나 그는] 오염원의 열병이 존재하지 않기 때문에(kilesa-pariḷāha-abhāva) '적멸하여(nibbuta)', 즉 [모든 오염원들이] 식어서(sīti-bhūta) '항상 유행한다(sadā carati)', 늘 머문다(niccaṁ viharati)는 뜻이다."(ThagA.iii.108)

393) "본 게송은 장로가 자신이 해야 할 일을 다 하였음(kata-kiccatā)을 드러내면서 말한 것이다. 이것도 앞에서({604}) 뜻을 설명하였다."(ThagA.iii.108)

여기에 대해서는 본서 제2권 상낏짜 장로(Th11:1)의 {604}번 게송의 주해들과 본서 아난다 장로의 {1050}번 게송의 주해도 참조할 것.

394) "본 게송은 자신이 반열반할 때에 모여든 비구들에게 교계를 베풂(ovāda-dāna)을 통해서 말한 것이다. 이것도 앞에서(레와따 장로(Th14:1)의 {658}번 게송) 뜻을 설명하였다."(ThagA.iii.108)

3. 아난다 장로[395] (Th30:3 {1018}~{1050})

【행장】

아난다 장로는 부처님께서 정등각을 이루신 뒤 45년 동안 전법을 하신 가운데 반이 넘는 후반부 25년을 부처님의 시자로 있었기 때문에[396] 부처님의 직계 제자들 가운데 가장 많은 설명을 필요로 하는 분일 것이다. 그래서 아난다 장로(Ānanda thera)는 『테라가타 주석서』에서 12쪽에 달하는(ThagA.iii.109~120) 많은 분량으로 설명하고 있으며 DPPN도 몇 페이지에 걸쳐서 126개의 주를 달면서 아난다 장로를 설명하고 있다.(*s.v.* Ānanda) 여기서는 『테라가타 주석서』에 담겨 있는 아난다 존자의 행장 가운데서 주요 부분들을 옮겨 싣는다.

"그는 여기저기에서 공덕을 지으면서 우리의 [세존이 되신] 보살과 함께 도솔천에 태어난 뒤 거기서 임종하여 삭까족의 아미또다나(Amitodana-sakka) 가문에 태어났다[397]. 그는 모든 친지들

---

395) PTS본에 의하면 아난다 장로의 게송들은 {1018}부터 {1050}까지의 33개의 게송으로 편집되어 있다. 그런데 같은 게송들이 VRI본에는 {1017}부터 {1053}까지의 37개의 게송으로 편집되어 나타난다. PTS본 {1020}번 게송이 본서 스물의 모음에 있는 랏타빨라 장로의 게송 가운데 {769}부터 {773}까지의 5개 게송들을 대표하기 때문이다. 그러나 VRI본에는 이들을 {1019}~{1023}의 다섯 개 게송으로 모두 넣어서 편집하였다. 여기에 대해서는 {1020}의 해당 주해를 참조하기 바란다.

그리고 이 33개의 게송들은 동일 주제로 된 것이 아니라 다양한 상황에서 읊은 그의 게송들을 여기에 모은 것이다. 주석서도 이렇게 밝히고 있다.(ThagA.iii113; K.R. Norman, 264쪽도 참조할 것)

396) 아난다 존자는 본서 여기에 실려 있는 33개의 게송들 가운데 3개의 게송({1041}~{1043})에서 "25년간을 나는 … 세존을 모셨나니 / 마치 그림자가 그를 떠나지 않는 것처럼."이라고 읊고 있다.

397) 세존의 할아버지이신 시하하누 왕(Sīhahanu-rāja)과 할머니이신 깟짜나(Kaccānā) 왕비에게는 다섯 명의 아들이 있었는데 세존의 부친인 숫도다나(Suddhodana) 왕과 아미또다나(Amitodana), 도또다나(Dhotodana), 삭

을 환희롭게 하면서(ānandite karonto) 태어났다고 해서 '아난다' 라는 이름을 가지게 되었다. 그가 적당한 나이가 되었을 때 세존께서는 세속을 벗어남을 감행하시어 정등각을 얻으신 뒤 뛰어난 법의 바퀴를 굴리시었으며 까삘라왓투를 처음 방문하셨다. 그는 세존께서 까삘라왓투를 떠나실 때에 그분의 회중이 되기 위해서 출가를 감행한 밧디야 등과 함께 세속을 벗어나 세존의 곁으로 출가하였다. 그는 출가한 뒤 오래지 않아 뿐나 만따니뿟따 존자의 곁에서 그의 법문을 듣고 예류과에 확립되었다.[398]

그런데 세존께서 깨달음을 얻으시고 20년이 될 동안에는 늘 함께 하는[臨席(임석)] 시자들이 정해지지 않았다(anibaddha-upaṭṭhā-kā). 한번은 나가사말라가 발우와 가사를 받아서 함께 유행을 하였고, 한번은 나기따가, 한번은 우빠와나가, 한번은 수낙캇따가, 한번은 쭌다 사미가, 한번은 사가따가, 한번은 메기야가 그렇게 하였다.[399] 그들은 대체적으로(yebhuyyena) 스승의 마음을

꼬다나(Sakkodana), 숙꼬다나(Sukkodana)였다. 이 가운데 아난다 장로는 아미또다나의 아들이었고 아누룻다 장로는 숙꼬다나의 아들이었다(MA.ii.61; SnA.i.357; Mhv.ii.20). 그러므로 이들은 세존과는 사촌지간이다.

398) 『상윳따 니까야』 제3권 「아난다 경」(S22:83)에서 아난다 존자는 직접, "나는 뿐나 만따니뿟따 존자의 설법을 듣고 법을 관통하였습니다."(S22:83 §8)라고 밝히고 있다.

주석서는 "'나는 법을 관통하였다(dhammo me abhisamito).'는 것은 나는 지혜(ñāṇa)에 의해서 네 가지 진리[四諦]의 법(catu-sacca-dhamma)을 관통하여 예류자가 되었다(sotāpanno'smi)는 뜻이다."(SA.ii.308)라고 설명하고 있다.

뿐나 만따니뿟따 존자(āyasmā Puṇṇa Mantāṇiputta)에 대해서는 본서 제1권 하나의 모음 {4}의 주해를 참조할 것.

399) 세존의 시자 소임을 본 분은 모두 여덟 분이다. 그 가운데 처음 20년 동안은 여기서도 언급되고 있는 나가사말라(Nāgasamala), 나기따(Nāgita), 우빠와나(Upavāṇa), 수낙캇따(Sunakkhatta), 사미라 불린 쭌다(Cunda samaṇ-uddesa, = 마하쭌다 장로), 사가따(Sāgata), 메기야(Meghiya) 존자의 일곱 분이 시자로 있었다(AAṬ.iii.247~248). 성도 후 21년째 되던 해부터 반열반하시기까지 25년간은 아난다 존자가 시자 소임을 맡았다. 여기에 대

정확하게 알지 못하였다.

그러던 어느 날 세존께서는 간다꾸띠 거처(Gandhakuṭipariveṇa)에서 비구 승가에 둘러싸여 지정된 부처님의 빼어난 자리(paññatta-vara-Buddhāsana)에 앉으셔서 비구들을 불러서 말씀하셨다.

'비구들이여, 나는 이제 나이가 들었다. 어떤 비구들은 '그대들은 이 길로 가야 한다.'라고 말해도 다르게 가고(cf. Ud8:7 §1) 어떤 자들은 나의 가사와 발우를 땅에 내려놓기도 하나니(cf. Ud8:7 §2) 나와 늘 함께하는(임석) 시자가 [될] 비구(nibaddhupaṭṭhāka bhikkhu)를 그대들은 알고 있는가?'[400]

그 말씀을 듣고 비구들은 법에 대한 절박함(dhamma-saṁvega)이 생겼다. 그러자 사리뿟따 존자가 일어나서 세존께 절을 올린 뒤 '세존이시여, 제가 세존을 시봉하겠습니다.'라고 말씀드렸다. 세존께서는 그를 거절하셨다(paṭikkhipi). 이러한 방법으로 마하 목갈라나로부터 시작하여 아난다 존자를 제외한 모든 큰 제자들이 '제가 시봉을 하겠습니다. 제가 시봉을 하겠습니다.'라고 일어나서 말씀드렸지만 세존께서는 그들도 거절하셨다. 그러나 아난다 존자는 침묵하고 앉아있었다.

그때 비구들은 그에게 '도반이여, 그대도 스승님의 시자가 되기를 요청하십시오.'라고 말하였다. 요청을 드린 뒤 시봉을 받으시겠다면 [세존께서는] 어떻게 하실 것인가? 만일 좋아하시면 스승님께서는 직접 ['아난다가 나를 시봉하라.'라고] 말씀하실 것이다.[401] 그러자 세존께서는 '비구들이여, 아난다는 다른 사람들

해서는 본서 하나의 모음 메기야 장로({66}) 【행장】의 해당 주해를 참조하기 바란다.

400) 이하 아난다 존자가 세존의 시자로 지명되는 더 자세한 설명은 DA.ii.419 이하와 AA.i.293 이하에도 나타나고 있다. 여기 『테라가타 주석서』에서 간략하게 나타나는 부분은 『디가 니까야』 DA.ii.420~421을 참조하여 옮겼고 주해에서 밝히고 있다.

의 강요[勸發]를 받아서(ussāhetabba) [시자 소임을 맡겠다고 말해서는] 안 된다. 자기 스스로가 [맡아야 함을] 알고 나서 나를 시봉할 것이다.'라고 말씀하셨다. 그러자 비구들은 '도반 아난다여, 일어나십시오. 스승님께 시자가 되겠다고 말씀드리십시오.'라고 말하였다.

아난다 장로는 일어나서 '세존이시여, 만일 세존께서 ① 당신이 얻으신(attanā laddha) 수승한 의복(paṇīta-cīvara)을 [저에게] 주지 않으신다면, ② [당신이 얻으신] 수승한 탁발음식(paṇīta-piṇḍapāta)을 [저에게] 주지 않으신다면, ③ [저를] 혼자 간다꾸띠에 머물도록 하지 않으신다면(vasituṁ na dassati), ④ [음식공양(bhatta, cf. DAṬ.iii.297)] 초청(nimantana)을 받으신 뒤 [저를 제외하고는] 가지 않으실 것이면(nimantanaṁ gahetvā na gamissati) 저는 세존을 시봉할 것입니다(upaṭṭhahissāmi).'라고 말씀드렸다. '[세존의 시자가 되면] 이러한 이득을 얻는데 스승님을 시봉하는 것(satthu upaṭṭhāna)이 무슨 짐이 되겠는가.'라는 비난으로부터 풀려나기 위해서(upavāda-mocanattha) 이 네 가지 예외 조항(cattāro paṭikkhepā)을 [말씀드린 것이다.].[402]

---

401) 『디가 니까야 주석서』에는 아난다 존자가 다음과 같이 말한 것으로 나타난다.

"그 [아난다 존자]는 말했다. "도반들이여, 요청을 드린 뒤 시봉을 받으시겠다면 어떻게 하실 것입니까? 스승님께서는 나를 보지 않으시더라도 만일 좋아하시면 '아난다가 나를 시봉하라.'고 말씀하실 것입니다."(DA.ii.420)

402) 『디가 니까야 주석서』는 좀 더 자세하게 다음과 같이 설명하고 있다.

"'아난다여, 그대는 여기서 무슨 위험을 보는가?'라고 말씀하시자, 아난다 장로는 이렇게 말씀드렸다. '세존이시여, 만일 제가 [말씀드린] 이러한 사항들을 [실제로] 얻게 된다면(imāni vatthūni labhissāmi) 이렇게 말하는 사람들이 있을 것입니다. 그들은 '아난다는 ① 십력을 가지신 부처님이 얻으신 수승한 의복을 즐긴다, ② 탁발음식을 즐긴다, ③ 혼자 간다꾸띠에 머무는 것을 [즐긴다], ④ 혼자만 초청받아서 간다. 이러한 이득을 얻는데 스승을 시봉하는 것이 무슨 짐이 되겠는가?'라고 할 것입니다.'라고. 그래서 그는 이러한 네 가지 제외(cattāro paṭikkhepā)를 요청하였다."(DA.ii.420)

그리고 '세존이시여, ① 만일 제가 받아들인 초청(gahita-nimanta-na)에 세존께서 [반드시] 가신다면(gamissati) ② 만일 다른 지역으로부터 [세존을 뵙기 위해서 회중(會衆, parisā)이] 오면 왔을 때 바로(āgatāgate tāvadeva) 세존을 친견하도록(dassetuṁ) 제가 할 수 있게 해주신다면(lacchāmi, √labh, Fut.) ③ 제게 의문이 생길 때마다(yadā kaṅkhā uppajjati) 세존께 다가갈 수 있도록 해주시고(upasaṅkamituṁ lacchāmi) ④ 만일 세존께서 제가 없을 때(parammukhā) 설하신 법을 다시 제게 말씀해 주신다면(puna mayhaṁ kathessati), ― 그러면 저는 세존을 시봉하겠습니다.'라고 하였다.
이 네 가지 요청(catasso āyācanā)도 하게 된 것은, ① '[아난다 장로에게는] 이러한 것도 스승님의 곁에서 허락되지 않는구나.'라고 하는 사람들의 비난으로부터 풀려나기 위해서이고(upavāda-mocanattha) ② 법의 창고지기가 된 바라밀을 완성하기 위해서이다(dhamma-bhaṇḍa-agārikabhāva-pāramī-pūraṇattha). 이렇게 하여 여덟 가지 혜택(aṭṭha varā)을 받아서(gahetvā) [아난다 존자는] 늘 함께하는 시자(임석 시자)가 되었다.

그가 이 예외적인 조항(ṭhānantara)을 성취한 것은 백천 겁 동안 닦은 바라밀들의 결과(pūritānaṁ pāramīnaṁ phala)이다. 그는 시자의 지위(upaṭṭhāka-ṭṭhāna)를 얻은 날로부터 시작하여 십력을 가지신 부처님을 ① 두 가지 물(duvidha udaka, 두 번 세수할 물을 준비하는 것)과 ② 세 가지 치목(tividha dantakaṭṭha, 세 번 양치하기 위한 치목을 준비하는 것)과 ③ 손과 발을 [주물러 드리는] 일과(hattha-pāda-parikamma) ④ 등을 긁어드리는 일과(piṭṭhi-parikamma) ⑤ 간다꾸띠 거처를 청소하는 것(Gandhakuṭi-pari-veṇa-sammajjana)이라는 등의 이러한 의무들(kiccā)을 통해서 시봉을 하였다. 그는 '이 시간에 스승님께서는 이것을 얻으실 때가 되었고 이것을 하실 때가 되었다.'라고 하면서 낮 동안에는 곁에서 모시는 자(santikāvacara)가 되었다. 그리고 밤 동안에는 큰 횃불(daṇḍa-dīpika)을 들고 간다꾸띠 거처를 아홉 번 돌았는데(anupariyāyati) 스승님께서 부르시면 대답하려고(paṭivacana-dānāya) 해태와 혼침을 제거하기 위해서(thinamiddha-vinodana-ttha)였다.

그때 스승님께서는 제따와나에서 성자들의 무리 가운데 앉으셔서 여러 가지 방편으로 그를 칭찬하신 뒤에, [『앙굿따라 니까야』 제1권 하나의 모음 「으뜸 품」(A1:14)에서]
"① 비구들이여, 많이 들은[多聞, bahussutā] 나의 비구 제자들 가운데서 아난다가 으뜸이다."(A14:1:4-1)
"② 마음챙김을 갖춘 자들(satimantā) 가운데서 아난다가 으뜸이다."(A14:1:4-2)
"③ 총명한 자들(gatimantā) 가운데서 아난다가 으뜸이다."(A14:1:4-3)
"④ 확고함을 가진 자들(dhitimantā) 가운데서 아난다가 으뜸이다."(A14:1:4-4)
"⑤ 시자들(upaṭṭhākā) 가운데서 아난다가 으뜸이다."(A14:1:4-5)
— 라고 그를 으뜸의 위치에 놓으셨다.
이와 같이 스승님께서는 다섯 가지 경우들(pañca ṭhānā)에 대해서 [아난다 장로를] 으뜸의 위치(etadagga)에 놓으셨다.

그는 ["비구들이여, 아난다에게는 네 가지 놀랍고 경이로운 법이 있다. 무엇이 넷인가?"(D16/ii.145)]라고 하신 네 가지 놀랍고 경이로운 법들(catu acchariy-abbhuta-dhammā)을 구족한, 스승님의 법의 창고지기(dhamma-kosārakkha)였다. 그러나 이 대장로는 유학이어서 스승님께서 반열반하셨을 때 앞에서 설명한 방법으로[403] 비구들은 그를 고무하였고(samuttejita) 천신들도 그에게 절박함이 생기도록 하였다(saṁvejita). 그에게는 '내일 이제

403) 여기에 대해서는 본서 제1권 왓지뿟따 장로의 게송({119})의 【행장】 및 해당 주해를 참조할 것.

법의 합송(dhammasaṅgīti)이 행해져야 한다. 그러나 이것은 완성되지 않았다. 나는 유학(sekha)이라서 더 닦아야 할 것이 있는데 무학(asekhā)인 장로들과 함께 법을 합송하기 위해서 모임(sannipāta)에 갈 수 없다.'라는 분발심이 생겼다(sañjāt-ussāha).

그는 위빳사나를 확립한 뒤 많은 밤을 위빳사나의 업을 행하면서 경행처(caṅkama)에서 정진을 고르게 하지 못하고(vīriyasamataṁ alabhitvā) 승원으로 들어가서 자리에 앉은 뒤에 눕고자 하여(sayitukāma) 몸을 눕히다가 머리가 베개(bimbohana)에 닿지 않고 두 발은 땅으로부터 떨어지게 된 바로 그 사이에 취착이 없어져서 번뇌들로부터 마음이 해탈하여 여섯 가지 신통지를 갖춘 자가 되었다. 장로의 일화는 『아빠다나』에도 나타나고 있다. …" (ThagA.iii.111~113)

"그는 육신통을 갖춘 자가 되어서 합송하는 천막(saṅgīti-maṇḍa-pa)으로 들어가서 법을 합송하면서 여러 곳에서 비구들에게 교계를 베풂(ovāda-dāna)을 통해서 그리고 자신의 도닦음을 밝힘 등(paṭipatti-dīpanādi)을 통해서 그동안 [자신이] 읊었던 게송들을 한 곳에 모은 뒤(ekajjhaṁ katvā) 순서대로 『쿳다까 니까야』를 합송하는 시간에(Khuddakanikāya-saṅgāyana-kāle) 『테라가타』 안에 합송하여 올리면서(theragāthāsu saṅgītiṁ āropento) 이 게송들을 읊었다."(ThagA.iii.113)

주석서들에 의하면 아난다 장로는 부처님과 같은 날에 태어났다고 하며(DA.ii.425; BvA.131; DPPN)[404] 120세에 입적하였다고 한다.[405] 그는 부처님께서 성도하신 바로 다음 해에 까삘라왓투

---

404) "amhākaṁyeva bhagavato sahajāta-paricchedañca nakkhatta-pari-cchedañca diipesuṁ. sabbaññubodhisattena kira saddhiṁ Rāhula-mātā, Ānandatthero, Channo, Kaṇṭako, nidhikumbho, mahābodhi, Kāḷudāyīti imāni satta sahajātāni."(DA.ii.425; BvA.131)

405) 『앙굿따라 니까야 복주서』는 이렇게 적고 있다.

를 방문하셨을 때 삭까족의 왕자였던 밧디야(Bhaddiya), 아누룻다(Anuruddha), 바구(Bhagu), 낌빌라(Kimbila), 데와닷따(Devada-tta)와 함께 출가하였으며 세존께서 직접 구족계를 주셨다.(Vin. ii.182)

이렇게 본다면 부처님과 같은 해, 같은 날 같은 곳에서 같은 족성으로 태어났으며 부처님의 원음인 경장의 결집을 주도한 아난다 존자가 세존께서 입멸하신 뒤 40년을 더 생존해 있었기 때문에 부처님 원음이 다음 세대로 온전하게 전승되는 데 큰 역할을 하였음이 분명하다. 여기에 대해서는 마하깟사빠 장로(Th40:1)에 대한 【행장】 ({1051})의 해당 부분 주해도 참조하기 바란다.

『디가 니까야』 등의 주석서에 의하면 일차결집에서 『디가 니까야』는 아난다 존자의 제자들에게 부촉해서 전승하도록 하였다 한다.(DA.i.15; 『디가 니까야』 제3권 564~565쪽 참조)

아난다 존자가 설한 경은 여럿이 있지만 『디가 니까야』 제1권 「수바 경」(D10)과 『맛지마 니까야』 제2권 「유학(有學) 경」(M53)을 대표적으로 들 수 있다. 이 가운데 『디가 니까야』 「수바 경」(D10)은 장로가 수바라는 바라문 학도에게 설한 것인데 세존께서 입멸하신 지 얼마 되지 않아서 수바라는 바라문 학도가 아난다 존자를 뵙고 '세존께서 설하신 법의 내용이 무엇인가?'를 질문하자, 아난다 존자가 그것을 계의 무더기[戒蘊], 삼매의 무더기[定蘊], 통찰지의 무더기[慧蘊]의 삼학으로 대답하는 것이 본경의 내용이다.

"여기서 위사카 청신녀는 120세를 살았다(vīsasataṁ jīvati). 뻑카라사띠 바라문과 브라흐마유 바라문과 바와리야 바라문과 아난다 장로와 마하깟사빠 장로도 그러하다. 그러나 아누룻다 장로는 150세를 살았고(vassasatañc-eva paṇṇāsañca vassāni) 박꿀라(Bakkula, VRI: Bākula) 장로는 160세(vassasatañceva saṭṭhi ca vassāni)를 살았는데 이분이 모두 가운데 가장 긴 수명을 가진 분(sabba-dīghāyuka)이지만 그도 200세는 살지 못했다(dve vassasatāni na jīvi)."(AAṬ.iii.183)

그리고 『맛지마 니까야』의 7개 경들도 아난다 존자가 설한 것으로 전승되어 온다. 이 가운데 「유학 경」(M53)은 까삘라왓투에 있는 사꺄족들이 새로 지은 공회당에 세존과 비구 대중을 초청하였고 거기서 행사가 끝나자 세존께서는 아난다 존자에게 대중들을 위해서 도를 닦고 있는 유학의 경지를 설하라고 하셨다. 그래서 아난다 존자는 유학의 경지에 대해서 설법을 하였는데 모두 15가지 주제로 구성되어 있다.

1018. 406)"중상모략[兩舌]하는 [사람]과 분노하는 [사람]과
인색한 [사람]과 [남의] 불행을 기뻐하는 [사람]과 더불어
현자는 친구가 되지 말아야 하나니
나쁜 사람과 교제함은 사악한 것입니다.

1019. 믿음을 가진 [사람]과 온후한 [사람]과
통찰지를 가진 [사람]과 많이 배운 [사람]과 더불어407)
현자는 친구가 되어야 하나니

---

406) "본 게송을 비롯한 두 개의 게송({1018}~{1019})은 육군비구들(chabbaggi-yā bhikkhū)이 데와닷따의 편(Devadatta-pakkhiyā)인 비구들과 함께 섞여 지내는 것을 보고 그들에게 교계를 베푸는 것을 통해서 설하였다." (ThagA.iii.115)

407) "'믿음을 가진 [사람]과 온후한 [사람]과 / 통찰지를 가진 [사람]과 많이 배운 [사람]과 더불어(saddhena ca pesalena ca, paññavatā bahussutena ca)'라고 하였다. 여기서 ① '믿음을 가진 [사람]과(saddhena)'라는 것은 업과 업의 결실에 대한 믿음(kamma-kammaphala-saddhā)과 삼보에 대한 믿음(ratanattaya-saddhā)을 구족한 [사람]과라는 말이다. ② '온후한 [사람]과(pesalena)'라는 것은 계행을 좋아하여(piya-sīla) 계행을 구족한 [사람]과라는 말이다. ③ '통찰지를 가진 [사람]과(pañña-vatā)'라는 것은 일어나고 사라짐(udayattha-gāmini)에 대한 꿰뚫음을 가진(nibbedhikā) 통찰지를 통해서 통찰지를 구족한 [사람]과라는 말이다. ④ '많이 배운 [사람]과(bahussutena)'라는 것은 교학과 꿰뚫음을 많이 배움(pariyatti-paṭi-vedha-bāhu-saccā)을 완성하여(pāripūri) 많이 배운 [사람]과라는 말이다."(ThagA.iii.116)

참된 사람과 교제함은 경사스러운 것입니다.

1020. [408]보십시오, 잘 치장했고 상처덩이이고
잘 세워진 저 꼭두각시를.
그것은 고통스럽고 많은 관심의 대상이고
견고하게 머물지 않습니다.[409] (={769}; M82 §25 {1})

---

408) "여기서 '보십시오, 잘 치장했고(passa cittakataṁ) …'로부터 시작하는 일곱 개의 게송들은(satta gāthā, 다음 주해 참조) 자신의 잘생긴 외모(rūpa-sampatti)를 보고 감각적 쾌락에 대한 인식(kāma-saññā)을 일으키는 웃따라라는 청신녀(Uttarā nāma upāsikā)에게 몸에 대한 관심을 없애게 하기 위해서(kāya-vicchanda-jananattha) 말한 것이다. 어떤 사람들은 '암바빨리 기녀(Ambapālī gaṇikā)를 보고 흩어진 마음들(vikkhitta-cittā)을 교계하기 위해서'라고 말한다. 이것은 앞에서({769}) 설명하였다."(ThagA.iii.116)

본서 스물의 모음에 속하는 {769}번 게송은 랏타빨라 장로가 읊은 25개 게송 가운데 첫 번째 게송이다. 게송에 대한 설명은 그곳의 주해들을 참조하기 바란다.

409) 바로 앞의 주해에서 보듯이 여기 PTS본의 {1020}번 게송에서 『테라가타 주석서』는 '일곱 개의 게송들(satta gāthā)'이라고 언급하고 있다.(ThagA.iii.116) 이 일곱 개는 본서 스물의 모음에 있는 랏타빨라 장로의 게송들({769}~{793}) 가운데 {769}~{775}의 7개 게송들을 말한다. 이 7개 게송들은 본서 예순의 모음 마하목갈라나 장로의 게송({1146~1208}) 가운데 {1157}번 게송의 주해에서도 언급하였다. 이 게송들에 대해서는 본서 {1157}의 해당 주해들을 참조하기 바란다.

그리고 여기 PTS본의 {1020}번 게송은 {769}~{775}의 7개 게송들 가운데 첫 번째인 {769}번 하나의 게송만을 여기에 가져와서 'passa cittakataṁ bimbaṁ …'({1020})로, 반복되는 부분(뻬얄라, peyyala)의 생략으로 표기한 것이다. 그런데 미얀마 VRI본에서는 {769}~{775}의 7개 게송들 가운데 {769}~{773}의 5개 게송들만을 가져와서 {1019}~{1023}으로 싣고 있는데 그것은 다음과 같다.

1019. passa cittakataṁ bimbaṁ … yassa natthi dhuvaṁ ṭhiti.
1020. passa cittakataṁ bimbaṁ … vatthehi sobhati.
1021. alattakakatā … no ca pāragavesino.
1022. aṭṭhapadakatā … no ca pāragavesino.
1023. añjanīva navā … no ca pāragavesino.

1021. 410)많이 배웠고 명료하게 표현하며
부처님의 시중드는 자411)이고
짐을 내려놓았고412) 풀려난413)
고따마는 누워서 잠듭니다.414)

1022. 그는 번뇌가 다하였고 짐을 내려놓았으며

---

410) "본 게송과 다음 게송은({1021}~{1022}) 장로가 아라한됨을 얻은 뒤 우러나온 말씀(감흥어)을 통해서 설한 것이다."(ThagA.iii.116)

411) '시중드는 자'로 옮긴 원어는 paricāraka이다. 이 단어는 pari(주위에서) + √car(*to move*)에서 파생된 단어인데 명사로는 '시중드는 자, 섬기는 자, 신도, 하인(*attendant, worshipper, follower, servant*)'(PED, BDD) 등을 뜻한다. 본 게송에서는 이 단어가 아난다 장로 자신을 지칭하고 있기 때문에 시중드는 자로 옮겼다.
문맥에 따라 『디가 니까야』 제1권 「암밧타 경」(D3) §2.3에서는 '시중드는 자'로 옮겼고 『디가 니까야』 제2권 「자나와사바 경」(D18) §1에서는 '신도'로 옮겼다.

412) 『상윳따 니까야』 제1권 「부처님을 찬양함 경」(S11:17) §3을 주석하면서 『상윳따 니까야 주석서』는 이렇게 설명하고 있다.
"'짐을 내려놓았고(panna-bhāra)'라는 것은 무더기[蘊, khandha]와 오염원(kilesa)과 업형성력(abhisaṅkhāra)의 짐(bhāra)을 내려놓았다(oropita)는 뜻이다."(SA.i.352)

413) 『맛지마 니까야』 제3권 「왓세타 경」(M98) §11을 주석하면서 『맛지마 니까야 주석서』는 이렇게 설명하고 있다.
"'풀려난(visaṁyutta)'이란 네 종류의 모태[四生, catu yoni = 태생, 난생, 습생, 화생] 혹은 모든 오염원(kilesa)에서 풀려난 것을 말한다."(MA.iii.437)

414) "'고따마는 누워서 잠듭니다(seyyaṁ kappeti gotamo).'라는 것은 아라한됨을 얻자마자 [아난다 장로는] 바로 누웠기 때문에 [이렇게] 말하였다. 장로는 많은 밤을 경행처(caṅkama)에서 보낸 뒤 몸을 곧게 유지하기 위해서 내실(ovaraka)에 들어가서 눕기 위해서 침상(mañcaka)에 앉아서 두 발이 땅으로부터 떨어지고(pādā ca bhūmito muttā) 머리는 베개에 닿지 않은(appattañca sīsaṁ bimbohanaṁ) 그 사이에 아라한됨을 얻어서 누웠기 때문이다."(ThagA.iii.116)

결박415)을 건넜고 적멸을 잘 이루었으며
마지막 몸을 가졌고
태어남과 죽음의 저 언덕에 도달하였습니다."

1023. [대범천]416)
"태양의 후예이신 [92]
부처님의 법들이 잘 확립된
열반으로 가는 그 길[道]에
그러한 이 고따마는 서있습니다."417)

---

415) 여기서 '결박'은 saṅga를 옮긴 것이다. 『위방가』는 '다섯 가지 결박(pañca saṅga)'을 들고 있다.

"여기서 무엇이 '다섯 가지 결박(pañca saṅgā)'인가? 탐욕의 결박, 성냄의 결박, 어리석음의 결박, 자만의 결박, 사견의 결박 — 이것이 다섯 가지 결박이다."(Vbh17. §940)

416) "'태양의 후예이신 / 부처님의 법들이 잘 확립된(yasmiṁ patiṭṭhitā dhammā, Buddhassādiccabandhuno) …'({1023})이라는 이 게송은 번뇌 다한 대범천(khīṇāsava-mahābrahmā)이 장로를 가리켜 말한 게송이다. 법의 합송을 위해서 [499명의 비구들이] 확립되었을 때(upaṭṭhitā) 비구들이 [아난다] 장로를 가리켜 '한 비구가 비린내(vissagandha)를 풍기는구나.'라고 말했다. 그때 장로는 아라한됨을 증득하여 [승가의] 정족수를 채우기 위해서(sāmaggīdānattha) 칠엽굴의 문(sattapaṇṇiguhā-dvāra)에 왔다. 그때 정거천에 거주하는 대범천(suddhāvāsa-mahābrahmā)이 그 [아난다 장로]가 번뇌가 다한 경지임을 설명하여(khīṇāsava-bhāva-ppakāsana) [드러내었다.] 그는 그 비구들을 부끄럽게 하면서 이 게송({1023})을 말하였다."(ThagA.iii.116)

417) 본 게송의 원문은 다음과 같다.

yasmiṁ patiṭṭhitā dhammā, Buddhassādiccabandhuno|
nibbānagamane magge, so 'yaṁ tiṭṭhati gotamo||

여기서 주문장은 '그 길[道]에(yasmiṁ magge) 그러한 이(so 'yaṁ) 고따마는 서있습니다(tiṭṭhati).'이다.

주석서는 본 게송의 의미를 이렇게 정리하고 있다.
"이 [게송]의 뜻은 이러하다. — '부처님의(Buddhassa)': 세존의(bhagava

1024. [아난다 장로]418)
"8만 2천을 부처님으로부터 수지하였고
2천을 비구들로부터 [수지하였으니]419)
나는 8만 4천 가지의
이러한 법들을 전개합니다.

1025. 420)적게 배운 이 사람은

-to). '법들이(dhammā)': 그분이 증득하고 체득한 꿰뚫음과 교학의 법들이(paṭivedha-pariyatti-dhammā). '그 길[道]에(yasmiṁ … magge)': 인간의 특별함에 확립된 [그 길에](purisa-visese patiṭṭhitā), 족성으로는 '고따마(Gotamo)'인 그러한 이 법의 창고지기(dhamma-bhaṇḍāgārika)는 유여열반을 증득하였기 때문에 이제 무여열반으로 가는(anupādisesa-nibbāna-gamana) 길에 확립되었다, 그가 전적으로 [그 길을 함께] 나누어 가졌다(ekaṁsa-bhāgi)는 뜻이다."(ThagA.iii.116~117)

418) "그때 어느 날 고빠까목갈라나 바라문(Gopaka-moggallāna brāhmaṇa)이 장로에게 물었다. '당신은 많이 배운 분(bahussuta)이라고 부처님의 교단(Buddhassa sāsana)에서 잘 알려져 있습니다. 당신의 스승께서 설하신 법들을 당신은 얼마나 많이 호지하고 있습니까?' 그에게 장로는 답변(paṭivacana)을 베풀면서(denta) 본 게송을 말하였다."(ThagA.iii.117)

고빠까목갈라나 바라문과 아난다 장로의 대화에 대해서는 『맛지마 니까야』 제3권 「고빠까 목갈라나 경」(M108)을 참조하기 바란다.

419) "'8만 2천을 부처님으로부터 수지하였고 / 2천을 비구들로부터 [수지하였으니]'는 dvāsīti Buddhato gaṇhiṁ, dve sahassāni bhikkhuto를 옮긴 것이다. 여기서는 1,000을 뜻하는 sahassāni가 82를 뜻하는 dvāsīti와 2를 뜻하는 dve 둘 다에 걸리는 것으로 해석해야 한다. 그래서 주석서는 "8만 2천의 법의 무더기들을(dvisahassādhikāni asīti-dhammakkhandha-sahass-āni) 스승님의 곁에서 나는 호지하였다(adhigaṇhiṁ)는 뜻이고, 2천의 법의 무더기들을(dve dhammakkhandha-sahassāni) 비구들로부터 나는 수지하였는데(gaṇhiṁ) 법의 대장군(사리뿟따 존자) 등의 비구들의 곁에서 호지하였다(adhigacchiṁ)는 말이다."(ThagA.iii.117)라고 설명하고 있다.

420) "어느 때 장로는, 교단에 출가하여 ① 위빳사나의 의무(vipassanā-dhura)에도 ② 경전을 [공부하는] 의무(gantha-dhura)에도 몰두하지 않는 어떤 사람(puggala)을 보고 많이 배움이 없는 상태(bāhusacca-abhāva)에 대

황소처럼 늙어가나니
그의 살덩이만 증가하고
그의 통찰지는 증장하지 않습니다.

1026. 421)많이 배운 사람은 배웠다고 해서
적게 배운 사람을 멸시하나니
그는 등불을 든 눈먼 사람 같다고
그렇게 나에게 분명하게 드러납니다.

1027. 422)많이 배운 사람을 섬겨야 하고
배움을 파멸하게 해서는 안 됩니다.
그것은 청정범행의 뿌리이니
그러므로 법을 호지하는 자가 되어야 합니다.

1028. 423)그는 [게송의] 앞에 오는 것과 뒤에 오는 것을 알고
의미를 알고 언어와 [나머지] 용어에 능숙하고424)

한 위험을 설명하면서 본 게송을 읊었다."(ThagA.iii.117)

421) "본 게송은 자신의 많이 배움(bāhu-sacca)을 의지하여 다른 사람을 무시하는(atimaññanta) 어떤 비구를 지칭하여 설하였다."(ThagA.iii.117)

PED는 여기서 '많이 배움'으로 옮긴 주석서의 bāhusacca를 본 게송 안에 나타나는 bahussuta(많이 배운 사람)의 추상명사로 설명하고 있다.

422) "이제 많이 배움에 대한 이익(ānisaṁsa)을 보여주면서 본 게송을 말하였다."(ThagA.iii.118)

423) "이제 교학을 많이 배움에 의해서 성취되는 이로움(sādhetabba attha)을 보여주기 위해서 본 게송 등({1028}~{1030})을 설하였다."(ThagA.iii.118)

424) "자신이 [말하는] 의미 등의 구분(attatthādi-bheda)과 이렇게 저렇게 말해진 것의 의미를 안다고 해서 '의미를 알고(atthaññū)'이다.
'언어와 [나머지] 용어에 능숙하고(nirutti-padakovido)'라고 하였다. [네 가지 무애해체지 가운데 세 번째인] 언어(nirutti)에 대한 [무애해체지]와 나머지 용어들에 대해서(niruttiyaṁ sesa-padesupi ca), 즉 네 가지 무애해

잘 파악하여 붙잡고
의미를 자세히 살핍니다.

1029. 그는 사색을 통해서 열의를 가지고[425]
분발한 뒤에는 그것을 세밀하게 조사합니다.[426] [427]

체지들에 대해서도(catūsupi paṭisambhidāsu) 영민한 것(cheka)을 말한다."(ThagA.iii.118)

네 가지 무애해체지는 ① 뜻(attha)에 대한 무애해체지[義無礙解體智] ② 법(dhamma)에 대한 무애해체지[法無礙解體智] ③ 언어(nirutti)에 대한 무애해체지[詞無礙解體智] ④ 영감(靈感, paṭibhāna)에 대한 무애해체지[辯無礙解體智]이다. 여기에 대한 설명은 『위방가』 제15장 무애해체지 위방가 §718 이하를 참조할 것.

425) "'그는 사색을 통해서 열의를 가지고(khantyā chandikato hoti)'라고 하였다. 마음으로 무관심하지 않는(anupekkhitā) 그 법들에 대해서 사색하여 얻은 견해(diṭṭhi-nijjhāna-kkhanti)로 사색을 하여 물질을 이해하는 등의 방법을 통해(rūpa-pariggahādi-mukhena) 위빳사나의 천착(vipassanā-abhinivesa)에 열의를 가진다, 즉 열의가 생긴다(chandajāto hoti)는 말이다."(ThagA.iii.118)

『디가 니까야 복주서』(DAṬ)는 '위빳사나의 천착(vipassanā-abhinivesa)은 명상해야 할 법을 철저하게 거머쥐는 것(sammasaniya-dhamma-pariggaha)'이라고 설명하고 있다.(DAṬ.ii.441) 그리고 『청정도론』 XXI.84 이하에서는 위빳사나의 18가지 천착과 출현(abhinivesa-vuṭṭhāna)을 상세하게 설명하고 있으므로 참조하기 바란다.

한편 『맛지마 니까야 주석서』는 제3권 「다섯과 셋 경」(M102) §15를 설명하면서 "'믿음(saddhā)', '찬성(ruci)', '구전(anussava)', '이론적인 추론(ākāra-parivitakka)', '사색하여 얻은 견해(diṭṭhi-nijjhāna-kkhanti)'의 다섯 가지 법은 외도들의 교단(bāhira-samaya)에도 있지만 위빳사나의 지혜(vipassanā-ñāṇa)는 오직 [부처님] 교법(sāsana)에만 있다."(MA.iv.25)라고 강조하고 있다.
이 다섯 가지는 『맛지마 니까야』 제3권 「짱끼 경」(M95) §14와 「다섯과 셋 경」(M102) §11, §15와 『상윳따 니까야』 제2권 「꼬삼비 경」(S12:68) §3과 『앙굿따라 니까야』 제1권 「깔라마 경」(A3:65) §3 등의 적지 않은 곳에도 나타난다. 다섯 가지에 대한 설명은 「짱끼 경」(M95) §14와 「꼬삼비 경」(S12:68) §3의 주해를 참조할 것. 「데와다하 경」(M101 §11에도 언급되고 있다.

그는 적당한 때에 노력하고
안으로 잘 삼매에 듭니다.428)

---

426) '분발한 뒤에는 그것을 세밀하게 조사합니다.'는 ussahitvā tuleti taṁ을 옮긴 것이다. 주석서는 이렇게 설명한다.

"그리고 이렇게 하여 생긴 위빳사나의 업(vipassanāya kamma)을 행하면서 '분발한 뒤에는 그것을 세밀하게 조사합니다.'라고 하였다. 즉 이런저런 조건이 되는 정신과 물질을 봄(taṁtaṁ-paccaya-nāmarūpa-dassana)을 통해서 분발하고 나서(ussāhaṁ katvā) 그다음에 삼특상(tilakkhaṇa)을 제기하여 세밀하게 조사한다는 말이다. 즉 '무상'이라고도 '괴로움'이라고도 '무아'라고도 그 정신·물질을 조사한다, 통찰한다(tīreti vipassati)는 말이다."(ThagA.iii.118)

427) 한편 『맛지마 니까야』 제3권 「짱끼 경」(M95) §20에는 '세밀하게 조사한다(tuleti).'가 다음과 같은 문맥에서 나타나고 있다.

"그를 조사하여 어리석음의 법들로부터 청정함을 관찰한 후에 그는 그에게 믿음이 생긴다. 믿음이 생긴 자는 그를 친견한다. 친견하면서 공경한다. 공경하면서 귀를 기울인다. 귀 기울이면서 법을 배운다. 배우고 나서 법을 호지한다. 호지한 법들의 뜻을 자세히 살펴본다. 뜻을 자세히 살필 때에 법을 사유하여 받아들인다. 법을 사유하여 받아들이기 때문에 열의가 생긴다. 열의가 생길 때에 시도한다. 시도할 때 세밀하게 조사한다. 세밀하게 조사한 뒤 노력한다. 노력할 때 몸으로 최상의 진리를 실현하고 통찰지로써 그것을 꿰뚫어 본다.
바라드와자여, 이런 방법으로 진리의 발견(sacca-anubodha)이 있다. 이런 방법으로 그는 진리를 발견한다. 이런 방법으로 우리는 진리의 발견을 설명한다. 그러나 아직은 진리에 도달한 것이 아니다."(M95 §20)

여기에 대해서는 『맛지마 니까야』 제2권 「끼따기리 경」(M70) §23의 주해도 참조하기 바란다.

428) "'그는 적당한 때에 노력하고 / 안으로 잘 삼매에 듭니다(samaye so padahati, ajjhattaṁ susamāhito).'라고 하였다. 그는 이렇게 보면서 분발해야 하는 등의 적당한 때에(paggahetabbādi-samaye) 마음을 분발함 등(paggaṇhanādi)으로 노력한다. 그리고 노력하면서 안을 영역(대상)으로 하여(gocarajjhatte) 안으로 위빳사나의 삼매와 도의 삼매로 잘 삼매에 들어야 하고 삼매에 들지 못하는 원인이 되는(asamādhāna-hetu-bhūtā) 오염원들은 버려야 한다.
이런 공덕(guṇa)은 모두 '많이 배우고 법을 호지하고(bahussuta dhamma-dhara)'{1030} 통찰지가 있는 부처님의 제자(Buddha-sāvaka)를 섬기는 사람(payirupāsanta)에게 있다. 그러므로 형성되지 않은 법(열반)을 대상

1030. 많이 배우고 법을 호지하고
통찰지가 함께하고 부처님의 제자이며
법을 구분하여 알기를 원하는
그러한 분을 가까이해야 합니다.

1031. 429)많이 배우고 법을 호지하고
위대하신 선인(仙人)의 창고지기이며
모든 세상의 눈이고
예배하기에 적합하고 많이 배웠으며430)

1032. 431)법을 좋아하고 법을 기뻐하며
법을 골똘히 생각하고
법을 계속해서 생각하는 비구는
정법들로부터 멀어지지 않습니다.432) (It3:37 §2 {1})

으로 하여 괴로움 등에 대해서 철저하게 앎 등의 특별한 의무를 가지기 때문에(pariññādi-visiṭṭha-kiccatāya) 법에 대한 알음알이라 불리는(dhamma-viññāṇa-saṅkhāta) 법에 대한 지혜(dhammañāṇa)를 원하면서 앞에서 설명한 방법대로 그러한 종류의 선우를 가까이해야 한다(bhajetha), 받들어야 한다(seveyya), 섬겨야 한다(payirupāseyya)는 뜻이다."(ThagA.iii.118)

'적당한 때에 마음을 분발함(samaye cittassa paggaṇhanatā)' 등에 대해서는 『네 가지 마음챙기는 공부』(「대념처경」(D22)과 그 주석서) 246쪽 이하를 참조하기 바란다.

429) "이와 같이 많은 방법이 있기 때문에(bahupakāratāya) 그가 예배해야 하는 사람(pūjanīyaka)을 보여주면서 이 게송을 읊었다."(ThagA.iii.119)

430) "이처럼 많이 배움(bahussuta-bhāva)에 의해서 많은 사람들이 예배해야 하는 분임을 보여주기 위해서(pūjanīya-bhāva-dassanattha) 여기 뒷부분에서 다시 '많이 배웠으며(bahussuto)'라고 한 번 더 언급을 하였다."(ThagA.iii.119)

431) "이러한 선우를 얻은 뒤에 이렇게 실천하는 자(kāraka)는 쇠퇴하지 않지만(aparihāni) 실천하지 않는 자는 그렇지 않다는 것을 보여주면서 본 게송을 말하였다."(ThagA.iii.119)

1033. [433][그대는] 몸에 대해 이기적이기 때문에 굼뜨고[434]
쇠약해지고 있지만 [정진을] 확고하게 하지 않습니다.[435]
몸뚱이의 즐거움에 애착하는 자에게
어디서 사문의 편안함이 생기겠습니까? (cd={114}cd)

1034. [436]모든 방향은 분명하지 않았고
법들은 나에게 영감을 주지 않았습니다.
좋은 친구[善友]가 서거하였을 때

---

432) 본 게송은 『이띠웃따까』 「법에 이르게 하는 법을 닦음 경」 (It3:37 §2) {1}에서는 부처님이 읊으신 게송으로 나타나고 있다.

433) "어느 날 몸에 대한 탐욕을 여의지 못하고 게으르고 정진이 하열한 꼬살라야(Kosallāya)라는 이름을 가진 비구를 절박하게 하면서(saṁvejenta) 본 게송을 읊었다."(ThagA.iii.119)

434) "'[그대는] 몸에 대해 이기적이기 때문에 굼뜨고(kāya-macchera-garuno)'라는 것은 몸을 강골로 만들기에 급급한 자(kāya-daḷhī-bahula)가 몸에 대해서 내 것이라는(mamatta) [생각을 가져] 스승이나 은사에게 몸으로 해야 할 일을 하지 않고 빈둥대는(vicaranta)이라는 뜻이다."(ThagA.iii.119)

435) '쇠약해지고 있지만 [정진을] 확고하게 하지 않습니다.'는 hiyyamāne anuṭṭhahe를 옮긴 것인데 문법적으로 정확하게 이해하기가 용이하지 않다. 예를 들면 이 둘을 처소격 단수로 이해하면 뜻이 제대로 통하지 않는다. 노만 교수는 여기서 '-e' 어미로 끝나는 이 두 단어가 인도 동부 방언(*Eastern dialect*)의 주격 단수 어미 '-e'에 해당한다고 보아서 주격 단수로 이해하고 있다.(K.R. Norman, 266쪽 §1033의 주해 참조) 이렇게 해야 문맥에 맞고 문장의 이해가 수월해진다. 역자도 이를 따라서 두 단어를 주격 단수로 이해하였음을 밝힌다.

주석서는 'hiyyamāne'를 '자신의 몸과 목숨이(kāye jīvite ca) 순간순간 쇠약해지고 있을 때(parihiyyamāne)'로 설명하여 절대처소격 용법(*Locative Absolute*)으로 이해하고 있으며 'anuṭṭhahe'는 '계행 등을 완성함을 통해서 정진을 확고하게 하지 않게 된다(uṭṭhānavīriyaṁ na kareyya).'로 설명하여 anuṭṭhahe를 가능법 동사(*Potential*)로 설명한다.(ThagA.iii.119)

436) "본 게송 등({1034}~{1036})은 법의 대장군 사리뿟따 존자가 반열반한 것을 듣고 장로가 말한 것이다."(ThagA.iii.119)

마치 암흑이 드리운 것처럼 여겨졌습니다.

1035. 동료가 생을 마쳤고
스승님마저 이미 돌아가시어 떠나신 [나]에게[437]
몸에 대한 마음챙김과 같은
이런 친구는 없습니다.

1036. 오래된 분들은 임종하였고
나는 새로운 분들을 만나지 못하였습니다.
오늘 나는 오직 혼자 참선을 하나니
마치 둥지로 돌아간 새처럼."[438]

1037. [세존][439]
"친견하기 위해서 이곳으로 다가온

---

437) '동료가 생을 마쳤고 / 스승님마저 이미 돌아가시어 떠나신 [나]에게'는 abbhatītasahāyassa, atītagatasatthuno를 옮긴 것이다. 여기서 동료는 사리뿟따 장로이고 스승님은 부처님이시고 [ ] 안의 나는 당연히 아난다 장로이다. 주석서는 이렇게 설명한다.

"'abbhatīta-sahāyassa'는 동료가 떠난 자에게(apagata-sahāyassa), 즉 선우가 없이 된 자에게(kalyāṇamitta-rahitassa)라는 뜻이다. 'atītagata-satthuno'는 [사리뿟따] 존자의 떠남이 있고 나서(āyasmato atīto hutvā) 스승님이 열반에 드신 [나]에게(nibbāna-gata-satthukassa), 즉 스승님께서 완전한 열반에 드셨을 때(satthari parinibbute)라는 뜻이다."(Thag A.iii.120)

438) '마치 둥지로 돌아간 새처럼.'은 <u>vass</u>'upetova pakkhimā를 『테라가타 주석서』에서도 언급하고 있는 <u>vās</u>'upetova pakkhimā로 읽어서 옮긴 것이다. 즉 vassa(우기) 대신에 vāsa(거처)로 읽었는데 노만 교수도 이렇게 읽어서 *nest*로 옮겼다. 『테라가타 주석서』는 이렇게 설명한다.

"vass'upeto는 우기철(vassakāla)에 둥지(kulāvaka)로 돌아간 새(pakkhī)처럼이라는 말이다. 성전(Pāḷi)에는 'vās'upeto'라고도 나타나는데 거처로 돌아간(vāsaṁ upagato)이라는 뜻이다."(ThagA.iii.120)

439) "본 게송은 스승님(세존)께서 말씀하신 것이다."(ThagA.iii.120)

여러 나라에 속하는 많은 사람들이 있다.
[법을] 들으러 온 사람들을 막지 말기를.
그때에는 나를 보게 하라."[440]

1038. [아난다 장로][441]
"친견하기 위해서 [93] 이곳으로 다가온
여러 나라에 속하는 많은 사람들이 있습니다.
스승님께서는 [모두에게] 기회를 주시나니
눈을 가지신 분은 막지 않으십니다.

1039. [442]25년간을 유학이었던 나에게[443]
감각적 쾌락의 인식은 일어나지 않았으니
법이 수승한 법임을 보십시오.

---

440) '그때에는 나를 보게 하라.'는 passantu samayo mamaṁ을 옮긴 것이다. 주석서는 이렇게 설명한다.

"이 말씀은, '아난다여, 나를 친견하기 위해서(dassanāya) 여러 지역에 거주하는 많은 사람들이 다가오면 나에게 다가오게 하고 막지 마라. 왜인가? 그들은 법을 들을 사람들이고 나를 보고자 한다. 그것이 친견하기에 적당한 때이다(ayameva dassanāya samayo).'라는 뜻이다."(ThagA.iii.120)

441) [세존께서 하신] 이 말씀을 듣고 장로는 '친견하기 위해서 이곳으로 다가온'이라는 다음의 게송을 말하였는데 이 게송과 연결하기 위해서 [세존께서 말씀하신] 앞의 게송({1037}ab)을 여기에 다시 가져왔다."(ThagA.iii.120)

442) "본 게송을 비롯한 다섯 개의 게송들({1039}~{1043})은 자신이 으뜸가는 시자였음(agg-upaṭṭhāka-bhāva)을 밝히기 위해서 말했다. 부지런히 명상주제를 [공부짓고](āraddha-kammaṭṭhāna-bhāva) 스승을 시봉하는 일에 전념하는(upaṭṭhāna-pasutabhāva) 장로에게는 도에 의해서 뿌리 뽑히지는 않았지만 감각적 쾌락에 대한 인식 등은(kāma-saññādayo) 일어나지 않았다. 그리고 그의 몸과 말과 마음의 업들은 모든 시간에 스승님의 곁에서 자애를 우선하였고(mettā-pubbaṅgamāni) 자애를 따라 일어났다(mettā-anuparivattāni)."(ThagA.iii.120)

443) "'유학이었던 나에게(sekha-bhūtassa me sato)'라는 것은 유학의 경지(sekhabhūmi)인 예류과에 확립되었던 나에게라는 말이다."(ThagA.iii.120)

1040. 25년간을 유학이었던 나에게
성냄의 인식은 일어나지 않았으니
법이 수승한 법임을 보십시오.

1041. 25년간을 나는 자애로운 몸의 업으로
세존을 모셨나니 마치 그림자가 그를 떠나지 않는 것처럼.

1042. 25년간을 나는 자애로운 말의 업으로
세존을 모셨나니 마치 그림자가 그를 떠나지 않는 것처럼.

1043. 25년간을 나는 자애로운 마음의 업으로
세존을 모셨나니 마치 그림자가 그를 떠나지 않는 것처럼.

1044. 부처님께서 경행을 하실 때
나는 뒤에서 따라 경행을 하였고
법을 설하셨을 때
나에게 지혜가 생겼습니다.444)

1045. 445)나는 해야 할 일이 남아있었고 유학446)이어서

---

444) "'나에게 지혜가 생겼습니다(ñāṇaṁ me udapajjatha).'는 것은 자신이 유학의 경지를 얻었음(sekkhabhūmi-patti)을 말한 것이다."(ThagA.iii.120)

445) "본 게송은 스승님의 반열반이 확립되었을 때(parinibbāne upaṭṭhite) 천막(maṇḍalamāḷa)에 들어가서 문설주(kapisīsa)에 의지하여 슬픔에 빠져 읊은 것이다."(ThagA.iii.120)

『디가 니까야』 제2권 「대반열반경」(D16) §5.13에는 다음과 같이 나타난다.

"그러자 아난다 존자는 방으로 들어가서 문설주에 기대어 '나는 아직 유학(有學)이라서 더 닦아야 할 것이 있다. 그러나 나를 연민해 주시는 스승님께서는 이제 반열반을 하실 것이다.'라고 울면서 서있었다."(D16 §5.13)

446) 『맛지마 니까야 주석서』는 「뿌리에 대한 법문 경」(M1) §27의 주석에서 '유학(有學)'을 이렇게 설명한다.

마음의 완성인 [아라한과]를 얻지 못하였는데[447]
나에게 연민을 가지셨던
스승님께서는 완전한 열반에 드셨습니다.

1046. [448]모든 형태의 뛰어남을 갖추신
정등각께서 완전한 열반에 드셨을 때
바로 그때 무시무시함이 있었고

"'유학(有學, sekha/sekkha)'이라 했다. 무슨 의미에서 유학이라 하는가? ① 배워야 할 법이 있기(sekkha-dhamma-ppaṭilābha) 때문에 유학이라 한다. 이런 말씀이 있기 때문이다. "세존이시여, '유학, 유학'이라고들 합니다. 어떻게 해서 비구는 유학이 됩니까? 비구여, 여기 비구는 유학의 바른 견해[正見]를 구족하고, … 유학의 바른 삼매[正定]를 구족한다. 비구여, 비구는 이렇게 해서 유학이 된다."(「유학 경」(S45:13/v.14)
② 그리고 배운다(sikkhati)고 해서 유학이라 한다. 이런 말씀이 있기 때문이다. "비구여, 배운다고 해서 유학이라 부른다. 그러면 무엇을 배우는가? 높은 계를 배우고, 높은 마음을 배우고, 높은 통찰지를 배운다. 비구여, 배운다고 해서 유학이라 한다."(A.i.231)

유학에 대해서는 세존의 권유로 아난다 존자가 설하는 『맛지마 니까야』 제2권 「유학 경」(M53)을 참조할 것. 유학에는 예류도, 예류과, 일래도, 일래과, 불환도, 불환과, 아라한도의 일곱 부류가 있다. 아라한과는 무학(無學, asekha)이라 부른다.
한편 초기불교에서는 깨달음을 실현한 예류자, 일래자, 불환자, 아라한의 성자(ariya)들을 10가지 족쇄(saṁyojana)를 얼마나 많이 풀어내었는가와 연결 지어서 설명한다. 여러 부류의 성자와 10가지 족쇄에 대해서는 「뿌리에 대한 법문 경」(M1) §99의 주해를 참조할 것.

447) '마음의 완성인 [아라한과]를 얻지 못하였는데'로 옮긴 원어는 appatta-mānaso인데 주석서를 참조하여 이렇게 옮겼다. 주석서는 "'마음의 완성을 얻지 못한(appatta-mānaso)'이란 아라한됨을 증득하지 못한(anadhigata-arahatta)이란 말이다."(ThagA.iii.121)로 설명하고 있다. 여기에 대해서는 본서 제2권 셋의 모음 {222}의 주해를 참조할 것.

448) "본 게송은 스승님께서 반열반하시는 시간에(parinibbāna-kāle) 큰 지진과 천둥번개가 내리치는 것 등(pathavīkampana-devadundubhi-phalanādi-kā)을 보고 절박함이 생겨서(sañjāta-saṁvega) 읊은 것이다."(ThagA.iii.121)

바로 그때 털이 곤두섬이 있었습니다.” (D16 §6.10; S6:15 {610})

1047. [합송자들][449]
많이 배우고 법을 호지하고
위대하신 선인(仙人)의 창고지기이며
모든 세상의 눈인
아난다 [장로]가 완전한 열반에 들었다.

1048. 많이 배우고 법을 호지하고
위대하신 선인(仙人)의 창고지기이며
모든 세상의 눈인
그는 암흑 속에서 [무명의] 어둠을 몰아내었다.

1049. 총명함을 갖추었고 마음챙김을 갖추었으며
확고함을 가진 선인이요
바른 법을 호지하는 장로인
아난다는 보배의 광산이다.[450]

449) “본 게송을 비롯한 세 개의 게송들({1047}~{1049})은 장로를 칭송하는 합송자들(saṅgītikārā)이 넣은 것이다(ṭhapitā).”(ThagA.iii.121)

450) 세존께서는 『앙굿따라 니까야』 제1권 하나의 모음 「으뜸 품」(A1:14)의 다섯 곳에서 아난다 장로를 으뜸의 위치(etadagga)에 놓으셨다.(본서 {1018}의 【행장】 참조) 이 가운데 본 게송의 ① ‘총명함을 갖춘(gatimanta)’은 “총명한 자들(gatimantā) 가운데서 아난다가 으뜸이다.”(A14:1:4-3)와 배대가 되고, ② ‘마음챙김을 갖춘(satimanta)’은 A14:1:4-2와, ③ ‘확고함을 가진(dhitimanta)’은 A14:1:4-4와 배대가 된다. 그리고 ④ ‘바른 법을 호지함(saddhammadhāraka)’은 “비구들이여, 많이 들은[多聞, bahussutā] 나의 비구 제자들 가운데서 아난다가 으뜸이다.”(A14:1:4-1)와 배대할 수 있고, ⑤ ‘보배의 광산(ratanākara)’은 “시자들(upaṭṭhākā) 가운데서 아난다가 으뜸이다.”(A14:1:4-5)와 연결할 수 있을 것이다.

1050. [아난다 장로][451]

"나는 스승님을 섬겼고
부처님의 교법을 실천하였습니다.
무거운 짐을 내려놓았고 (abc={604}abc 등)
이제 다시 존재함이란 없습니다."[452] (={1088})

아난다 장로 (끝)

서른의 모음이 끝났다.

서른의 모음에 포함된 [장로들의] 목록은 다음과 같다.

풋사와 우빠띳사와 아난다 이들 세 분이 칭송되었다.
나아가 여기서 게송들은 105개라 일컬어진다.

---

451) "본 게송은 완전한 열반[般涅槃]에 들 때에 장로가 읊은 것이다."(ThagA. iii.121)

452) 본서 {604}, {656}, {687}, {792}, {891}, {918}, {1016}, {1185}에는 상낏짜 장로 등이 읊은 게송이,

"나는 스승님을 섬겼고
부처님의 교법을 실천하였다.
무거운 짐을 내려놓았고
존재에 [묶어두는] 사슬은 뿌리 뽑혔다."로 나타난다.

그러나 여기 {1050}d와 아래 마하깟사빠 장로의 {1088}d에는 '존재에 [묶어두는] 사슬은 뿌리 뽑혔다(bhava-netti samūhata).' 대신에 '이제 다시 존재함이란 없다(natthi dāni punabbhavo).'로 나타나는 것만 다르다.

테라가타

마흔의 모음

Cattālīsa-nipāta({1051}~{1090})

1. 마하깟사빠 장로(Th40:1 {1051}~{1090})

【행장】

마하깟사빠 장로(Mahā-Kassapa thera)는 마가다의 마하띳타(Mahā-tittha)에서 바라문으로 태어났으며 이름은 삡빨리(Pippali)였다. 먼저 주석서는 마하깟사빠 장로의 전생의 인연을 빠두뭇따라 부처님(Padumuttara bhagavā) 때부터 시작하여 길게 설명한 뒤(ThagA.iii.121~129) 우리 석가모니 부처님과의 인연을 이렇게 적고 있다.(ThagA.iii.130 이하)

"우리의 스승님께서 세상에 오시어 뛰어난 법의 바퀴를 굴리시면서 차례대로 라자가하에 들어가셔서 거기에 머무실 때 삡빨리 바라문 학도(Pippali māṇava)는 마가다 지역에 있는 마하띳타 바라문 마을(Mahātittha-brāhmaṇagāma)에서 까삘라 바라문(Kapila-brāhmaṇa)의 으뜸가는 부인의 모태에 들었다(kucchimhi nibbatta).[453] 그리고 [그와 결혼하였던] 밧다 까삘라니(Bhaddā-

453) 『테라가타 주석서』의 이러한 설명은 『상윳따 니까야 주석서』(SA.ii.191)와 『앙굿따라 니까야 주석서』(AA.i.175) 등에도 똑같이 나타나고 있다. 주석서들의 이런 설명에 의하면 마하깟사빠 장로는 세존께서 성도하시던 해에, 즉 세존께서 35세이셨을 때 어머니 모태에 든 것이 된다. 복주서에 의하면 그는 120세까지 살았다고 한다.(AAṬ.iii.183; 본서 아난다 장로의 【행장】

Kāpilānī)454)는 맛다 지역에 있는 사갈라 도시(Maddaraṭṭha Sāgala-nagara)에서 꼬시야 족성의 바라문(Kosiyagotta-brāhmaṇa)의 으뜸가는 부인의 모태에 들었다. 그들은 점차 성장하여 삡빨리 바라문 학도가 20살이 되었고 밧다가 16살이 되었을 때 부모가 아들을 쳐다보면서 '얘야, 너는 적당한 나이가 되었다. 가문의 전통을 계승해 다오.'라고 하면서 [결혼을] 강하게 압박하였다.

그러자 삡빨리 바라문 학도는 말했다. '제가 듣는 데서 이러한 말씀을 하지 마십시오. 저는 두 분께서 살아계시는 동안은 봉양을 할 것입니다. 그러나 두 분께서 임종하시면 집을 떠나 출가할 것입니다.' 그들은 몇 번을 더 그 한계를 넘어서 말하였지만 그는 거절하였다. 이렇게 하면서 그의 부모는 계속해서 그가 결혼하도록 압박을 가하였다."(ThagA.iii.130)

그러자 그는 그의 부모가 그의 결혼을 단념하게 하려고 많은 황금을 주어 황금으로 아름다운 여인의 상(像)을 조각하게 하고 여러 가지 장신구로 장엄을 하게 한 뒤 어머니에게, '이와 같은 대상(ārammaṇa)을 얻으면 집에 머물고 얻지 못하면 집에 머물지 않을 것입니다.'라고 말하였다. 슬기로운 바라문 여인인 그의 어머니는 내 아들은 많은 공덕을 가지고 있기 때문에 이 황금으로 만든 상과 같은 여자가 분명히 있을 것이라고 생각하였다. 그녀는 여덟 명의 바라문들에게 설명을 한 뒤 그 여인을 찾아오라고

({1018})의 해당 주해 참조) 그렇다면 세존께서 반열반하셨을 때 그는 45세였으며 세존께서 반열반하신 후에도 75년을 더 생존해 있었던 것이 된다. 출가한 후 평생을 두타행을 행하였고 일차결집을 주도하였으며 교단에서 가장 엄격한 삶을 산 분으로 평가되는 이 ① 마하깟사빠 장로와, ② 세존께서 반열반하신 뒤 40년을 더 생존한 아난다 장로와, ③ 150세까지 살았기 때문에(Ibid.) 세존께서 반열반하신 뒤 적어도 70년을 더 생존한 아누룻다 장로가 부처님 반열반 후에도 이렇게 오랫동안 교단을 이끌었다는 것은 초기불교 교단에 이설이 개입할 여지가 없음을 보여준다 하겠다.

454) 밧다 까삘라니 장로니(Bhaddā-Kāpilānī therī, Thi4:1)에 대해서는 『테리가타』 넷의 모음(Thi4:1) {63} 의 【행장】 을 참조할 것.

하였다.
그들은 그 모습이 밧다 지역 여인의 모습이라고 생각하여 그곳의 사갈라 도시로 갔다. 거기서 그들은 성소에서 목욕을 하는 밧다 까삘라니를 찾아내었다.

그들은 그녀의 아버지를 만나서 사정을 말하였고 그녀의 아버지는 결혼에 동의하였다. 그러나 삡빨리 바라문 학도(깟사빠 장로)와 밧다 까삘라니는 결혼을 하지 않고 출가를 원하고 있었다. 그래서 삡빨리 바라문 학도는 '밧다여, 자신의 태생과 족성과 재산과 어울리는(jāti-gotta-bhoga-anurūpa) 재가에 머물고자 하는(gharāvāsa) 사람을 구하시오. 나는 집을 떠나 출가할 것입니다. 나중에 가책하지(vippaṭisārinī) 마시오.'라고 편지(paṇṇa)를 써서 사람을 시켜 밧다 까삘라니에게 보내었고, 밧다도 같은 내용의 편지를 써서 사람을 시켜서 삡빨리에게 보내었다.
그런데 편지를 든 이 두 사람은 길을 가는 도중에 만났다. 그래서 그런 사실을 [서로] 확인하고 그 편지를 숲에 숨기고 그것과 유사한 다른 편지를 써서(taṁsamānaṁ paṇṇaṁ likhitvā) 각각 전달하였다.(ThagA.iii.130)

이렇게 하여 두 사람은 세속적인 달콤함이 없고(lokassādarahita) 원하지도 않은(anicchamāna) 결혼을 하게 되었다. 이렇게 결혼을 하였지만 그들은 서로서로의 몸에 닿는 것을 두려워하여(sarīrasamphassa-bhaya) 밤의 삼경(tiyāmaratti)을 잠을 자지 않고 보내었으며 낮에는 서로에게 미소조차도 짓지 않았다. 그들은 세상사에 섞이지 않고 이렇게 부모를 모시고 살았고 부모가 임종을 하자 어마어마한 재산(kuṭumba)을 뒤로 하고 출가하였다.
집을 떠나서 두 갈래 길을 만나자 먼저 가던 장로는 밧다에게 길을 선택하라고 하였고 밧다는 왼쪽 길(vāma-magga)을 택했고 장로는 오른쪽 길(dakkhiṇa-magga)을 택했다고 한다.(ThagA.iii.130~133)

계속해서 주석서는 이렇게 적고 있다.

"그때 정등각자께서는 웰루와나 승원(죽림정사)에서 간다꾸띠에 앉아 계셨는데 땅이 진동하는 소리를 듣고 '삡빨리 바라문 학도와 밧다 까삘라니가 나를 인연으로 무량한 번영(appameyya sam-patti)을 버리고 출가하였구나.'라고 아셨다. 그래서 대중에게 알리지 않고 간다꾸띠에서 나오셔서 발우와 가사를 수하시고 라자가하와 날란다 사이에 있는 다자탑의 니그로다 나무 아래(Bahu-puttaka-nigrodharukkha-mūla)로 가셔서 가부좌를 하고 앉으셨다."(ThagA.iii.133~134)

마하깟사빠 장로는 '이분은 우리의 스승님이 되실 것이다. 나는 이분을 [은사로] 지목하여 출가할 것이다.'라고 생각하였다. 그래서 스승님께 다가가서 세 곳에서 절을 올린 뒤 '세존이시여, 세존께서는 저의 스승이시고 저는 제자입니다. 세존이시여, 세존께서는 저의 스승이시고 저는 제자입니다.'(『상윳따 니까야』 제2권 「의복 경」(S16:11) §10)라고 말씀을 드렸고 세존께서는 세 가지 교계로 구족계를 주셨다.(ThagA.iii.134)

계속해서 주석서는 이렇게 적고 있다.

"구족계를 주신 뒤에 세존께서는 다자탑의 니그로다 나무 아래로부터 나와서 장로를 뒤따르는 사문(pacchā-samaṇa)으로 삼으셔서 길을 가셨다. 스승님의 몸은 32가지 대인상을 구족하셨고 마하깟사빠 장로의 몸은 7가지 대인상을 갖추었는데(satta-mahā-purisalakkhaṇa-paṭimaṇḍita) 그는 황금으로 만든 큰 배의 뒤에 묶여있는 것처럼 스승의 발자국을 뒤따라서(padānupadika) 갔다. 스승께서는 길을 조금 가신 뒤에 길로부터 벗어나셔서 어떤 나무 아래에 앉는 모습을 보이셨다. 장로는 '스승님께서 앉으려 하시는구나.'라고 알고서 자신이 두르고 있던 해진 헝겊 조각으로 만든 겉옷인 가사(pārupita-paṭa-pilotika-saṅghāṭi)를 네 겹으로 접어서 자리를 만들었다."(ThagA.iii.134)

『상윳따 니까야』 제2권 「의복 경」(S16:11)에서 깟사빠 장로는 아난다 존자에게 이렇게 말한다.
"도반이여, 세존께서는 마련된 자리에 앉으셨습니다. 세존께서는 자리에 앉으신 뒤 나에게 말씀하셨습니다.
'깟사빠여, 그대가 두르고 있는 해진 헝겊 조각으로 만든 가사는 부드럽구나.'
'세존이시여, 세존께서는 연민하는 [마음을] 내시어 저의 이 해진 헝겊 조각으로 만든 가사를 받아주소서.'
'깟사빠여, 그러면 그대는 나의 이 삼베로 만든 다 떨어진 분소의를 입겠는가?'
'세존이시여, 저는 세존의 삼베로 만든 다 떨어진 분소의를 입겠습니다.'
도반이여, 그런 나는 해진 헝겊 조각으로 만든 가사를 세존께 드렸습니다. 그리고는 세존의 삼베로 만든 다 떨어진 분소의를 받았습니다."(S16:11 §13)

다시 『테라가타 주석서』는 말한다.
"이렇게 하여 세존과 깟사빠 존자는 의복을 교환하여(cīvara-pari-vattana) 장로가 두르고 있던 의복(pāruta-cīvara)은 세존께서 입으셨고 세존의 의복(cīvara)은 장로가 입었다. 그러자 이 대지가 진동하였다. 이렇게 하여 장로는 부처님들의(Buddhānaṁ) 곁에서 13가지 두타의 덕(terasa dhutaguṇā = 두타행)을 수지하여 칠 일 동안은 범부였지만 팔 일째 되던 날에 무애해체지와 더불어 아라한됨을 얻었다. 장로의 일화는 『아빠다나』에도 나타나고 있다. …"(ThagA.iii.135)

마하깟사빠 장로도 「의복 경」(S16:11)에서 직접 이렇게 말한다.
"그런 뒤 세존께서는 이러한 교계를 하신 뒤 자리에서 일어나서 가시었습니다. 도반이여, 나는 칠 일 동안은 빚진 사람으로 백성

들이 주는 공양을 먹었지만 팔 일째에 구경의 지혜가 생겼습니다."(S16:11 §12)

계속해서 주석서는 깟사빠 장로가 여기 『테라가타』의 본 게송들({1051}~{1090})을 읊은 인연을 다음과 같이 적고 있다.
"그러자 스승님께서는 그를 두고 [「달의 비유 경」(S16:3)에서] '비구들이여, 깟사빠는 [걸식하기 위해서] 신도 집을 방문할 때 몸을 거두어들이고 마음을 거두어들여서 항상 처음 방문하는 자처럼 처신하고 신도 집들에 대해서 염치 있는 자가 되어 달의 비유처럼 방문한다.'(S16:3 §4)라는 등으로 칭찬하셨다. 그런 뒤 나중에는 성자들의 무리 가운데 앉으셔서 [『앙굿따라 니까야』 제1권 하나의 모음 「으뜸 품」(A1:14)에서] '두타행을 하는 자들(dhutaṅga-dharā) 가운데서 마하깟사빠가 으뜸이다.'(A1:14:1-4)라고 두타행을 호지하는 자들 가운데 으뜸의 위치에 놓으셨다. 그는 한거를 기뻐함을 찬탄하는 방법을 통해(viveka-abhirati-kittana-mukhena) 비구들에게 교계를 베풀고 자신의 도닦음을 설명하면서 본 게송들을 읊었다."(ThagA.iii.135)

그런데 마하깟사빠 존자의 가르침은 니까야에 의외로 많지 않다. 깟사빠 존자와 관계된 경들로는 『상윳따 니까야』 제2권 「깟사빠 상윳따」(S16)에 16개의 경들을 들 수 있다. 그런데 「깟사빠 상윳따」(S16)에 포함된 경들도 대부분은 세존께서 깟사빠 존자에게 가르치신 가르침들과 세존과 깟사빠 존자의 대화를 담고 있는 경들이다.
이 경들에서 세존께서는 마하깟사빠 존자의 두타행들을 칭찬하고 계시며 특히 "깟사빠여, 비구들에게 교계를 하라. 비구들에게 법을 설하라. 깟사빠여, 나 혹은 그대가 비구들을 교계해야 한다. 나 혹은 그대가 비구들에게 법을 설해야 한다."(S16:6~8 §3)라고 말씀하신다. 그리고 깟사빠 존자도 세존처럼 4선과 4처, 즉 여덟 가지 증득을 구족하였음을 말씀하시고 「선(禪)과 최상의 지혜 경」(S16:9 §§3~17)에서는 4선과 4처와 육신통을 갖추었음을 말씀하고 계신다.
깟사빠 존자의 설법을 담고 있는 경으로는『상윳따 니까야』의 「깟사빠 상윳따」(S16)에 포함된「처소 경」(S16:10)과「의복 경」(S16:11), 그리고『앙굿따라 니까야』제6권「구경의 지혜 경」(A10:86) 정도를 들 수 있을 뿐이다. 이런 의미에서『테라가타』여기에 실려 있는 마하깟사빠 장로가 읊은 이 게송들은 장로에 대해서 알 수 있는 귀중한 자료가 된다 하겠다.

『디가 니까야』제2권「대반열반경」(D16)에 의하면 깟사빠 장로는 빠와에서 꾸시나라로 가는 도중에 부처님께서 반열반에 드셨다는 소식을 들었다. 말라들은 부처님 존체를 화장용 장작더미에 올리고 불을 붙이려고 했으나 붙지 않았다.「대반열반경」(D16)은 이렇게 적고 있다.
"그때 마하깟사빠 존자가 꾸시나라의 마꾸따반다나라는 말라들의 탑묘에 있는 세존의 화장용 장작더미로 왔다. 와서는 한쪽 어깨가 드러나게 옷을 입고 합장하고 화장용 장작더미를 오른쪽으로 세 번 돌아 [경의를 표한] 뒤 발 쪽을 열고 세존의 발에 머리로 절을 올렸다. 함께 온 500명의 비구들도 한쪽 어깨가 드러나게 옷을 입고 합장하고 화장용 장작더미를 오른쪽으로 [세 번] 돌아 [경의를 표한] 뒤 발 쪽을 열고 세존의 발에 머리로 절을 올렸다. 마하깟사빠 존자와 500명의 비구들이 절을 하자 세존의 화장용 장작불은 저절로 타올랐다."(D16 §6.22)
이렇게 하여 세존의 다비식을 마쳤다.

율장『쭐라왁가』(소품)는 일차합송에 대해서 설명하면서 마하깟사빠 장로가 "도반들이여, 그러니 우리는 비법(非法)이 드러나고 법이 사라지기 전에, 비율(非律)이 드러나고 율이 사라지기 전에, 비법을 설하는 자들이 강성해지고 법을 설하는 자들이 힘을 잃기 전에, 비율을 설하는 자들이 강성해지고 율을 설하는 자들이 힘을 잃기 전에, 법과 율을 합송해야 합니다."(Vin.ii.285)라고 강조하는 것을 밝히고 있다. 그리고 "그러자 마하깟사빠 존자는 [아난다 존자를 제외한] 499명의 아라한들을 뽑았다"(Ibid.)라고 하였다. 계속해서 "도반들이여, 승가는 저의 말씀을 들으십시오. '만일 승가에게 적당하다면 승가는 이 500명의 비구들이 라자가하에서 안거를 하면서 법과 율을 합송하도록 하고 다른 비구들이 라자가하에서 안거를 하지 못하도록 하는 데 동의해 주십시오.' 라는 이것이 그 결정을 위한 [상정]입니다."(Ibid.)라고 밝히고 있다.

이렇게 하여 장로는 부처님께서 반열반하시고 두 달 뒤에 칠엽굴에서 7개월 동안 일차합송을 하여 삼장을 전승하는 주도적인 역할을 하였다. 『디가 니까야 주석서』의 「서문」 §39에 의하면 일차결집에서 『상윳따 니까야』는 마하깟사빠 존자의 제자들에게 부촉해서 전승하도록 하였다고 밝히고 있다.(DA.i.15; 『디가 니까야』 제3권 564쪽 참조)

1051. 455)무리에 의해서 앞세워져서 유행하지 말아야 하나니
마음을 혼란하게 하고 [94] 삼매를 얻기 어렵게 합니다.
여러 사람들의 길잡이가 되는 것은 괴로움이라고
이렇게 보아서 무리를 좋아하지 않아야 합니다.

1052. 성인(聖人)은 [높은] 가문들을 방문해서는 안 됩니다.
마음을 혼란하게 하고 삼매를 얻기 어렵게 합니다.
[사람에] 관심을 가지고 맛을 바라는 자는
행복을 가져오는 [참된] 목적을 잃어버립니다.456)" (={494})

---

455) "여기 처음 3개의 게송들({1051}~{1053})은 무리들(gaṇā)과 가문들(kulā)에 섞여(saṁsaṭṭha) 지내는 비구들을 보고 그들에게 교계를 베풂(ovāda-dāna)을 통해서 말했다."(ThagA.iii.138)

1053. [좋은] 가문들이 경배하고 숭배하는 바로 그것을
참으로 수렁이라고 그분들은 아셨습니다.
미세한 화살은 뽑아버리기 어렵나니
존경은 나쁜 사람에게는 버리기 어려운 것입니다."457)

(={124}; {495})

1054. 458)나는 처소로부터 내려와서
탁발을 위해 도시로 들어갔습니다.
먹고 있는 나병환자인 사람이 있어
나는 정성을 다하여 그의 앞에 섰습니다.

1055. 그는 문드러진 손으로 나에게
한 덩이를 권하였습니다.
한 덩이를 [나의 발우에] 넣어주면서
손가락이 거기에 잘라져서 [들어]왔습니다.

1056. 나도 벽의 아래를 의지하여

---

456) "'행복을 가져오는 [참된] 목적을 잃어버립니다(atthaṁ riñcati yo sukhāvaho).'라고 하였다. 자신의 도와 과와 열반의 행복을 가져오는(magga-phala-nibbāna-sukhāvaha) 그 계행의 청정(sīla-visuddhi) 등으로 불리는 목적을 잃어버린다, 즉 버린다(jahati), 몰두하지 않는다(nānuyuñjati)는 뜻이다."(ThagA.iii.138)

457) "이 세 번째 게송은 앞에서({124}) 언급되었다."(ThagA.iii.139)

본서 제2권 둘의 모음 뻰돌라 바라드와자 장로의 게송 {124}의 주해도 참조할 것. 그리고 본 게송은 본서 제2권 여덟의 모음 마하깟짜나 장로(Th8:1)의 {495}번 게송으로도 나타나고 있다.

458) "본 게송을 포함한 4개의 게송들({1054}~{1057})은 필수품들(paccayā)에 대해서 자신의 만족함을 보여주는 방법을 통해(santosa-dassana-mukhena) '비구는 이와 같이 도를 닦아야 합니다.'라고 비구들에게 교계를 베풂을 통해서 말했다."(ThagA.iii.139)

그 덩이를 먹었습니다.
먹을 때에나 먹고 나서도
나에게는 역겨움이 생기지 않았습니다.459)

1057\. 먹다 남은 탁발음식이 음식이고
썩은 오줌이 약이며
나무 아래가 거처이고
분소의가 옷인
이런 것들을 감당하는
그가 참으로 사방을 [정복한] 사람입니다.460)

1058\. 461)어떤 사람들은 오르다가 죽기도 하는 산에
그분 부처님의 상속자 깟사빠는 알아차리고 마음챙기면서

---

459) '먹을 때에나 먹고 나서도 / 나에게는 역겨움이 생기지 않았습니다.'는 bhuñ-jamāne vā bhutte vā, jegucchaṁ me na vijjati를 옮긴 것이다. 주석서는 이렇게 설명한다.

"[장로에게는] 혐오스러운(paṭikkūla) [대상을] 혐오스럽지 않은 것처럼 대하여 혐오하지 않는 인식을 가지는(appaṭikkūla-saññitā) 그러한 성자의 신통(ariyiddhi)이 최고의 경지에 이르렀다(ukkaṁsa-gatatta). 그래서 장로가 그것을 삼킬 때(ajjhoharanta) 역겨움(jigucchā)이 생기지 않았다. 그러나 범부가 그런 것을 먹을 때에는 내장들(antāni)이 끌려 나올 것이다. 그래서 '먹을 때에나 먹고 나서도 / 나에게는 역겨움이 생기지 않았습니다.'라고 하였다."(ThagA.iii.139)

460) '그가 참으로 사방을 [정복한] 사람입니다.'는 sa ve cātuddiso naro를 주석서를 참조해서 옮긴 것이다. 주석서는 "그 사람은 전적으로 사방을, 즉 동쪽 등의 네 가지 방향을 정복한다(catudis-āyogya). 어떤 곳에서든 적개심이 없이(appaṭigha) 어떤 방향에서든 머물 수 있다는 뜻이다."(ThagA.iii.139)라고 설명한다.

461) "장로는 자신이 연로하였을 때에(mahallaka-kāle) 사람들이 '존자시여, 어떻게 당신은 이러한 모습으로 늙어서조차도 매일 매일 산에 오르십니까?'라고 말하자 본 게송을 포함한 4개의 게송들({1058}~{1061})을 읊었다."(ThagA.iii.139)

신통력의 도움으로462) 거기에 올라갑니다.

1059. 탁발에서 돌아와
깟사빠는 바위산에 올라
두려움과 공포를 제거하고463)
취착 없이 참선을 합니다.

1060. 탁발에서 돌아와
깟사빠는 바위산에 올라
[탐욕 등으로] 불타는 자들 가운데서 적멸하여464)
취착 없이 참선을 합니다.

1061. 탁발에서 돌아와

---

462) "여기서 '알아차리고 마음챙기면서(sampajāno paṭissato)'라는 이것으로 마음의 피곤함이 없음(cittakheda-abhāva)을 보여주고 '신통력의 도움으로(iddhibalen-upatthaddho)'라는 이것으로 육체적인 고초가 없음(sarīra-kheda-abhāva)을 보여준다."(ThagA.iii.139)

463) "두려움의 원인인 오염원들이 뿌리 뽑혔기 때문에(samucchinnattā) '두려움과 공포를 제거하고(pahīna-bhaya-bheravo)'라고 하였다."(ThagA.iii.139)

464) "'불타는 자들 가운데서(ḍayhamānesu)'라는 것은 탐욕의 불 등의 11가지 불(aggi)로써 불타는 중생들 가운데서라는 말이다. 오염원의 열병이 존재하지 않기 때문에(saṁkilesa-pariḷāha-abhāva) '적멸하여(nibbuta)', [모든 오염원들이] 식어서(sītibhūta)라는 뜻이다."(ThagA.iii.139)

"11가지 불(aggi)이란 ① 탐욕 ② 성냄 ③ 어리석음 ④ 태어남 ⑤ 늙음 ⑥ 죽음 ⑦ 슬픔 ⑧ 탄식 ⑨ 육체적 고통 ⑩ 정신적 고통 ⑪ 절망(rāga-dosa-moha-jāti-jarā-maraṇa-soka-parideva-dukkha-domanass-upāyāsa)을 말한다."(Vimativinodanī Ṭīkā.i.1)

그런데 이 11가지 불(ekādasa aggi)은 부처님께서 행하신 세 번째 설법이요 가섭 삼형제의 제자들이었다가 가섭 삼형제와 함께 부처님 제자가 된 1,000명의 비구들에게 설하신 가르침으로 잘 알려진 『상윳따 니까야』 제4권 「불타오름 경」(S35:28)에서 이미 부처님께서 말씀하신 것이다. 본서 제1권 하나의 모음 {32}의 해당 주해를 참조하기 바란다.

깟사빠는 바위산에 올라
해야 할 일을 다 하였고 번뇌가 없고
취착 없이 참선을 합니다.

1062. 465)까레리 나무가 [95] 화환처럼 펼쳐진
땅의 구역은 매혹적이며
코끼리 소리가 울려서 즐거움을 주는
저 바위산들이 나를 기쁘게 합니다.

1063. 푸른 구름의 색깔과 아름다움,
차가운 물과 깨끗한 개울을 가졌고
인다고빠까 곤충으로 덮인
저 바위산들은 나를 기쁘게 합니다.466) (={13})

1064. 푸른색 구름의 산마루와 같고
뾰족지붕을 가진 집467)의 빼어남과 같으며
코끼리 소리가 울려서 즐거움을 주는
저 바위산들이 나를 기쁘게 합니다.

---

465) "다시 사람들이 '존자시여, 왜 늙으셨는데도(jiṇṇa-kālepi) 오직 숲과 산(araññapabbata)에 머무십니까? 참으로 이 대나무 숲 등의 승원들도 매혹적이지 않습니까?'라고 말하자 숲과 산이 나에게 매혹적이라는 것(manoramā)을 보여주면서 본 게송을 포함한 12개의 게송들({1062}~{1073})을 읊었다."(ThagA.iii.140)

466) 본 게송은 본서 제1권 하나의 모음 {13}번 게송과 같다. 그곳의 주해도 참조할 것.

467) '뾰족지붕을 가진 집'은 kūṭāgāra, 즉 kūṭa(위층 누각 [이 있는])-āgāra(집)를 옮긴 것이다. 여기서 kūṭa는 뾰족한 지붕(우리의 기와지붕이나 태국의 사원들처럼 위가 솟은 지붕)을 뜻하기도 하고 누각 등의 위층을 뜻하기도 하였다. 그래서 꾸따가라는 크고 좋은 저택을 뜻하는 의미로 쓰였다. 중국에서 중각강당(重閣講堂)이라 한역하였다.

1065. 즐거움을 주는 대지는 비에 젖어있고
그곳의 산들은 선인들이 의지하나니
공작새들의 소리가 울려 퍼지는
저 바위산들이 나를 기쁘게 합니다.

1066. [이곳은] 참선하기를 원하고 열심이고
마음챙기는 나에게는 충분합니다.
이로움을 바라고 열심인
나와 같은 비구에게는468) 충분합니다.

1067. [이곳은] 편안함을 바라는 열심인
나와 같은 비구에게는 충분합니다.
수행하며 지내기를 바라고469) 열심인

---

468) "'비구에게는(bhikkhuni)'이라는 것은 오염원들을 잘라버린 비구(bhinna-kilesa-bhikkhu)에게는이라는 말이고 '나와 같은(me)'과 연결된다(sambandha)."(ThagA.iii.140)

469) '수행하며 지내기를 바라고'는 yoga-kāmassa를 옮긴 것이다. 빠알리 삼장 가운데서 yoga-kāma라는 합성어가 나타나는 곳은 여기뿐인 것으로 조사되었다. 그런데 『테라가타 주석서』는 별다른 설명을 하지 않고 있다. 니까야에서 yoga는 크게 두 가지 문맥에서 나타난다.

① yoga는 대부분의 문맥에서 속박의 뜻으로 나타나며 교학적으로는 감각적 쾌락의 속박, 존재의 속박, 사견의 속박, 무명의 속박의 네 가지 속박(cattāro yogā — kāmayogo, bhavayogo, diṭṭhiyogo, avijjāyogo, D33 §1.11(32); S45:172 §3 등)의 문맥에서 나타나거나 특히 열반의 동의어이면서 유가안은(속박으로부터의 안은함)으로 옮기고 있는 yogakkhema라는 합성어로 나타난다.
② 그리고 니까야의 여러 곳에서 yoga는 yoga karaṇīya(수행해야 한다, 전념해야 한다, M69 §17; S56:1 §4; A4:93 §2 등)로 나타나고 본서 제2권 열의 모음에도 '수행해야 합니다(yuttayogo)'{585}b로 나타나는데 이처럼 수행의 의미로도 쓰이고 있다.
이 두 번째 의미를 참조하여 역자는 yogakāmassa를 '수행하며 지내기를

여여한 나에게는 충분합니다.

1068. 구름으로 덮여있는 하늘은
아마라는 꽃으로 [덮여있는 것] 같고
여러 종류의 새들의 무리로 가득한
저 바위산들이 나를 기쁘게 합니다.

1069. 재가자들로 붐비지 않고
사슴의 무리들이 머물며
여러 종류의 새들의 무리로 가득한
저 바위산들이 나를 기쁘게 합니다.

1070. 맑은 물을 가졌고 크고 험한 바위들이 있으며
원숭이들과 사슴들이 다니고
물이 스미어 나오는 이끼를 가진
저 바위산들이 나를 기쁘게 합니다. (={113}; {601})

1071. 다섯 가지로 구성된 악기[470]에 의한 것이 아닌,
마음이 한 끝으로 된 자가
바르게 법을 통찰하는 것과 같은

바라고'로 옮겨보았다.

470) "'다섯 가지로 구성된 악기(pañcaṅgika turiya)'란 한 면만 있는 북(ātata), 양면이 있는 북(vitata), 여러 면이 있는 북(ātata-vitata), 피리(susira, 관악기), 심벌즈(ghana, 북을 제외한 타악기)의 다섯이다."(SA.i.191; DA.ii.617)

'다섯 가지로 구성된 악기(pañcaṅgika turiya)'는 『상윳따 니까야』 제1권 「위자야 경」(S5:4)에도 나타나고 있는데 이 다섯 가지로 구성된 악기는 본서에서 형색, 소리, 냄새, 맛, 감촉인 다섯 가지 밖의 감각장소들(bāhirāni āyatanāni)에 배대되고 있기도 하다. 여기에 대해서는 아래 주해에서 인용하고 있는 본서 제2권 {398}번 게송의 해당 주해를 참조하기 바란다.

그러한 기쁨이 나에게는 존재합니다.[471]

1072. [472]많은 일을 하지 않아야 합니다.
사람을 피해야 하고 영향력을 행사해서는 안 됩니다.
[사람에] 관심을 가지고 멋을 바라는 자는
행복을 가져오는 [참된] 목적을 잃어버립니다. (={494})

1073. 많은 일을 하지 않아야 합니다.
[참된] 목적으로 인도하지 않는 것을 피해야 합니다.
몸이 힘들고 피곤하며
괴로운 그는 사마타를 얻지 못합니다.

1074. [473]단지 입술을 건드리는 것만으로는[474]

---

471) 본 게송은 본서 제2권 여섯의 모음 꿀라 장로의 게송({393}~{398}) 가운데 마지막인 {398}번 게송과 배대가 되는 내용을 담고 있다. {398}번 게송의 해당 주해를 참조하기 바란다. {398}번 게송은,

"다섯 가지로 구성된 악기를 통해서는
마음이 한 끝으로 된 자가
바르게 법을 통찰하는 것과 같은
그러한 기쁨은 존재하지 않습니다."{398}로 나타난다.

이 둘의 빠알리 원문은 다음과 같다.

pañcaṅgikena turiyena, <u>na</u> ratī hoti tādisī/
yathā ekaggacittassa, sammā dhammaṁ vipassato// {398}

<u>na</u> pañcaṅgikena turiyena, rati <u>me</u> hoti tādisī/
yathā ekaggacittassa, sammā dhammaṁ vipassato// {1071}

이처럼 이 두 게송은 부정어 na의 위치가 다르고 {1071}에는 me(나에게)가 나타나는 것이 다르다.

472) "본 게송을 포함한 2개의 게송들({1072}~{1073})은 [잡다한] 일하기를 즐기고(kammārāmā) 필수품을 탐하는(paccaya-giddhā) 비구들에게 교계를 베풂을 통해서 말하였다."(ThagA.iii.140)

473) "본 게송을 포함한 2개의 게송들({1074}~{1075})은 경을 궁극적인 것으로

자신을 보지 못합니다.
[완고하여] 목이 뻣뻣해져서 다니고
'내가 더 뛰어나다.'라고 여깁니다.

1075. 우둔한 자는 뛰어나지 않으면서
자신을 뛰어나다고 생각하나니
마음이 뻣뻣한 이런 사람을
지자들은 칭찬하지 않습니다.

1076. '내가 더 뛰어나다.'라거나
'내가 더 뛰어나지 않다.'라거나
'저열하다.'라거나 '비슷하다.'라고 하는
자만들에475) 흔들리지 않고

1077. 통찰지를 가져 [96] 여여하고
계행들에 잘 집중이 되었으며
마음의 사마타에 계합한
그를 지자들은 칭송합니다.

여기면서(suta-parama) 현명함을 뽐내는 자(paṇḍita-māni)를 꾸짖음을 통해서, 이다음의 두 [게송들({1076}~{1077})]은 현자를 칭송함(paṇḍita-ssa pasaṁsā)을 통해서 말하였다."(ThagA.iii.141)

474) "'단지 입술을 건드리는 것만으로는(oṭṭha-ppahata-mattena)'이라고 하였다. 암송을 머리로 하여(sajjhāya-sīsa) 입술 주위를 맴도는 것만으로는(oṭṭha-parivattana-mattena)이라는 말인데, 부처님 말씀을 암송하는 것만으로는(sajjhāya-karaṇa-mattena)이라는 뜻이다."(ThagA.iii.141)

475) "'자만들에(vidhāsu)'라고 하였다. 아홉 가지 자만의 부분들 가운데에서(navasu māna-koṭṭhāsesu) 그 무엇에 의해서도 흔들리지 않는다(na vikampati)는 말이다."(ThagA.iii.141)

『위방가』에서 정의하고 있는 아홉 가지 자만(navavidhā mānā, Vbh §962)에 대해서는 본서 제1권 {89}번 게송의 해당 주해를 참조할 것.

1078. 476)청정범행을 닦는 동료 수행자들 가운데서
존중을 받지 못하는 자는
바른 법[正法]으로부터 멀리 있나니
마치 하늘이 땅으로부터 [먼] 것과 같습니다. (={278})

1079. 그러나 양심과 수치심이
항상 바르게 확립된 자들의
그 청정범행은 증장하여서
그들의 다시 존재함은 멸진되었습니다.

1080. 477)경솔하고 우쭐대는 비구는
분소의를 둘렀을지라도
사자의 피부를 가진 원숭이처럼
그것에 의해서 감동을 주지 못합니다.

1081. 경솔하지 않고 우쭐대지 않으며
슬기롭고 감각기능이 제어된 자는
산의 동굴에 있는 사자와 같이
분소의에 의해서 아름답습니다.

---

476) "다시, 나쁜 말을 하는 다른 비구를 보고 거칠게 말함(dovacassatā)의 위험(ādīnava)과 부드럽게 말함(sovacassatā)의 이익(ānisaṁsa)을 드러내면서 본 게송을 포함한 2개의 게송들({1078}~{1079})을 읊었다."(ThagA. iii.141)

477) "다시, 경솔하고(uddhata) 거들먹거리는(unnaḷa) 한 비구를 보고 경솔함 등에 있는 결점(dosa)을, 경솔하지 않음 등에 있는 덕스러움(guṇa)을 설명하면서 본 게송을 포함한 2개의 게송들({1080}~{1081})을 읊었다."(ThagA. iii.141)

1082. 478)이들 많은 천신들은
신통을 가졌고 명성을 가졌는데
일만 명의 이 천신들은
모두 범신천의 [신]들479)입니다.

1083. 그들은 법의 대장군이요 영웅이요
위대한 참선 수행자요 삼매에 든
사리뿟따 [장로]에게 예배하면서
합장하고 서있습니다."

1084. [범천들]
"준마이신 인간이시여, 당신께 귀의합니다.
최상의 인간이시여, 당신께 귀의합니다.
그것을 의지하여 참선을 하는480) 당신을

---

478) "본 게송을 포함한 5개의 게송들({1082}~{1086})은 사리뿟따 존자에게 예배를 하는 범신천의 신들(Brahmakāyikā devā)을 보고 깝삐나 존자(āyasmā Kappina)의 미소 짓는 업의 표상(sitapātu-kamma-nimitta)을 말하고 있다."(ThagA.iii.142)

479) "범신천(梵身天)의 신들(Brahmakāyikā devā)은 초선천의 경지의 신들이다(paṭhamajjhāna-bhūmi-devā)"(MA.ii.333)
"'범신천(梵身天, Brahmakāyika)'은 [초선천의 세 가지 천상인] 범중천(Brahmapārisajjā), 범보천(Brahmapurohitā), 대범천(Mahābrahmā)을 말한다."(DA.ii.510)

여기서 보듯이 범신천은 초선천을 말한다. 색계 세상 혹은 색계 천상은 본삼매를 닦아서 태어나는 곳이다. 그런 선정의 힘으로 이런 색계 천상 중에서 그 禪의 경지와 같은 세상에 태어난다. 이 색계 세상은 4가지 영역으로 나누어지는데 경에서 분류하는 사종선(四種禪)의 각각에 해당하는 세상이다. 이 네 가지 색계 천상을 중국에서는 각각 初禪天(초선천), 二禪天(이선천), 三禪天(삼선천), 四禪天(사선천)으로 옮겼고 역자도 이를 채용하고 있다.
색계 세상 혹은 색계 천상에 대해서는 『아비담마 길라잡이』 제5장 §6의 설명을 참조하기 바란다.

우리는 최상의 지혜로 알지 못합니다.

1085. 부처님들[481]의 심오한 자신의 영역[482]은
참으로 경이롭습니다.
우리는 머리카락조차 꿰찌르는 [궁수로] 여기에 왔지만[483]
그것을 최상의 지혜로 알지 못합니다."

1086. [마하깝사빠 장로]
"그때 예배를 받아 마땅한
그 사리뿟따 [장로]가 그러한 방법으로
신들의 무리의 예배를 받는 것을 보고
깝삐나 [장로][484]에게는 미소가 생겼습니다.[485]

---

480) "'그것을 의지하여 참선을 하는(yampi nissāya jhāyati)'이라고 하였다. 그 대상을 의지하여(ārammaṇaṁ nissāya), 즉 그 [대상에] 대해서(ārabbha) 참선을 한다라고 '우리는 알지 못합니다.'라는 말이다. 범천들(brahmāno)은 범부인 상태(puthujjana-bhāva)로 이와 같이 말하였다."(ThagA.iii.142)

481) "여기서 '부처님들(Buddhānaṁ)'은 사성제를 통찰한 부처님들[四諦佛, catu-sacca-buddhā]이다."(ThagA.iii.142)

사성제를 통찰한 부처님[四諦佛]을 위시한 네 가지 부처님들(cattāro Buddhā)에 대해서는 본서 제2권 넷의 모음 {280}의 해당 주해를 참조할 것.

482) 여기서 '영역(gocara)'은 경지(visaya)를 뜻한다.(ThagA.iii.142)

483) '머리카락조차 꿰찌르는 [궁수로] 여기에 왔지만'은 vāla-vedhi-samāgatā를 풀어서 옮긴 것이다. 주석서는 이렇게 설명한다.

"우리는 머리카락조차 꿰찌르는 궁수와 같아서(vāla-vedhi-dhanuggaha-sadisā) 아주 미세한 경지(atisukhuma visaya)일지라도 꿰뚫을 수(paṭi-vijjhituṁ) 있습니다. 그래서 여기 와서 자세히 살펴보지만 우리는 '최상의 지혜로 알지 못합니다(nābhijānāma).'라는 말이다. 즉 참으로 심오한 것(gambhīra)이 부처님들의 경지라는 뜻이다."(ThagA.iii.142)

484) 다음 주해에서 보듯이 여기서 '깝삐나 [장로]'는 마하깝삐나 존자(āyasmā Mahākappina)를 말한다. 마하깝삐나 장로의 게송은 본서 제2권 열의 모음 {547}~{556}으로 전승되어 온다. 장로에 대해서는 본서 제2권 열의 모음

1087. 486)부처님의 국토487)에 관한 한
위대한 성인(부처님)을 제외하고
나는 두타의 덕에 뛰어나서
나와 같은 자는 존재하지 않습니다.

1088. 나는 스승님을 섬겼고
부처님의 교법을 실천하였습니다.
무거운 짐을 내려놓았고
이제 다시 존재함이란 없습니다. (={1050}; cf. {604}; {1016})

1089. 488)의복에도 잠자리에도 음식에도 오염되지 않아서

(Th10:3) {547}의 【행장】 을 참조할 것.

485) '깝삐나 [장로]에게는 미소가 생겼습니다.'는 kappinassa sitaṁ ahu를 옮긴 것이다. 주석서는 이렇게 설명한다.

"그러한 모습의 사리뿟따 [장로]는 신들을 포함한 세상의 예배를 받을 만한데 그들 범신천의 신들이 그때 그처럼 예배하는 것을 보고 마하깝삐나 존자에게 미소(sita)가 생겼다는 말이다. 이처럼 제자들에게는 영역(visaya)이 되지만 세상이 존경하는 이들 범천들에게는(lokasammatānaṁ brahmūnam-pi) 그 영역이 아니다라는 말이다."(ThagA.iii.142)

486) "본 게송은 장로가 자신을 두고 사자후를 토하면서 설하였다."(ThagA.iii.142)

487) "여기서 '부처님의 국토(Buddha-khetta)'는 권위의 국토(āṇā-khetta)를 두고 설한 것이다."(ThagA.iii.142)

'부처님의 국토'는 Buddha-khetta를 옮긴 것이다. 『청정도론』 등의 주석서 문헌들은 이 부처님의 국토를 탄생의 국토(jāti-khetta), 권위의 국토(āṇā-khetta), 경지[境界]의 국토(visaya-khetta)의 세 가지 국토로 나누어서 설명하고 있으므로(Vis.XIII.31; DA.iii.897) 참조하기 바란다.

488) "본 게송은 [{1087}의] '위대한 성인(부처님)을 제외하고(ṭhapayitvā mahā-muniṁ)'라고 설한 의미를 더 분명하게 만든다. 의복 등에 대한 갈애에 물들지 않음(anupalepa)이 두타행의 결실(dhutaṅga-phala)이다."(ThagA.iii.143)

[위대한 성인이신] 고따마 [부처님]은 측량할 수 없나니
더러움이 없는 연꽃의 줄기가
물에 의해서 더럽혀지지 않는 것과 같습니다.
그분은 출리로 향하였고
세 가지 존재로부터 떠났습니다.

1090. 489)위대한 성인은 마음챙김의 확립을 목으로 삼습니다.
믿음은 그분의 손이며
통찰지는 그분의 머리이니 큰 지혜를 가지신 분은
적멸을 이루어 항상 유행하십니다."490)

마하깟사빠 장로 (끝)

마흔의 모음이 끝났다.

마흔의 모음에 포함된 [장로]의 목록은 다음과 같다.

---

489) "마음챙김의 확립을 목으로 삼는 등(satipaṭṭhāna-gīvādī)의 수행의 완성(bhāvanā-pāripūri)으로 어디서든 물들지 않고 '출리로 향하는 분(nekkhamma-ninna)'의 구성요소가 되는 것들을 밝히면서 이 마지막 게송을 말하였다."(ThagA.iii.143)

490) 『테라가타 주석서』는 『앙굿따라 니까야』 제4권 「코끼리 경」(A6:43) §3과 본서 열여섯의 모음 {693}~{695} 등에 나타나는 우다이 존자가 읊은 경의 구절(sutta-pada)이 "의미로는 본 게송과 다르지 않으므로(avibhatta) 참조하기 바란다(nidassetabba)."(ThagA.iii.143)라고 적으면서 마하깟사빠 장로의 게송들에 대한 주석을 마무리하고 있다.

열여섯의 모음에 나타나는 우다이 장로의 16개 게송({689}~{704})은 『앙굿따라 니까야』 제4권 「코끼리 경」(A6:43) §3에서 같은 우다이 장로가 읊은 16개의 게송들과 일치한다. 마하깟사빠 장로의 마지막 게송인 이 {1090}은 이 16개 게송들 가운데 특히 {693}~{695}의 세 개의 게송과 비슷하다. 여기에 대해서는 열여섯의 모음 {689}에 나타나는 우다이 존자에 대한 【행장】 부분과 특히 {695}를 참조하기 바란다.

마흔의 모음에는 마하깟사빠라 불리는
오직 한 분 장로이고 게송은 마흔 개가 두 개이다.[491]

491) '오직 한 분 장로이고 마흔 개가 두 개이다.'는 ekova thero gāthāyo cattā-līsa duvepi ca를 옮긴 것이다. '마흔 개가 두 개다(cattālīsa duvepi ca)'라는 이 표현을 어떻게 이해해야 할까? 앞의 스물의 모음과 서른의 모음이나 뒤의 쉰의 모음 등과 비교하여 살펴보면 이 표현을 이해할 수 있다고 여겨진다.

본서 스물의 모음에는 모두 10분의 게송이 담겨 있는데 아디뭇따 장로(Th20:1 {705}~{725})의 21개의 게송부터 빠라빠리야 장로(Th20:10 {920}~{948})의 29개의 게송까지가 담겨 있다. 이처럼 스물의 모음에 들어있는 각 장로의 게송의 숫자는 21개에서 29개까지이다. 그리고 본서 서른의 모음에는 풋사 장로(Th30:1 {949}~{980})의 32개의 게송부터 아난다 장로(Th30:3 {1018}~{1050})의 33개의 게송까지가 포함되어 있다. 그리고 바로 다음인 쉰의 모음에는 딸라뿌따 장로(Th50:1 {1091}~{1145})의 55개의 게송들이 담겨 있다. 이처럼 스물의 모음 이하의 다른 모음들에는 각 모음의 제목의 숫자와 정확하게 일치하는 게송을 담고 있지 않다.

그러나 여기 마흔의 모음에는 마하깟사빠 장로(Th40:1 {1051}~{1090})의 게송 40개가 포함되어 있어서 이것은 마흔의 모음의 숫자 40과 일치한다. 즉 ① 이 모음의 이름에도 40이 들어 있고 ② 이 모음에 들어있는 게송도 정확하게 40개이다. 그래서 '마흔 개가 두 개다(cattālīsa duvepi ca).'라는 표현을 하고 있다고 여겨진다. 주석서에는 이 표현에 대한 설명이 나타나지 않는다. VRI본에는 cattā<u>sīla</u> duvepi ca로 나타나는데 cattā<u>līsa</u> duvepi ca(PTS)의 오기인 듯하다.

테라가타

쉰의 모음

Paññāsa-nipāta({1091}~{1145})

1. 딸라뿌따 장로(Th50:1 {1091}~{1145})

【행장】

딸라뿌따 장로(Tālapuṭa thera)는 『상윳따 니까야』 제4권 「딸라뿌따 경」(S42:2)에 나타나는 딸라뿌따 연극 단장(naṭagāmaṇi)이다. 문자적으로 딸라뿌따(tāla-puṭa)는 야자 잎(tāla)으로 만든 상자(puṭa)를 뜻한다. 주석서에 의하면 연극 단장 딸라뿌따는 그의 얼굴 색깔이 익어서 막 떨어진 야자열매(tāla-pakka)처럼 맑았기(vippasañña) 때문에 이런 이름이 붙여졌다고 한다. 그는 많은 배우를 거느린 연극단의 단장이었으며 전 인도(sakala-Jambu-dīpa)에서 유명하였다고 한다.(SA.iii.102) 그는 「딸라뿌따 경」(S42:2) §§9~11에서 출가하여 아라한이 되었다. 여기 『테라가타』의 그의 게송에서도 보듯이 그는 도덕적인 진지함으로 본 게송들을 읊었다. 『테라가타 주석서』는 장로에 대해서 이렇게 설명하고 있다.

"딸라뿌따 장로(Tālapuṭa thera)는 라자가하에서 어떤 연극하는 가문(naṭa-kula)에서 태어났다. 그는 사리를 분별하는 나이가 되어 가문에 어울리는 공연들(naccaṭṭhānā)에 통달한 뒤 온 인도에서 인정받는(pākaṭa) 연극 단장(naṭa-gāmaṇi)이 되었다. 그는 500명 여인들의 회중을 가져 큰 연극의 위력(naṭa-vibhava)으로 마을과 성읍과 지역에서 공연을 보여주었고 많은 예배와 공경(pūjā-sakkāra)을 얻으면서 다니다가 라자가하에 와서 도시에 거주하는 자들에게 공연을 보여주었다. 그는 존경과 공경을 얻었고 지혜가 무르익었기 때문에 스승님의 곁에 가서 절을 올리고 한 곁에 앉아서 세존께 이렇게 말씀드렸다.492)

"세존이시여, 스승들의 전통을 이어온 이전의 배우들이 말하기를 '무대에서나 집회장에서 진실이나 거짓으로 대중을 웃기고 즐겁게 하는 배우는 몸이 무너져 죽은 뒤에 파안대소하는 신들의 동료(pahāsānaṁ devānaṁ sahavyatā)로 태어난다.'라고 하는 것을 저는 들은 적이 있습니다. 여기에 대해서 세존께서는 어떻게 말씀하십니까?"
"그만하라, 단장이여. 그쯤에서 멈추어라. 여기에 대해서 내게 묻지 마라."(S42:2 §3 참조)
그는 세존께 세 번 질문을 드렸고 네 번째에 세존께서는 "단장이여, 배우는 무대에서나 집회장에서 애욕을 여의지 못하고 애욕의 폭류에 묶여있는 중생들의 애욕을 자극하는 것들을 공연하여 그들이 더욱더 애욕에 물들게 만든다. … 그는 스스로도 도취하고 방일하고 남들도 도취하게 하고 방일하게 만든 뒤 몸이 무너져 죽은 뒤에 파안대소하는 지옥(pahāsa nāma niraya)에 태어난다."(S42:2 §6)라고 말씀하셨다.
그 말씀을 듣고 연극 단장 딸라뿌따는 울면서 눈물을 흘렸다. 그는 "세존이시여, 저는 세존께서 그렇게 말씀하셨기 때문에 우는 것이 아닙니다. 세존이시여, 단지 제가 '무대에서나 집회장에서 진실이나 거짓으로 대중을 웃기고 즐겁게 하는 배우는 몸이 무너져 죽은 뒤에 파안대소하는 신들의 동료로 태어난다.'라고 말한, 스승들의 전통을 이어온 이전의 배우들에게 속임을 당하고 기만

---

492) 여기 『테라가타 주석서』(ThagA.iii.143~144)에서 인용하고 있는 이 일화에 대해서는 『상윳따 니까야』 제4권 「딸라뿌따 경」(S42:2) §3 이하를 참조할 것.

당하고 현혹되었기 때문에 [우는 것입니다.]"(S42:2 §8)라고 말씀드렸다.

그는 스승님의 곁에서 법을 듣고 믿음을 얻어 출가하여 구족계를 받고 위빳사나의 업을 행하면서 오래지 않아 아라한됨을 얻었다.(S42:2 §§9~11참조) 아라한됨을 증득하고는 아라한됨을 얻기 전에 가졌던 여러 모습에 대해서 자신의 마음을 꾸짖으면서(niggaṇhana) 지혜롭게 마음에 잡도리함이 일어났다. 그것을 여러 가지로 분석한 뒤 보여주기 위해서 본 게송들을 읊었다."(ThagA.iii.143~144)

그리고 『테라가타 주석서』는 장로의 맨 마지막 게송인 {1145}의 주해를 마친 뒤 이렇게 마무리하고 있다.
"이와 같이 장로는 마음을 꾸짖음(niggaṇhana)을 통해서 이전에 자신에게서 일어난 지혜롭게 마음에 잡도리함(yoniso-manasi-kāra)을 전개하면서 여러 형태로 분석한 뒤 근처에 모여 있는 비구들에게 교계를 베풂을 통해서 법을 설하였다."(ThagA.iii.162)

여기에 실려 있는 딸라뿌따 장로가 읊은 55개의 게송들은 출가하기 이전에 대한 게송들({1091}~{1106}) 16개와 출가한 후에 대한 게송들({1107}~{1145}) 39개로 크게 둘로 나누어진다. 이 가운데 앞의 16개의 게송들은 모두 '이러한 것은 언제 이루어질까(taṁ nu kadā bhavissati)?'({1093} 등)라거나 '언제 이런 것이 나에게 있게 될 것인가(tadidaṁ kadā me)?'({1099} 등)라는 등의 '언제(kadā)'라는 의문사를 가진 문장으로 되어 있다. 그래서 『테라가타 주석서』는 {1107}을 시작하면서 "[앞에서({1091}~{1106})] 이와 같이 출가하기 전에 출리에 대한 일으킨 생각(nekkhamma-vitakka)을 통해서 전개되었던 자신의 일으킨 생각의 전개를 보여준 뒤에, 이제 출가하여 이런 것들을 통해서 자신을 교계한 뒤에 증득하였던 그런 것들을 보여주면서 본 게송 등({1107}~{1145})을 읊었다."(ThagA.iii.154)라고 설명하고 있다.

특히 후반부의 게송들 39개({1107}~{1145})는 대부분 자신의 마음(citta)을 호격으로 불러서 꾸짖고 격려하는 형식으로 전개되고 있다. 즉, 이 후반부의 39개 게송 가운데 앞의 28개 게송들({1107}~{1134})은 마음을 꾸짖는 방법으로 교계하고, 뒤의 11개 게송들({1135}~{1145})은 마음을 격려하는 방법으로 읊고 있다. 그래서 주석서는 "이와 같이 28개 게송들로({1107}~{1134}) 꾸짖음(niggaṇhana)을 통해서 마음을 교계한 뒤 이제 한거하는 장소를 묘사함 등(vivekaṭṭhān-ācikkhaṇādi)을 통해서 격려하면서(sampahaṁsenta) 본 게송 등을 말하였다."(ThagA.iii.159)라고 설명한다.

딸라뿌따 장로와 관계된 경으로는 『상윳따 니까야』 제4권 「딸라뿌따 경」(S42:2)이 전승되어 오는데 위에서 인용한 『테라가타 주석서』(ThagA.iii.143~144)에 나타나는 내용을 담고 있다. 「딸라뿌따 경」(S42:2)은 "딸라뿌따 존자는 아라한들 중의 한 분이 되었다."(§11)라고 밝히는 것으로 마무리된다.

1091. "언제 [97] 참으로 나는 산속 동굴들에서
무상이라고 모든 존재를 통찰하면서
혼자, 짝(두 번째)이 없이493) 머물게 될까?
이러한 나의 [생각은] 언제 이루어질까?494)

---

493) "'짝(두 번째)이 없이(addutiyo)'란 갈애가 없음(nittaṇha)이다. 갈애는 사람의 두 번째(짝, 배우자)이기 때문이다."(ThagA.iii.151)

여기에 대해서는 본서 제2권 열의 모음 {541}의 주해와 본서 스물의 모음 {896}의 해당 주해를 참조하기 바란다. {541}a과 {896}b 등에서는 adduti-yo 대신에 adutiyo로 나타나고 있다.

494) "여기서 이것이 간략한 의미이다. — 참으로 언제 나는 큰 코끼리(mahā-gaja)가 사슬의 속박(saṅkhalika-bandhana)을 그렇게 하듯이 재가의 속박(gihi-bandhana)을 자른 뒤 출가하여 몸의 한거를 증가시키면서 혼자되어(ekākī) 산의 기슭들(pabbata-kandarā)에서 두 번째가 없이 모든 곳에

1092. 해어진 옷을 입은 성인(聖人)으로
가사로 된 옷을 입고 내 것이 없고 바람[願]이 없으며
탐욕과 성냄과 어리석음을 제거한 뒤
언제 참으로 행복하게 산비탈에 가서 머물게 될 것인가?

1093. 무상하고 죽음과 질병의 소굴이요
죽음과 늙음의 압박을 받는 이 몸을 통찰하면서
두려움을 없애고 언제 나는 혼자서 숲에서 머물 것인가?
이러한 것은 언제 이루어질까?

1094. 언제 참으로 나는 두려움의 산출자요
괴로움을 실어 오고 많은 것을 존재하게 하는 갈애의 넝쿨을
통찰지로 이루어진 예리한 칼로 자른 뒤 머물게 될까?
이러한 것은 언제 이루어질까?

1095. 언제 참으로 나는 강력하게 타오르는 통찰지로 이루어진
선인들의 칼을 돌연히 빼어 들고 사자의 자리에 앉아서
마라를 그의 군대와 더불어 불시에 부수어버릴까?
이러한 것은 언제 이루어질까?

1096. 바르고 법을 존중하며 여여하고 정확하게 보며
감각기능들을 정복한 그런 분들과 함께하는 모임들에서
언제 참으로 나는 노력하는 자로 여겨지게 될까?
이러한 것은 언제 이루어질까?495)

서 아무것도 바라지 않고(nirapekkha) 모든 형성된 것들을 무상 등으로 통찰하면서(vipassanta) 머물게 될 것인가?"(ThagA.iii.151)

495) 본 게송의 원문은 다음과 같다.

1097. 언제 참으로 [참된] 목적의 성취를 바라는 나를
나른함, 배고픔과 목마름, 바람과 뜨거움, 곤충과 파충류들이
기립바자[496]에서 나를 공격하지 않게 될까?
이러한 것은 언제 이루어질까?

1098. 위대한 선인이 체득하신 보기 어려운 네 가지 진리들을
나 자신이 삼매에 들고 마음챙김을 갖추게 되어
언제 [98] 참으로 나는 얻게 될까?
이러한 것은 언제 이루어질까?

1099. 한량없는 형색들, 소리들, 냄새들, 맛들, 감촉들, 법들을
불타오르는 것으로 [여겨][497] 사마타에 몰입하여[498]
언제 참으로 나는 통찰지로 보게 될 것인가?[499]

---

kadā nu'haṁ sabbhi samāgamesu,
diṭṭho bhave dhammagarūhi tādibhi|
yāthāvadassīhi jitindriyehi,
padhāniyo taṁ nu kadā bhavissati||

주석서는 본 게송의 기본 구조를 제1연의 kadā nu'haṁ과 제4연의 padhāniyo와 제2연의 diṭṭho bhave로 파악한 뒤 이들을 연결하여 '언제 참으로 나는 노력하는 자로 여겨지게 될까(kadā nu ahaṁ padhāniyoti diṭṭho bhaveyyaṁ)?'(ThagA.iii.152)로 설명하고 있다. 그리고 같은 구조로 되어 있는 다른 게송들에도 이 방법을 적용시켜야 한다고 적고 있다.(Ibid.)

496) '기립바자(Giribbaja)'는 라자가하(왕사성)의 옛 이름이다. 여기에 대해서는 본서 제2권 열의 모음 {545}의 주해를 참조할 것.

497) "'불타오르는 것으로 [여겨](ādittato)'라는 것은 11가지 불(ekādasa aggī)로써 불타오름(āditta-bhāva)을 말한다."(ThagA.iii.152)

11가지 불에 대해서는 본서 {1060}의 주해를 참조할 것.

498) "'사마타에 몰입하여(samathehi yutto)'라는 것은 禪과 위빳사나와 도의 삼매(jhāna-vipassanā-magga-samādhī)를 구족하여(samannāgata)라는 말이다."(ThagA.iii.152)

언제 이런 것이 나에게 있게 될 것인가?

1100. 언제 참으로 나는 나쁜 말을 들으면
그것을 표상으로 한 정신적 괴로움이 있지 않게 되고
칭송받는다고 해서 그것을 표상으로 만족하지 않게 될까?
언제 이런 것이 나에게 있게 될 것인가?

1101. 나무들과 풀들과 넝쿨들과
안에 있고 밖에 있는 이들 한량없는 법들의 무더기들을
언제 참으로 나는 동일하게 여길 것인가?500)
언제 이런 것이 나에게 있게 될 것인가?

1102. 언제 참으로 숲에서 우기철의 먹구름은
선인들이 걸어가셨던 길을 따라가는 나를501)
가사와 더불어 새로운 물로 적시게 할 것인가?502)

---

499) "'나는 통찰지로 보게 될 것인가(paññāya dacchaṁ)?'라는 것은 위빳사나의 통찰지와 함께 도의 통찰지로 나는 보게 될 것인가(dakkhissaṁ)라는 말이다."(ThagA.iii.152)

500) "'나는 동일하게 여길 것인가(samaṁ tuleyyaṁ)?'라는 것은 무상 등을 통하고 심재가 없음 등의 비유(asārādi-upamā)를 통해서 모두를 동일하게(samaṁ) 만든 뒤 건널 것인가(tīreyyaṁ)라는 말이다."(ThagA.iii.152)

501) "'선인들이 걸어가셨던 길을 따라가는 나를(isi-ppayātamhi pathe vajantaṁ)'이라고 하였다. 부처님 등의 대선인들(mahesī)이 바르게 걸어가셨던(payāte) 사마타와 위빳사나의 도를 따라가는, 즉 도를 닦아가는(paṭipajjantaṁ)이라는 말이다."(ThagA.iii.153)

502) '가사와 더불어 새로운 물로 적시게 할 것인가?'는 navena toyena sacīvaram … ovassate를 옮긴 것이다. 주석서는 이렇게 설명하고 있다.
"우기철에(pāvusa-samaye) 먹구름(kālamegha)은 '새로운 물로(navena toyena)', 즉 빗물로(vass-odakena) 산비탈에서(pavane) 언제 가사와 더불어 [나를] 적실 것인가(ovassati), 젖게 할 것인가(temeti)라고 하면서 자신의 노천에 머무는 수행에 대해서 사유하고 있음(abbhokāsika-bhāva-

이러한 것은 언제 이루어질까?

1103\. 언제 나는 산의 동굴에서
관모를 가진 공작새의 울음소리를 듣고 일어나서
죽음 없음에 도달함503)에 대해서 생각하게 될 것인가?
이러한 것은 언제 이루어질까?

1104\. 언제 참으로 나는 강가 강과 야무나 강과 사랏사띠 강과
빠딸라 지역504)과 무시무시한 발라와무카505)를
방해받지 않고 신통으로 건너게 될 것인가?
이러한 것은 언제 이루어질까?

1105\. 언제 참으로 나는 집착 없이 다니는 코끼리처럼
모든 아름다운 표상을 없애고 참선에 몰입하여
감각적 쾌락의 가닥들에 대한 욕구를 쪼개버리게 될까?
이러한 것은 언제 이루어질까?

---

parivitakkita)을 보여주고 있다."(ThagA.iii.153)

503) "'죽음 없음에 도달함(amatassa pattiyā)'은 열반의 증득(nibbāna-adhigama)이다."(ThagA.iii.153)

504) '빠딸라 지역' Pātālakhitta를 옮긴 것이다. 주석서는 이렇게 설명한다.

"떨어지기에 충분하고 가능한 곳이라고 해서(pātāya alaṁ pariyattanti) 갈라진 틈[深淵], 즉 빠딸라(pātāla)이고 그러한 지역(khitta)을 말한다. 땅이 만들어질 때부터 거기에 있었던 것이 '빠딸라 지역(Pātālakhitta)'이다. 이곳은 바다(samudda)의 안쪽에 있는 땅으로 100요자나 등으로 구분되는 해변의 장소들(tīra-ṭṭhānāni)이다. 어떤 곳에는 용들이 살고 있고 어떤 곳은 비어있기도 하다."(ThagA.iii.153)

505) "'발라와무카(Baḷavāmukha)'는 큰 바다(mahā-samudda)에 있는 큰 소용돌이의 입구(āvaṭṭa-mukha)이다. 대지옥의 문이 열릴 때에 큰 불의 무더기가 거기로부터 나오면서 그 주위를 수백 요자나 길이로 퍼져 나와서 아래로 바다의 영역을 태우기 때문이다. 그것이 타오를 때 물 위로 소용돌이 형태로 휘몰아치면서 큰 소리가 아래로 퍼져 나온다."(ThagA.iii.153)

1106. 빚에 쪼들리는 [99] 가난한 사람이 채권자들로부터
괴롭힘을 당하다가 보물을 발견하는 것처럼
언제 나는 위대한 선인의 교법을 증득한 뒤 만족하게 될까?
이러한 것은 언제 이루어질까?

1107. 506)'그대 재가에 머무는 것은 이것으로 충분합니다.'라고
여러 해 동안 그대로부터 간청을 받았다.
이제 그런 나는 출가를 하였다.
마음이여, 그런데 그대 왜 [수행에] 몰입하지 않는가?507)

1108. 마음이여, 참으로 나는 그대로부터 간청받지 않았던가?
'기립바자에는 다양한 날개를 가진 새들이 있고
[신들의 왕] 마힌다508)의 음성인 천둥 치는 소리를 가져
그들은 숲에서 참선하는 그대를 기쁘게 할 것입니다.'라고.

1109. 재가 시절의 친구들과 사랑하는 사람들과 친지들
유희로 기뻐함, 감각적 쾌락의 가닥 —
이 모든 것을 버린 뒤 이것에 도달하였다.509)

---

506) "[앞에서] 이와 같이 출가하기 전에 출리에 대한 일으킨 생각(nekkhamma-vitakka)을 통해서 전개되었던 자신의 일으킨 생각의 전개를 보여준 뒤에 이제 출가하여 이런 것들을 통해서 자신을 교계한 뒤에 증득하였던 그런 것들을 보여주면서 본 게송 등을 읊었다."(ThagA.iii.154)

507) "'마음이여, 그런데 그대 왜 [수행에] 몰입하지 않는가(kiṁkāraṇā citta tuvaṁ na yuñjasi)?'라고 하였다. 사마타와 위빳사나를 버리고 저열한 게으름(nihīna ālasiya)에 빠져버리는가라는 뜻이다."(ThagA.iii.154)

508) '[신들의 왕] 마힌다(Mahinda)'에 대해서는 본서 스물의 모음 {749}의 주해들을 참조할 것.

509) "'이것에 도달하였다(imam ajjhupāgato).'라는 것은 이 숲의 장소(arañña-ṭṭhāna) 혹은 출가(pabbajja)에 다다랐다는 말이다."(ThagA.iii.154)

마음이여, 그런데도 그대는 나에게 만족하지 않는가?

1110. 이것은[510] 오직 나의 것이어서
그대는 남들에게 속하지 않는다.
[싸우기 위해] 갑옷을 입는 때에[511]
탄식이 무슨 소용이 있는가?
이 모든 것은 흔들린다는 것을 숙고하면서
죽음 없는 경지를 원하여 나는 출가하였다.[512]

1111. 멋진 언설로 말씀을 하시고
두 발 가진 자들 가운데 가장 높으시며
큰 위력을 가지셨고
사람을 길들이는 마부이신 분[調御丈夫]께서는
'마음은 원숭이를 닮아 그렇게 흔들리나니
탐욕을 여의지 못한 자 제어하기 어렵도다.'라고 하셨다.

1112. 감각적 쾌락들은 참으로 다양하고
달콤하고 마음에 드는 것이어서

---

510) 주석서에서 밝히고 있듯이 여기서 '이것(etaṁ)'은 마음(citta)이다.(ThagA.iii.154)

511) "'갑옷을 입는 때에(sannāha-kāle)'란 오염원으로서의 마라(kilesa-māra)와 싸우기 위해서 수행이라는 갑옷을 입는 때에(bhāvanā-sannāha-kāle)라는 말이다."(ThagA.iii.154)

512) "'이 모든 것은 흔들린다는 것을 숙고하면서(sabbaṁ idaṁ calamiti pekkha-māno)'라고 하였다. 이 마음과 삼계에 속하는 형성된(tebhūmaka-saṅkhāra) 다른 모든 것은 흔들리고(cala) 확고하지 못하다(anavaṭṭhita)라고 통찰지의 눈으로 쳐다보면서 집(geha)과 감각적 쾌락들(kāmā)로부터 '나는 출가하였다(abhinikkhamiṁ)', '죽음 없는 경지(amatapadaṁ)'인 열반을 '원하여(jigīsaṁ)', 즉 추구하면서(pariyesanta)라는 말이다."(ThagA.iii.154)

지혜롭지 못한 범부들은
거기에 집착한다.
그들은 다시 존재함을 찾으면서 괴로움을 원하나니
마음으로 지옥에 인도되어 멸시를 받는다.513)

1113. 514)'공작새들과 왜가리들의 소리 울려 퍼지는 밀림에서
표범들과 호랑이들을 앞세우고 살면서
몸에 대한 기대를 버리시오, [순간을] 놓치지 마시오.515)'라고
마음이여, 이처럼 그대는 전부터 나에게 재촉하였다.

1114. '禪들과 [100] 기능들과 힘들과
깨달음의 구성요소들과 삼매 수행들을 닦으시오.
부처님 교법에서 세 가지 명지[三明]에 닿으시오.'라고516)

---

513) "'마음으로 지옥에 인도되어 멸시를 받는다(cittena nītā niraye nirākatā).'라고 하였다. 마음의 지배를 받는 자들(citta-vasikā)은 지옥에 태어나는(niraya-saṁvattanika) 업을 지으면서 이익과 행복으로부터(hita-sukha-to) 멸시를 받아(nirākatā) 바로 자신의 마음에 의해서(attano citteneva) 지옥에 인도되고(niraye nītā) 다르게 되지 않는다(na aññathā). 이처럼 마음이 오직 제지되어야 함(niggahetabbatā)을 보여준다."(ThagA.iii.154)

514) "다시 마음이 오직 제지되어야 한다고 충고하면서(niggahetuṁ mantento) 본 게송을 말했다."(ThagA.iii.155)

515) "'[순간을] 놓치지 마시오(mā virādhaya).'라고 하였다. 참으로 얻기 어려운 이 아홉 번째 순간(navama khaṇa)을 놓치지 말라(mā virādhehi)는 말이다."(ThagA.iii.155)

『디가 니까야』 제3권 「합송경」(D33) §3.2의 (4)에는 아홉 가지 청정범행을 닦기에 적당하지 않은 순간과 적당하지 않은 때(nava akkhaṇā asamayā brahmacariyavāsāya)가 나타난다. 이 가운데 아홉 번째에 대해서는 본서 제2권 여덟의 모음(Th8:3) {511}의 해당 주해 등을 참조하기 바란다.

516) "'禪들(jhānāni)'이란 초선 등의 네 가지 禪들(cattāri jhānāni)이다. '기능들(indriyāni)'이란 믿음 등의 다섯 가지 기능들[五根, pañc-indriyāni]이다. '힘들(balāni)'이란 이들 다섯 가지 힘들[五力, pañca balāni]이다. '깨달음의 구성요소들과 삼매 수행들(bojjhaṅga-samādhi-bhāvanā)'은 일

마음이여, 이처럼 그대는 전부터 나에게 재촉하였다.

1115. '죽음 없음[不死]을 증득하기 위해서
출리(出離)로 인도하고[517)]
모든 괴로움의 멸진으로 귀결되며
모든 오염원을 청정하게 하는
여덟 가지 구성요소를 가진 도[八正道]를 닦으시오.'라고
마음이여, 이처럼 그대는 전부터 나에게 재촉하였다.

1116. '무더기들을 괴로움이라고 지혜롭게 주시하시오.
그곳에서 괴로움이 발생하는 그것을 버리시오.
바로 여기서 괴로움의 끝을 만드시오.'[518)]라고

곱 가지 깨달음의 구성요소들[七覺支, satta bojjhaṅgā]과 네 가지 삼매 수행들(catasso samādhi-bhāvanā)이다(D33 §1.11 (5); A4:41 §5). '세 가지 명지[三明, tisso ca vijjā]'란 전생을 기억하는 지혜[宿命通] 등의 세 가지 명지이다. '닿으시오(phusa).'는 얻으라(pāpuṇāhi)는 말이다."(ThagA. iii.155)

517) '출리(出離)로 인도하고'는 niyyānikaṁ을 옮긴 것이다. 『담마상가니 주석서』는 『담마상가니』 두 개 조 마띠까 가운데 '출리(出離)로 인도하는 법들(ma2-97-a)'을 설명하면서 이렇게 주석한다.

"윤회의 뿌리(vaṭṭa-mūla)를 잘랐기 때문에(chindantā) 열반을 대상으로 하여 윤회로부터 벗어난다(vaṭṭato niyyanti)고 해서 '출리로 인도하는 법들(niyyānikā)'이다. 이러한 특징에 의해서 벗어나지 못한다고 해서 '출리로 인도하지 못하는 법들(aniyyānikā)'이다."(DhsA.50)

518) "'무더기들(khandhe)'은 취착의 [대상인] 무더기들[取蘊, upādānakkhandhā]이다. '지혜롭게 주시하시오(paṭipassa yoniso).'는 병이라고 종기라고 쇠살이라고 재난이라고 질병이라고(rogato gaṇḍato sallato aghato ābādhatoti, S22:122 §3 등) 이런 등의 여러 가지 형태로 위빳사나의 지혜에 의해서 바른 수단(upāya)으로 방법(naya)으로 보라는 말이다. '그것을 버리시오(taṁ jaha).'라는 것은 그 괴로움의 일어남인 갈애를 버려라, 뿌리 뽑아라(pajaha, samucchinda)라는 말이다. '바로 여기서(idheva)'는 이 자기 자신에서(attabhāve)라는 말이다."(ThagA.iii.155)

마음이여, 이처럼 그대는 전부터 나에게 재촉하였다.

1117. '무상하고 괴로움이라고, 공하고 무아라고도
재난이고 죽음이라고도 지혜롭게 통찰하시오.[519]
마음이 [벌이는] 정신적인 추구를 제지하시오.[520]'라고
마음이여, 이처럼 그대는 전부터 나에게 재촉하였다.

1118. '까까머리를 하고 볼품없고 저주를 받고

---

519) "'무상하고(aniccaṁ)'라는 등에서, 끝을 가졌기 때문에(antavantato), 무상으로 끝나기 때문에(aniccantikato), 그 시간까지만 존재하는 [순간적인 것이기] 때문에(tāvakālikato), 그리고 항상함과 반대되기 때문에(nicca-paṭi-kkhepato ca) 무상하다고 보라(passa)는 뜻이다.
'괴로움이라고(dukkhaṁ)' 하였다. 일어나고 사라짐의 압박을 받기 때문에(udayabbaya-paṭipīḷanato), 두렵기 때문에(sappaṭibhayato), 견디기 어렵기 때문에(dukkhamato), 즐거움과 반대되기 때문에(sukha-paṭikkhepa-to) 괴로움이라고 보라는 뜻이다.
'공하고(suññaṁ)'라는 것은 지배력이 없기 때문에(avasavattanato), 주인이 없기 때문에(asāmikato), 심재가 없기 때문에(asārato), 자아와 반대되기 때문에(atta-paṭikkhepato), 공하고 그렇기 때문에(tato eva) '무아(anatta)'이다.
비난받아 마땅하기 때문에(vigarahitabbato) 쾌차하지 못하는 질병이기 때문에(avaḍḍhi-ābādhanato) '재난이고 죽음이라고도 지혜롭게 통찰하시오(aghaṁ vadhaṁ vipassa yoniso).'로 적용된다."(ThagA.iii.155)

520) "'마음이 [벌이는] 정신적인 추구를 제지하시오(mano-vicāre uparundha cetaso).'라는 것은 마음이 [벌이는](cetaso) 정신적인 추구의 인식을 가진, 재가에 바탕을 둔 기쁨에 대한 정신적인 추구 등의(mano-vicāra-saññino gehasita-somanass-upavicārādike) 18가지를 제지하라, 금하라, 소멸하게 하라(uparundha vārehi nirodhehi)는 말이다."(ThagA.iii.155)

『테라가타 주석서』에서 말하는 이 '18가지 정신적인 추구(aṭṭhārasa manovicārā)'는 『디가 니까야 주석서』 가운데 「대념처경」(D22)의 주석(DA.iii.775)에 나타나는 "재가의 다섯 가닥의 감각적 쾌락에 바탕을 둔 여섯 가지 기쁜(somanssa) 느낌, 재가에 바탕을 둔 여섯 가지 고통스러운(do-manassa) 느낌, 재가에 바탕을 둔 여섯 가지 평온한 느낌"(DA.iii.775)이라고 여겨진다. 여기에 대해서는 『네 가지 마음챙기는 공부』 201쪽을 참조하기 바란다.

그릇을 손에 들고 이집 저집에서 구걸을 하시오.
위대한 선인이신 스승의 당부에 몰입하시오.'라고
마음이여, 이처럼 그대는 전부터 나에게 재촉하였다.

1119. '집들에, 감각적 쾌락들에 집착하지 않는 마음으로
자신을 잘 단속하여 거리에서 [탁발을] 다니시오.521)
마치 휘영청 밝은 보름밤의522) 달처럼.523)'이라고
마음이여, 이처럼 그대는 전부터 나에게 재촉하였다.

1120. '숲에 머무는 자와 탁발음식만 수용하는 자가 되시오.
공동묘지에 머무는 자와 분소의를 입는 자가 되시오.
눕지 않는 자가 되시오. 항상 두타524)를 기뻐하시오.'라고

---

521) '거리에서 [탁발을] 다니시오.'는 visikhantare caraṁ을 옮긴 것이다. 주석서는 "탁발(bhikkhācariyā)을 위해 원하는 특별한 곳들(icchā-visesā)에서 다니는 것"(ThagA.iii.156)이라고 설명한다. 여기서 visikhā는 거리(*street*)나 길(*road*)을 뜻하는 여성명사이다.(PED)

522) '휘영청 밝은 보름밤의'는 dosina-puṇṇamāsiyā를 옮긴 것이다. 여기서 '보름밤'은 puṇṇamāsi를 옮긴 것이다. '휘영청 밝은'은 dosinā(Sk. jyotsnā)를 옮긴 것인데, 주석서에서 "dosinā는 dosa-apagatā(티가 없음)인데 구름, 안개, 연기, 먼지, 월식(abbha, mahikā, dhūma, rajo, rāhu)의 다섯 가지 오점(pañca upakkilesā)이 없는 것을 말한다."(MA.ii.250)라고 설명하고 있다. dosinā의 산스끄리뜨에 해당하는 jyotsnā는 일반적으로 달빛(*moonlight*)을 뜻한다.

523) "'마치 휘영청 밝은 보름밤의 달처럼(cando yathā dosina-puṇṇamāsiyā).'이라고 하였다. [보름달은] 어두컴컴함이 사라진 보름밤(vigata-dosa puṇ-ṇama)에 처음 방문하는 사람에게 항상(nicca-navasāya) 청정한 믿음을 내게 하기 때문에(pāsādikatāya) 이러한 달(candimā)처럼 다녀라(cara)라고 적용이 된다."(ThagA.iii.156)

524) 여기서 '두타(頭陀)'는 dhuta를 옮긴 것이다. 주석서는 이것을 '두타의 덕(dhuta-guṇa, ThagA.iii.156)'으로 설명하고 있는데 본 게송에서 언급되는 다섯 가지는 13가지 두타행(terasa dhutaṅga)에 포함되어 있다. 13가지 두타행은 본서 스물의 모음 {844}~{856}으로 나타나고 있다. 이 13가지 두

마음이여, 이처럼 그대는 전부터 나에게 재촉하였다.

1121. 그대는 무상하고 흔들리는 것에다 나를 재촉하나니[525]
나무들을 심은 뒤 열매를 맺으려 할 때
그대가 뿌리로부터 그 나무[526]를 자르기를 원하는 것과 같다.
마음이여, 그대는 이러한 비유처럼 행하는구나.[527]

1122. 물질이 아니고 멀리 흐르고 혼자 다니는 자여,
이제 나는 그대의 말대로 행하지 않을 것이다.
감각적 쾌락들은 고통스럽고 혹독하고 크게 두려운 것이라
나는 마음을 오직 열반을 향하게 하면서 행할 것이다.

1123. 나는 불운해서도 수치심이 없어서도 아니고

타행은 『청정도론』 제2장 전체에서 잘 설명되어 있으므로 참조하기 바란다.

여기 나타나는 '숲에 머무는 자(āraññika)'는 13가지 두타행 가운데 여덟 번째인 숲에 머무는 수행(āraññikaṅga)이다. 같은 방법으로 '탁발음식만 수용하는 자(piṇḍapātika)'는 세 번째이고, '공동묘지에 머무는 자(sosānika)'는 11번째이며, '분소의를 입는 자(paṁsukūlika)'는 첫 번째이고, '눕지 않는 자(nesajjika)'는 13번째 두타행이다.

525) "'그대는 무상하고 흔들리는 것에다 나를 재촉하나니(yaṁ maṁ aniccamhi cale niyuñjasi).'라고 하였다. 그대는 나를 출가하도록 재촉한 뒤에(niyojetvā) 내가 출가하여 반쯤밖에 오지 않았는데(addhāgataṁ) 무상하고 흔들리는 윤회의 면전(saṁsāra-mukha)에 대고 출가의 열매(pabbajjā-phala)를 재촉한다, 즉 재촉을 통해서 [열매를] 생기게 하려 한다(niyojana-vasena pavattesi)는 말이다."(ThagA.iii.156)

526) 여기서 '나무'는 taru를 옮긴 것이다. PED는 나무를 뜻하는 dāru의 방언인 것 같다고 적고 있다. 노만 교수도 *tree*로 옮기고 있다.

527) "'마음이여, 그대는 이러한 비유처럼 행하는구나(tathūpamaṁ cittam idaṁ karosi).'라고 하였다. 마치 어떤 사람이 열매들을 원하면서 열매가 달린 나무에 오른 뒤에 거기서 열매를 얻지 못하자 그것을 뿌리로부터 자르려고 하는 것과 같다. 마음이여, 그대도 이런 비유와 같고 이것과 닮아서(tappaṭibhāgaṁ) 이것을 행하는구나라는 말이다."(ThagA.iii.156)

[번뇌스러운] 마음 때문도, 추방당하였기 때문도 아니다.[528]
생계를 원인으로 하여서도 집을 나와 [출가하지] 않았다.
마음이여, 그러나 나는 그대와 약속하였다.[529]

1124. '바라는 것이 적음과 모욕을 버림과 괴로움의 가라앉음은
참된 사람들이 칭송합니다.'라고
마음이여, 이처럼 [101] 그대는 그때 나에게 재촉하였다.
그러나 그대는 이제 이전의 버릇으로 돌아갔구나.

1125. 갈애와 무명과 여러 가지 좋아하는 것[530]과

---

528) '추방당하였기 때문도 아니다.'는 na ca dūrakantanā를 옮긴 것인데 뜻을 정확히 파악하기 어렵다. PED는 dūrakantanā를 durākantana로 읽을 것을 권한 뒤 ākantana를 보라고 권하지만 ākantana 항목에서는 아무 뜻도 제시하지 않는다. 주석서는 "왕들 등이 자애를 베푼 뒤(mettaṁ katvā) 그들을 속여서(tesu dubbhitvā) 속인 상태로(dubbhibhāvena)"(ThagA.iii.157)라고 설명하고 있다. 노만 교수는 '*nor because of banishment*'로 옮기고 있는데(K.R. Norman, 277쪽 §1123의 주해 참조) 역자도 이를 따랐다.

529) "'마음이여, 그러나 나는 그대와 약속하였다(kato ca te, citta, paṭissavo mayā).'라고 하였다. 이것은 '마음이여, 출가할 때부터 시작하여 나는 그대의 통제하에 있지 않다(na tava vase vattāmi). 그렇지만 나는 오직 나의 통제하에 있다(mameva pana vase vattāmi).'라고 내가 서원을 하였음(paṭiññā katā)을 보여주고 있다."(ThagA.iii.157)

530) '여러 가지 좋아하는 것'은 piyāpiya를 옮긴 것인데 주석서는 다음과 같이 좋아하고 싫어하는 것(piya-apiya)으로 설명하고 있다.

"처자식 등에 대해서 애정이라 부르는 좋아함(pema-saṅkhāta piyabhāva)과 외딴 거처에 머무는 지극히 유익한 법들(adhikusala-dhammā)에 대해서 기뻐하지 않음이라 부르는 싫어함(anabhirati-saṅkhāta appiyabhāva)인데 양쪽 모두에 대한 호감과 비호감(anurodha-paṭivirodha)이다."(ThagA.iii.157)

그런데 본 게송의 문맥으로 볼 때 본서 {784}에서 bhavābhavesu를 '여러 존재들에서'로 옮긴 것처럼 여기서도 '여러 가지 좋아하는 것'으로 옮기는 것이 타당한 것으로 보인다. 노만 교수도 '*various sorts of pleasant things*'

아름다운 형색들과 즐거운 느낌과
마음에 드는 감각적 쾌락의 가닥들을 나는 토해내었다.
토한 것을 다시 삼키려고 나는 애쓰지 않는다.

1126. 마음이여, 모든 곳에서 나는 그대의 말대로 행하였다.
많은 생에서 나는 그대를 화나게 하지 않았다.
그러나 내 안에서 생겼으면서 그대는 은혜를 모르기 때문에
그대가 만든 괴로움 속에서 오랫동안 나는 윤회하였다.

1127. [531]마음이여, 오직 그대가 우리를 바라문으로도 만들고
그대가 왕인 끄샤뜨리야도 만든다.
우리는 어느 때는 와이샤와 수드라가 되기도 하고
신이 되기도 하는데 그것도 그대에 의해서 그렇게 된다.

1128. 그대를 원인으로 우리는 아수라도 되고
그대를 뿌리로 하여 지옥에 거주하는 자가 된다.
그리고 어느 때는 축생이 되기도 하고
아귀가 되는 것도 그대에 의해서 그렇게 된다.

1129. 그대는 나를 거듭거듭 해코지하지 못할 것이고[532]

로 옮겼다.(K.R. Norman, 103쪽 §1125와 277쪽 §1125의 주해 참조)

531) "여기서는 앞 게송에서 '그대가 만든 괴로움 속에서 오랫동안 나는 윤회하였다(dukkhe ciraṁ saṁsaritaṁ tayā kate).'({1126}d)라고 간략하게 말한 의미를 태어남(태생)의 구분(uppatti-bheda)과 태어날 곳[行處, gati]의 구분에 의해서 자세하게 보여주면서 본 게송 등을 말하였다."(ThagA.iii157)

532) "'그대는 나를 거듭거듭 해코지하지 못할 것이고(na nūna dubbhissasi maṁ punappunaṁ)'라고 하였다. 마음이여, 마치 전에 그대가 끝이 없는 태어남들(anantā jātī)에서 친구를 가장한 적(mitta-paṭirūpaka sapatta)이 되어 나를 거듭거듭 속여 왔듯이(dubbhi) 지금도 그대는 그처럼 해코지할 것이라고(dubbhissasi) 생각하지만 전에처럼 하도록 나는 보고 있지 않

순간순간마다 마치 가면극을 보여주는 것과 같으며
미친 자와 더불어 하듯이 그대는 나와 장난을 치는구나.
마음이여, 내가 조금이라도 그대를 놓쳐버린 적이 있었는가?

1130. 원하는 대로, 가고 싶은 곳으로, 즐거워하는 것에 따라
전에 이 마음은 원하는 대로 돌아다녔지만
그런 나는 이제 오늘 근원적으로 제지하게 되었다.
갈고리를 잡은 자가 취기 오른 코끼리를 그리하듯이. (={77})

1131. 그리고 스승님께서는 나에게 이 세상이란
무상하고 견고하지 않고 심재가 없다고 확고하게 하셨으니
마음이여, 그대 나를 승자의 교법에 들어가게 하라.
건너기 어려운 큰 폭류를 건너게 하라.

1132. 마음이여, 이것은[533] 그대에게 이전과 같지 않나니
나는 분명 그대의 통제로 되돌아가지 않을 것이다.

을 것이라는 의미이다."(ThagA.iii.158)

여기서 '그대는 해코지할 것이다.'는 dubbhissasi를 옮긴 것인데 √dabh(*to deceive, to harm*, 속이다, 해치다, dubbhati)의 미래 2인칭 단수이다.

533) 『테라가타 주석서』는 '이것(idaṁ)'을 '자기 존재라는 집(attabhāva-geha)' 이라고 간략하게 부언하고 있다.(TagA.iii.158)

주석서들에서 '자기 존재(atta-bhava)'는 문맥에 따라 다양하게 설명이 되고 있는데 예를 들면, 『청정도론 복주서』(Pm)에서는 『청정도론』 제9장의 주석에서 "자기 존재는 몸이나 오온이다(sarīraṁ, khandha-pañcakameva vā)."(Pm.i.367 = Vis. IX.9의 주석)라고 설명하기도 하고 제20장의 주석에서는 "여기서 '자기 존재'는 [본문에서 언급되는] 생명과 느낌과 알음알이를 제외한 나머지 법들(avasiṭṭha-dhammā)을 말한다."(Pm.ii.411 = Vis. XX.72의 주석)라고 설명하기도 한다. 『청정도론』에서 전자의 경우는 '몸' 이라고 옮겼으며(Vis.IX.9) 후자의 경우에는 '신체'라고 옮겼다(Vis.XX.72).

그러므로 본 게송에서 '이것(idaṁ)'은 오온으로 이해하면 되겠다.

위대한 선인의 교법에 나는 출가하였으니
나와 같은 사람들은 파멸을 겪지 않는다.

1133. 산들과 [102] 바다들과 강들과 땅들과
사방과 네 가지 간방위[艮方]와 아래와 허공 —
세 가지 존재들은 모두 무상하고 압박을 받으니
마음이여, 그대는 어디에 가서 행복을 누릴 것인가?[534]

1134. 나의 마음이여, 확고함을 궁극으로 삼는 나에게[535]
그대가 무엇을 할 것인가?
마음이여, 나는 더 이상
그대의 통제하에 있지 않다.
분명히 [가죽부대의] 양쪽 주둥이로는
풀무를 건드리지 않나니[536]

---

534) "'세 가지 존재들은 모두 무상하고 압박을 받으니(sabbe aniccā tibhavā upaddutā)'라고 하였다. 욕계 존재 등의 세 가지 존재들(tayo bhavā)은 모두 무상하고 태어남 등과 탐욕 등과 오염원들에 의해서 압박받고 괴롭힘을 당해서(paddutā pīḷitā ca) 여기에는 그 어디에도 안은한 장소(khema-ṭṭhāna)가 없다. 그것이 없기 때문에 '마음이여, 그대는 어디에 가서 행복을 누릴 것인가(kuhiṁ gato, citta, sukhaṁ ramissasi)?' 그러므로 그대는 그것으로부터 벗어남(nissaraṇa)도 여기서 찾으라(ettha pariyesāhi)는 의미이다."(ThagA.iii.159)

535) '확고함을 궁극으로 삼는 나에게'는 dhitipparaṁ … mama를 옮긴 것이다. 주석서는 이것을 "확고함이 완성되어 궁극적으로 확고부동한 경지에 머무는 나에게(dhiti-parāyaṇaṁ paramaṁ thirabhāve ṭhitaṁ mamaṁ)"(ThagA.iii.159)로 풀이하고 있다.

536) '분명히 [가죽부대(cf. {1138}d의] 양쪽 주둥이로는 / 풀무를 건드리지 않나니'는 na jātu bhastaṁ ubhato-mukhaṁ chupe를 직역한 것이다. 노만 교수도 '*Never would anyone touch a bellows with a mouth at each end.*'로 옮겼다.(K.R. Norman, 104쪽 §1134) 여기서 건드리다로 옮긴 chupe는 √chup(chupati, 6류, 만지다, 접촉하다, *to touch*)의 가능형 동

아홉 개 [구멍]으로 [오염물이] 흘러나오는
몸뚱이를 저주하노라.537)

1135. 538)곰들과 영양들이 자주 가고 의지하는
바위굴과 산꼭대기 혹은 자연적으로 생긴 아름다운 곳

사로 chupeyya의 뜻이다.(ThagA.iii.159)

주석서는 이 비유가 구체적으로 무엇을 뜻하는지는 언급하지 않고 있다. 그런데 이 비유는 『디가 니까야』 제2권 「대념처경」(D22) 등에 나타나는 '양쪽에 주둥이가 있는 가마니(ubhato-mukhā putoḷi)'라는 비유와 비교해 볼 수 있다.
'양쪽에 주둥이가 있는 가마니(ubhatomukhā putoḷi)'라는 이 비유는 『디가 니까야』 제2권 「대념처경」(D22)과 『맛지마 니까야』 제1권 「염처경」(M10)과 제4권 「몸에 대한 마음챙김 경」(M119)에 다음과 같이 나타난다.

"비구들이여, 이는 마치 양쪽에 주둥이가 있는 가마니에 여러 가지 곡물, 즉 밭벼, 보리, 녹두, 완두, 참깨, 논벼 등이 가득 담겨 있는데 어떤 눈 밝은 사람이 그 자루를 풀고 반조하는 것과 같다. '이것은 밭벼, 이것은 보리, 이것은 녹두, 이것은 완두, 이것은 참깨, 이것은 논벼다.'라고.
비구들이여, 이와 같이 비구는 발바닥에서부터 위로 올라가며 그리고 머리털에서부터 아래로 내려가며 이 몸은 살갗으로 둘러싸여 있고 여러 가지 더러운 것[不淨]으로 가득 차 있음을 반조한다. 즉 '이 몸에는 머리털·몸털 … 관절활액·오줌 등이 있다.'고."(D22 §5; M10 §10; M119 §7)

이처럼 이 비유는 「대념처경」의 21가지 명상주제 가운데 몸의 32가지 부위에 대한 혐오의 문맥에서 나타나고 있다. 「대념처경」 등에서는 몸을 이와 같이 '발바닥에서부터 위로 올라가며 그리고 머리털에서부터 아래로 내려가며' 32가지 부위로 해체해서 각 부위에 대한 혐오를 관찰하는 방법으로 설명하지만 딸리뿟따 장로는 본 게송에서 몸의 아홉 개의 구멍으로 더러운 것이 흘러나오는 것의 혐오를 강조하고 있다.

537) '몸뚱이를 저주하노라.'는 dhiratthu pūraṁ을 옮긴 것이다. 여기에 대해서는 본서 제2권 넷의 모음 난다까 장로(Th4:4)의 게송 가운데 {279}와 {280}의 주해들을 참조하기 바란다. 아래 마하목갈라나 장로(Th60:1)의 게송 {1150}도 참조할 것.

538) "이와 같이 28개 게송들({1107}~{1134})로 꾸짖음(niggaṇhana)을 통해서 마음을 교계한 뒤 이제 한거하는 장소를 묘사함 등(vivekaṭṭhān-ācikkhaṇādi)을 통해서 격려하면서(sampahaṁsento) 본 게송 등을 말하였다."(ThagA.iii.159)

혹은 신선한 물로 비가 내리는 숲 —
동굴인 그런 집에 가서 그곳에서 그대 기뻐할 것이다.

1136. 아름다운 푸른 목과 아름다운 관모와
아름다운 꼬리의 깃털을 가졌고
형형색색의 털로 덮인
아름다운 날개를 가진 새들이
아름다운 소리를 가진
벼락과 인사를 나누나니
그들은 숲에서 참선을 하는
그대를 기쁘게 할 것이다.

1137. 하늘에서 비를 내리고 풀이 네 마디 길이로 자라며
숲에는 꽃들이 활짝 피어 구름을 닮았다.
나는 산속에서 나무처럼 누워있을 것이니
그것은 나에게는 솜처럼 부드러울 것이다.

1138. 그러나 나는 주인으로 행동할 것이니
무엇을 얻든 그것은 나에게 충분할 것이다.[539]
[그러므로] 나는 그대를 유연하게 만들 것이니
마치 게으르지 않은 사람이 잘 문질러서
고양이 가죽으로 자루를 만드는 것처럼.[540]

---

539) '그러나 나는 주인으로 행동할 것이니 / 무엇을 얻든 그것은 나에게 충분할 것이다.'는 'tathā tu kassāmi yathāpi issaro / yaṁ labbhati tenapi hotu me alaṁ.'을 옮긴 것이다. 주석서는 이렇게 설명한다.

"이 구절로 이것을 보여준다. — 여기 어떤 중생들은 갈애가 일어남을 원인으로(taṇhuppāda-hetu) 마음의 통제(cittassa vasa)를 받는다. 그러나 나는 갈애의 일어남을 멀리 피하면서 마음을 하인(dāsa)처럼 만들면서 자신의 통제에 두고 있다는 말이다."(ThagA.iii.160)

1139. 그러나 나는 주인으로 행동할 것이니
무엇을 얻든 그것은 나에게 충분할 것이다.
정진을 통해서 그대가 나의 통제를 받도록 할 것이다.541)
갈고리를 잡은 능숙한 자가 취기 오른 코끼리를 대하듯이.

---

540) '[그러므로] 나는 그대를 유연하게 만들 것이니 / 마치 게으르지 않은 사람이 잘 문질러서 / 고양이 가죽으로 자루를 만드는 것처럼'은 빠알리 게송의 해당 부분을,

'taṁ taṁ karissāmi yathā atandito ({1138}c)
biḷārabhastaṁva yathā sumadditaṁ.' ({1138}d)

으로 읽어서 옮겼다. 이것은 노만 교수의 제언(K.R. Norman, 280쪽 §1138의 주해)을 참조하여 옮긴 것이다. 노만 교수는 이 세 번째 구문({1138}c)의 첫 번째 taṁ을 '*therefore*'로, 즉 tasmā로 이해하고 네 번째 구문({1138}d)의 yathā를 세 번째 구문의 yathā를 받는 tathā로 이해할 것을 권한다. 다시 적어보면,

'**tasmā** taṁ karissāmi yathā atandito
biḷārabhastaṁva **tathā** sumadditaṁ.'

으로 이해해야 한다는 말이다. 역자는 이것을 합리적인 제언이라 받아들여서 한글 운율에 맞추어서 이렇게 본 게송 전체를 5연으로 만들어 옮겨 보았다. 주석서는 이렇게 설명한다.

"[여기서는] 갈애가 일어남을 피하는 것을 원인으로(taṇh-uppāda-parivajjana-hetu) 다시 그것을, 즉 마음을(cittaṁ) 다루고 있다(āmasati). 마치 어떤 사람이 바른 노력에 몰두함(sammappadhāna-yoga)으로 수행을 하여 게으르지 않아서(bhāvanāya atandito) 자신의 마음이 업을 감내하고(kamma-kkhama) 업에 몰두하게(kamma-yogga) 만드는 것처럼 그와 같이 나도 마음이 그 업을 감내하고 업에 몰두하게 만들 것이다. 이것은 마치 잘 문지른(suṭṭhu maddita) 고양이 가죽으로 만든 자루(biḷāra-bhastā)가 작업을 감내하고(kamma-kkhama) 작업에 적합하게 하여(kamma-yogga) 잘 보존되게 하는 것(sukhena pariharaṇīya)과 같다. 그와 같이 나도 그것을 그렇게 만들 것이다라는 말이다."(ThagA.iii.160)

541) '통제를 받도록 할 것이다.'는 vasānayissaṁ을 옮긴 것이다. 이것은 통제를 뜻하는 vasa와 동사 ānayissaṁ(ā+√nī(*to lead*)의 Fut.1.Sg.)의 합성어이다. 주석서도 vasaṁ ānayissaṁ(ThagA.iii.160으로 분석하고 있다.

1140\. 잘 길들여졌고 확고한 그대와 더불어
나는 참으로 올곧게 달리는 말을 조련하는 자처럼
마음을 보호하는 자들이 항상 의지하는
축복 가득한 도를 닦을 수 있다.

1141\. 마치 [103] 밧줄로 코끼리를 기둥에다 단단히 [묶는 것]처럼
나는 그대를 힘으로 대상에 묶을 것이다.542)
마음챙김으로 잘 수행이 된 내가 그대를 잘 보호하리니
그대는 모든 존재들에 집착하지 않게 될 것이다.543)

1142\. 그릇된 길을 따르는 것을 통찰지로 자르고544)
수행으로 제지한 뒤 [바른] 길에 들어가게 하나니545)

---

542) '나는 그대를 힘으로 대상에 묶을 것이다.'는 ārammaṇe taṁ balasā nibandhisaṁ을 옮긴 것이다. 주석서는 "나는 명상주제라는 대상(kammaṭṭhān-ārammaṇa)에 수행의 힘(bhāvanā-bala)으로 그대를 묶을 것이다(nibandhissaṁ)."(ThagA.iii.161)로 설명하고 있다.

543) "'그대는 모든 존재들에 집착하지 않게 될 것이다(anissitaṁ sabbabhavesu hehisi).'라고 하였다. 그대는 성스러운 도를 수행하는 등의 힘(ariya-magga-bhāvanādi-bala)으로 욕계 존재(kāma-bhava) 등의 모든 존재들에 대해서 갈애 등에 의지함(taṇhādi-nissayā)을 통해 집착하지 않게 될 것이다라는 뜻이다."(ThagA.iii.161)

544) "'그릇된 길을 따르는 것을 통찰지로 자르고(paññāya chetvā vipatha-anusārinaṁ)'라고 하였다. 잘못된 길을 가는(uppatha-gāmina) 감각장소의 일어남(āyatana-samudaya)을 정확하게(yāthāvato) 본 뒤 일어남에 의해서 잘못된 길을 가는 자(uppatha-gāmī)의 오염원이 넘쳐흐르고(kilesa-vissandana) 오염원이 요동치는 것(kilesa-vipphandita)을 감각기능의 단속을 강하게 의지하여(indriya-saṁvar-ūpanissayāya) 숙고의 통찰지(paṭisaṅkhāna-paññā)로 자르고, 즉 흐름을 자름(sota-vicchedana)을 통해서 울타리를 치고(āvaraṇaṁ katvā)라는 뜻이다."(ThagA.iii.161)

545) '수행으로 제지한 뒤 [바른] 길에 들어가게 하나니'는 yogena niggayha pathe nivesiya를 옮긴 것이다. 주석서는 이렇게 설명한다.

일어난 것의 사라짐과 근원을 본 뒤546)
그대는 으뜸을 설하시는 분의 상속자가 될 것이다.

1143. 마음이여, 네 가지 전도[四顚倒]의 통제에 빠져547)
그대는 나를 마을의 어린애처럼548) 인도한다.

"'수행으로 제지한 뒤(yogena niggayha)'라는 것은 위빳사나를 닦음이라 불리는 수행(vipassanā-bhāvanā-saṅkhāta yoga)으로 가능성을 부수어 버림(sāmatthiya-vidhamana)에 의해서 제지한 뒤(niggahetvā)라는 말이다. '[바른] 길에 들어가게 하나니(pathe nivesiya)'라는 것은 위빳사나의 과정(vipassanā-vīthi)에 들어가게 하여(nivesetvā), 즉 확립되게 하여(patiṭṭhapetvā)라는 말이다."(ThagA.iii.161)

546) '일어난 것의 사라짐과 근원을 본 뒤'는 disvā samudayaṁ vibhavañca sambhavaṁ을 주석서를 참조해서 옮긴 것이다. 노만 교수는 여기서 '일어난 것'으로 옮긴 samudaya는 오염원(kilesa)의 뜻으로 쓰인 것일 수 있다고 언급하고 있다.(K.R. Norman, 281쪽 §1142의 주해 참조) 주석서는 이것을 감각장소의 일어남(āyatana-samudaya)으로 설명하고 있다. 주석서는 이렇게 설명한다.

"그러나 위빳사나를 열성적으로 행하여(ussukkāpitā) 도에 의해서 계합되면(maggena ghaṭṭeti) 그때 도의 통찰지에 의해서 '일어나는 법(samudaya-dhamma)은 그 무엇이건 모두 소멸하기 마련인 법(nirodha-dhamma)이다[集法卽滅法].'(D14 §3.11; S35:74 §9 등)라는 보기(nidassana)를 통해서 모든 곳에서 감각장소의 일어남의(āyatana-samudayassa) 사라짐(vibhava)과 근원(sambhava)을 보게 되는데 미혹하지 않음(asammoha) 때문이다. 그러면 그대는 신들을 포함한 세상에서 '으뜸을 설하시는 분의(aggavādino)': 정등각자의, '상속자가(dāyādo)': 가슴에서 태어난 아들(orasaputta)이 '될 것이다(hehisi, bhavissasi).'라는 뜻이다."(ThagA.iii.161)

547) "'네 가지 전도[四顚倒]의 통제에 빠져(catu-bbipallāsavasaṁ adhiṭṭhitaṁ)'라고 하였다. 무상한 것을 항상하다[常] 하고(anicce niccanti) 깨끗하지 않은 것을 깨끗하다[淨] 하고(asubhe subhanti) 괴로움을 행복이라[樂] 하고(dukkhe sukhanti) 무아에 대해 자아라[我] 하는(anattani attāti), 이 [상·락·아·정이라는] 네 가지 전도들(vipallāsā)의 통제(vasa)에 빠졌다, 즉 따라간다(anuvattanta)는 말이다."(ThagA.iii.161)

548) '마을의 어린애처럼'은 gāmaṇḍalaṁva를 옮긴 것인데 주석서에서 "마을의 어린애처럼(gāma-dārakaṁ viya)"(ThagA.iii.167)으로 설명하고 있어서

그래서 참으로 족쇄라 [불리는] 속박을 자르셨고[549]
연민하시는 위대한 성인께 그대는 헌신하지 않는다.

1144. 사슴이 형형색색의 밀림에서 원하는 대로 [노닐다가]
구름의 화환을 쓰고 즐거움 주는 산에 들어가는 것처럼
나는 거기 혼란스럽지 않은 산에서 기뻐할 것이다.
마음이여, 그대는 의심의 여지가 없이 파멸할 것이다.[550]

1145. 그대의 욕구와 통제에 의해서 살아가는
남자들과 여자들은 즐거움을 경험하지만
무지하고 마라의 지배를 받고 있고 존재를 즐기나니
마음이여, 그들은 그대의 제자들이로다."

딸라뿌따 장로 (끝)

이렇게 옮겼다. PED는 gāmaṇḍala를 '*the round of the ox*'로 설명하고 있다.

『맛지마 니까야』 제1권 「사자후의 긴 경」(M12) §51에는 gomaṇḍalā로 나타나는데 주석서는 gopāla-dārakā로 설명하고 있다(MA.ii.49). 그래서 '소치기들'로 옮겼다. gāmaṇḍala와 gomaṇḍala에 대한 논의는 노만 교수의 주해를 참조하기 바란다.(K.R. Norman, 281쪽 §1143의 주해)

549) '족쇄라 [불리는] 속박을 자르셨고'는 saṁyojana-bandhana-cchidaṁ을 주석서를 참조해서 옮긴 것이다. 주석서는 이렇게 설명하고 있다.

"'참으로 족쇄라 [불리는] 속박을 자르셨고(nanu saṁyojana-bandhana-cchidaṁ)'라는 것은 족쇄라고 불리는(saṁyojana-saṅkhātā) 10가지 속박들(dasa bandhanā)을 자르셨다(chedaka)는 말이다."(ThagA.iii.161)

여러 부류의 성자와 10가지 족쇄에 대해서는 『맛지마 니까야』 제1권 「뿌리에 대한 법문 경」(M1) §99의 주해와 『초기불교 이해』 제31장 족쇄를 푼 성자들(열 가지 족쇄와 네 부류의 성자)을 참조할 것.

550) "'마음이여, 그대는 의심의 여지가 없이 파멸할 것이다(asaṁsayaṁ citta parābhavissasi).'라는 것은, 마음이여, 그대는 전적으로 윤회의 재난들(saṁsāra-vyasanā)에 처할 것이라는 뜻이다."(ThagA.iii.161)

쉰의 모음이 끝났다.

쉰의 모음에 포함된 [장로들의] 목록은 다음과 같다.

> 쉰의 모음에는 청정한 딸라뿌따 한 분이 있고
> 여기서 게송은 50개와 다섯 개가 더 있다.

테라가타

예순의 모음

Saṭṭhi-nipāta({1146}~{1208})

1. 마하목갈라나 장로(Th60:1 {1146}~{1208})

【행장】

『디가 니까야』「대전기경」(D14)에서 세존께서 "지금의 나에게는 사리뿟따와 목갈라나라는 고결한 두 상수제자(agga bhadda-yuga)가 있다."(D14 §1.9)라고 하셨듯이 마하목갈라나 장로(Mahāmoggallāna thera)는 사리뿟따 존자와 더불어 부처님의 상수제자였다. 『테라가타 주석서』는 목갈라나 장로에 대해서는 법의 대장군 사리뿟따 장로의 일화[551]에서 설명하였다고 하면서(ThagA.iii.162) 자세히 설명하지 않는다. 사리뿟따 존자의 【행장】에서 소개한 두 분의 출생에 대한 『테라가타 주석서』의 설명을 여기에 다시 인용한다.

"사리뿟따 존자는 라자가하로부터 멀지 않은 우빠띳사 마을(Upatissagāma)에서 루빠사리 바라문녀(Rūpasāri brāhmaṇī)의 모태에 들었다. 바로 그날에(taṁdivasameva) 그의 친구 [목갈라나]도(sahāyopi) 라자가하에서 멀지 않은 꼴리따 마을(Kolita-gāma)에서 목갈리 바라문녀(Moggali brāhmaṇī)의 모태에 들었

551) 사리뿟따 장로(Th30:2)의 게송은 본서 서른의 모음에 {981}~{1017}의 37개가 전승되어 온다. 사리뿟따 장로의 일화(vatthu)에 대해서는 {981} 【행장】의 해당 주해를 참조할 것.

다. 이 두 가문은 일곱 대 동안 서로 친분을 맺어온 사이였다." (ThagA.iii.93)

목갈라나 장로는 이처럼 어머니의 이름이 목갈리(Moggalī 혹은 Moggalinī)였기 때문에 목갈라나로 불리게 되었다.(Ibid) 목갈라나 장로도 산자야 벨랏티뿟따(Sañjaya Belaṭṭhiputta)의 제자였는데 사리뿟따 장로의 도움으로 함께 부처님 제자로 출가하였다. 여기 『테라가타 주석서』(Ibid)뿐만 아니라 『법구경 주석서』(DhpA.i.83~113)와 『숫따니빠따 주석서』(SnA.i.325~329) 등의 여러 주석서들도 같은 날(taṁdivasameva) 가까운 곳에서(avidūre) 태어났고 절친한 도반(sahāyaka)이었다고 우리 세존의 상수제자인 사리뿟따 장로와 목갈라나 장로를 함께 설명하고 있다.

『테라가타 주석서』는 목갈라나 장로의 행장을 다음과 같이 비교적 간략하게 설명을 하고 있다.

"이 [목갈라나 장로]의 일화는 법의 대장군의 일화(dhamma-senāpati-vatthu)에서 설명하였다. 장로는 출가한 날로부터 칠 일째 되던 날에 마가다 지역에서 깔라왈라 마을을 의지하여 사문의 법을 행하면서 해태·혼침에 빠졌다. 그는 스승님께서 [『상윳따 니까야』 제2권 「꼴리따 경」(S21:1)에서] 설하신 '목갈라나여, 목갈라나여, 성스러운 침묵에 대해서 방일하지 말라. …' (S21:1 §5)라는 말씀 등에 의해서 절박하게 되어(saṁvejita) 해태·혼침을 몰아내었다.[552] 그리고 그는 세존께서 말씀하신 요소별로 관찰하는 명상주제(dhātu-kammaṭṭhāna)를 들으면서 위빳사나를 증장시켰다. 그는 도닦음에 의해서 [일래도부터 아라한도까지의] 더 높은 세 가지 도(uparimaggattaya)에 도달한 뒤[553]

552) 칠 일간의 용맹정진 끝에 혼침에 빠져 졸면서 앉아있는 목갈라나 존자를 경책하시어 아라한이 되도록 하신 경으로는 『앙굿따라 니까야』 제4권 「졸고 있음 경」(A7:58)이 잘 알려져 있다.

553) 사리뿟따 장로의 {981} 【행장】에서 보듯이 사리뿟따 장로와 목갈라나 장로는 부처님의 제자로 출가 전 산자야의 제자였을 때 앗사지 존자(āyasmā

으뜸가는 과의 순간(aggaphalakkhaṇa)에 제자들의 바라밀의 지혜(sāvaka-pāramī-ñāṇa)의 정수리(matthaka)를 얻었다. 장로의 일화는 『아빠다나』에도 나타나고 있다.(ThagA.iii.162) …

스승님께서는 나중에 [『앙굿따라 니까야』 제1권 하나의 모음 「으뜸 품」(A1:14)을 통해] 제따와나의 대승원에서 성자들의 무리 가운데에 앉으셔서 당신의 제자들을 각각의 덕스러움의 특별함에 의해서 으뜸에 놓으시면서 '비구 제자들 중에 신통을 가진 자(iddhimanta)들 가운데서 마하목갈라나가 으뜸이다.'(A1:14:1-3)라고 신통을 가진 자들 가운데 그를 으뜸에 두셨다.

[여기에 모은 {1146}~{1208}의 63개 게송들은] 이와 같이 스승님께서 으뜸에 놓으셨고 제자들의 바라밀의 정수리를 얻은 대장로가 각각 다른 표상을 얻어[554] 이곳저곳에서 설한 게송들을 [세존께서 반열반하신 뒤] 합송을 할 때에(saṅgītikāle) 법을 합송하는 분들(dhamma-saṅgāhakā)이 [여기 예순의 모음 {1146}~{1208}로 장로의 게송으로 모은 것이다.][555] 그래서 이 게송들은 참으로 마하목갈라나 장로가 설한 것들이다. [장로의 게송들은] 이러한 순서로 함께 모아 제기하여 확정되었다."(ThagA.iii.166)

목갈라나 장로의 임종은 우리에게 비감함을 일깨운다. 장로는 불교의 번창에 두려움과 분노를 느낀 외도들(titthiyā)이 많은 돈으

Assaji)의 게송을 통해서 이미 예류과를 얻었다.

554) '각각 다른 표상을 얻어'는 taṁ taṁ nimittaṁ āgamma를 옮긴 것이다. 『청정도론』의 복주서인 『빠라맛타만주사』는 이 경우의 nimitta(표상)를 kāraṇa(이유, 경우, 보기)로 설명하고 있다(taṁ taṁ nimittaṁ kāraṇaṁ āgamma, Pm.i.291). 여기에 모은 목갈라나 장로의 63개의 게송들은 여러 다른 경우들과 다른 이유들 때문에 여러 다른 상황에서 장로가 읊은 것인데 합송자들이 여기에 이렇게 모아서 전승한 것이라는 뜻이다.

555) 『테라가타 주석서』는 {1146}~{1208}의 63개의 게송들을 이곳에서 모두 나열하고 있는데 역자는 생략하여 이렇게 옮겼다.

로 매수한 도적들(corā)에 의해서 참혹하게 살해되었기 때문이다. 이것은 『법구경 주석서』 등에서 전승되어 온다. 『법구경 주석서』 (DhpA.iii.65 이하)에 의하면 장로가 라자가하 이시길리 산허리의 검은 바위(Isigilipasse Kāḷasilā)에 있는 움막에 머물 때 그 도적들은 장로를 살해하러 왔으며 장로는 첫 번째에는 신통으로 열쇠 구멍(kuñcikacchidda)을 통해서 피했고 그다음 두 번은 신통으로 지붕의 둥근 구멍(kaṇṇikā-maṇḍala)을 통해서 하늘로 날아올라 피했다고 한다.
장로는 이것이 자신이 지은 업에 의해서 끌어 당겨진 것임(kata-kammassa ākaḍḍhanabhāva)을 알고 [더 이상은] 피하지 않았다고 한다. 그래서 장로는 그 뒤 몸이 참혹하게 도륙이 되었지만 '나는 스승님을 뵙고 반열반에 들 것이다.'라고 하면서 禪으로 자기 몸을 감싸서(jhāna-veṭhanena veṭhetvā) 확고하게 만든 뒤(thiraṁ katvā) 허공으로 세존께 가서 절을 올리고 다시 검은 바위로 가서 반열반에 들었다고 한다.
세존께서는 이것은 목갈라나 존자가 전생에 지은 극심한 업의 결과라고 말씀하셨다.(DhpA.iii.68) 오랜 전생에 그는 그의 아내의 부추김으로 그의 눈먼 부모를 숲에 내다 버렸기 때문에 지옥에서 많은 고통을 받았고 금생에는 도적들의 습격을 받아 그들에게 맞아서 참혹하게 죽음으로 해서 마지막 생을 마무리한 것이다.(Ibid.)

『테라가타 주석서』는 장로의 게송 63개를 설명한 뒤 마지막에 그의 임종에 대해서 이렇게 간략하게 적고 있다.
"그는 [스물여덟 부처님들[二十八佛] 가운데 열 번째이신] 아노마닷시(Anomadassi) 세존의 발아래서 서원(paṇidhāna)을 세운 뒤 그때부터 시작하여 여기저기의 존재에서 광대한 공덕들(uḷārā-ni puññāni)을 지은 뒤 제자들의 바라밀의 정수리에 섰지만 그런 도중에 지은 사악한 업(pāpa-kamma)을 통해서 발생한 업의 군더더기(kamma-pilotikā) 때문에 외도들의 사주를 받은(titthiy-ehi uyyojitā) 도둑들의 공격을 받아(corehi bādhita) 많은 육체적인 고초(sarīra-kheda)를 겪은 뒤에 반열반하였다. 장로의 일화는 『아빠다나』에도 나타나고 있다. …”(ThagA.iii.180)

『상윳따 니까야 주석서』에 의하면 사리뿟따 장로가 임종한 반 달 뒤에 목갈라나 장로도 임종하였다고 한다.556)

목갈라나 존자가 설한 경으로는 『맛지마 니까야』 제1권 「추론 경」(M15), 제2권 「갈애 멸진의 짧은 경」(M37), 「마라 견책 경」(M50) 등을 들 수 있고 세존께서 권하셔서 존자가 설법하는 경으로 『상윳따 니까야』 제4권 「오염원들이 흐름에 대한 법문 경」(S35:243)이 있다.

그리고 니까야의 10곳 정도에는 “그때 마하목갈라나 존자는 마치 힘센 사람이 구부렸던 팔을 펴고 폈던 팔을 구부리는 것처럼 [그렇게 재빨리 동쪽 원림의 녹자모 강당에서 사라져 삼십삼천의 신들] 앞에 나타났다.”(M37 §6; S6:5 §4; S55:18 §2 등)라는 정형구가 나타나기도 한다. 그래서 세존께서는 『앙굿따라 니까야』 제1권 하나의 모음 「으뜸 품」(A1:14)에서 “신통을 가진 자(iddhimanta)들 가운데서 마하목갈라나가 으뜸”(A1:14:1-3)이라고 말씀하셨다. 북방에서도 마하목갈라나 존자는 신통제일이라 불린다.
불교의 신통은 모두 삼매, 특히 제4선을 토대로 하여 나타난다. 그러다 보니 마하목갈라나 존자와 관련된 11개의 경을 담고 있는 『상윳따 니까야』 제4권 「목갈라나 상윳따」(S40)에서도 처음의 여덟 개 경들은 각각 초선부터 비상비비상처까지의 삼매에 관한 것을 담고 있으며, 아홉 번째 경도 표상 없는 삼매에 관한 것이다. 한편 열 번째와 열한 번째 경은 신들과의 문답을 담은 경이

---

556) “이들 가운데 법의 대장군(사리뿟따 존자)은 깟띠까 달(음력 10월)의 보름에 반열반하였고(kattika-māsa-puṇṇamāya parinibbuto) 마하목갈라나는 그보다 보름이 지나서(tato aḍḍhamāsaṁ atikkamma) 초하루 우뽀사타에(amāvasī-uposathe) [반열반하였다.]”(SA.iii.225)

다. 이 가운데 「삭까 경」(S40:10)은 목갈라나 존자가 신통력으로 삼십삼천에 가서 신들의 왕인 삭까(인드라)와 나눈 대화를 담고 있다. 그리고 초기불전의 몇몇 군데에는 마하목갈라나 존자가 천상의 신들을 방문하여 그들을 경책하는 장면이 묘사되어 있고 (A6:34; A7:53 등) 마라를 견책하는 경도 나타난다.(「마라 견책 경」M50)

한편 여기 『테라가타』에 실려 있는 마하목갈라나 장로의 게송들 가운데 {1187}부터 마지막인 {1208}까지의 22개 게송들은 『맛지마 니까야』 제2권 「마라 견책 경」(M50) §24부터 §31까지에 나타나는 게송들과 같다. 「마라 견책 경」(M50)은 신통제일인 목갈라나 존자가 자신도 까꾸산다 부처님 시대에는 마라였음을 밝히면서 마라의 악행을 나무라고 마라를 견책하는 내용을 담고 있다. 이것도 마하목갈라나 존자가 신통제일이기 때문에 가능한 일이다.
그리고 부처님의 두 상수제자였으며 절친이었던 목갈라나 존자가 사리뿟따 존자와 대화하거나 함께 언급되는 경들도 적지 않은데 대략적으로만 살펴봐도 니까야 가운데 20개에 달하는 경들에서 두 분은 함께 대화하거나 함께 나타나고 있다.(「통 경」(S21:3); 「약카의 공격 경」(Ud4:4) 등)

1146\. 557)"우리는 숲에 머물고 [104] 탁발음식만 수용하며
탁발하는 발우에 들어온 것으로 기뻐하나니 (={155})
안으로 잘 삼매에 들어
죽음의 군대를 찢어버립시다.558)

---

557) "여기서 본 게송을 포함한 네 개의 게송들({1146}~{1149})은 비구들에게 교계를 베풂을 통해서 설하였다(bhikkhūnaṁ ovāda-dāna-vasena bhāsitā)."(ThagA.iii.166)

558) "'죽음의 군대를 찢어버립시다(dālemu maccuno senaṁ).'라고 하였다. 자

1147. 우리는 숲에 머물고 탁발음식만 수용하며
탁발하는 발우에 들어온 것으로 기뻐하나니
코끼리가 갈대로 만든 오두막을 그렇게 하듯이
죽음의 군대를 부수어버립시다.559)

1148. 우리는 나무 아래 머물고 참을성이 있으며560)
탁발하는 발우에 들어온 것으로 기뻐하나니
안으로 잘 삼매에 들어
죽음의 군대를 찢어버립시다.

신에게 손해를 낳고(anattha-janana) 동료가 되어 접근하여(sahāyabhāv-ūpagamana) 죽음의 왕의 군대가 된(senā-bhūta) 오염원을 실어 나르는 군대(kilesa-vāhini)를 우리는 뿌리 뽑아 버립시다(samucchindema)라는 말이다."(ThagA.iii.166)

'찢어버립시다.'는 dālemu(√dal, dalati, Sk:dalati, 1류, 찢다, *to burst*)를 옮긴 것이다. 주석서는 이 단어를 samucchindema(saṁ+ud+√chid, chindati, Sk: chinatti, 7류, 쪼개다, *to cut off*)의 명령형 일인칭 복수(Imp. 1. Pl.)로 설명하고 있기 때문에(Ibid.) dālemu도 이렇게 여기면 되겠다.

559) '부수어버립시다.'는 dhunāma를 옮긴 것인데 이것은 √dhū(dhunāti, Sk: dhūnoti, dhunoti, dhūnute, 5류, 흔들다, 부수다, *to shake, to destroy*)의 명령형 일인칭 복수(Imp. 1. Pl.)이다.

560) '참을성이 있으며'는 sātatikā를 옮긴 것이다. 주석서는 "'참을성이 있으며(sātatikā)'란 끈기가 있는 자들(sātacca-kārino)이 수행하기 위해서 언제나 정진을 유지하고 있음(satata-pavatta-vīriyā)"(ThagA.iii.167)이라고 설명하고 있다. 한편 본서 스물의 모음 {843} 등에서도 '참을성 있게(sātatiko)'로 나타났는데 그곳에서 주석서는 "지금·여기에서 행복하게 머무는 사문의 법에서 끈기가 있음(sātacca-yutta)"(ThagA.iii.53)으로 설명하고 있다.

『법구경 주석서』도 "'참을성이 있음(sātatikā)'이란 출가할 때(abhinikkhamanakāla)부터 아라한도를 얻을 때까지 늘 유지되는 몸과 마음의 정진(pavatta-kāyika-cetasika-vīriyā)이다."(DhpA.i.230)로 설명하고 있다.

1149. 우리는 나무 아래 머물고 참을성이 있으며
탁발하는 발우에 들어온 것으로 기뻐하나니
코끼리가 갈대로 만든 오두막을 그렇게 하듯이
죽음의 군대를 부수어버립시다.

1150. 561)해골 무더기로 만든 움막이요 살점과 힘줄로 꿰맨
악취가 나는 몸뚱이들을 저주하노라.562)
그대는 남의 사지를 가진 것들을
[내 것처럼] 소중히 여기고 있습니다.563)

---

561) "'본 게송을 포함한 네 개의 게송들({1150}~{1153})은 자신을 유혹하기 위해서(palobhetuṁ) 접근한 기녀(gaṇikā)에게 교계를 통해서 읊은 것이다." (ThagA.iii.167)

『테리가타 주석서』는 이것은 기녀의 딸로 태어나 자신도 기녀였던 위말라 장로니(Vimalā therī)가 출가 전 기녀였을 때의 일화였다고 밝히고 있다. (ThigA.77) 위말라 장로니에 대해서는 『테리가타』 다섯의 모음(Thi5:2) {72}의 【행장】을 참조하기 바란다.

562) '몸뚱이들을 저주하노라.'는 dhiratthu pūre를 옮긴 것이다. 여기에 대해서는 본서 제2권 넷의 모음 {279}의 해당 주해와 본서 {1134}도 참조하기 바란다.

563) '그대는 남의 사지를 가진 것들을 / [내 것처럼] 소중히 여기고 있습니다.'는 paragatte mamāyase를 옮긴 것이다. 주석서는 "이와 같이 더럽고 악취나고 혐오스럽고 역겨움을 가진 것은 다른 곳에서는(aññasmiṁ padese) 개와 자칼과 벌레의 무리 등에게(soṇa-siṅgāla-kimi-kulādīnaṁ) '남의 사지를 가진 것들(gattabhūte)', 즉 시체들(kaḷevare)일 [뿐인데 그런] 것들을 그대는 [내 것처럼] 소중히 여기고 있다는 말이다."(ThagA.iii.167)라고 설명하고 있다.

노만 교수는 여기서 '남의 사지를 가진 것들을'로 옮기고 있는 paragatte를 parabhattaṁ(남의 먹이가 되는 것을)으로 읽을 수도 있을 것이라고 제안하고 있다.(K.R. Norman, 282쪽 §1150의 주해 참조) 이렇게 읽으면 게송의 본문은 '그대는 남의 먹이가 되는 [몸뚱이]를 소중히 여기고 있습니다.'로 옮겨지고 주석서의 문장도 '남의 먹이가 되는 시체들일 [뿐인데] …'로 해석이 되어 뜻이 더 분명하게 드러난다.

1151. 똥자루이고 피부에 묶여있고
가슴에 혹이 나서 유령과 같은
그대의 몸에는 아홉 가지 흐름들564)이 있어서
늘 흘러내리고 있습니다.

1152. 아홉 개 [구멍의] 흐름을 가진 그대의 몸은
악취를 만들어내고 [도닦음의] 장애가 되어565)
비구는 그것을 피하나니566)
마치 깨끗함을 원하는 자가 똥을 그렇게 하듯이.

---

564) "'아홉 가지 흐름들(nava sotāni)'이란 아홉 가지 상처 구멍들(nava vaṇa-mukhāni)을 말한다."(ThagA.iii.167)

한편 『앙굿따라 니까야』 제5권 「종기 경」(A9:15) §2에서 세존께서는 "그것(몸)에 아홉 개의 상처 구멍들, 즉 아홉 개의 자연적으로 생긴 구멍들이 있다(nava vaṇa-mukhāni nava abhedana-mukhāni). 그곳으로부터 흘러나오는 것은 무엇이든지 더러운 것이 흘러나오고, 악취 나는 것이 흘러나오고, 넌더리 나는 것이 흘러나온다."(A9:15 §2)라고 말씀하고 계신다. 주석서는 "'자연적으로 생긴 구멍들(abhedana-mukhāni)'이란 다른 사람이 찢어서 만든 것이 아니라 업에서 생긴(kamma-samuṭṭhita) 구멍을 말한다."(AA.iv.177)라고 설명하고 있다. 이것은 우리 몸에 자연적으로 생긴 입, 두 눈, 두 콧구멍, 두 귀, 항문, 성기의 9가지를 말한다.

565) '악취를 만들어내고 [도닦음의] 장애가 되어'는 PTS의 duggandhaṁ kari-paribandhaṁ 대신에 『테라가타 주석서』의 duggandha-karaṁ paribandhaṁ(ThagA.iii.163)으로 읽어서 옮겼다. 노만 교수도 이렇게 제언하고 있다.(K.R. Norman, 283쪽 §1152의 주해 참조) PTS와 VRI 『테라가타 주석서』 둘 모두에 이렇게 나타나고 있다.
그리고 주석서는 '장애가 되어'의 의미를 이렇게 설명하고 있다.

"'장애가 되어(paribandha)'라는 것은 바른 도닦음에 장애가 된다(sammā-paṭipatti-paribandha-bhūtaṁ)는 말이다."(ThagA.iii.167)

566) "'비구는 그것을 피하나니(bhikkhu parivajjayate taṁ)'라고 하였다. 여기서 '비구(bhikkhu)'는 윤회에서 두려움을 보면서(bhayaṁ ikkhanto) 혹은 오염원들을 잘라버렸기 때문에(bhinna-kilesa) 멀리서 '피하나니(parivajjayate)', 즉 내 것(mamatta)으로 만들지 않는다는 말이다."(ThagA.iii.167)

1153. 이와 같이 내가 그대를 알듯이
만일 어떤 사람이 그대를 알았다면
그는 멀리 여의고 피할 것이니
마치 우기철에 똥구덩이를 그렇게 하듯이."

1154. [기녀][567]
"사문이시여, 당신이 말씀하신 것처럼
이것은 이와 같습니다, 영웅이시여.
그리고 여기서 어떤 자들은 가라앉아 버리나니
마치 늙은 황소가 수렁에 그러는 것과 같습니다."

1155. [목갈라나 장로][568]
"노란색이나 다른 색깔로 허공에 그림을 그리려 생각하는 것
그것은 오직 곤혹스러움의 일어남이 될 뿐입니다.

1156. 안으로 잘 삼매에 든
이 마음은 허공과 같으니
사악한 마음을 가진 자여, [나를] 공격하지 마십시오.[569]

---

567) "이와 같이 장로에 의해서 몸에 있는 결점(dosa)이 분석되었을 때 그 기녀는 부끄러워하는 얼굴로(lajjāvanata-mukhā) 장로에게 존경을 표하고 본 게송을 말한 뒤 장로에게 절을 올리고 일어섰다."(ThagA.iii.168)

568) "다시 장로는 그녀에게 나와 같은 사람에게 이런 모양의 행동을 하는 것(paṭipatti)은 아무 이로움이 없고 파멸을 가져오는 것(vighātāvahā)일 뿐이라는 것을 보여주면서 본 게송을 포함한 두 개의 게송({1155}~{1156})을 말하였다."(ThagA.iii.168)

569) '공격하지 마시오.'는 mā āhari(VRI: mā āsādi)를 옮긴 것이다. 이 구문은 본서 {1173}에도 māhari(VRI: māsādi)로 나타나고 있다. 노만 교수는 이 구절을 VRI의 mā āsādi로 읽을 것을 추천하고 있고(K.R. Norman, 283쪽 §1156의 주해 참조) 역자도 이를 따랐다. āsādi는 ā+√sad(*to sit*)의 Aor. 3.Sg이고 PED는 *to offend, assail, insult*로 설명하고 있다. āhari는 ā+

마치 나방이 불의 무더기를 공격하듯이.

1157. 570) 보십시오, 잘 치장했고 상처 덩어리이고
잘 세워진 저 꼭두각시를.
그것은 고통스럽고 많은 관심의 대상이고
견고하게 머물지 않습니다.571) (={769}; M82 §25 {1})

√hr(*to take*)의 Aor.3.Sg이며 가져오다의 뜻이다.

570) "본 게송을 포함한 일곱 개의 게송들(PTS본에는 {1157} 하나만 나타남. 바로 다음 주해 참조)은 그 기녀를 본 뒤 전도된 마음을 가진(vipallatta-cittā) 비구들에게 교계를 베풂을 통해서 말한 것이다. 이것을 듣고 그 기녀는 의기소침하여(maṅku-bhūtā) 왔던 길로 도망을 갔다."(ThagA.iii.168)

571) 『테라가타 주석서』는 여기 PTS본 {1157}번 게송에 해당하는 부분을 일곱 개의 게송들(satta gāthā)이라고 언급하고 있다.(ThagA.iii.168, 바로 앞의 주해 참조) 그리고 이 {1157}번 게송은 본서 스물의 모음 {769}번 게송과 같다. 그런데 본 게송은 VRI본의 경 번호에 따르면 {1160}이 된다. VRI본에는 이다음에 {1161}~{1166}으로 번호가 매겨진 6개 게송이 더 나타나는데 이것은 본서 {770}~{775}와 M82 §25의 게송들과 같다. 그래서 『테라가타 주석서』는 일곱 개의 게송들(satta gāthā)이라 칭하고 있다.

역자는 PTS본의 경 번호를 따르고 있기 때문에 VRI본의 {1161}~{1166}번 게송들은 여기서는 생략하였고 옮기지 않았음을 밝힌다. 본 {1157}번 게송에 대한 주해들은 본서 스물의 모음 {769}의 주해들을 참조하기 바란다. 그리고 본서 서른의 모음 아난다 장로의 게송들({1018}~{1050}) 가운데 {1020}의 해당 주해도 참조하기 바란다.

VRI본에 {1161}~{1166}으로 번호가 매겨진 6개 게송은 다음과 같다.

1161. passa cittakataṁ rūpaṁ, maṇinā kuṇḍalena ca|
aṭṭhiṁ tacena onaddhaṁ, saha vatthehi sobhati|| (=§770)

1162. alattakakatā pādā, mukhaṁ cuṇṇakamakkhitaṁ|
alaṁ bālassa mohāya, no ca pāragavesino|| (=§771)

1163. aṭṭhapadakatā kesā, nettā añjanamakkhitā|
alaṁ bālassa mohāya, no ca pāragavesino|| (=§772)

1164. añjanīva navā cittā, pūtikāyo alaṅkato|
alaṁ bālassa mohāya, no ca pāragavesino|| (=§773)

1165. odahi migavo pāsaṁ, nāsadā vāguraṁ migo|

1158. 572)여러 가지 덕목을 구족한573)
사리뿟따가 입멸하였을 때
바로 그때 무시무시함이 있었고
바로 그때 털이 곤두섬이 있었습니다. (cd={1046}cd)

1159. 형성된 것들[諸行]은 [105] 참으로 무상하여
일어났다가는 사라지는 법이라네.
일어났다가는 다시 소멸하나니
이들의 가라앉음이 진정한 행복이라네.574)

---

bhutvā nivāpaṁ gacchāma, kaddante migabandhake|| (=§774)

1166. chinno pāso migavassa, nāsadā vāguraṁ migo|
bhutvā nivāpaṁ gacchāma, socante migaluddake|| (=§775)

572) "본 게송을 포함한 네 개의 게송들({1158}~{1161})은 사리뿟따 장로의 반열반을 두고 말한 것이다."(ThagA.iii.168)

573) "'여러 가지 덕목을 구족한(anekākāra-sampanne)'이란 계행을 통한 단속 등의 여러 가지 유형(anekā sīlasaṁvarādi-ppakārā)을 구족한(paripuṇṇa)이라는 말이다."(ThagA.iii.168)

574) 이 게송은 『상윳따 니까야』 제1권 「반열반 경」(S6:15) {809}와 「난다나 경」(S1:11) {21}로도 나타나고 있으며 『디가 니까야』 제2권 「대반열반 경」(D16) §6.10과 「마하수닷사나 경」(D17) §2.17 등에도 나타나는 잘 알려진 게송이다. 「난다나 경」(S1:11) {21}에 대한 『상윳따 니까야 주석서』는 이렇게 설명한다.

"'형성된 것들[諸行]은 참으로 무상하여(aniccā vata saṅkhārā).'라는 것은 삼계에 속하는(tebhūmaka) 모든 형성된 것들은 존재한 뒤에는 없어진다는 뜻에서(hutvā abhāvatthena) 무상한 것이다. '일어났다가는 사라지기 마련인 법이라네(uppāda-vaya-dhammino).'와 '일어났다가는 다시 소멸하나니(uppajjitvā nirujjhanti).'라는 이 두 구절은 같은 뜻을 나타내는 문장이다. '이들의 가라앉음이 진정한 행복이라네(tesaṁ vūpasamo sukho).'라는 것은 이 형성된 것들의 가라앉음이라 불리는 열반(nibbāna)이 행복이라는 말이다. 이것은 아라한과를 말한 것이다."(SA.i.31)

1160. 다섯 가지 무더기들[五蘊]을 남이라고 보고
자신이 아니라고 보는 자들은
미세한 것을 꿰뚫나니
마치 화살로 털끝을 그렇게 하듯이.

1161. 형성된 것들을 남이라고 보고
자신이 아니라고 보는 자들은
미묘한 것을 꿰뚫었나니
마치 화살로 털끝을 그렇게 하듯이.

1162. 575)칼이 내리꽂혀 오는 것처럼
머리에 불이 붙은 것처럼
감각적 쾌락에 대한 탐욕을 제거하기 위해서
비구는 마음챙겨 유행을 해야 합니다. (={39})

1163. 칼이 내리꽂혀 오는 것처럼
머리에 불이 붙은 것처럼
존재에 대한 탐욕을 제거하기 위해서
비구는 마음챙겨 유행을 해야 합니다. (={40})

1164. 576)자신을 잘 닦으셨으며
마지막 몸을 가지신577) [세존]의 명을 받아서

---

575) "본 게송은 [본서 제1권 하나의 모음 {39}에서 세존께서] 띳사 장로에게 말씀하신 것이고 아래 게송({1163})은 [{40}에서 세존께서] 왓다마나 장로에게 말씀하신 것이다."(ThagA.iii.168)

본 게송들에 대한 설명은 그곳의 주해들을 참조하기 바란다.

576) "본 게송은 녹자모 강당을 흔들리게 한 [『상윳따 니까야』 제6권] 「목갈라나 경」(S51:14)을 두고 말한 것이다."(ThagA.iii.169)

나는 엄지발가락으로
녹자모 강당을 흔들었습니다. (cf. S51:14 §3; §6)

1165. 578)열반을 증득하여
모든 매듭579)으로부터 벗어남 —
이것은 게으른 자에게 해당되지 않으며
이것은 적은 노력으로 [실현되지] 않습니다.580) (cf. S21:4 §7)

1166. 이 젊은 비구야말로
[바로] 이 으뜸가는 인간이니
마라와 그의 탈것을 이기고서581)

---

577) "여기서 '자신을 잘 닦으셨으며 / 마지막 몸을 가지신(bhāvitattena sarīr-antima-dhārina)'이란 세존을 두고 말한 것이다."(ThagA.iii.169)

578) "본 게송을 포함한 두 개의 게송({1165}~{1166})은 정진하지 않는(hīna-vīriya) 웨다(Veda)라는 이름을 가진 젊은 비구(dahara-bhikkhu)에 관해서 말한 것이다."(ThagA.iii.169)

이 두 게송은 『상윳따 니까야』 제2권 「비구 상윳따」(S21)의 「신참 경」(S21:4) §7에 포함되어 나타나는 두 게송과 같다.({1165}는 조금 다름) 「신참 경」(S21:4)에서 어떤 신참 비구(aññatara nava bhikkhu)가 걸식에서 돌아와서 승원에 들어가 무관심한 채로 침묵하며 편히 지내고 가사를 만드는 시간에도 비구들을 위해서 일을 하지 않는 것을 보고 비구들이 세존께 그 사실을 말씀드렸다.(§§2~3) 그러자 세존께서는 그 비구를 불러 그가 이미 높은 마음인 네 가지 선(禪)을 원하는 대로 얻어서 머물고 위없는 청정범행의 완성을 실현하고 구족하여 머문다는 사실을 아시고(§6) §7에서 본서 {1165}~{1166}에 해당하는 두 개의 게송을 읊으신 것이다. 「신참 경」(S21:4)에서는 어떤 신참 비구(nava bhikkhu)로 나타나는데 여기 『테라가타 주석서』에서는 그의 이름을 웨다(Veda)라고 밝히고 있다.

579) '매듭(gantha)'에 대해서는 본서 제1권 하나의 모음 {89}번 게송의 해당 주해를 참조할 것.

580) "'이것은 적은 노력으로 [실현되지] 않습니다.(nayidaṁ appena thāmasā).'라고 하였다. 이 열반은 적은 정진의 힘(vīriya-bala)으로 실현되는 것이 아니다. 그러므로 네 가지 바른 노력[四正勤, catubbidha-sammappadhāna]인 크나큰 정진에 의해서 얻어야 하는 것이라는 뜻이다."(ThagA.iii.169)

[이생에서] 그의 마지막 몸을 가지고 있습니다." (S21:4 §7)

1167. 582)웨바라와 빤다와 사이의 갈라진 틈으로
번개들이 떨어집니다.
비견(比肩)할 수 없고 여여한 분의 아들은
산 사이의 갈라진 틈으로 가서 참선을 합니다.583) (={41})

1168. 고요하고 제어되고
외딴 거처에 머무는 성인(聖人)은
으뜸이신 부처님의 상속자이고
범천의 예배를 받습니다.

1169. 584)고요하고 제어되고
외딴 거처에 머무는 성인이고
으뜸이신 부처님의 상속자인
깟사빠에게 절을 올리십시오, 바라문이여.

---

581) '마라와 그의 탈것을 이기고서(jetvā Māraṁ savāhanaṁ)'에 대해서는 본서 제2권 둘의 모음 {177}의 주해를 참조할 것.

582) "본 게송을 포함한 두 개의 게송들({1167}~{1168})은 자신의 한거함(viveka-bhāva)에 관해서 말하였다."(ThagA.iii.169)

583) 본 게송은 본서 제1권 하나의 모음 시리왓다 장로(Th1:41)의 게송({41})으로도 나타나고 있다. 그곳의 주해들을 참조하기 바란다.

584) "본 게송을 포함한 다섯 개 게송들({1169}~{1173})은 라자가하에 탁발을 하러 들어가는 마하깟사빠 장로를 보고 '나는 재수 없는 자(kāḷakaṇṇī)를 보았다.'라고 쳐다보며 서있는 사리뿟따 장로의 조카를 [보고 읊은 것이다.] [장로는] 그를 그릇된 견해를 가진 바라문이라고 본 뒤 그에 대한 연민(anukampā)으로 '이 바라문은 파멸하지 않기를.'이라고 하면서 [그가 행한] 성자에 대한 모욕을 물리치기 위해서(ariyūpavāda-paṭighātatthaṁ) '장로에게 절을 올리십시오.'라고 그를 자극하면서(uyyojenta) 말하였다."(ThagA.iii.169)

1170. [그분은] 인간들 사이에서 계속해서
100번 태어남을 모두
바라문 태생으로 얻었고
깨끗한 자이고[585] 베다를 구족하였습니다.[586]

1171. 비록 그는 베다를 공부하는 자[587]였고

---

585) "'깨끗한 자(sottiyo)'라는 것은 깨끗한 태생을 가진 자(sottiya-jātika)라는 말이다."(ThagA.iii.169)

『맛지마 니까야 주석서』는 『맛지마 니까야』 제2권 「앗사뿌라 긴 경」(M39) §23을 주석하면서 '깨끗한 자(sottiya)' 등에 대해서 이렇게 설명한다.

"정신적 오염원이고 다시 태어남을 가져오는 해로운 법들이 가라앉았기 때문에(samitāssa honti) '사문(samaṇa)'이라고 하고, 그러한 해로운 법들을 내쫓았기 때문에(bāhitāssa honti) '바라문(brāhmaṇa)'이라고 하고, 그러한 해로운 법들을 목욕하여 씻어냈기 때문에(nhātāssa honti) '목욕을 마친 자(nhātaka)'라고 하고, 그러한 해로운 법들을 통달했기 때문에(viditāssa honti) '베다를 구족한 자(vedagū)'라고 하고, 그러한 해로운 법들을 들었고, 말끔하게 흘려보냈기 때문에(nissutāssa honti) '깨끗한 자(sottiya)'라고 하고, 그러한 해로운 법들을 멀리 여의었기 때문에(ārakāssa honti) '성스러운 자(ariya)'라고 하며, 그러한 해로운 법들을 멀리 여의었기 때문에(ārakāssa honti) '아라한(arahan)'이라고 한다."(MA.ii.324)

586) "'베다를 구족하였습니다(vedasampanno).'라는 것은 지혜를 구족하였다(ñāṇa-sampanna)는 말이다."(ThagA.iii.169)

587) '베다를 공부하는 자'로 옮긴 원어는 ajjhāyaka이다. 이 단어는 adhi(~로 향하여)+√i(*to go*)에서 파생된 명사인데 주석서에서 "만뜨라를 공부한다(mante parivatteti)."(DA.i.247)라고 설명하듯이 산스끄리뜨 adhyāya도 베다를 공부하는 것을 뜻한다.

주석서는 "처음에는 禪(jhāna)이 없는 바라문들을 비난하는 말이었지만 요즈음은 [베다를] 공부하는 자라고 칭송하는 말로 사용되고 있다."(Ibid.)고 흥미로운 해석을 하고 있다.

인도의 베다 문헌은 고대로부터 삼히따(Saṁhitā, 本集), 브라흐마나(Brāhmaṇa, 祭儀書), 아란냐까(Āraṇyaka, 森林書), 우빠니샤드(Upaṇiṣad, 秘義書)의 단계를 거치면서 발전해 왔다.
삼히따(베다본집)에는 우리가 잘 아는 『리그베다』, 『야주르베다』, 『사마베

세 가지 베다[588]의 저 언덕에 도달하였지만
이것은 그에 대한 경배의
16분의 1에도 미치지 못합니다.

1172. 음식공양을 하기 전에
여덟 가지 해탈[八解脫][589]을

다』, 『아타르와베다』가 있다. 이 베다본집을 토대로 하여 수많은 학파와 문도와 가문들로 구성된 것이 인도 바라문들이다. 그래서 각 학파나 문도에서는 각각 그들 고유의 제의서와 삼림서와 비의서를 가지고 있으며 그 학파는 수천 개가 넘었다고 한다. 그리고 이들은 제사에서 각각 네 가지 역할을 분장해서 관리하면서 인도 전통 바라문교를 유지해 왔다. 초기경들에서는 이 가운데 『아타르와베다』를 제외한 앞의 세 베다만을 삼베다(tevijjā)라 하여 인정하고 있다.

초기경에서 『아타르와베다』는 베다로 인정되지 않는다. 사실 『아타르와베다』는 그 내용이 흑마술(黑魔術, *black magic*)에 관한 것이 많기 때문에 신성한 베다로 인정하기 어렵다. 그리고 『야주르베다』와 『사마베다』의 거의 모든 만뜨라는 『리그베다』에 모두 나타난다. 『리그베다』 가운데서 제사 의식을 관장하는 야주스(Yajus) 바라문이 의식을 거행하면서 읊는 만뜨라를 모은 것이 『야주르베다』이며, 『리그베다』 가운데서 제사에서 창(唱)을 하는 사만(Sāman) 바라문들의 창에 관계된 만뜨라를 모은 것이 『사마베다』이다. 『야주르베다』와 『사마베다』는 그 분량이 『리그베다』의 5분의 1정도도 되지 않는다.

588) '세 가지 베다(ti vedā)' 혹은 '삼베다(tayo vedā)'에 대해서는 본서 제1권 하나의 모음(Th1:2) {2}의 해당 주해를 참조할 것.

589) "'여덟 가지 해탈[八解脫, aṭṭha vimokkhāni]'은 색계선 등(rūpajjhānādi-kā)의 여덟 가지 해탈을 말한다. 수행을 통해서 얻어지는 색계禪들(rūpa-jjhānāni)은 반대되는 법들(paccanīka-dhammā)로부터 잘 해탈하였고(vi-muttatā) 기뻐함(abhirati)을 통해서 대상에 집착하지 않고(nirāsaṅga) 전개됨을 두고 '해탈(vimokkhāni)'이라고 말한다. 이 가운데 멸진정(nirodha-samāpatti)은 반대되는 법들로부터 해탈한 것이다. 그러나 여기서는 禪만을(jhānameva) 뜻하는 것이라고 알아야 한다."(ThagA.iii.169)

여덟 가지 해탈[八解脫] 가운데 첫 번째부터 세 번째까지는 '① 색계[禪]을 가진 자가 형색들을 본다. ② 안으로 색계[禪]에 대한 인식이 없이 밖으로 형색들을 본다. ③ 깨끗하다고 확신한다.'이다. 그리고 여덟 가지 해탈[八解

순관(順觀)으로 역관(逆觀)으로[590]
증득한 뒤에 탁발을 가는

1173. 그러한 비구를 공격하지 말고
자신을 파멸하게 하지 마십시오, 바라문이여.
그러한 아라한에게 마음으로 호의를 가지십시오.
당장 합장하고 절을 올리십시오.
그대의 정수리가 쪼개지게 하지 마십시오.[591]

1174. [592]윤회를 앞세우고 있는 자[593]

脫] 가운데 4번째부터 7번째까지의 네 가지는 무색계에 속하고 8번째는 상수멸(멸진정)이라서 색계의 마음에는 적용이 되지 않는다. 그래서 이 여덟 가지 가운데 ①부터 ③까지의 색계선들을 통한 것만이 여기에 해당된다는 말이다. 『담마상가니』(§§248~250)에서도 이 가운데 첫 번째 세 가지가 '세 가지 해탈(tīni vimokkhāni)'이라는 주제로 색계의 경지로 나타나고 있다

'여덟 가지 해탈[八解脫, aṭṭha vimokkhāni]'은 『디가 니까야』 「대인연경」(D15) §35와 『맛지마 니까야』 「긴 사꿀루다이 경」(M77) §22와 『앙굿따라 니까야』 「해탈 경」(A8:66) 등과 주해들을 참조할 것.

590) "'순관(順觀)으로 역관(逆觀)으로(anulomaṁ paṭilomaṁ)'라고 하였다. 초선으로부터 시작하여 비상비비상처까지가 순관(順觀)이고 비상비비상처부터 시작해서 초선까지가 역관(逆觀)이다."(ThagA.iii.169)

591) "'그대의 정수리가 쪼개지게 하지 마십시오(mā te vijaṭi matthakaṁ).'라는 것은 그대의 정수리가 그때 지은 잘못(aparādha) 때문에 일곱 조각이 나게 하지 말라는 말이다. 그래서 그는 그것을 되돌리기 위해서 즉시 합장하고 절을 하라고 하였다. 바라문은 그것을 듣고 두렵고(bhīta) 절박해졌고(saṁvigga) 모골이 송연하게 되어(lomahaṭṭha-jāta) 그 즉시에 장로에게 용서를 구하였다."(ThagA.iii.170)

'머리가 일곱 조각날 것이다(sattadhā muddhā phalissati).'라는 표현은 초기불전의 여러 곳에 나타나고 있다. 예를 들면 『디가 니까야』 제1권 「암밧타 경」(D3)에서 세존께서는 암밧타에게 "만일 그대가 설명하지 않고 다른 것으로 얼버무린다든지 침묵하고 있다든지 도망간다든지 하면 그대의 머리는 바로 이 자리에서 일곱 조각이 날 것이다."(D3 §1.20)라는 말씀을 하고 계신다.

그는 바른 법을 보지 못합니다.
그는 비뚤어진 길과 나쁜 길을 통해서
아래로 향하여 내달리고 있습니다.

1175. 벌레가 배설물로 뒤범벅이 되듯이
형성된 것들에 혹하여
이득과 존경[594]에 얼이 빠져
뽓틸라 [비구][595]는 공허하게 살아갑니다.[596]

---

592) "본 게송을 포함한 두 개의 게송({1174}~{1175})은 뽓틸라(Poṭṭhila)라는 비구가 바르게 도닦음을 실천하지 않고(sammā apaṭipajjanta) 그릇된 생계를 행하는 것(micchā-jīvakata)을 보고 질책(codanā)을 통해서 말한 것이다."(ThagA.iii.170)

593) "'윤회를 앞세우고 있는 자(saṁsārena purakkhato)'란 윤회에 묶여있는 무명 등(saṁsāra-bandhana-avijjādi)을 앞세우고 있어서 처참한 곳들[惡處, apāyā]에 태어나는 자라는 말이다."(ThagA.iii.170)

594) 『상윳따 니까야 주석서』는 『상윳따 니까야』 제2권 「무서움 경」(S17:1) §3에서 다음과 같이 주석을 하고 있다.

"'이득(lābha)'이란 네 가지 필수품(catu-paccaya)을 얻는 것이다. '존경(sakkāra)'이란 잘 만들어졌고 잘 생산된 이런 [필수품들을 통해서] 얻는 것[예배하는 것(pūjanā) — SAṬ.ii.152]이다."(SA.ii.206)

595) 뽓틸라 장로의 일화(Poṭṭhilatthera-vatthu)는 『법구경 주석서』(DhpA.iii. 417~421; 『법구경 이야기』 제3권 193쪽 이하 참조)에 나타나고 있다.

『법구경 주석서』에 의하면 뽓틸라 장로는 일곱 부처님들[七佛, satta Buddhā]의 교법에서 삼장에 능통하였고(tepiṭaka) 500명의 비구들에게 법을 설하였다고 한다. 그래서 세존께서는 '이 비구에게는 '나는 나 자신의 괴로움으로부터 벗어나리라(dukkha-nissaraṇaṁ karissāmi).'라는 마음도 없구나. 그러니 나는 그가 절박감을 가지도록 해야겠다(saṁvejessāmi).'라고 생각하셨다. 그래서 세존께서는 그에게 계속해서 '공허한 뽓틸라(tuccha-Poṭṭhila)'라고 부르시면서 그에게 절박함이 생기도록 하셨다.
그는 자신에게 선정 등이 없기 때문에 세존께서 자신을 '공허한 뽓틸라'라고 부르신다고 알고 절박함이 생겨서(uppanna-saṁvega) 사문의 법(samaṇa-dhamma)을 실천하기 위해서 다른 비구들이 모르게 120요자나 멀리 떨어져 있는 숲으로 들어갔다. 그곳에는 30명의 비구들이 머물고 있었는데 그들

1176. 597)그러나 이 멋진 사리뿟따가
오는 것을 보십시오.
그는 양면으로 해탈하였고598)

은 모두가 아라한이었다고 한다. 그는 그 승가의 장로(saṅgha-tthera)에게 다가가서 절을 올리고 자신의 의지처(avassaya)가 되어 달라고 부탁하였지만 그 장로는 뽓틸라가 자신이 익힌 지식(uggaha) 때문에 생긴 자만을 꺾기 위해서 그 아래 장로(anuthera)에게로 보냈으며 이렇게 하여 가장 어린 일곱 살 된 사미에게까지 보내졌다.
사미는 그의 자만을 꺾기 위해서 가사를 입은 채로 연못에 뛰어들라 하였고 뽓틸라 비구는 그렇게 하였다. 그것을 보고 사미는 마치 여섯 개 구멍(cha chiddāni)이 있는 하나의 개미집(vammika)에 숨은 큰 도마뱀(이구아나, godhā)을 잡기 위해서는 다섯 개의 구멍을 막고 하나의 구멍만 열어 놓고 그것을 지켜보듯이 눈・귀・코・혀・몸의 다섯 개의 감각의 대문들(pañca-dvārāni)은 닫아버리고 마노의 문에서만 [수행의] 업을 확립하도록 하였다(kammaṁ paṭṭhapetha). 이것은 많이 배운 비구인 그에게는 기름 등불에 불을 붙이는 것(padīp-ujjalana)과 같았다. 그는 '선남자시여, 이 정도로 충분합니다.'라고 대답한 뒤 자신의 몸뚱이(karaja-kāya)에 지혜를 내려놓아 사문의 법을 시작하였다.
120요자나 떨어진 곳에 앉아계셨던 세존께서는 그의 정진을 확고하게 하시기 위해서 마치 그와 이야기를 하는 것처럼 광채를 내뿜으시면서,

'참으로 수행으로부터 지혜로움이 생기고
수행이 없기 때문에 지혜로움이 멸진한다.
향상과 퇴보로 인도하는
이러한 두 가지 길을 알고서
지혜로움이 증장하는 그러한 경지로
자신을 들어가게 하여야 한다.'(Dhp. {282})

라는 『법구경』 {282}번 게송을 읊으셨다. 이 가르침이 끝나자 뽓틸라 장로는 아라한이 되었다. 『법구경 주석서』는 이렇게 설명하고 있다.(DhpA.iii.417~421)

596) '뽓틸라 [비구]는 공허하게 살아갑니다.'는 tuccho gacchati poṭṭhilo를 옮긴 것이다. 주석서는 "높은 계를 공부지음[增上戒學]이 없기 때문에(adhi-sīla-sikkhābhāvato) 공허하고 심재가 없이(asāra) 되어서 뽓틸라 비구는 간다(gacchati), 즉 살아간다(pavattati)."(ThagA.iii.170)로 설명하고 있다.

597) "본 게송을 포함한 두 개의 게송({1176}~{1177})은 사리뿟따 존자를 칭송하면서(pasaṁsanta) 말하였다."(ThagA.iii.170)

안으로 잘 삼매에 들었습니다.

1177. [그는] 쇠살이 없고599) [106] 속박이 멸진되었으며600)
삼명을 가졌고 죽음을 제거하였으며601)
인간들의 보시를 받아 마땅하고
위없는 복밭입니다."

1178. [사리뿟따 장로]602)
"이들 많은 천신들은 신통을 가졌고 명성을 가졌으니
일만의 신들은 모두 범보천의 신들인데
[이런] 목갈라나에게 예배하면서 합장하고 서있습니다.

1179. '준마이신 인간이시여, 당신께 귀의합니다.
최상의 인간이시여, 당신께 귀의합니다.
당신의 번뇌들은 멸진하였으니

---

598) "'그는 양면으로 해탈하였고(vimuttaṁ ubhatobhāge)'라고 하였다. 양면해탈(ubhato-bhāga-vimutta)은 양쪽 측면에서(ubhato-bhāge), 즉 무색계 증득(arūpa-samāpatti)에 의해서 물질의 몸(rūpa-kāya)으로부터, 도에 의해서 정신의 몸(nāma-kāya)으로부터, 적절하게(yathārahaṁ) 이들 억압과 근절의 측면(vikkhambhana-samuccheda-bhāgā)을 통해서 해탈하였다는 뜻이다."(ThagA.iii.170)

599) "모든 곳에서 탐욕의 쇠살 등(rāga-sallādī)이 없기 때문에 '쇠살이 없고(visalla)'라 하였다."(ThagA.iii.170)

600) "감각적 쾌락 등의 속박들(kāmādi-yogā)을 바르게 멸진하였기 때문에 '속박이 멸진되었으며(khīṇa-saṁyoga)'라고 하였다."(ThagA.iii.170)
네 가지 속박은 감각적 쾌락, 존재, 사견, 무명의 속박을 말한다.(본서 {1167}의 주해 참조)

601) '죽음을 제거함(maccu-hāyi)'이란 것은 죽음을 완전히 제거함(maraṇa-pariccāgi), 번뇌가 다함(khīṇāsava)을 말한다."(SA.i.221)

602) "본 게송 등({1178}~{1181})은 사리뿟따 장로가 마하목갈라나 장로를 칭송함을 통해서 말하였다."(ThagA.iii.170)

당신은 보시받아 마땅합니다, 존자시여.'라고. (={629})

1180. 그는 인간과 신에 의해서 예배를 받으며
태어나서 죽음을 정복하였나니[603]
백련이 물에 [젖지 않는 것]처럼
형성된 것에 젖지 않습니다.

1181. 짧은 시간에 천 겹씩[604]
그는 범천을 포함한 세상을 알았나니
신통의 공덕과 죽음과 다시 태어남에 자유자재한
그 비구는 그 시간에 신들을 봅니다." (={909})

1182. [목갈라나 장로][605]
"사리뿟따는 통찰지와 계행
고요함을 두루 구족했나니
저 언덕에 도달한 비구가 있다면
잘해야 그분과 동등할 정도입니다.[606] (M143 §17[607] 등)

---

603) '태어나서 죽음을 정복하였나니'는 uppanno maraṇābhibhū를 옮긴 것인데, "세상에 태어나서(loke uppanno hutvā) 죽음을 정복하여 확고하다(maraṇaṁ abhibhavitvā ṭhito)."(ThagA.iii.171)라는 주석서의 설명을 참조해서 옮겼다.

604) 여기서 '천 겹씩'은 sahassadhā를 옮긴 것이다. 『테라가타 주석서』는 본 게송을 설명하면서 '천 겹씩'으로 옮긴 이 sahassadhā를 1,000의 세계(sahassi-lokadhātu)로 설명하고 있다.(ThagA.iii.171) 본 게송은 본서 {909}에서 아누룻다 장로가 읊은 게송으로도 나타난다. 그곳의 주해들도 참조할 것.

605) "본 게송 등({1182}~{1186})은 마하목갈라나 존자가 자신의 덕들(guṇā)을 드러내면서 말한 것이다."(ThagA.iii.171)

606) '잘해야 그분과 동등할 정도입니다.'는 etāva-paramo siyā를 옮긴 것이다. 『맛지마 니까야 주석서』는 이렇게 설명한다.

"이것은 사리뿟따 [장로]를 칭송(vaṇṇa)하는 게송이다. … 이러한 통찰지

1183. 1조(천만×십만)608) 명의 자기 존재(몸)를
순간에 만들어낼 수 있나니
나는 변형의 [신통]들에609) 능숙하고
나는 신통에 자유자재합니다.610)

1184. 삼매와 명지에 자유자재하여 바라밀에 도달했으며611)

등에 의해 오직 사리뿟따 [장로]가 뛰어나다(seyya). 열반에 이른 비구라면 어떤 자라도 최상이지만(etāva-paramo) 사리뿟따 장로를 넘어서지는 못한다(na therena uttaritaro nāma atthi)는 말이다."(MA.v.81)

607) 본 게송은 『맛지마 니까야』 제4권 「아나타삔디까를 교계한 경」(M143) §17에서 아나타삔디까 장로가 죽어서 도솔천의 천신이 되어 아나타삔디까 원림으로 세존을 뵈러 와서 사리뿟따 장로를 칭송하여 읊은 게송으로도 나타난다. 그리고 이 게송은 『상윳따 니까야』 제1권 「제따 숲 경」(S1:48) {159}와 「급고독 경」(S2:20) {315}로도 나타나고 있다. 이 두 경에서도 아나타삔디까 천신이 읊은 것으로 나타난다.

608) '1조(천만×십만)'는 koṭisatasahassa를 옮긴 것이다. 여기서 꼬띠(koṭi)는 1천만을 뜻한다. 그러므로 koṭi-sata-sahassa는 100,000,000(koṭi)×100(sata)×1,000(sahassa)으로 계산이 되어 1조가 된다. 중국에서 꼬띠(koṭi)는 구지(俱胝)로 음역되었고 이 koṭisatasahassa는 주로 백천구지(百千俱胝)로 옮겨졌다.

609) '변형의 [신통]들에'는 vikubbanāsu를 옮긴 것이다. '변형의 신통(vikubbanā-iddhi)'에 대해서는 『청정도론』 XII.22와 24를 참조할 것.

610) "'나는 변형의 [신통]들에 능숙하고 / 나는 신통에 자유자재합니다(vikubbanāsu kusalo, vasībhūtomhi iddhiyā).'라고 하였다. 나는 마음으로 만든 변형의 [신통]들(manomaya-vikubbanā)에만 [능숙할] 뿐만 아니라 모든 신통에 대해서도 자유자재함을 얻었다(vasībhāva-ppatta)는 말이다."(ThagA.iii.171)

611) "'삼매와 명지에 자유자재하여 바라밀에 도달했으며(samādhi-vijjā-vasi-pāramīgato)'라고 하였다. 일으킨 생각과 지속적 고찰이 있는 [초선] 등의 삼매들(savitakka-savicārādi-samādhī)과 전생에 대한 지혜[宿命通] 등의 명지들(pubbenivāsa-ñāṇādi-vijjā)에 대해서 자유자재함(vasībhāva)에 의해서 바라밀의 정점(koṭi)에 도달하였다. 그는 갈애에 의지함 등이 없으신(taṇhā-nissayādi-rahita) 그분 스승님의 교법에서 설해진 것과 같은 덕스러움들(guṇā)에 의해서 최고의 경지에 이르렀다(ukkaṁsa-gata)는

목갈라나 족성이고 집착 않는 분[612]의 교법에 [확고하며]
삼매의 기능을 갖춘 현자는 속박을 끊었나니
코끼리가 뿌띠 넝쿨을 [끊듯이].[613]

1185. 나는 스승님을 섬겼고
부처님의 교법을 실천하였습니다.
무거운 짐을 내려놓았고
존재에 [묶어두는] 사슬은 뿌리 뽑혔습니다. (={604} 등)[614]

1186. 그것을 위해서
집을 나와 집 없이 출가한
그 목적을 나는 얻었으니
모든 족쇄들을 멸진하였습니다. (={136}; {605} 등)

1187. [615]제자인 위두라와 까꾸산다 바라문[616]을 공격하여

말이다."(ThagA.iii.171)

612) "'집착 않는 분(asito)'이라는 것은 갈애와 사견에 의지함에서 벗어났다(taṇhā-diṭṭhi-nissaya-rahita)는 말이다."(ThagA.i.110)

"'집착 않는 분(asito)'이란 갈애와 사견(taṇhā-diṭṭhi)을 두고 집착하지 않는 분이란 말이다."(SA.i.193)

613) "마치 코끼리 왕(hatthināga)이 뿌띠 넝쿨의 속박(pūtilatā-bandhana)을 쉽게 자르듯이(chindati) 그와 같이 전체 오염원의 속박(kilesa-bandhana)을 끊었다는(samucchindi) 말이다."(ThagA.iii.171)

614) 이 게송은 이 외에도 본서 {656}, {792}, {891}, {918}, {1016} 등으로도 나타나고 있다.

615) "본 게송 등({1187}~{1208})은 [『맛지마 니까야』 제2권 「마라 견책 경」(M50)에서 목갈라나 장로의] 복부(koṭṭha)에 들어갔다 나와서 서있는 (M50 §§2~7) 마라를 무섭게 하면서(tajjenta) 장로에 의해서 말해진 것이다."(ThagA.iii.172)

『테라가타 주석서』가 이렇게 밝히고 있듯이 여기 {1187}부터 마지막인

듯시[617]가 고통받은 지옥은 무엇과 같은가? (M50 §24 {1})

1188\. 백 개나 되는 쇠못이 있고 모두 스스로 고통을 받네.
제자인 위두라와 까꾸산다 바라문을 공격하여
둣시가 고통받은 그 지옥은 이와 같다네. (M50 §24 {2})

1189\. 부처님 제자인 이 비구[618]는 이것을 잘 기억하나니
검은 자여, 그런 비구 공격하여 그대 고통받으리. (M50 §24 {3})

{1208}까지 22개의 마하목갈라나 장로의 게송들은 『맛지마 니까야』 제2권 「마라 견책 경」(M50) §24부터 §31까지에 나타나는 게송들과 같다. 「마라 견책 경」(M50)은 신통제일인 목갈라나 존자가 자신도 까꾸산다 부처님 시대에는 마라였음을 밝히면서 마라의 악행을 나무라고 마라를 경책하는 내용을 담고 있다.

본경에서 목갈라나 존자는 "사악한 자(빠삐만)여, 옛적에 나는 두시라는 마라였고, 내게 깔리라는 이름의 누이가 있었다. 그대는 그녀의 아들이었으므로 나의 조카였다."(M50 §8)라고 말하면서 존자가 두시 마라였을 때의 일화를 이야기하는데 이것이 본경의 주 내용이다. 이처럼 본경은 부처님의 상수제자인 마하목갈라나 존자가 먼 전생에는 수행자들을 괴롭히는 마라였다는 사실을 담고 있다.

616) 여기서는 칠불(七佛) 가운데 다섯 번째 부처님인 까꾸산다 부처님을 까꾸산다 바라문(Kakusandha brāhmaṇa)이라고 표현하고 있다. 주석서는 "까꾸산다 정등각자를 공격한다는(āsajja) 뜻이다."(ThagA.iii.172)라고 설명하고 있다.
두시 마라와 까꾸산다 부처님과의 일화에 대해서는 『맛지마 니까야』 제2권 「마라 견책 경」(M50), 특히 §12 이하를 참조할 것.

617) PTS와 VRI의 빠알리 원문에는 모두 둣시(Dussī)로 나타나고 있다. 그러나 「마라 견책 경」(M50) §8; §§12~18; §21; §§23~24에는 두시(Dūsi)로 나타나고 있고 DPPN에도 두시(Dūsi)로 나타난다.

618) '부처님의 제자인 이 비구(bhikkhu Buddhassa sāvako)'는 바로 본인인 마하목갈라나 존자 자신이다. 그는 지금 자신을 해치려던 마라에게 자신이 옛적에 둣시(두시) 마라가 되어 까꾸산다 부처님과 그의 시자 위두라에게 행한 일체의 행위와 그 과보를 다 기억하여 이야기해 준 것이다. 그리고 만일 지금의 이 마라가 존자 자신을 괴롭히면 지금의 이 마라도 큰 고통을 받을 것이라고 훈계하고 있다.

1190. 바다 한가운데 [107] 겁을 지속하는 궁전들이 서있어
청옥의 색깔을 가졌고 아름답고
섬광이 번쩍이고 광휘로워라.619)
그곳에는 여러 색깔의 요정들이 춤을 추네. (M50 §25)

1191. 부처님 제자인 이 비구는 이것을 잘 기억하나니
검은 자여, 그런 비구 공격하여 그대 고통받으리. (M50 §25)

1192. 부처님의 권고로 비구 승가가 보는 앞에서
녹자모 강당을 엄지발가락으로 흔들었다네.620) (M50 §26)

1193. 부처님 제자인 이 비구는 이것을 잘 기억하나니
검은 자여, 그런 비구 공격하여 그대 고통받으리. (M50 §26)

1194. 신통력을 크게 발휘하여
웨자얀따 궁전을 발끝으로 흔들어
신들이 절박함이 생기도록 하였네.621) (M50 §27)

---

619) "대해 한가운데 물을 발판으로 삼아 궁전들이 생겼으니 그것은 겁을 지속했다. 그것의 색깔은 청옥(veḷuriya)과 같고, 산 정상에서 피어오르는 빛나는 한 줄기 불꽃처럼 '섬광이 번쩍이고(accimanto)', '광휘로워라(pabhassarā).' 그 궁전 속에 푸른색 등 여러 색의 요정들이 춤을 추었다는 말이다."(MA.ii.422)

620) 이것은 『상윳따 니까야』 제6권 「목갈라나 경」(S51.14) §3의 내용을 말한다. 「목갈라나 경」에서 세존께서는 비구 승가가 마음챙김을 놓아버리고 감각기관을 제어하지 않고 머무는 것을 보시고 목갈라나 존자에게 권유하여 녹자모 강당을 흔들어 비구들에게 경각심을 일으키게 하라고 하셔서 이런 신통을 나툰 것이다.

621) 이것은 『맛지마 니까야』 제2권 「갈애 멸진의 짧은 경」(M37)의 §11에 그 내용이 담겨 있으니 참고할 것.

1195. 부처님 제자인 이 비구는 이것을 잘 기억하나니
검은 자여, 그런 비구 공격하여 그대 고통받으리. (M50 §27)

1196. 웨자얀따 궁전[622]에서 삭까에게 물었네.
'도반이여,[623] 그대는 갈애가 소멸한 해탈을 아는가?'
질문받자 삭까는 그에게 진실하게 대답했다네.[624] (M50 §28)

1197. 부처님 제자인 이 비구는 이것을 잘 기억하나니
검은 자여, 그런 비구 공격하여 그대 고통받으리. (M50 §28)

---

622) '웨자얀따 궁전(Vejayanta-pāsāda)'은 삼십삼천에 있는 신들의 왕인 삭까(인드라)의 궁전이다. 『맛지마 니까야』 제2권 「갈애 멸진의 짧은 경」 (M37) §8에 의하면 옛날에 신들과 아수라들의 전쟁이 일어났고 그 전쟁에서 신들은 승리하고 아수라들은 패배했다고 한다. 신들은 아수라들과의 전쟁에서 승리하고 돌아와서 이 웨자얀따라는 궁전(Vejayanta nāma pāsāda)을 지었다고 한다.(M37 §8)

"웨자얀따 궁전에는 백 개의 뾰족탑이 있고 그 각각의 뾰족탑에는 칠백 개의 누각이 있으며 각각의 누각에는 각각 일곱 요정들이 있고 그 일곱 요정들은 각각 일곱 궁녀들을 거느리고 있다"(Ibid.)고 묘사된다. 이 궁전은 이처럼 아름다운 곳(rāmaṇeyyaka)이라고 한다.

신들과 아수라들의 전쟁은 『상윳따 니까야』 제1권의 제11주제(S11) 「삭까 상윳따」 (Sakka-saṁyutta)의 여러 경들에 등장하는 단골 메뉴이다. 「수위라 경」 (S11:1) §3을 참조할 것.

623) 「마라 견책 경」 (M50) §28에는 '와사와(Vāsava)여'로 나타나고 있다. 여기서 와사와(Vāsava)는 인드라, 즉 삭까의 다른 이름이다. 『상윳따 니까야』 제1권 「삭까의 이름 경」 (S11:12) §3에 의하면 예전에 "인간이었을 때 그는 휴게소(āvasatha)를 보시하였다. 그래서 그는 와사와라 불린다."고 한다. 이 경에서는 삭까의 이름 와사와(Vāsava)를 '휴게소(āvasatha)'와 연결 지어 설명하고 있다. 그리고 삭까와 휴게소에 얽힌 이야기는 『법구경 주석서』 (DhpA.i.269~270; BL 1:317~318)에 나타난다.

624) 세존께서는 인드라에게 갈애의 멸진을 통한 해탈의 법문을 설하셨는데, 목갈라나 존자가 세존께서 하신 그 가르침을 알고 싶어 인드라에게 질문하고, 인드라가 대답한 것으로 『맛지마 니까야』 제2권 「갈애 멸진의 짧은 경」 (M37) §12에 그 내용이 나타난다.

1198. 나는 수담마 의회625)에 모인 회중에서 범천에게 물었네.
'도반이여, 그대 전에 가졌던 삿된 견해를 지금도 가졌는가?
범천의 광명이란 지나가 버리는 것으로 보는가?'626)

1199. 그런 [나의] 질문을 받고
범천은 진실하게 대답했다네.627)
'최상의 인간이여, 이전에 가졌던 저의 견해
지금은 그대로 가지고 있지 않습니다. (M50 §29 {2})

1200. 범천의 광휘로움이란
지나가 버리는 것이라고 보거늘
나는 항상하고 영원하다고
어떻게 말하겠습니까?'라고.628) (M50 §29 {3})

---

625) '수담마 의회'는 Sudhammā sabhā를 옮긴 것이다. sudhamma는 '좋은 법'이란 뜻이며 sabhā는 현재 인도에서도 국회를 뜻하는 용어로 쓰이듯이 '의회, 회의, 회합' 등을 뜻한다. 신들이 모여서 회합을 가지는 삼십삼천의 집회소가 바로 수담마 의회(Sudhammā sabhā)이다. 수담마 의회에 모여서 회합을 가지는 삼십삼천의 모습에 대해서는 『디가 니까야』 제2권 「마하수닷사나 경」(D18) §12와 「자나와사바 경」(D19) §2 이하 등을 참조할 것.

626) 본 게송은 「마라 견책 경」(M50) §29 {1}로 나타나고 있다. 이 가운데 '도반이여, 그대 … 보는가?'로 구성된 본 게송의 b/c(2연과 3연)는 『상윳따 니까야』 제1권 「어떤 범천 경」(S6:5) §8 {580}과 같다. 이 경에서 목갈라나 존자는 신통으로 세존을 따라 범천의 세상에 올라가서 범천에게 교계를 하고 있다.

627) '그런 [나의] 질문을 받고 / 범천은 진실하게 대답했다네.'는 tassa brahmā viyākāsi, pañhaṁ puṭṭho yathātathaṁ를 풀어서 옮긴 것이다. M50 §29 {2}에는 tassa brahmā viyākāsi, anupubbaṁ yathātathaṁ으로 나타나고, '그런 [내게] 범천은 차례대로 진실하게 대답했다네.'로 옮겼다.

628) 이 일화는 『상윳따 니까야』 제1권 「어떤 범천 경」(S6:5)에 나타난다. 특히 §9에서 "존자여, 이전에 가졌던 저의 견해 … 어떻게 이처럼 말할 수 있겠습니까."라고 여기 {1199}b와 {1200} 게송과 같은 구절이 S6:5 §9에 3개의

1201. 부처님 제자인 이 비구는 이것을 잘 기억하나니
검은 자여, 그런 비구 공격하여 그대 고통받으리. (M50 §29 {3})

1202. 대수미산의 정상을
해탈하여 만졌으며[629)]
잠부디빠[630)]와 뿝바위데하와 땅에 사는
여러 사람들을 [방문했네.] (M50 §30)

1203. 부처님 제자인 이 비구는 이것을 잘 기억하나니
검은 자여, 그런 비구 공격하여 그대 고통받으리. (M50 §30)

연으로 된 {581}로 똑같이 나타나고 있다.

629) "禪의 해탈(jhāna-vimokkha)을 통한 신통지(abhiññāṇa)로 만졌다는 말이다."(ThagA.iii.176; cf. A.ii.423)

630) '잠부디빠'라고 옮긴 원어는 vana(숲)인데 주석서에서 잠부디빠(Jambu-dīpa)라고 설명하고 있어서 이렇게 옮겼다.(ThagA.iii.176; MA.ii.423)

'잠부디빠(Jambudīpa)' 혹은 '잠부 섬'은 jambu(잠부)-dīpa(섬)로 이루어진 합성어인데 원래는 인도를 나타내는 말로 쓰였다. 주석서는 "잠부 나무가 있으며 유명한 섬"(AA.ii.34)이라고 설명한다. 주석서에서는 히말라야 산에 일 겁을 머무는 큰 잠부(Mahājambu) 나무가 있기 때문이라고 설명하기도 하고 이 섬에는 잠부 나무(jamburukkha)가 번성하기 때문이라고도 설명하고 있다.(Ibid.) 그리고 인도의 지형이 마치 잠부 열매처럼 생겼기 때문에 붙여진 이름이라고도 한다. 잠부디빠는 중국에서 염부제(閻浮提)로 음역되었다. 『앙굿따라 니까야』 제1권 「아비부 경」(A3:80)과 같은 우주관에서는 우리 인간이 사는 세계를 통칭하는 것으로 이해하고 있다.

주석서에 의하면 잠부디빠(Jambudīpa)와 아빠라고야나(Aparagoyāna)와 웃따라꾸루(Uttarakuru)와 뿝바위데하(Pubbavideha)는 수미산(須彌山, Sineru, Sk. Sumeru) 주위에 있는 네 대륙(dīpa)의 이름이다.(AA.ii.36) 잠부디빠는 남쪽에 있는 대륙이며 우리 같은 인간이 사는 곳이다. 아빠라고야나는 서쪽(apara)에, 웃따라꾸루는 북쪽(uttara)에, 뿝바위데하는 동쪽(pubba)에 있는 대륙이다. 그래서 중국에서는 이 넷을 각각 남섬부주(南贍部洲), 서우화주(西牛貨洲), 북구로주(北俱盧洲), 동승신주(東勝身洲)로 옮겼다.

1204. '어리석은 자를 내가 태워버려야지.'라고
불은 결코 의도하지 않지만
어리석은 자는 타오르는 불을
공격하여 스스로 불타네. (M50 §31 {1})

1205. 마라여, 이와 같이 그대는
그분 여래를 공격하여
스스로 자기 자신을 태우나니
어리석은 자가 불에 맞닿아 그렇게 되듯. (M50 §31 {2})

1206. 마라는 그분 여래를 공격하여
덕 없음을 생기게 하거늘
빠삐만[631]이여, 그대 사악함은
과보를 가져오지 않을 것이라 생각하는가? (M50 §31 {3})

1207. 끝을 만드는 자여, 그렇게 행할 때
그대 오랜 세월 사악함을 쌓나니
마라여, 부처님을 떠나라.[632]
비구들에게 바람[願]을 갖지 마라.[633] (M50 §31 {4})

---

631) '빠삐만(Pāpiman)'은 마라(Māra)의 다른 이름이다. 빠삐만에 대해서는 본서 제1권 하나의 모음 {35}의 해당 주해를 참조하고 마라(Mārā)에 대해서는 본서 제1권 하나의 모음 {47}의 해당 주해를 참조할 것.

632) "'마라여, 부처님을 떠나라(Māra, nibbinda Buddhamhā).'는 것은 네 가지 진리를 깨달은 분[四諦佛, catusacca-buddha]인 부처님의 제자로부터(Buddha-sāvakato) 떠나라는 말이다."(ThagA.iii.179.)

'네 가지 진리를 깨달은 분[四諦佛, catusacca-buddha]'에 대해서는 본서 제2권 넷의 모음(Th4:4) {280}의 '깨달은 분들(buddhā)'에 대한 해당 주해를 참조할 것.

1208. 이처럼 [108] 베사깔라 숲에서
비구가 마라를 견책했을 때
그 나쁜 마음을 먹은 약카[634]는
거기서 바로 사라져버렸다네."[635] (M50 §31 {5})

마하목갈라나 존자 장로가 참으로 이런 형태의 게송들을 말했다.

예순의 모음이 끝났다.

예순의 모음에 포함된 [장로들의] 목록은 다음과 같다.

예순의 모음에는 큰 신통을 갖춘 목갈라나
한 분 장로의 게송 68개가 있다.

---

633) "'비구들에게 바람을 갖지 마라(āsaṁ mākāsi bhikkhusu).'는 것은 비구들을 내가 괴롭혀야지 하는 그런 바람[願]을 갖지 말라는 말이다."(ThagA.iii.177; MA.ii.423)

634) '약카(yakkha, Sk. yakṣa)'는 중국에서 야차(夜叉)로 한역되었다. 일반적으로 약카는 힘이 아주 센 비인간을 뜻한다. 약카(yakkha)에 대해서는 『우다나』 「아자깔라빠까 경」(Ud1:7) §1의 주해를 참조하기 바란다.

635) "이와 같이 이 대장로는 마라를 꾸짖은 뒤 신들을 방문하고 인간들을 방문함 등(devacārikā-narakacārikādi)을 통해서 다른 제자들과는 공통되지 않는(asādhāraṇa) [방법으로] 중생들에 대한 보답(sattūpakāra)을 한 뒤 수명이 다하여 반열반을 하였다."(ThagA.iii.180)

목갈라나 장로는 불교의 번창에 두려움과 분노를 느낀 외도들(titthiyā)이 많은 돈으로 매수한 도적들(corā)에 의해서 살해되었다. 여기에 대해서는 본서 {1146}의 목갈라나 장로에 대한 【행장】의 해당 부분을 참조하기 바란다.

테라가타

큰 모음

Mahā-nipāta({1209}~{1279})

1. 왕기사 장로(Th70:1 {1209~1279})

【행장】

먼저 『테라가타 주석서』에 나타나는 왕기사 장로에 대한 설명부터 살펴보자.

"왕기사 장로(Vaṅgīsa thera)는 사왓티에서 바라문 가문에 태어났다. 그는 세 가지 베다를 섭렵하여 스승을 기쁘게 한 뒤 시신의 머리를 [두드리는] 주문(chava-sīsa-manta)이라는 것을 배워서 시신의 머리를 손톱(nakha)으로 두드린 뒤(ākoṭetvā) '이 중생은 아무개 모태(yoni)에 들었다.'라고 알았다.

바라문들은 '이것은 우리가 생계를 유지하는 길(jīvita-magga)이다.'라고 알았기 때문에 왕기사를 데리고 잘 가린 탈것에다 그를 앉게 한 뒤 마을과 성읍과 수도로 돌아다녔다. 왕기사도 죽은 지 삼 년이나 되었을지라도 그 죽은 사람의 머리를 가져오게 하여 손톱으로 두드린 뒤 '이 중생은 아무개 모태에 들었다.'라고 말하면서 많은 사람들의 의심을 해결하기 위해서 이런저런 사람들을 오게 하여 그 각각의 태어난 곳[行處, gati]을 말해주었다. 이렇게 하여 많은 사람들은 그에게 믿음을 가지게 되었다.

그는 그것을 의지하여 많은 사람들의 손으로부터 백 [냥의 돈]도

얻고 천 [냥의 돈]도 얻었다고 한다. 바라문들은 왕기사를 데리고 그들이 좋아하는 곳으로 다니다가 다시 사왓티로 왔다. 왕기사는 [우리 세존] 스승님의 덕스러움에 대해서 듣고서는 스승님을 뵈러 가기를 원하였다. 바라문들은 '사문 고따마는 요술(māyā)로 그를 개종시킬 것이다(āvaṭṭessati).'라고 하면서 그것을 막았다. 왕기사는 그들의 말에 개의치 않고 스승님의 곁에 가서 감미로운 말씀을 드려 호의를 보인 뒤(madhura-paṭisanthāraṁ katvā) 한 곁에 앉았다.

스승님께서는 그에게 물으셨다.
'왕기사여, 그대는 무슨 기술(sippa)을 가지고 있는가?'
'그렇습니다, 고따마 존자시여. 저는 시신의 머리를 두드리는 주문이란 것을 압니다. 저는 죽은 지 삼 년이나 된 죽은 사람의 머리도 손톱으로 두드린 뒤 그의 태어난 곳을 압니다.'
스승님께서는 그에게 지옥에 태어난 어떤 사람의 머리를 가져다 주게 하였다. 그는 첫 번째 머리를 두드린 뒤 '고따마 존자시여, 이 중생은 지옥에 태어났습니다.'라고 말하였다.
'장하구나, 왕기사여. 그대가 잘 보았다. 그러면 이 중생은 어디에 태어났는가.'라고 물으시자,
'인간 세계입니다.'
'이 사람은 어디에 태어났는가?'
'천상 세상입니다.'라고 그는 세 가지 태어난 곳(nibbattaṭṭhāna)을 말씀드렸다.

그러나 그는 반열반에 든 사람(parinibbuta)의 머리를 손톱으로 두드리면서는 끝(anta)도 시작점(koṭi)도 보지 못하였다.
그러자 스승님께서는 그에게 '왕기사여, 가능하지 않은가?'라고 물으셨다. 그는 '지금 면밀히 조사하고 있습니다.'라고 거듭해서 대답하면서 두드렸다.
외도의 만뜨라로 번뇌 다한 자의 태어날 곳(gati)을 어떻게 알겠

는가? 그러자 그의 머리로부터 땀이 떨어졌다. 그는 부끄러워하면서 침묵으로 일어섰다.
그러자 스승님께서는 그에게 말씀하셨다.
'왕기사여, 그대는 피곤하구나.'
'그러합니다, 고따마 존자시여. 이 사람의 태어난 곳(uppanna-ṭṭhāna)을 알 수가 없습니다. 만일 당신께서 아신다면 말씀해 주십시오.'
'왕기사여, 나는 이것도 알고 이것보다 더 뛰어난 것도 안다네.'
라고 말씀하신 뒤,

'중생들의 죽음과 태어남을
모두 잘 알며
움켜쥠이 없고 잘 가셨고 깨달은 분,
그를 나는 바라문이라 부른다.

신들도 간답바들도 인간들도
그의 행처를 알지 못하며
번뇌가 다한 아라한,
그를 나는 바라문이라 부른다.'(M98 §11 등)[636]

라는 이 두 개의 게송을 읊으셨다.
왕기사는 '고따마 존자시여, 그렇다면 그 명지(vijjā)를 제게 주십시오.'라고 존경(apaciti)을 표한 뒤 스승님의 곁에 앉았다. 스승

636) 본 게송은 『맛지마 니까야』 제3권 「와셋타 경」(M98 §11)과 『숫따니빠따』 「와셋타 경」(Sn3:9 {648}~{649})과 『법구경』 {419}~{420})에 다음과 같이 나타나고 있다.

cutiṁ yo vedi sattānaṁ upapattiñca sabbaso|
asattaṁ sugataṁ Buddhaṁ tamahaṁ brūmi brāhmaṇaṁ||

yassa gatiṁ na jānanti devā gandhabbamānusā|
khīṇāsavaṁ arahantaṁ tamahaṁ brūmi brāhmaṇa''nti||
(M98 §11 {50}~{51}; Dhp {419}~{420}; Sn3:9 {648}~{649})

님께서는 '나는 우리와 같은 특징을 가진 자(samāna-liṅga)에게 준다.'라고 말씀하셨다. 왕기사는 '무엇을 해서든 내가 이 주문을 가질 수 있다면 그렇게 할 것입니다.'라고 하면서 바라문들에게 '당신들은 내가 출가한다고 생각하지 마시오. 나는 주문을 익힌 뒤 전 인도에서 최고(jeṭṭhaka)가 될 것입니다. 그러면 당신들도 경사스럽게 될 것입니다.'라고 말하였다.
그는 이처럼 주문을 위해서(mantatthāya) 스승님의 곁에 다가가서 출가를 요청하였다. 그때 니그로다깝빠(Nigrodhakappa) 장로가 스승님의 곁에 서있었는데 세존께서는 그에게 '니그로다깝빠여, 이 사람을 [그대 상좌로] 출가시켜라.'라고 명하셨다. 장로는 스승님의 명을 받아 그를 출가하게 하였다.[637)]

그러자 스승님께서는 '그러면 그대는 주문의 부수적인 것(manta-parivāra)을 섭렵하라.'라고 하시면서 [몸의] 32가지 [부위에 대한] 명상주제(dvattiṁsākāra-kammaṭṭhāna)[638)]와 위빳사나의 명상주제(vipassanā-kammaṭṭhāna)를 설명해 주셨다. 그는[몸의] 32가지 [부위에 대한] 명상주제를 익히면서 위빳사나를 확립하였다.
바라문들은 왕기사에게 다가가서 '여보시오 왕기사여, 사문 고따마의 곁에서 무슨 기술을 익혔습니까?'라고 물었다. 그는 '기술

---

637) 이렇게 하여 니그로다깝빠 장로는 왕기사 존자의 은사가 되었다.(Vaṅgīsassa upajjhāyo Nigrodhakappo nāma thero, Sn2:12/59)
한편 왕기사 장로는 본서 {1267} 이하에서 그의 은사 니그로다깝빠 장로가 반열반에 들은 것인지 취착의 자취가 남아있어서 다른 곳에 재생한 것인지 ({1274})를 말씀해 주시기를 지속적으로 세존께 간청하고 있다.

638) 이 '[몸의] 32가지 [부위에 대한] 명상주제(dvattiṁsākāra-kammaṭṭhāna)'는 몸의 32가지 부위에 대한 혐오의 명상주제를 말하는 것이다. 이 명상주제에 대해서는 『상윳따 니까야』 제6권 「분석 경」(S51:20) §7과 『디가 니까야』 「대념처경」(D22) §5를 참조하고, 이것을 구체적으로 수행하는 방법은 『청정도론』 제8장 §44~144에서 상세하게 설명하고 있으므로 참조하기 바란다. 『청정도론』은 이것을 '혐오를 마음에 잡도리함(paṭikkūlamanasikāra)을 통한 명상주제'라고 밝히고 있다.(Vis.VIII.44)

을 익히는 것이 무슨 소용입니까? 당신들은 가시오. 내가 당신들에게 해야 할 일은 없습니다.'라고 대답했다. 바라문들은 '당신도 이제 사문 고따마의 지배(vasa)를 받는구나. 요술 때문에 개종을 하였구나(māyāya āvaṭṭita). 우리가 그대의 곁에서 무엇을 할 수 있겠는가?'라고 하면서 온 길로 되돌아갔다. 왕기사 장로는 위빳사나를 증장시켜 아라한됨을 실현하였다. 장로의 일화는 『아빠다나』에도 나타나고 있다. …"(ThagA.iii.180~182)

계속해서 주석서는 이렇게 설명한다.

"아라한이 된 뒤에 장로는 스승님의 곁으로 갈 때에 눈[眼]의 길(cakkhu-patha)로부터 시작하여 달과 태양과 허공과 큰 바다와 산의 왕 수미산과 동물의 왕인 사자와 코끼리와 같은 이런 것들과 더불어 비교하면서(upamento) 수백 개의 문장으로 스승님을 칭송하면서 다가갔다. 그래서 스승께서는 승가 가운데 앉으셔서 [『앙굿따라 니까야』 제1권 하나의 모음 「으뜸 품」(A1:14)에서] 그를 두고 영감을 가진 자들(paṭibhānavantā) 가운데서 으뜸의 위치에 두셨다.(S1:14:3-4)

여기 [장로의 게송들 가운데에는] 장로가 아라한됨을 얻기 이전이나 이후에 마음에서 [생겨난] 이런저런 [사상들을] 전승하여 읊은 것도 있다. 그리고 장로를 지목하여 아난다 장로 등이 읊은 것도 있다.({1223} 등)"(ThagA.iii.182)

왕기사 존자가 어떻게 세존과 인연이 되었는가는 이처럼 여기 『테라가타 주석서』(ThagA.iii.180~182)에도 나타나고 있고 『상윳따 니까야 주석서』(SA.i.285~286)와 『법구경 주석서』(DhpA.iv.226~228)에도 나타나고 있다.

왕기사 존자(āyasmā Vaṅgīsa)와 관계된 경들은 『상윳따 니까야』 제1권 「왕기사 장로 상윳따」(S8)에 포함된 12개 경들(S8:1~12)과 『숫따니빠따』의 「좋은 말씀 경」(Sn3:3/78ff.)과 「니그로다깝빠 경」(Sn2:12/59ff. {343}~{358})으로 전승되어 온다.

이 경들에 포함된 게송들은 모두 『테라가타』의 여기 {1209}~{1279}에 71개로 모아져서 전해온다.

이 가운데 {1209}~{1262}의 54개의 게송은 『상윳따 니까야』 제1권 「왕기사 장로 상윳따」(S8)에 포함된 12개 경들(S8:1~12)에 들어있는 {707}~{757}의 51개 게송과 같다. 게송의 숫자가 다른 것은 각 판본의 편집이 다르기 때문이다. 판본에 많은 차이가 나는 곳은 『상윳따 니까야』 제1권 「왕기사 경」(S8:12)의 {753}~{757}에 해당하는 부분이다. {753}~{757}의 이 다섯 개 게송은 『테라가타』 {1253}~{1262}의 10개의 게송과 배대가 된다.[639]

그리고 여기 『테라가타』 {1227}~{1230}은 『숫따니빠따』의 「좋은 말씀 경」(Sn3:3/78ff.) {451}~{454}로도 나타나고 있으며, {1263}~{1278}의 16개 게송은 『숫따니빠따』의 「니그로다깝빠 경」(Sn2:12/59ff.) {343}~{358}과 같다. 그래서 『테라가타 주석서』도 '이 게송들은 [일차합송에서] 합송할 때에 [아난다 존자가] 함께 모아 제기하여 확정하였다.'(ThagA.iii.182)라고 표현하고 있다.

초기불교의 핵심을 한마디로 말해보라면 주저 없이 '해체해서 보기'라고 정리할 수 있다.[640] '해체'라는 용어는 이미 초기불전

---

639) 앞의 【행장】에서 밝혔듯이 여기 {1209}~{1262}의 54개의 게송들은 『상윳따 니까야』 제1권 「왕기사 장로 상윳따」(S8)에 포함되어 있는 12개 경들(S8:1~12)에 나타나는 게송들({707}~{757}까지)과 같게 「왕기사 장로 상윳따」(S8)에 실려 있는 순서대로 여기에 나타나고 있다. 게송의 숫자가 다른 것은 판본의 편집이 다르기 때문이다. 이 가운데 {1209}~{1252}는 「왕기사 장로 상윳따」(S8)의 {707}부터 {752}와 똑같다. 그러나 {1256}~{1262}는 「왕기사 장로 상윳따」(S8)의 「왕기사 경」(S8:12)에서 {753}~{757}의 게송으로 읊은 것과는 일치하지 않는 부분이 많다. 다른 점은 게송들을 옮기면서 밝히고 있다.
이 둘의 비교는 Ireland, Vangisa pp. 7~8을 참조하기 바란다.

640) '해체'는 vibhajja를 옮긴 것이다. 해체 혹은 해체해서 보기에 대해서는 졸저 『초기불교 이해』 26쪽 이하와 213쪽 이하 등을 참조하기 바란다.

가운데서 나타나고 있는데 바로 이 왕기사 장로의 게송에 나타나고 있다. 부처님 제자들 가운데 영감이 가장 뛰어난 분으로 칭송되며 시작(詩作)에 능했던 왕기사 장로는 여기 {1242}번 게송(=S8:8 §7 {742})에서 부처님을 "부분들로 해체해서(bhāgaso pavibhajjaṁ) 설하시는 분"이라고 찬탄하고 있다. 주석서는 "마음챙김의 확립 등의 부분(koṭṭhāsa)으로 법을 해체하는 것(dhammaṁ vibhajantaṁ)이라는 말이다."(SA.i.279; cf. ThagA.iii.196)라고 설명하고 있다. 여기서 해체는 vibhajja/pavibhajja를 옮긴 것이다.

부분들로 해체한다는 것은 빠알리 삼장과 주석서와 복주서 전통을 고스란히 간직하고 있는 상좌부 불교를 위밧자와딘(Vibhajja-vādin), 즉 해체를 설하는 [상좌부] 혹은 분별[상좌부]라 부르는 『율장 주석서』(VinA.i.61 = KvA.7)와 『청정도론』(XVII.25) 등의 입장과 그대로 일치하는 표현이다. 이처럼 해체를 강조하는 왕기사 장로의 게송들이 『테라가타』의 대미를 장식하고 있다.

1209. 641)"참으로 [109] 나는 이미 출가를 하여
집을 나와 집 없이 되었건만
검은 것에서642) 생겨난 이런
뻔뻔한 생각들이 치달리도다. (S8:1 §4 {707})

---

641) "[본 게송을 포함한] 5개의 게송들({1209}~{1213})은 왕기사 존자가 출가한 지 얼마 되지 않은 신참이었을 때(navo acira-pabbajito hutvā) 치장을 하고 승원을 구경하기 위해서 승원으로 온 많은 여인들을 보고 애욕이 일어나자(uppannarāga) 그것을 제거하면서(vinodenta) 말하였다."(ThagA.iii.188)

본 게송을 포함한 다섯 개의 게송들({1209}~{1213})은 『상윳따 니까야』 제1권 「왕기사 장로 상윳따」(S8) 「출가 경」(S8:1) §4의 {707}~{711}과 동일하다.

642) "'검은 것에서(kaṇhato)'란 검은 도당으로부터(kaṇha-pakkhato), 마라의 도당으로부터(Māra-pakkhato)라는 말이다."(SA.i.268)

1210. 결연함을 가진 잘 훈련된 뛰어난 궁수 천 명
힘센 장정으로서 강한 활 가져
도망칠 줄 모르는 이 사람들이
사방에서 나를 에워쌀 때에[643] (S8:1 §4 {708})

1211. 그렇지만 여기로 이보다 많은
아름다운 여인들 온다고 하자.
이들 나를 흔들지 못할 것이니
나는 법에 잘 확립되었기 때문이로다.[644] (S8:1 §4 {709})

1212. 태양의 후예이신 세존 부처님
그분의 면전에서 열반으로 가는 길[645]
그것을 나는 직접 들었나니
나의 마음 거기에 몰입되었다네. (S8:1 §4 {710})

---

643) 본 게송에 대한 논의는 『상윳따 니까야』 보디 스님의 영어 번역 455~456쪽 488번 주해를 참조할 것.

644) 주석서는 본 게송의 의미를 이렇게 풀이하고 있다.

"비록 천 명의 궁수(issāsa)가 사방에서 화살(sara)을 쏘더라도 잘 훈련된(sikkhita) 사람은 지팡이를 가지고 날아오는 화살이 그의 몸에 닿기 전에 모두 다 쳐내어서 그의 발아래 떨어뜨릴 수 있다. 한 사람의 궁수는 한 번에 화살 한 개씩밖에 쏠 수 없지만 이러한 여인들은 한 번에 형색, 소리, 냄새, 맛, 감촉이라는 대상(ārammaṇa)을 통해서 다섯 개의 화살을 쏜다. 이렇게 수천 개의 화살을 쏘더라도 이것이 나를 흔들 수는 없다(cāletuṁ na sakkhi-ssanti)는 뜻이다."(SA.i.269)

645) "'열반으로 가는 길(nibbāna-gamanaṁ maggaṁ)'이란 위빳사나를 두고 한 말이다. 위빳사나가 열반의 예비단계의 도(pubbabhāga-magga)이기 때문이다. 그의 마음은 얕은 위빳사나(taruṇa-vipassanā)라 불리는 '열반으로 가는 길'에 기뻐한다는 말이다."(SA.i.269; cf. ThagA.iii.189)

얕은 위빳사나(taruṇa-vipassanā)에 대해서는 『초기불교 이해』 141쪽과 『상윳따 니까야』 제2권 「기반 경」(S12:23) §4의 주해를 참조할 것.

1213. 이와 같이 머무는 나에게
빠삐만이여, 그대가 다가온다면
파멸을 만드는 자 그대 내 길을
결코 보지 못하게[646] 만들 것이라. (S8:1 §4 {711})

1214. [647]따분함과 기뻐함[648]을 버리고
세속에 의지한 생각도 모두 버리고
어디서도 갈망[649]을 내어서는 안 되나니
갈망이 없고 즐김이 없어야[650]

---

646) "'내 길을 / 결코 보지 못하게(na me maggampi dakkhasi)'라는 것은 존재의 영역과 태어난 모태(bhava-yoni) 등에서 내가 간 길(gata-magga)을 그대가 보지 못하도록 그렇게 만들 것이라는 말이다."(SA.i.269)

여기에 대해서는 『상윳따 니까야』 제1권 「사밋디 경」(S1:20) {49} = 「있는 것이 아님 경」(S1:34) {105}와 「발우 경」(S4:16) {479}와 「고디까 경」(S4:23) {494}를 참조할 것.

647) 본 게송을 포함한 다섯 개의 게송들({1214}~{1218})은 「왕기사 장로 상윳따」(S8) 「따분함 경」(S8:2) §4의 {712}~{716}과 동일하다. 『테라가타 주석서』는 이렇게 설명한다.

"본 게송을 포함한 5개의 게송들({1214}~{1218})은 [왕기사 존자가] 자신의 흐름[相續, santāna]에서 일어난 따분함 등을 없앰을 통해서 말한 것이다."(ThagA.iii.189)

648) "'따분함과 기뻐함(aratiñ ca ratiñ ca)'이란 교법(sāsana)에 대한 따분함과 감각적 쾌락(kāma-guṇa)에 대한 기뻐함이다."(SA.i.269)

"교법에 대한 따분함이란 계를 구족(sīla-paripūraṇa)하고 사마타와 위빳사나를 수행하는 것(samatha-vipassanā-bhāvanā)을 싫어함을 말한다."(SAṬ.i.248)

649) 여기서 '갈망'과 '갈망이 없고'는 각각 vanatha와 nibbanatha(nis+vanatha)를 의역하여 옮긴 것이다. 이 두 단어의 원 의미는 각각 덤불과 덤불 없음을 뜻한다. 주석서는 이 둘을 각각 오염원의 큰 숲(kilesa-mahāvana)과 오염원의 숲이 없음(nikkilesa-vana)으로 설명하고 있다.(SA.i.269) 『상윳따 니까야』 제1권 「나와깜미까 경」(S7:17) {696}의 주해도 참조할 것.

그가 바로 비구이기 때문이로다. (S8:1 §4 {712})

1215. 여기 땅에 있든 하늘에 있든
형색을 가졌고 세상에 속하는 것은
그것이 무엇이든 모두 무상하여 쇠퇴하나니651)
현자들은 이와 같이 감지하여 지내도다.652) (S8:1 §4 {713})

1216. 사람들은 재생의 근거653)에 계박되고654)

---

650) '즐김이 없어야'는 avanatho(숲이 아님)를 주석서를 참조하여 풀어서 옮긴 것이다. 『테라가타 주석서』에서 "즐김이 없기 때문에 숲이 아님이다(nandi-yā abhāvato avanatho)."(ThagA.iii.190)라고 설명하고 있어서 여기서는 '즐김'으로 옮겼다. 그런데 본 게송에 대응되는 『상윳따 니까야』 제1권 「따분함 경」(S8:2) §4 {712}에는 이 avanatho(숲이 아님) 대신에 arato(기뻐함이 없음)로 나타난다. 그곳의 주석서는 "갈애에 기인한 기뻐함이 없음(taṇhārati-rahita)"(SA.i.269)으로 설명하고 있다.

651) "'모두 무상하여 쇠퇴하나니(parijīyati sabbam aniccaṁ)'라고 하였다. 그 모든 것은 늙음에 지배되고(jarābhibhūta) 그래서 무상하고 그래서 괴로움이고 무아라고 이와 같이 삼특상을 제기하여(tilakkhaṇāropanaṁ) 말하였다. 이것은 장로의 큰 위빳사나(mahā-vipassanā)라고 그들은 말한다." (ThagA.iii.190; cf. SA.i.270)

'큰 위빳사나(mahā-vipassanā)' 혹은 중요한 위빳사나는 『청정도론』 XX.90~92에서 18가지로 정리되어 나타나므로 참조할 것.

652) "'현자들은 이와 같이 감지하여 지내도다(evaṁ samecca caranti mutattā).'라고 하였다. 이와 같이 감지한 뒤(samecca), 관통한 뒤에(abhisamecca), 즉 위빳사나의 통찰지와 함께한(vipassanā-paññā-sahitā) 도의 통찰지(magga-paññā)로 꿰뚫은 뒤에(paṭivijjhitvā) 감지하였기 때문에(mutattā) 철저하게 앎을 성취한(pariññātatta-bhāvā) 현자들(paṇḍitā)은 이와 같이 지낸다, 즉 머문다(viharanti)는 말이다."(ThagA.iii.190)

653) '재생의 근거(upadhi)'는 감각적 쾌락이라는 재생의 근거(kāma-upadhi), 무더기[蘊]라는 재생의 근거(khandha-upadhi), 오염원이라는 재생의 근거(kilesa-upadhi), 업형성력이라는 재생의 근거(abhisaṅkhāra-upadhi)의 넷을 말한다. '재생의 근거(upadhi)'에 대해서는 본서 제2권 둘의 모음 {152}의 주해를 참조할 것.

654) "'사람들은 재생의 근거에 계박되고(upadhīsu janā gadhitāse)'라고 하였

보고 듣고 부딪치고 감지한 것[655]에 [계박되어 있나니][656]
여기에 대한 욕구를[657] 제거하여 흔들림 없고
거기 물들지 않는 자, 그를 성인이라 부르도다. (S8:1 §4 {714})

다. 여기서 '사람들은'은 눈먼 범부들(andha-puthujjanā)이고 '재생의 근거'는 무더기[蘊]라는 재생의 근거 등(khandhūpadhi-ādi)이다. '계박되고'란 묶인 마음을 가진 것(paṭibaddha-cittā)을 말한다."(ThagA.iii.190)

PED는 gadhita를 gathita(√granth(*to bind*)의 과거분사)로 설명하고 있다.

655) '보고 듣고 부딪치고 감지한 것'은 각각 diṭṭha, suta, paṭigha, muta를 옮긴 것이다. 주석서는 본 것에 형색을, 들은 것에 소리를, 부딪친 것에 냄새와 맛을, 감지한 것(muta)에 감촉인 대상(phoṭṭhabb-ārammaṇa)을 배대하고 있다.(SA.i.270) 여기에 대해서는 『상윳따 니까야』 제3권 「바람 경」(S24:1) §6과 제4권 「말룽꺄뿟따 경」(S35:95) §§12~13의 주해도 참조할 것. 그러나 같은 게송에 대해서 『테라가타 주석서』는 부딪친 것(paṭigha)에 감촉(phoṭṭhabba)을 배대하여 설명하고 있다.(ThagA.iii.190)
비슷한 표현이 『상윳따 니까야』 제3권 「바람 경」(S24:1) §6과 제4권 「말룽꺄뿟따 경」(S35:95) §§12~13 등에 '본 것, 들은 것, 감지한 것, 안 것(diṭṭha suta muta viññāta)'으로 더 빈번히 나타나고 있다.

656) '보고 듣고 부딪치고 감지한 것에 [계박되어 있나니]'는 diṭṭha-sute paṭighe ca mute ca를 옮긴 것이다. 『테라가타 주석서』는 이렇게 설명한다.

"여기서 특히 감각적 쾌락이라는 재생의 근거들(kāmaguṇ-ūpadhī)에 대해서 욕구(chanda)가 제거되어야 한다(apanetabba)는 것을 보여주면서 '보고 듣고 부딪치고 감지한 것에 [계박되어 있나니]](diṭṭhasute paṭighe ca mute ca)'라고 하였다. '보고 듣고(diṭṭha-sute)'란 본 것과 들은 것에인데 형색과 소리에(rūpa-saddesu)라는 뜻이다. '부딪치고(paṭighe)'는 접촉한 것에(ghaṭṭanīye), 즉 감촉된 것(phoṭṭhabba)에라는 말이다. '감지한 것에(mute)'란 여기서 언급한 것 외에 감지한 것에라는 말인데 냄새와 맛에(gandha-rasesu)라고 말한 것이다.
『상윳따 니까야 주석서』(SA, Sāratthapakāsani)는 '부딪친 것이라는 단어(paṭigha-pada)로는 냄새와 맛을 취하고 감지한 것이라는 단어(muta-pada)로는 감촉인 대상(phoṭṭhabb-ārammaṇa)을 [취한다].'(SA.i.270)라고 설명하였다."(ThagA.iii.190)

657) "'여기에 대한 욕구(ettha chandam)'란 다섯 가닥의 감각적 쾌락에 대한 욕탐(pañcakāma-guṇe kāmacchanda)이다."(ThagA.iii.190)

1217. 이제 60가지 자신들의 생각에 집착하고[658]
범부였기 때문에 비법에 자리 잡고 있는 자들 아주 많도다.
그러나 어디서도 파벌에 가담하지[659] 않고[660]

---

658) '60가지 자신들의 생각에 집착하고'는 saṭṭhisitā savitakkā를 풀어서 옮긴 것인데 '60가지로 집착하는 자신들의 생각들'로 직역할 수 있다. 『상윳따 니까야』 「따분함 경」(S8:2) §4 {714}에는 saṭṭhisitā 대신에 saṭṭhinissitā로 나타난다. 즉 sitā 대신에 nissitā로 나타나는데 같은 뜻이다. 『테라가타 주석서』는 여기서 60가지 생각이 무엇인지에 대해서 이렇게 설명한다.

"'60가지로 집착하는 자신들의 생각들(saṭṭhisitā savitakkā)'이란 ① [『디가 니까야』 제1권 「범망경」(D1)의] 62가지 견해에 의지한(dvāsaṭṭhi-diṭṭhi-gata-sannissitā) 그릇된 생각(micchā-vitakka)이라는 의미라고 어떤 자들은 말한다. ② 그리고 견해를 중시하는 [다른] 자들(diṭṭhigatikā)은 말하기를, 이 [62가지 견해 가운데] 중생들의 거처가 없다는 이단적인 견해(satt-āvāsa-abhāva-laddhi)에 떨어진(ajjhupagatā) [두 가지] 우연발생론자(adhicca-samuppanna-vāda, D1 §2.30~2.32 참조)를 제외한 나머지를 통해서 '이제 60가지 자신들의 생각에만 사로잡혀 있고(atha saṭṭhisitā savitakkā)'라고 말하였다."(ThagA.iii.190)

이처럼 『테라가타 주석서』는 60가지 견해에 대한 두 가지 해석을 소개하고 있다. 그러나 『상윳따 니까야 주석서』는 여기서 60가지가 구체적으로 무엇인지 밝히지 않고 있다. 『상윳따 니까야 주석서』는 "'60가지 생각에 사로잡혀 있고(saṭṭhinissitā savitakkā)'란 여섯 가지 대상(ārammaṇa)에 의지하여 범부는 법답지 못한 생각(adhamma-vitakkā)을 한다는 뜻이다."(SA.i.270)라고 설명하고 있는데 본문의 60가지를 6가지 대상에 의해서 일어난 법답지 못한 생각이라고만 설명할 뿐이다.

659) '파벌에 가담하는'은 vaggagatassa를 옮긴 것인데 vagga-gato assa로 끊어 읽어야 한다. 파벌에 가담하지 않는다는 것은 오염원이라는 파벌(kilesa-vagga)에 가담하지 않는 것으로 주석서는 이해하고 있다.(SA.i.270)
『숫따니빠따』(Sn2:13/65) {371}에는 vaggagatesu na vaggasāri dhīro(파벌 지어 있는 사람들 가운데 있더라도 현자는 파벌을 따르지 않는다.)라는 구절이 나타난다. 『숫따니빠따 주석서』(SnA.ii.365)는 이 구절을 설명하면서 62가지 견해를 들고 있고 이런 측면에서 본 게송과 연결 짓고 있다.

660) "그러나 어디서도 파벌에 가담하지 않고(na ca vaggagatassa kuhiñci)'라는 것은 어떠한 토대(vatthu)에 있어서도 영속론 등의 그릇된 견해의 파벌에 가담하고(sassata-vādādi-micchādiṭṭhi-vaggagata) 또 그런 것을 얻는 자(taṁ-laddhika)가 되지 않는다는 말이다."(ThagA.iii.190)

추악한 것을 쥐고 있지 않는 자,[661] 그가 바로 비구로다.

(S8:2 §4 {715})

1218. 숙달되고 [110] 오래도록 삼매를 닦고
속이지 않고 분별력 있고 원하는 것이 없는 성인은
평화로운 경지를 마침내 증득하였나니
이처럼 완전한 평화 얻어 시간 기다리도다.[662] (S8:1 §4 {716})

---

661) '추악한 것을 쥐고 있지 않는 자'는 no pana duṭṭhulla-gāhī를 옮긴 것이다. PTS:pdullagāhī는 노만 교수의 지적처럼 duṭṭhulla-gāhī를 잘못 표기한 것이다.(K.R. Norman, 291쪽 §1217의 주해 참조) VRI본에는 duṭṭhulla-gāhī로 나타난다. 주석서는 이렇게 설명하고 있다.

"'추악한 것을 쥐고 있지 않는 자, 그가 바로 비구로다(no pana duṭṭhulla-gāhī sa bhikkhu).'라고 하였다. 오염원들에 의해서 타락하여(dūsitattā) 지나치게 추악해졌고(ativiya duṭṭhullatā) 그리고 추악한(duṭṭhullā) 그릇된 말들(micchā-vādā)을 거머쥐는 성질(gaṇhana-sīla)이 그에게는 없는 그가 바로 비구라는 말이다."(ThagA.iii.191)

한편『상윳따 니까야』「따분함 경」(S8:2) §4 {714}에는 no pana duṭṭhulla-gāhī 대신에 no pana duṭṭhulla-bhāṇī, 즉 '추악한 말을 내뱉지 않는 자'로 나타나고 있다.『상윳따 니까야 복주서』는 추악한 말을 내뱉는 자를 이렇게 설명한다.

"'추악한 말을 내뱉는 자(duṭṭhulla-bhāṇī)'란 감각적 쾌락과 연결된 말을 하는 자(kāma-paṭisaṁyutta-kathā)이다."(SAṬ.i248)

662) "'평화로운 경지(santaṁ padaṁ)'란 열반을 뜻한다. '완전한 평화 얻어 시간 기다리도다(parinibbuto kaṅkhati kālaṁ).'라는 것은 그는 오염원이 완전히 소멸된 열반(kilesa-parinibbāna)을 통해서 완전한 평화를 얻어(parinibbuta) 완전한 열반을 할 시간(parinibbāna-kāla)을 기다린다는 말이다."(SA.i.270)

"여기서 완전한 열반을 할 시간이란 취착의 자취가 남아있지 않는 열반[無餘涅槃, anupādisesa-nibbāna]에 들 시간을 말한다."(SAṬ.i248)

즉 처음의 '완전한 평화를 얻음(parinibbuta)'은 오염원으로부터 완전히 풀려난 경지를 말하고, 뒤의 '시간(kāla)'은 무여열반 즉 아라한의 마지막 죽음을 뜻한다고 주석서와 복주서는 설명하고 있다.

1219. [663]고따마여,[664] 자만을 버려라.
자만의 길[665]도 남김없이 버려라.
자만의 길에서 방황하면서
그대 오랜 세월 후회해 왔도다. (S8:3 §3 {717})

1220. [남을] 모욕하여 [자신이] 더럽혀진 사람들과[666]
자만에 빠진 자들은 지옥에 떨어지나니
자만에 빠져 지옥에 떨어져서는
오랜 세월 슬퍼하느니라. (S8:3 §3 {718})

---

663) "본 게송을 포함한 네 개의 게송({1219}~{1222})은 영감의 성취(paṭibhāna-sampatti)를 의지하여 자신에게서 전개되는 자만(māna)을 없애면서 말하였다."(ThagA.iii.191)

그리고 이 네 개의 게송은 『상윳따 니까야』 「왕기사 장로 상윳따」(S8) 「온후함 경」(S8:3) §3에서 {717}~{720}으로도 나타나고 있다.

664) "그는 고따마 부처님의 제자이기 때문에(Gotama-buddha-sāvakattā) 자신을 '고따마여'라 부른 것이다."(ThagA.iii.191; SA.i.271)

그는 아래 {1223}(=「아난다 경」(S8:4) {721})에서는 아난다 존자를 '고따마여'({1223}d)라 부르고 있다. 아난다 존자는 부처님의 사촌으로 고따마 종족에 속하기 때문이다. 그런데 비구가 자신이 고따마 부처님의 제자라고 해서 자신을 고따마라 지칭하는 경우는 보기 드문 경우이다.

665) "'자만의 길(māna-patha)'이란 자만의 대상(ārammaṇa)과 자만과 함께 일어난(sahabhū) 법들을 말한다."(SA.i.271)

'자만(māna)'에 대해서는 본서 제2권 넷의 모음 {428}의 주해들을 참조할 것.

666) "'[남을] 모욕하여 [자신이] 더럽혀진 사람들과(makkhena makkhitā pajā)'라고 하였다. 이들은 뛰어남 등(sūrādi)으로 자신을 최고로 여기고(ukkaṁsetvā) 남들을 비난한 뒤(vambhetvā) 남들의 덕을 모욕하는 특징을 가진(paraguṇa-makkhana-lakkhaṇa) 모욕으로 [덕을] 갈아버리는(pisitattā) 자들이다. 사람이 어디서든 남들의 덕(guṇa)들을 더럽게 하면(makkheti) 바로 거기서 자신의 덕들을 쓸어 내어버리고(puñjati) 경시하는 것이 된다(nirākaroti)."(ThagA.iii.191)

1221. 길을 알고[667] 바르게 도를 닦는 비구는
어디서도 결코 슬퍼하지 않나니
명성과 행복을 누리는 그를
참으로 법을 보는 자라 부르도다. (S8:3 §3 {719})

1222. 그러므로 여기서 삭막함 여읜[668]
굳세게 노력하는 수행자들은
장애들을 제거하여 청정하나니
자만을 남김없이 제거하여서
명지로 [오염원의] 끝을 만들고[669]
마침내 고요함을 얻게 되노라.[670] (S8:3 §3 {720})

---

667) '길을 알고'는 magga-jina를 옮긴 것이다. 주석서는 "도(길, magga)에 의해서 오염원을 정복한(vijita-kilesa; jita-kilesa, SA)"(ThagA.iii.191; SA.i.271)으로 설명하고 있다.
그러나 노만 교수는 이것을 maggaññū(Sk. mārgajña, 도를 앎)의 하나의 변형이라고 보고 있고(K.R. Norman, 291~292쪽 §1221의 주해 참조) 보디 스님도 이를 따르고 있으며 역자도 이를 받아들였다.

668) "'삭막함 여읜(akhila)'은 다섯 가지 마음의 삭막함을 여읜 것(pañca-ceto-khila-rahita)이다."(ThagA.iii.191)

다섯 가지 마음의 삭막함(pañca-ceto-khila)은 불・법・승・계를 회의하고 의심하는 것과 동료 수행자에게 화내고 기뻐하지 않고 불쾌하게 여기는 것이다. 여기에 대해서는 『디가 니까야』 제3권 「합송경」(D33) §2.1과 『맛지마 니까야』 제1권 「마음의 삭막함 경」(M16) §§3~7과 『앙굿따라 니까야』 제3권 「삭막함 경」(A5:205) 등을 참조하기 바란다.

669) "'명지로 [오염원의] 끝을 만들고(vijjāyanta-kara)'라는 것은 모든 오염원이 가라앉는다(samita-kilesa), 즉 세 가지 명지[三明]로 끝을 만든다(pari-yosāna-ppatta)는 말이다."(ThagA.iii.192; cf. SA.i.271)

670) 본 게송은 점진적인 수행을 설하고 있다. 즉 먼저 다섯 가지 마음의 삭막함을 여의고 다음에 굳센 정진을 감행하여 다섯 가지 장애를 없애고 삼매를 증득하여 마음의 청정(visuddha-mānasa, ThagA.iii.191)을 얻는다. 그리고 이것을 토대로 하여 무아에 대한 통찰을 해서 자만을 뿌리 뽑는다. 이렇게

1223. 671)저는 감각적 쾌락으로 불타고 있습니다.
저의 마음은 불붙어 있습니다.
완전히 끄는 것672)을 말해주소서.
고따마여, 연민하는 마음 내어주소서." (S8:4 §3 {721})

1224. [아난다 존자]673)
"인식이 전도되었기 때문에674)

하여 통찰지(혹은 명지)에 의해서 모든 오염원을 박멸하여 괴로움을 끝장내고 열반의 고요함에 머무는 것이다.

671) 본 게송을 포함한 4개의 게송들({1223}~{1226})은 「왕기사 장로 상윳따」(S8) 「아난다 경」(S8:4) §§3~4에서 {723}을 제외한 {721}~{722}와 {724}~{725}로 나타나고 있다. 그러나 「아난다 경」(S8:4) §4의 {723}은 여기에는 포함되어 있지 않다. 아래 {1226}의 해당 주해를 참조하기 바란다.

주석서에 의하면 아난다 존자는 궁중의 여인들에게 법을 설해 달라는 청을 받고 그때 아직 출가한 지 얼마 되지 않은(nava-pabbajita) 왕기사 존자를 대동하고 궁중으로 갔다고 한다. 왕기사 존자는 장신구로 예쁘게 치장한 궁중의 여인들을 보고 애욕이 생겨서 이를 아난다 존자에게 털어놓았다고 한다.(ThagA.iii.192; SA.i.271)

같은 게송이 순서는 다르지만 『청정도론』 I.103에도 나타나는데 이곳에서는 왕기사 존자가 걸식을 나가서 여인을 보고 애욕이 생겼다고 적고 있다.

672) '완전히 끄는 것'은 nibbāpana를 옮긴 것이다. 주석서는 탐욕을 완전히 끄는 것(rāga-nibbāpana)이라고 설명한다.(ThagA.iii.192) 이 단어는 nis+√vā(*to blow*)의 사역을 취한 명사이다. 이 동사에서 파생된 것이 열반(nibbāna)이다.(PED) 그러므로 그는 이 단어로서 [마음의] 불을 끔과 열반의 실현을 함께 질문하고 있는 것이다.

한편 『위방가 주석서』 등에서는 열반을 nis+vāna로 해석하는데, 여기서 vāna는 갈애(taṇhā)라고 설명되고 있다. 그래서 열반에는 갈애가 없기 때문에 열반이라고 한다(vānaṁ vuccati taṇhā, sā tattha natthīti nibbānaṁ, VbhA.314)고 설명하고 있다.

673) "본 게송 등({1224}~{1226})은 그의 요청을 받고 아난다 존자가 설한 것이다."(ThagA.iii.192)

674) '인식이 전도되었기 때문에'는 saññāya vipariyesā를 옮긴 것이다. '인식의 전도(saññāya vipariyesa)'에는 네 가지가 있다. 『청정도론』은 이렇게 설

그대의 마음은 불붙었다오.
탐욕을 유발시키는
아름다운 표상을 제거하시오. (S8:4 §4 {722})

1225. 한 끝으로 잘 집중되어
더러움[不淨][675]을 통해 마음을 닦으시오.
몸에 대한 마음챙김[676]을 닦고
염오에 많이 몰입하시오.[677] (S8:4 §4 {724})[678]

명한다.

"무상하고, 괴로움이고, 무아고, 부정한 대상에 대해서 영원하고, 행복하고, 자아고, 깨끗하다고[常·樂·我·淨, nicca·sukha·atta·subha] 여기면서 일어나기 때문에 전도(顚倒, vipallāsa)라 한다."(Vis. XXII.53)

여기에 대해서는 『앙굿따라니까야』 「전도 경」(A4:49)도 참조할 것. 본 게송 등에서 전도는 vipariyesa로 나타나지만(Dhs {381}, Vbh {835} 등) 다른 곳에서 전도는 vipallāsa(A4:49; Vis.VII.73 등)로 나타나고 있는데 주석서는 이 둘은 같다고 설명하고 있다(vipariyesāti vipallāsena, ThagA. iii.192).

675) '더러움[不淨, asubha]' 혹은 더러움의 인식[不淨想, asubha-saññā]은 『디가 니까야』 제2권 「대념처경」(D22) §5와 『상윳따 니까야』 제6권 「분석 경」(S51:20) §7과 『앙굿따라 니까야』 제6권 「기리마난다 경」(A10:60) §6 등에 나타나는 몸의 32가지 부위에 대한 혐오와 『상윳따 니까야』 제5권 「해골 경」 등(S46:57~61)의 공동묘지의 관찰을 뜻한다. 상세한 것은 『청정도론』 제8장 §44 이하에서 설명하는 몸의 32가지 부위에 대한 혐오의 설명과 제6장 더러움[不淨]의 명상주제(asubha-kammaṭṭhāna)를 참조할 것.

676) '몸에 대한 마음챙김(sati kāyagatā)'은 『맛지마 니까야』 제4권 「몸에 대한 마음챙김 경」[念身經, M119]을 참조할 것.

677) 본 게송과 다음 게송({1225}~{1226})은 『숫따니빠따』 「라훌라 경」(Sn2:11)의 {340}~{342}에서도 세존께서 라훌라 존자에게 설하신 것으로 나타나는데, 본서 {1225}ab는 그곳 {341}cd와 같고, {1225}cd는 {340}cd와 같으며, {1226}은 그곳 {342}와 일치한다.

678) 「왕기사 장로 상윳따」(S8) 「아난다 경」(S8:4) §4 {723}은 여기 『테라가타』에는 나타나지 않는다.

1226. 표상 없음을 닦고[679]
자만의 잠재성향을 제거하시오.[680]
그래서 자만을 관통하면
평화롭게 되어 유행할 것이오.[681]" (S8:4 §4 {725}; Thig {20})

---

679) "'표상 없음(animitta)'이라는 것은 항상함(nicca) 등의 표상들을 제거하였기 때문에(ugghāṭitattā) 위빳사나(vipassanā)가 바로 표상 없음이다."(SA.i.272)

680) '표상 없음을 닦고 / 자만의 잠재성향을 제거하시오.'는 animittañca bhāve-hi, mānānusayam ujjaha를 옮긴 것이다. 주석서는 이렇게 설명한다.

"'표상 없음을 닦고(animittañca bhāvehi)'라고 하였다. 항상하다는 표상 등(nicca-nimittādī)을 제거함(ugghāṭana)에 의해서 특별히 무상을 따라 관찰함(anicca-anupassanā)을 표상 없음이라 한다."(ThagA.iii.192)

예류자부터 아라한까지의 출세간의 경지는 위빳사나에 토대한 통찰지[般若, paññā]를 통해서 실현된다. 통찰지는 무상・고・무아의 삼특상을 통찰하는 것이 기본이다. 실제로 여러 불교의 흐름에서 공히 무상에 사무친 해탈을 표상 없는 해탈[無相解脫, animitta-vimokkha]이라 부르고, 고에 사무친 해탈을 원함 없는 해탈[無願解脫, appaṇihita-vimokkha]이라 부르며, 무아에 사무친 해탈을 공한 해탈[空解脫, suññata-vimokkha]이라 부른다. 여기에 대해서는 『아비담마 길라잡이』 제9장 §27과 §35와 『청정도론』 21장 §73 이하와 『담마상가니』 §343과 §350의 첫 번째 주해를 참조하기 바란다. 본 게송에서 아난다 존자는 왕기사 존자에게 무상(anicca)에 사무친 표상 없는 해탈[無相解脫, animitta-vimokkha]을 닦을 것을 강조하고 있다.

681) 본서 {1224}~{1226}의 세 게송은 각각 「왕기사 장로 상윳따」(S8) 「아난다 경」(S8:4) {722}, {724}, {725}의 세 게송과 같다. 그런데 이 경 §4의 {723}은 여기 왕기사 장로의 게송에는 나타나지 않는다. 그것은 다음과 같다.

"형성된 것들을 남이라 보고
괴로움이라고 보고 자아가 아니라고 보시오.
큰 애욕의 불을 완전히 꺼버리시오.
다시는 거듭 불타게 하지 마시오."(S8 §4 {723})

한편 「아난다 경」(S8:4) {721}~{724}의 이 네 개의 게송들은 『청정도론』 제1장에도 나타나고 있다. 이곳에서는 '더러움[不淨]을 마음에 잡도리하여 이미 일어난 탐욕을 제거하고 감각기능의 단속을 성취해야 한다.'(Vis.I.103)를 보기로 인용되고 있는데 「아난다 경」(S8:4) {724}에 나타나는 '몸에 대한

1227. [왕기사 장로]

682)"자신을 괴롭히지 않고
남을 해치지 않는
그런 말을 해야 하나니
그런 말이 진정한 좋은 말씀이로다. (S8:5 §6 {727})

1228. 그 말을 들으면 기쁨이 생기고
사악함을 가져오지 않으며
남들에게 말하면 사랑스러운
그런 사랑스러운 말을 해야 하도다. (S8:5 §6 {728})

1229. 진실이란 참으로 불사(不死)의 말씀683)
이것이야말로 진정한 오래된 법
진실 안에 이로움과 법이 확립되어 있다684)고

마음챙김을 닦고 / 염오에 많이 몰입하시오.'(S8:4 {724}cd = 본서 {1225} cd)가 생략되었고 게송의 순서도 조금 다르다.

682) "본 게송을 포함한 4개의 게송들({1227}~{1230})은 세존께서 「왕기사 장로 상윳따」(S8) 「금언 경」(S8:5)에서 말씀을 하셨을 때 기쁨이 생긴 장로가 세존의 면전에서 [S8:5 §6의 {727}~{730} 게송으로] 칭송하면서(abhitthavanta) 말한 것이다."(ThagA.iii.192~193)

이 4개의 게송들({1227}~{1230})은 『숫따니빠따』 「금언 경」(Sn3:3/78) {451}~{454}으로도 나타나고 있다.

683) "'진실이란 참으로 불사(不死)의 말씀(saccaṁ ve amatā vācā)'이라고 했다. [진실한 부처님의 말씀은] 좋은 말씀이기 때문에(sādhu-bhāvena) 죽음 없음[不死]과 같다(amata-sadisā). 혹은 열반이라는 죽음 없음의 조건이 되기 때문에(nibbāna-amata-paccayattā) [진실한 말씀은] 불사(不死)이다."(SA.i.275)

684) '진실 안에 이로움과 법이 확립되어 있다.'는 sacce atthe ca dhamme ca … patiṭṭhitā를 옮긴 것이다. 주석서는 이렇게 설명하고 있다.

"진실에 확립될 때(sacce patiṭṭhitattāva) 자신과 남들의 이로움에 확립되

참된 사람들은 말하도다. (S8:5 §6 {729})

1230. 부처님께서 하신 안은한 말씀
그것이야말로 말씀들 가운데서 으뜸이니[685]
열반을 증득하고 괴로움을 끝내기 위해서
그분 그것을 설하셨기 때문이로다. (S8:5 §6 {730})

1231. [686]심오한 통찰지를 가졌으며
슬기롭고 도와 도 아님에 능숙한
큰 통찰지를 가진 사리뿟따께서
비구들에게 법을 설하시도다. (S8:6 §5 {731})

고(atthe patiṭṭhitā), 이로움에 확립될 때 법에 확립된다(dhamme patiṭṭhi-tā)고 알아야 한다. 혹은 진실은 형용사(visesana)여서 [진실한 이로움과 진실한 법]으로 이해해도 된다."(ThagA.iii.193; SA.i.275)

이처럼 주석서들은 sacce atthe ca dhamme ca로 나타나는 진실과 이로움과 법을 모두 처소격(*Locative*)으로 설명하고 있다.
그런데 노만 교수(K.R. Norman)는 atthe(이로움)와 dhamme(법)를 동부 방언에서는 주격으로 쓰인 것이라고 설명하고 있다. 이것이 빠알리어로 옮겨지면서 주격으로 표시가 되지 않은 것이라고 말한다.(K.R. Norman, 292쪽 §1229의 주해 참조) 역자는 노만 교수의 입장을 반영하여 옮겼다.

685) 주석서는 본 게송을 두 가지로 설명한다.

"① '안은(khema)'이란 두려움이 없고(abhaya) 재난이 없음(nirupadda-va)을 말한다. 그것은 '열반을 증득하고 괴로움을 끝내기 위해서(nibbāna-pattiyā dukkhass-antakiriyāya)'이니 부처님의 안은한 말씀은 오염원들을 모두 가라앉게 하고, 윤회의 괴로움을 멈추게 하기 때문이다.
② 혹은 열반을 증득하고 괴로움을 끝내기 위해서라는 두 가지 열반의 요소를 위해 부처님은 안은의 길을 드러내시기 때문에 안은한 말씀을 하신다. 그러므로 그 말씀은 '모든 말씀 가운데 으뜸'이라는 뜻이다."(ThagA.iii.193; SA.i.275)

686) "본 게송을 포함한 3개의 게송들({1231}~{1233})은 「왕기사 장로 상윳따」(S8) 「사리뿟따 경」(S8:6)에서 [§5의 {731}~{733} 게송으로] 사리뿟따 장로를 칭송함을 통해서 말한 것이다."(ThagA.iii.193)

1232. 때로는 간략하게
때로는 상세하게[687] 말씀하시어
마치 구관조의 음성처럼
영감을 쏟아내도다.[688] (S8:6 §5 {732})

1233. 경쾌하고 [111] 낭랑하고
듣기에 즐거운 음성으로
그분이 [가르침을] 설할 때
감미로운 목소리를 듣고
비구들은 마음이 고무되어
함께 기뻐하면서 귀 기울이도다. (S8:6 §5 {733})

1234. [689] 오늘은 보름일, 청정을 위해
오백 명의 비구들이 함께 모여 있습니다.

---

687) "'간략하게(saṅkhittena)'란 사성제 등을 간략하게 설한 것을 말하고 '상세하게(vitthārena)'란 사성제 등을 상세하게 설한 것을 뜻한다. 무더기 등의 가르침에서도 같은 방법이 적용된다."(ThagA.iii.193; SA.i.276)

688) "사리뿟따 장로가 법을 설하는 감미로운 목소리는 마치 '구관조(sālikā)'가 잘 익은 달콤한 망고를 맛보고 양 날개를 퍼덕이며 바람을 일으키고 감미로운 음성(nigghosa)을 내는 것과 같다는 뜻이다."(ThagA.iii.193; SA.i.276)

여기서 '쏟아내도다'로 옮긴 단어는 여기 『테라가타』 {1232}에는 udiyyati로 나타나고 『상윳따 니까야』 제1권 「사리뿟따 경」(S8:6) §5의 {732}에는 udīrayi로 나타난다. udiyyati는 PED 등의 사전에는 등재되어 있지 않다. 그래서 노만 교수는 후자인 udīrayi로 읽을 것을 권하고 있는데 이것은 udīreti(ud+√īr, *to set in motion*)의 Aor.3.Sg.이다.(K.R. Norman, 293쪽 §1232의 주해 참조) 역자도 이 제안을 따랐다.

689) "본 게송을 포함한 4개의 게송들({1234}~{1237})은 「왕기사 장로 상윳따」(S8) 「자자(自恣) 경」(S8:7)에서 스승님께서 많은 비구 대중에 에워싸여 앉아 계신 것을 보고 [§8의 {734}~{737} 게송으로] 이를 찬탄하면서(thomentena) 말한 것이다."(ThagA.iii.194)

족쇄라 [불리는] 속박을 잘랐고[690] 근심 없으니
다시 존재함[再生]을 멸진한 선인들이십니다. (S8:7 §8 {734})

1235. 마치 전륜성왕이 신하들에 에워싸여
큰 바다와 맞닿은 전 대지를 순시하듯 (S8:7 §8 {735})

1236. 삼명 구족하고 죽음 제거한 제자들이
전쟁에서 승리한 분이요 대상(隊商)의 우두머리인[691]
위없는 분을 섬기옵니다. (S8:7 §8 {736})

1237. 모두가 세존의 아들들,
여기에 쭉정이란 없습니다.
갈애의 화살을 부수어버린
태양의 후예께 절을 올리옵니다. (S8:7 §8 {737})

1238. [692]어디서도 두려움 없는 열반[693]과

---

690) '족쇄라 [불리는] 속박을 잘랐고(saṁyojana-bandhana-cchidā)'에 대해서는 본서 {1143}의 해당 주해를 참조할 것.

691) "'전쟁에서 승리한 분(vijita-saṅgāma)'이란 탐욕, 성냄, 어리석음의 전쟁에서 승리한 분이란 말이며, 마라의 군대(Māra-bala)에게 승리하였기 때문이기도 하다. '대상(隊商)의 우두머리(sattha-vāha)'란 팔정도의 마차(aṭṭh-aṅgika-magga-ratha)에 올라서서 대상을 인도하여 윤회의 황무지(saṁsāra-kantāra)를 건너게 하기 때문에 세존이 바로 대상의 우두머리이시다."(SA.i.278; cf. ThagA.iii.195)

692) "본 게송을 포함한 4개의 게송들({1238}~{1241})은 열반에 관계된(nibbāna-paṭisaṁyutta) 법을 설하시어 비구들에게 법을 말씀하시는 세존을 찬탄함에 의해서 말했다."(ThagA.iii.195)

본 게송들은 「왕기사 장로 상윳따」(S8) 「천 명이 넘음 경」(S8:8) §5의 {738}~{741}로도 나타나고 있다.

693) "'어디서도 두려움 없음(akuto-bhaya)'이라 했다. 열반에는(nibbāne) 그 어디에도(kutoci) 두려움이 없고, 그리고 열반을 증득한 자에게는(nibbāna

티 없는 법을 가르치는 선서를
천 명 넘는 비구들은 성심으로 섬기도다. (S8:8 §5 {738})

1239. 정등각자께서 설하신
더러움이 없는 법을 그들은 듣나니
비구 승가가 앞에 모시는
완전하게 깨달은 분은 빛나도다. (S8:8 §5 {739})

1240. 용694)이라 불리시는695) 그분 세존 부처님은
선인(仙人)들 중 으뜸가는 선인696)이시오니

-ppattassa) 그 어디에도 두려움이 없기 때문에 '어디서도 두려움 없는 열반(nibbāna akutobhaya)'이라고 한다."(ThagA.iii.195; SA.i.278)

694) '용'은 nāga를 옮긴 것이다. 같은 nāga를 본서 우다이 장로(Th16:2 {689}~{704})의 게송들에서는 '영웅'으로 옮겼고 본서 풋사 장로(Th30:1)의 {967} 등에서는 '코끼리'로 옮겼다. 여기서는 역자가 옮긴 「천 명이 넘음 경」(S8:8) §5를 따라서 용으로 옮겼다. 용으로 옮긴 nāga에 대한 주석서의 설명은 『우다나』 「약카의 공격 경」(Ud4:4) §6의 주해와 『상윳따 니까야』 제1권 「회합 경」(S1:37) §5 {123}의 주해를 참조할 것.

695) '용이라 불리시는'은 nāganāmo'si를 옮긴 것이다.

696) '선인(仙人)들 중 으뜸가는 선인'은 isīnaṁ isi-sattamo를 옮긴 것이다. 『테라가타 주석서』는 이렇게 설명한다.

"그분은 제자들과 벽지불이라는 선인들(sāvaka-paccekabuddha-isī) 가운데서 ① 가장 높은 선인(uttamo isi)이시고 ② 혹은 [칠불(七佛)의 처음이신] 위빳시 정등각자부터 시작하여 선인들 가운데 일곱 번째가 되는(sattamaka) 선인이시다."(ThagA.iii.195)

즉 sattama를 ① 가장 높은(uttama)과 ② 일곱 번째(sattamaka)로 해석하고 있다. 여기서 ①은 santa/sat(존재하는, √as(*to be*)의 현재분사)의 최상급(*superlative*)으로 이해한 것이다. 산스끄리뜨 일반에서 -tara를 붙이면 비교급이 되고 -tama를 붙이면 최상급이 된다. ②는 석가모니 부처님은 위빳시불부터 시작해서 일곱 번째(sattama) 부처님이라는 뜻이다. 칠불에 대해서는 『디가 니까야』 「대전기경」(D14) §§1.4~1.12를 참조할 것.

그런데 『상윳따 니까야 주석서』는 "위빳시 [부처님]으로부터 시작해서

큰 구름 모여들어 단비를 내리듯이
제자들에게 [법의] 비를 내리시도다. (S8:8 §5 {740})

1241. 낮 동안의 머묾에서 나와
스승을 친견하고픈 마음에
대영웅이시여, 제자 왕기사는
당신의 두 발에 절을 올리옵니다. (S8:8 §5 {741})

1242. 697)마라의 비정상적인 길698)을 정복하고

(vipassito paṭṭhāya) 선인들 가운데 일곱 번째가 되는(sattamaka) 선인"(SA.i.278)이라고 ②의 해석만으로 설명하고 있다.

물론 『상윳따 니까야 복주서』는 이 해석에다 "혹은 그분은 벽지불과 제자들과 외도들이라는 선인들 가운데서(paccekabuddha-sāvaka-bāhiraka-isīnaṁ) 으뜸가고(sattama) 높고(uttara) 최상(seṭṭha)이라는 뜻이다."(SAṬ.i.255)라는 ①의 해석을 더 붙이고 있다. 보디 스님과 노만 교수도 이 ①의 해석을 지지하고 있고(K. R. Norman, 294쪽 §1240의 주해 참조) 역자도 '으뜸가는'으로 옮겼다.

697) 「왕기사 장로 상윳따」(S8) 「천 명이 넘음 경」(S8:8) §5에서 왕기사 존자가 영감으로 떠오른 앞의 4개의 게송들({1238}~{1241} = S8:8 §5 {738}~{741})을 읊자 §6에서 부처님께서 이렇게 말씀하신다.

"왕기사여, 그런데 이 게송들은 그대가 전에 생각해 둔 것인가, 아니면 즉각적으로 영감이 떠오른 것인가?"
"세존이시여, 이 게송들은 제가 전에 생각해 둔 것이 아니라 즉각적으로 영감이 떠오른 것입니다."
"왕기사여, 그렇다면 그대가 전에 생각해 두지 않은 게송들을 좀 더 떠올려보라."

이런 부처님의 요청으로 왕기사 장로가 읊은 것이 여기 본 게송을 포함한 4개의 게송들({1242}~{1245})이다. 이것은 「천 명이 넘음 경」(S8:8) §7의 {742}~{745}로 나타난다.

주석서에 의하면 부처님께서는 승가 가운데서 '왕기사 장로는 아주 느슨하게 산다. 영감의 성취(paṭibhāna-sampatti)로 즉시에 게송을 읊는 것이 아니고 공부짓지 않고 수행을 게을리하면서 이리저리 다른 게송들을 묶어서 인용이나 하면서 다닌다.'라는 비판이 일어나는 것을 아시고 '비구들이 왕기사가 영감을 성취한 것을 알지 못하니 나는 그들이 왕기사의 시적 재능을 알게 해야겠다.'고 생각하셔서 이렇게 물으신 것이라고 한다.(SA.i.278~279;

[마음의] 삭막함699)을 부수고 유행하시니
속박에서 벗어났으며 집착이 없고
부분들로 해체해서700) [설하시는] 그분을 보라. (S8:8 §7 {742})

ThagA.iii.195~196)

698) "'마라의 비정상적인 길(ummagga-pathaṁ Mārassa)'이란 수백 가지 오염원을 생기게(kiles-ummujjana) 하기 때문이며, 윤회로 인도하는 길이기 때문에(vaṭṭa-pathattā) 이렇게 부른다."(ThagA.iii.196; SA.i.279)

699) '[마음의] 삭막함(khila)'에 대해서는 여기 왕기사 장로의 게송 {1222}의 해당 주해를 참조할 것.

700) "'부분들로 해체해서(bhāgaso pavibhajjaṁ)'란 마음챙김의 확립 등의 부분(koṭṭhāsa)으로 법을 해체하는 것(dhammaṁ vibhajantaṁ)이라는 말이다. 혹은 철저하게 해체하는 것(pavibhajjāti)으로도 읽을 수 있는데, 여러 가지 구성요소들과 부분들(aṅga-paccaṅga-koṭṭhāsa)로 해체하고(vibhajitvā) 해체해서라는 뜻이다."(SA.i.279; cf. ThagA.iii.196)

여기서 pavibhajja는 pra+vi+√bhaj(*to divide*)의 절대분사이다. 「왕기사 장로 상윳따」(S8) 「천 명이 넘음 경」(S8:8) §7의 {742}에는 pavibhajjaṁ으로 나타난다. 이것은 목적격으로도 볼 수 있고 절대분사 pavibhajja에 어미 -ṁ을 붙인 것으로도 이해할 수 있다. 『상윳따 니까야 주석서』와 『테라가타 주석서』는 이 두 가지 다를 인정하고 있으며, 노만 교수는 후자로 간주하고 있다.(K.R. Norman, 294쪽 §242의 주해 참조)

부분들로 해체한다는 것은 빠알리 삼장과 주석서와 복주서 전통을 고스란히 간직하고 있는 상좌부 불교를 위밧자와딘(Vibhajjavādin), 즉 해체를 설하는 [상좌부], 혹은 분별[상좌부]라 부르는 『율장 주석서』(VinA.i.61 = KvA.7)와 『청정도론』(XVII.25) 등의 입장과 그대로 일치하는 표현이다. 그래서 일본에서는 남방불교 혹은 상좌부불교를 '분별 상좌부'라 부르기도 한다.
물론 이러한 분석과 해체의 궁극적 지향점은 개념(paññatti)의 해체이다. 개념적 존재를 해체할 때 온·처·계·근·제·연 등으로 설해지는 법(dhamma)의 무상·고·무아가 극명하게 드러나며, 이러한 무상이나 고나 무아를 통찰함으로 해서 염오하고 탐욕이 빛바래고 그래서 해탈·열반·깨달음을 실현한다는 것이 초기불전의 도처에서 강조되고 있다. 특히 『상윳따 니까야』 제3권 「무더기 상윳따」(S22)의 많은 경들은 이것을 강조하고 있다. 여기에 대해서는 『상윳따 니까야』 제3권 「무상 경」(S22:12) §3의 주해 등을 참조할 것. 상좌부 불교가 스스로를 '해체를 설하는 상좌부(Vibhajjavādin)'로 부른 데는 부처님 가르침의 핵심을 해체(vibhajja)라고 파악한

1243. 폭류를 건너 [저 언덕에 도달하게] 하시려고
여러 가지 바른 도를 설하셨나니
법을 보신 당신은 자신이 설한
죽음 없음[不死]의 저 경지에 서서 확고하시도다.(S8:8 §7 {743})

1244. 대광명 만드신 분은 철저하게 꿰뚫으셨고
모든 경지 넘어섬을 보셨나니[701]
그것 알고 그것을 실현하신 뒤에는
그 다섯 분들께[702] 으뜸 [법을] 설하셨도다. (S8:8 §7 {744})

1245. 이와 같이 세존의 법 잘 설해졌나니
법을 아는 자들이 어찌 방일하겠는가?

장로들의 혜안이 고스란히 들어있는 것이다.

701) "'모든 경지 넘어섬을 보셨나니(sabba-ṭṭhitīnaṁ atikkamaṁ addasa)'라는 것은 모든 확정적인 견해(diṭṭhi-ṭṭhāna)와 알음알이의 거주처(viññāṇa-ṭṭhiti)를 넘어선 열반을 보셨다는 뜻이다."(ThagA.iii.196; SA.i.279)

'알음알이의 거주처(viññāṇaṭṭhiti)'는 물질, 느낌, 인식, 심리현상들(색·수·상·행)의 4온을 뜻한다.(SA.ii.272) 알음알이는 여기서 일어나고 여기에 머물기 때문이다.

『맛지마 니까야』 제1권 「뱀의 비유 경」(M22) §15는 6가지 확정적인 견해(diṭṭhi-ṭṭhāna)를 들고 있으며 『무애해도』는 확정적인 견해가 생기는 원인과 조건으로 "오온, 무명, 감각접촉, 인식, 일으킨 생각, 지혜 없이 마음에 잡도리함[非如理作意], 나쁜 도반, 남의 말"(Ps.i.138; DA.i.108)의 여덟 가지를 들고 있다. 일곱 가지 알음알이의 거주처에 대해서는 『앙굿따라 니까야』 제4권 「거주처 경」(A7:41)을 참조할 것.

702) '다섯 분들께'는 dasaddhānaṁ을 옮긴 것이다. dasaddha는 dasa(10)+addha(절반)의 합성어이다. 그래서 복주서는 '10의 절반(dasannaṁ upaḍḍhānaṁ)'(SAṬ.i.256)으로 설명한다. 『테라가타 주석서』는 '다섯 명의 무리에 속하는 [비구]들에게(pañcavaggiyānaṁ)'(ThagA.iii.196)로 설명하고 있다. 바로 오비구(五比丘)를 뜻한다. 오비구(五比丘)에 대해서는 본서 제1권 {61} 【행장】의 해당 주해를 참조할 것.

그러므로 그분 세존의 교법에서 예배하면서
방일함 몰아내고 [가르침] 따라 배워야 하리. (S8:8 §7 {745})

1246. 703)부처님을 따라 깨달은704) 그분
장로 꼰단냐는 굳세게 정진하여
행복하게 머묾705)과 떨쳐버림706)을
끊임없이 얻었도다. (S8:9 §5 {746})

1247. 스승의 교법을 실천하는 제자가 [112]
방일 않고 공부지어
얻어야 하는 그 모두를
바로 그분 꼰단냐가 증득했도다. (S8:9 §5 {747})

---

703) "본 게송을 포함한 3개의 게송들({1246}~{1248})은 안냐꼰단냐 장로(Aññākoṇḍañña-tthera)를 찬탄함을 통해서 말했다."(ThagA.iii.196)

이 게송들은 「왕기사 장로 상윳따」(S8) 「꼰단냐 경」(S8:9) §5의 {746}~{748}과 같다. 안냐꼰단냐 장로(Aññā-Koṇḍañña thera)에 대해서는 본서 열여섯의 모음(Th16:1) {673} 【행장】과 주해들을 참조할 것.

704) "'부처님을 따라 깨달은(Buddha-anubuddha)'이란 처음에는 스승님께서 사성제를 깨달으셨고 그 뒤에 장로가 깨달았다는 말이다."(SA.i.283)

705) "'행복하게 머묾(sukha-vihāra)'은 지금・여기에서 행복하게 머묾(diṭṭha-dhamma-sukha-vihārā)을 말한다."(ThagA.iii.196)

행복하게 머묾은 네 가지 禪과 네 가지 무색계 삼매의 증득 등을 뜻한다. (『맛지마 니까야』 「지워 없앰 경」(M8) §§4~11 등)

706) '떨쳐버림(viveka)'은 세 가지인데 마음으로 떨쳐버림(citta-viveka), 몸으로 떨쳐버림(kāya-viveka), 재생의 근거를 떨쳐버림(upadhi-viveka)이다. 한적한 곳에 머묾 등이 몸으로 떨쳐버림이고 禪에 드는 것이 마음으로 떨쳐버림이고 열반이 재생의 근거를 떨쳐버림이다.(DAṬ.ii.274; cf. ThagA.iii.196)

세 가지 떨쳐버림 등의 '떨쳐버림(viveka)'에 대해서는 본서 제1권 하나의 모음 {6}의 해당 주해와 {13}의 해당 주해를 참조하기 바란다.

1248. 큰 위력과 삼명을 두루 갖췄으며
[남의] 마음 아는 데도 능숙한 그분은
꼰단냐라 불리는 부처님의 제자이니
스승의 두 발에 그가 이제 절을 올리네.707) (S8:9 §5 {748})

1249. 708)산허리에 앉아계신 부처님은
괴로움의 저 언덕[彼岸]에 도달하신 성인이로다.
삼명을 구족하고 죽음마저 제거한
제자들이 이런 그분 섬기고 있도다. (S8:10 §4 {749})

1250. 큰 신통력 구족한 목갈라나가 있어
마음으로 그들을 그때에 에워싸서
그들의 마음을 찾아서 살펴보니

---

707) 본 게송에서는 네 가지 신통지만 언급되었지만 그는 여섯 가지 신통지(육신통)를 모두 다 갖추었다고 주석서는 밝히고 있다.(ThagA.iii.197; SA.i.283)

「꼰단냐 경」(S8:9)에 대한 『상윳따 니까야 주석서』에 의하면 꼰단냐 존자는 자신의 반열반이 가까웠음을 알고 부처님께 하직 인사를 드리기 위해서 온 것이다. 그는 세존께 인사를 드리고 히말라야로 돌아가서 그의 숲속 거처에서 임종을 하였다.(SA.i.282~284)
안냐꼰단냐 존자의 반열반에 대해서는 본서 열여섯의 모음 안냐꼰단냐 장로(Th16:1 {673})【행장】의 해당 부분을 참조하기 바란다.

708) 본 게송을 포함한 3개의 게송들({1249}~{1251})은 「왕기사 장로 상윳따」(S8) 「목갈라나 경」(S8:10) §4에서 왕기사 존자가 세존과 목갈라나 존자를 위시한 제자들을 칭송하는 {749}~{751} 게송으로도 나타난다. 주석서는 이렇게 설명한다.

"모두가 아라한인 500명의 고귀한 비구 승가와 함께 세존께서 [라자가하에서 이시길리 산비탈의] 검은 바위(kāḷa-silā)에 머물고 계실 때 마하목갈라나 존자는 자신의 마음으로 그들의 마음을 찾아서 살펴보고(samanvesanta) 그들 모두가 아라한과의 해탈을 하였음(arahatta-phala-vimutti)을 보았다. 그것을 보고 왕기사 존자는 세존과 장로들을 칭송하면서(abhitthavanta) [({1249}~{1251}) 게송을] 읊었다."(ThagA.iii.197)

그들은 해탈하여 재생의 근거 없었도다. (S8:10 §4 {750})

1251. 이와 같이 모든 요소 갖추었으며[709]
괴로움의 저 언덕[彼岸]에 도달하신 성인이요
여러 가지 덕목을 구족한 고따마 님을
그들은 섬기도다.[710] (S8:10 §4 {751})

1252. [711]구름 없는 하늘에서 저 달이 빛나듯이
얼룩 없는 저 태양도 그곳에서 빛나듯이
앙기라사[712]여, 대성인이여, 당신도 그와 같아서

---

709) "'이와 같이 모든 요소 갖추었으며(evaṁ sabbaṅga-sampannaṁ)'라고 하였다. [앞에서] '괴로움의 저 언덕[彼岸]에 도달하신 성인이다(muniṁ dukkha-ssa pāraguṁ).'({1249}b; {1251}b)라고 언급한 스승의 성취(satthu-sampatti)와 '삼명을 구족하고 죽음마저 제거한(tevijjā maccuhāyino)'({1249}c)으로 언급한 제자들의 성취(sāvaka-sampatti)라는 이것을 통해서 모든 요소들을 갖추었다, 즉 구족하였다(samannāgata)는 말이다."(ThagA.iii.197)

710) '모든 요소 갖추었으며(sabbaṅga-sampannaṁ)'와 '여러 가지 덕목을 구족한(anekākāra-sampannaṁ)'은 모든 판본에서 모두 목적격으로 나타나는 성인(muniṁ)과 고따마(Gotamaṁ)를 수식하는 것으로 똑같이 목적격으로 나타난다. 그러나 보디 스님은, 어떻게 모든 요소를 완성한 부처님이라고 언급하고 나서 다시 그런 부처님께 대해서 모든 것이 아닌 단지 여러 가지를 갖춘이라는 수식어를 사용할 수 있는가라고 문제 제기를 한 뒤, '여러 가지를 구족한'을 '그들(te = 비구들)'을 수식하는 것으로 간주하여 '여러 가지를 구족한 그 비구들은 모든 요소를 갖춘 성자인 고따마를 섬긴다.'로 해석하고 있다. 보디 스님 466쪽 527번 주해를 참조할 것.

711) 본 게송({1252})은 「왕기사 장로 상윳따」(S8) 「각가라 경」(S8:11) §3에서 세존께서 모두가 아라한인 오백 명의 고귀한 비구 승가와 칠백 명의 청신사들과 칠백 명의 청신녀들과 수천 명의 신들과 함께 짬빠에서 각가라 호수의 언덕에 머무시는 것을 보고 왕기사 존자가 세존을 칭송하여 읊은 {752} 게송으로도 나타난다.

712) "'앙기라사(Aṅgīrasa)'는 몸의 각 부분들로부터 광채를 뿜어내어 광명을 가진 분(aṅgehi niccharaṇa-jutīhi jutimanta)이라는 뜻이다."(ThagA.iii.

명성으로 모든 세상 밝게 비추십니다.713) (S8:11 §3 {752})

1253. 714)시상(詩想)에 취해715) 전에 나는 방랑했나니
마을에서 마을로 도시에서 도시로.
그때 나는 완전하게 깨달은 분을 뵈었나니
[그분은] 모든 법들의 저 언덕[彼岸]에 도달하셨도다.716)

---

197)

'앙기라사(Aṅgīrasa)'에 대해서는 본서 제2권 열의 모음 {536}의 해당 주해와 『상윳따 니까야』 제1권 「다섯 왕 경」(S3:12) §8 {401}의 주해를 참조할 것.

713) 이상으로 『테라가타』의 마지막 모음인 여기 큰 모음(mahānipāta) 왕기사 장로의 게송에 실린 71개 게송 가운데 {1209}~{1252}의 54개 게송은 편집이 다른 부분이 있었을 뿐 『상윳따 니까야』 제1권 「왕기사 장로 상윳따」(S8)의 {707}부터 {752}의 56개 게송과 거의 대부분이 같았다. 그러나 아래 {1253}~{1262}의 10개의 게송은 「왕기사 장로 상윳따」(S8)의 마지막 경인 「왕기사 경」(S8:12)에서 {753}~{757}의 5개로 읊은 게송들과는 같지 않은 부분이 많다. 다른 점들은 게송들을 옮기면서 밝히겠다.

714) "본 게송을 포함한 10개의 게송들({1253}~{1262})은 왕기사 장로가 아라한됨을 얻은 뒤 자신의 도닦음을 반조하여 스승님과 자신의 덕스러움들(guṇā)을 설명하면서 말한 것이다."(ThagA.iii.198)

「왕기사 장로 상윳따」(S8)에 포함된 마지막 경인 「왕기사 경」(S8:12) §2는 "그 무렵 왕기사 존자가 아라한과를 증득한 지 얼마 되지 않았을 때 해탈의 행복을 누리면서 이 사실에 대해서 이 게송들을 읊었다."(§2)로 시작하고 있다. 이렇게 시작하는 이 「왕기사 경」(S8:12) §2에는 모두 5개의 게송들({753}~{757})이 들어있다. 이 5개 게송들은 여기 『테라가타』의 10개의 게송들({1253}~{1262})과 완전히 일치하지는 않지만 이 게송들이 압축된 것이라 할 수 있을 것 같다. 이 둘의 비교는 Ireland, Vangisa pp. 7~8을 참조할 것.

715) "'시상(詩想)에 취해(kāveyya-mattā)'란 시인이 시를 지으리라고 생각하면서(kāveyya) 시작(詩作, kabba-karaṇa)에 취해서(mattā), 골몰하여서(mānitā), 어우러져서(sambhāvitā), 덕스러움을 일어나게 하면서(guṇodayaṁ āpannā)라는 뜻이다."(ThagA.iii.198)

716) 본 게송은 「왕기사 경」(S8:12) §2 {753}과 배대가 되는데 본 게송 {1253}d의 '[그분은] 모든 법들의 저 언덕[彼岸]에 도달하셨도다(sabbadhammāna

1254. 괴로움의 저 언덕에 도달하신
성인이신 그분은 내게 법을 설하셨다.
법을 듣고 나는 청정한 믿음을 가졌나니
그분께 대한 깊은 믿음이 생겼도다. (cf. S8:12 §2 {754})

1255. 나는 그분의 말씀을 듣고
무더기들[蘊]과 감각장소들[處]과
요소들[界][717]을 알고서
마침내 집 없이 출가하였도다.[718] (cf. S8:12 §2 {754})

---

pāraguṁ).' 대신에 S8:12 {753}d에는 '그분께 대한 깊은 믿음 생겼도다(saddhā no upapajjatha).'로 나타나는 것만 다르다. 게송의 원문들은 다음과 같다.

'kāveyyamattā vicarimha pubbe, gāmā gāmaṁ purā puraṁ|
athaddasāma sambuddhaṁ, saddhā no upapajjatha|| (S8:12 §2 {753})

kāveyyamattā vicarimha pubbe, gāmā gāmaṁ purā puraṁ|
athaddasāma sambuddhaṁ, sabbadhammāna pāraguṁ|| ({1253})

그런데 「왕기사 경」(S8:12)의 이 'saddhā no upapajjatha(그분께 대한 깊은 믿음 생겼도다.)'(S8:12 {753}d)는 여기 『테라가타』의 바로 다음 {1254}d에 나타나고 있다.

717) "'무더기들[蘊]과 감각장소들[處]과 / 요소들[界](khandhe āyatanāni ca dhātuyo ca)'은 다섯 가지 무더기[五蘊]와 12가지 감각장소[十二處]와 18가지 요소[十八界]이다. 이들은 『청정도론』에서 자세하게 설명되었으므로 거기서 설명한 방법대로 알아야 한다."(ThagA.iii.198)

다섯 가지 무더기[五蘊, pañcakkhandhā]는 『청정도론』 제14장 전체에서, 12가지 감각장소[十二處, dvādasāyatanāni]는 『청정도론』 제15장 §§1~16에서, 18가지 요소[十八界, aṭṭhārasa dhātuyo]는 『청정도론』 제15장 §§17~43에서 자세하게 설명되고 있다.

718) 여기 {1254}~{1255}는 아래에서 인용하는 「왕기사 경」(S8:12) §2 {754}와 배대가 되는데 아래에 인용하는 S8:12 {754}는 이 {1254}~{1255}를 축약한 것이라고 할 수 있겠다.

"그분은 그런 내게 법을 설하셨으니

1256. 참으로 많은 사람의 이로움을 위하여
여래들은 출현하시나니
참으로 그들 교법을 실천하는
여자들과 남자들을 위해서이다. (cf. S8:12 §2 {755})

1257. 정해진 행로를 체득한[719]
비구들과 비구니들을 위하여
참으로 그들의 이로움을 위하여
성인께선 깨달음을 실현하셨도다.[720]

---

[5]온과 [12]처와 [18]계에 관한 것이었도다.
그분 설한 이러한 법을 듣고 나는
마침내 집 없이 출가하였도다."(S8:12 §2 {754})

so me dhammamadesesi, khandhāyatanadhātuyo|
tassāhaṁ dhammaṁ sutvāna, pabbajiṁ anagāriyaṁ||

본서 {1254}~{1255}의 원문은 다음과 같다.

so me dhammamadesesi, muni dukkhassa pāragū|
dhammaṁ sutvā pasīdimha, saddhā no udapajjatha|| ({1254})

tassāhaṁ vacanaṁ sutvā, khandhe āyatanāni ca|
dhātuyo ca viditvāna, pabbajiṁ anagāriyaṁ|| ({1255})

719) "'정해진 행로를 체득한(ye niyāmagataddasā).'이라는 것은 정해진 행로에 도달한 자들(niyāma-gatā)과 정해진 행로를 본 자들(niyāma-dassā)을 뜻한다."(SA.i.287)

"부처님의 성스러운 제자인 비구와 비구니들이 과에 머물 때(phalaṭṭha) 정해진 행로에 도달한 것이고, 도에 머물 때(maggaṭṭha) 정해진 행로를 본 것이다. '정해진 행로(niyāma)'란 올바른 정해진 행로(sammatta-niyāma)를 말한다."(SAṬ.i.259)

"올바른 정해진 행로는 성스러운 도(팔정도)를 가리킨다. 팔정도의 바른 견해[正見] 등은 바른 것이고 또 물러남이 없어서 확실하기 때문이다."(Pm.697)

'올바른 정해진 행로(sammatta-niyāma)'에 대해서는 『상윳따 니까야』 제3권 「눈[眼] 경」(S25:1)의 §4와 주해와 「형색 경」 등(S25:2~10) §4도 참조할 것.

1258. 눈을 가지셨고 태양의 후예이신
부처님에 의해서 잘 설해졌나니
생명들에 대한 연민으로 [설하신]
네 가지 성스러운 진리[四聖諦]이다.721) (cf. {417}; {492})

1259. [그것은] 괴로움과 괴로움의 일어남과
괴로움의 넘어섬과
괴로움의 가라앉음으로 인도하는

---

720) 본서 {1256}과 {1257}은 아래에서 인용하는 「왕기사 경」(S8:12) §2 {755}와 배대가 되는데 여기서도 이 {755}는 바로 이 {1256과 {1257}를 축약한 것이라고 할 수 있다. 예를 들면 S8:12 {755}에는 출가 대중인 비구와 비구니만이 언급되고 있지만 여기 {1256}과 {1257}에는 사부대중이 다 언급되고 있다.

"참으로 많은 사람의 이익을 위하고
정해진 행로를 체득한
비구들과 비구니들을 위하여
그분 성자께선 깨달음을 실현하셨도다."(S8:12 §2 {755})

bahunnaṁ vata atthāya, bodhiṁ ajjhagamā muni|
bhikkhūnaṁ bhikkhunīnañca, ye niyāmagataddasā||

여기 {1256}과 {1257}의 원문은 다음과 같다.

bahūnaṁ vata atthāya, uppajjanti tathāgatā|
itthīnaṁ purisānañca, ye te sāsanakārakā|| ({1256})

tesaṁ kho vata atthāya, bodhimajjhagamā muni|
bhikkhūnaṁ bhikkhunīnañca, ye nirāmagataddasā|| ({1257})

721) 본서 {1258}과 {1259}과 {1260}은 「왕기사 경」(S8:12)에는 나타나지 않는다. 본서 {1258}의 원문은 다음과 같다.

sudesitā cakkhumatā, Buddhenādiccabandhunā|
cattāri ariyasaccāni, anukampāya pāṇinaṁ|| ({1258})

이 가운데 첫 번째와 두 번째 연({1258}ab)은 본서 제2권 여섯의 모음 미가잘라 장로의 게송 {417}ab와 같고 세 번째와 네 번째 연({1258}cd)은 본서 제2권 일곱의 모음 사라방가 장로의 게송 {492}ab와 같다.

여덟 가지 구성요소를 가진 성스러운 도이다. (Thig {186} 등)

1260. 이와 같이 이들 [사성제]는 그대로 설해졌나니
그들은 [세존께서 말씀하신] 그대로 나에 의해 보아졌다.[722]
나는 참된 목적을 성취하였고
부처님의 교법을 실천하였다.[723]

1261. 내가 [출가하여] 부처님 곁에 머문 것
그것은 참으로 잘 온 것이었으니[724] (S8:12 §2 {756})
분석해서 [설하신] 가르침들 가운데
으뜸가는 것을 나는 얻었다. (cf. {9}; {885}; M86 §18)

1262. 나는 최상의 지혜의 완성을 성취하였고[725]

---

722) '이와 같이 이들 [사성제]는 그대로 설해졌나니 / 그들은 [세존께서 말씀하신] 그대로 나에 의해 보아졌다.'는 evamete tathā vuttā, diṭṭhā me te yathā tathā를 옮긴 것이다. 주석서는 이렇게 설명한다.

"'이와 같이 이들 [사성제]는 그대로(evamete tathā)'라는 것은 이들 괴로움 등의 성스러운 진리의 법들(ariya-sacca-dhammā)은 이와 같이 괴로움 등의 형태로, '그대로(tathā)', 거짓되지 않게(avitathā), 다르지 않게(an-aññathā)라는 말이다.
'설해졌나니 / 그들은 [세존께서 말씀하신] 그대로 나에 의해 보아졌다(vuttā diṭṭhā me te yathā tathā).'라고 하였다. 스승님께서 설하신 대로 그대로 나에 의해서 보아졌다는 말이다. 성스러운 도의 지혜(ariya-magga-ñāṇa)에 의해서 이와 같이 그들이 꿰뚫어졌기 때문이다(paṭividdhattā)."(ThagA.iii.198)

723) '나는 참된 목적을 성취하였고 / 부처님의 교법을 실천하였다.'는 sadattho me anuppatto, kataṁ Buddhassa sāsanaṁ을 옮긴 것인데 이 구절은 본서 제1권 하나의 모음 {112}와 제2권 다섯의 모음 {332}의 뒷 구절 등과 동일하다.

724) '내가 [출가하여] 부처님 곁에 머문 것 / 그것은 참으로 잘 온 것이었으니'는 svāgataṁ vata me āsi, mama Buddhassa santike를 옮긴 것인데 「왕기사 경」(S8:12) §2 {756}ab와 같다.

귀의 요소가 청정해졌으며
삼명을 얻고 신통변화를 갖춘 나는
[남의] 마음 아는 데도 능숙하게 되었도다.726)

1263. 727)휘지 않은 [완전한] 통찰지를 가지셨고728) [113]

---

725) "'나는 최상의 지혜의 완성을 성취하였고(abhiññā-pāramippatto)'라고 하였다. 여섯 가지 신통지들(육신통)의 바라밀(완성), 즉 최고의 경지(ukkaṁsa)를 증득하였다는 말이다. 이 뜻을 드러내기 위해서 '귀의 요소가 청정해졌으며(sotadhātu visodhitā)' 등을 말하였다."(ThagA.iii.198)

726) 이 {1262}는 「왕기사 경」(S8:12) §2의 마지막 게송인 {757}과 배대가 된다.

"[나 자신의] 전생의 삶 알게 되었고(숙명통)
신성한 눈 청정해졌으며(천안통)
삼명을 얻고 신통변화를 갖춘(신족통) 나는
[남의] 마음 아는 데(타심통)도 능숙하게 되었도다."(S8:12 §2 {757})

pubbenivāsaṁ jānāmi, dibbacakkhuṁ visodhitaṁ|
tevijjo iddhipattomhi, cetopariyāyakovido||

『상윳따 니까야 주석서』가 "본 게송({757})에는 신성한 귀(dibba-sota), [즉 천이통(天耳通)]이 언급되지 않았지만 여기에 포함되어야 한다. 이렇게 해서 그는 육신통을 구족한 위대한 제자였다고 알아야 한다."(SA.i.287)라고 밝히고 있듯이 천이통(신성한 귀의 요소)이 포함되면 이 {757}에는 육신통이 모두 언급이 된다. 그런데 여기 『테라가타』 {1262}b에는 '귀의 요소가 청정해졌으며(sotadhātu visodhitā)'로 천이통이 나타나고 있다.
이처럼 「왕기사 경」(S8:12) §2의 다섯 개 게송들은 본 『테라가타』 {1253}~{1262}의 10개의 게송들이 압축된 것이라 할 수 있다. 혹은 역으로 본 『테라가타』 {1253}~{1262}의 10개의 게송들은 「왕기사 경」(S8:12) §2의 다섯 개 게송들로 압축이 되어 나타난다고 할 수 있겠다.

{753} = cf. {1253}
{754} = {1254}~{1255}OK
{755} = {1256}~{1257}OK
X X = {1258} {1259} {1260}
{756} = cf. {1261}
{757} = {1262}

727) 『테라가타』 큰 모음(mahānipāta)에 실린 왕기사 장로의 71개 게송들 가운데 여기 {1263}~{1278}의 16개 게송은 『숫따니빠따』 「니그로다깝빠

경」(Nigrodhakappasutta, Sn2:12/59ff {343}~{358})과 같다. 이 가운데 {1263}~{1274}의 12개 게송들은 왕기사 장로가 자신의 은사였다가 입적한 니그로다깝빠 장로에 대해서 세존께 질문을 드리면서 읊은 것이고 {1275} 게송은 그의 질문에 대해서 세존께서 대답으로 읊으신 것이다.
주석서는 {1263}~{1274}의 12개 게송들에 대해서 이렇게 설명한다.

"본 게송을 포함한 12개의 게송들({1263}~{1274})은 자신의 은사 스님(upajjhāya, 니그로다깝빠 장로)이 완전한 열반(반열반)을 한 상태에 대해서 [세존께] 여쭈면서 말한 것이다. 니그로다깝빠 장로(āyasmā Nigrodha-kappa-tthera)가 반열반할 때에 왕기사 존자는 면전에 없었기 때문이다(asammukhā ahosi). 그리고 삘린다왓차 존자(āyasmā Pilindavaccha, 본서 제1권 하나의 모음 {9}의 주해와 『우다나』의 「삘린다왓차 경」(Ud3:6) 참조)의 비천하다는 말(vasala-vāda)이 실제로 드러나는 것처럼(Ud3:6 §§1~3) 그가 전에 본 니그로다깝빠 장로의 손의 불편함 등(hattha-kuk-kuccādi)이 그러한 이전의 훈습을 통해서(pubba-vāsanā-vasa) 번뇌 다 한 분들에게도 있기 때문이다. 그래서 그는 '나의 은사 스님은 완전한 열반을 하셨을까, 아닐까?'라고 일어난 생각(uppanna-parivitakka)을 스승님께 여쭈었다."(ThagA.iii.198~199)

728) "'휘지 않은 [완전한] 통찰지를 가지셨고(anoma-paññaṁ)'라고 하였다. 휜 것(oma)은 제한적이고(paritta) 저열한 것(lāmaka)이다. 휜 통찰지를 가진 분이 아닌 것(na omapañña)이 휘지 않은, 즉 완전한 통찰지를 가진 분(anoma-pañña)이니 큰 통찰지를 가진 분(mahāpañña)이라는 뜻이다."(ThagA.iii.199)

한편 『상윳따 니까야』 제1권 「삭까 상윳따」(S11)의 「삭까의 예배 경」 2(S11:19) §5에서 신들의 왕 삭까(인드라)가 세존께 예배하면서,

"신들을 포함한 여기 이 세상에서
그분은 바르게 깨달은 자이시니
휘지 않은 [곧은] 이름 가지신 스승님
그분께 마딸리여, 나는 예배하노라."({927})

라고 읊었다. 주석서는 '휘지 않은 [곧은] 이름 가지신(anoma-nāmaṁ)'을 이렇게 설명한다.

"'휘지 않은 [곧은] 이름 가지신(anoma-nāmaṁ)'이란 모든 뛰어난 덕(guṇa)들에 관한 한 모자람(omaka-bhāva)이 전혀 없기 때문에 모든 뛰어난 덕을 암시하는(sabba-guṇa-nemittaka) 이름들을 가졌다는 뜻이다."(SA.i.353)

여기서 '휘지 않은 [곧은] 이름 가지신'으로 옮긴 anoma-nāma와 '휘지 않은 [완전한] 통찰지를 가지셨고'로 옮긴 anoma-pañña는 둘 다 소유복합어

지금 · 여기에서 의심들을 잘라버리신 스승님께 여쭈었다.
'악갈라와에서 임종을 한 잘 알려졌고 명성을 가진 비구는
완전한 적멸을 이루었습니까?'라고.

1264. 니그로다깝빠가 그의 이름인데
그분 세존께서 그 바라문에게 주신 것입니다.
그는 당신께 예배하면서 유행을 하였습니다.
해탈을 원하여 부지런히 정진하였고 결연함을 보여주었습니다.

1265. 삭까시여,[729] 모든 것 볼 수 있는 눈[普眼]을 가진 분이시여,
우리 모두는 그 제자에 대해서 알기를 원합니다.
우리의 귀는 들을 준비가 되었습니다.
당신께서는 우리의 스승이시고 당신은 위없는 분이십니다.

1266. 우리의 의심을 잘라주시고 저에게 그것을 말씀해 주소서.
그가 완전한 열반에 들었는지 알게 하여주십시오,
광대한 통찰지를 가진 분이시여.
저희들 가운데서 말씀하소서,
모든 것 볼 수 있는 눈[普眼]을 가진 분이시여.
신들 가운데 천의 눈을 가진 삭까가 그렇게 하듯이.[730]

[有財釋, bahuvrīhi]이다.

729) "'삭까(Sakka)'라고 한 것은 세존의 가문의 이름(kula-nāma)으로 언급한 것이다."(ThagA.iii.199)

730) "'신들 가운데 천의 눈을 가진 삭까가 그렇게 하듯이(Sakkova devāna sahassa-netto)'라고 하였다. 이것은 [세존을] 칭송하여 드리는 말씀(thuti-vacana)이다. 이것이 그 의미이다. — 마치 천의 눈을 가진(sahassa-netta) 삭까가 신들 가운데에서 정성을 다해서(sakkaccaṁ) 기꺼이 받아들이는 말(sampaṭicchita-vacana)을 하는 것처럼 그와 같이 [세존께서는] 우리들 가운데서 우리가 기꺼이 받아들이는 말씀을 하신다는 뜻이다."(Thag

1267. 731)여기서 어떤 매듭732)들이건
그것은 어리석음으로 가는 길이고
무지의 편이고 의심의 장소이지만
여래에 도달하면 그것들은 존재하지 않습니다.
이 눈은 사람들 가운데 최고이기 때문입니다.

1268. 733)마치 바람이 구름 덩어리를 흩어지게 하듯이

A.iii.199~200)

바로 앞의 {1265}에서 보듯이 세존은 삭까족 출신이어서 왕기사 장로는 세존을 '삭까시여.'로 부르고 있다. 이처럼 세존을 '삭까시여.'라고 칭한 것은 삭까가 신들의 왕이듯이 세존께서는 일체중생의 스승이라는 것을 드러내기 위해서일 것이다.

731) "이 게송도 세존을 칭송하면서(thunanta) 말씀드리고자 하는 것을 드러내기 위해서 읊은 것이다."(ThagA.iii.200)

여기 12개의 게송들({1263}~{1274})이 모두 다 그렇지만 특히 이 가운데 {1267}부터 {1274}까지의 8개 게송은 여러 가지로 세존을 칭송하면서(thunanta) 그의 은사 니그로다깝빠 장로가 반열반에 들은 것인지 취착의 자취가 남아있어서 다른 곳에 재생한 것인지({1274})를 말씀해 주시기를 지속적으로 간청하고 있다(āyācanta). 예를 들면 {1267}과 {1268}은 칭송(thuti)에 초점을 맞추었고, {1269}와 {1270}은 간청(āyācana)에, {1271}은 다시 칭송에, 다시 {1272}와 {1273}은 간청에 초점을 맞춘 후 {1274}에서 최종적으로 그의 은사 니그로다깝빠 장로가 반열반에 들었는지 아니면 취착의 자취가 남았는지를 알려주시기를 간청하고 있다.
그래서 주석서도 여기서 이렇게 설명하고 있다고 여겨진다. 이러한 간청을 받으신 세존께서는 {1275}에서 '그는 태어남과 죽음을 남김없이 건넜도다.'라고 분명하게 말씀하신다. 그러자 왕기사 장로는 {1276}부터 {1278}까지 3개의 게송으로 '깝빠야나는 건너기 어려운 죽음의 영역을 넘어섰습니다.'라고 분명히 하면서 은사 스님을 칭송한 뒤 마지막인 {1279}로 세존과 은사 스님께 절을 올리면서 대단원을 접는다.

732) '매듭(gantha)'에 대해서는 본서 제1권 하나의 모음 {89}번 게송의 해당 주해를 참조할 것.

733) "이 게송도 칭송하면서 말씀드리고자 하는 것을 드러내어 읊고 있다."(ThagA.iii.199~200)

만일 사람[734]이 오염원들을 [흩뜨리지] 않았다면
모든 세상은 [오염원들에] 휩싸여서 참으로 어둠일 것이니
빛을 가진 자들[735]도 빛을 내지 않을 것입니다.

1269. 그러나 현자들은 [통찰지의] 빛을 만드나니
영웅이시여, 저는 당신이 그분이라고 생각합니다.
우리는 통찰하시고 아시는 분께 다가왔나니
회중에서 깝빠에 대해서 저희들에게 드러내어 주소서.

1270. 아름다운 분이시여, 즉시 당신의 아름다운 음성 보내주소서.
거위가 목을 뻗어내어 부드러운 소리를 내듯이
둥글고 [114] 잘 조절된 음성으로 [말씀해 주소서.]
올곧은 저희들은 모두 당신의 [말씀을] 듣고자 하옵니다.

1271. 태어남과 죽음을 남김없이 제거하셨고
제어하시고 청정하신 분께서 법을 말씀하시기를 [청합니다.]
범부들 가운데에는 원하는 대로 행하는 자란 없지만
여래들 가운데는 단호하게 행하시는 분이 계시기 때문입니다.

1272. [736]올곧은 통찰지를 가지신 당신의
상세한 설명[授記]을 받아들이겠습니다.
이 합장으로 마지막 간청을 드립니다.

---

734) "여기서 '사람(puriso)'이란 세존을(bhagavantaṁ) 두고 말한 것이다."(ThagA.iii.200)

735) "'빛을 가진 자들(jotimanto)'이란 통찰지의 빛을 구족한 자들(paññā-joti-sampannā)인데 사리뿟따 등을 뜻한다."(ThagA.iii.200)

736) "이제 [그가 세존께 말씀드리는] 그 '단호하게 행함(saṅkheyya-kāra)'을 분명하게 밝히면서 이 게송을 읊었다."(ThagA.iii.201)

휘지 않은 [완전한] 통찰지를 가지신 분이시여,
아시는 분께서는 저희를 어리석게 하지 마소서.

1273. 성스러운 법을 위에서부터 아래까지 체득하셨으니[737]
휘지 않은 [완전한] 정진을 가진 분이시여,
아시는 분께서는 저희를 어리석게 하지 마소서.
마치 여름철에 더위에 시달린 사람이 물을 그렇게 하듯이
저는 [당신의] 말씀을 기다리오니
귀에 비를 내려주소서.

1274. 이로움을 주는 청정범행을 실천하였습니다.
깝빠야나[738]가 행한 것은 헛된 것이 아니었습니까?
그는 [완전한] 열반에 들었습니까,
아니면 취착의 자취가 남아있습니까?
해탈한 것에 대해서 그것을 우리는 듣고자 합니다."

1275. 세존께서는 말씀하셨다.[739]
[740]"갈애의 흐름은 오랜 세월 동안 그에게 잠재해 있었지만

---

737) "'성스러운 법을 위에서부터 아래까지 체득하셨으니(paroparaṁ ariya-dhammaṁ viditvā)'라고 하였다. 여기서 '위에서부터 아래까지(paroparaṁ)'란 출세간과 세간(lokuttara-lokiya)을 통해서, 아름다운 것과 아름답지 않은 것(sundarāsundara)과, 멀리 혹은 가까이(dūre santike vā)라는 말이다. '성스러운 법(ariyadhamma)'이란 네 가지 진리[四諦]의 법(catusacca-dhamma)이다."(ThagA.iii.201)

738) "여기서 '깝빠야나(Kappāyana)'는 깝빠(Kappa, 즉 그의 은사인 니그로다 깝빠)에게 예경하면서(pūjā-vasena) 말하는 것이다."(ThagA.iii.201)

739) "'세존께서는 말씀하셨다(iti bhagavā).'는 이것은 합송자들(saṅgītikārā)의 말이다."(ThagA.iii.202)

740) "이와 같이 12개의 게송들로 간청을 받으신(yācita) 세존께서 그것을 설명하시면서 이 게송을 말씀하셨다."(ThagA.iii.201)

이 [세상]에서 정신과 물질에 대한 갈애를 잘랐나니
그는 태어남과 죽음을 남김없이 건넜도다."[741)]
다섯 가지가 뛰어나신 세존께서는 이렇게 말씀하셨다.[742)]

1276. "이러한 당신의 말씀을 듣고서
청정한 믿음이 생깁니다, 으뜸가는 선인이시여.
저의 질문은 참으로 헛되지 않았으니
바라문께서는 저를 현혹시키지 않으셨습니다.

1277. 그는 말한 대로 행하였습니다.
그는 참으로 부처님의 제자였습니다.
그는 요술쟁이인 죽음의 그물을 잘랐으니
그것은 뻗쳐 나온 강한 것이었습니다.

1278. 세존이시여,[743)] 깝삐야[744)]는

741) "'그는 태어남과 죽음을 남김없이 건넜도다(atāri jātiṁ maraṇaṁ asesaṁ).' 라고 하셨다. 그는 그 갈애를 자른 뒤 태어남과 죽음을 남김없이 건넜다, 즉 무여열반으로 완전한 열반을 하였다(anupādisesāya parinibbāyi)는 것을 보여주셨다."(ThagA.iii.202)

742) "'다섯 가지가 뛰어나신 세존께서는 이렇게 말씀하셨다(iccabravi bhagavā pañcaseṭṭho).'라고 하였다. 왕기사의 질문을 받은 세존께서는 이와 같이 말씀하셨으니 ① 믿음 등의 다섯 가지 기능[五根, pañca indriyā]이 뛰어나시고 ② 혹은 다른 것들과 공통되지 않는(anañña-sādhāraṇā) 눈 등의 [다섯 가지 감각기능]이 뛰어나시다는 말이다. ③ 혹은 '다섯 가지가 뛰어나신 분(pañcaseṭṭho)'이라는 것은 계행 등의 다섯 가지 법의 무더기[五法蘊, pañca dhammakkhandhā]가 [뛰어나시다.] ④ 혹은 원인의 구족 등(hetu-sampadādī)의 다섯 가지 구족으로 뛰어나고(seṭṭha) 가장 높고(uttama) 탁월하시다(pavara)라고 합송자들이 이렇게 말한 것이다."(ThagA.iii.202)

743) 여기서 '세존이시여'로 옮긴 용어는 bhagavā이다. 이 단어의 기본형은 bhaga-vant로 '세존'으로 옮기는 바로 그 단어이다. 여기서는 호격(*Vocative*)으로 쓰였다.

744) "깝삐야는 깝빠(즉, 니그로다깝빠)이다(Kappo Kappiyoti)."(ThagA.iii.202)

취착의 처음을 보았습니다.745)
참으로 [115] 깝빠야나는 건너기 어려운
죽음의 영역을 넘어섰습니다.

1279. 746)신들의 신이신 당신께 절을 올리고
양족존이시여, 당신의 아들에게도 그러하나니
뒤를 이어 태어났고 큰 영웅이고
코끼리이고 코끼리의 가슴에서 태어난 [아들]에게도747)."

---

745) '세존이시여, 깝빠야는 / 취착의 처음을 보았습니다.'는 addasa bhagavā ādiṁ, upādānassa Kappiyo를 옮긴 것이다. 주석서는 이렇게 설명한다.

"'취착의(upādānassa)'라는 것은 윤회의(vaṭṭassa)라는 말이다. 견고한 업으로서의 오염원들(kamma-kilesā)에 의해서 윤회(vaṭṭa)를 거머쥐었다는 뜻(upādātabbaṭṭha)에서 '취착(upādāna)'이라고 말하였다. 이 취착의 처음인(ādiṁ) 무명과 갈애 등으로 분류되는(avijjā-taṇhādi-bheda) 그 원인(kāraṇa)을 지혜의 눈(ñāṇa-cakkhu)으로 보았다는 말이다."(ThagA.iii.202)

746) "이제 스승이신 세존과 자신의 은사 스님에 대해서 청정한 믿음을 가진 마음(pasanna-mānasa)으로 청정한 믿음의 모습(pasannākāra)을 설명하면서 이 마지막 게송(osāna-gāthā)을 말하였다."(ThagA.iii.202)

747) '가슴에서 태어난 [아들]에게도'는 orasaṁ을 주석서를 참조해서 옮긴 것이다. 주석서는 이렇게 설명한다.

"정진을 통해서 당신의 가슴에서 태어난 출생 때문에(tava ure vāyāma-janita-jātitāya) '가슴에서 태어난(orasaṁ)' 아들인 니그로다깝빠에게도 나는 절을 올립니다라는 말이다."(ThagA.iii.203)

여기서 보듯이 '가슴에서 태어난'은 orasa의 역어이다. orasa는 가슴을 뜻하는 산스끄리뜨 uras(Pāli. ura)의 곡용형으로 베다에서부터 등장하는 단어 aurasa의 빠알리 형태인데 '자기 가슴에 속하는, 자신이 직접 키운, 선천적인' 등을 뜻하는 단어로 쓰인다. 『디가 니까야 주석서』는 이 단어를 다음과 같이 설명한다.

"'가슴에서 태어난'이란 가슴에 올려놓고 키웠다는 뜻이다. 어머니가 가슴에서 [자란] 아들에게 깊은 연민을 가지고 그에게 생기는 위험을 없애기 위해서 애를 쓰는 것처럼 깊은 연민을 가진다는 뜻이다."(DA.ii.542)

이처럼 참으로 존자 왕기사 장로가 게송을 읊었다.

큰 모음이 끝났다.

큰 모음에 포함된 [장로들의] 목록은 다음과 같다.

일흔의 모음에는 영감을 가진 왕기사
한 분 장로의 게송들 71개가 있다.

포함된 경들의 목록은 다음과 같다.

게송들은 1,360개이고[748]
장로들은 264분으로 드러났다.
사자후를 토한 뒤 부처님의 번뇌 없는 아들들은
안은함을 증득한 뒤 불의 무더기처럼 멸진하였다.

『테라가타』(장로게)가 끝났다.

---

748) '게송들은 1,360개이고'는 sahassaṁ tīṇi saṭṭhisatāni ca라는 특이한 표현을 주석서를 참조해서 옮긴 것이다. 주석서는 이것을 'sahassaṁ tīṇi satāni saṭṭhi ca gāthāti'(ThagA.i.3)로 설명하고 있는데 sahassaṁ(1,000) tīṇi(3) satāni(100) saṭṭhi(60) ca gāthā(게송)으로 풀어진다. 즉 1,360개 게송이 된다. 본서에는 PTS본의 편집으로는 1,279개의 게송이 담겨있고 VRI본의 편집으로는 1,288개가 들어있는데 담마빨라 스님이 저본으로 삼았던 필사본에는 1,360개의 게송이 담겨있었다고 이해할 수 있겠다.

역자 후기

2023년 10월 9일은 초기불전연구원에게는 뜻깊은 날이었다. 초기불전연구원이 설립된 지 20년이 되는 2022년 8월에 원장 대림 스님의 원력으로 초기불전연구원 근본도량인 대한불교조계종 보리원의 옛 건물을 헐고 개축하는 불사를 시작하여 2023년 이날에 완공하였기 때문이다. 초기불전연구원의 근본도량인 보리원이 2010년에 새 보금자리를 마련한 이곳 김해 장유는 서기 43년경에 허황옥 왕비의 오라버니이셨던 장유 스님께서 한반도에 오셔서 이 땅에 최초로 부처님 가르침을 전한 곳으로 알려진 유서 깊은 곳이다. 이처럼 유서가 깊은 장유 땅에 개축 불사를 시작한 초기불전연구원 근본도량 보리원은 2023년 한글날이요 2002년에 초기불전연구원을 설립한 날인 10월 9일에 개원식을 가졌다. 초기불전연구원 개원식을 가진 뒤 석 달이 지나서 이렇게 부처님의 제자인 아라한 스님들의 게송 1,279개를 담은 『테라가타』를 세 권으로 출간하게 되어 감회가 새롭다.

이번에 초기불전연구원에서 세 권으로 출간하는 『테라가타』의 번역은 2021년 1월에 『우다나』를 출간한 뒤 코로나가 세계를 휩쓸던 2년 정도를 주로 제주도에 칩거하면서 진행하였다. 그러다가 코로나가 물러가면서 2022년 12월부터 2024년 1월 사이에 모두 6개월 정도를 치앙마이에 칩거하면서 해제를 다듬고 최종 교정과 편집을 마무리하여 이제 불자님들 앞에 내어놓게 된 것이다.

『테라가타』를 출간하면서 독자들에게 양해를 구해야 하는 것이 있는데 본서에는 주해가 많다는 점이다. 『테라가타』 제1권은 해제와 하나의 모음 120개의 게송을 담고 있는데 527개의 주해를 포함하고 있고, 제2권은 둘의 모음부터 열넷의 모음까지 552개의 게송에 849개의 주해를 달고 있으며, 제3권에는 열여섯의 모음부터 큰 모음까지 607개의 게송에 747개의 주해가 담겨 있다. 『테라가타』에 실려 있는 게송은 모두 1,279개이다. 이것을 한글로 번역하면 신국판 크기로 300쪽이 되지 않는 분량이 되겠지만 264분 장로들의 행장에다 주해가 2,148개가 달려서 모두 1,380쪽의 분량이 되어 이처럼 세 권으로 출판하게 되었다. 본서에 담긴 주해들은 대부분 대주석가인 담마빨라 스님이 지으신 『테라가타 주석서』의 해당 부분을 인용하여 한글로 번역하고 주석서가 함축적인 부분은 다른 주석서들과 복주서들과 『청정도론』과 『아비담마 길라잡이』를 인용하였다.

오직 게송들과 게송을 지으신 장로님들의 이름만이 전승되어 오는 『테라가타』 빠알리 원전을 대하였을 때 역자는 높은 절벽 앞에 선 기분이었다. 그래서 번역하는 내내, 어떻게 하면 게송들을 지으신 장로님들을 『테라가타』 한글 번역판에서 제대로 소개하고 어떻게 하면 독자들이 조금이라도 더 수월하고 정확하게 1,279개 게송들을 이해하도록 할 수 있을까 하는 생각이 역자에게는 떠나지 않았다. 이처럼 하기 위해서 역자가 의지할 수밖에 없는 것은 당연히 『테라가타 주석서』였다. 주석서의 설명들을 계속 인용하다 보니 주해의 숫자는 점점 증가하게 되었고 그래서 본서를 세 권으로 출판하게 되었다고 변명을 해 본다. 주해가 성가시다고 여기는 독자들은 주해는 무시하고 게송 위주로 읽으시기를 추천해 드린다.

역자가 이해한 『테라가타』는 해제에서 충분히 다루었다고 생각한다. 『테라가타 주석서』를 참조하여 『테라가타』를 분석하다 보니 『테라가타』 해제가 165쪽으로 적지 않은 분량이 되어버렸다. 이 해제도 성가시다고 여기는 독자들은 해제를 건너뛰고 부처님의 직계제자인 아라한 스님들의 게송을 바로 읽으시는 것도 좋은 방법이라고 말씀드린다.

그리고 본서에는 자세한 찾아보기가 들어있다. PTS본 『테라가타』에는 색인(Index)이 실려 있지 않다. 그래서 역자가 1,279개 게송에 나타나는 단어들을 모두 Foxpro로 분류해서 빠알리-한글 색인과 찾아보기를 만들었는데 지면이 허락하지 않아 본서에 빠알리-한글 색인은 싣지 않았다.

번역을 마무리하면서 감사드려야 할 분들이 많다. 먼저 초기불전연구원장 대림 스님께 감사드린다. 본서의 표지 작업부터 인쇄 작업 전반에 이르기까지 대림 스님의 노고가 깊이 배어있지 않은 데가 없다. 나아가서 번역의 중요한 부분에서는 스님의 통찰력이 큰 도움이 되었고, 스님이 번역하신 『청정도론』의 도움이 컸다. 대림 스님께 감사의 말씀을 전한다.

그리고 이만큼이라도 오역과 탈역, 오자와 탈자를 바로잡아 본서를 출간하게 된 데는 초기불전연구원 윤문팀 법우님들의 노고가 큰 힘이 되었다. 초기불전연구원 윤문팀에 동참해 주시는 법우님들은 초기불전연구원 서울/경기 공부모임의 임원이시기도 하다. 매달 둘째 일요일 오전 10시부터 두 시간과 매달 셋째 일요일 오전에 두 시간, 오후에 세 시간을 서울의 우리는선우 법당에 함께 모여 윤문 작업을 하였으며 이번에도 세 번에 걸쳐서 교정지를 출력하면서 진지하게 윤문을 하였다.

윤문 작업에 임해주신 말리까 이근순 회장님을 필두로 해서 윤문팀의 수자따 채병화, 수마띠 김하용, 냐닌다 이문선, 위라가 윤성모, 담마딘나 이용문, 푸라한 오종근, 부리빤냐 이완기, 케미까 조숙자, 지나디따 조형숙, 자나난다 송영상, 사다사띠 이상이, 사로자 이순재, 무원향 오항해, 메따부미 박은영, 아누붓다 이향숙, 아라윈다 류미숙, 밧디야 김민성, 빤냐와띠 송민영, 사마와띠 강인숙, 케마와띠 김학란 법우님께 깊이 감사드린다. 윤문팀 법우님들은 역자가 부처님 말씀을 번역한다는 한 가지 이유로 늘 역자를 챙겨주시고 보시를 해주신다. 그리고 상가밋따 송정욱 고문님과 법열 최동엽 거사님과 고정곤 불자님(수자따 고문님의 아드님)도 역자가 역경 작업에 전념할 수 있도록 많은 도움을 주셨다. 깊이 감사드린다.

그리고 본원에서 번역 출간한 4부 니까야와 논장에 이어 본서까지 크나큰 신심으로 꼼꼼한 교정을 해주신 울산 성광여고 교사이신 김성경 거사님께 깊은 감사를 드리고 최종 교정에 동참해 주신 인오선원장 대연 스님께 감사드린다. 초기불전연구원 근본도량 보리원 신도회장이요 초기불전연구원 공부모임의 전국 회장과 부경(부산 · 경남) 공부모임의 회장 소임을 맡아서 수고해 주시는 붓디물라 이종수 회장님과 여러 법우님, 그리고 초기불전연구원 제주도 공부모임의 회장이신 삿짜와나 한창현 회장님과 여러 법우님께서도 늘 초기불전연구원의 역경불사를 응원하고 외호하여 주신다. 부경 공부모임과 제주도 공부모임의 법우님들께도 깊이 감사드린다. 이러한 많은 법우님의 노력과 정성과 헌신이 없었더라면 본서는 출간이 될 수 없었을 것이다. 다시 한번 감사의 말씀을 드린다.

이처럼 본서에는 여러 법우님의 노력이 배어있다. 특히 윤문팀의 자나난다 부회장님은 본서 전체를 꼼꼼하게 읽어서 문장의 흐름을 다듬는 작업을 해주셨고 편집의 일관성에 대해서도 중요한 제언들을 해주셨다. 사로자 법우님은 본서의 찾아보기를 꼼꼼하게 교정을 해주셨다. 두 분께 감사드린다.

그리고 역자가 편히 번역 작업에만 전념할 수 있도록 배려를 아끼지 않으시는 역자의 재적 사찰인 실상사의 회주이신 도법 큰스님과 주지 승묵 스님을 위시한 실상사 대중 스님들과 사부대중 여러분께 감사드린다. 실상사 대중이면서도 많은 시간을 밖에 나와서 머무는 역자를 큰 자비심으로 섭수해주시는 실상사 사부대중이 계시기에 『테라가타』 번역 · 출판도 세 권으로 결실을 보게 되었다.

역경불사의 소중함을 아시고 매달 후원금을 꼬박꼬박 보내주시는 초기불전연구원 후원회원의 여러 불자님께도 감사의 말씀을 드리고 초기불전연구원의 정신적 후원자인 초기불전연구원 다음 카페(cafe.daum.net/chobul)의 9,500명이 넘는 회원 여러분들과 공부모임의 여러 법우님께도 감사의 말씀을 전한다.

그리고 본서의 표지를 디자인하고 마무리 작업까지 해주신 <플루이드디자인>의 추강호 대표님께 감사드리고 이번에도 인쇄를 맡아주신 <문성인쇄>의 관계자분들께도 감사드린다.

나이가 들수록 경을 번역한다는 것이 얼마나 두려운 일인지 절감을 한다. 이제 역자의 나이도 벌써 67살을 넘겨버렸고 출가를 결행한 지도 45년이 지났다. 지금 부처님께서 『테라가타』 후기를 적고 있는 역자에게 오셔서 "이 각묵이는 참으로 더러운 넝마 조각보다 못하구나! / 그걸 번역이라고 했느냐. / 내가 너의 따귀를 때리게 하지 마라."(cf. {199}~{200})라고 질책을 해 주신다면 나도 저 깝빠따꾸라 장로님(Th2:40)처럼 뼛속을 파고드는 충격으로 절박함이 생겨 해탈·열반을 실현할 수 있을까?

역자는 매일 아침에 절을 하면서 금생에 빠알리 삼장을 모두 한글로 번역하고 죽을 수 있기를 부처님께 발원하고 역자와 인연 있는 분들께서 모두 건강하시고 행복하시고 향상하시기를 기원하고 있다. 호흡이 멈출 때까지 빠알리 삼장 번역 작업에 매진하겠다고 다짐을 하면서 부디 장애 없이 빠알리 삼장 완역 불사에 전념할 수 있도록 부처님께 엎드려 발원하며 부처님께 우리말 『테라가타』 세 권을 바친다.

이 땅에 부처님의 정법이 오래오래 머물기를!

불기 2568(2024)년 1월
치앙마이 담마탐에서

각묵 삼가 씀

참고 문헌

I. 『테라가타』 및 그 주석서 빠알리 원본 및 영어 번역본

Theragāthā 확인요 and Therigāthā, edited by H Oldenberg and R. Pischel. Second Edition with Appendices by K.R. Norman and L. Alsdorf. London. PTS, 1966.

Theragāthā, Devanagari edition of the Pāli text of the Chaṭṭha Saṅgāyana, Dhammagiri-Pāli-Ganthamālā 56, Igatpuri, VRI, 1998.

Theragāthā, Sri Lanka Tripitaka Project, 2005.

Paramattha-dīpanī, Theragāthā-aṭṭhakathā, The Commentary of Dhammapālācariya, edited by F. L. Woodward, Vol. I & Vol. II & Vol. III. London. PTS, 1977.

Theragāthā-aṭṭhakathā, Devanagari edition of the Pāli text of the Chaṭṭha Saṅgāyana, Dhammagiri-Pāli-Ganthamālā 62, Igatpuri, VRI, 1998.

Elders' *Verses* I, Therāgāthā, Translated with an introduction and notes, K.R. Norman, London. PTS, 1969

The Caṭṭha Saṅghāyana CD-ROM edition (3th version). Igatpuri: VRI, 1998.

II. 빠알리 삼장 및 그 주석서와 복주서 빠알리 원본

The Dīgha Nikāya. 3 vols. edited by Rhys Davids, T. W. and

Carpenter, J. E. First published 1890. Reprint. London. PTS, 1975.

Dīgha Nikāya Aṭṭhakathā (Sumaṅgalavilāsinī) 3 vols. edited by Rhys David, T. W. and Carpenter J. E. and Stede, W. PTS, 1886-1932.

The Majjhimā Nikāya. 3 vols. edited by Rhys Davids, T. W. and Carpenter, J. E. First published 1890. Reprint. London. PTS, 1975.

Majjhimā Nikāya Aṭṭhakathā (Sumaṅgalavilāsinī) 3 vols. edited by Rhys David, T. W. and Carpenter J. E. and Stede, W. PTS, 1886-1932.

The Saṁyutta Nikāya. 5 vols. edited by Rhys Davids, T. W. and Carpenter, J. E. First published 1890. Reprint. London. PTS, 1991.

Saṁyutta Nikāya Aṭṭhakathā (Sāratthappakāsinī) 3 vols. edited by Rhys David, T. W. and Carpenter J. E. and Stede, W. PTS, 1886-1932.

The Aṅguttara Nikāya. 5 vols.

Vol. I and II, edited by Richard Morris, First published 1885. Reprint. London. PTS, 1961.

Vol III~V, edited by E. Hardy, First published 1897. Reprint. London. PTS, 1976.

Aṅguttara Nikāya Aṭṭhakathā (Manorathapūraṇī) 5 vols. edited by Max Walleser and Hermann Kopp, PTS, First published 1924-1956. Reprint. 1973-1977.

Udāna, edited by P. Steinthal, First published 1885. Reprint. London. PTS, 1975.

Udāna-aṭṭhakathā, edited by F. L. Woodward published 1926, Reprint. London. PTS, 1977.

Itivuttaka, edited by Ernst Windisch, First published 1899. Reprint. London. PTS, 1975.

Itivuttaka-aṭṭhakathā,(I/II) edited by Bose M. M. First published 1934-1936, Reprint. London. PTS, 1977.

The Dhammasaṅgaṇi, edited by Edward Müller, First published 1885. Reprint. London. PTS, 1978.

Dhammasaṅgaṇīpāḷi, Devanagari edition of the Pāli text of the Chaṭṭha Saṅgāyana, Igatpuri, Vipassana Research Institute (VRI), 1998.

Dhammasaṅgaṇī-aṭṭhakathā, Devanagari edition of the Pāli text of the Chaṭṭha Saṅgāyana, Igatpuri, VRI, 1998.

The Aṭṭhasālinī: Buddhaghosa's commentary on the Dhammasaṅgaṇī, 2 Vols., London, PTS, 1916.

The Vibhaṅga, edited by MRS. Rhys Davids, First published 1904. Reprint. London. PTS, 1978.

Vibhaṅgapāḷi, Devanagari edition of the Pāli text of the Chaṭṭha Saṅgāyana, Igatpuri, Vipassana Research Institute (VRI), 1998.

Vibhaṅga-aṭṭhakathā, Devanagari edition of the Pāli text of the Chaṭṭha Saṅgāyana, Igatpuri, VRI, 1998.

Mohavicchedanī(Abhidhammamātikāpāḷi sahitā), Devanagari edition of the Pāli text of the Chaṭṭha Saṅgāyana, Igatpuri, VRI, 1998.

The Chaṭṭha Saṅghāyana CD-ROM edition (3th version). Igatpuri: VRI, 1998.

III. 빠알리 삼장 및 주석서 번역본

Dīgha Nikāya: Rhys Davids, T.W. and C.A.F. *Dialogues of the Buddha.* 3 vols. London: PTS, 1899-1921 Reprinted 1977.

Walshe, Maurice. *Thus Have I Heard: Long Discourse of the Buddha.* London: Wisdom Publications, 1987.

각묵 스님, 『디가 니까야』 (전3권) 초기불전연구원, 2006, 4쇄 2014.

Majjhima Nikāya: Horner, I. B. *The Collection of the Middle Length Sayings,* PTS, 1954-59.

Ñāṇamoli Bhikkhu and Bodhi Bhikkhu. *The Middle Length Discourse of the Buddha,* Kandy: BPS, 1995.

대림 스님, 『맛지마 니까야』 (전4권) 초기불전연구원, 2012.

Saṁyutta Nikāya: Woodward, F. L. *The Book of the Kindred Sayings,* PTS, 1917-27.

Rhys Davids, C.A.F, and F.L. Woodward. *The Book of the Kindred Sayings.* 5 vols. London: PTS, 1917-30. Rhys Davids tr. 9(1917), 2(1922); Woodward tr. 3(1925), 4(1927), 5(1930).

Bodhi, Bhikkhu. *The Connected Discourses of the Buddha* (2 Vol.s). Wisdom Publications, 2000.

각묵 스님, 『상윳따 니까야』 (전6권) 초기불전연구원, 2009, 3쇄 2016.

Aṅguttara Nikāya: Woodward and Hare. *Book of Gradual Sayings* (5 vols). London: PTS, 1932-38.

대림 스님, 『앙굿따라 니까야』 (전6권) 초기불전연구원, 2006~2007, 2쇄 2013.

Udāna: F. L. Woodward, *Verses of uplift,* in Minor Anthologies of the Pali Canon, Part. II, published 1935. Reprint. London. PTS, 1985.

각묵 스님, 『우다나』 초기불전연구원, 2021.

Udāna & Itivuttaka: Ireland J. *The Udāna and the Itivuttaka.* First published 1997. Reprint. 2007 BPS Kandy. Sri Lanka.

Udāna-aṭṭhakathā: Masefield. *The Udāna Commentary*(Vol. I, II) London. PTS, 1994-1995.

Itivuttaka: Ireland J. *The Udāna and the Itivuttaka.* First published 1997. Reprint. 2007 BPS Kandy. Sri Lanka.

각묵 스님, 『이띠웃따까』 초기불전연구원, 2020.

Vinaya Pitaka: Horner, I. B. *The Book of the Discipline.* 6 vols. London: PTS, 1946-66.

Dhammasaṅgaṇi: Rhys Davids, C.A.F., *A Buddhist Manual of Psychological Ethics*(Dhammasangaṇi 영역본), 1900. Reprint. London: PTS, 1974.

각묵 스님, 『담마상가니』(전2권) 초기불전연구원, 2016.

Vibhaṅga: Thiṭṭila, U. *The Book of Analysis* London: PTS, 1969.

각묵 스님, 『위방가』(전2권) 초기불전연구원, 2018.

Dhātukathā: Nārada, U. *Discourse on Elements.* London: PTS, 1962.

Puggalapaññatti: Law, B.C. *A Designation of Human Types.* London: PTS, 1922, 1979.

Kathāvatthu: Shwe Zan Aung and C.A.F. Rhys Davids. *Points of Controversy* London: PTS, 1915, 1979.

Paṭṭhana: U Nārada. *Conditional Relations* London: PTS, Vol.1, 1969; Vol. 2, 1981.

Atthasālinī (Commentary on the Dhammasāṅganī): Pe Maung Tin. *The Expositor* (2 Vol.s), London: PTS, 1920-21, 1976.

Sammohavinodanī (Commentary on the Vibhaṅga): Ñāṇamoli, Bhikkhu. *The Dispeller of Delusion.* Vol. 1. London: PTS, 1987; Vol. 2. Oxford: PTS, 1991.

Visuddhimagga: Ñāṇamoli, Bhikkhu. *The Path of Purification.* (tr. of Vism) Berkeley: Shambhala, 1976.

대림 스님, 『청정도론』(전3권) 초기불전연구원, 2004, 4쇄 2013.

Abhidhammasaṅgaha: Bodhi, Bhikkhu. *A Comprehensive Manual of Abhidhamma*, Kandy: BPS, 1993.

대림 스님/각묵 스님, 『아비담마 길라잡이』(전2권) 초기불전연구원, 2002, 10쇄 2014, 전정판 2017, 2쇄 2017.

IV. 사전류

(1) 빠알리 사전

Pāli-English Dictionary (PED), by Rhys Davids and W. Stede, PTS, London, 1923.

Pāli-English Glossary of Buddhist Technical Terms (NMD), by

Ven. Ñāṇamoli, BPS, Kandy, 1994.

A Dictionary of the Pali Language (DPL), by R.C. Childers, London, 1875.

Buddhist Dictionary, by Ven. Ñāṇatiloka, Colombo, 1950.

Concise Pāli-English Dictionary (BDD), by Ven. A.P. Buddhadatta, 1955.

Dictionary of Pāli Proper Names (DPPN), by G.P. Malalasekera, 1938.

Critical Pāli Dictionary (CPD), by Royal Danish Academy of Sciences & Letters

A Dictionary of Pāli (Part I, II), by Cone, M. PTS. 2001.

(2) 기타 사전류

Buddhist Hybrid Sanskrit Grammar and Dictionary (BHD), by F. Edgerton, New Javen: Yale Univ., 1953.

Sanskrit-English Dictionary (MW), by Sir Monier Monier-Williams, 1904.

Practical Sanskrit-English Dictionary (DVR), by Prin. V.S. Apte, Poona, 1957.

Dictionary of Pāṇini (3 vols), Katre S. M. Poona, 1669.

A Dictionary of Sanskrit Grammar, Abhyankar, K. V. Baroda, 1986.

A Dictionary of the Vedic Rituals, Sen, C. Delhi, 1978.

Puranic Encyclopaedia, Mani, V. Delhi, 1975, 1989.

Root, Verb-Forms and Primary Derivatives of the Sanskrit Language, by W. D. Wintney, 1957.

A Vedic Concordance, Bloomfield, M. 1906, 1990.

A Vedic Word-Concordance (16 vols), Hoshiarpur, 1964-1977.

An Illustrated Ardha-Magadhi Dictionary (5 vols), Maharaj, R.

First Edition, 1923, Reprint: Delhi, 1988.

Abhidhāna Rājendra Kosh (*Jain Encyclopaedia,* 7 vols), Suri, V. First Published 1910-25, Reprinted 1985.

Prakrit Proper Names (2 vols), Mehta, M. L. Ahmedabad, 1970.

Āgamaśabdakośa (Word-Index of Aṅgasuttāni), Tulasi, A. Ladnun, 1980.

『불교사전』 운허용하 저, 동국역경원, 1989.

『梵和大辭典』 鈴木學術財團, 동경, 1979.

『佛教 漢梵大辭典』 平川彰, 동경, 1997.

『パーリ語佛教辭典』 雲井昭善 著, 1997

V. 기타 참고도서

Banerji, S. Chandra. *A Companion to Sanskrit Literature,* Delhi, 1989.

Basham, *History and Doctrines of the Ājivikas,* London, 1951.

Barua, B. M. *History of Pre-Buddhist Indian Philosophy,* Cal cutta, 1927.

___________, *Inacriptions of Aśoka(Translation and Glossary),* Calcutta, 1943, Second ed. 1990.

Bhandarkar Oriental Research Institute, edited, *The Mahābhārata* (4 vols), Poona, 1971-75.

Bodhi, Bhikkhu. *A Comprehensive Manual of Abhidhamma* (CMA). Kandy: BPS, 1993. (Pāli in Roman script with English translation)

Bronkhorst, J. *The Two Traditions of Meditation in Ancient India,* Delhi, 1993.

Burlingame, E.W. *Buddhist Legends* (trans. of DhpA). PTS, 1921, 1969.

CBETA Chinese Electronic Tripitaka Collection, CD-ROM edition:

Taisho Tripitaka(大正新修大藏經) Vol.1-55 & 85; Shinsan Zokuzokyo(Xuzangjing) Vol. 1-88, Chinese Buddhist Electronic Text Association(CBETA, 中華電子佛典協會), Taipei, 2008.

Chapple, Christopher. *Bhagavad Gita (English Tr.), Revised Edition* New York, 1984.

Collins, S. *Nirvana and Other Buddhist Felicities: Utopias of the Pali Imaginaire.* Cambridge, 1998.

________, *Selfless Persons: Imagery and Thought in Theravāda Buddhism.* Cambridge 1982.

Cowell, E.B. ed. *The Jātakas or Stories of the Buddha's Former Births,* 6 vols, 1895-1907. Reprint, 3 vols. PTS, 1969.

Cowell, E.B. and R.A. Neil, eds. *Divyāvadāna,* Cambridge 1886.

Dutt, Nalinaksha. *Buddhist Sects in India.* Delhi, 1978.

Eggeling, J. *Satapatha Brahmana* (5 Vol.s SBE Vol. 12, 26, 41, 43-44), Delhi, 1989.

Enomoto, Fumio. *A Comprehensive Study of the Chinese Saṁyuktāgama. Part 1: Saṁgītanipāta.* Kyoto 1994.

Fahs, A. *Grammatik des Pali,* Verlag Enzyklopadie, 1989.

Fuminaro, Watanabe. *Philosophy and its Development in the Nikāyas and Abhidhamma,* Delhi, 1982.

Geiger, W. *Mahāvaṁsa or Great Chronicle of Ceylon.* PTS.

________. *Cūḷavaṁsa or Minor Chronicle of Ceylon (or Mahāvaṁsa Part II),* PTS.

________. *Pali Literature and Language,* English trans. By Batakrishna Ghosh, 1948, 3th reprint. Delhi, 1978.

Geiger, Wilhelm. A Pāli Grammar. Rev. ed. by K.R. Norman. PTS, 1994.

Gethin, R.M.L. *The Buddhist Path to Awakening, A Study of the Bodhi-Pakkhiyā Dhammā.* Leiden, 1992.

Gombrich, Richard F. *How Buddhism Began: The Conditioned*

Genesis of the Early Teachings. London, 1996.

Hamilton, Sue. *Identity and Experience: The Constitution of the Human Being according to Early Buddhism.* London, 1996.

Harvey, Peter. *The Selfless Mind: Personality, Consciousness, and Nirvāṇa in Early Buddhism.* Curzon, 1995.

__________. "Signless Meditation in Pāli Buddhism." *Journal of the International Association of Buddhist Studies* 9(1986): 28-51.

Hinüber, Oskar von. *A Handbook of Pāli Literature*, Berlin, 1996.

__________. *Selected Papers on Pāli Studies,* Oxford: PTS, 1994.

Horner I. B. *Early Buddhist Theory of Man Perfected,* 1937.

__________. *Milinda's Questions* (tr. of Mil). 2 vols. London: PTS, 1963-64.

International Buddhist Research & Information Center(IBRIC). *Ti-pitaka, The SLTP CD-ROM edition*, 2005.

http://jbe.gold.ac.uk/ibric.html

Ireland, John D. *Saṁyutta Nikāya: An Anthology,* Part I (Wheel No. 107/109). Kandy: BPS, 1967.

Jacobi, H. *Jaina Sūtras* (SBE Vol.22), Oxford, 1884, Reprinted 1989.

Jayatileke, K.N. Early Buddhist Theory of Knowledge. London, 1963.

Jayawardhana, Somapala. *Handbook of Pali Literature*, Colombo, 1994.

Jones, J.J., trans. *The Mahāvastu.* 3 vols. London, 1949-56.

Kangle, R. P. *The Kauṭilīya Arthaśāstra* (3 vols), Bombay, 1969.

Kloppenborg, Ria. *The Paccekabuddha: A Buddhist Ascetic.* BPS Wheel No. 305/307, 1983.

Law, B.C. *History of Pali Literature.* London, 1933 (2 Vol.s)

Macdonell, A.A., and Keith. *Vedic Index of Names and Subjects.* 2 vols., 1912. Reprint, Delhi, 1958.

Malalasekera, G. P. *The Pali Literature of Ceylon,* 1928. Reprint. Colombo, 1958.

Masefield, Peter. *The Udāna Commentary* (tr. of UdA). 2 vols. Oxford: PTS, 1994-5.

Mills, Laurence C.R. "The Case of the Murdered Monks." *Journal of the Pali Text Society* 16(1992):71-75.

Müller, F. Max. *The Upanishads.* 2 vols. Reprint, Delhi, 1987.

Ñāṇamoli, Bhikkhu. *The Guide* (tr. of Nett). London:PTS, 1962.

______________. *The Life of the Buddha according to the Pali Canon.* 1972.

______________. *The Middle Length Discoursed of the Buddha* (tr. of Majjhima Nikāya, ed. and rev. by Bhikkhu Bodhi), Boston; Kandy: BPS, 1995.

______________. *Mindfulness of Breathing (ānāpānasati).* Kandy: BPS, 1964.

______________. *Minor Reading and the Illustrator of Ultimate Meaning* (tr. of Khp and KhpA). London: PTS, 1962.

______________, *The Path of Purification.* (tr. of Vism) Berkeley: Shambhala, 1976.

Naimicandriya, Commented by, *Uttarādhyayana-Sūtra,* Valad, 1937.

Nancy Accord, Translated by, *Introduction to Early Buddhism - An Accessible Explanation of the Core Theory of Early Buddhism,* 초기불전연구원, 2017(『초기불교 입문』 영역본)

Nārada Mahāthera, *A Manual of Abhidhamma.* 4th ed. Kandy: BPS, 1980. (Pāli in Roman script with English translation)

Norman, K.R. *Collected Papers* (5 vols), Oxford, 1990-93.

__________. *Elders' Verses II* (tr. of Thig). London: PTS, 1971.

__________. *The Group of Discourses(SUTTA-NIPĀTA) Vol. II,* London: PTS, 1992.

__________. *Pāli Literature Including the Canonical Literature in Prakrit and Sanskrit of All the Hīnayāna Schools of Buddhism*, Wiesbaden, 1983.

Nyanaponika Thera. Ven. *Abhidhamma Studies*, Kandy: BPS, 1998.

____________________ *The Heart of Buddhist Medition.* London, 1962; BPS, 1992.

Nyanaponika Thera and Hellmuth Hecker. *Great Disciples of the Buddha: Their Lives, Their Works, Their Legacy.* Boston; Kandy: BPS, 1997.

Nyanatiloka Thera. *Guide through the Abhiddhamma Piṭaka*, Kandy: BPS, 1971.

Pe Maung Tin. *The Path of Purity.* P.T.S. 1922 (Vol. I), 1928 (Vol. II), 1931 (Vol. III)

__________, *The Expositor* (2 Vol.s). (Atthasālinī 영역본), London: PTS, 1920-21, 1976.

Pruitt, William. *Commentary on the Verses of the Theris* (tr. of ThigA). Oxford: PTS, 1998.

__________. edited by, Norman, K. R. translated by, *The Pātimokkha*, London: PTS, 2001.

Radhakrishnan, S. *Indian Philosophy*, 2 vols Oxford, 1991.

__________. *Principal Upanisads*. Oxford, 1953, 1991.

Rāhula, Walpola Ven. *What the Buddha Taught*, Colombo, 1959, 1996.

________________. *History of Buddhism in Ceylon.* Colombo 1956, 1993.

Rewata Dhamma. *The First Discourse of the Buddha: Turning*

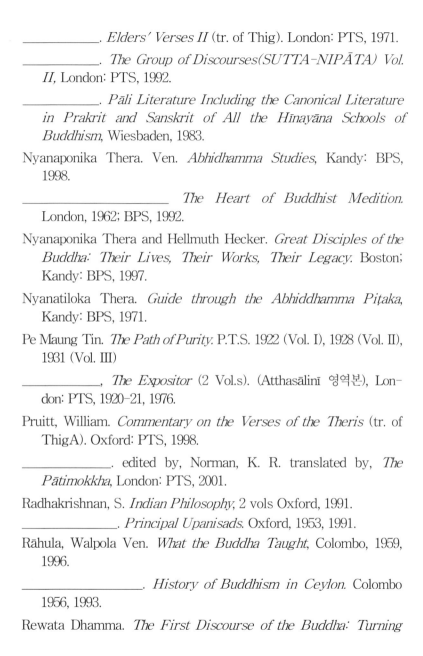

the Wheel of the Dhamma. Boston, 1997.

Rhys Davids, T.W. *Buddhist India.* 1903. Reprint, Delhi, 1997.

Rhys Davids, T.W. and C.A.F. *Dialogues of the Buddha* (tr. of Dīgha Nikāya). 3 vols. London: PTS, 1899-1921.

Senart, edited, *Mahāvastu.* 3 vols. Paris, 1882-97.

Soma Thera, *The Way of Mindfulness,* 5th ed. Kandy: BPS, 1981.

Thomas, E. J. *The Life of the Buddha,* 1917, reprinted 1993.

Thittila, Ashin. *The Book of Analysis* (tr. of Vibh). London: PTS, 1969.

Umasvami, Acharya. *Tattvarthadhigama Sutra.* Delhi, 1953.

Vasu, Srisa Chandra. *Astadhyayi of Panini* (2 Vol.s). Delhi, 1988.

Vipassana Reserach Institute. *Ti-pitaka, The Caṭṭha Saṅghāyana CD-ROM edition* (3th version). Igatpuri: VRI, 1998.

Walshe, Maurice. *The Long Discourses of the Buddha* (tr. of Dīgha Nikāya). Boston, 1987, 1995.

______________. *Saṁyutta Nikāya: An Anthology,* Part III (Wheel No. 318/321). Kandy: BPS, 1985.

Warren, Henry C. & Dhammananda Kosambi. *Visuddhamagga,* Harvard Oriental Series (HOS), Vol. 41, Mass., 1950.

Wijesekera, O.H. de A. *Buddhist and Vedic Studies.* Delhi, 1994.

Winternitz, M. *History of Indian Literature* (3 vols), English trans. by Batakrishna Ghosh, Revised edition, Delhi, 1983.

Witanchchi, C. *"ānanda." Encyslopaedia of Buddhism,* Vol. I fasc. 4. Coombo, 1965.

Warder, A.K. *Indian Buddhism,* 2nd rev. ed. Delhi, 1980.

Yardi, M.R. *Yoga of Patañjali.* Delhi, 1979.

각묵 스님, *Development of the Vedic Concept of Yogakśema.* 『현대와 종교』 20집 1호, 대구, 1997

________, 「간화선과 위빳사나, 무엇이 같고 다른가」 『선우도량 제3호』 2003.
________, 『금강경 역해 — 금강경 산스끄리뜨 원전 분석 및 주해』 불광사 출판부, 2001, 9쇄 2017.
________, 『네 가지 마음챙기는 공부』 초기불전연구원, 2003, 개정판 3쇄 2008.
________, 『담마 상가니』 (전2권) 초기불전연구원, 2016.
________, 『디가 니까야』 (전3권) 초기불전연구원, 2006, 4쇄 2014.
________, 「범본과 한역 <금강경>의 내용 검토」 『승가학보 제8집』 조계종 교육원, 2008.
________, 『상윳따 니까야』 (전6권) 초기불전연구원, 2009, 3쇄 2016.
________, 『우다나』 초기불전연구원, 2021.
________, 『위방가』 (전2권) 초기불전연구원, 2018.
________,, 『이띠웃따까』 초기불전연구원, 2020.
________, 『초기불교 이해』 초기불전연구원, 2010, 5쇄 2015.
________, 『초기불교 입문』 초기불전연구원, 2017.
________, 「현대사회와 율장 정신」 동화사 계율학 대법회 제7회 발제문 2006.
권오민, 『아비달마 구사론』 (전4권) 동국역경원, 2002, 2쇄 2007.
_____, 『아비달마 불교』 민족사, 2003.
김묘주 옮김, 『성유식론 외』 동국역경원, 2006.
김성철 옮김, 『중론』 불교시대사, 2004.
김인덕 지음, 『중론송 연구』 불광출판부, 2000.
김윤수 옮김, 『주석 성유식론』 한산암, 2006.
나까무라 하지메 지음, 김지견 옮김 『불타의 세계』 김영사, 2005.
대림 스님/각묵 스님, 『아비담마 길라잡이』 (전2권) 초기불전연구원, 2002, 11쇄 2015. 전정판 2쇄 2018.
대림 스님, *A Study in Paramatthamañjūsa (With Special Reference*

to Paññā), Pune University, 2001.(박사학위 청구논문)
_______, 『들숨날숨에 마음챙기는 공부』 초기불전연구원, 개정판 2쇄 2008.
_______, 『앙굿따라 니까야』 (전6권) 초기불전연구원, 2006~2007.
_______, 『염수경 - 상응부 느낌편』 고요한소리, 1996.
_______, 『청정도론』 (전3권) 초기불전연구원, 2004, 3쇄 2009.
대한불교조계종 교육원, 『주석본 조계종 표준 금강반야바라밀경』 2009.
라다끄리슈난, 이거룡 옮김, 『인도 철학사』 (전4권) 한길사, 1999.
마쓰타니 후미오, 이원섭 역, 『아함경 이야기』 1976, 22쇄 1997.
___________, 이원섭 역, 『불교개론』 현암사, 2001.
무념 · 응진 역, 『법구경 이야기』 (1/2/3) 옛길, 2008.
뿔라간들라 R. 이지수 역, 『인도철학』 민족사, 1991.
삐야다시 스님, 김재성 옮김, 『부처님, 그분』 고요한소리, 1990.
__________, 소만 옮김, 『마음 과연 무엇인가』 고요한소리, 1991.
사토우 미츠오, 김호성 역, 『초기불교교단과 계율』 민족사, 1991.
에띠엔 라모뜨, 호진 스님 옮김, 『인도불교사』 1/2 시공사, 2006
와타나베 후미마로 지음, 김한상 옮김, 『니까야와 아비담마의 철학과 그 전개』 동국대학교출판부, 2014.
운서주굉, 광덕 역주, 『선관책진』 불광출판사, 1991.
이재숙, 『우파니샤드』 (전2권) 한길사, 1996.
일창 스님, 『부처님을 만나다』 이솔, 2012.
_______, 『가르침을 배우다』 불방일, 2021.
赤沼智善, 『漢巴四部四阿含互照錄』 나고야, 소화4년.
中華電子佛典協會, CBETA 電子佛典集(CD-ROM), 台北, 2008.
平川 彰, 이호근 역, 『印度佛敎의 歷史』 (전2권) 민족사, 1989, 1991.
______, 권오민 옮김, 『초기 · 부파불교의 역사』 민족사, 1989.
______, 박용길 역, 『율장연구』 토방, 1995.

찾아보기

◎ 일러두기

1. 표제어들은 모두 『테라가타』 본문의 게송에 나타나는 용어들을 기본으로 하였다.
2. 찾아보기의 숫자는 PTS본의 게송 번호임.
3. [설명]: 『테라가타』 본문에 나타나는 용어가 주해에서 설명되는 경우.
4. [행장]: 『테라가타』 본문의 게송을 읊은 260여 분의 장로들의 행장을 뜻함.
5. [주]: 『테라가타』 본문에 나타나지 않는 용어가 주해에서 설명되는 경우.
6. 찾아보기의 A는 [행장]의 설명을 뜻함. 예를 들면 "꾸루깟차(Kurukaccha) 105A"는 말리따왐바 장로(Th1:105) 행장의 설명 안에 나타나는 것을 뜻함
7. 찾아보기의 D는 *Desiderative*(명사에서 파생된 동사)의 약자임.
8. 명사는 주격 단수로 표기함을 원칙으로 함.
9. 동사는 『테라가타』 본문에 나타나는 대로 표기함을 원칙으로 함.
10. Aor.1.Sg(Aorist 1st Person Singular) 등은 Aor1Sg 등으로 더 줄여서 표기하였음.
11. 참: 참조

【가】

가고 싶은 곳으로(yattha-kāmaṁ) 77; 1130
가공하는 곳으로 보내진(khala-gata) 381
가기를(gacche, √gam, to go Opt3Sg) 1170
가까운(santika) 392; 571; 807; 809; 811; 813; 815; 817
가까운 기슭(apāra) 763
가까이로 가져오다(upanāmeti upa+ √nam, to bend, to bow) 608[설명]
가까이하게 될 것이다(bhajissanti, √bhaj to divide, to share Fut3Pl) 963
  가까이하기를(bhajantu, Imp3Pl) 874
  가까이하는(bhajamāna) 993
  가까이해야 하는(bhajitabba) 592
  가까이해야 한다(bhaje, Opt3Sg) 993
  가까이해야 한다(bhajeyya, Opt3Sg) 249; 264
  가까이해야 한다(bhajetha, Opt3Sg) 1030

가난뱅이(dalidda) 783
가난한(dalidda) 620; 910
가난하지 않은(adalidda) 508
가난한 사람(daliddaka) 1106
가는(gacchanta, √gam, to go) 268; 696; 730; 731; 866
가다1(gacchati, √gam, to go Pre3Sg) 16; 303; 634; 699; 781; 1172; 1175
가다(gacchanti, Pre3Pl) 16; 636 (gacchasi) 356; 1124 (gacchaṁ, Pre1Sg) 150
가다(gacchāmi, Pre1Sg) 14
가다/떠나다(gacchāma, Pre1Pl) 14; 138; 175; 774; 775; 1157
가라(gaccha, Imp2Sg) 557
가라(gacchassu, Med Imp2Sg) 82
가라(gacchatha, Imp2Pl) 58; 637 [주]
가기를(gacchatu, Imp3Sg) 834
가다2(vajasi, √vraj, to proceed Pre2Sg = upagacchasi) 213
가다3(yāti, √yā, to go Pre3Sg) 616; 745
가다4(upenti, upa+√i, to go Pre3Sg) 532
가야 하다(eyya, √i, to go Opt3Sg = gaccheyya) 585
가득 채웠다(apharī, √sphar, to expand Aor3Sg =patthari(pra+√stṛ, to strew) 18
가득 찬1(puṇṇa, √pṝ, to fill) 556
가득 찬2(titta, √tṛp, to be pleased = paripuṇṇā) 660
가득한(gāḷhita, √gādh, to stand firmly = bharita √bhṛ, to bear) 568
가든 서든(carato tiṭṭhato vāpi) 452 [설명]
가라앉다1(sīdati, √sad, to sit Pre3Sg) 147; 265; 741
가라앉다(sīde, Opt3Sg) 147; 265
가라앉다2(saṁsīdati, Pre3Sg saṁ+√sad) 681
가라앉다3(visīdanti, Pre3Pl vi+√sad) 1154
가라앉아야 하다(nipate, ni+√pat, to fall Med Pre3Sg = nameyya,) 76 [설명]
가라앉은1(nipatanta, ni+√pat) 76
가라앉은2(samita, √śam2, to be quiet) 10; 1170
가라앉은3(santa, √śam2) 702[설명]
가라앉히다(upasammaye, upa+√śam2 Opt3Sg = vūpasameyya) 675
가라앉음(vūpasama, upa+√śam2) 1124; 1159
가로(tiriya) 163
가르쳤다(adesayi, √diś, to point Aor 3Sg) 902[설명]
가르침[法, dhamma]) 383
☞ 법 (dhamma)
가르침의 기적[敎誡神變](anusāsanī-pāṭihāriya) 104A[설명]
가르하빠띠야 불(Gārhapatya) 343
가면극(cāraṇika, √car, to move) 1129
가문(kula) 620; 1052; 1109
참 집,/가문(kula)
가벼운(lahuka) 104; 953
가벼움의 인식(lahu-saññā) 104[설명]
가볍게 떠다니다(pilavati, √plu, to float) 104
가부좌(pallaṅka) 517; 985
가사1(saṅghāṭi, saṁ+√granth, to bind, to tie) 367
가사로 된 옷을 입은(kāsāva-vattha) 1092
가사를 수하고 날카로운 칼로 머리를 깎고 걸식을 하는(saṅghāṭi-khura-

muṇḍa-bhikkha-bhojī) 414
가사를 수한(saṅghāṭi-pāruta) 153; 944; 998
가사2(kāsāva) 961; 965; 966; 969; 973
가사를 입을 자격이 있다(kāsāvam arahati) 969~972
가사와 더불은(sacīvara) 1102
가슴(hadaya) 119[설명]
가슴(orasika) 753
가슴에서 태어난(orasa Sk aurasa) 174; 348[설명]; 1279[설명]
가슴에서 태어난 아들(orasa-putta) 41[설명]; 536[주]; 1142
가슴(ura) 27[설명]; 95; 111; 233; 536; 1279[주]
가슴에 혹이 나서 유령과 같은(ura-gaṇḍi-pisācini) 1151
가시가 있는 장소(kaṇṭaka-ṭṭhāna) 946
가시밭 길에 들어선(kantāraddhāna-pakkhanda) 95[설명]
가야(Gayā) 287A; 287; 345
가야의 봄 축제(Gayā-phaggu) 287A; 287; 345
가야의 팍구나 달 금식일(Gayā-phaggu) 345[주]
가야의 성소의 계단(Gayā-tittha) 345
가야깟사빠 장로(Gayākassapa thera) 375A[행장]
가야깟사빠(Gayā-Kassapa) 16A; 340A; 375A
가야시사(Gayāsīsa) 41A; 340A
가왐빠띠 장로(Gavampati thera) 38A[행장]
가왐빠띠(Gavampati) 38A; 117A
가운데(majjha) 267; 663; 820; 1266
가장 높은1(uttama) 70; 103; 212; 287; 427; 481; 520[설명]; 619; 624; 712; 742; 766; 998; 1111
가장 높은 기쁨(uttamā rati) 742 [설명]
가장 높은 이치(uttamattha) 561 [설명]; 639
가장 높은 이치를 증득함(uttamattha-ssa patti) 639[설명]
가장 높은2(ukkaṭṭha) 632[설명]; 766
가져가다(haranti, √hṛ, to take) 781
가져가는(hātave, Inf = upanetuṁ upa+√nī, to lead) 186
가져오다(harāmi) 461
가져오다1(āharāmi, Pre1Sg ā+√hṛ) 430
가져온 뒤(āhatvā) 578
가져오다2(āvahati, ā+√vah, to carry) 303[설명]
가져오는 [괴로움을~](āvahani) 519 [설명]
가져오지 않는(anādāya, an+ā+√dā, to give Ger = aggahetvā) 1228
가죽 끈으로 묶은(veṭha-missa) 143
가지가 생긴(pasākha-jāta, √jan/jā, to generate, to give birth) 72
가지다(dhāreti, √dhṛ, to hold Pre3Sg) 1022; 1166
가진 뒤(gahetvā, √grah, to seize) 1094
가피(加被, vara, √vṛ2, to choose) 468
가혹한 짓에 몰두하는(pharusūpak-kama) 143
가흐와라 언덕(Gahvara-tīra) 31A
가흐와라띠리야 장로(Gahvaratīriya thera) 31A[행장]
간(gata, √gam, to go) 14; 490[주]; 927; 1133
간 뒤(gantvā) 138; 315; 393
간 뒤 [저 세상으로~](pecca, pra+√i, to go Ger) 502
간곡한 가르침(anusāsanī, anu+√śās, to order) 658; 1017
간다꾸띠/향실(Gandhakuṭi) 480A[주]

간다꾸띠의 그늘(Gandhakuṭi-cchā-yā) 480
간다꾸띠 거처(Gandhakuṭi-pariveṇa) 1018A
간다꾸띠 거처를 청소하는 것(Gan-dha-kuṭi-pariveṇa-sammajana) 1018A
간다라 선인仙人(Gandhāra isi) 9A
간다라 왕의 가문(Gandhārarājakula) 275A
간답바(gandhabba) 164[설명]
간략한(saṅkhitta, saṁ+√kṣip, to throw) 1232[설명]
간방위[艮方](vidisā f) 1133
간절하게 바라는(ussuka, ud+√sū, to urge, to impel) 924
간절하게 바람(ussukka) 494; 1052; 1072
간직한 뒤(opiya, upa+√i, to go = upiya = ṭhapetvā) 119
간청(āyācana, ā+√yāc, to ask) 473
간청을 드린(suppaṇāmita, su+pra+ √nam, to *bend,* to *bow)* 1272
간청하다(yācanti, √yāc Pre3Pl) 463; 836
간청을 받은(yācita) 1107; 1108; 1275
간탐(abhijjhā, abhi+√dhyai, to think, to meditate) 795; 797; 799; 801; 803; 805
갇힌(parikkhitta, pari+√kṣip, to *throw)* 449
갈 것이다1(gacchissaṁ, √gam, to go Fut1Sg) 95; (gamissāmi Fut1 Sg) 538; (gamissanti, Fut3Pl) 960; (gamissase, Med Fut2Sg) 359; (gamissati, Fut3Sg) 126
갈 것이다2(carissāmi, √car *to* move Fut1Sg) 248
갈고리(aṅkusa) 878
갈고리를 잡은(aṅkusa-ggaha) 77; 357; 1130
갈고리를 잡은 능숙한 자(kusal-aṅku-sa-ggaha) 1139
갈다 [들판을~](kasanti, √kṛṣ, to drag, to plough Pre3Pl) 531;
갈다(kassate, Med Pre3Sg) 530
갈대1(sara) 487; 488
갈대2(naḷa) 402[설명]
갈대로 만든 다리(naḷa-setu) 7[설명]
갈대로 만든 오두막(naḷāgāra) 256; 1147; 1149
갈라진 틈[深淵, pātāla] 89[설명]; 1104 [주]
갈망(vanatha) 1214[설명]
갈망 없음(nibbanatha) 1214[설명]
갈애(taṇhā, √tṛṣ, to be thirsty) 161[설명]; 298; 399; 400; 401; 402; 445; 517[설명]; 519; 596; 1125; 1275
갈애의 넝쿨(taṇhā-latā) 1094
갈애가 소멸한 해탈(taṇha-kkhaya-vimutti) 1196
갈애를 뿌리뽑은 뒤(taṇham abbuy-ha) 298[설명]; 466
갈애를 여의지 못한(avīta-taṇhā) 778
갈애를 여읜(vīta-taṇha) 491; 890
갈애를 제거한 뒤(taṇhaṁ pahantvā-na) 519[설명]
갈애의 그물(taṇhā-jāla) 306
갈애의 멸진에 대한 의향을 가진 (taṇha-kkhaya-adhimutta) 641 [설명]
갈애의 뿌리(taṇhā-mūla) 402[설명]; 573
갈애의 뿌리를 말려버린(taṇhā-mūla-visosana) 418[설명]
갈애의 외투로 덮인(taṇhā-chādana-chādita) 297
갈애의 화살(taṇhā-salla) 223; 313; 448[설명]; 514; 1237

갈애의 활에서 생긴(taṇhā-dhanu-samuṭṭhāna) 753[설명]
감(gati, √gam, to go) 917
감각기능(indriya) 205; 206; 513; 728; 729; 744
감각기능들을 정복한(jitindriya) 1096
감각기능이 제어된(saṁvutindriya) 682; 1081
감각장소[處, āyatanāni] ā+√yam/yat (to sustain/ stretch) 1255[설명]
감각장소가 일어남(āyatanuppāda) 641[설명];
감각적 쾌락(kāma, √kam, to love) 18 [설명]; 73; 93[설명]; 138; 187; 188; 254[설명]; 446; 461; 535; 600; 691; 776; 778; 787; 790; 1119; 1122
모든 감각적 쾌락들(sabba-kāmā) 122; 458; 458[설명]
감각적 쾌락에 대한 욕구(kāmacchan-da) 74[설명]; 1010
감각적 쾌락에 대한 인식(kāma-saññā) 1039
감각적 쾌락과 분노를 제거한(kāma-kopa-ppahīna) 671
감각적 쾌락들에서의 위험(kāmesu ādīnava) 458[설명]
감각적 쾌락들을 향유하는(kāma-kāmi) 242
감각적 쾌락에 대한 탐욕(kāma-rāga) 18; 89; 157; 252A; 315A; 316; 406; 1223
감각적 쾌락에 대한 탐욕을 제거함 (kāma-rāga-ppahāna) 39; 40; 1162
감각적 쾌락에 탐닉하는(kāma-rati-santhava) 884
감각적 쾌락으로 이루어진(kāma-maya) 669
감각적 쾌락으로 장님이 된(kām-andha) 297
감각적 쾌락을 찾는(kāma-gavesi) 992
감각적 쾌락의 가닥(kāma-guṇa) 195; 213; 252; 280; 455; 535; 787; 892; 893; 1105; 1109; 1125
감각적 쾌락의 그물(kāma-jāla) 355 [설명]
감각적 쾌락의 요소(kāma-dhātu) 181
감각적 쾌락의 요소를 앞세운(kāma-dhātu-purakkhata) 378[설명]
감각접촉(phassa, √spṛś, to touch) 643[설명]
여섯 가지 감각접촉의 장소[六觸處, cha-phassāyatana]) 116[설명]
여섯 가지 감각접촉의 장소를 가진 (cha-phassāyatanī) 755
감각접촉을 다섯 번째로 하는(phassa-pañcama) 907[설명]
감내하였다(ajjhavāsayi, adhi+√vaś, to desire, to be eager Aor3Sg = adhivāsesi) 906[설명]
감당한 뒤(abhisambhutvā, abhi+sam+√bhū, to be, to bocome) 1057
감동을 주다(upasobhati, upa+√śubh, to beautify) 1080
감미로운1(rajanīya, √rañj, to color) 1233
감미로운2(vaggu, √valg, to leap, to jump) 1233
감미로운 목소리로 말하는(kalyāṇa-vākkaraṇa) 368
감수하는(sevanta, √sev, to attend upon) 807; 809; 811; 813; 815; 817
감싸다(chādeti, √chad, to cover) 984
감싼(pāruta, pra+√vṛ1, to cover) 779
감지한(muta, √man, to think) 1216 [설명]

감지함(mutatta) 1215[설명]
감지한 뒤(samecca, saṁ+√i, to go) 1215[설명]
감촉1(phassa, √spṛś, to touch) 643[설명]; 802; 814; 815
감촉에서 생겨난(phassa-sambhava) 803
감촉2(phoṭṭhabba, √spṛś, to touch) 455; 734; 738; 895; 1216
감촉3(phusitabba, √spṛś = phoṭṭha-bba) 1099
갑옷1(kavaca) 614
갑옷2(sannāha, sam+√nah, to tie, to bind) 543
갑옷을 입는 때(sannāha-kāla) 1110[설명]
갔다(agā, √gam, to go Aor1Sg) 340; (agamaṁ, Aor1Sg) 258; (agamāsi, Aor3Sg) 490; (agacchissaṁ, Cond. 1 Sg) 258
강1(nadī, √nad, to sound) 307; 308; 340; 523; 556
강2(saritā f, √sṛ, to flow) 1133
강가 강(Gaṅga) 118A; 1104
강가 강의 흐름(Gaṅgā-sota) 168 [설명][주]
강가 강의 언덕(Gaṅgā-tīra) 127 [설명]
강가띠리야 장로(Gaṅgātīriya thera) 127A[행장]
강기슭(āpagā-kūla, āpa(물)+√gam, to go) 309
강당의 그늘(pāsāda-chāyā) 480[설명]
강도짓(sandhi-mukha, sam+√dhā, to put) 786
강력하게 타오르는(ugga-teja) 1095
강력한 [아주~](mahesakkha) 615
강성한(balavanta) 955
강인한1(bāḷha) 753; 924; 982
강인한2(thāmavā, √sthā, to stand) 371[설명]
강한(thāvara, √sthā) 876[설명]
강한 쇠살에 괴로워한(daḷha-salla-samappita) 253[설명]
갖추게 되다(agacchaṁ, √gam, to go Cond1Sg = paṭivijjhissaṁ adhigamissaṁ) 1098
갖춘 [다~](samaṅgi-bhūtā) 535
같은1(sadiso) 1087
같은2(samāna) 1068
같은 과보를 가져오는(sama-vipāki, vi+√pac, to cook) 304[설명]
개구리(bheka) 310
거들먹거리는(unnaḷa) 634; 635[설명]; 958; 973; 1080
거듭거듭(punappunaṁ) 17[설명]; 101; 152; 255; 258; 356; 402; 531; 532; 1129; 1170
거듭되는(punappunaṁ) 183[설명]
거룩한 마음가짐[梵住, brahma-vihāra]) 386[설명]; 649
거리1(visikhantara, bhikkhācariyāya icchāvisesa) 1119
거리2(pabedha, pra+√bhid, to split) 163[설명]
거만함에 빠진(atimāna-hata, ati+√man to think) 424
거머쥐다(gaṇhati, VRI:gaṇhāti, √grah to seize) 714; 1028
거부하였다(parivajjayiṁ, pari+√vṛj, to twist Aor1Sg) 284
거울(ādāsa, ā+√dṛś, to see) 169; 171
거위(haṁsa) 1270
거절하였다(paṭikkhipiṁ, prati+√kṣip, to throw Aor1Sg) 284
거주하는(vasanta, √vas3, to dwell) 556[설명]
거주했던 곳 [전생에~](nivāsa, ni+√vas3) 915
거짓된 증인(kūṭa-sakkhi) 940

거처1(vāsa, √vas3, to dwell) 105 [설명]
거처2(senāsana) 142; 577; 592; 602; 1054; 1057
거처3(niketa, ni+√ci1, to gather) 36 [설명]
거처로 서식하고 있는(niketa-cārika) 599
거처에 능숙한(vihāra-kusala, vi+√hṛ, to take) 366
거친1(thūla) 699
거친(duṭṭhulla) 114[설명]
거친2(lūkha) 351; 436; 580
거친 [곳](lūkha) 350[설명]; 435
건너다(taranti, √tṝ, to cross) 556 [설명]
건넜다(atāri, Aor3 Sg) 1275
건너게 하였다(tāresi, Caus Aor3 Sg) 839
건너게 하라(tārehi, Imp2Sg) 1131
건너는(taranta) 529
건너기 어려운(su-duttara) 1131; 1278
건넌(tiṇṇa) 15; 633; 680; 839
건너게 되다(patareyyaṁ, pra+√tṝ Pot1Sg) 1104
건너게 하려 하는(nitaraṇattha, ni+√tṝ) 1243
건넌1(atīta, ati+√i, to go) 413; 707
건넌2(samatikkanta, saṁ+ati+√kram to stride) 840
건넌3(uttiṇṇa, ud+√tṝ, to cross) 89 [설명]
건넌 [윤회를~](uttaraṇa) 418[설명]
건드리다(chupe, √chup, to touch Pot3Sg = chupeyya) 1134[설명]
걷는(iriyamāna, √īr, to *set in motion*) 689
걸리지 않았다 (nāsadā, na ā+√sad, to sit Aor3Sg = na saṅghaṭṭesi) 774 [설명]; 775; 1157
걸린(baddha, √bandh, to bind) 749
걸식하기에 좋은(su-bhikkha, √bhikṣ, to beg) 82[설명]
걸은 [빗장을~](phusita, √spṛś, to touch) 385
걸인(乞人, yācanaka, √yāc, to ask) 532
검박한(su-bhara, su-√bhṛ, to bear) 926
검은(kāḷa) 307; 308
검은 [까마귀](apaṇḍara) 599
검은 자(kaṇha) 25[설명]; 140[설명]; 1189; 1191; 1193; 1195; 1197; 1201; 1203; 1209[설명]
검증(vīmaṁsā, √man, to think Desi) 695[설명]
겁(kappa, √kḷp, to be adapted) 50A [주]; 165; 166; 202
겁을 지속하는(kappa-ṭhāyi) 1190
겉옷(saṅghāṭika, saṁ+√granth, to bind, to tie) 578
게송(gāthā, √gai, to sing) 0-1; 1; 2; 3; 4; 5; 6; 7; 8; 9; 10; 122; 124; 266; 314; 374; 458; 493; 517; 526; 596; 607; 631; 644; 672; 704; 868; 948; 968; 1050; 1090; 1145; 1157[주]; 1208; 1279
게으르지 않은(atandita, a+√tand, to be weary) 0-2[설명]; 83; 249; 354; 626; 1138
게으른1(alasa, a+√las, to be lively) 411
게으른2(sithila) 1165
게으른(kusīta, ku+√sad, to sit) 101 [설명]; 147[설명]; 265; 962[설명]; 987
겨울인(hemantika) 385
겨울의 차갑고 어두운 밤(hemantika-sīta-kāla-ratti) 207

견고한(dhuva, √dhru, to be firm or fixed) 553; 769; 1020; 1157
견고하게 머묾(dhuvaṁ ṭhiti) 769[설명]
견고하지 않은(addhuva) 1131
견뎌야 한다(adhivāsaye, adhi+√vaś, to desire, be eager Pot3Sg) 31; 244; 684
견디는(abhisambhonta, abhi+saṁ+ √bhū, to be, to bocome) 351; 436
견디기 어려운(dukkhama, du+√kṣam, to endure) 258
견디지 못할 것을 견디는(asayhasāhi, √sah, to prevail) 536[설명]
견줄 이 없는(atitula, ati+√tul, to lift, weigh) 831; 833
견책하였다(atajjesi, √tarj, to threaten Aor3 Sg) 1208
견해(diṭṭhi, √dṛś, to see) 346
[삿된] 견해(diṭṭhi) 1199
[삿된] 견해(diṭṭhi-gata) 933[설명]
올곧은 견해(diṭṭhi ujukā) 612[설명]
확정적인 견해(diṭṭhi-ṭṭhāna) 1244 [설명]
견해의 밀림에 들어간(diṭṭhi-gahana-pakkhanda) 342[설명]
견해의 밧줄에 묶인 [삿된~](diṭṭhi-sandāna-bandhita) 290
결과물(kicca, √kṛ, to make) 320[설명]
결과물을 원하는 사람(kiccam icchaka) 320[설명]
결박(saṅga, √sañj, to hang) 14[설명]; 109; 413; 572
다섯 가지 결박(pañca saṅgā) 38 [설명]; 633[설명]; 1022[설명];
다섯 가지 결박을 벗어남(pañca saṅg-ātiga) 633[설명];
결박을 건넌(saṅga-atīta) 1022[설명]
결박을 극복한 [모든~](sabba-saṅgāti-gata) 38[설명]
결실 [큰~](mahapphala) 277
결실에 도달한(phala-ga) 25[설명]
결실을 보는(phala-dassāvī) 471
결실이 있는(saphala) 324
결연한(daḷha, √dṛh/dṛmh, to make firm) 413; 764; 1277
결연한 정진(daḷha-vīriya) 167
결연한 정진을 가진(daḷha-vīriya) 311
결연함을 가진(daḷha-dhammi) 1210
결연함을 보여주는(daḷha-dhamma-dassi) 1264
결연히 노력하는(daḷha-parakkama) 156[설명]; 353; 371
결연히 노력하는(daḷha-parakkamā) 156; 979
결정을 내리는(voharanta, vi+ava+√hṛ to take) 955; 956
결정을 네 번째로 하는 갈마[白四羯磨, ñatticatuttha kamma]) 311[주]
결합된(yutta, √yuj, to join) 573; 590; 659; 1099
겸손함을 갖춘(nivāta-vutti, ni+√vā1, to blow) 71; 76; 210
경배(vandanā f, √vand, to greet) 1171
경배와 숭배(vandana-pūjanā) 124; 495; 1053
경사로운(bhadda) 466[설명]
경솔한(uddhata, ud+√dhṛ, to hold) 157; 681[설명]; 898; 959; 973; 1080
경시되는(nirākata, nis+ā+√kr, to make) 1112[설명]
경시한 뒤(nirākatvā) 377; 478
경의를 표하는(cittikāra) 589
경이로운1(abbhuta, √bhū, to be, to bocome) 614
경이로운2(acchera) 552; 1085
경지(pada) 0-3[설명]; 11[설명]; 92;

212[설명]; 347; 521; 947; 980; 1218
경지 [모든~](sabbaṭṭhiti) 1244[설명]
경행처(caṅkama) 271; 272; 411A; 1018A; 1021
경행을 하는(caṅkamanta) 480; 1044
경험하다1(vedeti, √vid, to know, to sense) 98; 99; 794; 796; 798; 800; 802; 804; 806; 808; 810; 812; 814; 816
경험되는(vedanīya) 81
경험하다2(anubhoti, anu+√bhū) 1145
곁(antika) 331
곁의(santika) 66; 175; 571; 834~8361261
계(戒, sīla) 70[설명] ☞계행(sīla)
네 가지 계(catubbidha sīla) 28[설명]
계략(parikappa) 940
계목(戒目, pātimokkha) 583[설명]
계목으로 단속하는(saṁvuta pātimokkhasmiṁ) 583[설명]
계박된(gadhitāse, √granth, to bind, *to* tie = paṭibaddhacittā) 1216 [설명]
계박된(gadhita = rattā giddhā) 733
계속적으로(aparāparaṁ) 121; 215; 258
계속하는(āpajja) 785
계속해서1(paramparāya) 785
계속해서2(muhuṁ) 125; 1129
계속해서3(satataṁ) 111; 207
계속해서 생각함(anussara) 382~384; 734; 947; 1032
계속해서 생각하는(anussaranta) 354
계의 무더기[戒蘊](sīlakkhandha) 865
계절(utu) 529
계행(sīla) 204[설명]; 507; 509; 593; 593[설명]; 608[설명]; 609; 612~618; 619[설명]; 634; 958; 970; 972; 973; 979; 988; 1077; 1182
계행을 구족한(sīla-sampanna) 240 [설명]
계행을 구족한(sīlavanta) 610; 611
계행과 서계를 구족한(sīla-vat-ūpapanna) 12[설명]
계행과 통찰지(sīla-paññāṇa) 70; 619
계행들에 집중하지 못하는(sīlesu asamāhitā) 958[설명]
계행으로 이루어진(sīla-maya) 28 [설명]
계행으로 이루어진 향기(sīla-maya gandha) 28[설명]
계행이 결여된(vipanna-sīla) 971
계행이 나쁜(dussīla) 610; 611
고결한(uḷāra) 371
고결한 기쁨(uḷāra-pāmojja) 65
고귀한(vara)
고귀하고 가장 높은(varuttama) 132; 426
고귀하고 으뜸가는 귀의처로 가는 (saraṇa-varagga-gāmi) 305
고귀한 말[馬]을 길들임에 능숙한 (vara-haya-dama-kusala) 358
고귀한 통찰지를 구족한(vara-pañña) 834; 835
고귀한 해탈(vara-vimutti) 1013
고귀한 태생(sujāta, su+√jan/jā, to generate, to give birth) 818; 819
고다(Godhā) 842A; 843; 844; 864
고다와리 강의 언덕(Godhāvarītīra) 20A
고닷따 장로(Godatta thera) 659A[행장]
고디까 장로(Godhika thera) 51A[행장]
고따마(Gotama) 91[설명]; 119[주]; 138; 140; 260; 266; 367; 375; 488; 490; 536[주]; 596; 823; 825; 1021; 1023; 1089; 1219; 1223; 1251
고따마 부처님의 제자임(Gotama-

buddha-sāvakatta) 1219
고따마 장로(Gotama thera) 137A; 258A[행장]
고따마 장로 [다른~](Gotama thera [apara~]) 587A[행장]
고따미(Gotami) 535[설명]
고려하다(anuviganeti) 109
고름과 피로 가득한(pubba-lohita-sampuṇṇa) 736
고름과 피로 가득한(pubba-ruhira-sampuṇṇa) 568
고무된 [마음이~](udagga-citta) 725; 1233 참: 활발발한
고무된 날 [마음이~](udagga-citta-divasa) 527A
고살라 장로(Gosala thera) 23A[행장]
고약한(pāpaka) 316[설명]
고양된(unnatā) 662
고양되고 낙담된(unnata-onata) 663
고양이 가죽으로 만든 자루(biḷāra-bhastā) 1138
고요하게 되다(upasamati, upa+√śam2 to be quiet) 50[설명]; 443
고요함(upasama) 1182
고요한1(upasanta) 2[설명]; 68; 441 [주]; 1006~1008; 1168; 1169; 1226
고요한2(vūpasanta) 325
고요하지 않은(avūpasanta) 936
고요한3(santa, √śam2) 198[설명]; 422; 558; 791; 874; 1229
고요한4(vippasanna, vi+pra+√sad, to sit) 427; 1008
고요함을 얻은(samitāvī, √śam2 = 가라앉은) 1222[설명]
고요해진(samathaṁ gata, √śam2, to be quiet) 205; 206
고착되지 않고(anadhiṭṭhāya, an+adhi+√sthā, to stand) 766[설명]
고찰함(pavicaya, pra+vi+√ci1, to gather) 593
고통받았다(apaccatha, √pac, to cook Aor3Sg) 1187; 1188
고통스러운1(ātura) 394; 769[주]; 1157
고통스러운2(abbūḷhaṁ) 321
고통스러운3(agha-gata) 321
고통에서 벗어남에 대한 의향을 가진 (abyāpajjha-adhimutta) 640[설명]
고통으로 가득한(dukhita) 73[설명]
고행(tapa) 219[설명]; 631[설명]
곡식(dhañña) 531
곡식을 구족한(sampanna-sassa) 208
곡식을 먹고 사는(odarika) 101
곡식을 먹는(kiṭṭh-āda) 446
곤충과 파충류(kīṭa-sarīsapa) 1097
곤혹스러움의 일어남(vighātudaya, vi+√han, to smite, to kill) 1155
골재(phāsuka) 184[설명]
골짜기(ninna) 991
곰들과 영양들이 자주 가고 의지하는 (varāha-eṇeyya-vigāḷha-sevita) 1135
공 모양으로 장식한 첨탑(geṇḍu) 164 [설명]
공격하라(āsādi PTS:āhāri, ā+√sad, to sit Aor3Sg = āsādehi) 1156[설명]; 1173
공격하는(āsajja) 25; 1187; 1204~1206
공경(kāra) 241
공덕(puñña) 238; 399A
공덕의 들판[福田](puññakkhetta) 566; 1177
공동묘지1(kaṭasi) 456; 575
공동묘지2(sīvathikā f) 315; 393; 599
공동묘지3(susāna) 315; 393; 578
공동묘지에 머무는(sosānika) 854; 1120
공부지어야 한다(sikkhetha, √śikṣ, to learn, train, study Opt3Sg) 239[설

명]; 250; 608
공부지음(sikkhā) 407[설명]
세 가지 공부지음[三學, ti sikkhā])
1[주]; 588
공부짓는(sikkhanta) 68; 837; 1247
공부지은(sikkhita) 334; 433
공작새1(mora) 22; 211
공작새2(sikhī) 1065
공작새3(mayūra) 1103
공작새들과 왜가리들의 소리가 울려 퍼지는(mayūra-koñca-abhiruta)
1113
공포로부터 벗어난(apeta-bherava) 5; 7
공한(suñña) 92[설명]; 1117[설명]
공한 해탈[空解脫, suññata-vimokkha]) 92[설명]; 1226[설명]
공허한(tuccha) 170; 172; 395[설명];
1175
공허한 뽓틸라(tuccha-Poṭṭhila)
1175[설명]
과보(vipāka, vi+√pac, to cook) 146;
422
과보가 남은(vipāka-avasesa)
96[설명]
과보를 가져오다(vipaccati) 1206
과일(phala) 399
관계된(upanidhāya, upa+ni+√dhā, to put = uddissa) 496
관모(冠毛, sikhā) 16[설명]
관모를 가진(sikhī) 16[설명]; 22
관모를 가진(sikhaṇḍi) 1103
멋진 관모를 가진(susikha) 211;
1136
관심의 대상(saṅkappa, saṁ+√kḷp, to be adapted) 769[설명] ☞ 사유2 (saṅkappa)
관정 [두 번째~](dutiya-abhisecana)
97[설명]; 862
관찰[隨觀]하다(anupassati, anu+√dṛś)
644
관찰[隨觀](anupassana) 420
관통/관통함(abhisamaya, abhi+saṁ+√i) 593[설명]; 596[설명]
관통하다(samativijjhati, saṁ+ati+ √vyadh, to pierce) 133[설명]; 134
관통한(nibbiddha, nis+√vyadh) 549
[설명]
광대한 통찰지를 가진(bhūri-pañña, pra+ājñā) 533; 1266
광명을 가진 [대~](mahappabhaṁ)
288
광명을 드러내는 것과 같아서(yathāvāloka-dassano) 422
광명을 주는(āloka-da) 3[설명]
광명이 비추는(obhāsa-jāta) 25[설명]
광채를 내뿜는 게송(obhāsa-gāthā)
101A[행장]
광휘로운1(pabhassara, pra+√bhās, to shine) 1190; 1198; 1200
광휘로운2(suruci) 818
광휘로운3 [크게~](mahā-juti) 289
괴로운(dukkhita) 1073
괴로운 [세상](dukkha) 152
괴로운 법(dukkha-dhamma) 662
괴로움(dukkha) 25; 57; 84[주]; 93[주];
120[주]; 183[주]; 191[설명]; 192;
227; 255; 263; 291; 339; 347; 492;
492[주]; 493; 518; 551; 603; 632;
646; 661; 663; 664; 676~669; 677
[설명]; 677[주]; 707; 730~732; 735;
790; 795; 797; 799; 801; 803; 805;
807; 809; 811; 813; 815; 817; 967;
986[설명]; 890; 1029; 1051; 1112;
1116; 1117[주]; 1122; 1124; 1126;
1143; 1189; 1191; 1193; 1195; 1197;
1201; 1203; 1249; 1251; 1254; 1259
괴로움2(dukkha) 734; 737; 738
세 가지 괴로움의 성질(dukkhatā)
78[설명]
괴로움을 가라앉히는 축복(dukkh-

ūpasamana siva) 421[설명]
괴로움을 가라앉힘(dukkha-vūpa-samana) 421[설명]
괴로움의 가라앉음으로 인도하는 (dukkhūpasama-gāmi) 1259
괴로움을 가져오는(dukkhass'āva-hani) 519[설명]
괴로움을 끝냄(dukkhass'antakiri-ya) 1230
괴로움을 실어오는(dukkhāvaha) 1094
괴로움을 겪은(dukkha-jāta) 78A[설명]; 78[설명]
괴로움을 멸진한(dukkha-saṅkhaya) 492[설명]
괴로움을 실어 나르는(dukkha-adhi-vāha) 519[설명]
괴로움의 무더기(dukkha-kkhandha) 78[설명]
괴로움의 저 언덕에 도달한(dukkha-ssa pāragū) 632[설명]
괴로움의 끝(dukkhanta) 585[설명]
괴로움의 끝(dukkhass'anta) 84; 257
괴로움의 끝을 만드는(dukkhass'anta-kara) 195; 682; 1008
괴로움의 멸진(dukkha-kkhaya) 120 [설명]; 440
괴로움의 일어남(dukkha-samuppā-da) 1259
모든 괴로움의 멸진으로 귀결되는 (sabba-dukha-kkhay-ogadha) 1115
괴롭혀지는(abbhāhata, abhi+ā+√han, to smite, to kill ppp = abhihata) 448; 449
괴롭혀진(samappita, saṁ+√ṛ/ṛch, to go, to swift) 573
괴롭히다1(tāpaye, √tap, to heat) 1227
괴롭히다2(uparundhanti, upa+√rudh 2, to obstruct) 143
괴롭힘을 당한(pīḷita, √pīḍ, to press) 1106; 1133
교계(ovāda) 264; 334
교계하였다(ovadi, ava+√vad, to speak Aor3Sg) 626[설명]
교계해야 한다(ovadeyya) 994
교계(apadāna, apa+√dā = ovāda) 47
교법(sāsana, √śās, to order) 24; 55; 66; 107; 108; 109[설명]; 112; 117; 204; 220; 224; 270; 274; 286; 302; 314; 319; 332; 333[설명]; 349; 389; 392; 410; 461; 465; 467; 509; 515; 558; 561; 562; 604; 638; 639; 656; 721; 723; 725; 792; 838; 886; 891; 894; 903; 1050; 1088; 1106; 1131; 1184; 1185; 1245; 1260
교법의 다섯 시대(sāsanassa pañcayugāni) 977[설명]
교법을 실천하는(sāsana-kāraka) 1256
교법을 실천하는(sāsana-kāri) 1247
교제 [다섯 종류의~](pañca-vidha saṁsagga, saṁ+√sṛj, to emit) 581[설명]; 860[설명]
교제하는(saṁsaṭṭha) 898
교제를 하지 않는(asaṁsaṭṭha) 581 [설명]; 860[설명]
교제하라(samāsetha, saṁ+√ās, to sit Opt3Sg) 4
교제함(saṅgama, saṁ+√gam) 1018; 1019
구걸을 하라(bhikkhasu, √bhikṣ, to beg Imp2Sg) 1118
구경의 지혜로 안 뒤(aññāya, ā+√jñā, *to* know) 376; 901[설명]; 903
구경의 지혜를 가졌다고 자만하는 (aññāta-māni) 953
구관조(sālikā) 1232
구름1(abbha) 548; 598; 871~873; 1119

구름 더미(abbha-ghana) 1268
구름만큼(abbha-matta) 652; 1001
구름으로 덮여있는(abbha-chādita) 1068
구름의 화환을 쓰고 있는(abbha-māli) 1144
구름2(megha) 307; 308
구름 [큰~](mahā-megha) 1240
구름을 닮은(megha-nibha) 1137
구름 없는 하늘(vigata-valāhaka) 1252
구리 빛깔(milakkhu-rajana) 965
구부러지다(vinamyate, vi+√nam, to bend, to bow) 416
구성요소를 가진 [네 가지씩 두 개의~] (dvecaturaṅga-gāmi) 520[설명]
구족(sampadā, saṁ+√pad, to go) 201; 697
구족계(具足戒, upasampadā, upa+saṁ+√pad) 311[설명]; 365; 478[설명]; 479; 485; 486
구족계(具足戒, upasampanna-sīla) 2A[설명]
구족하도록 할 것이다(paripūressāma, pari+√pṝ Caus Fut1Pl) 103[설명]
구족한1(sampanna, saṁ+√pad, to go) 295[설명]; 590; 938; 972
구족한2(yutta, √yuj) 573[설명]; 590; 659
구해야 한다(patthe, pra+√arth, to wish for = pattheyya, piheyya) 580
군대(sena) 7[설명]; 256; 336[주]; 1146~1149
군대와 더불어(sa-sena) 1095
굳건하게 닦은(paricita, pari+√ci1, to gather) 548[설명]; 647[설명]
굳건한(eka-ghana) 643
굳게 서서(patiṭṭhāya, prati+√sthā) 865
굳세게 정진하는(tibba-nikkama) 679; 1246
굴린 [법의 바퀴를~](pavattita, pra+√vṛt, to turn) 826; 827
굴린다(vattemi, √vṛt) 824[설명]; 825
굴하지 않는(adīna) 173
굼떴음(dandhā, tandra D) 557
궁극의 이치[勝義, paramattha]) 748[설명]
궁극의 이치[勝義]를 알게 하는 (paramattha-vijānana) 748[설명]
궁극적인 의미의 바라밀(paramattha-pārami) 94[설명]
궁극적인(parama) 32; 138; 364; 369; 434; 619; 672; 876; 884; 1134; 1267
궁극적인 평화(parama santi) 32 [설명]; 364[설명]; 369[설명]; 434 [설명]; 876[설명]
궁극적인 이로움을 위해 연민하는 (parama-hita-anukampi) 109 [설명]
더 궁극적인(parama-tara) 518 [설명]; 519~526
궁극적인 완성을 이루지 못함(anavositatta, an+ava+√so/sā, to destroy, kill, finish = anurūpaṁ avositatta) 101
궁수 [뛰어난~](mah-issāsa) 1210
궁전1(yūpa) 163
궁전2(vimāna) 1190
권능(issara) 939
권하였다(upanāmayi) upa+√nam, to bend, to bow Aor3Sg) 1055
귀(sota, √śru, to hear) 500; 995; 1233
귀의 감각기능(sotindriya) 731
귀의 요소(sota-dhātu) 1262
귀의 요소[天耳界/天耳通]를 청정하게 함(sota-dhātu-visuddhi) 997
귀 근처(upakaṇṇa) 200
귀 기울임(sussūsā f, √śru) 141[설명];

588[설명]
귀가 먹은(badhira) 501
귀가 있는(sotavā, √śru) 501
귀걸이(kuṇḍala) 770; 1157
귀결점이 경사스러운(pariyosāna-bhaddaka) 422
귀의처(saraṇa) śaraṇ D) 285; 880
귀의처로 삼는(saraṇa-gamana) 286; 881
으뜸되는 귀의처로 감(saraṇa-vara-ggagāmi) 305[설명]
귀의하였다(saraṇam āgamha, ā+√gam Aor1Pl) 838
귀의하다(namo, √nam, to bend, to bow) 47; 94; 629; 1084; 1179
규정[2차 결집의 열 가지 사항들](kappa) 291A[설명]
균형이 잘 잡힌(sunisinna, su+ni+√sad to sit) 65
그 어떤 것(kiñcana) 306[설명]; 876; 879
그 이상(tat-uttari) 245
그렇게(tathā) 3[설명]
그렇다 하더라고 해서(itikirāya) 331 [설명]
그것을 표상으로 한(tato-nimitta) 1100
그곳에/그곳에서(tahiṁ = tattha) 58; 309; 1135
그대들에게(vo) 42; 255; 402; 403; 653; 693; 719; 1004; 1005
그대들은(bhonto/bhavanta) 832
그대로(tathā) 1260[설명] 등
그대의 것(tuyhaṁ) 246[설명]
그러한(tādisa) 25[설명]; 281; 882; 928; 993; 1173; 1189; 1203
그러한(tādisaka) 238; 502
그러한(tādisi) 398; 1071
그런 [분](tathā-vidha) 1030
그렇다 하더라고 해서가 아닌(anītiha) 331[설명]
그릇된 견해(micchā-diṭṭhi) 340; 343
[10가지 토대를 가진] 그릇된 견해(micchā-diṭṭhi) 753[설명]
그릇된 방법(anaya, a-√nī, to lead) 123[설명]
그릇된 생계를 기뻐하는(micchājīva-rata) 963
그릇을 손에 든(kapāla-hattha) 1118
그리려고 하는(rajetave, √rañj/raj, to color Inf = rajituṁ) 1155
그림자(chāyā) 1041～1043
그만두다(sammanti, √śam2, to be quiet) 275; 498
그만두었다(viramiṁsu, vi+√ram, to rejoice Aor3Pl) 724
그물(jāla) 1277
그물에 싸인(jāla-pacchanna) 297
그물이라 불리는(jāla-saṅkhāta) 135 [설명]
그물에 걸리게 하는(jālini) 908[설명]
㊟: 유혹자(jālini)
그와 동등한(etāva-parama) 1182[설명]
극복하기 어려운(duraccaya) 401
극복하였다(upaccagaṁ, upa+ati+ √gam, to go) 181[설명]
근면한(ātāpi) 1[설명]; 59[설명]; 747
근심 없는(anīgha) 1234
근심을 여읜(vītaddara) 525
근심이 없는(anāyāsa) 1008
근원(sambhava, saṁ+√bhū) 1142
금(jāta-rūpa) 299; 957
금언(金言, subhāsita, su+√bhāṣ, to speak) 26[설명]; 347; 724
금언의 말씀(subhāsitā vācā) 26 [설명]; 323[설명]
금으로 만든(sovaṇṇa, √varṇ, to paint, to depict) 97; 862
급고독/아나타삔디까 장자(Anātha-piṇḍika gahapati) 6
급료(nibbisa) 606; 654; 685; 1003

급작스럽게(sahasā) 762; 1095
기녀1(妓女, vesikā) 459; 463
기녀2(gaṇikā) 939
기능(indriya) 352; 437; 595; 672; 1114
[설명] ☞ 감각기능(indriya)
기능들[五根]을 닦은(bhāvitindriya) 948
기능들[五根]을 닦은(kat-indriya) 725
기다리다1(kaṅkhati, √kāṅkṣ, to desire) 1218[설명]
기다려라(kaṅkha, Imp2Sg) 416 [설명]
기다려야 한다(kaṅkhetha, Opt3Sg) 12[설명]
기다리다2(abhikaṅkhāmi, abhi+√kāṅkṣ) 1273
기대(apekkhā, apa+√īkṣ, to see) 10 [설명]; 187; 1113
기대를 가진(apekkhavā) 558
기둥(thambha) 1141
기름과 가루(tela-cuṇṇa) 937
기름으로 윤기 있게 한(tela-saṇṭha) 960
기름의 흐름(tela-dhāra) 927
기름을 잘 바른(su-vilitta, su+vi+√lip /limp, to smear) 117
기리닷따 장로(Giridatta thera) 169A [행장]
기리마난다 장로(Girimānanda thera) 325A[행장]
기리메카(Girimekha) 177
기립바자(Giribbaja) 545; 545[주]; 1097 1108
기반(patiṭṭhā, prati+√sthā, to stand) 612[설명]
기뻐하는1(rata, √ram, to rejoice) 63; 84; 155; 467; 561; 638; 689; 689[설명]; 843; 844; 893; 894; 903; 990; 1120; 1146; 1147; 1148; 1149
기뻐하는2(ramanta, √ram) 467
기뻐하는3(nandamāna, √nand, to rejoice) 213
기뻐하는4(abhinandita, abhi+√nand) 394
기뻐하는5(modamāna, √mud, to be merry) 305
기뻐하다1(modati, √mud Pre3Sg) 534 535; (modanti, Pre3Pl) 242; (modāmi, Pre1Sg) 831
기뻐하다2(ramati, √ram, to rejoice) 156; 580; 992
기뻐하다, 즐거워하다(ramayati, √ram) 13; 113; 601; 1062~1065; 1068~1070
기뻐하였다(anumodi, anu+√mud Aor 3Sg) 483
기뻐할 것이다(ramissaṁ, √ram Fut1 Sg) 1144
기뻐함1(ānandī, ā+√nand, to rejoice) 555
기뻐함2(pamodana, pra+√mud) 609
기쁘게 하다1(āmodayāmi, ā+√mud) 649
기쁘게 하다2(rameti, √ram) 76; 307~309
기쁘게 할 것이다(ramessati, √ram) 1108; 1136
기쁜(sumana, su+√man) 178; 618
기쁨1(rati, √ram) 142; 156; 398; 518 ~526; 742; 1071; 1214
기쁨2(abhibhāsana, VRI:abhihāsana, abhi+√bhās, to shine = tosana) 613
기쁨을 누리는(ramamāna, √ram) 76 [설명]; 105[설명]; 740[설명]
기쁨을 주는 [큰~](suramma, su+ √ram) 310
기쁨이 생긴(paṭinandita, prati+√nand, to rejoice) 1228

기쁨이 없다는 인식(anabhirati-saññā) 594[설명]
기억하다1(abhijānāti, abhi+√jñā, to know) 1189; 1191; 1193; 1195; 1197; 1201; 1203; (abhijānāmi Pre1Sg) 131; 603[설명]
기억하다2(sarāmi, √smṛ, to remember) 118[설명]
기억하라(sara, Imp2Sg) 445
기억한 뒤(saritvā) 947
기억하였다(anussariṁ, anu+√smṛ, to remember Aor1Sg) 165; 166; 627
기울이다 [귀를~](odhenti, ava+√dhā, *to* put) 1233
기울였다 [귀를~](odhesim, Aor1 Sg) 995
기원을 밝히는 게송(Nidāna-gāthā) 0-1
기인하여(vāhasā, √vah, to carry) 218[설명]; 1127; 1128
기적[神變, pāṭihāriya] prati+√hṛ, to take) 31A; 104A
기적(pāṭihīra) 375[설명]
기호(liṅga) 106[설명]
백 가지 기호를 가진(sata-liṅga) 106 [설명]
기회(okāsa, ava+√kāś, to shine) 1038
긴(dīgha) 782
긴 [시간](dīgha) 646[설명]
길1(magga, √mṛg, to chase, to seek) 490[설명]; 766[설명]
☞ 도(magga)
길을 아는(magga-jina) 1221[설명]
길2(patha, √path, to go, to move) 68 [설명]; 69[설명]; 1102[설명]; 1142
길들이다(damayati, √dam, to control, *to* subdue) 877[설명]
길들이다(damayanti) 19[설명]; 877; 878
길들이다(dameti) 358
길들인(danta) 5[설명]; 7; 8; 838; 878
길들여지지 않은(adanta) 357
길들여진 [잘~](sudanta) 205; 206; 1140
길들이기 어려운(duddama) 5
길들이기 어려운(duddamiya) 5; 8
길들일 것이다(damayissaṁ) 358
길들일 것이다(damessāmi) 359
길들임(dama) 5[설명]; 8; 631[설명]
길들임과 진리(dama-sacca) 969 [설명]; 970
길들여진(ājānīya, ā+√jan/jā, to generate, to give birth) 433
깃발1(ketu) 64
깃발을 가진 자[큰~](mahā-ketu) 64[설명]
깃발을 죽인 자(ketu-hā) 64[설명]
깃발2(dhaja) 965[설명]
깃발을 높이 듦(ussita-ddhaja) 424 [설명]
깃발들이 꽂혀있는[갖가지~](dhajālu) 164[설명]
깃자꾸따[독수리봉](Gijjhakūṭa) 1167
깊은 곳(sobbha = chinnataṭa) 869
깊은 소리로(mandavati = saravatiyo) 310
깊이 살펴보아야 한다(avalokeyyātha, ava+√lok, to look) 587
까깐다까뿟따 야사 장로(Kākaṇḍaka putta Yasatthera) 291A[행장]
까꾸산다 [부처님](Kakusandha) 1187; 1188
까꾸산다 정등각자(Kakusandha sammāsambuddha) 1187
까꾸산다와 꼬나가마나 [부처님] (Kakusandha-Koṇāgamana) 490
까꾸산다 바라문(Kakusandha brāhmaṇa) 1187
까띠야나 장로(Kātiyāna thera) 411A [행장]

까띠야나(Kātiyāna) 411; 414; 415
까띠야나라는 유행승(Kātiyāna nāma paribbājaka) 35A
까띠야니 청신녀(Kātiyānī) 494A
까라위까 새 소리의 아름다움을 가진 (Karavīka-rutamañju) 620A
까람위(kāramvī = 까람바 나무 / DPPN: kāranvī VRI: kārambhi) 22[설명]
까레리 나무가 화환처럼 펼쳐진(kareri-mālā-vitata) 1062
까마귀처럼 생긴(dhaṅka-rūpa) 151
까마데와(Kāma-deva) 47
까삘라왓투(Kapilavatthu) 4A; 249A
까삘라왓투 도시(Kapilavatthu-nagara) 4A; 86A
까삘라왓투로 감(Kapilavatthu-gamana) 529
까삘라 도시로 가시는 것을 소망함 (Kapila-pura-gamana-patthanā) 530
까삘라 바라문(Kapila-brāhmaṇa) 1051A
까삣타 열매(kapittha) 938
까삣타 원림(Kapitthārāma) 20A
까시/바라나시(Kāsi) 120A
까우띨라(Kautilya) 32
까우쉬까(Kauśika) 370A; 416
깎은 뒤(chedetvā) 512
깎을 것이다(olikhissanti) 169
깐담바 나무(Kaṇḍambarukkha) 161A
깐타까(Kanthaka/Kaṇṭhaka) 527A
깐하딘나 장로(Kaṇhadinna thera) 179A[행장]
깐하딘나(Kaṇhadinna) 177A
깐하밋따(Kaṇhamitta) 167A
깔때기 그물의 고리(kuminā-mukha) 297
깔라 풀의 매듭과 같은 수족을 한(kāla-pabbaṅga-saṅkāsa) 243[설명]; 683
깔라깐니(Kāḷakaṇṇī) 321[주]
깔라왈라 마을(Kallavālagāma) 981A
깔랴나밧띠까 장자(Kalyāṇabhattika gahapati) 5A
깔루다이 장로(Kāḷudāyī thera) 527A [행장]
깔루다이(Kāḷudāyī) 527A; 689A; 703
깔리(Kāḷī) 151[주]; 151A
깔리 유가(kali-yuga) 462[주]
깔리 패(kali) 321[설명]; 462[주]
깔리 패와 같은(kalīva) 321
깔리고다의 아들 밧디야 장로(Kāḷigodhā-putta Bhaddiya thera) 193A[행장] 842A[행장]
깔리고다(Kāḷigodhā) 842A[주]
깔링가 지역(Kaliṅgaraṭṭha) 537A; 545
깝빠(Kappa) 1269; 1274[주]
깝빠 장로(Kappa thera) 567A[행장]
깝빠따/넝마 조각(Kappaṭa) 200;T
깝빠따꾸라 장로(Kappaṭakura thera) 199A[행장]
깝빠야나(Kappāyana) 1274[설명]; 1278
깝삐나 [장로](Kappina) 1086[설명]
깝삐야(Kappiya) 1278[설명]
깟사빠(Kassapa = 마하깟사빠 장로) 1169[설명]
깟사빠 스님(Kassapa) 32[주]
깟사빠 장로(Kassapa thera) 82A[행장]
깟사빠라는 이름(Kassapa) 82A
깟사빠 족성이었음(Kassapa-gottatā) 340A
깟짜나 왕비(Kaccānā) 1018A
깡카레와따 장로(Kaṅkhārevata thera) 3A[행장]
깨끗한 향내를 가진(suci-gandha) 700
깨끗하게 하다(puneti, √pū, to cleanse = sodheti) 533
깨끗하고 빛나는 날개를 가진(suci-

paṇḍara-cchada) 307
깨끗한1(accha) 199
깨끗한2(suci, √śuc, to gleam) 348; 1145
깨끗한 개울(sucin-dhara) 13; 1063
깨끗한 살코기를 먹었던(suci-maṁs-ūpasecano) 842
깨끗함을 원하는(suci-kāma) 1152
깨끗함을 추구하는(suci-gavesi) 652; 1001
깨끗한3(sottiya, Sk śrotriya, √śru, to hear) 221[설명]; 1170[설명]
깨끗한4 [마음의 사유가~](odāta-mana-saṅkappa) 972
깨끗한 옷(avadātaka) 965[설명]
깨닫다(bujjhati, √budh, to wake, to know) 146
깨닫기를 원하는 자(boddhum icchatā) 167
깨닫다(avabujjhati, ava+√budh) 733; 737
깨달은 분들(buddhā, √budh) 201; 280[주]; 491; 613[주]
깨달음(bodhi, √budh) 1257
깨달음의 편에 있는(bodhi-pakkhika) 900
깨달음의 구성요소[覺支, bojjhaṅga] √budh) 161[설명]; 162; 166; 352; 437; 595; 672
깨달음의 구성요소[覺支]와 힘[五力] (bojjhaṅga-bala) 725
깨달음의 구성요소들과 삼매 수행 (bojjhaṅga-samādhi-bhāvanā) 1114[설명]
깨어난(paṭibuddha, prati+√budh) 935
깨어있기 위한(paṭijaggituṁ, prati+ √gṛ, to be awake) 193
깨어있는(jāgara, √gṛ) 203
깨어있어라(jāgarassu, Imp2Sg) 411
꺼지다(upasammati, upa+√śam2, to be quiet) 702
꺼진 [등불이~](nibbāna [pajjotassa ~]) 906
꺾기 위한(bhañjituṁ, √bhañj, to break) 488
꺾은 뒤(bhañjitvā) 487
께니야(Keṇiya) 818A
꼬라바 왕(Korabya [rāja~]) 776
꼬리(vāladhi) 695
꼬리의 깃털을 가진[아름다운~](su-pekhuṇa) 211; 1136
꼬부라진 것(khujjaka, √kṣud, to crush) 43[설명]
꼬부라진 가래(khudda-kuddāla) 43
꼬살라(Kosala) 55
꼬살라 지역(Kosala-raṭṭha) 50A; 59A
꼬살라야 비구(Kosallāya) 1033
꼬살라위하리 장로(Kosalavihārī thera) 55A; 59A[행장]
꼬삼비(Kosambi) 11A; 123A; 225A
꼬삼비 도시(Kosambi-nagara) 225A
꼬시야(Kosiya) 370A[주]; 416[주]
꼬시야 장로(Kosiya thera) 370A[행장]
꼬시야 족성(Kosiya-gotta) 411A
꼬시야 족성을 가졌음(Kosiya-gotta-tā) 416
꼬시야 족성의 바라문(Kosiya-gotta-brāhmaṇa) 1051A
꼬시야뿟따(Kosiya-putta) 162A
꼬와리야의 아들(Kovariya-putta) 689A
꼭두각시(bimba) 769[설명]; 1020-2; 1157
꼰다다나(Koṇḍadhāna) 15A
꼰단냐(Koṇḍañña) 61A; 679; 704; 1246; 1248
꼴리따(Kolita) 320A; 981A; 1146A[주]

꼴리따 마을(Kolita-gāma) 981A; 1146A
꼴리야(Koliya/Koḷiya) 60A; 529[설명]
꼴리야 지방(Koliya-janapada) 195A
꼴리위사 존자(Koḷivisa) 173A
꽃(puppha, √puṣp, to flower) 323; 324; 938
꽃을 치우는 자(puppha-chaḍḍaka) 620[설명]
하나의 꽃(eka-puppha) 96[설명]
꽃으로 덮인(kusuma-sañchanna) 545
꽃으로 만발한(kusumākula) 523
꽃이 핀1(pupphita, √pṣp, to flower) 920
꽃이 핀 [잘~](su-pupphita) 540
꽃이 핀2(phulla) 528
꽃잎(patta, √pat, to fall) 528
꾸날라 자따까(Kuṇāla-jātaka) 79A
꾸날라다하 강의 언덕(Kuṇāladaha-tīra) 79A
꾸띠위하리 장로(Kuṭi-vihārī thera) 56A[행장]
꾸띠위하리 장로 [두 번째~](dutiya Kuṭi-vihārī thera) 57A[행장]
꾸라라가라(Kuraraghara) 365A; 494A
꾸루깟차(Kurukaccha) 105A
꾸마(Kumā) 36A
꾸마라깟사빠(Kumārakassapa) 275A
꾸마라깟사빠 장로(Kumārakassapa thera) 201A[행장]
꾸마뿟따 장로(Kumāputta thera) 36A[행장]
꾸마뿟따 장로의 도반인 장로(Kumāputta-ttherassa sahāyaka thera) 37A[행장]
꾸미는 것을 기뻐하는(bhūsanārata) 28
꾸벅꾸벅 졸다(pacālesi, pra+√cal, to move, to stir) 200
꾸벅꾸벅 졸고 있는(pacalāyamāna) 200
꾸사 풀(kusa) 27; 233
꾸시까(Kuśika) 416[주]
꾸시나라(Kusinara) 5A
꾸웨라(Kuvera) 222A; 315A
꾸짖은 뒤(niggayha, ni+√grah, to seize) 241; 1142; 1271
꾸짖는 말을 하는(niggayha-vādi) 993
꾹꾸따와띠(Kukkuṭavatī) 547A
꾼다다나 장로(Kuṇḍadhāna thera) 15A[행장]
꾼달라(Kuṇḍala) 19A
꾼디야라는 성읍(Kuṇḍiya nāma nigama) 219A
꿀(madhu) 737
꿀라 장로1(Kuḷa/Kula thera) 19A[행장]
꿀라 장로2(Kulla thera) 393A[행장]
꿀을 넣은 쌀죽(madhu-pāyasa) 23[설명]
꿈반다(Kumbhaṇḍa) 222A; 518A
꿰뚫어 알다(pajānāti, pra+√jñā, to know) 472; 714
꿰뚫어 아는(pajānanta) 28; 152
꿰뚫다(paṭivijjhati, prati+√vyadh, to pierce) 1160
꿰뚫었다(paccabyadhiṁ = paṭivijjhiṁ Aor1Sg) 26
꿰뚫었다(paccabyādhiṁsu = paṭivijjhiṁsu Aor3 Pl) 1161
꿰뚫은 뒤(paṭivijjha) 88[설명]
꿰뚫은(ativijjha, ati+√vyadh) 1244
꿰찌르는(vedhī, √vyadh) 42
끄르따 유가(kṛta-yuga) 462[주]
끄르따 패(kṛta) 321[주]
끄샤뜨리야(khattiya) 823; 939; 1127
다섯 명의 끄샤뜨리야들(pañca khattiyā) 842A[설명]
여섯 명의 끄샤뜨리야(cha khattiya) 249A[설명]

끈기가 있는(sātacca-kāri) 636; 1148
끈끈이, 감탕(lepa) 454
끈을 자른(chinna-sutta) 282[설명]
끊었다(samucchindi, saṁ+ud+√chid, to cut off) 1184[설명]
끊임없이(abhiṇhaso, abhi+√khan, to dig = abhikkhaṇaṁ) 25; 179; 179[주]; 829; 830; 1246
끊임없이(abhiṇhaṁ) 438
끌어당기다(añchāmi, √añc, to pull, to drag) 750
끌어올린(uhata, VRI:upata, ud+√hṛ/dhṛ, to hold) 675
끌어올릴 수 있는(uddhātuṁ, ud+√dhṛ, to hold = uddharituṁ) 88
끝(anta) 1116; 1209A
끝을 만드는 자(antaka) 1207
끝나는 [밤이~](vivasana, vi+√vas3, to dwell) 517; 628
끝낸(katanta, √kṛ, to make) 0-3
끝에 이르러야 한다(yamāmase, √yam, to sustain Med Imp1Pl) 275[설명]; 498
끝이 나다(atthaṁ gacchati) 636[설명]
끝이 없는(anantaka) 493[설명]
끝이 난(pariyanta-kata, pari+anta D) 339
끝이 자란(vaḍḍhitagga, √vṛdh, to grow) 72
끝장낸(byantikata) 526[설명]
끼따기리(Kīṭāgiri) 994
끼미깔라 강(Kimikālā nadi) 66A
낌빌라(Kimbila) 25A; 249A; 842A; 892A
낌빌라 장로(Kimbila VRI: Kimila thera) 118A[행장]; 155A[행장]

【나】

나가사말라 장로(Nāgasamāla thera) 267A[행장]
나가사말라(Nāgasamala) 66A; 1018A
나기따 장로(Nāgita thera) 86A[행장]
나기따(Nāgita) 66A; 1018A
나는 있다라는 자만(asmi-māna) 428 [설명]
나디깟사빠 장로(Nadīkassapa thera) 340A; 375A[행장]
나디깟사빠(Nadīkassapa) 16A; 375A
나른함(tandi, √tand, to be weary) 1097
나누어 가지는 자(bhāgī) 527;
나머지(sesaka) 96[설명]
나무1(rukkha) 762; 1121
나무 아래(rukkha-mūla) 467; 887; 925; 998; 1057
나무 아래 들어감(rukkha-mūla-gahana) 119
나무 아래 머무는(rukkha-mūlika) 852; 1148; 1149
나무2(duma) 527; 528
나무로 불리는(duma-vhayanta) 64 [설명]
나무의 과일(duma-pphala) 788
나무의 잎사귀(duma-patta) 2[설명]; 1006; 1007
나무3(dāru) 19; 877 [참] 널빤지(dāru)
나무토막(dāruka) 62
나무4(kaṭṭha) 1101
나무5(naga) 110[설명]
나무6(pādapa) 217
나무7(taru) 1121[설명]
나무8(viṭapi) 1137

나무찌(Namuci) 336[설명]
나방(pakkhimā) 1156
 참 새(pakkhimā)
나병환자(kuṭṭhi) 1054
나쁜 [더욱 더~](pāpiyo) 442; 993
나쁜 가축(duppasu) 446
나쁜 견해(kudditthi) 760
나쁜 길(kummagga) 1174
나쁜 말(dubbacana) 1100
나쁜 명성(akitti) 611
나쁜 사람들이 받들어 행하지 못하는 것 (akāpurisa-sevita) 649
나쁜 조언자를 가진(dummanti) 281
나쁜 짓(āgu) 693
나쁜 행위(duccarita) 246; 304; 447
나아가(uttari) 15[설명]; 633
나에게(amhaṁ) 1045
나온 [집을~](niggata) 934
나올 것이다(nikkhamissāmi, nis+√kram, to stride) 543
 나와야 한다(nikkhame, Opt1 Sg) 223; 313
 [집을~] 나온 뒤(nikkhamitūna = nikkhamitvā) 73
 [집을~] 나와 [출가]하였다(nikkhamiṁ, Aor1Sg) 1123
 [집으로부터~] 나와 [출가하고서] (nikkhamma) 195; 1241
나와 같은(mādisa) 407; 1132
나왔다(upanikkhamiṁ, upa+ni+√kram Aor1Sg) 271; 406
나은(vara) 34[설명]
나의 것이라고 여기다(mamāyanti) 575 [설명]
 나의 것(mamaṁ) 620; 866; 876; 1037
나이(vaya) 118[설명]
나이 많은(āyuvanta) 234; 235
나중에(pacchā) 139; 146; 225; 261; 368; 378; 397[설명]; 871; 981A; 1004
나중에 얻은 밥을 먹지 않는 자(khalu-pacchābhatti) 850
낙담이 된(conatā) 662
낚시 바늘(balisa) 454
난간과 출입구가 있는(aṭṭāla-koṭṭhaka) 863
난다 장로(Nanda thera) 157A[행장]
 난다(Nanda) 36A; 157A
난다까 장로(Nandaka thera) 173A; 175A; 279A[행장]
난디야 유행승(Nandiya paribbājaka) 25A
난디야 장로(Nandiya thera) 25A; 155A[행장]
난디야 [세 명의~](Nandiya) 25A[주]
남에게 이로운 것(parattha) 4[설명]
날뛰다(plavati) √plu, to float) 399
날라까 마을(Nālakagāma) 42A; 85A
날아올라야 한다(uppate, ud+√pat, to fall = uṇṇameyya) 76[설명]
 날아오르는(uppatanta) 76[설명]
날카로운 칼(khura) 408[설명]
날파리(ḍaṁsa) 31; 244; 684
남[他](para) 139; 159; 160; 209; 275[설명]; 443; 444; 466; 496~498; 660; 743; 942; 1110; 1160; 1161; 1227; 1228
 남들의 이득에 기대어 사는(para-lābhopajīvanta) 943
남겨둔 뒤(pahāya, pra+√hā, to leave) 780
남김없이(asesa) 337; 439; 1219; 1222; 1271; 1275
남루한(lūkha) 578; 923
남아있는 바른 법을 가진(saddhamma-sesaka) 930
남아있다(avatiṭṭhati, ava+√sthā, to stand) 21[설명]
남의 마음을 아는 지혜를 가진[他心

通](para-cittaññu) 379
남의 사지를 가진(para-gatta) 1150 [설명]
남자(nara) 223; 313; 552; 997
낫(asita) 43
낭떠러지1(naraka) 869
낭떠러지2(papāta, pra+√pat, to fall) 869
낮(diva) 84; 397; 1133; 1241
낮과 밤(ahorattā) 145
낮은(nīca) 579; 620; 621
낮은 것(nīca) 926[설명]
낮은 것에 헌신한(nīca-niviṭṭha) 926 [설명]
낮은 단계의 족쇄[下分結](orambhāgi-ya-saṁyojana) 15[주]; 40[주]
내 것(māmaka) 755[설명]
내 것이 없는(amama) 1092
내 것임(mamatta) 717
내가 더 뛰어나다(seyyohamasmi) 1076 [설명]
내달리다(anudhāvati, anu+√dhāv1, to run) 1174
내던져버린 뒤(ujjhitvā, √ujjh/ujh, to abandon, to forsake) 298
내던지려는(ujjhituṁ) 500
내동댕이쳐지다(nipatati, ni+√pat, to fall) 118[설명]
내려놓은1(nidhāya, ni+√dhā, to put) 867
내려놓은2(ohita, ava+√dhā) 604; 656; 792; 891; 1050; 1088; 1185
내려놓은 뒤1(nikkhipitvāna, ni+√kṣip, *to* throw) 623; 720
내려놓은 뒤2(nikkhippa) 724
내려놓을 것이다(nikkhipissāmi, ni+√kṣip) 20[설명] (nikkhipissaṁ, Fut 1Sg) 1002
내려온 뒤(oruyha, ava+√ruh, to ascend) 198; 1054
내리 치다(nihanti, ni+√han, to smite, to kill) 744
내리꽂힌(omaṭṭha, ava+√mṛś, to touch) 39[설명]; 40; 1162; 1163
내리는 [비가~](gaḷanta, √gal, to drop) 524
내면을 의지하고 있는(abbhantara-passaya) 757
내뿜는다(vāyasi, √vā1, to blow) 28 [설명]; 190
내쫓긴(paṇāmita, pra+√nam558
내쫓다(vihanti, vi+√han) 782
내쫓았다(paṇāmesi, pra+√nam Caus Aor3Sg = nikkaḍḍhesi) 557
내팽개쳐 버린 뒤(pariccajitvā, pari+√tyaj, to abandon, to give up) 933
내팽개쳐진1(apaviddha, apa+√vyadh, to pierce) 315; 393; 635
내팽개쳐진2(ujjhita, √ujjh, to abandon, to forsake) 315; 393
냄새(gandha) 28; 455; 615; 643; 732; 798; 810; 811; 895; 1099
냄새에서 생겨난(gandha-sambhava) 799
냄새 맡는(ghāyanta, √ghrā, to smell) 811
냄새 맡은 뒤(ghatvā) 798; 810
냄새가 나는(vissavanta) 453
널빤지(dāru) 147; 265 참 나무(dāru)
넓은 밀림(brahā-vana) 31; 244; 684
넓적다리(satthi) 151
넘어선(atikkanta, ati+√kram, to stride) 707
넘어섬(atikkama) 1244[설명]; 1259
넘어선 뒤(samatikkamma, saṁ+ati+√kram) 894; 895
넘어섰다(accagā, ati+√gam 과거(Pret3Sg) 1278
넘어졌다(papatiṁ, pra+√pat, to fall Aor1Sg) 271

넘어진(sayamāna, √śī, to lie PAP) 95[설명]
넘쳐흐르는(atibharita, ati+√bhṛ, to bear) 199
넝마 조각(kappaṭa) 199[설명]; 200
넝쿨(latā) 416; 761; 761[설명]; 1101
네 마디 길이(caturaṅgula) 1137
네란자라 강(Nerañjarā) 340A; 340; 345A
네사다까 산(Nesādaka-giri) 115A; 115
년 [25~](pañcavīsati-vassa) 904
노란색(haliddi) 1155
노래를 하는 [아름다운~](sugajji) 211
노력(thāma) 1165[설명]
노력하다(padahati, pra+√dhā, to put) 1029
노력하는(padhāniya) 1096
노력하는 [굳세게~](padhānavanta) 1222
노력하였다(parakkamiṁ, para+√kram to stride Aor1Sg) 311
노지(abbhokāsa) 366; 385
노천에 머무는(abbhokāsi) 853
녹야원(Pācīnavaṁsa-migadāya) 25A
놀다(kīḷanti, √krīḍ, to play, to sport) 931
놀란(abbhuta) 376; 552; 720
놀람이 없는(acchambhi) 482
농부(kassaka, √kṛṣ √kṛṣ, to drag, to plough) 531
높은1(ucca) 863
높은2(udicca) 889
높은 단계의 족쇄[上分結, uddham-bhāgiya-saṁyojana]) 15[주]; 40 [주];
높은 마음(adhicitta) 591[설명]
높은 마음(adhicetaso) 68[설명]
높이(ubbha) 163
높이 평가한 뒤(cittiṁ-katvāna) 936
놓아버린 [마음챙김을~](muṭṭha, √mṛṣ to neglect) 98[설명]; 98; 99; 794; 796; 798; 800; 802; 804
놓았다(odahi, ava+√dhā, to put Aor3Sg) 774; 1157
놓은 [주위에~](parinīta, pari+√nī, to lead) 408
놓은 뒤(samodhāya, saṁ+ava+√dhā, to put) 779
놓치다(virādheti, vi+√rādh, to succeed) 37[설명]
놓치다(virādhaye) 511[설명]; 1113
놓치다(virādhayī) 989
놓친(virādhita) 1129
누구를(kaṁ) 309; 751
누구에 의해서(kena) 986; 987
누리다1(anubhoti, anu+√bhū) 1221
누리다2(edhati, √ṛdh, to thrive) 236 [설명]
누릴 것이다 [행복을~](ramissasi, √ram, to rejoice Fut, 3Sg) 1133 [설명]; 1135
누워 자다(seti, √śī, to lie) 600; 783
누운(semānaka, √śī PAP+ka) 14
누워야 한다 [죽음의 침상에~](sayetha, Opt3Sg) 501[설명]
누울 것이다1(sayissaṁ, √śī, to lie) 152[설명]; 1137
(seyyaṁ) 208[설명]; 367; 1021
누울 것이다2(nipātessaṁ, ni+√pat, to fall Fut1Sg) 223; 313
누이(bhagini) 338[설명]
눈(cakkhu) 500; 555; 996; 997; 1031; 1047; 1048; 1267
눈을 가진(cakkhumā) 295[설명]; 501; 638; 832; 838; 905[설명]; 995; 1038
눈1(cakkhu) 555
눈의 감각기능(cakkhundriya) 730
눈을 가짐(cakkhumatā) 417[설명]; 1258

눈을 주시는(cakkhu-dada) 3[설명
눈2(netta) 772; 1157
눈을 가진[천의~](sahassa-netta) 1266
눈을 잃었다(hata-netto'smi) 95 [설명]
눈먼(andha-bhūta) 215; 341; 342
눈먼 바보(andha-bāla, √bal2, to breathe, to live) 575; 653
눈이 멂(andha) 501; 1026
눈에 세안제를 바른(añjanakkhika) 960
눕는다(sayanti, √śī, to lie) 935
눕는다(sayāmi) 888
눕는(sayanta) 697;
눕지 않는 수행을 하는 자(nesajjika = 앉아 있는, ni+√sṛj, to emit) 856; 904; 1120
뉘우친 뒤(vippaṭisārī-huvā, vi+prati+√sṛ, to flow) 1219
느낌[受, vedanā] √vid, to know, to sense) 420; 795; 797; 799; 801; 803; 805; 807; 809; 811; 813; 815; 817; 906; 907; 1125
느리다(dandheti, tandra D) 293
느리게 가야 할 때(dandha-kāla) 291; 293
느리게 간다면(dandhaye) 291
느슨한(sithila) 277
느하따까무니 장로(Nhātakamuni thera) 435A[행장]
늘(sabbadā) 279; 755; 867; 1151
늙어가다(jīrati, √jṝ/jur, to waste away) 1025
늙어가는(jīramāna) 32
늙은(jiṇṇa) 73; 462
늙은 황소(jaraggava) 1154
늙음(jarā, √jṝ/jur) 448~450; 518 [설명]; 769; 782
늙음과 죽음(jarā-maraṇa) 518
늙음과 죽음을 막아버리는(jarā-maccu-nivāraṇa) 421
늙음과 죽음을 씻어 가버리는(jarā-maccu-pavāhana) 751
늙지 않음(ajara) 32[설명]
능숙한1(kusala, kśa+√lū, to cut) 251; 744; 1183
능숙한2(dakkha, √dakṣ, to be able) 740
니간타 나따뿟따(Nigaṇṭha Nāṭaputta) 26A
니그로다 원림(Nigrodhārāma) 100A
니그로다 장로(Nigrodha thera) 21A [행장]
니그로다깝빠 장로(Nigrodhakappa) 1209A[주][행장]
니그로다깝빠(Nigrodhakappa) 1264; 1274
니따 장로(Nīta thera) 84A[행장]
니사바 장로(Nisabha thera) 195A [행장]

【다】

다가간(upaga, upa+√gam, to go) 6
다가갔다(upasaṅkamiṁ, upa+saṁ+√kram, to stride Aor1Sg) 564; 623
다가간 뒤(upasaṅkamma) 480
다가오는(āyantiṁ, ā+√yā, to go) 300
다가오다1(āgacchate, ā+√gam) 978
다가오다2(upeti, upa+√i, to go) 452; 785
다가오다3(upagacchasi, upa+√gam) 1213
다가온1(abhikkanta, abhi+√kram) 1037; 1038
다가온2(patta, √pat, to fall) 977[설명]
다가왔다1(upasaṅkami, upa+saṁ+ √

kram Aor3Sg) 169; 901
다가왔다2(upāgamimha, upa+√gam Aor1Pl) 1269
다가왔다(upāgami, Aor3Sg) 299
다나(Dhāna) 15A
다나난다 왕(Dhananada) 381A
다나빨라 코끼리(Dhanapāla kuñjara) 211A
다나빨라 코끼리를 길들임(Dhanapāla-damana) 211A; 502A
다니다1(carati, √car, to move) 532; 671; 1215 (carāmi) 123
다녀야 한다(care) 579; 946; 1051
다니시오(caraṁ) 1119[설명]
다니다2(yanti, √yā) 37; 530
다니야 장로(Dhaniya thera) 228A [행장]
다따랏타(Dhataraṭṭha) 222A[주]; 518A[주]
다루어지다(kīranti, Passiv Pre3Pl) 143
다르게(aññathā adv) 921
다른1(añña) 57; 81; 346; 412; 425; 493; 542; 580; 600; 718; 756; 778; 876; 907; 995; 1155
다른2(apara) 151; 537
다른 [사람](para = 남[他]) 498[설명]
다른 사람(para-porisa) 554
다른 생명(para-pāṇa) 237
다른 사람들(itarā pajā) 28; 38
다리[橋, setu]) 615[설명]
다리[脚, jaṅghā f]) 312
다리의 힘(jaṅgha-bala) 248[설명]
다마리까 천신(Dāmarika-devaputta) 47; 253
다사까(Dāsaka) 163A
다사까 장로(Dāsaka thera) 17A[행장]
다섯(pañca) 15 등
다섯 가지 구성요소를 가진 [삼매] (pañcaṅgika) 916[설명]; 917
다섯 가지로 구성된 [악기](pañcaṅgika) 398[설명]; 1071
다섯 가지 무더기[五蘊] ☞ 무더기
다섯 분(오비구)들(dasaddhā = dasa +addha, Sk dashārdha, 10의 반) 1244
다섯이 다섯에서(pañca pañcasu) 739[설명]
다스렸다 [왕국을~](akārayiṁ, √kṛ, to make Aor3Sg) 914
다시(puna) 57; 152; 180; 184; 337; 439; 1009; 1145
다시 거주함(punāvāsa, ā+√vas3, to dwell) 908
다시 되돌아온(punarāgata, ā+√gam) 63[설명]
다시 존재함(punabbhava, √bhū, to be, to become) 67[설명]; 80[설명]; 87; 90; 170; 202; 216; 254; 296; 333; 339; 344; 440; 456; 493; 546; 575; 908; 1050; 1079; 1088
다시 존재함[再生]을 멸진한(khīṇa-punabbhava) 948; 1234
다시 존재함을 찾는(punabbhavesi, ā+√is1, to desire) 1112
다양한(citra) 674[설명]; 787[설명]; 1112
다양한 날개를 가진(citra-chada) 1108
다음(huraṁ) 10[설명]; 10; 399
다자탑의 니그로다 나무 아래(Bahuputtaka-nigrodharukkha-mūla) 1051A
다투다(bhaṇḍati, √bhaṇḍ2, to quarrel) 943
다투다(bhaṇḍare, Med Pre3Pl) 933
다툼1(medhaga, √mith, to scold) 275; 498
다툼2(raṇa) 1A
다한1(gata, √gam, to go) 73
다한2(khīṇa, √kṣi2, to destroy) 135

[설명];
닥키나기리(Dakkhiṇāgiri) 107A
닦고자 하다(carissāma, √car, to move Fut1Pl) 836
닦는다(bhāvemi, √bhū) 648; 649
닦는(bhāvayanta) 166[설명]; 745; 865
닦아라(bhāvetha, Opt3Sg) 980
닦아라(bhāvehi) 1226[설명]
닦아서(bhāvetvā) 725
닦아야 하는(bhāvetabba) 828[설명]
닦아야 한다(bhāveyya) 594; 595
닦아진(bhāvita) 191; 192; 828
닦으면서(bhāvento) 352; 437
잘 닦은(subhāvita) 134[설명]; 134; 548; 549[설명]; 647[설명]; 709; 710; 1141
닦음(bhāvitatta) 949[설명]; 1164
닦지 않은(abhāvita) 133
닦았다1(papajjiṁ, pra+√pad, to go Aor1Sg) 69[설명]
닦았다2(paṭipādesiṁ, prati+√pad Aor1Sg) 561[설명]; 561; 639; 910
단단한(daḷha) 1141
단속(saṁvara, saṁ+√vṛ1, to cover) 613
단속을 하지 않는(asaṁyata) 963
단속하는(saṁvuta) 583[설명]; 697; 979; 981
잘 단속하는(susaṁvuta) 116; 513; 579; 890; 949; 1119
단층(vivara, vi+√vṛ1) 41; 1167
단호하게 행하는(saṅkheyya-kāra = vīmaṁsa-kāra) 1271; 1272
달1(canda) 306; 546; 1119; 1252
달2(candimā) 292; 294; 361; 548; 871~873; 871; 1119
달3(soma) 457; 548; 871~873
달라붙어(ajjhosa, VRI:ajjhossa, abhi+ava+√sā/si, to bind = ajjhosāya) 98; 99; 794; 796; 798; 800; 802; 804
달랠 수 있는(paccuggantuṁ, prati+ud+√gam, to go) 450
달려가다(dhāvati, √dhāv1, to run) 446
달려라(dhāvi) 126[설명]
달에 한 번 [한~](māsika) 283
달콤한(madhura) 787; 1112; 1233
달콤한 맛을 가진(madhurassāda) 737
달콤한 부분을 가진(madhuragga) 733[설명]
달콤함이 없는(nirassāda) 710
담마빨라 장로(Dhammapāla thera) 203A[행장]
담마사와 장로(Dhammasava thera) 107A[행장]
담마사와삐뚜[담마사와의 아버지] 장로(Dhammasavapitu thera) 108A[행장]
담마아소까 왕(Dhammāsoka-rāja) 169A
담미까 장로(Dhammikatthera) 303A[행장]
담미야(Dhammiya) 162A
답바 풀(dabba) 27[설명]; 233
답바 등의 풀들(dabbādīni tiṇāni) 27
답바 장로(Dabba thera) 5A[행장]
답바말라뿟따(Dabbamallaputta) 275A
닷따(Datta) 127A
닷새 된(pañca-aho = pañcamo aho niṭṭhito) 222
당신의(bhoto = bhavanta) 826; 835
당혹함(chambhitatta, √skambh, to prop) 189; 190
닿아야 한다(phusāhi, √spṛś, to touch Imp2Sg) 212
닿아야 한다(phuseyya, Pot3Sg) 947

닿았다(phusiṁsu, Aor3Pl) 725
닿으려 하는(phusituṁ) 945[설명]
닿으시오(phusa, Imp2Sg) 1114
닿은(phusanta) 815; 980
닿은(phussa) 802; 814
닿은(phuṭṭha) 31; 104[설명]; 244; 684; 882
닿은(phusita) 945[설명]
닿은 뒤(phusitvā) 0-3[설명]
닿을 것이다(phusissaṁ, Fut1Sg) 386
대나무 덤불(veḷu-gumba = veḷu-gaccha(*shrub*) 23[설명]; 919
대낮(divasa) 451[설명]
대답한(vissajjita, vi+√sṛj, to emit = yathāruci) 483
대답했다(viyākāsi, vi+ā+√kṛ, to make Aor3Sg) 1196; 1199
대로(大路, rathiyā/rathikā f) 578; 960
대범천(Mahābrahmā) 1082
대사문(Mahāsamaṇa) 981A
대상(ārammaṇa, ā+√rabh, to take hold, to grasp) 1141
대상을 정려(靜慮)함 (ārammaṇ-ūpanijjhāna) 12[설명]
대상(隊商)의 우두머리(satthavāha) 132; 1236[설명]
대선인(mahesi) 534; 713; 900; 1031; 1047; 1048; 1098; 1102; 1106; 1118; 1132
대수미산(mahā-neru) 1202
대영웅(mahā-vīra) 66[설명]; 132; 289; 527; 622; 832; 1154; 1241; 1279
대인상(mahā-purisa-lakkhaṇa) 819
대장군(senāpati) 826
대지1(dharaṇi) 50
대지2(mahā-mahi) 211
대지3(mahi) 777; 1235
대지(垈地, vatthu) 957[설명]
대지와 물과 불과 같은(pathavāpaggi-samāna) 1014
대체함에 의한 떨쳐버림(tadaṅga-viveka) 6[주];
더 나은(seyya Sk śreyas) 194; 666~670; 788; 993
더 뛰어난(seyya) 933; 1074; 1076
더 높은(uttari) 902
더 많은(bahuttara) 937
더러움[不淨, asubha] a+√śubh, to beautify) 1225[설명]
더러움[不淨]의 명상주제(asubha-kammaṭṭhāna) 18A[주]
더러움의 인식[不淨想](asubha-saññā) 594
더럽혀진(makkhita, √mṛkṣ/mrakṣ, to rub, to stroke) 1220
더욱더(bhiyyo) 776
더욱더 / 많은(bhiyyo) 110; 173; 232; 673; 706; 1211
더운(uṇha) ☞ 뜨거운(uṇha) 232
더운 [너무~](atiuṇha) 231; 529
더위(ghamma) 1273
더위에 시달린(ghammatatta) 1273
덕 없음(apuñña) 1206
덕을 가진(guṇavanta) 956
덕이 없는(guṇa-hīna) 955
던져버렸다(anvakāsi, anu+√kṛṣ, to drag, to plough Aor3 Sg) 869
던져주는(pakkhipanta, pra+√kṣip, to throw) 1055
덤불(vanatha) 338[설명]; 1214[설명]
덤불 없음(nibbanatha) 526[설명]; 1214
덩이(ālopa) 983[설명]; 1055; 1056
덫1(kūṭa1) 454
덫2(vākura, VRI: vāgura) 774[설명]; 775; 1157
덮다(pidhīyati, api+√dhā, to put Pass = thakīyati √sthag, to cover) 872 [설명]

덮여 있는(nivuta, ni+√vṛ1, to cover) 572[설명]; 1268
덮여 있었던(apatthaṭa, apa(ava)+√stṛ, to strew = avatthaṭa) 759
덮은(sañchanna, saṁ+√chad, to cover) 299
덮인(channa, √chad) 447[설명]
데려갔다 [가까이로~](upanāmayuṁ, upa+√nam, to bend, to bow Aor 3Pl) 474
데와다하 성읍(Devadaha-nigama) 63A) 79A
  데와다하(Devadaha) 157A
데와닷따(Devadatta) 25A; 118A; 249A; 842A; 892A; 1009
  데와닷따의 편(Devadatta-pakkhiyā) 1018
  데와닷따의 편에 있는(Devadatta-pakkhika) 275A
데와사바 장로 [첫 번째~](Devasabho thera [pathama-]) 89A[행장]
데와사바 장로 [두 번째~] (Devasabha thera) 100A[행장]
데와히따 바라문(Devahita) 185A
도(magga, √mṛg, to chase, to seek) 21; 35[설명]; 69[설명]; 86; 132; 168[설명]; 413; 421[설명]; 490; 492[설명]; 676[설명]; 677; 678; 709; 710; 980; 989; 1023; 1115; 1140; 1212; 1213; 1221[설명]; 1243; 1259
  ☞ 길1(magga)
도나왓투(Doṇavatthu) 4A; 673A
도닦음(paṭipadā, prati+√pad, to go) 132
  도닦음의 분류 네 가지(paṭipadā-bheda) 111A[주];
  도닦음(paṭipatti) 977
  도를 닦는(paṭipanna) 1221
  도를 닦아라(paṭipajjatha) 1004
  도를 닦은 뒤(paṭipajjitvā) 158
  도를 닦을 수 있는(paṭipajjituṁ) 1140
도달할 것이다(paccesaṁ, prati+√i, to go Fut1Sg) 60[설명]
도달한(ajjhupagata, adhi+upa+√gam, to go) 587; 1109[설명]
도달한 뒤(patvā, pra+√āp, to obtain) 434[설명]; 1267
도둑1(takkara2) 449
도둑2(cora, √cur, to steal) 497; 724; 786; 869; 880
도또다나(Dhotodana) 1018A
도로 [큰~](mahā-patha) 267
도망가다(palehiti, palā(parā)+√i Fut3Sg) 307
  도망가기 위해(palāyituṁ, palā(parā)+√i Inf) 450
  도망칠 줄 모르는(apalāyi) 1210
도반(sahāyaka) 37; 95; 155[설명]; 981A; 1146A
도반이여(āvuso) 56; 1196; 1198
도솔천의 천상세계(Tusita-devaloka) 534
도시(nagara) 653; 1005; 1054
도시락(sambala) 616
도에 들어갔다(paṭipajjissaṁ Cond = paṭipajjiṁ = pāpuṇiṁ Aor1Sg) 179[설명]
도와 도 아님(magga-amagga) 1231
도와주었다(anuggahi, anu+√grah, to seize Aor3Sg) 330; 334
도움(upatthaddha, upa+√stambh, to prop) 1058[설명]; 1194
독(毒, visa) 103; 710
  독의 뿌리(visa-mūla) 418[설명]
  독약의 결점을 제거하는(visa-dosa-ppavāhaka) 758
독려하는 [스스로~](pahitatta, pra+√dhā, to put) 148[설명]; 156[설명]; 266; 335; 353; 538[설명]; 979; 983~

985; 1066; 1067
독수리봉(Gijjhakūṭa) 545
돌아갈 것이다(paṭigamissāmi, prati+√gam) 23
돌아다니다(anupariyeti, anu+pari√i, to go) 125; 1235; 1250
돌아다닐 것이다(vicarissati, vi+√car, *to* move) 958
돌아다니는(vicaranta) 37; 111A
돌아다녔다(acāri, √car) 77[설명]; 423
돌연히(sahasā) 1095
동경하다(abhipatthayati, abhi+pra+√arth, to wish for) 776[설명]
동경하는(abhipatthita) 514
동굴1(bila) 189; 190
동굴2(guhā) 602; 887; 925
동굴인 집에 간(guhā-geha-gata) 1135
동굴3(kandara) 602; 925
동등한(samaka) 424
동료 [모두의~](sabba-sakha) 648
동료가 생을 마친(abbhatīta-sahāya, abhi+ati+√i, to go) 1035[설명];
동물(maga) 958
동요가 없는(aneja, √ij/iñj, to stir, to move) 38; 372; 905[주]
동요하는 마음을 가진(ubbiggamano, ud+√vij, to tremble) 887
동일한(sama) 1101[설명]
동쪽 대나무 숲(Pācīnavaṁsa-dāya) 155; 155[설명]
돼지 [큰~](mahā-varāha) 17; 101
되돌아가는(nivattituṁ, ni+√vṛt, to turn) 1132
되돌려 놓을 것이다(āvattayissaṁ, ā+√vṛt, to turn Fut1Sg) 357[설명]
된다(bhavāma, √bhū, to be, to bocome Pre1Pl) 1127
된다(bhavāmase, Med Imp/Pre 1Pl) 1128
되어라(hotha, Imp2Pl) 978; 979
되어라(hohi, Imp2Sg) 1120
되어라(hotu, Imp3Sg) 1138; 1139
되기를(bhavatu, Imp3Sg) 485
되었다(ahuṁ, Aor1Sg) 316; 346
되었다(ahū, Aor 2/3Sg) 202
되기 위한(bhavituṁ) 822
될 것이다(bhavissāma, Fut1Pl) 462; (hehisi, Fut2Sg) 1141; 1142 [설명]; (hessaṁ, Fut1Sg) 1100; (hohisi, Fut2Sg) 382~384;
(hehiti, Fut3Sg) 719; 1137;
(hessati, Fut3Sg) 476;
(bhavissaṁ, Fut1Sg) 1106
두 발 가진(dvipada) 1111
두 발을 가진(dvi-pādaka) 453
두 번째 꾸띠위하리 장로(Kuṭivihārī thera / dutiya) 57A[행장]
두개골(sīsa) 151
두드리는(ghaṭṭayanta, √ghaṭṭ, to rub, to touch) 125[설명]
두들겨 맞다(haññati, √han, to smite, to kill Passiv Pre3Sg) 449; 786
두려움 없는(abhīta, a+√bhī, to fear) 482
두려움(bhaya, √bhī, to fear) 5[설명] 20; 21[설명]; 189; 190; 307; 308; 705; 707~709; 716; 980
큰 두려움(mahabbhaya) 154; 706; 790; 978; 1122
두려움 없는 열반 [어디서도~](nibbā-na akuto-bhaya) 1238[설명]
두려움 없음(abhaya) 82; 1230
두려움과 공포를 제거한(pahīna-bhaya-bherava) 367; 840; 864; 1059
두려움을 여읜(vīta-bhaya) 1093
두려움의 제작자(bhaya-janani) 1094

두려움이 생긴(bhaya-jāta) 763
두려워하다(bhāyāmi, √bhī, to fear) 21
두려워하다(bhāyi, Aor3Sg) 764
두려워함(bhītatta, √bhī) 706
두른(pāruta) 959; 1080
두시 [마라](Dūsi) 1187
두타(頭陀, dhuta, √dhū, to shake) 1120[설명]
두타의 덕(dhuta-guṇa) 1087
두타의 법(dhuta-dhamma) 12 [설명]
둑1(tīra) 523
둑2(velā) 762
둘1(dvaya) 547; 662
둘2(ubho) 304[설명]; 312; 462; 474
둘 다(ubho, ubhinnaṁ) 443; 444
둘의 가운데(ubhayantara) 986 [설명]
둘러보신 뒤(viloketvā, vi+√lok, to look) 483
둣시(Dussi) 1187[설명]; 1188
둥근 벽을 가진(maṇḍali-pākāra) 863
둥근 음성(bindussara) 1270
둥지로 돌아간(vassupeta) 1036[설명]
뒤(piṭṭhi) 1044
뒤따르는(anugata, anu+√gam, to go) 573;
뒤따르는 사문(pacchā-samaṇa) 173A
뒤를 이어 굴리다(anuvatteti, anu+√vṛt, to turn) 826; 827
뒤를 이어 태어난(anujāta, anu+√jan/jā, to generate, to give birth 827; 1279
뒤에(pacchato) 309; 537
뒤집어쓰고 있었다(adhārayiṁ, √dhṛ, to hold Aor1Sg) 283
뒤척이며 누워 자는(samparivatta-sāyi, saṁ+pari+√vṛt) 17
드러내는(viññāpanī, vi+√jñā, to know) 703
드러내어라(āvi-karohi) 1269
듣는다(suṇāti, √śru, to hear) 360~364; 500; (suṇanti) 1233; 1239
듣고자 하다(suṇoma) 1270; 1274
듣기에 즐거운(savanīya) 1233
듣는(suṇanta) 809
들 것이다(āharissāmi, ā+√hṛ, to take) 407
들고1(gahetvāna, √grah, to seize) 171; 395; 559
들고2 [거울을~](ādāya, ā+√dā, to give) 169
들끓은(phuṭa, √sphar, to expand) 315; 393
들뜸[掉擧](uddhacca, ud+√dhṛ, to hole) 74[설명]; 1010
들뜸의 먹구름으로 천둥치는(uddhacca-megha-thanita) 760
들뜨지 않은(anuddhata) 2[설명]; 209; 682; 1006; 1007) 1081
들숨과 날숨(assāsa-passāsā, ā/pra+√śvas, to blow) 905
들숨날숨에 대한 마음챙김(ānāpāna-sati, ā/apa+√an, to breathe) 548 [설명];
들어가게 하라(pakkhanda, pra+√skand, to leap Imp) 1131
들어간(pakkhanna, PPP) 253
들어가게 하여(nivesiya, ni+√viś) 1142
들어가다(āvisati, pra+√viś, to enter) 931
들어가라(pavisa, pra+√viś) 385
들어갈 것이다(pavisissāmi) 539; 543
들어갔다(pāvisiṁ, Aor1Sg) 60; 197; 1054; (pāvisi, Aor3Sg) 366; 477; 1144; (pavesayi, Aor3Sg) 559
들어가는(pavisanta) 622

들어간(paviṭṭha) 222; 268
들어간 뒤1(ogayha) 55; 349; 864
들어간 뒤2(pasakkiya, pra+√ṣvaṣk, to go, to move = upagantvā) 119; 125
들어갔다(upāvisi, upa+√viś, to enter Aor3Sg) 34
들어라(suṇātha, √śru, to hear Imp2 Pl) 0-1; 255; (suṇantu, Imp3Pl) 874; 875; (suṇohi, Imp2Sg) 951
들었다(assosiṁ, Aor1Sg) 131
들어오다(upeti, upa+√i, to go) 531
들었다 [침묵에~](upeto hoti) 650; 789; 911; 970; 998; 999[주]
들으라(nisāmetha, ni+√śam2, to be quiet Opt3Sg) 832
들으러 온 [사람들](sotāro, √śru) 1037
들은(suta, √śru, to hear) 36[설명]; 179[설명]; 1216[주]
들은 것을 판별함(suta-vinicchinī) 551
들은 뒤(sutvā) 26; 99; 335; 347; 561; 639; 673; 720; 796; 808; 1103; 1254; 1255; 1276
들은 뒤(sutvāna) 66; 69; 179; 340; 724; 868
들은/배운(suta) 36; 141; 208; 500; 690; 1212; 1273
들을 것이다(suṇissanti) 975
들음(savana) 996; 1265
들판(khetta) 363; 388; 391; 530; 531; 957
등불(pajjota, pra+√dyut, to shine) 906
등불(pajjota-kara = padīpa) 416; 1244
등불을 든(padīpa-dhāra, pra+√dīp, to shine) 1026
디가나카 유행승(Dīghanakha-paribbājaka) 981A; 995
따라 경행을 하였다(anucaṅkamiṁ, anu+√kram, to stride Aor 1Sg) 1044
따라 경행을 하였다(anucaṅkamissaṁ = anupacchato caṅkamiṁ) 481
따라 배워야 한다(anusikkhe, anu+√śikṣ, to learn, train, study) 1245
따라 배우는(anusikkhanta) 963
따라 행하기를(anuvidhīyantu, anu+vi+√dhā, to put) 875
따르다(anveti, anu+√i, to go) 781
따라오다(anveti) 735
따르는(anventa) 933[설명]
따르라(anvetu) 834
따랐다(anvagū, anu+√gam Aor3Pl) 469
따분함(arati) 1214
따분함과 기뻐함(arati rati, a+√ram, *to* rejoice) 1214[설명]
따뿟사(Tapussa) 7A
따빳수(Tapassu) 7A
딱까실라(Takkasilā) 177A; 203A; 381A; 866A
딸라뿌따 장로(Tālapuṭa thera) 1091A [행장]
땅1(pathavī) 18; 278; 360; 777; 1013; 1078; 1215
땅이라는 영역(puthuvi-maṇḍala, VRI; pathavi-maṇḍala) 674 [설명]
땅2(thala) 88[설명]; 758[설명]
땅3(vasundhara) 1133
땅바닥(chamā) 271
땅의 구역(bhūmi-bhāga) 1062
땅에 사는(bhūmi-saya) 1202
땋은 머리를 한 고행자 께니야(Keṇiya jaṭila) 818A
때[垢]와 삭막함과 슬픔을 괴멸하는(mala-khila-soka-nāsana) 526[설명]

때가 없는1(nimmala) 348[설명]
때가 없는2(vimala) 1089; 1239
때린 뒤(vadhitvā, √vadh, to slay) 743
때릴 것이다(tāḷessaṁ, √taḍ, to beat PotFut1Sg) 200
땔감이 없는(anāhāra, an+ā+√hṛ, to take) 702
떠나라(nibbinda, nis+√vid, to know, to sense = nibbijja) 1207[설명]
떠나왔다(pakkāmi, pra+√kram, to stride Aor3Sg) 34
떠나야 한다(pakkame, Opt3Sg) 105 [설명]
떠나자(gacchāma, √gam, to go Pre1Pl) 14
떠나지 않는(anapāyini, an+apa+√i, to go) 1041; 1042; 1043
떠나지 않은(avippavasa, a+vi+pra+√vas3, to dwell) 118
떠난(cuta, √cyu, to move, to stir) 63; 535
떠남(pakkamana, pra+√kram, to stride) 528
떠내려가는(vuyhamāna, √vah, to carry) 764[설명]
떠는(uttasa, ud+√tras, to be terrified) 863
떠들썩한(biḷibiḷika) 119
떠오르는(uggamana, ud+√gam, to go) 517; 628
떨다(vedhati, √vyath, to waver) 651; 705; 783; 1000
떨어뜨리려 하다(avahiyyase, PED: avahīyati ava+√hā, to leave Med Pre2Sg = parihāyasi) 115
떨어뜨린 뒤1(pahāya, pra+√hā) 528
떨어뜨린 뒤2(vippahāya, vi+pra+√hā) 527
떨어져 머물 때(vippavāsa-samaya, vi+pra+√vas3, to dwell) 310
떨어지게 만들었다(pātayiṁsu, √pat, to fall Aor3Pl = pātesuṁ) 252[설명]
떨어지다1(patati, √pat, to fall) 63; 788
떨어진(patita) 63; 758
떨어지다2(papatanti, pra+√pat) 401; 1220
떨어지기를(papatantu) 312
떨어지다3(cavati, √cyu, to move, to stir) 121[설명]
떨어지다4(anupatanti, anu+√pat) 41
떨어지게 하였다(pātayiṁsu / pātesuṁ, √pat Caus Aor3Pl) 252[설명]
떨어지지 않음(accuta, √cyu) 0-3[설명]
떨어지지 않는 경지(accuta pada) 0-3[설명]; 212[설명]
떨어진(upapanna, upa+√pad, to go) 1220
떨어질 것이다(avarajjhissaṁ, ava+√rādh, to succeed) 167
떨쳐버림(viveka, vi+√vic, to separate, *to* sift) 6[설명]; 23[설명]; 27[설명]; 1246 ☞ 한거(viveka)
떨쳐버림을 갈구하는(viveka-kāma) 110[설명]
떨쳐버림을 기뻐함(viveka-abhirati) 13[주]
떼깃차까리 장로(Tekicchakāri thera) 381A[행장]
뗄라까니 장로(Telakāni thera) 747A[행장]
똥(mīḷha) 1152
똥 무더기(gūtha-kūpa) 568
똥 묻은(gūtha-litta) 576
똥구덩이(gūthaṭṭhāna) 1153
똥자루(gūtha-bhasta) 1151
뛰어나다고 생각하는(seyya-samāna =seyya-sadisa) 1075

뛰어나지 않는(aseyya) 1075
뛰어난1(atireka) 424
뛰어난2(bhadda) 16; 45; 173; 479; 493; 659; 843; 864; 1019
뛰어난3(visārada, vi+śarad D) 338; 432; 955
뛰어난4(visesi, vi+√śiṣ, to leave) 370 ~374
뛰어난5(visiṭṭha, vi+√śiṣ) 1087
뛰어난6 [다섯 가지가~](pañca-seṭṭha) 1275[설명]
뛰어남(kalyatā) 110
뛰어든(ogāḷha, ava+√gāh, to plunge) 759[설명]
뛰어들었다(otariṁ, ava+√tṛ Aor1Sg) 345
뜨거운 물(uṇhodaka) 185; 186
뜯어 먹힌(khajjanti, √khād, to chew) 315; 338; 393
뜻(attha) 866; 703
띳사 대바라문(Tissa-mahābrahmāna) 453A
띳사 장로(Tissa thera) 39A; 97A; 153A[행장]
띳사꾸마라(Tissakumāra) 537A[주]

【라】

라꾼따까 밧디야 장로(Lakuṇṭaka-Bhaddiya thera) 466A[행장]
라다 장로(Rādha thera) 133A; 135A; 993[행장]
라다(Rādha) 993
라다 바라문(Rādha brāhmaṇa) 993
라마네야까 장로(Rāmaṇeyyaka thera) 49A[행장]
라마니야꾸띠까 장로(Ramaṇīyakuṭika thera) 58A[행장]
라마니야위하리 장로(Ramaṇīyavihāri thera) 45A[행장]; 174[주]
라자가하(왕사성, Rājagāha) 545
라자가하의 마을(Rājagaha-gamana) 116A
라자닷따 장로(Rājadatta thera) 315A [행장]
라자야따나 나무 아래(Rājāyatana-mūla) 7A
라후(Rāhu) 295
라훌라 장로(Rāhula thera) 295A[행장]
라훌라밧다(Rāhulabhadda) 295[설명]
라훌라의 어머니[야소다라 공주](Rahula-matā) 527A
락카사(rakkhasa) 931[설명]
락키따 장로(Rakkhita thera) 79A[행장]
랄루다이(Lāḷudāyī) 527A; 689A
랏타빨라 장로(Raṭṭhapāla thera) 769A[행장]
레나기리 승원(Leṇagiri-vihāra) 307A
레와따 장로(Revata thera) 42A; 645A [행장]; 991[주]
레와따(Revata) 42A; 141A; 577A
로루와 도시(Roruva-nagara) 97A
로루와(Roruva) 97A[주]
로마사깡기야 장로(Lomasakaṅgiya thera) 27A[행장]
로히니 강(Rohiṇī) 529
로히따 도시(Rohita-nagara) 222A
로히따까(Lohitaka) 994
루빠사리 바라문녀(Rūpasāri brāhmaṇī) 42A; 141A; 981A; 1146A
류트(vīṇā) 467
리그베다(Ṛgveda) 2A
릿차위의 왕의 가문(Licchavi-rājakula) 40A; 76A; 139A
릿차위의 왕자들(Licchavi-rāja-kumārā) 55A

【마】

마가다(Magadha) 622
마가다 사람(Magadha) 208; 484
마가다 바라문들과 장자들(Māgadhikā brāhmaṇa-gahapatikā) 41A
마가다 지역(Magadha-raṭṭha) 87A
마가완(Maghavā) 106
마구(馬具, saṁyuga, saṁ+√yuj, to join) 659
마나와 장로(Māṇava thera) 73A[행장]
마낫탓다 바라문(Māna-tthadda) 423A
마두와셋타(Madhuvāseṭṭha) 387A
마땅가뿟따 장로(Mātaṅgaputta thera) 27; 231A[행장]
마라(Māra) 7; 25; 47[주]; 177[설명]; 246A; 298; 402; 416; 888; 893; 1095; 1166; 1205; 1206; 1207; 1208; 1242
다섯 가지 마라들(pañca Mārā) 47 [주];
마군(魔軍, Māra-sena) 253[주]
마라가 놓은 [올가미](Māra-khitta) 281
마라의 올가미(Māra-pāsa) 282
마라를 정복한(Māra-abhibhu) 839
마라의 군대[魔軍, Māra-sena) 1236[주]
마라의 군대를 파멸시킴(Māra-sena-ppamaddana) 64[주]; 831; 833
마라의 무리(Māra-kāyika) 234A
마라의 속박(Māra-bandhanā) 680
마라의 영역(Māra-dheyya) 25A
마라의 영역 [5가지](Māra-visaya) 253[설명]
마라의 지배를 받고 있는(Māra-vasa-anuvatti) 1145
마라의 편(Mārassa pakkha) 279[주]
마라의 편에 속하는(Māra-pakkha) 279[설명]
마른 똥(sukkha-gūtha) 284
마른 위빳사나를 닦은(sukkha-vipassa-ka) 95A[설명]
마른 [음식](sukkha) 982
마을(gāma) 14; 34; 197; 245; 946; 991; 1253
마을의 안(gāmanta) 962
마부(sārathi) 132; 205; 206; 358; 426; 976
마셔야 한다(pive, √pā Opt3Sg = piveyya) 983
마신 뒤(pitvā) 103[설명]; 710
마실 것이다(pivissāmi) 223; 313
마실 것(pāna) 153
마야 왕비(Māyā-devī) 535
마야라 이름하는 분(Māya-nāmā) 534
마우리야 왕조(Maurya) 381A
마을의 어린애(gāmaṇḍala = gāma-dāraka) 1143[설명]
마음1(citta, √cit, to perceive, to know) 1; 25[설명]; 29; 46; 49~52; 77; 133; 134; 158; 182; 184; 191; 192; 213; 238; 270; 274; 302; 319; 355; 364; 410; 446; 465; 477; 549; 590; 613; 641; 644; 649; 747; 787; 795; 797; 799; 801; 803; 805; 906; 912; 1111; 1112; 1107~1109; 1113~1121; 1123; 1124; 1126; 1127; 1129; 1131~1134; 1143~1145; 1130; 1156; 1223; 1224; 1225; 1250
마음으로 떨쳐버림(citta-viveka) 110[설명]
마음의 고요함(citta-vūpasama, vi+upa+√śam2, to be quiet) 239 [설명]
마음이 산란한(vibbhanta-citta, vi+√bhram, to wander) 971

마음 때문(citta-hetu) 1123
마음 아는 데도 능숙한 [남의~](ceto-pariya-kovida, pari+√i, to go) 1248; 1262
마음으로(cetasā) 427; 1250
마음은 경사스러운(citta-bhaddaka) 207[설명]
마음을 보호하는 자(cittānurakkhi) 359; 1140
마음을 아는 [남의~](ceto-pariya) 997
마음의(cetaso; ceto) 222; 514; 640; 641; 906; 1117
마음의 고요함(citta-vūpasama) 239
마음의 일어남에 능숙한(cittass-uppāda-kovida) 584[설명]
마음의 표상(citta-nimitta) 85[설명]
마음의 한 끝 됨(cittass'ekagga) 406
마음의 흔들림(citta-kelisā) 1010 [설명]
마음이 고요해짐(cittassūpasama) 689[설명]
마음이 굴하지 않는√dī3, to perish(adīna-manaso) 243; 683
마음이 뻣뻣한(patthaddha-mānasaṁ) 1075
마음이 한 끝으로 된(ekagga-citta) 398; 1071
마음이 확고한(ṭhita-citta) 905
마음의 삭막함 [다섯 가지~](ceto-khilā) 526[설명]; 1222[주]
마음의 사마타(ceto-samatha) 988; 1077
마음의 사마타에 능숙한(ceto-sama-tha-kovida) 112[설명]
마음의 평화(ceto-santi) 405[설명]
마음2(mano, √man, to think) 14; 580; 1212
마음에 드는 (manāpiya = mano-rama 1125
마음으로 만든(manomaya) 762; 901
마음을 가진 [좋은~](sumanassa) 212
마음을 끄는(manorama) 73; 528
마음을 향하게 하는(abhimana) 1122
마음을 혼란하게 하는(vimana) 1051; 1052; 1100
마음의 사유(mana-saṅkappa) 972
마음의 업(mano-kamma) 1043
마음의 완성(mānasa) 222[설명]
마음의 완성인 [아라한과]를 얻지 못한(appatta-mānasa) 222[설명]; 1045[설명]
마음에 잡도리하다(manasi karoti) 794; 796; 798; 800; 802; 804
마음에 잡도리하는(manasi-karonta) 98; 99
마음에 잡도리함(manasī-kāra) 98; 99; 157; 269; 273; 301; 318; 409; 464
마음에 잡도리함(manasi-kāra) 157 [설명]
마음챙기는1(sata, √smṛ, to remember) 31; 39; 40; 66[설명]; 118; 154[설명]; 180; 244; 443; 457; 636[설명]; 684; 807; 809; 811; 813; 815; 817; 879; 899; 981[설명]; 982; 1039; 1040; 1066; 1162; 1163
마음챙기는(satova) 518[설명]; 519; 520
마음챙기는2(paṭissata/patissata, prati+√smṛ) 20; 42; 59; 85[설명]; 196; 217; 607; 655; 686; 806; 808; 810; 812; 814; 816; 1002; 1058
마음챙김(sati, √smṛ) 30; 46[설명]; 47; 59; 83; 98[설명]; 99; 359[설명]; 446; 468; 599; 636; 694; 695; 794; 796; 798; 800; 802; 804; 865; 946; 1035; 1141; 1225

마음챙김과 통찰지(sati-paññā) 745
마음챙김을 가진(satimā) 12[설명]; 66; 142; 165; 260[설명]; 317[설명]; 981; 1098
마음챙김을 갖춘(satimanta) 68; 1018A; 1049[설명]
마음챙김의 확립[念處, sati-paṭṭhāna]) 166; 352
마음챙김의 확립을 목으로 삼는(sati-paṭṭhāna-gīva) 1090
마음챙김의 확립을 영역으로 가지는 (satipaṭṭhāna-gocara) 100[설명]
마음챙김의 확립이라는 누각(sati-paṭṭhāna-pāsāda) 765[설명]
마지막1(antima) 339; 486; 1022; 1166
마지막 몸을 가지신(sarīrantima-dhāri) 1164
마지막2(carima) 202; 452
마지막3 [시간](pacchima) 947; 1272
마지막인(pacchimaka) 202; 907
마치(seyyathāpi) 412
마하가왓차 장로(Mahāgavaccha thera VRI: Mahāvaccha) 12A[행장]
마하간다라(Mahā-Gandhāra) 9A
마하고윈다(Mahāgovinda) 545
마하깔라 장로(Mahākāḷa thera) 151A [행장]
마하깝삐나 장로(Mahākappina thera) 547A[행장]
마하깟사빠 장로(Mahā-Kassapa thera) 147A; 1051A[행장]
마하깟짜나 장로(Mahākaccāna thera VRI: Mahākaccāyana thera) 494A [행장]
마하꼿티따 장로(Mahākoṭṭhita thera VRI: Mahākoṭṭhika) 2A[행장]
마하나가 장로(Mahānāga thera) 387A [행장]
마하나마1 장로(Mahānāma thera) 61A; 115A; 120A[행장]
마하나마2(Mahānāma) 892A
마하담마락키타 장로(Mahādhamma-rakkhita thera) 543[행장]
마하띳타(Mahātittha) 1051A
마하띳타 바라문 마을(Mahātittha-brāhmaṇagāma) 1051A
마하마야 왕비(Mahāmāyā) 157A
마하목갈라나 장로(Mahāmoggallāna thera) 104A; 1146A[행장]
마하빠나다 왕(Mahāpanāda [rāja~]) 163[주]
마하빠나다 자따까(Mahā-panāda jātaka) 162A
마하빠자빠띠 고따미(Mahā-pajāpati Gotami) 157A[주]
마하빤타까 장로(Mahāpanthaka thera) 510A[행장]
마하빤타까(Mahāpanthaka) 557A
마하셀라 장로(Mahāsela thera) 24A [주][행장]
마하수완나(Mahāsuvaṇṇa) 95A
마하우다이 장로(Mahāudāyi-tthera) 689A[행장]
마하우다이(Mahāudāyī) 527A; 689A
마하쭌다 장로(Mahācunda thera) 42A; 141A[행장]
마하쭌다(Mahācunda) 66A; 1018A
마힌다 [신들의 왕~](Mahinda) 749
마힌다의 음성인 천둥치는 소리를 가진(Mahinda-ghosa-tthanita-abhi-gajji) 1108
마힌다의 족쇄 (Mahinda-pāsa) 749
막는1(āvaraṇa, ā+√vṛ1, to cover) 739
막는2(sannivāraṇa, saṁ+ni+√vṛ1) 762
막다(nivāreti, ni+√vṛ1) 1038
막아야 하다(nivāreyya, Pot3Sg) 761
막지 말기를(vārayittha [mā~], √vṛ1

Aor2Pl) 1037
만나다(sameti, saṁ+√i, to go) 1036
만난 뒤(āgamma, ā+√gam, to go) 147; 265; 681
만다끼니 호수(Mandākini-pokkharaṇi) 673A[주]
만들어낼 수 있다(nimmine, nis+√mā, *to* measure Opt3Sg = nimmineyya Opt3Sg) 1183
만들어낸 뒤(nimminitvāna) 563
만들어야 한다, 행해야 한다(kayirā, √kṛ Opt3Sg) 152; 226; 262; 322; 451
만든 곳(kata-pada) 199
만들 것이다(karissāmi) 1213
만들어라(karassu, Imp2Sg =karohi) 46[설명]
만따니(Mantāṇi) 866A
만따니뿟따(Mantāṇiputta) 4; 10
만일(sace) 142; 185; 445; 446; 1211
만져주었다(parāmasi, parā+√mṛś, to touch) 559
만족(titti, √tṛp, to be pleased) 778
만족스럽게 존재함(bhavobhirādhita, abhi+√rādh, to succeed) 259
만족하는[知足, santuṭṭha] saṁ+√tuṣ, *to* be content) 378; 858; 899
만족하는(santuṭṭha) 922
만족한(santusita) 5[설명]; 6; 8; 10; 981
만족함(santosa) 5[설명]
만족하지 못하는(asantuṭṭha) 898; 986
만족해야 하는(santusse, samaṁ sammā tusseyya PotP) 580
만족한(tappita, √tṛp, to be pleased) 103[설명]
만족하다(tussasi, √tuṣ, to be content) 1109
만족한3(tuṭṭha) 364; 711[설명]; 1100; 1106
만족해야 한다(tusseyya) 230
많은1(bahu) 65; 80; 150; 153; 238; 285; 473; 580; 610; 674; 736; 778; 882; 923; 931; 940; 941; 949; 952; 954; 1037; 1107; 1126; 1256
많은 것을 존재하게 하는(bahu-vidha-anuvattani) 1094
많은 관목들과 나무들이 있는(bahu-kuṭaja-sallakika) 115
많은 관심(bahu-saṅkappa) 769 [설명]; 1157
많은2(bahud-eva) 366
많은3(bahuka) 62; 451[주]; 451; 494; 621; 1072; 1073
많은4(sambahula) 1082; 1178
많은 생을 윤회하는(aneka-jāti-saṁsāra, saṁ+√sṛ, to flow) 78
많이 먹는(mahagghasa, √ghas/gras, to eat) 17
많이 배운(bahussuta) 234[설명]; 234; 235; 239; 335A; 373; 556; 988; 1018A; 1019[주]; 1021; 1024; 1026; 1027; 1030; 1031; 1047; 1048
많이 배움(bāhu-sacca) 593[설명]; 1026[설명]
많이 배움(bahussuta-bhāva) 593; 1031
말1[馬, assa]) 205; 206
말2[馬, haya]) 1140
말/말씀1(vaca, √vac, to say) 1126; 1276
말/말씀2(vāca, √vac) 26; 128; 323; 324; 347; 1227~1229; 1230 ☞ 말씀2
말/말씀3(vacana, √vac) 335; 497; 561; 638; 720; 951; 1122; 1255
말뚝(khila) 680[설명]
말라 왕(Malla-rāja) 125A
말라 왕들(Malla-rājā) 51A
말라 왕의 가문(Malla-rājakula)

83A; 96A; 275A; 360A
말라붙다(parisussati, pari+√śuṣ, to dry) 362
말려버린 뒤(visosetvā, vi+√śuṣ) 517 [설명]
말루와 넝쿨(māluvā) 399[설명]
말룽꺄뿟따 장로(Māluṅkyaputta thera) 399A[행장]; 794A[행장]
말리따왐바 장로(Malitavambha thera) 105A[행장]
말법시대(末法時代, pacchima-kāla) 977[설명]
말씀1(pāvacana, pra+√vac, to say) 587
말씀2(vāca, √vac) 1230; 1273 ☞ 말/말씀2
말씀으로 교계하신 것(vākya-anusāsani, √vac) 746
말씀을 아는(vacanaññu, √vac) 370
말씀하신(vutta, √vac) 713; 900
말을 하다(byāhare / vyāhare, vi+ā+√hṛ, to take Pot3Sg) 209
말을 해야 한다(sambhāseyya, saṁ+√bhāṣ, to speak Pot3Sg) 582
말의 업(vacī-kamma, √vac) 1042
말하게 할 것이다(vadessāmi, √vad, to speak) 1271
말하는1(bhāsamāna, √bhāṣ) 187; 226; 262; 322
말하는2(vajja, √vad, to speak) 1200
말하다1(bhāsasi, √bhāṣ) 1154 (bhāsate) 1228 (bhāsatha) 825
말하다2(vuccati, √vac, to say) 817
말하다 / 일컬어지다(vuccati) 15; 633; 795; 797; 799; 801; 803; 805; 807; 809; 811; 813; 815
말하라1(bhāsa, √bhāṣ) 1266
말하라2(akkhāhi, √khyā, to see Imp 2Sg) 168; 950
말하라3(brūhi, √brū, to say Imp2 P) 1223; 1266
말하였다(āha, √ah, to say Perf 2/3Sg) 478; 625
말하였다1(abhāsayi, √bhāṣ, to speak Aor3Sg) 338
말하였다(abhāsatha, Aor3Sg) 460; 483; 630
말하였다(abhāsisuṁ, Aor3Pl) 0-3
말하였다2(āhu, √ah Perf3Pl) 188; 508; 779; 981; 1012; 1216; 1221; 1229
말하였다3(abravuṁ, √brū, to say Aor3Pl) 720
말하였다(abravi, Aor3Sg) 430; 476; 484; 764; 1275
말하였다4(avaca, √vac, to say Aor3Sg) 14
말하지 않고(anāmantetvā) 34
말한다(vadesi, √vad, to speak) 866
말한(vādī) 1277
말한 뒤(vatvā) 948
말한다(brūsi, √brū) 866
말해 무엇 하겠습니까?(kim-aṅgaṁ) 280
말해야 한다1(bhāseyya, √bhāṣ Pot3 Sg) 1227; 1228
말해진(bhāsita) 218
말해야 한다2(vade, √vad Opt3Sg) 226; 262; 322
맑은 눈(pasanna-netta, pra+√sad, to sit) 820
맑은 물을 가진(acch-odika, √arc/ṛc, to praise, honour) 113; 601; 1070
맛(rasa, √ras2, to taste, to relish) 445; 455; 527; 580; 643; 800; 812; 813; 895; 1099
맛다 지역(Maddaraṭṭha) 1051A
맛댜 쁘라데쉬(Madhya Pradesh) 494A
맛에 대한 갈애(rasa-taṇhā) 733
맛에서 생겨난(rasa-sambhava) 801

맛을 가진[위대한~](mahā-rasa) 69[설명]; 421[설명]; 673
맛을 보는(sāyanta, √svad, to sweeten) 813
맛치까산다 도시(Macchikāsaṇḍa-nagara) 120A
망가뜨리다(luve) 762[설명]
망가지다1(nihīyati) 555
망가지다2(dussati, √dus, to spoil) 1014
망갈라 암반(Maṅgala-silāpaṭṭa) 776
망고(amba) 938
망고 새싹의 색깔과 같은(amba-pallava-saṅkāsa) 197
망고 꽃(Cūta) 47
망고 숲(Ambavana) 563
망고 원림(Ambāṭak-ārāma) 120A
망신(āyasakya) 292
망아지(khaḷuṅka) 976
맞다 [죽음을~](upenti) 778
맞닥뜨리다(phusanti) 783[설명]
맞닥뜨린 [죽음과~](phassa-phuṭṭha) 783
맞닥뜨림(phassa) 783[설명]
맞닿은(samphusanta) 1205
맞서서 분노하다(paṭikujjhati) 442
맞서서 분노하지 않는(appaṭikujjha-nta) 442
맞은 [슬픔에~](apahata) 82[설명]
매듭(gantha) 89[설명]; 572[주]; 768[설명]; 1165; 1267
네 가지 매듭(catu-gantha) 572[설명]
모든 매듭(sabba-gantha) 290
모든 매듭으로부터 벗어남(sabba-gantha-pamocana) 1165
매듭지어진(ganthita) 572
매이다(bajjhare, √bandh, to bind PrePassiv3Pl) 137
매혹적인1(manorama) 58; 195; 455; 700; 787; 895; 1062; 1112
매혹적인2(cāru-dassana) 818
맹수들이 출몰하는(vāḷa-miga-nisevi-ta, ni+√sev, to attend upon) 577[설명]; 602
머리1(matthaka) 39; 40; 1162; 1163
머리2(muddhā) 988[설명]
머리3(sira) 457; 695
머리4(sīsa) 559
머리5(siri) 511
머리를 깎은(muṇḍa) 153; 944; 998; 1118
머리와 수염(kesa-massu) 283; 512
머리카락(vāla) 42
머리카락조차 꿰찌르는 [궁수로] 왔지만(vāla-vedhi-samāgata) 1085[설명]
머리털(kesa) 169; 772; 779; 960
머물다(viharati, vi+√hṛ, to take) 109; 701
머무를 것이다1(viharissāmi, Fut1Sg) 351[설명]; 352~354; 436; 541
머무를 것이다2(viharissaṁ, Fut1Sg) 386; 437; 438
머무는1(viharanta) 47; 189; 190; 224; 250; 314; 350; 386; 435; 515; 626; 1213
머무는2(viharamāna) 586
머물러야 한다(vihareyya, Pot3Sg) 596
머물 것이다(vihassati, Fut3Sg) 257
머물 것이다(vihassaṁ, Opt1Sg) 1091~1093
머물게 될 것이다(vasissare, √vas3, to dwell) 962
머무는(vasanta) 537
머문(vasita) 602
머물기가 어려운(duradhivāsa) 111
머물다(viharati) 109; 701; 981; 1015;

1215
머물다(viharanti) 991
머물다(viharāma) 62
머물다(viharāmi) 1[설명]; 47; 53; 54; 189; 325~329; 336
머물다(viharasi) 385
머물러라(vihara) 43; 83
머물러라(viharatha) 42
머물러라(tiṭṭhāhi) 461
머물고 있는(tiṭṭhanta) 921
머문(ṭhita) 259
머묾(ṭhiti) 769; 1020; 1157
머물러야 한다(vase, √vas3, to dwell) 76[설명]; 105[설명]) 142; 370; 581; 1094;
머물지 않는(avasamāna) 76
머묾(vāsa) 76[설명]; 597
두 번째 머묾(dutiyaka-vāsa) 76 [설명]
머물러야 한다 ā+√vas3, to dwell Opt 3Sg(āvase) 148; 266
머물렀다 Aor1Sg(āvasiṁ) 365
머물렀다(vihāsiṁ, vi+√hr1 Aor1Sg) 66; 513; 561; 638; 903
머물렀다(vihariṁ, Aor1Sg) 513 [설명]; 863; (vihaṁsu, Aor3Pl) 925; (vihariṁsu, Aor3Pl) 0-2
먹고 마시는 것(pāna-bhojana) 228
먹구름 [좋은~](suvalāhaka) 211
먹구름(megha = mahāmegha) 675
먹다(bhuñjati, √bhuj, to enjoy, to eat) 698;T
먹는(bhuñjanta) 283; 982; 1054
먹는(bhuñjamāna) 12; 1056
먹은(bhutta) 842; 927; 1056
먹은 뒤(bhutvā) 774; 775; 935; 1157
먹은 뒤(bhutvāna) 23
먹은 뒤/맛을 본 뒤(bhotvā) 800; 812
먹었다(abhuñjiṁsu, Aor3Pl) 922; 923; (abhuñjisaṁ, Aor1Sg) 1056
먹다 남은 탁발음식(uttiṭṭha-piṇḍa) 1057
먹었다(khādiṁ, √khād, to chew Aor1Sg) 284
먹을 것1(anna) 153
먹을 것과 마실 것(anna-pāna) 130; 243; 683
먹을 것2(ghāsa) 698
먹을 것인(asissanta, √aś2, to eat Fut AP) 223; 313
먹이 [던져준~](nivāpa-puṭṭha) 17; 101
먼(dūra) 126[설명]; 359
먼 [아주~](ārā) 795; 797; 799; 801; 803; 805
먼저(pubbe) 139; 225; 261; 346; 377; 378; 765; 871
먼지(rajo) 404[설명]; 675; 1119
먼지와 때(rajo-jalla) 283[설명]
멀리 여읜(āraka) 278; 360; 389; 1078; 1153; 1170
멀리 흐르는(dūraṅgama) 1122
멈추게 할 수 없는(appaṭivatti) 824
멈춘(ṭhita) 866; 867
멈추지 않은(aṭṭhita) 866; 867
멋을 탐착하는(rasa-anugiddha) 494 [설명]; 1052; 1072
멋진(sudassana) 1176
멋진 언설로 말하는(suyutta-vādī) 1111
멍에에 결합된(dhure yutta) 659[설명]
멍청한(manda) 17; 101; 152; 557
메기야 장로(Meghiya thera) 66A [행장]
메기야(Meghiya) 66A; 1018A
멘다시라 장로(Meṇḍasira thera) 78A [행장]
멜라지나 장로(Meḷajina thera) 131A

[행장]
멧따지 장로(Mettaji thera) 94A[행장]
멧띠야(Mettiya) 994
멧띠야와 붐마자까 비구(Mettiya-Bhummajakā bhikkhū) 5A
멧띠야 비구니(Mettiyā bhikkhuni) 5A
면전에서(sakkhī = sammukhā) 1212
면전의(sammukha) 175; 368
멸망하다1(panassati) 143
멸망하라(vinassatha) 1004[설명]
멸시를 받은(paribhūta) 557[설명]; 621
멸시하다(atimaññati) 660; 1026
멸절된(visaṁhata) 89
멸진1(saṅkhaya) 493; 709
멸진2(parikkhaya) 929
멸진된(parikkhīṇa) 80[설명]; 92 [설명]; 98
멸진되다(khīyati) 145; 586; 807; 809; 811; 813; 815; 817
멸진으로 귀결된(khayogadha) 491 [설명]
멸진으로 인도하는(khaya-gāmi) 723
멸진한(khīṇa) 135; 296; 333; 629; 708; 1079; 1179
멸진한(vikkhīṇa) 67; 87; 90; 254; 344; 908
명령을 한(abhisaṭṭha, VRI: abhisatta) 118[설명]
명상하는(sammasanta, saṁ+√mṛś, to touch) 23[설명]; 65A; 122
명상하라(jhāya) 212[설명]
명성1(siloka) 1175[설명]
명성2(yasa) 35; 294; 554; 664; 667; 1252
명성을 가진(yasassi) 115; 375; 488; 910; 1082; 1178; 1263
명성이 없는(ayasa) 667
명을 받은(codita) 1164; 1192
명지(vijjā) 24; 55; 66; 106~108; 117; 121A; 181A; 209; 220; 224; 270; 274; 286; 302; 314; 319; 349; 404[주]; 410; 479; 515; 562; 639; 828; 886; 903; 1114; 1209A
세 가지 명지[三明, tisso vijjā]) 24 [설명]; 60; 70A; 129; 243A; 886 [설명]; 886; 1114[설명]
세 가지 명지를 가진(tevijja) ☞ 삼명을 가진(tevijja) 221
여덟 가지 명지(aṭṭha vijjā) 24[주]; 112[주]
명지로 끝을 만듦(vijjāyantakara) 1222[설명]
명지와 해탈(vijjā-vimutti) 60[설명]
모가라자 장로(Mogharāja thera) 207A[행장]
모가라자(Mogha-rāja) 207
모골이 송연한(loma-haṁsana) 376; 720; 1046; 1158
모기(makasa) 31; 244; 684
모두(sabba) 739; 1215 (sabbe) 735
모두(sabbaso) 673; 1214
모두의 친구인(sabba-mitta) 150; 160; 648
모두 다(kevala) 208; 643
모든(sabba) 79; 80; 172; 184; 216; 321[설명]; 500; 517; 549; 699; 713; 746; 1031; 1034; 1047; 1048; 1109; 1110; 1170; 1247
모든(sabbe) 10; 33; 67; 87; 89; 170; 254; 255; 333; 337; 343; 344; 364; 428; 439; 586; 676; 677; 678; 692; 707; 819; 867; 1082; 1133; 1178; 1188; 1237; 1265
모든 것 볼 수 있는 눈[普眼]을 가진 (samanta-cakkhu) 1265; 1266
모든 곳에서1(sabbadhi) 47[설명]; 493; 658[설명]; 761[설명]; 1017
모든 곳에서2(sabbattha) 33[설명]; 617; 618; 665[설명]; 697; 1126

모든 번뇌(sabbāsava) 526
모든 번뇌가 멸진한(sabbāsava-pari-kkhīṇa) 289; 546; 928
모든 법들(sabba-dhammā) 66; 612[설명]; 690; 1253
모든 적(sabba-amitta) 831[설명]
모든 족쇄를 넘어선(sabba-saṁyojana-atīta) 417[설명]; 691
모든 존재(sabba-bhava) 1091; 1141[설명]
모든 존재를 연민하는(sabba-bhūta-anukampaka) 648
모든 형태의 뛰어남을 갖춘(sabbākār-avarūpeta) 929; 1046
모든(samatta) 489
모셨다(upaṭṭhahiṁ, upa+√sthā Aor1Sg) 1041～1043; 1054
모아져서 만들어진(saṅgata) 713[설명]
모욕(makkha) 1220
모욕하는(makkhi) 952
모욕을 버림(makkha-ppahāna) 1124
모욕하다(eraye, √īr, to move Opt3Sg) 209[설명]
모욕해야 한다(upavade) 583
모은(saṅkalita) 65
모음(paṭicaya) 642
모이게 한다(upaṭṭhāpenti) 942
모친(janetti) 335
모태1(gabbha) 785
모태에 들다(gabbhaṁ upeti) 17; 101
모태에 들어감(gabbhavokkanti) 790[설명]
모태2(mātuka) 612
모하윗체다니(Mohavicchedanī) 6
목(gīvā f) 695
목을 가진 [아름다운～](sugīva) 22
목이 뻣뻣한(patthaddha-gīva) 1074
목갈라나(Moggallāna) 1178 ☞ 마하목갈라나 장로
목갈라나 족성(Moggallāna-gotta) 1184
목갈리 바라문녀(Moggali brāhmaṇī) 981A; 1146A
목갈리(Moggalī / Moggalinī) 1146A
목갈리뿟따(Moggaliputta) 162A
목마름(pipāsā) 1097
목소리(sara) 1233
목수(tacchaka) 19[설명]
목숨(jīva, √jīv, to live) 194; 670
목욕을 마친(nhātaka) 221[설명]; 1170[주]
목적 (attha) 136; 292[설명]; 294; 494; 501; 587; 597[설명]; 740[설명]; 742; 793; 1052; 1072
목적(이로움)으로 인도하지 않는(anatthaneyya) 1073
목적으로 하는[그들의～](tapparāyana) 925
목적을 가진(atthavā) 740; 746; 746[주]
목적을 가진(atthika) 984
목적을 성취하지 못한(abyositattha) 784
목적의 성취(atthatthi) 1097
몰두하다1(yuñjati, √yuj, to join) 203; 873
몰두하라(yuñjantu) 874
몰두하라(yuñjatha) 256
몰두하는(yuñjanta) 320[설명]
몰두하다2(anuyuñjati, anu+√yuj) 413[설명]
몰두하라(anuyuñjassu) 413
몰두하라(anuyuñjetha, Opt3Sg) 204; 509
몰두하라(anuyuñjittha) 414
몰두하는(anuyutta) 944[설명]; 989[설명]

몰아내었다(pānudi, √nud Aor3Sg) 7 [설명]; 768
몰이 막대(patoda) 335
몰입하다(yuñjasi) 1107
몰입하라(yuñjassu) 1118
몰입된1(yuta) 1105
몰입된2(yutta) 1099[설명]
몰입하는(yuñjamatta) 320[설명]
몰입된(nirata, ni+√ram, to rejoice) 49[설명]; 1212
몰입하는(payutta) 359
몸1(deha) 486; 778; 1022; 1166
몸2(kāya) 14; 52; 104; 170; 172[설명]; 279; 312; 395[설명]; 493; 534; 568; 572; 574~576; 718; 755; 819; 901; 1002; 1073; 1093; 1113; 1151
몸3(sarīra) 169; 555; 704; 1152
몸4(sandeha) 20[설명]; 599
몸뚱이1(pūra) 279[설명]; 1134[설명]; 1150
몸뚱이들(purā) 280[설명]
몸뚱이2(sarīra) 718; 719
몸뚱이의 즐거움에 애착하는(sarīra-sukha-giddha) 114[설명]; 1033
몸에 대한 마음챙김(kāyagatā-sati) 6 [설명]; 468; 636[설명]; 1035; 1225
몸에 대해 이기적이기 때문에 굼뜨는 (kāya-macchera-garu) 1033[설명]
몸에서 생긴(sarīra-ja) 355[설명]
몸으로 떨쳐버림(kāya-viveka) 6[주]; 110[주]
몸의 업(kāya-kamma) 1041
몸이 거칠어서 무거운(kāya-duṭṭhulla-garu) 114[설명]
몸이 무너짐(sarīra-bheda) 788
몸이 [희열로] 가득 찬(phuṭa-sarīra, √sphar, to expand) 382~384
몽둥이(daṇḍa) 867; 874; 878
몽둥이 없는(adaṇḍa) 878; 914
몽둥이로 [처벌을] 받는(patta-daṇḍa) 449
무거운(garuka) 604[설명]; 656; 792; 891; 1050; 1088; 1185
무기(āvudha, ā+√yudh, to fight) 614; 724; 869
무너진(bhagga, √bhañj, to break) 184[설명]
무더기[蘊, khandha] √skand, to leap, jump) 23; 87[설명]; 121; 161[주]; 162; 253; 1021; 1101; 1116; 1255
다섯 가지 무더기[五蘊, pañca-kkha-ndhā]) 90; 120; 369; 440; 1160
무디따 장로(Mudita thera) 311A[행장]
무량한(appamāṇa, a+pra+√mā, to measure) 549; 647[설명]
네 가지 무량함[四無量, catasso appamaññā]) 386[설명]
무례하게 대하다(āsādesi) ā+√sad, to sit Aor3Sg) 280 ☞ 공격하라(āsādi)
무료함을 여읜(vīta-khila) 525
무릎(aṅka) 299
무릎(jaṇṇuka) 985
무릎 관절(jaṇṇuka-sandhi) 312
무리(gaṇa, √gaṇ, to count) 1051
무리의 스승(gaṇācariya) 288; 994
무리지어 사는(saṅgaṇika, saṁ+√gaṇ) 84
무명(avijjā, a+√vid, to know, to sense) 29; 79[주]; 135; 282; 306; 526; 544; 572; 1125
무상(anicca) 183[설명]; 594; 676; 714; 1091; 1093; 1117; 1121; 1215[설명]
무상한(anicca) 187; 188; 247; 676 [설명]; 1117[설명]; 1133; 1159; 1215[설명]
무상함(aniccatā) 111
무색계(arūpa-dhātu, a+√rūp, to put into shape) 259
무서운(ghora) 456; 575
무서움(bherava, √bhī, to fear) 189;

190
무서워하는(tajjita, √tarj, to threaten) 307; 308
무서워하지 않는(anutrāsī, an+ud+ √tras, to be terrified = an+uttāsa) 864
무소유인(akiñcana) 36
무시무시한(vibhiṁsana, vi+√bhī, to fear) 1104
무시무시함1(bhiṁsanaka, √bhī) 1046; 1158
무시무시함2(mahā-ghora) 967
무아(anatta) 678[설명]; 986; 1029; 1117[주]; 1143
무아의 인식(anattasaññā) 594
무지의 뿌리를 부숨(aññāṇa-mūla-bheda, a+√jñā, to know) 419 [설명]
무지의 편(aññāṇa-pakkha) 1267
묶다(bandhāmi, √bandh, to bind) 543
묶을 것이다(nibandhisaṁ, ni+√bandh = nibandhissaṁ(359[설명], Fut1Sg) 1141[설명]
묶인1(ajjhosa, abhi+ava+√sā/si, to bind) 806; 810; 812; 814; 816
묶인2(baddhā, √bandh) 297[설명]
묶인3(sambaddha, saṁ+√bandh) 149[설명]
묶인4(saññutta, saṁ+√yuj, to join) 741; 742
묶인5(olagga, ava+√lag, to attach) 356
묶임(bandha, √bandh) 750
문(dvāra) 125; 234; 235
다섯 개의 문(pañca-dvāra) 125
문에 서있다(dvāre tiṭṭhati) 234 [설명]
문을 잘 보호하는(gutta-dvāra) 116; 157A; 503[주]; 579; 890
문이 열린(dvāra-vivara) 356
문드러진(pakka, √pac, to cook = uppakka, kuthita) 1055
문자와 빱빠자 풀(muñja-pabbaja) 27 [설명]; 233
문지른 [잘~](sumaddita, su+√mṛd, to crush) 1138
문지른 뒤(parimajjitvā, pari+√mṛj, to wipe) 272[설명]
묻다(pucchāmi, √prach, to *ask)* 866; 1263
묻다 / 질문하다(paripucchati, pari+ √prach) 1196; 1198
물1(udaka) 19; 88[설명]; 345; 430; 700; 877; 983
물 항아리(udaka-kumbha) 431
물2(odaka) 145
물3(ambunā) 1089
물4(toya) 700; 701; 1102; 1180
물5(vāri) 415; 660; 1273
물 대는 자(nettika, √nī, to *lead*) 19[설명]; 877
물고기1(ambuja) 454
물고기2(maccha) 297; 362; 387; 390; 749
물과 거처와 음식(udakāsana-bhojana) 937
물들다1(limpati, √limp, to *smear)* 665; 1216
물들다2(rajjati, √rañj, to *color)* 806; 808; 810; 812; 814; 816; 1014
물들였다(rajayī = kappiyarajanena rajayi) 897
물들였다(dhovi, √dhāv2, to *rinse*(깨끗하게 하다, Aor3Sg) 897
물들인(ratta, √rañj) 965
물들지 않는(anūpalitta, an+upa√lip, to *smear)* 10
물방울(uda-bindu) 401; 665
물이 뚝뚝 떨어짐(āpo-paggharaṇa,

pra+√ghṛ, to *drip)* 568
물이 많은 곳(bavhodaka) 390
물이 스미어 나오는 이끼를 가진(ambu-sevāla-sañchanna) 113; 601; 1070
물이 풍부한(su-byāpit-ambu, vyāpita = su+vi+√āp, to *obtain* — suṭṭhu byāpita-jalā, vitata-jalā) 211
물질이 아닌(arūpa, a+√rūp, to *put into shape)* 1122
미가라마따 강당(Migāramātu-pāsāda) 1164; 1192
미가시라 별자리(사슴좌, Migasira-nakkhatta) 181A
미가시라 장로(Migasira thera) 181A [행장]
미가잘라 장로(Migajāla thera) 417A [행장]
미가지나 정원(Migājina-uyyāna) 776
미가찌라 정원(Migacīra uyyāna DPPN: Migācira) 774;769A
미끼1(āmisa) 749
미끼2(nivāpa, ni+√vap, to strew) 774; 775; 1157
미끼로 쓰이는 새(vītaṁsa) 139[설명]
미래의 시간(anāgat-addhāna) 977 [설명]
미묘한(nipuṇa, ni+√puṇ, to act piously) 4[설명]; 26[설명]; 71 [주]; 212; 1161
미묘한 이치를 본(nipuṇattha-dassi) 372
미세하든 거칠든(aṇu thūla) 699[설명]
미세한1(aṇu) 4[설명]
미세한2(sukhuma) 124; 495; 1053; 1160
미세한 특징을 통찰함(sokhumma) 437[설명];
미래(anāgata, an+ā+√gam, to go) 547; 950~952; 957; 974; 978
미소(sita, √smi, to smile) 630; 1086
미소를 지으시면서(sitaṁ pātukaritvāna) 630[설명]
미소를 띤(mhita-pubba = mihita-pubba √smi의 PPP) 460
미친(ummatta, ud+√mad, to rejoice, *to* be glad) 931
미친(ummattaka) 1129
미혹하지 않음(asammoha, a+saṁ+√muh, to be crazed) 641; 1142
믿음(saddhā) śrad+√dhā, to put) 46 [설명]; 59; 195; 204[설명]; 246; 247[설명]; 249~251; 249[설명]; 311; 507; 509; 745; 789[설명]; 1019; 1254
믿음을 가진(saddha) 240[설명]; 1019[설명]
믿음을 주는(saddhā-deyya) 58
믿음의 코(saddhā-hattha) 694; 1090
믿음이 없는(assaddha) 240; 246A
믿음2(pattiya, prati+√i, to go*)* 461[주]
밀림1(kānana) 350~354; 435; 436; 524; 539; 543; 1113; 1137
밀림2(vana-saṇḍa) 466
밀림3(āraññа) 991

【바】

비구 장로(Bhagu thera) 271A[행장]
비구(Bhagu) 25A; 118A; 249A; 842A; 892A
바꾸게 되기를(nimmissaṁ = nimissaṁ, VRI: nimiyaṁ, ni+√mā(to measure, Opt1Sg = parivatteyyaṁ) 32[설명]
바뀌면서 [태어났다](parivattisaṁ, pari+√vṛt, to turn Aor1 Sg) 215 [설명]

바다1(sāgara) 168
바다와 맞닿는(sasāgaranta) 777
바다와 맞닿은(sāgaranta) 1235
바다2(samudda) 372; 459A; 530; 660; 777; 1104; 1133
큰 바다(mahā-samudda) 1013
큰 바다의 파도(mahā-samudda-vega) 412
바다3 [큰~](mahaṇṇava) 147; 265
바다 한가운데(majjhesara) 1190
바라나시(Bārāṇasi) 147A; 375A
바라는1(ākaṅkhanta, ā+√kāṅkṣ, to desire) 937
바라는2(abhikaṅkhanta) 330
바라는3(āsasāna, ā+√śaṁṣ, to praise, to recite) 528
바라는4 [많은 것을~](mahiccha, √iṣ1, *to* desire) 898
바라는 것이 적은[少欲, appiccha]) 581; 857; 899
바라는 것이 적음(appicchatā) 1124
바라는5(atthika, √arth, to wish for) 103
바라는 것이 없는(anatthika) 122; 712; 718; 956
바라는 것이 없는(anapekkha, an+apa+√īkṣ, to see) 699
☞ 기대(apekkhā)
바라는 것이 없는 자(anapekkha) 707[설명]
바라다1(paṭikaṅkhāmi, prati+√kāṅkṣ, to desire) 196; 606; 607; 654; 1003
바라다2(abhinandāmi, abhi+√nand, to rejoice = abhikaṅkhāmi) 196[설명]; 606; 607; 654; 655; 685; 686; 1002; 1003
바라드와자 장로(Bhāradvāja thera) 177A[행장]
바라따 장로(Bharata thera) 173A; 175A[행장]
바라문(brāhmaṇa) 140; 221; 185; 631[주]; 745; 751; 825; 828; 829; 830; 836; 874[주]; 948; 1127; 1169; 1170[주]; 1173; 1187; 1188; 1264; 1276
바라문 태생(brāhmaṇa-jāti) 1170
바라문 혈통(brahma-jacca) 889
바라문 학도(māṇava) 73A[설명]
바라밀(pārami) 94[주]
바람1[風, vāta] √vā1, to blow) 185; 416; 598; 643; 675; 1268
바람과 뜨거움(vātātapa) 1097
바람에 기인한 질병에 압도된(vāta-roga-abhinīta) 350; 435
바람을 막아주는(nivāta) 1; 51~54; 325; 326
바람2[風, anila]) 1013
바람3[風, māluta]) 2; 50; 104; 544; 1006; 1007
바람에 흩날리는(mālut-erita, √īr, *to* set in motion) 235; 754
바람4[風, vāha] √vah, to carry) 760
바람5[願](āsā) 530
바람[願]이 없는(nirāsa, nis+√aś2, *to* eat) 1092
바람[願]으로 타오르는(icchā-dhūpāyita, √iṣ1, to desire / √dhūp, to fumigate) 448[설명]
바로 다음(anantara) 553
바로 여기서(idheva) 81; 184; 416[설명]; 571; 617; 618; 1116;
바로 여기에(idhameva) 43[설명]
바루깟차 도시(Bhārukaccha-nagara) 335A
바루깟차(Bharukaccha) 105A
바루깟차까 일화(Bhārukacchaka-vatthu) 249A
바르게(sammā) 398[설명]; 641[설명]; 642; 1071; 1079; 1221
바르게 깨달으신 분[正等覺者](Sammā

-sambuddha) 227
바른1(sabbhi = sadbhih) 4[설명]; 1096
바른2(makkhita, √mṛkṣ, to rub, to stroke) 772
바른 구경의 지혜(sammad-aññā, ā+√jñā, to know) 441[설명]
바른 깨달음(sambodhi, saṁ+√budh, to wake, to know) 335[설명]; 750
바른 노력을 구족한(sammappadhāna-sampanna, pra+√dhā, to put) 100 [설명]
바른 법[正法](saddhamma) 278; 360 [주]; 361~363; 368; 387; 388; 390; 391; 933; 1032; 1078; 1174
바른 법을 호지함(saddhamma-dhāra-ka) 1049[설명]
바와리 바라문(Bāvarī-brāhmaṇa) 20A; 207A
바위 동굴(sela-guhā) 367
바위굴(pabbhāra) 545
바위굴(pabbhāra-kuṭṭa) 1135
바위굴로 들어간(pabbhāra-gata) 522; 524
바위산(sela) 13; 113; 601; 643; 651; 680; 824; 1000; 1059~1065; 1068 ~1070
바위산의 비유(selūpama) 191; 192
바퀴(cakka) 824[설명]; 824; 825; 827
바퀴를 계속해서 구르게 하는 [법의~] (cakkānuvattaka) 1014[설명]
바히야(Bāhiya) 275A
박가(Bhaggā) 18A
박가와(Bhaggava) 866A
박공이 있는 벽(thūṇikā) 184
박꿀라 장로(Bakkula VRI: Bākula thera) 225A[행장]; 1018A
밖1(paribāhira) 943
밖2(bahiddhā) 86[설명]; 172[설명]; 337; 439; 470[설명]; 471; 472;
밖의(bāhira) 1101
밖의 것을 바람(bāhirāsa) 634
밖의 색깔/계급(bahi-vaṇṇa, √varṇ, to paint, to depict) 140
반대해야 한다(parikkhipe, pari+√kṣip, to throw) 209
반두라 장로(Bandhura thera) 103A [행장]
반듯하게 눕는(uttāna-seyyaka) 935 [설명]
반조하였다(paccavekkhisaṁ) 169; 347[설명]; 765[설명]
반조하는(paccavekkhanta) 0-3; 438
받기를(pappontu, pra+√āp, to get Opt3Pl) 603; 646
받다1(ādiyanti, ā+√dā, to give) 575
받다2(pappoti, pra+√āp, to obtain) 35; 292; 293; 294; 884
받다3 [고통을~](nigacchati [dukkhaṁ~], ni+√gam, to go) 25; 291; 661; 1189; 1191; 1193; 1195; 1197; 1201; 1203
받다4 [존중을~](upalabbhati, upa+√labh, to get) 278; 387~392; 1078
받들어 행한(sevita, √sev, to attend upon) 608[설명]
받아들여야 한다(samādāya vattetha, saṁ+ā+√dā / √vṛt, to turn) 742 [설명]
받들어 행함(samādāna) 588;
받아들인(samuggahīta, saṁ+ud+√grah, to seize) 1272
받았다1(sādiyiṁ, √sad, to sit Aor1Sg) 284[설명]
받았다2(paṭigaṇhittha, prati+√grah, to seize Aor3Pl = paṭiggahesi Aor3Sg) 566
받은(laddha, to get) 365; 479; 698
받은 뒤(laddhāna) 311; 486; 776
발1(caraṇa, √car, to move) 694

발2(pāda, √pat, to fall) 457; 511; 565; 624; 693; 771; 841; 869; 1241; 1248
발 닦을 것(pāda-puñchani) 560[설명]
발견한 뒤(ārādhayitvā, ā+√rādh, to succeed = adhigantvā) 1106
발견되었다(vijjiṁsu, √vid, to know, to sense Aor3Pl = upalabbhiṁsu) 337; 439
발라까로나까 마을(Bālakaloṇaka-gāma) 271A
발라와무카(Baḷavāmukha) 1104[설명]
발리야 장로(Bhalliya thera) 7A[행장]
발리야(Bhalliya/Bhallika) 7A
발린(litta, √limp, to smear) 737
발생하다(samudeti, saṁ+ud+√i, to go) 1116
발생한(uppatita, ud+√pat, to fall) 371
발우 [한 개]의 탁발음식만 먹는(patta-piṇḍī) 849
탁발하는 발우에 들어온 것(uñchā-pattāgata) 155[설명]; 843; 844; 1146~1149
밝게 비추다1(atirocasi, ati+√ruc, to shine) 1252
밝게 비추다2(obhāsate, ava+√bhās, to shine) 549
밝다(pasīdati, pra+√sad, to sit = vippasīdati) 706
밝지 못한(nissukka) 971
밤(ratti) 193; 366; 385; 397; 451; 452; 627
밤(ratyā, PED: Gen sg = rattiyā) 517; 628
밤과 낮(rattin-diva) 16; 354
밤낮으로 게으르지 않은(rattin-diva-matandita) 83[설명]
밤에는 온통(sabba-ratti) 84
밥1(bhatta) 248[설명]; 981A
밥2(odana) 842
밥을 짓는(odana-pāka) 317
밧다(Bhadda) 295[주]; 478
밧다 까삘라니(Bhaddā-Kāpilānī) 1051A[주]
밧다 까삘라니 장로니(Bhaddā-Kāpilānī therī) 1051A
밧다 깟짜나 비구니(Bhaddā Kaccānā) 295A
밧다 원림(Bhaddārāma) 80A
밧다 장로(Bhadda thera) 473A; 486 [행장]
밧다의 무리들(Bhadda-vaggiyā) 375A
밧다지 상인(Bhaddaji-seṭṭhi) 163
밧다지 장로(Bhaddaji thera) 162A [행장]
밧다지(Bhaddaji) 162A
밧디야 장로1 [깔리고다의 아들~] (Bhaddiya thera) 193A[주]; 249A; 842A[행장]; 843[설명]; 844; 864; 892A
밧디야 장로2(Bhaddiya thera) [라꾼따까~] 193A[주]; 466A[행장]; 466
☞ 라꾼따까 밧디야 장로
밧디야3(Bhaddiya) [오비구의~]) 61A; 118A; 193A[주]
밧디야 도시(Bhaddiya-nagara) 162A
밧디야 상인(Bhaddiya-seṭṭhi) 162A
밧줄(rajju) 1141
방랑하였다(vicarimha, vi+√car, to move Aor1Pl) 1253
방문하다(upabbajati, upa+√vraj, to proceed) 1052
방법(mukha) 31A[주]
방법에 능숙한(upāya-kusala, upa+√i, to go) 158[설명]
방일(pamāda, pra+√mad, to rejoice, be glad) 119; 404; 883; 884; 980 [설명]; 1245
방일하기 위한(pamajjituṁ) 30; 452
방일하다(pamajjati) 871
방일하지 않고 머무는(appamāda-

vihāri) 1011
방일하지 말고 머물러라(appamatto vihara) 43[설명]
방일한(pamatta) 634; 635[설명]
방일하지 않는(appamatta, a+pra+√mad) 4[설명]; 22A; 43; 53; 59[설명]; 60; 66; 83[주]; 83; 216[주]; 216; 257; 333; 413; 741; 837[주]; 884; 981; 1245; 1247
방일하지 않음(appamāda) 658; 1017
방일하지 않음(appamajjata) 68[설명]
방일한 뒤(pamajjitvā) 871
방일함에 떨어진(pamāda-anupatita) 404
방일함을 행하는(pamatta-cāri) 399[설명]
방일함의 친척(pamatta-bandhu) 297[설명]; 411
방책(upāya, upa+√i, to go) 941
방편(pariyāya, pari+√i) 941
방해받지 않는(asajjamāna, √sañj, to hang = alaggamāna) 1104
방향 [모든~]1(disodisaṁ) 615; 616
방향 [모든~]2(sabba-disā) 528
방호하는(gutta, √gup, to protect) 653; 1005
방황하는(mucchita, √mūrch, to thicken) 1219
배[船, nāvā]) 556[설명]; 766
배가 가득 차지 않은(ūnūdara) 982
배고픔(khudā, √kṣudh, to be hungry) 1097
배는 법에 대한 열정(dhamma-kucchi-samāvāsa) 695
배부른(suhita, su+√dhā, to put = dhāto(√dhe, to suck, to drink, siyā) 982
배불리(udara-avadehakaṁ) 935
배설물들을 만들어내는 큰 근원(mahā-ukkāra-sambhava) 567
배설물로 문대지는(mīḷha-sallitta, saṁ+√lip, to smear) 1175
배우다(sikkhare, √śak, to be able Med Pre3Pl) 936
배운(suta) 1026; 1027
배운 ☞ 들은(suta, √śru, to hear) 141[설명]
배우지 못한(assutāvi) 955
배움을 증장시킴(suta-vaddhanī) 141[설명]
배정된 대로 [머무는 자](yathā-santhatika, saṁ+√stṛ, to strew) 855
백(100, sata)
백 가지를 보는(sata-dassī) 106
백 가지의 기호를 가진(sata-liṅga) 106[설명]
백 근(sata-pala) 97; 862
백 돈(sata-rājika) 97; 862
백 가지 맛을 가진(sata-rasa) 91
백련(puṇḍarīka) 700; 1180
백이십(120)살이 된(vīsavassa-satika) 108
뱀(panna-ga) 429[설명]; 576
버려라1(jaha, √hā, to leave Imp2Sg) 83; 1113; 1116
버려라(jahassu, Imp2Sg) 1219
버려라2(pajahassu, pra+√hā Imp2Sg) 1219
버려버릴 것이다(pahissati) 18[설명]
버려야 하는 것(pahātabba) 828[설명]
버려야 한다(pajaheyya, pra+√hā Opt3Sg/Pl) 596
버린 뒤(pahāya) 73[설명]; 155; 892; 1109; 1214
세 가지 버림(tīṇi pahānāni) 2[설명]
버려라3(vinayassu, vi+√nī, to lead) 829
버려야 하다(vineyya) 37; 158
버려야 하다(vivajjaye, vi+√vṛj, to

twist) 583
버렸다(vivajjayiṁ, Aor1Sg) 340 [설명]
버려야 한다면(jahe, √hā, to leave Opt3Sg) 15; 633
버려진(apaviddha, apa+√vyadh, to pierce) 62
버렸다(chaḍḍayiṁ, chṛd, to spew, to eject Aor1Sg = pajahiṁ) 512
버리기가 힘든(dujjaha, √hā) 124; 495; 1053
버리다1(jahanti, √hā, to leave) 778
버리다2(vivajjenti, vi+√vṛj, to twist) 576
버린(chaḍḍita, √chṛd, to spew, to eject) 710
버린 뒤1(chaḍḍayitvāna) 571; 934
버린 뒤2(chaḍḍetvā) 427
버린(hitvā, √hā, to leave) 97; 101; 116; 171; 195; 862; 892
버린(hitvāna) 156; 990
버린(pahīna, pra+√hā) 254; 343; 344; 428; 828
버린(vijahanta, vi+√hā) 704
버린 뒤3(ohāya, ava+√hā) 150 [설명]
버린 뒤4(vivajjetvā, vi+√vṛj) 264
버릴 것이다(cajissāmi, √tyaj, to abandon, to give up) 868
버림을 구족하여 여여한(cattāvīti tādī, catta ppp √tyaj) 441[주]
번개(vijjutā, vi+√dyut, to shine) 41; 50; 1167
번뇌(āsava, ā+√sru, to flow) 92 [설명]; 98; 99; 296; 333; 337; 364; 439; 586; 596; 629; 635; 636; 840; 1179
네 가지 번뇌(cattāro āsava) 47[설명] 98; 635
번뇌의 멸진(āsavakkhaya) 161 [설명]; 120[설명]; 120; 122; 198; 218; 458; 543; 791; 890; 924
번뇌 다한(khīṇāsava) 1022
번뇌 없는(anāsava) 47[설명]; 100; 120; 129[설명]; 162[설명]; 178; 205; 206; 289; 336; 364; 365; 437; 438; 541; 576; 607; 672; 704; 711; 896; 897; 900; 919; 995; 996; 1061
번쩍이다(carati, √car, to move) 50 ☞ 유행하다(carati)
번영(sampatti, saṁ+pra+√āp, to obtain) 574[설명]
번창하다(virūhati, vi+√ruh, to ascend) 363; 388; 391
벌겋게 달아오른(sutatta, su+√tap, to heat) 714
벌레(kimi) 315; 393; 1175
범보천(Brahmapurohita) 1082[주]; 1178
범부(puthujjana) 215; 341; 454; 456; 518; 575; 1112; 1271
범부였음(puthujjanatā) 1217
범신천(梵身天, Brahmakāyika) 1082 [설명]
범중천(Brahmapārisajjā) 1082[주]
범천(brahma, √bṛh2, to make big or strong) 182[설명]; 245; 628 [설명]; 1168; 1198; 1199
범천을 포함한(sabrahma-kappa) 909; 1181
범천의 세상(brahma-loka) 1198; 1200
범천의 길(brahma-patha) 689[설명]
범천의 친척(brahma-bandhu) 221 [설명]; 221
법(dhamma, √dhṛ, to hold) 66[설명]; 69[설명]; 83; 91; 111; 131; 178; 188; 201; 255; 276; 340; 303[설명]; 304; 331[설명]; 373; 383; 398; 444; 491; 536[설명]; 552;

553; 638; 673; 723; 747; 748; 751; 804; 816; 817; 874; 875; 942; 954; 995; 1032; 1071; 1229; 1231; 1238; 1239; 1245; 1254; 1271
법들(dhammā) 2; 9; 10; 11; 179; 201[설명]; 295[주]; 303; 305; 330; 370; 371; 372; 373; 374; 441; 536; 589; 593; 632; 644; 666; 670; 678; 708; 735; 816; 824; 825; 885; 898; 900; 907; 914; 929; 930; 953; 995; 1006; 1007; 1023[설명]; 1024; 1034; 1044; 1099; 1101; 1211; 1229; 1245; 1261; 1263
유익한 법(kusala dhamma) 238 [설명]
가장 높은 법(dhamma uttama) 287 [설명]
법다움(dhammatā) 190[설명]; 712 [설명]
법에 머묾(dhamma-vihāra) 0-2 [설명]
법에 머묾에 따라서(yathā-dhamma -vihāri) 0-2[설명];
법을 사유함(dhamma-cintana) 695 [설명]
법을 알고(dhammaṁ ñatvā) 804 [설명]
법의 가르침(dhamma-kathā) 874
법의 대장군(dhamma-senāpati) 1083
법의 창고지기(dhamma-bhaṇḍa-agārika) 16A[설명]
법이 되는(dhamma-bhūta) 491
법과 목적과 관계된(dhammattha-saṁhita) 740[설명]
법과 율(dhamma-vinaya) 257
법과 의미와 연결된(dhammattha-sahita) 347
법다운(dhammika) 670
법답지 못한1(adhamma) 670
법답지 못한2(adhammika) 666; 670
법륜(dhamma-cakka) 826; 827
법에 관계된 기쁨(dhamma-gatā rati) 742[설명]
법에 능숙하지 못한(akovida) 444
법에 따라서 실천하는(anudhamma-cāri) 373[설명]
법에 선(dhammaṭṭha) 240[설명]; 740; 746[설명]
법에 확립된(dhamma-yutta) 868
법에서 생겨난(dhamma-sambhava) 805
법왕(dhamma-rāja) 389[설명]; 392; 824; 825; 889
법으로써 바퀴를 굴리다(dhammena cakkaṁ vattemi) 824[설명]
법을 구분하여 알기를 원하는 (dhamma-viññāṇam ākaṅkha) 1030
법을 기뻐하는(dhamma-rata) 1032
법을 보는(dhamma-dasa) 1221; 1243
법을 봄(dhamma-dassana) 204 [설명]; 509
법을 존중하는(dhamma-garu) 1096
법을 좋아하는(dhammārāma) 1032
법을 행하는 자(dhamma-cāri) 303 [설명]
법을 호지하는(dhamma-dhara) 187 [설명]; 373; 1027; 1030; 1031; 1047; 1048
법의 거울(dhammādāsa) 171[설명]; 395[설명]
법의 기쁨(dhamma-rati) 156[설명]; 398
법의 맛(dhamma-rasa) 103
법의 아소까 시대(Dhammāsoka-kāla) 453A
법의 일어남(dhamma-samuppāda) 716[설명]

법의 정수로 만들어진(dhamma-sāramaya) 764
법의 주인(dhamma-ppati) 758
법이 들어있는[적당량의~](dhamma-kaṭamatta) 199[설명]
법이 수승한 법임(dhamma-sudhammatā) 24[설명]; 220; 270; 274; 286; 302; 319; 410; 479; 486; 789; 1039; 1040
법임(dhammi) 1159
벗고 [신발을~](oruhitvāna, ava+√ruh to ascend) 460
벗어나다(muccati, √muc, to release) 730~732
벗어나다(muñcāmi) 750
벗어나지 못한(anikkasāva, a+nis+kaṣāya) 969
벗어난1(apeta, apa+√i, to go) 969
벗어난2(mutta, √muc) 548; 691; 871~873
벗어난 [잘~](su-muttika) 43[설명]
벗어난3(vippamutta, vi+pra+√muc) 438
벗어남을 보지 못하는(anissaraṇa-dassāvi, nis+√sṛ, to flow) 732
벗어남[出離]을 기뻐하는(nekkhamma-rata, nis+√kram, to stride) 691
벗어났다(apakkamiṁ, apa+√kram Aor1Sg) 317
벗다(ativattati, ati+√vṛt, to turn) 659
벙어리(mūga) 501; 582
베다(Veda) 10; 219
베다 [세 가지~](tayo Veda) 2A[주]; 1171[설명]
베다를 구족한 자(vedagu) 221[설명]; 1170[설명]
베다를 공부하는 자(ajjhāyaka, adhi+√i, to go) 1171[설명]
베라와 동굴(Bheravā) 189A
베사깔라 숲(Bhesakaḷā-vana) 18A; 18; 447A; 1208
베푼다(upanāmenti, upa+√nam, to bend, to bow) 937
벨라와무카(Beḷavāmukha) 1104
벨랏타까니/벨랏타니까 장로(Belaṭṭha-kāni/Belaṭṭhānika thera) 101A[행장]
벨랏타시사 장로(Belaṭṭhasīsa thera) 16A[행장]
벼(vīhi) 381[설명]
벽의 아래(kuṭṭa-mūla) 1056
벽지불[獨覺, 빳쩨까 부처님, pacceka-buddha) 163; 280[주]
변두리를 영역으로 하는(tīra-gocara, √tṝ, to cross) 953
변방에 있는(paccanta) 653; 1005
변하기 마련인 법(vippariṇāma-dhamma, vi+pari+√nam) 782
변하기 쉬운(pacalita, pra+√cal, to move, to stir) 260[설명]
변형의 [신통](vikubbana, vi+√kṛ, to make) 1183[설명]
별자리를 화환으로 가진(nakkhatta-mālinī) 193
병1(byādhi, vi+ā+√dhā, to put) 450
병2(roga, √ruj, to break) 489[설명]; 709; 769
병3(ābādha, ā+√bādh, to oppress) 30
병에 걸린1(ābādhita) 185
병에 걸린2(byādhita) 73[설명]
보게 될 것이다(dacchaṁ, √dṛś, to see Fut1Sg = dakkhissaṁ) 1099[설명]
보게 하라(passantu, √dṛś Imp3Pl) 529; 1037[설명]
보기 어려운(duddasa, dus+√dṛś) 4[설명]
보기 어려운(sududdasa) 212; 1098
보내다(vijahate, vi+√hā, to leave) 451
보내라(eraya, √īr, to move Imp2Sg)

1270
보내었다(pāhesi, pra+√hi, to impel, to send Aor3Sg) 564
보는1(passanta, √dṛś, to see) 44; 61[설명]; 716; 807
보는2(daṭṭhu, √dṛś = disvā) 458
보는3(pekkhanta, pra+√īkṣ, to see) 1192
보는 자(passa, √dṛś) 61[설명]
보다(passati, √dṛś, to see) 61; 470; 500; 547; 675~678; 717; 909; 1074; 1174; 1181
보다(dakkhasi, √dṛś) 1213[설명]
보았다(addakkhiṁ, √dṛś, to see Aor1Sg) 510; 766[설명]
보라(passa, √dṛś Imp2Sg) 3; 24; 167; 220; 224; 270; 274; 286; 302; 314; 319; 394; 410; 431; 515; 753; 769; 770; 881; 1020-2; 1039; 1040; 1117; 1157; 1176; (passatha, Imp2Pl) 1242
보름밤(puṇṇamāsi) 306[설명]; 1119
보름일(pannarasa) 546; 1234
보리수나무(Assattha) 217[설명]
보물(nidhi, ni+√dhā, to put) 993; 1106
보배의 광산(ratanākara) 1049[설명]
보살(bodhisatta) 527A[설명]; 534
보석(maṇi) 770; 1157
보석 귀걸이(maṇi-kuṇḍala) 187
보시(dakkhiṇa) 566
보시받아 마땅한(dakkhiṇeyya) 296; 336; 516; 629; 1177; 1179
보시를 받을 만한 자(dakkhiṇeyya) 336[설명]
보시의 불(dakkhiṇeyyaggi) 343[설명]; 343
보시의 주인(dāna-pati, √dā, to give) 532[설명]
보시하여 올리고(cajitvāna, √tyaj, to abandon, to give up) 96[설명]
보아야 한다(passe, √dṛś, to see Opt3Sg) 993; 1249
보아지다(dissati, √dṛś Pass Pre3Pl) 44; 921
보아지다(dissare, √dṛś Pass Pre3Pl) 455
보아진(diṭṭha) 87; 172; 184[설명]; 187; 247; 365; 489; 500; 70[설명]; 710; 1096; 1216[주]; 1260
보았다(addasāmi, VRI:addasāma, √dṛś = addasimha / addasim Aor1Sg) 1253
보았다(addasāsiṁ, √dṛś Aor1Sg) 287; 622; 912
보았다(addasa, √dṛś Aor1/2/3Sg) 315; 393; 1244; 1278
보았다(addasaṁ, √dṛś Aor1Sg) 489
보았다(addakkhi, √dṛś Aor2/3Sg) 986
보았다(adda, √dṛś Aor3Sg) 986[설명]
보여주는1(dassa, √dṛś) 86; 1129
보여주는2(ādisanta, ā+√dṛś) 751
보여주어야 한다(dassaye, √dṛś) 582; 758
보여주었다(upadaṁsayi, upa+√dṛś Aor3Sg) 335
보였다(adissittha, √dṛś) 170[설명]
보자까기리 승원(Bhojakagiri vihāra) 537A; 546
보지 못하는(adassi, √dṛś) 662[설명]
보지 못하는(apassanta, √dṛś) 61[설명]; 215
보지 못함(adassana, √dṛś) 321
보호되어야 하는(rakkhitabba, √rakṣ, *to* protect) 137
보호받는(rakkhita) 728; 730
보호받지 않는(arakkhita) 728
보호된 [잘~](sugutta, su+√gup, to

protect) 1141
보호자(nātha) 475
보호하는1(rakkhanta, √rakṣ) 6[설명]
보호하는2(sārakkha, sa+√rakṣ) 729
보호하다(rakkhati, √rakṣ) 303[설명]; 600; 883
보호할 수 있는(rakkhituṁ) 735
보호하기를(rakkheyya, Pot3Sg) 609; 876[설명]
보호해야 한다(gopetha, √gup, to *protect* Opt3Sg) 653; 1005
본 것/들은 것(diṭṭha-suta) 1216[설명]
본 뒤1(disvā, √dṛś) 73; 98[설명]; 178; 353; 426; 430; 458; 480; 641; 787; 788; 790; 794; 806; 833; 949; 968; 980; 1086; 1142
본 뒤2(disvāna, √dṛś) 123; 300; 316; 375; 463; 630; 1051
본다(passanti, √dṛś) 547; 1160; 1161
본다(passāmi) 756; 776; 1200
본다(passasi) 1198
본 뒤2(passitvā, √dṛś) 510; 520
볼품없는(virūpa, vi+√rūp, to put into shape) 1118
봄[見]을 구족한(dassana-sampanna) 45[설명]; 61; 174
부끄러운 부분(hiri-kopīna) 922[설명]
부끄러운 부분을 가린(hiri-kopīna-chādana) 922[설명]
부끄러워하다(lajjare, √lajj Ind3Pl) 943
부는 [바람이~](upavāyanta, upa+√vā1, to blow) 544
부동의 경지(akuppatā, a+√kup, to be angry) 434[설명]
부드러운1(mudu, √mṛd, to crush) 460
부드러운2(saṇika) 1270
부드러운3(siniddha, √snih, to be sticky) 927
부드러운4(saṇha) 460
부드러운5(sukhuma) 842
부드러운 소리를 내는(nikūjanta, √kūj, to hum PAP) 1270
부딪친(paṭigha, prati+√han, to smite, to kill) 1216[설명]
부딪힌(vadhita, √vadh, to slay) 783
부따 장로(Bhūta thera) 518A[행장]
부랑자인 마음(citta-dubbhaka, √cit, to perceive, to know) 214
부러뜨린 뒤(bhetvā, √bhid, to split) 151[설명]
부러워하다(pihayanti, √spṛh, to be eager) 62[설명]; 205; 206
부르다(brūmi, √brū, to say) 214
부미자(Bhūmija) 6A
부분1[分, kala]) 1171
부분2(bhāga, √bhaj , to divide, to share) 1242
부서진(chinna, √chid, to cut off) 775; 1157
부서질 것이다(bhijjissati, √bhid, to split) 718
부서짐(bheda) 493; 534
부서져버리기를(bhijjatu, Imp3Sg) 312
부수기 어려운(dubbhida) 680
부서지기 쉬운(pabhaṅgu, pra+√bhañj, to break) 751[설명]
부수어버리자(dhunāma, √dhū, to shake Imp1Pl) 1147[설명]; 1149
부수어버린 자(hantar, √han, to smite, *to* kill) 1237
부수어진(hata, √han) 428[설명]
부수어버릴 것이다(bhañjissaṁ, √bhañj to break Fut1Sg) 1095
부수어질 것이다(vidhamissati, vi+√dhmā, to blow = nirujjhissati) 184
부수지 못하게 하라(mā bhañji, √bhañj to break Aor3Sg) 402

부순 뒤1(bhetvāna, √bhid, to split) 680; 753
부순 뒤2(pabhijja, pra+√bhid) 1242
부순 뒤3(vadhitvāna, √vadh, to slay) 890
부유한(sa-dhana) 776
부자(aḍḍha, √ṛdh, to thrive) 783
부지런히 정진하는(āraddha-vīriya, ā+√rabh, to take hold, to grasp) 148[설명]; 156[설명]; 266; 335; 353; 861; 899; 979; 1264
부처님(Buddha, √budh, to wake, to know) 18; 24; 26; 47; 55; 66; 91; 107; 108; 112; 117; 158[주]; 174; 220; 224; 270; 274; 285; 286; 295; 302; 314; 319; 332; 340; 348; 349; 382; 410; 417; 465; 467; 468; 474; 515; 534; 536; 548; 562; 604; 639; 647; 656; 701; 714; 746; 768; 792; 839; 869; 870; 880; 886; 891; 894; 902; 903; 995; 1021; 1023; 1024; 1044; 1050; 1058; 1088; 1185; 1189; 1192; 1203; 1207; 1230; 1260; 1261; 1212; 1258; 1277
  네 가지 부처님 (cattāro Buddhā) 280[주]; 613[주]
  모든 부처님들(sabba-buddhā) 613[설명]
  부처님들(Buddhā) 201[설명]; 204; 509; 589; 1051A; 1085[주]; 1085
  부처님을 따라 깨달은(Buddhānu-buddha) 679[설명]; 1246[설명]
  부처님을 시중듦(Buddhupaṭṭhāna) 240A
  부처님의 계행을 받들어 행하는 자(saṁsevita-Buddha-sīli) 71; 210
  부처님의 아들(Bbuddhassa putta) 536[주]
부추겨진(yantita, √yantr, to restrain, to curb = saṅghaṭita(부딪힌) 574[설명]
분노(kodha, √krudh, to be angry) 441[설명]; 445
  분노가 없는(akkodhana) 502~506
  분노에 찬 마음으로 뻣뻣해진(kodha-ppatta-mana-tthaddha) 752[설명]
  분노하는(kodhana) 952; 1018
  분노한(kuddha) 442
분명하게(addhā) 188
분명하게 드러나다(paṭibhāti, prati+√bhā, to shine) 1026
분명하게 드러났다(pāturahu, pātur+√bhū, to be, to become Aor3Sg = pāturahosi) 269[설명]; 273; 301; 316; 318; 409
분명하게 아는(vijānata) 14[설명]
  ☞ 아는(vijānata)
분명하다(pakkhanti, pra+√khyā, to see = pakkhayanti) 1034
분명한(apaṇṇaka, a+√parṇ, to be green or verdant) 788
분명함에서부터 시작한(dhuva-ppayā-ta, pra+√yā, to go) 571
분명히(jātu, √jñā, to know) 876; 1134; 1268
분발(parakkama, parā+√kram, to stride) 167
분발된(paggahita, pra+√grah, to seize) 549
분발하라(nikkamatha, nis+√kram) 256
분발한 뒤(ussahitvā, ud+√sah, to prevail) 1029[설명]
분비물이 나오는(avassuta, ava+√sru, to flow) 279
분석해서 [설하신](saṁvibhatta, saṁ+vi+√bhaj, to divide, to share) 9[설명]; 885; 1261

분소의(paṁsukūla) 127; 207A; 896; 897; 1057; 1080; 1081
분소의를 입는 (paṁsukūlī) 844
분소의를 입는 자(paṁsukūlika) 1120
분칠을 한(cuṇṇaka-makkhita, √mṛkṣ /mrakṣ, to rub, to stroke) 771; 1157
분해되어 버리기를(visīyaruṁ, vi+√śyai to coagulate = visīyantu) 312
불(aggi) 3; 219; 461; 1204; 1205
불 [큰~](mahāgini) 702
불결한(asuci) 394; 453
불결함을 토해버린(vanta-kasāva, √vam to vomit = chaḍḍita-kasāva) 970
불다 [바람이~](vāti, √vā1, to blow) 50
불량배인 마음(citta-kali) 214; 355~357
불렀다(avoca, √vac, to speak Aor3 Sg) 870
불린(nāma, nāma D) 534
불만족스럽다(ukkaṇṭhāmi, ud+√kaṇṭh *to* desire) 718
불만족한(ukkaṇṭhita, ppp) 105
불방일(appamāda, a+pra+√mad, to rejoice, to be glad) 404[설명]; 883; 980
불붙는(āditta, ā+√dīp, to shine) 712
불붙었다(pariḍayhati, pari+√dah, to burn Pass) 1223; 1224
불사(不死)의 말씀(amatā vācā) 1229 [설명]
불어서 날리다(nudati, √nud, to push) 598[설명]
불의 무더기(aggi-khandha) 450; 1156
불완전함(ūnāva) 778
불운한(alakkhya, a+√lakṣ, to mark = alakkhikatā) 1123
불타다1(ḍayhati, √dah, to burn) 780
불타다(ḍayhāmi) 1223
불이 붙는(ḍayhamāna) 39; 40; 1162; 1163
불타는(ḍayhamāna) 1060[설명]
불타다2(paḍayhati, pra+√dah) 1204
불타오르는1(āditta, ā+√dīp, to shine) 790; 1099[설명]
불타오르는2(tappamāna, √tap, to heat) 32[설명]
불해(不害, ahiṁsaka, a+√hiṁs, to injure) 879
불행을 기뻐하는(vibhūta-nandi, vi+√bhū, to be, to become) 1018
불행하다는 증거(dubbhaga-lakkhaṇa, du+√bhaj, to divide, to share) 320
붐마자까(Bhummajaka) 994
붐비지 않는(anākiṇṇa, ā+√kṝ, to scatter, to strew) 1069
붙들어 맬 것이다(olaggessāmi, ava+√lag, to attach) 355
붙잡힌(otthata, ava+√stṛ, to strew) 572
브라흐마가 된(brahma-bhūta) 831 [설명]; 833
브라흐마나[祭儀書, Brāhmaṇa) 341; 1171
브라흐마닷따 장로(Brahmadatta thera) 441A[행장]
브라흐마유(Brahmāyu) 48A
브라흐말리 장로(Brahmāli thera) 205A[행장]
비(vuṭṭhi, √vṛṣ, to rain) 133; 134
비가 내리는 숲(pāvusa-sitta-kānana) 1135
비가 내리다1(abhivassati, abhi+√vṛṣ) 985[설명]
비가 내리다2(ativassati, ati+√vṛṣ) 447[설명]
비가 내릴 때1(deve gaḷantamhi, √gal, to drop) 524; 1137
비가 내릴 때2(deve vuṭṭhamhi, √vṛṣ)

1137;T
비견(比肩)할 수 없는(appaṭima, a+prati+√mā, to measure) 41; 536; 614; 1167
비교할 데 없는 통찰을 가진(atula-dassana, √dṛś, to see) 288[설명]
비구(bhikkhu, √bhikṣ, to beg) 6[설명]; 154[설명]; 981[설명]; 1152[설명] 등
비구가 됨(bhikkhu-bhāva) 870 [설명]
비구 승가(bhikkhu-saṅgha) 483; 1192
비구 승가가 앞에 모시는(bhikkhu-saṅgha-purakkhata) 426; 622; 1239
비구들이여(bhikkhavo) 21; 841; 1233
비구니(bhikkhuni) 974; 977; 1257
비난1(nindā, √nind, to revile) 617; 664
비난2(avaṇṇa, a+√varṇ, to paint, to depict) 611
비난3(garahā, √garh, to accuse, reproach) 668
비난받는(sāvajja, sa+ava+√vad, to speak = garahitabbāni) 698
비난받지 않는(agārayha, a+√garh, to accuse, reproach) 590
비난받지 않는(avajjā, VRI:avajjhā, a+√vad) 789
비난하다(garahanti, √garh) 160
비난하는(garahanta) 965
비난할 것이다(niggaṇhissanti, nis+√grah, to seize) 974
비둘기 협곡(Kapota-kandarā) 998
비뚤어진 길(jimha-patha) 1174
비라나 풀(bīraṇa) 400[설명]; 402
비록(kiñca'api) 947
비를 내려라(pavassa, pra+√vṛṣ, to rain) 51~54; 325; 326; 329; 1273
비를 내리는 먹구름(pāvusa-kāla-megha) 1102
비를 내리다(vassati, √vṛṣ) 51~54; 189; 325~329; 531
비를 내리기를(vassa) 1
비를 내리는(vuṭṭha) 1137
비를 내린다(abhivassasi, abhi+√vṛṣ) 1240
비에 젖은(abhivuṭṭha) 1065
비법(adhamma) 304[설명]; 1217
비상[비비상]처(neva-saññi) 259[설명]
비슷한 [그것과~](taṁ-sadiso) 1076
비유(upama) 703; 1013
비유처럼(tathūpama) 1121
비정상적인 길(ummagga-patha, ud+√mṛg, to chase, to seek) 1242 [설명]
비천함(vasala Sk vṛṣala) 261A[주];
비추다(pabhāseti, pra+√bhās2, to shine) 548; 871~873
비탄(paridevana, pari+√div, to lament, to pain, to vex) 715
비틀거린 뒤(khalitvā, √skhal, to stumble) 45; 173
빈두사라 왕(Bindusāra rājā) 381A
빔비사라 왕(Bimbisāra) 64; 545; 632
빔비사라 왕의 회합(Bimbisāra-samāgama) 41A[주]
빗장(aggaḷa, √rakṣ, to protect) 385; 526
빗장을 푼(niraggaḷa) 526[설명]
빚에 쪼들리는(iṇaṭṭa = iṇena aṭṭita, √ard/ṛd, to stir, dissolve) 1106
빚이 없는(anaṇa) 138[설명]; 789 [설명]; 882[설명]
빛나는 깃발을 가진(paṇḍara-ketu) 64 [설명]
빛나다(virocati, vi+√ruc, to shine) 1252

빛나다(virocasi) 820
빛바랜(virājita, vi+√rañj/raj, to color) 282
빛을 가진(jotimanta, √dyut, to shine) 1268[설명]
빛을 내다(pabhāsayanti, pra+√bhās2, *to* shine) 527
빛을 낼 것이다(pabhāseyyuṁ, Opt3 Pl) 1268
빛을 만드는(pajjota-kara, pra+√dyut) 1269
빛을 발하였다(accaruci, ati+√ruc, to shine Aor3Sg = atikkamitvā ruci, sobhi) 692
빠나다 왕(Panāda) 163[설명]
빠는, 빨아진(ullitta) ud+√limp, to smear) 737[설명]
빠두마와띠(Padumavatī) 26A
빠두마웃따라 부처님(Padumuttara bhagavā) 1051A
빠디얏타(Pādiyattha) 143A
빠딸라 지역(Pātāla-khitta) 1104[설명]
빠딸리뿟따 도시(Pāṭaliputta-nagara) 234A
빠딸리뿟따에 거주하는(Pāṭaliputta-vāsi) 234; 235
빠띠목카[戒目](pātimokkha) 70[설명]; 583[설명]
빠라빠라 족성임(Parāpara-gottatā) 116A
빠라빠리야 [비구](Pārāpariya) 726
빠라빠리야 장로(Pārāpariya thera) 116A; 726A; 920A[행장]
빠라사리야 바라문(Pārāsariya brāhma-ṇa) 116A
빠라지까/바라이죄(波羅夷罪)(pārājika) 5A[주]
빠리뿐나까 장로(Paripuṇṇaka thera) 91A[행장]
빠삐만(Pāpiman) 35A[주]; 1206; 1213
빠와(Pāvā) 51A; 125A
빠윗타 장로(Paviṭṭho thera) 87A[행장]
빠지다(anuyuñjanti, anu+√yuj, to join) 883
빠지라(anuyuñjetha, Opt3Sg) 884
빠진1(adhimucchita, adhi+√mūrch, to thicken) 923[설명]
빠진2(adhiṭṭhita, adhi+√sthā, to stand) 1143[설명]
빠진3(samucchita, saṁ+√mūrch) 961
빠찌나왐사의 삼림지대(Pācīnavaṁsa-dāya) 892A
빡카 장로(Pakkha thera) 63A[행장]
빤다라사 족성(Paṇḍarasa-gotta) 949
빤다라사라 불리는(Paṇḍarasa-vhaya) 951[설명]
빤다라사와 빤다라(Paṇḍarasa Paṇḍara) 949[주]
빤다와 [단층](Paṇḍava) 41[설명]; 1167
빤두까(Paṇḍuka) 994
빤짤라 왕의 딸(Pañcālarāja-dhītu) 209A
빤짤라에 사는 바라문녀(Pañcāla-brāhmaṇi) 209A
빤짤리뿟따/빤짤리의 아들(Pañcāli-putta) 209A
빤타까(Panthaka) 510A; 557A[주]; 563
빨라(Pāla) 95A
빨리1(oraṁ) 317; 777
빨리2(sīghaṁ) 83; 755
빨리따(Pālita) 95A
빱바따꾸마라(Pabbatakumara) 381A
빳시까 장로(Passika VRI: Vassika thera) 240A[행장]
빳짜야 장로(Paccaya thera) 222A [행장]
빳차부 대장로(Pacchābhū-mahāthera) 105A
빼앗기다(dhaṁsate, √dhvaṁs, to

scatter) 225; 237; 261; 610
빼어난 미모를 가진(uttama-vaṇṇi) 821
빼어든 뒤(ādiyitvā, ā+√dā, to give) 1095
뺏어오기를 원하다(abhijigīsati, abhi+√ji, to conquer Desid of √ji jayati) 743
뻔뻔스러움(sārambha, saṁ+√rabh, to take hold, to grasp) 37
뻔뻔스러움의 힘과 결합된(sārambha-bala-saññuta) 752
뻔뻔한(pagabbha, pra+√galb, to dare) 1209
뻗는(paggayha, pra+√grah, to seize) 406; 1270
뻗어라(pasārehi, pra+√sṛ, to flow) 841
뻗쳐 나온(tata, √tan, to stretch PPP) 1277
뻣뻣한(patthaddha, pra+√stambh, to prop) 424
뼈의 더미들로 연결된(aṭṭhi-saṅghāta-ghaṭita) 570
뽀/뽓틸라 [장로](Poṭṭhila) 1175[설명]
뽀따낄라 풀(poṭakila) 27[설명]; 233
뽀시야 장로(Posiya thera) 34A[행장]
뽀틸라 비구(Poṭṭhila) 1173
뽀틸라 장로의 일화(Poṭṭhilatthera-vatthu) 1175[설명][행장]
뽁카라사띠(Pokkharasāti) 48A
뽁카라와띠 도시(Pokkharavatī-nagara) 7A
뽑아 없애버렸다(abbahi, VRI:appāsi, ā+√bṛh1/vṛh, to tear Aor3 Sg) 1007[설명]
뽑아내기가 어려운(dunnikkhama, dus+nis+√kram, to stride) 72
뽑아내야 한다(uddhare, ud+√dhṛ, to hold Opt3Sg) 756
뽑아내었다(udabbahiṁ, ud+ā+√brh1, to draw Aor1 Sg = uttāriṁ(ud+√tṝ) 158
뽑아낸(abbahitvāna, ā+√bṛh11/vṛh, to tear) 162
뽑아낼 것이다1(panudahissāmi, VRI: panudissāmi, pra+√nud, to push = apanessāmi(apa√nī, to lead) 27 [설명]; 233
뽑아낼 것이다2(uddharissati, ud+√dhṛ to hold) 757
뽑아버리기 어려운(durubbahaṁ, dus+ud+√bṛh1/vṛh, to tear) 124; 495; 1053
뽑아버린 뒤(abbuyha, ā+√bṛh1/vṛh) 298[설명]; 466
뽑아야 한다(abbahe, ā+√bṛh1/vṛh Opt3 Sg) 404[설명]
뽑았다(alocayiṁ, √luñc/, to pull out, tear Aor1Sg) 283
뽑히지 않은(anūhata, an+ud+√hṛ(to take)/dhṛ(to hold) 223; 313; 514; 517
뾰족지붕을 가진 집(kūṭāgāra) 1064 [설명]
뿌납바수까(Punabbasuka) 994
뿌띠 넝쿨(pūti-lata) 1184[설명]
뿌라나(Purāṇa) 120A
뿌라나 [깟사빠] 등(Pūraṇādi) 61
뿌리(mūla, √mūl, to be rooted or firm) 402; 612; 1027; 1121
뿌리째(samūla) 298; 466
뿌리와 함께(samūlaka) 596
뿌리가 잘린(chinna-mūlaka) 90 [설명]; 120; 440
그대를 뿌리로 하는(tvaṁ-mūlaka) 1128
뿌리 뽑았다(samūhaniṁ, saṁ+√vah, *to* carry = samugghātesiṁ Aor 1Sg) 378[설명]
뿌리 뽑힌(samūhata) 67; 79[설명];

135; 306; 604; 656; 687; 792; 881; 891; 904[설명]; 918; 1016; 1185
잘 뿌리 뽑힌(su-samūhata) 161; 428
뿌리 뽑힌(samucchinna, saṁ+ud+√chid, to cut off) 428
뿌리다(vappati, √vap1, to sew) 530; 531
뿌린 뒤(parisiñcitvā) 540
뿌린다다(Purindada) 106
뿝바위데하(Pubbavideha) 1202
뿍꾸사띠(Pukkusāti) 275A
뿍꾸사띠 선남자(Pukkusāti kulaputta) 97A[주]; 228A
뿍꾸사띠 왕(Pukkusāti [rāja～]) 97A
뿐나 장로(Puṇṇa thera) 4A; 70A; 187A[행장]
뿐나마사 장로(Puṇṇamāsa thera) 10A; 171A[행장]
뿐나지(Puṇṇaji) 117A
뿐다리까(Puṇḍarīka) 217
뿜다 [향기를～](vāti, √vā1, to blow) 615
뿝바위데하(Pubbavidehā) 1202
삐야닷시(Piyadassī) 162A
삐야빨라(Piyapāla) 162A
삐야잘리(Piyajālī) 162A
삔돌라 바라드와자 장로(Piṇḍola-Bhāradvāja thera) 123A[행장]
삔돌라 바라드와자(Piṇḍola-Bhāra-dvāja) 177A
삘린다왓차 장로(Pilindavaccha thera) 9A[행장]
삡빨리(Pippali) 1051A
삡빨리 바라문학도(Pippali māṇava) 1051A

【사】

사(四, 4, cattāro) 166; 983; 1279
사가따(Sāgata) 66A; 1018A
사갈라 도시(Sāgala-nagara) 1051A
사기꾼(nekatika) 940
사기치는(saṭha, √śaṭh, to deceive, hurt) 952
사까 나무(Sāka) 25A
사꺄(석가족, Sakyā, Sakkā) 25A[주]; 417
사꺄 가문(Sakya-kula) 911
사꺄의 왕의 가문(Sākiya-rājakula) 63A; 79A
사꺄의 왕의 가문(Sakya-rājakula) 25A; 86A
사꺄 왕자(Sakya-rājakumāra) 155
사꺄와 꼴리야의 왕들(Sākiya-Koliya-rājā) 79A
사꺄의 아들(Sakya-putta) 94; 155 [설명]
사꺄의 왕이었던 밧디야(Bhaddiya Sākiyarāja) 193A[주]
사께따(Sāketa) 28A; 38; 55A; 55; 78A
사끼야들(Sākiyā) 25A[주]; 417; 529 [설명][주]
사끼야들/석가족들(Sākiyā) 417
사냥꾼(migava, √mṛg, to chase, to seek) 774; 775
사념처(satipaṭṭhāna [cattāro～]) 166 [설명]; 352 ☞ 마음챙김의 확립[念處]
사누 사미(Sānu sāmaṇera) 44A
사누 장로(Sānu thera) 44A[행장]
사는(vasanta, √vas3, to dwell) 1113
사다리(sopāna) 764
사대왕천(Cātu-mahārājikā) 6A; 222A
사띠맛띠야 장로(Sāṭimattiya thera) 246A[행장]

사라다 고행자(Sarada-tāpasa) 981A [주]
사라다 바라문학도(Sarada-māṇava) 981A
사라방가 장로(Sarabhaṅga thera) 487A[행장]
사라방가(Sarabhaṅga) 489
사라부 [강](Sarabhu) 38[설명]
사라졌다(byagā, vi+√gam Aor3Sg) 170[설명]
사라지다1(antaradhāyati, antara+√dhā to put) 1208
사라지다2(nivattate, ni+√vṛt, to turn) 493[설명]
사라진(cuta, √cyu, to move, to stir) 63[설명]
사라질 것이다(vigamissanti, vi+√gam *to* go) 715
사라짐1(vibhava, vi+√bhū, to be, to become) 1142[설명]
사라짐2(vaya, vi+√i, to go) 644
사람1(jana, √jan/jā, to generate, give birth) 143; 149; 150[설명]; 444; 469; 494; 621; 883; 931; 992; 1072; 1153; 1216; 1220
사람2(māṇava) 231[설명]
사람3(posa) 652; 1001
사람4(purisa) 320; 727; 1025; 1054; 1256; 1268
사람5(nara) 144; 237; 238; 243; 551; 571; 611; 661; 683; 746; 819; 932; 1057; 1075; 1145; 1202; 1267
사람을 길들이는 마부이신 분(nara-damma-sārathi) 1111
사람을 길들이시는 분(nara-sārathi) 376
사람들(pajā, pra+√jan/jā) 765; 786; 839; 1220
사랏사띠 [강](Sarassati) 1104
사랑스러운(piya, √prī, to please) 33; 98; 99; 794; 796; 798; 800; 802; 804; 994; 1228
사랑스러운 말(piya-vāca) 1228
사랑스러운 모습을 가진(piya-rūpa) 195
사랑스럽지 않은(appiya) 994
사랑하는(piya) 1109
사랑하는 자들에 묶인(piya-nibandhana) 737
사량(思量)하였다(amaññissaṁ, √man to think Cond/Aor1Sg) 765
사량분별(papañca, pra+√pañc, to spread out) 519[설명]; 673A; 902[주]; 989[설명]; 990
사량분별 없음(nippapañca, nis+pra+√pañc) 902[설명]
사량분별 없는 길(nippapañca-patha) 990[설명]
사량분별 없음을 기뻐하는(nippapañca-rata) 902[설명]
사량분별을 즐기는(papañca-abhirata) 989
사려 깊은1(matimanta, √man) 897
사려 깊은2(vicinī, vi+√ci1, to gather) 897
사료로 쓰일 풀을 나르는(ghāsa-hāraka) 910
사리뿟따 장로(Sāriputta thera) 141A; 981A[행장]
사리뿟따(Sāriputta) 42A; 162A; 431; 827; 1017; 1083; 1086; 1158; 1176; 1182; 1231
사마베다(Sāmaveda) 2A
사마타(samatha) 584[설명]; 639; 1073; 1099[설명]
사만 바라문(Sāman) 1171
사만냐까 장로(Sāmaññakāni thera) 411A[행장]
사만냐까니 장로(Sāmaññakāni thera) 35A[행장]

사모하다(kāmayati, √kam, to love) 93
사문(samaṇa, √śram, to be weary) 234; 235; 588~596; 726; 751; 866; 868; 910; 920[설명]; 948; 1154; 1170[주]
사문의 무리(samaṇa-saṅgha) 820
사문의 법도(samaṇūpāsana) 239 [설명]
사문의 편안함(samaṇa-phāsutā) 1033
사문의 삶(samaṇa-bhāva) 821
사문·바라문(samaṇa-brāhmaṇa) 554; 747
사미(sāmaṇera) 14; 42; 44; 434
사미닷따 장로(Sāmidatta thera) 90A [행장]
사미띠굿따 장로(Samitigutta thera) 81A[행장]
사밋디(Samiddhi) 10A
사밋디 장로(Samiddhi thera) 46A [행장]
사방1(cātuddisa) 1057
사방2(cāturanta) 239; 822; 914
사방의(samanta) 1210; 1235
사비야 장로(Sabhiya thera) 275A [행장]
사비야(Sabhiya) 275A
사비야 깟짜나 존자(āyasmā Sabhiya Kaccāna) 275A
사비야 유행승(Sabhiya paribbājaka) 360A[주]
사색(khanti, √kṣam, to endure) 1029 [설명]
사슴(miga) 454; 774; 775; 1144
사슴 사냥꾼(miga-bandhaka) 774 [설명]; 775
어미 사슴(migi) 109
사슴의 무리들이 머무는(miga-saṅgha-nisevita, ni+√sev, to attend upon) 1069
사실인(tathaṁ) 347[설명]
사악한(pāpa) 81; 95; 140; 146; 346; 355; 610; 652; 784; 872; 1001; 1018; 1206; 1207; 1228
모든 사악함(sabba-pāpa) 349[설명]
수많은 사악함(sahassa-pāpa) 868
사악한(pāpaka) 2[설명]; 48; 144; 146; 316; 496; 681; 898; 930; 1006; 1007
사악한 마음(pāpa-citta) 1156
사악한 바람을 가진(pāpiccha) 987
사악한 법(pāpaka dhamma) 2[설명]; 130; 238[설명]; 786; 930
사악한 친구(pāpa-mitta) 264
사악함(pāpa) 81[설명]; 346; 652
사악함을 기뻐하는(pāpa-rata) 356
사악함을 씻은 [모든~](ninhāta-sabba-pāpa) 348[설명]
사왓티 도시(Sāvatthi-nagara) 3A
사용해야 한다(sevetha, √sev, to attend upon Opt3Sg) 142; 229 [설명]
사유1(cintā, √cit, to perceive, to know) 726; 920[설명]
사유하는(cintetuṁ) 111
사유2(saṅkappa, saṁ+√kḷp, to be adapted) 48[설명]; 60[설명]; 376 [설명]; 603; 645; 646; 674; 675; 760; 901; 902
[그릇된~] 사유와 기억으로 날카로워진 (saṅkappa-sara-tejita) 754
사유3(mati, √man, to think) 555
사유에 능숙한(mati-kusala) 71 [설명]
사유하여 왔다(anuvicintayaṁ, anu+vi+√cit, to perceive, to know) 747; 1032
사자(使者, dūta) 564
사자(獅子, sīha) 0-1; 83; 177; 367;

832; 840; 1081
사자의 자리(sīhāsana) 1095
사자의 피부(sīha-camma) 1080
사자후(sīha-nāda) 175; 1279
사지(四肢, gatta) 272; 540
사지(sabba-gatta) 757
사제불(四諦佛, catu-sacca-Buddha) 280[주]
사지(四肢)를 가진(gatta-bhūtā) 1150 [설명]
사형 기둥(sūla) 213[설명]
사형대(āghātana, ā+√han, to kill) 418[설명]; 711
사형집행 장소(kaliṅgara) 213[설명]
삭까1(Sakka) 25A[주]; 417[주]; 536 [설명]; 1265[설명];
삭까(석가족, Sakkā, Sakyā) 25A [주]; 417[주]
삭까 사람 난디야(Nandiya Sakka) 25A
삭까의 여인 깔리고다(Kāḷigodhā Sākiyāni) 842A
삭까2(Sakka = 인드라) 106)[주]; 533 [설명]; 673[주]; 1196[설명]; 1266 [설명]
삭까(인드라)로 태어난(Sakka-jāti) 913
삭꼬다나(Sakkodana) 1018A
삭막함[마음의~](khila) 1222[설명]; 1242[설명]
삭막함을 여읜(akhila) 1222[설명]
산1(giri) 115; 1144
산의 개울(giri-nadi) 310
산의 동굴(giri-kandara) 540
산의 동굴(giri-gabbhara) 0-1; 177; 1081; 1103
산2(pabbata) 115; 651; 680; 887; 1000; 1013
산의 기슭(pabbata-kandara) 1091
산3(siluccaya = pabbata) 692; 1058
산4(naga) 110; 544; 1065; 1133; 1144; 1249
산꼭대기(nagagga) 110
산속(nagantara) 525; 1137
산의 갈라진 틈(naga-vivara) 525
산의 갈라진 틈으로 간(naga-vivara -gata) 41; 1167
산데하(Sandeha) 162A
산디따 장로(Sandhita thera) 217A [행장]
산마루(sānu) 23
산비탈에 간(pavana-gata) 1092
산산이 부수어진(padālita, pra+√dal, to burst) 87[설명]; 253; 254; 344; 840
산자야 벨랏티뿟따(Sañjaya Belaṭṭhi-putta) 1146A
산자야 장로(Sañjaya thera) 48A[행장]
산짜야 유행승(Sañcaya paribbājaka) 981A
살다(vasati, √vas3, to dwell) 14
살라 숲(Sāla-vana) 948
살려고 하는(jīvituṁ, √jīv, to live) 228 ~230
살아가는(vattī, √vṛt, to turn) 1145
살아가다(jīvati, √jīv, to live) 499; 550
살아있는(jīva) 44
살아있는(jīvanta) 44
살아있는(jīvita) 553
살았다(acchisaṁ, √ās, to sit Aor1Sg = vasiṁ √vas3 Aor1Sg) 487
살인자(hiṁsaka, √hiṁs, to injure) 879
살코기(maṁsa) 1025
살점(maṁsa-pesi) 312; 769
살점과 힘줄로 꿰맨(maṁsa-nhāru -pasibbita) 1150
살점의 반죽으로 발라져 있는(maṁsa -lepana-lepita) 569

삶(jīvita, √jīv) 20[설명]; 114; 123; 145; 196; 203; 407; 451; 508; 606; 607; 654; 670; 782; 888; 924; 1002; 1003
삶에 이로운 것(jīvitattha) 554
삶을 영위함(vutti, √vṛt) 111
삶이 청정한(suddhājīva, √śudh, to purify) 249
삼림지대(vana-pattha) 962
삼매(samādhi, saṁ+ā+√dhā, to put) 37[설명]; 102[설명]; 561[설명]; 634; 745; 916; 1011; 1051; 1052
다섯 가지 구성요소를 가진 삼매(pañc-aṅgika samādhi) 916[설명]
삼매를 잃어버린다(samādhiṁ vi-rādheti, vi+√rādh, to succeed) 37[설명]
삼매에 도움 됨(samādhi-saṁvatta-nikānī, saṁ+√vṛt, to turn) 28 [설명]
삼매에 든(samāhita) 12[설명]; 207; 354; 689; 696; 697; 972; 1014; 1083
자신이 삼매에 든(samāhitatta) 6 [설명]; 981; 1098
잘 삼매에 든(su-samāhita) 1; 46; 50[설명]; 51; 52; 160; 272; 431; 618; 696; 970; 988; 1029; 1077; 1146; 1148; 1156; 1176; 1225
잘 삼매에 든 마음(su-samāhita-citta) 56[설명]
삼매에 들지 않은(asamāhita) 159 [설명]
삼매와 명지에 자유자재하여 바라밀에 도달한(samādhi-vijjā-vasi-pāramī-gata) 1184[설명]
삼매의 기능을 갖춘(samāhitindriya) 1184
삼명(三明, tevijja, √vid, to know, to sense) 1236; 1249
삼명을 가진/갖춘(tevijja) 112[설명]; 129[설명]; 221; 296; 336; 370; 1177; 1248; 1262
삼모다 왕자(Sammoda-kumāra) 63A
삼바라(Sambara) 749
삼백(300, tisatā) 836; 841
삼부따(Sambhūta) 6A
삼부따 장로(Sambhūta thera) 291A [행장]
삼불라깟짜나 장로(Sambula-kaccāna thera) 189A[행장]
삼십삼천(Tāvatiṁsa) 242[설명]; 913
삼십삼천의 행복(tidiva sukha) 242 [설명]; 534[주]
삼십삼천(tidasā) 242[주];
삼았습니다 [귀의처로~](āgamaṁ, √gam = agamaṁ Aor1Sg) 285; 880
삼의(三衣)만 수용하는(tecīvarī) 846
삼킨(ghasanta, √gras, to devour) 749
삼히따[本集, Saṁhitā] saṁ+√dhā, to put) 1171
삽바까미 장로(Sabbakāmi thera) 453A[행장]
삽비밋따 장로(Sabbamitta thera) 149A[행장]
삽빠까 장로(Sappaka thera DPPN: Sabbaka) 307A[행장]
삽빠다사 장로(Sappadāsa thera) 405A[행장]
삽빠손디까 산기슭(Sappasoṇḍika-pabbhāra) 97A
상가락키따 장로(Saṅgharakkhita thera) 109A[행장]
상가마지 장로(Saṅgāmaji thera) 34A [행장]
상가밋따(Saṅgha-mittā) 543
상깟사 도시(Saṅkassa-nagara) 106A
상낏짜 장로(Saṅkicca thera) 597A; 705A[행장]

상냥한(sakhila, √sac, to accompany) 978
상세한(vitthāra, vi+√stṛ, to strew) 1232[설명]
상세한 설명[授記]을 받아들이는(sampanna-veyyākaraṇa, vi+ā+√kṛ, to make) 1272
상속자(dāyāda, √dā, to give) 18[설명] 18; 144[설명]; 144; 348; 1058; 1142[주]; 1168; 1169
상속자(dāyādaka) 781; 1142
상아 빛깔의 옷을 두르는(danta-vaṇṇika-pāruta, pra+√vṛ1, to cover) 960
상인(vāṇija) 530
상자(samugga) 736
상처 [큰~](mahā-vaṇa, √vraṇ, to wound) 567
상처 없음(avaṇa) 757
상처 내다(heṭheti, √heṭh, to harass, *to* hurt) 149[설명]
상처 낸(heṭhayitvā) 150[설명]
상처받게 되다(heṭhīyati) 149
상처덩이(aru-kāya) 769[설명]; 1157
상처를 입은(ruppanta, √rup, to break, to pain) 967
상카 왕(Saṅkha) 163
상투다발(coḷā) 170[설명]
새1(dija) 1103
새2(pakkhimā) 139; 1036; 1156
새 사냥꾼(pakkhimā) 139[설명]
새3(sakunta) 92
새4(vihaṅgama) 1108; 1136
새들이 나는 길(vihaga-patha) 522
새로 들어온(nava-ggaha, √grah, to seize) 357
새로 출가한(nava-pabbajita, pra+√vraj, to proceed) 249; 250; 251
새로운(nava) 57[설명]; 773; 1036
색계(rūpa-dhātu, √dhā, to put) 259
색깔(raṅga, √rañj/raj, to color) 1155
색깔/계급(vaṇṇa, √varṇ, to paint, to depict) 140[설명]
색깔로 가득한(vaṇṇavanta) 323; 324
생(生, jāti, √jan/jā, to generate, to give birth) 81; 346; 1126
생각(vitakka, vi+√tark, to think) 50[설명]
60가지로 집착하는 자신들의 생각들(saṭṭhi-sitā savitakkā) 1217[설명]
아홉 가지 큰 생각들(nava mahā-vitakka) 50[주]
생각을 가짐[위대한~](mahā-mati, √man, to think) 1015
생각하게 되다(saṁcintaye, saṁ+√cit) 1103
생각하다(maññati, √man, to think) 232; 1074; 1075; (maññāmi) 533; (maññasi) 1206; (maññe, Opt1Sg) 18; 674; 931; 1269; (maññetha, Opt3Sg) 1155
생각하는(maññanta) 341
생각하시오(amaññittho); mā ~ = mā maññi 280
생각하였다(maññisaṁ = maññiṁ Aor1Sg) 342; 424
생각한 뒤(maññitvā) 741
생각할 수 없는(acintiya, a+√cit, to perceive, to know) 967
생겨나다(uppajjanti, ud+√pad, to go) 121
생겨난(uppanna) 64; 1180
생겼다, 일어났다(udapajjatha, ud+√pad, to go Med Aor3Sg cf udapādi) 30; 269; 273; 301; 318; 409; 1044; 1254
생계(ājīva, ā+√jīv, to live) 590
생계를 원인으로 한(ājīva-hetu)

1123
생계를 위함(jīvikattha, √jīv) 941
생기게 한다(janeti, √jan/jā, to generate, to give birth) 110
생기게 하다(janayetha, Opt3Sg) 370
생기게 하다(pasavati = pra+√sru, to flow = paṭilabhati adhigacchati) 238
생기게 하다(pasavī = paṭilabhati) 1206
생긴(samuṭṭhāya, saṁ+ud+√sthā, to stand) 755
생김새(saṇṭhāna, saṁ+√sthā) 423 [설명]
생김새와 피부색과 외모(saṇṭhāna-vaṇṇa-rūpa) 423
생명1(jīvita, √jīv, to live) 493
생명을 위함(jīvikattha) 311[설명]
생명의 멸진(jīvita-saṅkhaya) 919
생명2(pāṇa, pra+√an, to breathe) 33 [설명]; 867
생명들을 연민하는 [모든~](sabba-pāṇa-anukampati) 238
생명3(pāṇī, pra+√an) 492; 553; 603; 646; 660; 1258
생을 마친(abbha-tīta, abhi atthaṅgatā nibbutā) 242
서거한(gata, √gam) 1034
서게 되기를(tiṭṭhatu, √sthā, to stand Imp3Sg) 988
서게 만들었다(aṭṭhapesi, √sthā Caus Aor3Sg) 38
서계1(vata, √vṛ2, to choose) 277; 727
서계(誓戒)를 실행함(vata-cariya) 473
좋은 서계를 가진 자(subbata) 19 [설명]; 209; 877
서계2(vatta, √vṛ2 = ācāra-vatta) 432
서다(ṭhāyāmi, √sthā, to stand) 888
서두르다(tarati, √tvar, to hasten) 291[설명]
서두르다(tāraye) 293
서둘러야 하는(taraṇīya) 291; 293
서로서로(aññamaññaṁ) 933; 953; 976; 978
서슴없이 행한다(nisevare, ni+√sev, to attend upon Med Pre3Pl= karonti) 934
서있다(tiṭṭhati, √sṭhā, to stand) 90 [설명]; 98; 99; 120; 234; 235; 440; 753; 761; 794; 796; 798; 800; 802; 804; 806; 808; 810; 812; 814; 816; 1023; (tiṭṭhanti) 841; 1083; 1178; 1190; (tiṭṭhāmi) 530
서라(tiṭṭha) 126
서야 한다(tiṭṭheyya, Pot3Sg) 264
서있는(ṭhita) 305; 663; 1243
서있는/머문(ṭhita) 372; 624; 696; 866; 867; 917; 1198
서있는(tiṭṭhata) 452[설명]
서있었다(aṭṭhāsiṁ, √sthā Aor1Sg) 284; 558; 887; 913
서있었다(aṭṭhāsi, Aor3Sg) 623
서쪽을 향하여(pacchā-mukhaṁ) 529
석가족(釋迦族, Sakkā) 267A ☞ 삭까(Sakkā, Sakyā)
석가족에 대한 세 가지 표현(Sakkā) 25A[주]
석주(inda-khīla) 663
선(禪, jhāna, √dhyai, to think, meditate) 199; 580; 917; 1105; 1114 [설명]
4종禪(catukka-jjhāna) 640[주]
4종禪·5종禪(catukka-pañcaka-jjhānā) 640[주]
선(禪)을 기뻐하는(jhāna-rata) 12 [설명];
선(禪)의 미세한 특징을 통찰함을 구족한(jhāna-sokhumma-sam-

panna) 437[설명]
선(禪)을 하는(jhāyanta) 22[설명]
큰 선(禪)을 닦는(mahā-jhāyi) 112 [설명]; 928[설명]; 1083
선두(pamukha) 612[설명]
선서(善逝, sugata, su+√gam) 185; 305; 725; 764; 869; 889; 1238
선처(善處, sugati, su+√gam) 304 [설명]
선언하다(paṭijānāsi, prati+√jñā, to know) 825
선율 [아름다운~](sugīta, su+√gai, to sing) 51~54; 325; 326
선인(仙人, isi, √ṛṣ, to rush, to push) 724; 948; 949; 951; 1049; 1065; 1095; 1234; 1240
위대한 선인(mahesi) 868; 870
선인들이 걸어가셨던(isippayāta, pra+√yā, to go) 1102[설명]
선인(仙人)들 중 으뜸가는 선인(isīnaṁ isi-sattama) 1240[설명]
선인의 모임에 의지하는(isi-saṅgha-nisevita, ni+√sev, to attend upon) 763
선택하였다(arocayiṁsu, √ruc, to shine Aor3Pl) 724
선택할 것이다(gaṇhe, √grah, to seize Pot1Sg) 468
선포된(ghosita, √ghuṣ, to sound) 932[설명]
선한1(santa, √as, to be PAP) 75; 994[설명]; 1050; 1188
선한2(kalyāṇa, √kal3, to calculate) 144; 249; 507; 588; 612
선하게 보이는(kalyāṇa-dassana) 821
선한 통찰지를 가진(kalyāṇa-pañña) 506[설명]
설명하다(byākaromi, vi+ā+√kṛ, to make) 331
설명하였다(byākāsiṁ, Aor1Sg) 482
설명할 것이다(ācikkhissāmi, ā+√khyā *to* see) 951
설하다(bhāsati, √bhāṣ, to speak) 65; 832; 1230; 1232
설하는(bhāsamāna) 131
설해진(bhāsita) 374
설하다(vadāmi, √vad, to speak) 402
설해진(vutta) 1100; 1260
설하다(deseti, √diś, to point) 1231; 1232; (desenti) 942
설하는(desayanta) 1233
설하는(desenta) 287[설명]; 1238
설한(desita) 69; 91[설명]; 491; 548 [설명]; 647; 673; 703; 714; 723
설하였다1(adesesi, Aor3Sg) 1254; (desesi, Aor3Sg) 638; 767; 995; (desayi, Aor3Sg) 902; 1244
설해지는(desiyamāna) 995; 1044
설할 것이다(desayissāmi) 255
설하였다2(akkhāsi, ā+khyā, to tell Aor3Sg = abhāsi) 1243
설해진(akkhāta) 637; 1243
섬 [좋은~](su-dīpa) 412
섬광이 번쩍이는(accimanta, √arc/ṛc, to praise, to honour = pabhāsayanti) 527; 1190
섬겼다(paricariṁ, pari+√car, to move Aor1Sg) 219[설명]
섬긴(paricinna) 178[설명]; 604[설명] 656; 687; 792; 891; 918; 1016; 1050; 1088; 1185
섬기다(payirupāsanti, pari+upa+√ās, to sit) 1236; 1238; 1249; 1251
섬겨야 한다(upāseyya, upa+√ās Opt 3Sg = payirupāseyya(pari+upa+√ās) 1027
섬길 것이다(sevissanti, √sev, to attend upon) 964

섬세한(sukhuma) 71[설명]; 133A
섬세한(sukhumāla) 475
섬세한 견해에 대해서 통찰을 하는 (sukhuma-diṭṭhi-vipassaka) 1012
매우 섬세하고 미묘한 이치를 보는 (su-sukhuma-nipuṇattha-dassi) 71[설명]; 210
섭수하는(paṭiggaha, prati+√grah, to seize) 566
섭수한 뒤(paṭiggayha) 476
성가시게 하는(kuppanīya, √kup, to be angry) 191; 192
성내다(kuppati, √kup) 191; 192
성냄(dosa, √dviṣ, to hate) 79; 282; 378; 719; 1092
성냄으로 가득한(dosa-saṁhita) 48 [설명]; 603[설명]; 645
성냄을 여읜(vīta-dosa) 328; 704
성냄의 인식(dosa-saññā) 1040
성마르지 않는(avighātavā, a+vi+√han, to smite, to kill = avikkhitta(a+vi+√kṣip, to throw), samāhita) 899
성소[聖所]의 계단(tittha, √tṝ, to cross) 613; 766[설명]
성스러운(ariya, ārya D) 35[설명]; 148 [설명]; 266; 421[설명]; 650; 998; 1259
성스러운 법(ariya-dhamma) 660; 1273[설명]
성스러운 서계(ariya-vata) 334
성스러운 침묵(ariya tuṇhībhāva) 650
성스럽지 못한(anariya) 48; 603; 645
성이 난 [크게~](saṅkupita, saṁ+√kup to be angry) 443
성인(聖人, muni) 68[설명]; 100; 137; 176; 185; 247; 248; 248[설명]; 497; 533; 581; 592; 596; 839; 896; 897; 907; 946; 1052; 1092; 1168; 1169; 1216; 1218; 1249; 1251; 1254; 1257
성인 [위대한~](mahā-muni) 38; 110; 180; 1087; 1089; 1090; 1143; 1252
성자(ariya) ☞ 성스러운(ariya) 959
성자들이 좋아하는(ariya-kanta) 507
성자[대~](mahā-muni) 38[설명]
성자가 됨(mona, muni D) 168[설명]
성취1(siddhi, √sidh1, to succeed) 377[설명]
성취2(sampadā, saṁ+√pad, to go) 201[설명]
성취3(sampatti, saṁ+√pad) 608[설명]
성취한(sampatta) 791
성취되었다(ijjhiṁsu) √ṛdh, to thrive Aor3Pl) 60[설명]
성취수단(iddhi-pāda, √ṛdh) 595
성취된(vusita, √vas3, to dwell) 135; 258; 913
성취된다(paripūrenti, pari+√pṝ, to fill) 294
성취하게 될 것이다(sādhiyissāmi, √sādh, to succeed) 542
성취하라(sampādetha, saṁ+√pad, to go Opt3Sg) 658; 1017
성취한(anuppatta, anu+pra+√āp, to obtain) 120; 260; 1260
성취할 것이다(ārādhayī, √rādh, to succeed Aor3Sg) 990
성향(adhippāya, adhi+pra+√i, to go) 950[설명]
세간적인(lokya, √lok, to look) 156[설명]; 554
세나(Sena) 355A
세나까(Senaka) 290
세나까 장로(Senaka thera) 287A[행장]
세따라는 코끼리(Seta-vāraṇa) 689A
세따뱌 도시(Setabya-nagara) 67A; 151A

세뜻차 장로(Setuccha thera) 102A [행장]
세레야까 장로(Sereyyaka Thera) 82A [행장]
세리사까(Serīsaka) 38A
세밀하게 견주어보다(tuleti, √tul, to lift, weigh) 141[설명]; 1029[설명]
세밀하게 견주어본 뒤(tulayitvāna) 107[설명]
세상(loka, √lok, to look) 10[설명]; 185; 237[설명]; 252; 288; 400; 401; 448; 449; 457; 548; 594; 608; 638; 671; 674; 701; 717; 737; 748; 750; 776; 778; 785; 786; 830; 870~873; 901; 909; 954; 986; 987; 1031; 1047; 1048; 1109; 1131; 1181
세상을 애민하는 [모든~](sabba-loka-anukampaka) 625
세상을 치료하는 [온~](sabba-loka-tikicchaka) 722
세상의 주인(loka-nātha) 921
모든 세상(sabba-loka) 468; 566; 712; 1252; 1268
세상에 속하는(jagatogadha, √gam, to go / ava+√gāh, to plunge) 1215
세속에 의지한(geha-sita) 1214
세속을 떠나(abhinikkhamma, abhi+nis+√kram, to stride) 249[설명]; 250; 251
세속을 여읜 행복(nirāmisa-sukha) 16 [설명]
세속을 여읜 [행복](nirāmisa) 85
세속적인(āmisa) 940
세우는(āropamānaka, ā+√ruh, to ascend) 213
세워진 [잘~](samussita, saṁ+ud+√sah, to prevail) 769[설명]; 1157
세월(addhāna) 215; 541
세존(bhagavā) 47[주]; 86; 94; 290; 365; 366; 559; 818; 824; 827; 836~838; 995; 1041~1043; 1237; 1240; 1245; 1264; 1275; 1278
셀라 장로(Sela thera) 818A[행장]
셀라(Sela) 824; 827; 837
셀라 바라문(Sela brāhmaṇa) 818A
셀라 [존자](Sela) 24A; 320A
소나(Soṇa) 368 ☞ 소나 꼴리위사 장로; 632 ☞ 소나 꼴리위사 장로
소나 꼴리위사 장로(Soṇakoḷivīsa thera) 632A[행장]
소나 꾸띠깐나 장로(Soṇakuṭikaṇṇa thera) 365A[행장]
소나 꾸띠깐나(Soṇa Kuṭikaṇṇa) 23A; 494A
소나 뽀띠리야뿟따 장로(Soṇa Poṭirīyaputta) 193A[행장]
소나 존자(Soṇa) 27A; 173A
소나까(Soṇaka) 162A
소년(kumāraka) 431
소년의 질문(Kumārapañhā) 480A[주]
소늣따라 사냥꾼(Soṇuttara) 967[주]; 969[주]
소리(sadda, √śabd, to make a sound) 99[설명]; 455; 643; 731; 796; 808; 809; 895; 1099
소리에서 생겨난(sadda-sambhava) 797
소리가 적은1(appa-sadda) 592
소리가 적은2(appa-nigghosa, nis+√ghuṣ, to sound) 577
소리가 울려 퍼지는(abbhunnadita, abhi+ud+√nad, to sound) 1065
소리가 울리는(abhiruda, abhi+√rud, to weep) 1062
소마밋따 장로(Somamitta thera) 147A; 264A[행장]
소망(āsā, √aś = apekkhā) 57; 1207
소망하는(patthayāna, pra+√arth, to wish for) 330; 609
소멸(nirodha, ni+√rudh2, to obstruct)

492[설명]
소멸되다(nirujjhati) 227[설명]; 263; 492; 1159
소비따(Sobhita) 163A
소비따 장로(Sobhita thera) 165A [행장]
소빠까(Sopāka) 33A; 485
소빠까 장로1(Sopāka thera) 32A; 33A[행장]
소빠까 장로2(Sopāka thera) 473A; 480A[행장]
소빠라(Sopāra) 70A
소용(attha, √arth, to wish for) 150 [설명]
소중한(seyya) 784
소중히 여겨지다(parihīrati, pari+√hṛ, to take Pass) 453
소중히 여기고 있다(mamāyase, mama D Med Pre2Sg) 1150
소진되다(uparujjhati, upa+√rudh2, to obstruct) 145
속력(java) 450
속박1(yoga, √yuj, to join) 494
속박2(bandhana, √bandh, to bind) 281; 298; 699; 1143[설명]; 1184
속박이 없음(abandhana) 282[설명]
속박에서 벗어난(bandha-pamuñca-kara) 1242
속박을 넘어선 [다섯 가지~](pañca-saṅga-atiga, √sañj, to hang) 15; 633
속박이 멸진된(khīṇa-saṁyoga, saṁ+√yuj) 1177[설명]
속은(vañcita, √vañc, to move crookedly) 375
속은(vañcitāse) 102 Med Pre3Pl = vippaladdhā
속이는(kuha, √kuh, to deceive) 959
속이지 않는(akuhaka) 1218
속임수와 시기와 뻔뻔스러움(māyā-usūya-sārambha) 759
속임수가 없음(amāya) 502~506
손1(hattha) 487; 488; 511; 1055
손2(pāṇi) 481; 758
손바닥(pāṇi-tala) 86
손가락(aṅguli) 948; 1055
손가락 한 번 튀기는 정도만큼(accharā-saṅghāta-matta, saṁ+√granth, to bind, to tie) 405
손상되다(upahanti, upa+√han, to smite, to kill Pre3Sg) 555
손에 칼을 든(khagga-hattha) 863
손에 피를 묻히는(lohita-pāṇi) 881
손이 닿지 않는 곳(ahattha-pāsa) 888
손해1(ahita, √dhā, to put) 728
손해2(alābha, √labh, to get) 664
손해를 본(alābha) 666
솜(tūla) 104
솜처럼(tūlasannibha) 1137
솟아오른(ubbhijja, ud+√bhid, to split Ger) 761[설명]
솟아올랐다(uggacchiṁ, ud+√gam Aor1Sg) 181[설명]
솟티야 바라문(Sotthiya-brāhmaṇa) 47A
송장(kuṇapa) 736
쇠꼬챙이(sūla) 780
쇠못(ayosaṅku) 1188
쇠살(salla) 404[설명]; 755; 986[설명]
쇠살이 없음(visalla) 526[설명]; 1177[설명]
쇠약해지는(hiyyamāna, √hā, to leave) 114; 1033[설명]
쇠퇴하다1(parijīyati, pari+√jṝ/jur, to waste away) 1215
쇠퇴하다2(vihāyati, vi+√hā) 232; 361; 387; 390; 1032
쇠퇴하다3(parihāyanti, pari+√hā) 292
수간다 장로(Sugandha thera) 24A [행장]

수까라카따 동굴(Sūkara-khata-leṇa) 981A
수나가 장로(Sunāga thera) 85A[행장]
수나빠란따(Sunāparanta) 70A
수나빠란따 지방(Sunāparanta- janapada) 70A; 187A
수낙캇따(Sunakkhatta) 66A; 1018A
수니따 장로(Sunīta thera) 620A[행장]
수다스러운(lapa, √lap, to prate) 959
수다스럽지 않은(amukhara, mukha D) 926
수담마 [의회](Sudhammā) 1198
수닷따(Sudatta) 163A
수닷따 장로(Sudatta / Sudanta) 37A [행장]
수닷사나(Sudassana) 103A
수드라(sudda) 1127
수라다 장로(Surādha thera) 135A [행장]
수렁(paṅka) 89[설명]; 124[설명]; 495; 1053; 1154
수렁과 진흙(paṅka-palipa) 89
수련화(Aravinda) 47
수마나 상인(Sumana-seṭṭhi) 1A
수마나 장로1(Sumana thera) 330A [행장]
수마나 장로2(Sumana thera) 429A [행장]
수마나 사미(Sumana sāmaṇera) 434; 486A
수망갈라 장로(Sumaṅgala thera) 43A [행장]
수명(āyu) 145; 782
수미산(須彌山, Sineru, Sk Sumeru) 8A; 1202
수바후(Subahu) 117A
수바후 장로(Subāhu thera) 51A; 52A [행장]
수부따 장로(Subhūta thera) 320A [행장]
수부띠 장로(Subhūti thera) 1A[행장]
수붓다(Subuddha) 381A
수승한(paṇīta, pra+√nī, to lead) 923
수승한 법임(sudhammatā) 220[설명]
수사라다 장로(Susārada thera) 75A [행장]
수야마나 장로(Suyāmana VRI:Suyāma thera) 74A[행장]
수용(受用)하였다(paṭiggahi, prati+√grah, to seize Aor3Sg = paṭiggaṇhi) 565[설명]
수용하다1(bhuñjāmi, √bhuj, to enjoy, to eat) 789[설명]; 882; 882[주]
수용하다2(paribhuñjati, pari+√bhuj) 484
수용한(paribhutta) 91
수용하다3(paṭisevati, prati+√sev, to attend upon) 732
수용할 것이다(sādiyissanti, √svad, to sweeten, to accept) 957
수의(壽衣, vattha) 779; 780
수자(Sujā) 140; 749
수잠빠띠(Sujampati) 140[설명][주]
수지하다(dhāremi) 486
수지하였다(gaṇhiṁ, √grah, to seize Aor1Sg) 1024
수치심(ottappa, ud+√tap, to heat) 1079
수치심이 없음(ahirikatā, √hrī, to be ashamed) 1123
수행(yoga, to join) 413[설명]; 1142 [설명]
수행자(yogi) 947
수행자에게 희열을 주는(yogī-pītikara) 539
수행하며 지내기를 바라는(yoga-kāma) 1067[설명]
수행에 몰두하는(kammaṁ karonta) 4A[주]
수행하다(bhāveti, √bhū, to be, to

become) 35[설명]; 521
수행된(bhāvita) 161[설명]
수행하라(bhāvehi) 83; 626; 1114; 1115; 1225; 1226
수행한 뒤(bhāvayitvāna) 162; 369; 672
수행해야 한다(bhāvaye) 15[설명]; 230; 633
수헤만따 장로(Suhemanta thera) 106A[행장]
숙고(paṭisaṅkhā, prati+√khyā, to see) 966; 967
숙고하는1(paṭisaṅkhayanta) 371
숙고하는2(pekkhamāna, pra+√īkṣ, to see) 1110[설명]
숙고하였다(paccavekkhiṁ, prati+ava+√īkṣ) 172; 395[주]
숙꼬다나(Sukkodana) 115A; 1018A
숙꼬다나 가문(Sukkodana-Sakka-ssa geha) 892A
숙달된(dabba, √dru, to run) 5[설명]; 10; 1218
숙련공들의 솜씨 [모든~](sabba-kārukasippāni) 936
숙련된 사람들이 만든(nara-vīra-kata) 736
순간(khaṇa) 231[설명]; 403[설명]; 653[설명]; 1004; 1005; 1183
순간을 놓친(khaṇa-atīta) 403; 1005
순관(順觀, anuloma, anu+loma D) 1172
순다라사뭇다 장로(Sundarasamudda thera) 459A[행장]
순다리까 바라드와자 바라문(Sundarika-bhāradvāja brāhmaṇa) 177A
순서(ānupubba) 727
순서대로(anupubbaṁ) 548; 647[설명]
순(筍, kaḷīra) 72[설명]
숨수마라기리(Suṁsumāra-giri) 18A; 447A
숨어있는(nilīna, ni+√lī, to cling) 454
숩빠라까(Suppāraka) 70A
숩빠라까 항구(Suppāraka-paṭṭana) 70A
숩빠붓다(Suppabuddha) 157A
숩빠와사(Suppa-vāsa) 60A
숩삐야 장로(Suppiya thera) 32A[행장]
숟가락 정도의 탁발음식을 원인으로(kaṭacchu-bhikkha-hetu) 934
숫도다나(Suddhodana) 115A; 534; 1018A
숫도다나 대왕(Suddhodana-mahā-rāja) 157A; 295
숯불(aṅgāra) 702
숲1(arañña) 14; 31[설명]; 34; 59; 62; 244; 538; 602; 626; 684; 887; 925; 992
숲에 머무는(āraññika) 851; 1120[설명]; 1146; 1147
숲에 대한 다정다감함을 가진(arañña-saññi) 110[설명]
숲의 처소(āraññaka) 592
숲2(vana) 62; 109; 219; 350; 399; 435; 537; 545; 597; 691[설명]; 832; 1093; 1102; 1103; 1108; 1136; 1202[설명]
숲에서 서식하는 다양한 식물들의 화환을 가진(vicitta-vāneyya-vaṭa-ṁsaka) 523
쉬게 된다(sammanti, √śam2, to be quiet) 441[설명]
쉬운(sukara, su+√kṛ, to make) 945
스마라(Smāra) 47[주]
스스로(sayaṁ) 331; 1205
스스로 고통받는(paccatta-vedanā) 1188
스스로 보아 알 수 있는(sandiṭṭhika, saṁ+√dṛś, to see) 837
스승1(satthā, √śās, to oder) 289; 510;

511; 912; 1263
스승님(satthā) 21; 86; 131; 178; 201[설명]; 214; 366; 413; 430; 476; 477; 478; 482; 511[설명]; 560; 564; 565; 604; 624; 625; 630; 638; 656; 687; 720; 722; 724; 763; 792; 839; 841; 870; 889; 891; 901; 918; 1013; 1016; 1038; 1045; 1050; 1088; 1131; 1185; 1247; 1248; 1265
스승님마저 이미 돌아가시어 떠나신(atīta-gata-satthu) 1035[설명]
스승님의 말씀(satthu-vacana) 626; 1118
스승님의 연민(satthānukampita) 888
스승을 따르는(satthur-anvaya) 826
스승을 친견하고픈(satthu-dassana-kamyatā) 1241
스승2(ācariya, ā+√car, to move) 721; 722
슬기가 없는(dummedha, dus+medha) 84; 106; 281; 360[설명]; 361~363; 668; 957; 971; 975
슬기가 없는(dummedhi) 883
슬기로운1(medhāvi) 204; 240; 509; 556; 609; 682; 883; 988; 993; 1008; 1231
슬기로운2(nipaka, ni+√pā2, to protect) 85[설명]; 682; 1081; 1218
슬퍼하다(socati, √śuc, to gleam) 138; 403; 502~506; 661; 712; 717; 1005; 1220; 1221
슬퍼하는(socanta) 775[설명]; 1157
슬프게 만든 뒤(socayitvā) 743
슬픔(soka) 68; 400; 401
슬픔 없는(asoka) 227[설명]; 227; 263; 521
슬픔 없음(asokatā) 721; 723
슬픔과 비탄(soka-pariddava) 750
슬픔에 맞은(soka-apahata) 82[설명]
슬피 우는(kandanta, √krand, to cry out) 406; 774
승가[僧, saṅgha] saṁ+√hṛ, to take) 86; 142; 178; 250; 384[설명]; 508; 589; 943; 955; 956
승가의(saṅghika) 228
승가의 안(saṅgha-majjha) 200; 582
승가의 이득(saṅgha-lābha) 943
승리하다(jeti, √ji, to conquer =jayati) 442
승리(jaya) 70; 619
승리하라(jināhi, √ji) 415
승원1(vihāra, vi+√hṛ) 222; 223; 271; 313; 365; 366; 385; 406; 477; 1241
승원2(saṅghārāma, ā+√ram, to rejoice) 558; 559
승자(jina, √ji, to conquer) 288; 475; 477; 626; 722; 1131
승자의 교법(jina-sāsana) 135; 360~364; 377; 789; 929
시간(kāla) 30; 452; 510; 528; 564; 584; 661[설명]; 875; 909; 947; 950; 977; 1181; 1218
시간을 기다리다(kaṅkhati kālaṁ, √kāṅkṣ, to desire) 196[설명]; 1218[설명]
시간을 기다리다(kālaṁ paṭikaṅkhāmi) 196[설명]; 606; 607; 654; 1003
바른 시간을 기다려야 한다(kaṅkhetha kālaṁ) 12[설명]
시간의 지배(kāla-vasa) 661[설명]
시간이 걸리지 않는(akālika) 837[설명]
초청 시간을 알려주는(kāla-ppavedaka, pra+√vid, to know, to sense) 564
초청 시간을 알리는(kāla-ppaveda-

na) 563
시기1(samaya) 527; 587
시기2(utu) 930[설명]
시끄럽게 소란을 피움(kolāhala) 245
시따와니야 장로(Sītavaniya thera) 6A [행장]
시리굿따 장로(Sirigutta thera) 502A [행장]
시리마 장로(Sirima thera) 159A[행장]
시리만다 장로(Sirimaṇḍa thera) 447A [행장]
시리밋따 장로(Sirimitta thera) 502A [행장]
시리왓다(Sirivaḍḍha) 159A[주]
시리왓다 장로(Sirivaḍḍha thera) 41A [행장]
시물(施物)의 수용자(āyāga, ā+√yaj, to offer, to sacrifice) 566[설명]
시상(詩想)에 취한(kāveyya-matta, √kav, to describe) 1253[설명]
시수빠짤라(Sīsūpacālā) 42A; 42[설명]; 141A; 577A
시신에 [우유를] 뿌리는 데 사용한(chava-sitta, √sic, to pour out) 127[설명]
시와까 사미(Sīvaka sāmaṇera = 와나왓차 장로의 사미(Vanavacchassa therassa sāmanera) 14A[행장]
시와까(Sīvaka) 14
시와까 장로(Sivaka thera) 183A[행장]
시왈리 동자(Sīvali-dāraka) 60A
시왈리 장로(Sīvali thera) 60A[행장]
시원한(sītala) 540; 545
시작점(ādi) 612[설명]
시작한 [잘~](su-samāraddha, saṁ+ā+√rabh, to take hold, to grasp) 636
시종일관한(sahita, saṁ√dhā, to put) 353[설명]
시중드는(paricāraka, pari+√car, to move) 475; 1021[설명]
시중을 받은(sameta, saṁ+√i, to go) 893
시큼한 부문을 가진(tittakagga, √tij, to be sharp) 733
시키 [부처님](Sikhi) 490
시키 부처님(Sikhi Buddha) 103A
시키 세존(Sikhi bhagavā) 217A
시하 사미(Sīha) 86A
시하 장로(Sīha thera) 83A[행장]
시하누 왕(Sīhahanu-rāja) 1018A
식가와(Siggava) 162A
식은 [모든 오염원들이~](sīti-bhūta) 79[설명]; 298[설명]; 416[설명]; 1015; 1060
신1(神, deva) 1[설명]; 38; 51~54; 70; 189; 205; 206; 245; 325~329; 497; 619; 690; 913; 1082; 1178; 1266
신의 왕(deva-rāja) 531[설명]
신이 되는 것(devattana = deva-bhāva) 1127
신들 [일만의~](dasa deva-sahassāni) 1178
신들을 능가하는(atideva) 489
신들을 포함한 세상(sadevaka loka) 288; 870
신들의 무리(deva-gaṇa) 535
신들의 무리(deva-kāya) 908; 1086
신들의 왕(deva-rāja) 673[설명]
신들의 왕 삭까(Sakka devarājā) 628
신들의 무리가 앞에 모시는(deva-saṅgha-purakkhata) 630
신들의 신(deva-deva) 533; 1279
신2(神, devatā) 909; 1181; 1194
신뢰해야 하다(vissase, vi+√śvas, to blow Opt3Sg = vissaṭṭho bhaveyya, saddaheyya) 1009
신발(pādukā f, √pad, to go) 460
신발을 신은(pāduk-āruyha, ā+√ruh

to ascend) 459[설명]
신발이 없는(anupāhana, an+upa+ā+√han, to smite, to kill) 946
신선한 물(navambu) 1135
신성한(dibba) 996; 997
신성한 귀[天耳, dibba-sota]) 379; 1262
신성한 눈[天眼, dibba-cakkhu]) 332; 379; 417; 516; 562; 627; 916
신참(nava) 249~251; 429; 1209
신통(iddhi, √ṛdh, to thrive) 38; 104; 429; 432; 536; 901; 997; 1104; 1183
신통력(iddhi-bala) 1058[설명]; 1194
신통변화를 갖춘(iddhi-patta) 1262
신통을 가진(iddhimanta) 379[설명]; 1082; 1178
큰 신통을 가진(mahiddhika) 429
신통의 공덕(iddhi-guṇa) 909; 1181
신하들에 에워싸인(amacca-parivārita, pari+√vṛ1, to cover) 1235
실라와 장로(Sīlava thera) 608A[행장]
실라와띠 도시(Sīlavatī-nagara) 103A
실어 나르다(vahanti, √vah, to carry) 760
실어 나르다(vahate) 173
실천하였다(acari, √car, to move Aor 3Sg) 1274
실천하는(caranta) 320
실천하는(cārī) 981[설명]
이것을 실천하는(tad-ācaranta) 35
실행하다(sevanti, √sev, to attend upon) 636
실행해야 한다(seveyya, Pot3Sg) 496[설명]
실행하는(nisevita, ni+√sev) 927; 1140
실행함(cāritta, √sev) 591[설명]
실현하였다(ajjhagamā, adhi+√gam, to go = adhigato) 1257
실현할 것이다(sacchikāhiti, sakṣāt+√kṛ Fut3Sg) 201[설명]
실현된(sacchikata) 331
실현한 뒤(sacchikatvā) 364; 434; 1244
심벌즈(paṇava) 467
심벌즈 [소리]로 잠에서 깨어난(samma-tāḷa-ppabodhana = daṇḍa-maya-tāḷa) 893; 911
심연(gambhīra) 758[설명]
심오한(gambhīra) 4[설명]; 111; 758; 953; 1085
아주 심오한(su-gambhīra) 421
심오한 통찰지를 가진(gambhīra-pañña) 372; 1231
심장(hadaya) 123; 253; 733[설명]
심재가 없음(asāra) 1131
심재가 없는(asāraka) 260[설명]
심홍색(aṅgāri) 527
십삐까 [원숭이]들이 소리치는(sippika-abhiruta) 49[설명]
16분의 1에(soḷasiṁ) 1171
싱갈라(Siṅgāla) 18A
싱갈라삐따 장로(Siṅgālapitā thera) 18A[행장]
싸우기를 좋아하는 [동물](kalaha-abhirata, √kal1, to sound) 958
쌀(sāli) 842
쌓아놓고(abhisandahitvā, abhi+saṁ+√dhā, to put) 151[설명]
쌓아두는(sannicaya, saṁ+ni+√ci1, to gather) 776
쌓아 올리다(ācinanti, ā+√ci1, to gather) 456
쌓는(ācinata) 795; 797; 799; 801; 803; 805
쌓아 올릴 수 있는(ocetuṁ, ava+√ci1 = upacetuṁ, bhāvetuṁ) 199[설명]
쌓이다(cīyate, √ci1, to gather Pass 3Sg) 1207

쌓이다(pacīyati, pra+√ci1 Pass) 807[설명]; 809; 811; 813; 815; 817
쌓지 않는(apacinanta, apa+√ci1) 807; 809; 811; 813; 815; 817
썩기 마련인(pūti, √pūy, to fester) 394
썩기 마련인 몸(pūti-kāya) 569; 773; 1157
썩은 오줌(pūti-mutta) 1057
썩은1(pūtika) 363; 388; 568
썩은2(paripakka, pari√pac, to cook) 567
쏟아내다(udīrayi, ud+√īr, to set in motion Aor3Sg) 1232[설명]
쏟아내다(udiyyati = uṭṭhahati) 1232[설명]
쐐기(āṇi) 744
쓰레기 더미(saṅkāra-puñja, saṁ+√kṛ *to* make) 578
쓴(ambila) 733
쓸모가 없는(niratthaka, nis+√arth, to wish for) 569
쓸어버려라(dhunātha, √dhū, to shake Imp2Pl) 256
씨앗(bīja) 363; 388; 391; 530; 531
씹어 먹는 음식(khādaniya, √khād, to chew) 938
씻어버렸다(pavāhayiṁ, pra+√vah, to carry Caus Aor1Sg) 349[설명]
씻어버린다(pavāhemi) 346

【아】

아귀가 되는 것(petattana, pra+√i, to go) 1128
아귀의 세계(peta-loka) 258
아그니/불의 신(Agni) 341
아그니호뜨라 제사(aggihutta) 341[설명]
아나비락키따(Anabhilakkhita) 487A
아나타삔디까[급고독] 장자(Anāthapiṇḍi-ka gahapati) 1A; 6; 21A
아난다 장로(Aznanda thera) 1018A [행장]
아난다(Ānanda) 25A; 118A; 249A; 476; 842A; 892A; 1047; 1049; 1050
아내1(dāra) 187; 781
아내2(bhariyā, √bhṛ, to bear) 299; 934
아내를 맞이하는(bhariyāyānita) 72 [설명]
아노땃따 [호수](Anotatta) 430
아노땃따 호수(Anotatta-daha) 429A
아노마닷시 세존(Anomadassi bhagavā) 1146A
아노자(Anojā) 547A
아누룻다 장로(Anuruddha thera) 155A; 892A[행장]
아누룻다(Anuruddha) 25A; 115A; 118A; 249A; 433; 842A; 1018A
아누룻다의 사미인(sāmaṇeronuruddha) 432
아누빠마 장로(Anūpama thera) 213A [행장]
아누삐야(Anupiya/Anupiyā) 5A; 25A; 118A; 193A; 249A; 271A; 842A; 892A
아누삐야의 대나무 숲(Anupiy-amba vana) 842A
아는1(ñāta, √jñā, to know) 141[설명]; 1263
아는2(vedi, √vid, to know, to sense) 26; 278; 497
아는3(jānanta) 1269; 1272; 1273
아는4(vijānata, √jñā) 34; 193; 817; 1245
아니면(ādu) 1274

아드님(tāta) 597[설명]
아들(putta) 41[설명]; 174; 178; 295; 299; 348; 475; 536; 781; 843; 844; 864; 865; 889; 934; 1167; 1237; 1279[설명]
아들(puttaka) 82
아들과 아내(putta-dāra) 512
아이들과 아내(putta-dāra) 188
아들의 고기의 비유(putta-maṁs-ūpama) 445
내 아들(saka-putta) 300
아디뭇따 장로1(Adhimutta thera) 114A[행장]
아디뭇따 장로2(Adhimutta thera) 705A[행장]
아뚜마 장로(Ātuma thera) 72A [행장]
아라한(arahan, √arh, to deserve) 185; 296; 336[주]; 516; 690[주]; 991; 1173
아라한의 깃발(arahaddhaja) 961; 968
아란냐 = 숲(arañña) 31[설명]
아란냐까(森林書, Āraṇyaka) 1171[주]
아래(adho) 396[설명]; 1133
아래로 향하는(adho-gama, √gam, to go) 1174
아래에서(heṭṭhato) 919
아랴 운율(Āryā) 43[주]
아름다운1(citta, √citr, to shine, be bright) 773; 1157
아름다운2(ramaṇīya, √ram, to rejoice) 58; 541; 597
아름다움(ramaṇīya) 992[설명]
아름다운 땅(bhūmi-rāmaṇeyyaka) 991
아름다운3(ramma, √ram) 563
아름다운4(rucira, √ruc, to shine) 13; 323; 324; 1063; 1190
아름다운5(subha, √śubh, to beautify) 734; 1125
아름다운 [모든~](sabba-subha) 1105
아름다움(subha) 674[설명]; 1224
아름다운6(sundara) 1135
아름다운7(vaggu, √valg, to leap, jump) 736; 1270
아름다운 소리를 가진 벼락과 인사를 나누는(sumañju-ghosa-tthanita-abhigajji) 1136
아름답다 /빛나다(sobhati, √śubh, to beautify) 770; 1020; 1081; 1157; 1239
아름답게 하다(sobhenti) 309
아마 꽃(umāpuppha) 1068
아말라까 열매(āmalaka) 938
아미따(Amitā) 39A
아미또다나(Amitodana) 115A; 892A; 1018A
삭까족의 아미또다나(Amitodana-sakka) 1018A
아바야 왕자(Abhaya rājakumāra) 26A
아바야 장로1(Abhaya thera) 26A[행장]
아바야 장로2(Abhaya thera) 98A[행장]
아버지(pitā) 425; 473; 474; 534
아버지의 아버지(pitu-pitā) 536[설명]
아비라다나(Abhirādana) 6A
아비부따 장로(Abhibhūta thera) 255A [행장]
아빠나(Āpaṇa) 818A
아빠라고야나(Aparagoyāna) 1202
아소까 왕(Asoka) 453A
아소까 원림(Asokārāma) 537A; 543
아쇼까 꽃(Aśoka) 47
아수라(Asura) 1128
아수라 왕 삼바라(Sambara asurinda) 749
아시따 선인(Asita isi) 61A
아완띠(Avanti) 365A; 494A[주]

아완띠 지역(Avanti-raṭṭha) 36A; 37A; 120A; 203A
아자까라니 강(Ajakaraṇī) 307A; 307; 308; 310
아자까라니 강의 언덕(Ajakaraṇī-tīra) 518A; 526
아주(atīva) 537
아지나 장로(Ajina thera) 129A[행장]
아지따(Ajita) 207A
아지따 바라문 학도(Ajita-māṇava) 20A
아지따 장로(Ajita hera) 20A[행장]
아지와까(Azjīvaka) 35A
아찌라와띠 강(Aciravati nadi) 243A
아침에(pāto) 345
아타르와베다(Atharvaveda) 2A
아홉 개(nava) 1134; 1151[설명]
아힘사까[不害者, Ahiṁsaka] a+√hiṁs *to* injure) 866A
악갈라와(Aggāḷava) 1263
악기(turiya) 267; 398; 1071
다섯 가지로 구성된 악기(pañcaṅgika turiya) 398[설명]; 1071[주]
악기닷따(Aggidatta) 31A
악기브라흐마(Aggibrahmā) 543
악의(byāpāda, vi+ā+√pad, to go) 74 [설명]; 1010
악의 없음을 기뻐하는(abyāpajja-rata) 648
악처1(apāya, apa+√i, to go) 617
악처2(duggati, dus+√gam, to go) 303
악처로 향하는(duggati-gāmi) 285; 882
악취가 나는(duggandha, dus+√ghrā, *to* smell) 279; 393A; 396; 453 [설명]; 1150
악취를 만드는(duggandha-kara) 1152
악한 마음을 가진(duṭṭha-citta, √duṣ, to spoil) 974
안[內]1(anta) 140
안[內]2(antara) 646[설명]
안과 밖(santara-bāhira) 172[설명]; 395[설명]; 653; 1005
안[內]3(ajjhatta) 172[설명]
안 뒤1(ñatvā, √jñā, to know) 122 [설명]; 154; 443; 791; 804; 816; 1244
안 뒤(ñatvāna) 374; 422
안 뒤(jaññā) 10; 1153
안 뒤2(vijāniya, vi+√jñā = anubhavi- tvā) 85
안 뒤3(viditvāna, √vid) 565; 1255
안거 동안(antara-vassa) 128
안거를 보낸(anuvassika, anu+√vṛṣ *to* rain) 24
안나바라(음식을 나르는 자, Annabhāra) 910
안나꼰단냐 장로(Aññā-Koṇḍañña thera) 4A; 673A[행장]; 1246[주]
안냐꼰단냐(Aññā-Koṇḍañña) 61A
안냐따꼰단냐(Aññāta-Koṇḍañña) 673A[주]
안냐시꼰단냐(Aññāsi-Koṇḍañña) 673A[주]
안심(vissāsa, vi+√śvas, to blow) 585
안으로(ajjhattaṁ) 172; 272; 337; 431; 439; 470[설명]; 471; 472; 696; 755; 936; 1029; 1146; 1148; 1156; 1176
안에 있는(ajjhattika) 1101
안에서 생긴(ajjhatta-sambhava) 1126
안으로 기뻐하는(ajjhatta-rata) 981
안으로 갈고리에 걸린(anto-vaṅka-gata) 749
안은(khema, √kṣi1, to possess) 32

[설명]; 1230[설명]
안은함(khema) 227[설명]; 263; 310; 458[설명]; 520; 641; 980
위대한 안은으로 인도함(mahā-khem-aṅgama) 422[설명]
안자나 숲(Añjana-vana) 28A; 38[주]; 55A; 55[설명][주]
안자나와니야 장로(Añjanavaniya thera) 55A[행장]
안전한(siva) 82; 310
안정된(saṇṭhapana, saṁ+√sthā, to stand) 590
앉아있는(āsīna, √ās, to sit) 1249
앉든 눕든(āsīna-sayana) 452
자리에 앉음(āsana) 284
앉아라(nisīda, ni+√sad, to sit Imp2 Sg) 411[설명]
앉은(nisinna, ni+√sad) 151[설명]; 197; 523; 544; 565; 697; 726; 920; 985
앉았다(nisīdi, ni+√sad Aor3Sg) 563; 565
앉으리라(nisīde, ni+√sad Opt3 Sg) 514; 517
앉았다(upāvisiṁ, upa+√viś, to enter Aor1Sg) 317; 408; 517[설명]
알갱이 [벼의~](sāli) 381[설명]
알게 하라(vedaya, √vid, to know, to sense) 1266
알고자 하는(aññātuṁ, ā+√jñā, to know) 1265
알기 어려운(durannaya, anu+√i, to go = anvaya) 92
알기를(jañña, √jñā Opt3Sg) 434
알다1(jānāti, √jñā) 141; 374; 470; 471
알다(jānāmi) 332; 379; 516; 562; 647; 913; 917; 1153
알다(jānāsi) 1196
알다(jānanti) 188; 469
알아라(jānāhi) 56
알다2(abhijānāmi, abhi+√jñā) 48[설명]; 603; 645; 646
알다3(vijānanti, vi+√jñā) 275; 276; 498
알려진, 전해진(pavedita, pra+√vid) 564
알려진(vissuta, vi+√śru, to hear) 880; 881
알아야 한다(vijāneyya, vi+√jñā Pot 3Sg) 587
알아차리는(sampajāna, sam+pra+√jñā) 20; 59; 196; 317[설명]; 607; 636[설명]; 655; 686; 1002; 1058
알아차림(sampajañña) 694[설명]
네 가지 알아차림(cattaro sampa-jañña) 636[설명]
알았다1(avedayuṁ, √vid, to know, *to* sense Aor3Pl = abbhaññā-suṁ pavedesuṁ) 124[설명]; 495; 1053
알았다(vidū, √vid, to know, to sen-se Perf3Pl) 295; 482; 497; 911
알았다2(abhijānissaṁ, abhi + √jñā Aor1Sg) 915
알았다3(aññāsi, √jñā, to know Aor2 Sg) 200
알았던(saṁvidita, sam+√vid) 909; 1181
알에서 생긴(aṇḍa-sambhava) 599
알음알이[識, viññāṇa] vi+√jñā) 419
알지 못하는(avijānanta, a+vi+√jñā) 129[설명]; 219; 276
알지 못하여(avidvā, a+√vid) 152; 342
암바따까 원림(Ambāṭakārāma) 115A
암바빨리 기녀(Ambapālī gaṇikā) 64A; 64[주]; 1020[주]
암바빨리 숲(Ambapāli-vana) 64A

암밧타까 숲(Ambāṭakārāma) 466
암석(sela) 691
암흑(andha-kāre) 170; 1034; 1048
압도된1(abhibhūta, abhi+√bhū, to be, to become) 932; 967
압도된2(pakata, pra+√kṛ, to make) 271
압도하다(ativattate, ati+√vṛt, to turn) 412
압박받은(upadduta, upa+√dru, to run) 1093; 1133
앗사지(Assaji) 61A; 994[주]
앗주나 장로(Ajjuna thera) 88A[행장]
앙가(Aṅga) 27A; 632
앙가 사람(Aṅga) 484
앙가 왕(rāja Aṅga) 632[주]
앙가의 지배자 [빔비사라](Aṅga-adhipati) 632
앙가니까바라드와자 장로(Aṅgaṇika-Bhāradvāja-tthera) 219A[행장]
앙굴리말라 장로(Aṅgulimāla thera) 866A[행장]
앙굴리말라(Aṅgulimāla) 880; 881
앙굿따라빠(Aṅguttarāpa) 818A
앙기라사(Aṅgīrasa) 536[주]; 536; 1252[설명]
앞당겨(paṭigacca, VRI:paṭikacca, prati+√kṛ, to make) 547[설명]
앞세운(purakkhata, puras+√kṛ) 1051; 1113; 1174[설명]
앞에 모시는(purakkhata) 426[설명]
앞에서(purato) 460; 537
앞에 오는 것과 뒤에 오는 것을 아는 [게송의~](pubba-aparaññū, √jñā, to know) 1028
애써야 한다(ussahe, ud+√sah, to prevail Opt3Sg) 1125
애욕에 물든(sāratta, saṁ+√rañj/raj, *to* color) 738
애욕에 물든 마음(sāratta-citta) 98; 99; 794; 796; 798; 800; 802; 804
애욕에 물든 마음을 가진(ratta-citta, √rañj/raj) 456
애정(pema, √prī, to please) 370; 719
애착(visattikā f, vi+√sṛj, to emit) 400; 457[설명]; 519[설명]
애착하는(giddha, √gṛdh, to be greedy, to covet) 63
야무나 강(Yamuna) 1104
야사 장로(Yasa thera) 38A; 117A; 518A; 587A[행장]
야사닷따 장로(Yasadatta thera) 360A [행장]
야소다라 대비(Yasodharā devī) 295A
야소자 장로(Yasoja thera) 243A[행장]
야윈(kisa) 243[설명]; 683
야자수 이파리(tāla-patta) 127
야주르베다(Yajurveda) 2A
야주스 바라문(Yajus) 1171
약(osadha) 1057
약속(paṭissava, prati+√śru, to hear) 1123
약점(randha, √radh/randh, to make subject) 547
약카/야차(Yakkha) 1208[설명]
약품(bhesajja, bhiṣaj D) 924; 939
약하거나 강한(tasa-thāvara) 876[설명]
약한 [아주~](su-dubbala) 7
양심(hiri, √hrī, to be ashamed) 1079
양심이 없는(ahirīka) 943
양심이 있는(hirīmana) 956
양족존(dvipad-uttama) 1279
양쪽의(ubhaya) 237[설명]; 295[설명]; 581; 1004[설명]; 1011
양쪽(ubhato) 309; 889
양쪽 모두에서(ubhayattha) 462 [설명]
양쪽 주둥이(ubhato-mukha) 1134

[설명]
양쪽 측면(ubhato-bhāga) 1176
[설명]
양치하는 것(danta-pona) 938
얕보다(avajānati, ava+√jñā, to know) 129[설명]
얕보아야 한다(atimaññeyya, ati+√man, to think Pot3Sg) 228
엄니를 가진(dāṭhī) 0-1[설명]
어깨(aṁsa) 197
어느 때(ekadā) 1127; 1128
어둠(tamo) 170; 1268
어둠을 몰아낸(tamo-nuda) 10; 1048
어둠의 무더기(tamo-khandha) 128; 627
어둠의 숲(Andhavana) 201A
어디서도(kuhiñci = sabbasmiṁ vatthusmiṁ) 1214; 1217
어디에(kuhiṁ) 1133
어디에(kuto) 114; 191; 192; 441; 1033
어디서도 두려움 없는(akuto-bhaya) 289; 510[설명]; 831; 912; 1238
어디에도(sabbaso) 74[설명]
어떤(eke) 316; 724; 944; 1058; 1154
어떤 [것](itarītara) 230; 922
어떤 자들(keci) 965; 1267
어떻게(kathaṁ) 207; 350; 381; 407; 435; 866; 1200
어려운(dullabha, dus+√labh, to get) 829
어려움 없이(appa-kasira) 16
어리석게 하였다(mohayi, √muh, to be crazed = amohayi Aor 2/3Sg) 1272; 1273
어리석은(aviddasu, √vid, to know, to sense) 342[설명]; 518; 1112; 1145
어리석음(moha, √muh, to be crazed) 79; 344; 378; 771; 772; 773; 776; 784; 1092
어리석은(mohita) 342[설명]
어리석음에 가려진(moha-pāruta) 281
어리석음으로 가는 길(moha-magga) 1267
어리석음을 멸진한(moha-kkhaya) 651; 1000
어리석음을 여읜(vīta-moha) 329; 704
어리석음의 덮개로 덮여있는(moha-cchādana-chādita) 573
어린(susu) 72
어머니1(amma) 44
어머니2(mātu) 242; 300; 335; 425; 473; 474; 534
어머니와 아버지(mātā-pitaro) 892
어울리는(paṭirūpa, prati+√rūp, to put into shape) 587~596
어울리는 정경(sukalla-rūpa) 212
어지럽히다1(upahaññati, upa+√han, to smite, to kill) 795[설명]; 797; 799; 801; 803; 805
어지럽히다2(khambhayante, √skambh, to prop Caus = cālenti) 371
억념하는(saranta, √smṛ, to remember) 204; 509
억누를 것이다(bādhayissanti, √bādh, to oppress Fut3Pl) 1097
억수 같은 비가 내릴 때(dhār-ākulā = dhārāhi ākulā √dhāv1, to run, ā+√kul, to turn round) 522[설명]
언약하다(paṭijānāmi, prati+√jñā, to know) 461
언어와 [나머지] 용어에 능숙한 (nirutti-pada-kovida, nis+√vac, to speak) 1028[설명]
언제1(kadā) 541; 1091 등
언제(kadāci) 987; 1221

언제2(kudāssu = kudā ThagA) 84
언제나(satataṁ) 382[설명]; 383; 384
얻기 어려운(dullabha, dus+√labh) 214; 830; 1051; 1052
얻다1(labhati, √labh, to get) 153; 611; 617; 618; (labbhate) 721; 723; (labbhati) 713; 1138; 1139; (labhate) 35; 611; 782; (labhe, Med = labhāmi) 381
얻는(lābhi) 130; 153; 1246
얻어진(laddha) 16[설명]; 214; 220 [설명]; 473; 475
얻게 하다1(labbhetha, Opt3Sg) 468
얻었다(alabhiṁ, √labh Aor1Pl) 198; 217; 218[설명]; 791; (alabhitthaṁ, Aor1 Pl) 217 [설명]; (alatthaṁ, √labh Aor1 Pl) 747
얻은 뒤(laddhāna =labhitvā) 173
얻을 것이다(labhissanti) 963
얻음과 얻지 못함(lābha-alābha) 102[설명]; 484
얻지 못하는(alābha) 499; 550
얻지 못하는(alābhi) 964
얻지 못하는(alabhanta) 356; 717
얻지 못한(aladdhā) 406
얻다2(vindati, √vid, to know, to sense) 518[설명]; 519~526; 551; 1073; (vindate) 734; 738
얻다3(adhigacchati, adhi+√gam, to go) 610
얻어야 하다(adhigaccheyya, Pot3 Sg) 142; 320
얻기 어려운(duradhigama) 111
얻었다(pāpuṇiṁ, pra+√āp, to obtain Aor1Sg) 379; 865
얻게 하다(pāpeti, Caus pra+√āp) 304; 418
얻은 뒤(pappuyya) 364[설명]; 369; 415; 672; 876
얻은 뒤(pāpuṇitvāna) 1279
얻은(patta, pra+√āp OK) 116; 122; 127; 161; 198; 218; 242; 335; 458; 661; 712; 748; 890; 1015
얻음(patti, pra+√āp) 35[설명]
얻지 못한(appatta, pra+√āp) 543
얻음/증득/도달함(pattiya, pra+√āp) 35; 69; 171; 561; 639; 1103; 1115
얻어야 하는(pattabba, pra+√āp) 1247
얻지 않고서(appatvā, pra+√āp = anadhigantvā) 585
얻어야 하다(abhihāraye) 637
얻어진(anvāgata, anu+ā+√gam) 63
얻었다1(ajjhagaṁ, adhi+√gam/gā Aor3Sg) 893
얻었다2(agamaṁ, √gam Aor1Sg) 259
얻었다3(samajjhagaṁ, saṁ+adhi+√gam, to go Aor1Sg = adhigacchiṁ) 260[설명]
얻었다4(paṭilabhiṁ, prati+√labh Aor 1Sg) 311
얻었다5(upagacchiṁ, upa+√gam Aor1Sg) 9[설명]
얻었다6(upāgamaṁ, upa+√gam Aor 1Sg) 885
얻은(anuppatta, anu+pra+√āp, to obtain) 24; 55; 66; 107; 108; 112; 136; 176; 220; 224; 270; 274; 286; 302; 314; 319; 331; 332; 380; 410; 440; 479; 515; 562; 605; 639; 657; 688; 793; 886; 903; 1186; 1260; 1247
얻을 것이다(adhigaccheyya, adhi+√gam Pot3Sg) 85[설명]
얻지 못하였다(anajjhagaṁ, an+adhi+√gam Imperf) 405
얼굴(mukha) 771

얼굴 [잘생긴~](su-mukha) 211; 820
얼룩 없는(vīta-mala, vi+√i, to go) 1252
얼빠진(dummati, dus+√man, to think) 954
얼이 빠진(pagāḷha, pra+√gāh, to plunge ppp) 1175
엄지발가락(pādaṅguṭṭha) 1164; 1192; 1194
업(kamma, √kṛ, to make) 80[설명]; 140; 143[설명]; 144; 146; 277; 422; 494; 496; 724; 781; 784; 872; 882; 942; 1072; 1073
 업 [세 가지~](kamma) 80[설명]
 업을 도구로 함(kamma-yanta, √yantr, to restrain, to curb) 574[설명]
 업이라는 도구를 파괴하는(kamma-yanta-vighāṭana, vi+√han, to smite, to kill) 419[설명]
 업의 친척(kamma-bandhu) 496 [설명]
 지은 업(pakata kamma, pra+√kṛ, *to* make) 80[설명]
 업의 과보(kamma-vipāka) 882 [설명]
 업의 상속자(kamma-dāyāda, √dā, *to* give) 144[설명]
업신여김을 받다(virujjhati, vi+√rudh2 to obstruct) 292; 294
없다(natthi, na atthi(√as, to be) 14; 20; 67; 80; 87; 90; 121; 170; 189; 190; 202; 216; 246; 254; 296; 333; 339; 344; 440; 450; 493; 546; 642; 671; 706; 707; 709; 717; 769; 908; 1020; 1035; 1050; 1088; 1157
없애다(nibbajjayaṁ, nis+√vṛj, to twist Aor1Sg) 1105
없어진(aparaddha, apa+√rādh, to succeed) 78[설명]
없었다 [자아가~](nāhosi, na+√bhū Aor 2/3Sg) 986[설명]
엎드렸다(paṇipatiṁ, pra+ni+√pat, to fall Aor1Sg = ahaṁ paṇipātanaṁ akāsiṁ) 375
에까담마사와니야 장로(Ekadhamma-savaṇiya thera) 67A[행장]
 에까담마사와니야/하나의 법을 듣기를 좋아하는 자(Ekadhamma-savanīya) 67A
에까위하리야 장로(Ekavihāriya thera) 537A[행장]
에꿋다니야 장로(Ekuddāniya VRI:Eku-ddāna thera) 68A[행장]
에라까 장로(Eraka thera) 93A[행장]
에워싸인(parivārita, pari+√vṛ1, to cover Caus) 448; 535
에워쌀 것이다(parikireyyuṁ, pari+√kṝ, to scatter, to strew Opt3Pl) 1210
여기(idha) 10[설명]; 12; 70; 237; 551; 588; 619; 784[주]; 1222; 1267; 1275
여기다1(khāyati, √khyā, to see) 652; 1001; 1034
여기다2(maññanti, √man, to think Pre3Pl) 444
 여기다(maññare, Med Pre3Pl) 933
여기서(idha) 12[설명]
여길 것이다(tuleyyaṁ, √tul, to lift, to weigh Pot1Sg) 1101[설명]
여덟 가닥으로 땋은(aṭṭha-padakatā) 772; 1157
여덟 가지 구성요소를 가진 [흐름](aṭṭhaṅgika) 349[설명]
여덟 가지 구성요소를 가진 도(aṭṭh-aṅga-magga) 595
여래(tathāgata) 3[설명]; 280; 343; 483;

507; 827; 981A[주]; 1205; 1206; 1256; 1267; 1271
여러(puthu) 86[설명]; 1038; 1190
여러 가지1(aneka) 795; 797; 799; 801; 803; 805
여러 가지(aneka-vihita) 1243
여러 가지 덕목을 구족한(anekākāra-sampanna) 1158[설명]; 1251
여러 가지2(vividhaṁ) 734; 738
여러 가지3(nānatta) 143
여러 가지 [다른] 주장(nānā-vāda, √vad, to speak) 952
여러 가지 오물들로 가득한(nānā-kuṇapa-paripūra) 453[설명]
여러 가지 탐침(探針)(nānā-rajja = esani-salāka) 756
여러 가지로 드러난(nānappayāta, pra+√yā, to go) 945
여러 나라에 속하는(nānā-verajjaka) 1037; 1038
여러 사람들의 길잡이가 됨(nānā-jana-saṅgaha, saṁ+√grah, to seize) 1051
여러 색깔을 가진(nānatta-vaṇṇiya) 1190
여러 존재(nānā-bhāva) 574
여러 종류의 새들의 무리로 가득한 (nānā-dija-gaṇākiṇṇā, ā+√kṛ, *to* scatter, to strew) 1068; 1069
여러 종류의 때로 가득한(nānā-kula-mala-sampuṇṇa) 567
여러 지방(nānā-janapada) 37
여러 번(n'ekadhā) 258
여러 형태(virūpa-rūpa, √rūp, to put into shape) 787
여섯 개의 상아를 가진 [코끼리](chad-danta) 968
여여한(tādi) 41; 68; 191; 205; 206; 305; 441[설명]; 491; 536; 644; 878; 905; 974; 1067; 1077; 1096; 1167; 1173
여여한 분(tādī) 282; 878[주]
여여한 분 [버림을 구족한~] (muttāvīti tādī) 441[설명]
여여한(tādisa) 373[설명]
여인1(itthi) 137; 151; 315; 393; 738; 1211; 1256
여인의 모습(itthi-rūpa) 455; 738
여인의 냄새(itthi-gandha) 738
여인의 소리(itthi-sara) 738
여인의 흐름(itthi-sota) 739
여인2(nārī) 58; 267; 1145
여행용품(pātheyya, √path, to go, to move) 616
여행하기에 적합한(addhaniya) 529
역겨움(jeguccha, √gup, to protect) 1056
역관(逆觀, paṭiloma, prati+loma D) 1172[설명]
연고(añjana, √añj, to anoint, to smear) 772; 1157
연고 단지(añjanī) 773; 1020; 1157
연꽃(paduma) 701
연꽃의 줄기(muḷāla-puppha) 1089
연민(anukampā, anu+√kamp, to tremble) 176; 241; 474; 492; 560; 623; 1169; 1223; 1258
연민을 가진(anukampaka) 1045
연민하는 자(anukampi) 334
연민하는(kāruṇika, karuṇa D) 625; 870; 979; 1143
큰 연민을 가진(mahā-kāruṇika) 722
연약한(taruṇa-jātika) 109[설명]
연약한 불꽃을 가진(paritta-raṁsa, pari+√dā, to give, raṁsa = rasmi) 416
연잎(pokkhara) 401; 665

열다섯 개와 연결되어 있는(pannaras-āyuta) 753[설명]
열등감(omāna, ava√man, to think) 428[설명]
열린 곳(vivaṭa, vi+√vṛ1, to cover) 447[설명]
열망(nikanti, ni+√kam, to love) 20 [설명]; 584
열망하다(patthayase, pra+√arth, to wish for Med Pre2Sg) 57
열망해야 한다(patthayetha, Opt3 Sg) 777
열망하지 않는(anavassuta, an+ava+√sru, to flow) 154
열매(phala, √phal, to burst) 528
열매를 맺으려는(phalesi = phalāni esantīti phalesino) 527; 1121
열반(nibbāna, nis+√vā1, to blow) 71; 119[설명]; 138; 210; 227; 263; 389[설명]; 392; 637; 795; 797; 799; 801; 803; 805; 807; 809; 811; 813; 815; 817; 906; 989; 990; 1122; 1165; 1238
열반의 땅(nibbāna-thala) 88[설명]; 758[설명]
열반에 들 것이다(nibbāyissaṁ, nis+√vā, to blow Fut1Sg) 162 [설명]; 162; 919
열반에 들었다 [완전한~](nibbāyi, nis+√vā Aor3Sg) 1274
열반으로 가는(nibbāna-gama) 86 [설명]
열반으로 가는(nibbāna-gamana) 1023[설명]
열반으로 가는 길(nibbāna-gamana magga) 1212[설명]
열반으로 온(nibbānaṁ āgata) 691 [설명]
열반을 증득함(nibbāna-patti) 1230
열반을 증득해야 하는(nibbānaṁ adhigantabba) 1165
열반의 경지(nibbāna-pada) 725; 990
열어라(vivaretha, vi+√vṛ1, to cover Opt3Sg) 447[설명]
열의(chanda, √chad2, to please) 305; 950[설명]; 1105
열의를 가진(chandikata) 1029[설명]
☞ 욕구(chanda)
열정적으로 몰입하는(sāratta-ratta, saṁ+√rañj/raj, to color) 187
☞ 애욕에 물든(sāratta)
염색된[잘~](suratta, su+√rañj/raj) 961; 968; 968[주]
염소와 양(aj-eḷaka) 957
염오(nibbidā, nis+√vid, to know, to sense) 269[설명]; 273; 301; 318; 409; 464
염오에 많이 몰입하는(nibbidā-bahula) 1225
염오하다(nibbindati) 676[설명]; 677; 678
괴로움을 염오하다(nibbindati dukkhe) 676[설명]
염원(paṇidhī, pra+ni+√dhā, to put) 222; 514; 997
영감(paṭibhāna, prati+√bhā, to shine) 1232
영감을 주다(paṭibhanti) 1034
영광을 가진(sirīmanta) śrī D) 94
영속하는(sassata) 121; 935
영속하지 않는(asassata) 782
영역1(gocara) 92; 100[설명]; 1085 [설명]
행동의 영역(gocara) 590[설명]
영역2(visaya, vi+√śī, to lie) 893[설명]; 1085[설명]
영웅1(nāga) 692[설명]; 693; 694; 697;

703[설명]; 1279
영웅의 이름(nāga-nāma) 692[설명]
큰 영웅(mahā-nāga) 289; 703[설명]
영웅2(vīra, √vīr, to overpower, to subdue) 8[설명]; 10; 47[주]; 177 [주]; 528; 533; 841; 1083; 1269
영원한(sassata) 1200
영위하다(kappemi, √kḷp, to be adapted) 888
영향력을 행사해야 하다(uyyame, ud+√yam, to sustain Med Pot3Sg = vāyameyya(vi+ā+√yam) 494[설명] 1072
옆구리(passa) 223; 313
예리한 칼(tikhiṇa asi) 1094
예민한(siṅgī) 959
예배를 받는(abhivandita, abhi+√vand to greet) 1168
예배를 받아야 한다(pūjaneyya, √pūj, *to* reverence Pot3Sg) 186
예배를 받아 마땅한(pūjanāraha) 1086
예배를 받은(pūjita) 178; 186; 1086; 1180
예배받는(pujja) 964
예배하기에 적합한(pūjanīya) 1031
예배하다(namassati, √nam, to bend, *to* bow) 38[설명]; 690
예배하다(namassāmi) 343
예배하는(namassamāna) 513
예배하는(namassanta) 1083; 1178; 1245; 1264
예배하였다(namassiṁsu, Aor3Pl) 628[설명]
오!(aho) 201; 479; 486; 779; 888
오고 감(āgati-gati, ā+√gam) 917
오고 있는(āgacchanta, ā+√gam, to go) 431
오는(āyanta, ā+√i, to go) 1176
오늘1(ajja) 77; 91; 246; 310; 488; 843; 864; 879; 889; 1130; 1198; 1200; 1234
오늘부터(ajjatagge) 485
오늘2(sv'ājja) 632; (sv'ajja) 1036
오라1(ehi) [ā+]√i, to go Imp2Sg) 175; 478; 625; 870
오라2(upasaṅkama, upa+saṁ+√kram to stride) 485
오래도록 삼매를 닦은(ciraratta-samāhita, saṁ+ā+√dhā, to put) 1218
오래된1(purāṇa) 1036
오래된(purāṇiya) 57
오래된2(sanantana) 1229
오랜(dīgha) 215; 541
오랫동안 잠재해 있었던(dīgha-ratta-anusayita) 768[설명]; 1275
오랜/오랫동안(ciraṁ) 258; 1126
오랜 끝에(cirassaṁ) 868[설명]
오랜 세월(ciraratta) 747; 768; 1207; 1219; 1220
오랫동안 오염된(cira-saṅkiliṭṭha, saṁ+√kliś, to distress, to torment) 290
오르는(āruhanta, ā+√ruh, to ascend) 1058
오른 뒤(āruyha) 147; 272; 765; 1059 ~1061
오른쪽으로 [세 번] 돌아 [경의를] 표하는 일(padakkhiṇa-kamma) 36[설명]
오른쪽으로 [돌아 공경을 표하는](padakkhiṇaṁ) 23
오만한(ditta) 198[설명]
오물(kuṇapa) 453[설명]
오염되다(upalimpati, upa+√lip/limp, to smear) 1089
오염되지 않은(abyāseka, a+vi+ā+√sic to pour out) 926
오염원(kilesa, √kliś, to distress, to

torment) 67; 438; 930~932; 954; 1268
오염원의 먼지를 실어가 버림(kilesa-raja-vāhana) 218
오염원의 토대(kilesa-vatthu) 932
모든 오염원들을 깨끗하게 함(sabba-kilesa-sodhana) 520; 521; 1115
오염원과 업과 과보(kilesa-kamma-vipāka) 716[주];
오염원과 업과 과보의 회전(kilesa-kamma-vipāka-vaṭṭa) 417[주];
오염원이 완전히 소멸된 열반(kilesa-parinibbāna) 5[주]
오염된(saṁkilesika, saṁ+√kliś) 898
오염된(saṁkiliṭṭha) 277
오염된(saṁkilissamānāse, Med = saṁkilissamānā) 102
오직(suddhaṁ) 560; 716[주]; 764
옥까까 왕의 계보(Okkāka-rāja-vaṁsa) 417
온(āgata, ā+√gam, to go) 42; 213; 511
온 뒤(āgamma) 34; (āgantvā) 628
온통(samantato) 522[설명]; 528
온통 장애로 가득한(samantāvaraṇa, ā+√vṛ1, to cover) 470
온화한(mudu) 926; 1137
온화함(soracca, su+√ram, to rejoice) 693
온화함을 칭송하는(avirodha-ppasaṁsi, a+vi+√rudh2 , to obstruct, pra+√śaṁs, to praise, to recite) 875[설명]
온후한 [사람](pesala) 1019[설명]
매우 온후한(su-pesala) 964
올 것이다1(āgamissanti, ā+√gam, to go Fut3Pl) 1211
올 것이다2(essati) [ā+]√i, to go Fut3 Sg) 191; 192
올가미1(kūṭa, √kuṭ, to hook) 411
올가미2(pāsa, √paś2, to bind) 253; 680[설명]; 774; 775
올곧게 하는(samunnamayanta, saṁ+ud+√nam, to bend, to bow = sammā unnamenta) 29[설명]
올곧은1(añjasa, √ṛj, to go, to direct) 35[설명]; 168[설명]; 179; 369
올곧은 길(añjasa) 490[설명]
올곧은2(uju, VRI:ujju, √ṛj) 29; 35 [설명]; 820; 1140
올곧은(ujju-gata) 1270
올곧은(uju-bhūta) 508
올곧은 도(uju-magga) 637
올곧은 통찰지를 가진(samujju-pañña, saṁ+√ṛj) 1272
올라가다(abhirūhati, abhi√ruh, to ascend) 1058
올라가는(abhiruhanta) 271
올린 뒤(ādāya, ā+√dā, to give) 299
옷(vattha) 153; 770; 842; 969
와나왓차 장로1(Vanavaccha thera) 13A[행장]
와나왓차 장로의 사미(Vanavacchassa therassa sāmanera = 시와까 사미(Sīvaka sāmaṇera) 14A
와나왓차 장로2(Vanavaccha thera) 113A[행장]
와라나 장로(Vāraṇa thera) 237A[행장]
와사바 장로(Vasabha thera) 139A [행장]
와사와(Vāsava) 1196[주]
와술라(Vāsula) 37A
와이샤 [계급](vessa m) 1127
왁깔리 장로(Vakkali thera) 350A[행장]
완고하지 않은 마음을 가진(atthaddha-mānasa, a+√stambh, to prop) 926
완고한(thaddha, √stambh, to prop) 959

완고한(thambhī) 952
완성(pāripūri, pari+√pṝ, to fill) 634 [설명]
완성된(paripuṇṇa, pari+√pṝ) 548
완성한 자(kevali) 679[설명]
완성할 것이다(monissaṁ, muni D Fut1Sg = jānissaṁ) 168[설명]
완전하게 깨달은[等覺, sambuddha] saṁ+√budh, to wake, to know) 287[설명]; 354; 513; 622; 689; 825; 829; 907; 912; 1046; 1239; 1253
완전한 몸을 가지신(paripuṇṇa-kāya, pari+√pṝ) 818[설명]
완전한 열반(parinibbāna, pari+nis+√vā1, to blow) 1045
완전한 열반에 든다(parinibbāti, pari+nis+√vā1, to blow) 364[설명]; (parinibbanti) 672; (parinibbissati, Fut3Sg) 100; 369; 704; (parinibbissanti, Fut3Pl) 576; (parinibbissaṁ, Fut1Sg) 658; 1017; (pari-nibbāhisi, Fut2Sg) 415; (parinibbāyi, Aor3Sg) 948
완전한 열반에 든(parinibbuta) 5 [설명]; 7; 8; 96; 181A; 196[주]; 905; 907; 1046; 1047; 1146A; 1209A; 1218; 1266
완전한 평화를 얻은(parinibbuta, pari+nis+√vā1, to blow) 1218[설명]
완전한 적멸을 이룸(abhinibbutatta) 1263
완전히 끔(nibbāpana, nis+√vā1, to blow) 1223[설명]
왈라하까 구름의 신(Valāhaka-deva-putta) 325A
왈리야 장로(Valliya thera) 51A; 53A; 125A; 167A[행장]
왑빠 장로(Vappa thera) 61A[행장]
왓다 장로(Vaḍḍha thera) 335A[행장]
왓다가마(Vaḍḍhagāma) 120A
왓다마나 장로(Vaḍḍhamāna thera) 40A[행장]
왓다마따 장로니(Vaḍḍhamātā therī, Thi9:1) 335A
왓사까라(Vassakāra) 121A
왓지(Vajji) 919
왓지 지역(Vajjiraṭṭha) 58A
왓지따 장로(Vajjita thera) 215A[행장]
왓지뿟따 비구들(Vajjiputtakā bhikkhū) 291A
왓지뿟따 장로(Vajjiputta thera) 62A; 119A[행장]
왓지뿟따들(Vajjiputtā) 453A
왓지뿟따들과 십사(十事, Vajjiputtakā dasa vatthūni) 291A
왓지의 왕의 가문(Vajjirājakula) 55A
왓지의 왕의 아들임(Vajjirājaputta-tta) 119A
왓지의 후예들(Vajjiputtakā) 1009
왓차(Vaccha) 13A; 65A ☞ 욱케빠까
왓차 장로(Ukkhepakata-vaccha thera) 65A[행장]
왓차곳따(Vacchagotta) 13A
왓차곳따 유행승(Vacchagotta paribbājaka) 112A
왓차빨라 장로(Vacchapāla thera) 71A [행장]
왔다1(āgacchi, ā+√gam Aor3Sg) 559
왔다2(paccapādi, paṭi+√pad, to go Aor3Sg) 868
왕(rājā) 7[설명]; 163; 632; 777; 778; 787; 788; 822; 823; 824[설명]; 1127; 1235
왕 중의 왕(rāja-adhirājā) 823
왕간따 바라문(Vaṅganta-brāhmaṇa) 577A
왕간따의 아들 우빠세나 장로(Upasena Vaṅgantaputta thera) 577A[행장]

왕국1(rajja, √rāj, to rule) 914
왕국2(raṭṭha) 531; 632; 781
  왕국을 순례함(raṭṭha-cariyā) 37
왕기사 장로(Vaṅgīsa thera) 1209A [행장]
  왕기사(Vaṅgisa) 1241
  왕기사 존자(Vaṅgīsa) 181A
왜, 어떤 이유(kiṁ-kāraṇa, √kṛ, to make) 1107
외관이 추한(chavi-pāpaka) 207[설명]
외도1(añña-vādi) 86
외도2(titthiya, √tṝ, to cross) 965; 1146A; 1208
외동아들(eka-putta) 33; 473
외딴 [거처](panta) 142; 592; 602
  외딴 거처(panta-senāsana) 1168; 1169
외모(rūpa, √rūp, to put into shape) 423[설명]; 469[설명]
외었다(abhāsi, √bhāṣ, to speak Aor 3Sg) 368
요나까 마하담마락키따 장로(Yonaka-Mahādhammarakkhita thera) 537A[행장]
요리하다(paccati, √pac, to cook) 248; 755
요소[界, dhātu] √dhā, to put) 1255
요소를 갖춘[모든~](sabbaṅga-sampanna) 1251
요술쟁이(māyāvi, √māy, to deceive 1277
요정(accharā) 1190
요청하였다(āyāciṁ, ā+√yāc, to ask Aor1Sg) 624
  요청하였다(ayāci, √yāc Aor3Sg) 869
욕구(chanda, √chad2, to please) 1105; 1145; 1216[설명]
  ☞ 열의(chanda)
욕망의 화살(abhijappa-ppadāraṇa, abhi+√jalp, to murmur, to speak, pra+√dṛ1, to pierce) 752[설명]
욕설을 듣는(vambhita, √vambh, to contempt, to despite) 621
욕쟁이 바라드와자 바라문(Ākkosaka-bhāradvāja brāhmaṇa) 441A
욕탐의 영향을 받은(chandarāga-vasūpetā, upa+√i, to go) 469
욕하다(okkhipe, ava+√kṣip, to throw Opt3Sg = ojjhāpeyya) 209
용(nāga) 841
용기를 내어라(ārambhatha, ā+√rabh, to take hold, to grasp Imp2Pl) 256
용모(vaṇṇa, √varṇ, to paint, to depict) 706
  용모와 힘(vaṇṇa-bala) 555
용왕(pannaginda) 429[설명]
용이라 불리는(nāga-nāma) 1240[설명]
우기철(pāvusa, pra+√vṛṣ, to rain) 597; 598; 1153
우다이(Udāyī) 527A
  우다이 [3명의~](Udāyī) 689A[주]
우다이 장로(Udāyi thera) 689A[행장]
우다이 존자 영웅(Udāyitthera-nāga) 703
우두머리(gāmaṇi) 707; 716
우둔한(jaḷa) 582
  우둔하지 않은(ajaḷa) 1015
  우둔한 것처럼 하는(jaḷa-samāna) 1015
우둔한 자(bāla, √bal2, to breathe, to live) 75; 129; 146; 281; 291; 394; 424; 444; 470; 617; 662; 771~773; 783; 883; 931; 958; 973; 975; 976; 1075; 1157; 1204; 1205
  우둔한 자들에 대한 칭송(bālappasaṁsana) 668
  우둔함(bālya) 783

우딧짜 바라문(Udiccabrāhmaṇa) 82A
우루웰라(Uruvelā) 41A
우루웰라깟사빠(Uruvela-Kassapa) 16A
우루웰라깟사빠 장로(Uruvelakassapa thera) 71A; 287A; 375A[행장]
우빠니샤드[秘義書](Upaniśad) 1171
우빠디(upadhi, upa+√dhā, to put
☞ 재생의 근거(upadhi) 152[설명]
우빠띳사(Upatissa) 320A; 981A; 998
우빠띳사 마을(Upatissa-gāma) 981A; 1146A
우빠릿타(Upariṭṭha) 910[주]
우빠세나(Upasena) 42A; 141A; 355A; 577A
우빠와나(Upavāṇa) 66A; 1018A
우빠와나 장로(Upavāṇa thera) 185A [행장]
우빠짤라(Upacāla) 42[설명]
우빠짤라(Upacālā) 42A; 141A; 577A
우빨리 장로(Upāli thera) 45A; 249A [행장]
우빨리(Upāli) 25A; 118A
우빨리 [이발사~](Upāli-kappaka) 842A; 892A
우사바 상인(Usabha-seṭṭhi) 632A
우사바 장로(Usabha thera) 110A; 197A[행장]
우시라 풀(usīra) 27; 233
우시라 [풀을] 원하는(usīrattha) 402
우월감(atimāna, ati+√man, to think) 428[설명]
우자인 지방(Ujjain) 494A
우쭐대는(capala, √cap, to tremble, to quiver) 157; 681[설명]; 960; 1080
우쭐대지 않는(acapala) 682; 1081
욱가 도시(Ugga-nagara) 15A
욱가 장로(Ugga thera) 80A[행장]
욱가아라마(Uggārāma) 219A
욱깔라 지역(Ukkala) 7A
욱케빠까따(Ukkhepakata) 65A[주]
욱케빠까따왓차 장로(Ukkhepakata-vaccha thera) 65A[행장]
욱케빠까따왓차(Ukkhepakata-vaccha = [삼장을] 잘 쌓아올린 왓차 (ukkhepakata Vaccha) 65[설명]
울다1(nadati, √nad, to sound) 177; 211; 524
울다2(rodanti, √rud, to weep) 44
울다3 [개골개골~](panādayati, pra+√nad) 310
울러매고 나가서(nīharitvā, nis+√hṛ, to take) 779
울부짖다(vilapanti, vi+√lap, to prate) 705
울음(ruṇṇa, √nad) 554; 555
울음소리(ruta, √ru, to cry) 1103
울음소리를 내다(abhinadati, abhi+√nad) 22
울창한 숲에 사는(sanda-vihāra , VRI: saddhivihāri) 688
웃따라 바라문 학도(Uttara māṇava) 116A
웃따라 사미(Uttara sāmanera) 121A
웃따라 장로(Uttara thera) 121A; 161A[행장]
웃따라 청신녀(Uttarā upāsikā) 1020
웃따라꾸루(Uttarakuru) 1202
웃따라빨라 장로(Uttarapāla thera) 252A[행장]
웃띠야 유행승(Uttiya paribbājaka) 30A
웃띠야 장로1(Uttiya thera) 30A[행장]
웃띠야 장로2(Uttiya thera) 51A; 54A [행장]
웃띠야 장로3(Uttiya thera) 99A[행장]

웃자야 장로(Ujjaya thera) 47A[행장]
웃제니(Ujjeni) 26A; 494A
웃주하나 산(Ujjuhāna) 597[설명]
원숭이1(kapi) 1080
원숭이2(makkaṭa) 125; 126
원숭이를 닮은(makkaṭa-sannibha, saṁ+ni+√bhā, to shine) 1111
원숭이3(vānara) 399; 454
원숭이4(gonaṅgula)
원숭이들과 사슴들이 다니는(gonaṅgula-migāyuta) 113; 601; 1070
원인(hetu, √hi, to impel, to send) 1128
원하는1(apekkhavā, apa+√īkṣ, to see) 228[설명]; 229; 230
원하는2(iccha, √iṣ1, to desire) 399
원하는3(iṭṭha, √iṣ1) 644
원하다(icchati) 434[설명]; 834
원하는4(jigīsa, √ji, to conquer) 1110
원하는 것이 없는(apihālu, a+√spṛh, to be eager) 1218
원하는 곳으로 가는(kāmaṅgama, √kam to love, √gam, to go) 571
원하는 대로1(cārikaṁ, √car, to move) 77[설명]; 1130
원하는 대로2(icchakaṁ, √iṣ1) 77; 1130
원하는 대로3(seri) 1144
원하는 대로4(yathā-sukhaṁ) 1[설명]
원하는 대로 행하는(kāma-kāra) 1271
원하다1(icchanti, √iṣ1, to desire) 944; 1112; (icchāmi) 186; (icchāma) 1265; (icchasi) 1121
원해야 한다(icche, Opt3Sg) 228~230; (iccheyya, Opt3Sg) 556; (icchatha, Opt2Pl = icchatha ce) 719
원하다2(patthayasi, pra+√arth, to wish for) 51~54; 325; 326; 329
원하지 않는1(akāma, a+√kam) 357
원하지 않는2(aniṭṭha, an+√iṣ1) 644
원한다면(kāmaṁ, √kam) 46; 229; 298; 312
원함 없는 해탈(appaṇihita vimokkha, a+pra+ni+√dhā, vi+√muc) 92[주]
웨누닷따 장로(Veṇudatta thera) 167A [행장]
웨다 비구(Veda) 1165
웨람바 [바람](Verambhā) 597[설명]; 598
웨람바 바람(Verambha-vāta) 598
웨바라(Vebhāra) 41[설명]; 545[주]; 1167
웨바라 산과 빤다와 산(Vebhāra-Paṇḍava-pabbatā) 41A
웨바라 산허리(Vebhāra-pabbata-passa) 1167
웨빠찌띠 아수라(Vepacity asura) 749 [설명]
웨빠찟띠(Vepacitti) 140[주]
웨뿔라(Vepulla) 545[주]; 1167[주]
웨살리에 머무는 왓지뿟따들(Vesālikā Vajjiputtā) 453A
웨살리에 머무는 왓지뿟따 비구들 (Vesālikā Vajjiputtakā bhikkhū) 291A
웨자얀따 궁전(Vejayanta-pāsāda) 1194; 1196
웨타뿌라 도시(Veṭhapura-nagara DPPN: Veṭṭha-/Veṭhi-) 255A
웰루깐따까 도시(Veḷukaṇṭaka-nagara) 36A; 37A
웰루단따 장로(Veḷudanta-tthera) 335A[행장]
웰루와 마을(Veḷuva-gāma) 919
웰루와나(Veḷuvana) 177A; 275A
웻사부 [부처님](Vessabhū) 490
웻사와나 대왕(Vessavaṇa mahārājā) 6A; 315A[주]

웻사와나(Vessavaṇa) 222A[주]; 518A[주]
위[上, uddha]) 396[설명]; 544
위대한(mahanta) 4[설명]; 69[설명]
위두라(Vidhura) 1187; 1188
위따소까 장로(Vītasoka thera) 169A [행장]
위라 장로(Vīra thera) 8A[행장]
위력 [큰~](mahānubhāva, anu+√bhū to be, to become) 1248
위력을 가진 [큰~](mahābhisakka, abhi+√śak, to be able) 1111
위루빡카(Virūpakkha) 222A[주]; 518A[주]
위룰하까(Virūḷhaka) 222A[주]
위말라(Vimala) 117A; 147A
위말라 장로(Vimala thera) 50A; 264A [행장]
위말라 장로니(Vimalā therī) 1150[주]
위말라꼰단냐 장로(Vimalakoṇḍañña thera) 64A[행장]
위빳시 [부처님](Vipassī) 490
위빳사나(vipassanā, vi+√dṛś, to see) 584[설명]
위빳사나의 업을 행하는(vipassanāya kammaṁ karonta) 2A[주]
위사카 대청신녀(Visākhā mahā-upāsikā) 417A
위사카 빤짤리뿟따 장로(Visākha-Pañcāliputta thera) 209A[행장]
위사카 청신녀(Visākha upāsikā) 1018A
위슈와미뜨라(Viśvamitra) 370A; 416 [주]
위엄 있는(patāpavā, pra+√tap, to heat) 820
위없는(anuttara) 32[설명]; 415; 615; 638; 692; 723; 824; 825; 827; 830; 901; 989; 990; 1177; 1236; 1265
위에서부터 아래까지(paroparaṁ) 1273 [설명]
위자야 비구니(Vijayā bhikkhunī) 398 [주]
위자야 장로(Vijaya thera) 92A[행장]
위지따세나 장로(Vijitasena thera) 355A[행장]
위해서(atthāya, √arth, to wish for) 380; 605; 657; 688; 1186
그것을 위해서(yad-attha) 60
위험(ādīnava, ā+√dī3, to perish, to decay) 122[설명]; 154; 269[설명]; 273; 301; 318; 409; 458[설명]; 787; 791; 954
위험을 보지 못하는(anādīnava-dassāvī) 730; 731
유가안은(yogakkhema, √yuj, to join, √kṣ1, to possess) 32[설명]; 69 [설명]; 171[설명]; 989; 990
유가안은의 길(yogakkhema-patha) 415
유순한(danta, √dam, to control, to subdue) 354; 441[설명]
유연한(sukhumāla) 91A[설명]
유익함[善, kusala]) 33[설명]; 872[설명]
유익한(kusala) 83[설명]; 900[설명]; 929[설명]
유익함으로 덮는다(kusalena pidhī-yati) 872[설명]
유익함을 바라는 자(kusali) 33
유지하다(kappeti, √klp, to be adapt-ed) 570; 1021
유지하다(kappesi) 367
유학(有學, sekha/sekkha, √śikṣ, to learn, train) 222; 1045[설명]
유학인(sekha-bhūta) 1039[설명]; 1040
유행하다(carati, √car, to move) 807; 809; 811; 813; 815; 817; 1015

유행할 것이다(carissanti) 959; (carissasi) 356; 1226
유행을 하였다(acari, √car Aor3Sg) 1264
유행을 해야 한다(paribbaje, pari+√vraj, to proceed Pot3Sg) 39; 40; 154[설명]; 982; 1162; 1163
유혹자(jālini) 162[설명]; 908[설명]; 909
유희로 기뻐함(khiḍḍā-rati, √krīḍ, to play, to sport) 414[설명]; 1109
육십(60) 개의 힘줄[腱]로 묶여있는 (saṭṭhi-kaṇḍara-sambandha) 569
윤회(saṁsāra, saṁ+√sṛ, to flow) 216[설명]; 493; 785; 915[설명]; 1174[설명]
윤회가 멸진된(khīṇa-saṁsāra) 306 [설명]
윤회로 인도하는(saṁsāra-upagāmi) 99[설명]
윤회하는(saṁsaranta) 258[설명]
윤회하면서(saṁsaranta) 215; 258
윤회한(saṁsarita) 1126; 1127
윤회의 회전을 파괴한 [모든~](vaṭṭa-vināsana[sabba~], √vṛt, to turn, vi+√naś, to be lost) 417
율(vinaya) 250
으뜸(uttama) 1230
으뜸가는1(uttama) 335
으뜸가는 도(magguttama) 520 [설명]
으뜸가는 인간(uttama-porisa) 1166
으뜸가는2(agga) 616
으뜸가는 경지를 얻은(agga-patta) 288
으뜸가는 법(agga-dhamma) 94 [설명]
으뜸을 설하는(agga-vādi) 1142
으뜸을 얻은(agga-ppatta) 94
으뜸가는3(seṭṭha) 9[설명]; 616; 883; 885; 933; 1261
으뜸가는4(sattama, √as, to be) 1240 [설명]
으뜸가는 선인(isi-sattama, √ṛṣ, to rush, to push) 1240[설명]; 1276
은사(upajjhāya, upa+adhi√i, to go) 14[설명]; 16A; 175[설명]; 330; 365A; 430; 976
은신처(ālaya, ā+√lī, to cling) 307
은신처로 도망가는(ālayesini) 307
은(銀, rajata) 957
은혜(kataññutā, √jñā, to know) 1126
읊었다1(abhāsittha, √bhāṣ, to speak Aor3Sg) 1~10; 122; 124; 1208; 1279
읊었다2(bhaṇi, √bhaṇ, to speak Aor 3Sg) 968
음성1(ghosa, √ghuṣ, to sound) 469~472
음성2(nigghosa, nis+√ghuṣ) 1232
음성3(girā, √gṝ1, to call, to roar) 1233; 1270
음식1(āhāra, ā+√hṛ, to take) 92; 123; 1057
음식으로 지탱되는(āhāraṭṭhitika) 123[설명]
음식을 절제하는(mitāhāra, √mā, to measure) 982
음식2(anna, √ad, to eat) 91
음식3(bhojana, √bhuj, to enjoy, to eat) 12[설명]; 105; 583; 789; 882; 1089
음식공양을 하기 전에(pure-bhattaṁ, √bhaj, to divide, to share) 1172
응유를 담는 사발(dadhi-thālaka) 151
의무(kicca, √kṛ, to make) 556; 740
의도하는 바를 성취한(paripuṇṇa-saṅkappa, pari+√pṝ, to fill) 546
의도하다(cetayati, √cit, to perceive,

to know) 1204
의미(attha, √arth, to wish for) 0-3 [설명]; 106[설명]; 141; 374; 483; 630
의미를 알다(attharn jānāti) 141 [설명]
의미를 갖춘(atthopasaṁhita) 968
의미를 앎(atthaññu) 1028[설명]
의미를 자세히 살피다(atthaṁ upaparikkhati) 1028
의미와 일치하는(atthantara) 374
의복(cīvara) 127; 197; 228; 481; 484; 578; 984; 1057; 1089
의복을 입음(cīvara-dhāraṇa) 975
의복에 몰두하는(vattha-pasuta, pra+√sā/si, to bind) 28
의사1(sallakatta) 830[설명]; 832
의사2(tekiccha, √cit, to perceive, know) 756
의사3(vejja, √vid, to know, to sense) 939
의심1(kaṅkhā, √kāṅkṣ, to desire) 3 [설명]; 75[설명]; 131; 132[설명]; 829
의심을 건넌(vitiṇṇa-kaṅkha, vi+√tṝ, to cross) 5; 8
의심이 없는(nikkaṅkha, nis+√kāṅkṣ) 331
의심2(vicikicchā, vi√cit, to perceive, *to* know) 74[설명]; 752[설명]; 1010; 1263; 1266
의심의 장소(vicikiccha-ṭhāna) 1267
의심함(vicikicchitā) 756
의심과 의혹에 묶인(vicikicchā-kaṅkhā-ganthita) 752[설명]
의심의 여지가 없는(asaṁsaya, a+√śaṁs, to praise, to recite) 1144
의자 [긴~](āsandi, ā+√sad, to sit) 55
[설명]
의지대로 하지 못하는(avasesaṁ = avase taṁ, √vaś, to desire, to be eager) 705[설명]
의지처(tāṇa, √trā/trai, to rescue) 412; 763; 780
의지하는(assita, ā+√śri, to resort) 149[설명]
의지하는(sevita, √sev, to attend upon) 1065
의지하여(nissāya, ni+√śri) 998; 1056; 1084
의지한(samassita, saṁ+ā+√śri) 525
의지해야 한다(seve, √sev Opt3Sg) 577
의향(adhippāya, adhi+pra+√i, to go) 542
의향을 가진(adhimutta, adhi+√muc, *to* release) 640[설명]
의향에 따라서(yathādhimutta) 0-2 [설명]
의혹(kaṅkhā, √kāṅkṣ, to desire) 752 [설명]
이겨내다(samativattati, sam+ati+√vṛt to turn) 457[설명]
이겨내었다(accagū = atikkamiṁsu ati+√kram, to stride Aor3Pl) 663 [설명]
이기기 어려운(dujjaya, dus+√ji, to conquer) 442
이긴 뒤1(jetvā, √ji) 177[설명]; 336; 1166
이긴 뒤2(abhibhotvāna, abhi+√bhū, to be, to become) 429
이다1(hoti, √bhū, to be) 17; 72; 129; 130; 146; 193; 240; 277; 278; 323; 324; 360; 370; 371; 372; 373; 374; 389; 392; 398; 554; 631; 650; 705; 708; 711; 715; 716; 829; 899; 900;

993; 994; 998; 1029; 1051; 1052; 1071; 1078; (honti) 140; 898; 900; 948; 1009; 1132; 1279
☞ 있다/이다(bhavanti)
이다2(amhi, √as, to be Pre1Sg) 221; 365
이다(amha, Pre1Pl) 838
이다(assa, Opt3Sg) 370~373
이다(samhi, Pre1Sg) 1211
이다(assu, Opt 1/3Pl) 86; 1113~1120; 1124
이었다(āsi, Aor 1/2/3Sg) 287; 376; 408; 514; 557; 620; 749; 921; 927; 1187; 1188; 1261
이었다(āsuṁ, Aor3Pl) 924
이었다(āsu, Aor3Sg) 478; 625
이었다(āsiṁ, Aor1Sg) 157; 221; 473; 880; 881; 889; 910
이득(lābha, √labh, to get) 484; 664; 666; 942; 963; 964; 1175[주]
이득과 존경(lābha-sakkāra) 1175 [설명]
이득과 존경에 혹한(lābha-sakkāra-mucchita) 944
이득을 열망하는(lābha-kāma) 962
이러한1(etādisa) 201; 285; 511; 1035
이러한2(evarūpa) 706
이런저런(uccāvaca) 341; 743
이런저런 [것](itarītara) 111
이로운1(hita, √dhā, to put) 547
☞ 이익(hita)
이로운2(attha, √arth, to wish for) 4 [설명]; 554
이로움(attha, √arth) 240; 340; 501; 1256; 1257
이로움으로 인도하는(atthūpanāyika, upa+√nī, to lead) 0-1[설명]
이로움을 바라는(attha-kāma, √kam) 474; 1066
이로움을 보는(attha-dassi, √dṛś) 4[설명]
이로움을 판별함(attha-vicintaka, vi+√cit) 252[설명];
이로움을 주는(atthika) 1274
이로움을 바라는(hitesi, hita+ā+√iṣ1, to desire) 474; 547; 555; 556
이루다(adhigacchati, adhi+√gam) 784
이루어지기를(samijjhatu, saṁ+√ṛdh, to thrive Imp3Sg) 530; 542
이른 [새벽](pacchima) 627; 977
이름(nāma, √nāma D) 0-2[설명]; 487; 879; 1264 ☞ 정신(nāma)
이름에 따라(yathā-nāma) 0-2 [설명]
이리저리(hurā huraṁ) 399
이발사(kappaka, √kḷp, to be adapted) 169; 892A
이발사 우빨리 [일곱 번째인~](Upāli-kappaka sattama) 249A
이빨(dāṭhī, √daṁś, to bite) 524
이시길리(Isigili) 545; 1167
이시길리 산(Isigili pabbata) 910
이시길리 산허리의 검은 바위(Isigili-passe Kāḷasilā) 1146A
이시닷따 장로(Isidatta thera) 120A [행장]
이시닷따(Isidatta) 120A
이시딘나 장로(Isidinna thera) 187A [행장]
이시빠따나(Isipatana) 61A; 117A
25년(paṇṇavīsati-vassa) 405; 1039~1043
이야기(kathā, √kath, to tell, to speak) 935
이어진 [지붕이~](channa, √chad, to cover) 1[설명]; 51~54; 325; 326
[지붕을] 잘 이은(succhanna, √chad

to cover134
[지붕을] 잘못 이은(ducchanna) 133
이와 같은(īdisa) 1188
이익1(ānisaṁsa, ā+ni+√śaṁs, to praise, to recite) 303
이익2(hita, √dhā, to put) 728
☞ 이로운(hita)
이익3(attha, √arth, to wish for) 443
☞ 이치(attha)
이익을 주지 못하는(anattha-saṁhita, saṁ+√dhā) 105
이익이 아닌 것(anattha) 214
이익이 없는(niratthaka) 741; 743; 987
이전과 같은(purāṇaka) 1132
이전에 /전에(pubbe) 81; 489; 1253
이전의(pubbaka) 947
이전의 버릇(pubba-ciṇṇa) 1124
이전의(purima) 414[설명]
이제1(api hā) 338
이제2(idāni) 221; 1122; 1124
이지러지는 시기[下弦, kāḷa-pakkha]) 292; 361
이쪽 기슭(ora) 777[설명]
이처럼1(itthaṁ) 1[설명]
이처럼2(paṭicca, ind, prati√i, to go) 1218
이치 [궁극의~](attha, √arth) 942 [설명]
이치에 대해서 질문함(attha-pucchana) 36[설명]
이치에 따라(yathātthato) 956
이치에 맞는 적절한(atthiya) 12 [설명]
인간1(manussa) 70; 143; 237[주]; 304; 566; 619; 621; 690; 728; 776; 778; 1170; 1177
인간의 지배자(manussinda) 914
인간인(manussa-bhūta) 689
인간2(mānusa) 259; 280
인간의(mānusaka) 461
인간3(manuja) 399[설명]
인간의 제왕(manujinda) 823
인간4(puggala) 130; 933
인간5(macca) 145; 496
인간과 신(nara-deva) 1180
인간의 의무(purisa-kicca) 232
인다고빠까 곤충으로 덮인(Indagopaka-sañchanna) 13; 1063
인다살라 동굴(Indasālaguhā) 211A
인도되다1 [잘못~](vuyhati, √vah, to carry Pass Pre3Sg = niyyati, ākaḍḍhīyati) 470; 471; 472
인도되다2 [출리로~](nīyanti, √nī, to lead = nissaranti) 305[설명]
인도된1(nīta, √nī) 1112
인도된2(vinīta, vi+√nī) 433
인도자(vināyaka, vi+√nī) 288; 426
인도된3(samappita, sam+√ṛ/ṛch, to go, to swift) 403; 1005
인도하는(upagāmī, upa+√gam, to go) 99
인도하다1(namayanti, √nam, to bend, to bow) 19; 877
인도하다2(nayanti, √nī) 19; 877; (neti, √nī) 304
인도하다3(parinesi, pari+√nī) 1143
인도하다4(ādapayanti, ā+√dā, to give = ādapenti) 874
인드라(Inda Sk Indra) 628[설명]
인드라라는 단어(Inda-sadda) 106
인드라와 같은 족성(Inda-samāna-gotta) 416
인드라의 불(Indaggi) 67
인드라의 친척(Indasa-gotta) 416 [설명]
인사하였다(abhivādesiṁ, abhi+√vad Aor1Sg) 425; 427

인색한(macchari) 1018
인습적인(sammuti, saṁ+√man, to think) 487
인식(saññā, saṁ+√jñā, to know) 217 [설명]; 218[설명]; 598; 1224
인식의 전도(saññāya vipariyesa, vi+pari+√as2, to throw) 1224 [설명]
인식을 가지지 않은 곳[無想處, asaññī]) 259[설명]
인욕을 설하는(khanti-vāda, √kṣam, to endure) 875
인정하다(paṭicchāmi, prati+√iṣ2, to send Pre1Sg = paṭiggaṇhāmi paṭipajjāmi) 748; 751
일(attha, √arth) 747
일깨우다(nibodhenti, ni+√budh, to wake, to know) 22[설명]
일부(ekatiya) 1009[설명]
일어남(samudaya, sam+ud+√i, to go) 492[설명]
일어나고 사라짐(udayabbaya) 10[설명]; 23[설명]; 269; 398
일어났다가는 사라지기 마련인 법(uppāda-vaya-dhammi, ud+√pad) 1159[설명]
일어나다(uppajjare, ud+√pad, to go) 337; 439
일어나게 하다(uppādayati, ud+√pad) 599
일어나면(uppajje, ud+√pad) 445
일어난 뒤(uppajjitvā, ud+√pad) 1159
일어났다(uppajji, ud+√pad) 1039; 1040
일어날 것이다(uppajjissanti, ud+√pad) 954
일어나라(uṭṭhehi, ud+√sthā, to stand Imp2Sg) 411
일어나서(paccuṭṭhahitvā, prati+ud+√sthā) 1103
일어난(samuppanna, saṁ+ud+√pad) 30; 501
일어난 것(samudaya, saṁ+ud+√i, to go) 1142[설명]
일으킨 생각[尋, vitakka] vi+√tark, to think) 50; 525; 573; 1209; 1214
일으킨 생각이 없음(avitakka) 650; 998
일을 버려버린(vissaṭṭha-kammanta, vi+√sṛj, to emit) 231
일체를 보는 분(sabba-dassāvī, √dṛś, to see) 722
일체지자(一切智者, sabbaññu, sabba+√jñā, to know) 131[설명]; 722
일체지의 지혜[一切知智]의 빼어남을 가진(sabbaññuta-ññāṇa-vara) 69 [설명]
일컬어지다(pavuccati, pra+√vac, to speak Pass Pre3Sg) 702
잃어버리다(riñcati, √ric, to leave) 494[설명]; 1052[설명]; 1072
임종하였다(kālam akāsi) 1263
임종한(kāla-kata) 242; 535
임종을 한(atīta, ati+√i, to go) 1036
입구(koṭṭhaka) 558
입멸한(nibbuta, nis+√vā, to blow) 928; 1158 ☞ 적멸(nibbuti)
입술을 건드리는 것만(oṭṭha-ppahata-matta) 1074[설명]
입었다(dhārayi, √dhṛ, to hold Caus Aor3Sg) 897
입어야 한다(dhāreyya, Pot3Sg) 578
입을 것이다(dhārissanti) 965[설명]
입은(padhārita, pra+√dhṛ) 842
입을 것(acchādana, ā+√chad, to cover) 698

입을 것이다(paridahissati, VRI: paridhahissati, pari+√dhā, to put Fut 3Sg = paridhassati) 969
입을 쟁기로 삼은(mukha-naṅgali) 101
입이 거친(mukhara) 955
있는 그대로1(yathā-tathe) 708[설명]
있는 그대로2(yathā-bhūtaṁ, √bhū) 87; 441; 589; 593; 662; 708; 716
  있는 그대로 보는(passanta yathā-bhūtaṁ, √dṛś) 716[설명]
  있는 그대로 보아진(diṭṭha yathā-bhūtaṁ, √dṛś) 87[설명]
있다(atthi, √as, to be) 185; 248; 306; 508; 713; 778
있었다(āsi, √as, to be Aor 1/2/3Sg) 1046; 1158
있다 /이다(bhavanti, √bhū, to be, to become) 3; 68; 555; 780; 819; 823; 1208; 1267; 1269
  있었다(ahu, √bhū Aor 3/2Sg) 18; 222; 231; 246; 411; 487; 510; 726; 870; 889; 902; 905; 906; 920; 1086; 1198; 1199; 1274; 1277; (ahosi, √bhū Aor3Sg) 715[설명]; (ahosiṁ, √bhū Aor1Sg) 620; 715[설명]
  있을 것이다(bhavissaṁ, √bhū Fut1Sg) 715[설명]
  있게 될 것이다(bhavissare, Fut3Pl) 950; 964
잎 [무성한~](chadana, √chad, to cover) 527
잎사귀(patta, to fall) 754

【자】

자기 업(sa-kamma) 786
자기 존재(atta-bhāva) 1183
자기 존재 있음[有身](sakkāya, sat+√ci1, to gather) 202[설명]
  자기 존재가 있음[有身]을 기뻐하는(sakkāya-abhirata) 765
  자기 존재 있음[有身]을 얻은(sakkāya-adhigata) 202[설명]
자나빠다깔랴니 난다(Janapadakalyāṇī Nandā) 157A
자띠야 숲(Jātiyā-vana) 162A
자라게 한 뒤/심은 뒤(ropetva, √ruh, to ascend Caus) 1121
자라는 [쑥쑥~](su-saṁvirūḷha, saṁ+vi+√ruh) 110
  잘 자란(saṁvirūḷha = suṭṭhu virūḷ-he) 217
자라다(pavaḍḍhati, pra+√vṛdh, to grow) 700
자를 것이다(checchati, √chid, to cut off Fut3Sg) 761[설명]
  자르기 위한(chettuṁ) 188; 408
  자른 뒤(chetvā) 298; 680; 839; 1094; 1142
  자른 뒤(chetvāna) 699
  잘라버린 뒤(chetvā) 418[설명]
자만1(māna, √man, to think) 89[설명]; 102; 427; 428[설명]; 1219; 1222
  자만에 빠진(māna-hata) 1220
  자만으로 도도한(māna-tthaddha) 425
  자만을 관통함(māna-abhisamaya) 1226
  자만을 버린(pahīna-māna) 205
  자만을 버린(pahīna-mānassa) 205; 206
  자만의 길(māna-patha) 1219
  자만의 잠재성향(māna-anusaya) 60[설명]; 1226

자만의 종류(māna-vidha) 428[설명]
자만2(mada, √mad, to rejoice, to be glad) 427
자만에 취한(mada-matta) 423
자만3(vidhā) 1076[설명]
자세(iriyā-patha, √īr, to move) 570; 927
자세히 살피다(upaparikkhati, upa+pari+√īkṣ, to see) 1028
자식(putta) 187
자신(atta) 19[설명]; 29[설명]; 88; 118; 139; 159; 160; 404[설명]; 443; 444; 496; 497; 582; 637; 653; 727; 729; 877; 1005; 1074; 1075; 1160; 1161; 1173; 1205; 1227
자신을 근원으로 하는(atta-sambhava) 260[설명]
자신을 보호함(rakkhitatta) 142
자신을 제어하는(atta-danta) 689
자신을 찬탄하는(atta-vaṇṇa) 209
자신의 목적을 추구하는(atta-vasi) 539
자신의1(saka) 587; 965; 1085
자신의2(sayaṁ) 자신의) 86;T
자신의 생각(savitakka, sa+vi+√tark, to think) 1217[설명]
자아에서 생김(atta-samuṭṭhāna, saṁ+ud+√sthā, to stand) 767 [설명]
자애[慈, mettā] mitra D) 238; 647; 1041; 1042; 1043
자애의 마음(metta-citta) 648; 874; 967; 974; 979
자연적으로 생긴(pakata, pra+√kṛ, to make) 1135
자유자재(vasi, √vaś, to desire, to be eager) 909; 1181
자유자재한(vasī-bhūta) 1183
자재천(Vasavatti) 47; 253
자제가 없는(asaññata, a+sam+√yam, to sustain) 37; 867
작은(paritta, pari+√dā, to give) 147; 265
작은 개울(kun-nadi, √nad, to sound) 145
작은 문(āṇi-dvāra) 355[설명]
작은 북(mudiṅga) 467
작은 통찰지를 가진(appa-pañña, pra+√jñā) 785[설명]
잘(sāhu) 43
잘 닦은(su-ciṇṇa, su+√car, to move) 303[설명]; 709; 710
잘 둔 뒤(svadhiṭṭhita, su+adhi+√sthā, to stand) 560[설명]
잘 만들어진(su-kata, su+√kṛ, to make) 764
잘 배운(sussuta, su+√śru, to hear) 333[설명]
잘 설해진1(su-desita, su+√diś, to point) 94; 417; 422; 954; 1245; 1258
잘 설해진2(svākkhāt, VRI:svākhāta, su+ā+√khyā, to see) 837
잘 온(svāgata, su+ā+√gam, to go) 9 [설명]; 885; 886[설명]; 1261
잘라라1(bhinda, √bhid, to split Imp2 Sg) 29
잘라라2(chinda, √chid, to cut off Imp 2Sg) 1266
잘라버린 자(chettu) 1121; 1263
잘라야 하다(chinde, √chid Opt3 Sg) 15[설명]; 633
잘라지다(chijjati, √chid Pass Pre3Sg) 75
잘라졌다(chijjatha, √chid Pass Aor3Sg) 1055
잘랐다(acchecchi, √chid Aor3Sg) 1275; 1277
잘라진(samucchinna, saṁ+ud+√chid)

170[설명]; 216
잘리까(Jālikā) 66A
잘리니 천신(Jālini devatā) 909[주]
잘못 오지 않은(dur-āgata, dus+ā+√gam, to go) 9
잘못 온(apagata, apa+√gam) 885; 886
잘못 요청된(dummantita, dus+√mantr to take counsel) 9[설명]; 885; 886
잘못을 보는(vajja-dassi, √vṛj, to twist) 993
잠(niddā, ni+√drā2, to sleep) 414
잠든(sutta, √svap, to sleep) 22[설명]; 203[주]
잠부 나무(jambu) 309
잠부 숲(Jambu-saṇḍa) 822[설명]; 914[설명]
잠부가미까(Jambugāmika) 28A
잠부가미까뿟따 장로(Jambugāmika-putta thera) 28A[행장]
잠부까 장로(Jambuka thera) 283A[행장]
잠부디빠[閻浮提](Jambudīpa) 6A; 822[주]; 914[주]; 1202[주]
잠시(muhutta) 514
잠을 자기 위한(supituṁ, √svap) 193
잠을 많이 자는(niddā-bahula) 411
잠자는 자(niddāyitā, ni+√drā2, to sleep) 17
잠자다(supanti, √svap, to sleep Pre3 Pl) 137
잠잔 뒤(supitvāna) 84
잠자리(sayana, √śī2, to lie) 153; 1089
잠재성향(anusaya, anu+√śī2) 572[설명]; 839
잠재성향의 그물(anusaya-jāla) 572
잡다, 억누르다(bādhayati, √bādh, to oppress) 454
잡힌(gahīto, √grah, to seize) 786
장난을 치다(palobhasi, pra+√lubh, to desire, to be lustful) 1129
장님(andha) 95[설명]; 316; 321
장로(thera, √sthā, to stand) 1[설명]; 314; 374; 458; 493; 596; 631; 672; 679[설명]; 704; 928; 975; 1014[설명]; 1279
장식(vibhūsā, vi+√bhūs, to attend upon, to adorn) 939
장소(ṭhāna, √sthā) 225; 261; 317; 532
장신구(ābharaṇa, ā+√bhṛ, to bear) 614
장신구로 잘 꾸민 [모든~](sabb-ābharaṇa-bhūsita) 117
장애(nīvaraṇa, nis+√vṛ1, to cover) 1222
다섯 가지 장애(pañca-nīvaraṇa) 74[주]; 171[설명]; 573
장애 없음을 보는 자(anāvaraṇa-dassāvī) 472
장애가 되는(paribandha, pari+√bandh to bind) 1152[설명]
재가(geha, √grah, to seize) 111
재가자1(agāri) 1009
재가에 머묾(agāra-vāsa) 1107
재가자2(gahaṭṭha) 65; 581; 740; 1069
재가자3(gihi, √grah) 937; 939
재가의 삶(gihitta) 101[설명]
재난1(āpadā, ā+√pad, to go) 371
재난2(agha) 890[설명]
재난의 뿌리(agha-mūla) 116[설명]; 890[설명]
재물1(bhoga, √bhuj, to enjoy, to eat) 111; 155; 462; 780
재물과 권력(bhoga-issariya) 423
재물2(dhana, √dhā) 188; 776; 781; 782; 784; 883; 934; 941; 977
재물과 곡식(dhana-dhañña) 512
재물을 가져오는(dhana-hāraka)

530
재물을 위함(dhanattha) 705
재산(vitta, √vid, to know, to sense) 461; 776; 782
재산을 가진(vittavā) 499; 550
재산을 잃은(vitta-parikkhaya) 499; 550
재산을 얻음(vitti-lābha) 609
재생의 근거(upadhi, upa+√dhā, to put) 152[설명]; 840; 1216[설명]
재생의 근거가 없음(nirūpadhi) 516 [설명]; 1250
재스민(Navamālikā) 47
재촉하다(niyuñjasi, ni+√yuj, to join Pre2Sg) 1113~1121; 1124
재촉하지 말기를(mā niyojayi) 214 [설명]
재촉할 것이다(niyojessaṁ) 355
쟁기(naṅgala) 43
쟁기질(naṅgalāvattani) 16
저 [세상](para) 237; 785; 786
저 언덕(pāra) 777
저 언덕[彼岸]에 도달한1(pāragū) 66[설명]; 632; 690[설명]; 711 [설명]; 1171; 1249; 1251; 1253; 1254
저 언덕[彼岸]에 도달한2(pāraṅgata) 209[설명]; 680; 748; 1182
저 언덕을 찾는(pāraṁ esanta, ā+√i, *to* go) 763
저녁(sāya) 345
너무 늦은 저녁 (atisāya) 231
저속한(jammi) 400; 401
저수지(candanika) 567
저열한(hīna) 1076
저열한 일(hīna-kamma) 620
저장고[네 가지~](nidhi, ni+√dhā) 527A[주]
저주(abhisāpa, abhi+√śap, to curse) 1118
저주하노라(dhir-atthu) 279[설명]; 1134; 1150
적1(disa) 549; 555; 874; 875; 1034; 1133
적2(sapatta) 153; 1129
적게 배운(appa-ssuta, √śru, to hear) 987; 1025; 1026
적게 얻는(appa-lābha, √labh, to get) 154
적당하고 적당하지 않은 것(kappākappa) 251
적당한 때(samaya, saṁ√i, to go) 304[설명]; 1029
적당함(matta) 200
적당하게(mattaṭṭhiyaṁ = mattaṁ) 922
적당함을 아는(mattaññu) 243; 583; 683
적대적인 마음(upārambha-citta, upa+ā+√labh) 360~363
적들 [모든~](sabba-amittā) 831[설명]
적멸(nibbuti, nis+√vāl, to blow) 32 [설명]; 119[주]; 418[주]; 586 [설명] ☞ 입멸한(nibbuta)
적멸을 잘 이룬(su-nibbuta) 1022
적멸한(nibbuta) 1015[설명]; 1060 [설명]
적멸해진(nibbuta) 79; 96; 298; 702 [설명]; 1090
적멸함(sīti-bhāva) 79
적셔진(sitta, √sic, to pour out) 110
적시다(ovassati, ava+√vṛṣ, to rain) 1102[설명]
적용하다(yujjanti, √yuj, to join) 1013
적은1(paritta, pari+√dā, to give) 928
적은2(appa) 80[설명]; 448[주]; 451; 923; 1165
적은 물(appodaka) 362; 387

적은 음식(appa-bhojana) 620
적지 않은(an-appaka) 155
적의가 없는(anupanāhī, an+upa+√nah *to* tie, to bind) 502~506
적의를 가짐(upanāhī) 952
적집된 것(samussaya, saṁ+ud+√śri, *to* resort) 83[설명]; 123[설명]; 202; 339
적집된 [몸](samussaya) 351; 394; 436
적합하다(arahati, √arh, to deserve) 973
적합한(yutta, √yuj, to join) 111
적합하게 수행함(yutta-yoga) 585
전개(pavatti, pra+√vṛt, to turn) 1024
전념(āyoga, ā+√yuj, to join) 591[설명]
전단향을 바른(candan-ussada, ud+√syand, to move on) 267
전도(vipariyesa, vi+pari+√as2, to throw) 1224[설명]
네 가지 전도[四顚倒]의 영향력(catu-bbipallāsa-vasa) 1143[설명]
전륜성왕(cakkavatti) 822; 1235
전생(pubbe-nivāsa, ni+√vas3, to dwell) 332; 379; 516; 562; 913; 996
전생(pubba-jāti, √jan/jā, to generate, to give birth627
전승한(āgamma, ā+√gam) 721
전에(pure) 77; 126; 221; 246; 345; 346; 397[주]; 557; 705; 863; 879; 880; 881; 889; 910; 913; 1004; 1113~1120; 1130; 1150; 1198; 1199
전에(purā) 978; 1253
전에(puraṁ) 1253
전쟁(saṅgāma, saṁ+√gam, to go) 194; 442
전쟁(sa-saṅgāma) 932[설명]
전쟁에서 승리한(vijita-saṅgāma) 177; 1236[설명]
전쟁에서의 승리(saṅgāma-vijaya) 236[설명]
전쟁의 선봉(saṅgāma-sīsa) 31; 244; 684
전쟁[훌륭한~](su-yuddha, √yudh, to fight) 236[설명]
전차의 주인(rathesabha = rathikesu usabha-puriso) 822
전체(sakala) 489
전체(kevala) 18[설명]
☞ 모두 다(kevala)
전향(āvajja, ā+√vṛj, to twist) 445
절멸한 뒤(khepetvā, √kṣi2, to destroy Caus = samucchinditvā) 364[설명]
절박함(saṁvega, saṁ+√vij, to tremble) 29A; 173; 198; 376; 510[설명]; 791 등
절박함이 생기게 하였다(saṁvejesi, Aor3 Sg) 1194
절을 올리다(vandati, √vand, to greet) 1241; 1248; (vandāmi) 1279; (vande) 1237
절을 올려라(vanda, Imp2Sg) 1169; 1173; (vandantu, Imp3Pl) 841
절을 올렸다(vandissaṁ, Aor1Sg) 480; 621; (avandi, Aor3Sg) 869
절을 올린 뒤(vanditvā) 565; 624
절을 하기 위해(vandituṁ) 623
절을 해야 한다(paṇāmeyya, pra+√nam to bend, to bow Pot3Sg) 511
절제하여 말하는(sammita-bhāṇi, saṁ+√mā, to measure) 209
젊은1(dahara) 203; 788; 873; 1166
젊은2(yuvā) 461
젊은이(māṇava) 661[설명]
접촉(phassa, √spṛś, to touch) 783 [설명] ☞ 감각접촉(phassa) ☞ 맞닥뜨림(phassa)

정거천(Suddhāvāsa) 201A
정교한(saṇha) 4[주]
정등각자(Sammāsambuddha) 692
정등각자가 설하신(Sammāsam-buddha-desita) 227; 263; 1239
정등각자의 교법(Sammāsambuddha-sāsana) 181; 835
정등각자의 제자(Sammāsambuddha-sāvaka) 45; 174; 368; 650; 998
정맥(dhamani, √dhmā/dham, to blow) 408; 409
정맥이 드러나 보이는(dhamani-san-thata) 243; 683
정복당할 수 없는(asaṁhīra, a+saṁ+√hṛ, to take) 649[설명]
정복되지 않는(aparājita, a+parā+√ji) 131[설명]; 513[설명]; 665
정복하게 하라(jinātu, √ji, to conquer) 411
정복하다(sahate, √sah, to prevail Med Pre3Sg) 400; 401
정복한(pasayha, pra+√sah) 777
정복한(vijita, vi+√ji) 321
정복한(vijitāvi) 5[설명]; 6[주]; 6～8; 822; 914
정복한 뒤(vijetvā/vijitvā) 777
정복한 뒤(abhibhuyya, abhi+√bhū) 1242
정상(kūṭa2) 1202
정성을 다하여(sakkaccaṁ, √śak, to be able) 951; 1054
정수리(matthaka) 1173[설명]
정신・물질(nāma-rūpa) 1275
정신적인(cetasika, √cit, to perceive, know) 707; 962
정신적인(cetaso) 640; 641; 1117 [설명]
정신적인 추구(mano-vicāra, vi+√car, to move) 1117[설명]
정신적인 한거(paviveka cetaso, pra+vi+√vic, to sift, to separate) 640 [설명]
정지시켜야 한다(ukkhipe, ud+√kṣip, to throw Opt3Sg) 209
정진(vīriya, √vīr, to overpower, to subdue) 167; 638; 745; 1139
정진과 끈기 있게 닦음을 구족한(vīriya-sātacca-sampanna) 585
정진과 분발(vīriya-parakkama) 224; 314; 515
정진의 멍에로 제지가 된(vīriya-dhura-niggahita) 359
정진을 가진(vīriyavā) 739; 818
정진이 저열한(hīna-vīriya) 987
정진하지 않는(hīna-vīriya) 147 [설명]; 147; 265; 962[설명]; 1165
정통하였다(vijesi, vi+√ji, to conquer Aor3 Sg = sādhesi) 413
정통한(kovida, ku+√vid, to know, to sense) 21; 69; 85; 158; 415; 482; 1231
정해진 행로를 체득한(niyāma-gata-ddasa, ni+√yam, to sustain) 1257 [설명]
정화된(payata, pra+√yam, to sus-tain) 348[설명]
정확한(yāthāvaka) 347[설명]
정확하게 보는(yāthāva-dassi) 1096
젖다1(palippati, pra+√lip/limp, to smear) 700; 701
젖다2(upalippati, upa+√lip/limp) 1180
젖다3(siñcati, √sic, to pour out) 50
제거된1(pahīna, pra+√hā, to leave) 79[설명]; 98; 135; 180; 239
제거한 뒤(pahantvāna, pra+√han, *to* smite, to kill = samucchindi-tvā) 519[설명]

제거된2(ucchinna, ud+√chid, to cut off) 337; 439
제거하라(parivajjehi, pari+√vṛj, to twist = paribbaja) 1224
제거하였다(ujjahaṁ, ud+√hā Aor1Sg) 60[설명]
제거한 뒤1(vinodaya, vi+√nud, to push) 1216
제거한 뒤2(pahāya, pra+√hā, to leave) 1222
제거해 버렸다(vihari, vi+√hṛ, to take Aor3Sg) 10[설명]
제따와나 대승원(Jetavana-mahāvihāra) 161A
제따와나를 수용하시는 날(Jetavana-paṭiggahaṇa-divasa) 21A
제멋대로 행하는(kāma-kāriya, √kṛ, to make) 971; 975
제사(yañña, √yaj, to offer, to sacrifice) 341[설명]; 378
제사를 위함(yaññattha) 705
제사 [좋은~](suyiṭṭha, su+√yaj) 236[설명]
제사를 지냈다1(juhiṁ, √hu, to sacri-fice Aor1Sg) 341
제사를 지냈다2(yajiṁ, √yaj Aor1Sg) 341
제압당한(paṭikujjita, prati+√kuṭ, to become crooked) 681
제압된(pareta, parā+√i) 385
제야세나(Jeyyasena) 6A
제어(saṁyama, saṁ+√yam) 610[설명]; 631[설명]
제어되지 않은(pākaṭa, pra+√kṛ) 971; 975
감각기능들을 제어하지 않은(pākatindriya) 109[설명]
제어된(uparata, upa+√ram, to rejoice) 2; 1006; 1007; 1168; 1169
제어된 사유를 가져 참선을 하는(yata-saṅkappa-jjhāyi) 981[설명]
제어됨(yatatta, √yam) 10[설명]
제어하기 어려운(sudunnivāraya, su+duḥ+ni+√vṛ1, to cover) 1111
제외하고(ṭhapayitvā, √sthā Caus = ṭhapetvā) 1087
제의서(祭儀書, Brahmaṇā) 341; 1171
제자(sāvaka, √śru, to hear) 201[설명]; 305; 826; 1145; 1187~1189; 1203; 1236; 1240; 1241; 1247; 1249; 1265; 1277
제정된(paññatta, pra+√jñā, to know) 488[설명]
제지하게 될 것이다(niggahessāmi, ni+√grah, to seize) 77; 1130
제지된(niggahīta) 126[설명]
제지하라(nigganha, Imp2Sg) 446
제지한 뒤(niggayha) 1142[설명]
제지하라(uparundha, upa+√rudh2, to obstruct) 1117
제지하였다(uparundhi, Aor3Sg) 525
제지해야 한다(nivāraye, ni+√vṛ1, to cover) 994
제지하지 않는(anivāraya) 730; 731
제한 없이 보는 분(aparimita-dassi, a+pari+√mā, to measure) 91[설명]
제한된(parittika, pari+√dā = appamattika) 377
제한된 영역(paviddha-gocara, pra+√vyadh, to pierce) 350[설명]; 435
젠따 뿌로히따뿟따 장로(Jenta Purohita-putta VRI: Purohitaputta Jenta thera) 423A[행장]
젠따 왓차곳따 장로(Jenta Vacchagotta thera) 112A[행장]
젠따 장로(Jenta thera) 111A[행장]
젠따 마을(Jenta-gāma) 111A

조건 따라 일어난 법(paṭiccuppanna-dhamma, prati+√i+ud+√pad = paṭiccasamuppanna dhamma) 422 [설명]
조건으로 하는 [그것을~](tap-paccaya, tad+prati+√i, to go) 719
조금(thoka) 248
조금이라도(kiñca'api) 947
조띠다사 장로(Jotidāsa thera) 143A [행장]
조련하는(yoggācariya, ā+√car, to move) 1140
조절된 [잘~](su-vikappita, vi+√kḷp, to be adapted) 1270
조합됨(saṅgati-bhāva, saṁ+√gam) 570
조화로운(samagga, saṁ+agra D) 353 [설명]
족성(gotta, √gup, to protect) 0-2 [설명]
족성에 따라(yathā-gotta) 0-2[설명]
족쇄(saṁyojana, saṁ+√yuj, to join) 699[설명]
족쇄가 되는 속박의 끊음(saññojana-bandhanacchida) 521
족쇄를 풀어냄(saṁyojana-vippa-mokkha) 142[설명]
족쇄들을 멸진한(khīṇa-saṁyojana) 136; 176; 182; 380; 605; 657; 707; 793; 865; 1186;
족쇄라는 속박을 자른(saṁyojana-bandhana-cchida) 1143[설명]; 1234
족쇄의 구름을 가진(saṁyojana-valāhaka) 760[설명]
존경1(paccuṭṭhāna, prati+ud+√sthā) 484
존경2(sakkāra, sat+√kṛ) 124; 154; 495; 632A; 1053; 1175[설명]
존경을 받지 않는(asakkāra) 1011
존경3(apaciti, apa+√ci2, to observe) 589
존경받는(sambhāvana, saṁ+√bhū) 944
존경을 받는(apacita, apa+√ci2) 186
존경을 받아야 하는(apacineyya) 186
존경하는1(bhadda) 402
존경하는2(mahita, √mah, to be great, to bestow) 868
존경하지 못함(anādara, an+ā+√dṛ2, to respect, to heed) 425; 974[설명]; 987
존귀한 분(bhadanta) 527; 529; 721
존자1(bhaddanta) 762
존자2(āyasmā) 1[설명]; 2~10; 122; 124; 1208; 1279
존재1(bhava, √bhū, to be, to become) 38; 67[설명]; 87[설명]; 121 [설명]; 122[설명]; 158[설명]; 195; 254; 343[설명]; 446[설명]; 710; 713; 714[설명]; 718; 1096; 1141[설명]
세 가지 존재(ti-bhava) 1133[설명]
아홉 가지 존재(navavidha bhava) 420[설명]
여러 존재(bhavābhava) 671; 784 [설명]
세 가지 존재로부터 떠난(ti-bhava-abhinissaṭa, abhi+nis+√sṛ, to flow) 1089
존재를 즐김(bhava-abhinandi) 1145
존재에 [묶어두는] 사슬(bhava-netti) 135[설명]; 604; 656; 687; 708; 767[설명]; 792; 881; 891; 918; 1016; 1185
존재에 대한 갈애(bhava-taṇhā) 344
존재에 대한 탐욕(bhava-rāga) 180

존재에 대한 탐욕은 부수어진(bhava-rāga-hata) 180[설명]
존재에 대한 탐욕을 제거함(bhava-rāga-ppahāna) 40[설명]
이 존재와 또 다른 존재(ittha-bhāv-aññathā-bhāva) 917[설명]
존재의 뿌리(bhava-mūla) 576
존재의 뿌리로 인도하는(bhava-mūl-opagāmi) 98[설명]
존재하는 것과 존재하지 않는 것의 지배(bhava-abhava-vasa) 661 [설명]
존재의 저 언덕에 도달한(bhavassa pāraguṁ) 38[설명]
존재2(bhūta, √bhū) 867
존재3(sambhava, saṁ+√bhū) 260 [설명]
존재하다(vijjati, √vid, to know, to sense Pass = upalabbhati,) 74; 81; 132; 180[설명]; 246; 338; 412; 537; 642; 973; 997; 1056; 1087; 1237
존재하다2(vattati, √vṛt, to turn) 574
존재하였다(ahu, √bhū Aor3Sg =ahosi (√bhū) 180
존재하지 않음(appavatta, a+pra+√vṛt, to turn) 767
존재할 것이다(bhavissanti, √bhū Fut 3Pl) 907; 952; 955; 956; 959; 962
존재할 것이다, 있을 것이다(bhavissati, Fut3Sg) 180; 718; 966; 977; 1091; 1093~1098; 1102~1106
존중(gārava) 278; 387~392; 1078
존중하지 않는(agārava) 953; 976
존중받는 분(garu) 370; 373; 588
존중받는 분들로 인정되는(garu-sammata) 425
존중을 받는(sakkariyamāna, sat+√kṛ Pass) 1011
존중을 받아야 할(sakkareyya) 186
존중을 받는(sakkata) 130; 186
존중하는(sagārava, sa+√gur, to greet) 978
존중함(sagāravatā) 589
존중한(upāsita, upa+√ās, to sit) 179 [설명]
종기 [큰~](mahā-gaṇḍa) 567
종기의 뿌리(gaṇḍa-mūla) 306[설명]
좋아하는(piya, √prī, to please) 473
여러 가지 좋아하는 것(piyāpiya) 1125[설명]
좋아하거나 싫어하는 것(piyāpiya = piyaṁ vā apiyaṁ vā) 671
좋아하다(ruccati, √ruc, to shine) 835
좋아하다(rocaye, Opt3Sg = roceyya, iccheyya) 1051
좋은1(bhaddaka) 391
좋은2(sādhu) 75[설명]; 1009; 1223
좋은 계행을 가진(kalyāṇa-sīla) 504; 1008
좋은 말씀[金言, subhāsita] su+√bhāṣ, to speak) 239[설명]; 323[설명]; 324; 724; 1227
좋은 분(manuja) 874
좋은 사람(sādhu) 433
좋은 사람이 양성된(sādhu-kārita) 433
좋은 사람(sādhu-jīvi) 147; 265
좋지 않게 된 자(asādhu) 1009
좋은 성품을 가진(suvihita, su+vi+√dhā *to* put) 75
좋은 친구[善友, kalyāṇa-mitta]) 505 [설명]; 682; 1034
좋은 풍채(brahanta, √bṛh2, to make big or strong) 820
주다(dadanti, √dā, to give) 532; 776; (dadāmi, Pre1Sg) 461; (dadāma, Pre1Pl) 475

주시오(dehi) 185
주도면밀한(vicakkhaṇa, vi+√cakṣ, to see) 4[설명]; 105[설명]; 740; 741
주시하라(paṭipassa, prati+√dṛś, to see) 1116[설명]
주었다(pādāsi, pra+√dā, to give Aor3Sg) 560[설명]; 764
주의를 기울일 것이다(adiyissanti, √dā *to* give Cond3Pl = ādaraṁ karonti) 976
주인(issara) 188; 200; 1138[설명]
죽고 나서(pecca, pra+√i, to go) 502 [설명]; 503~506; 609; 617; 618
죽기 마련이다(mīyetha, √mṛ, to die Opt3Sg) 552
죽어가는(mīyamāna, √mṛ Pass) 780; 781
죽기를(haññantu, √han, to smite, to kill Imp3Pl) 603; 646
잘 죽은(su-hata, √han) 139
죽다1(maranti, √mṛ, to die) 553
죽다2(vihaññanti, vi+√han Pass) 1058
죽을 것이다(vihaññissaṁ, Fut1 Sg) 386
죽다3(kālaṁ karoti) 12; 407; 416; 1218
죽을지 모른다(kālaṁ kubbetha, √kṛ Opt2Pl) 407[설명]
죽림정사(Veḷuvana-vihāra) 673A; 1248
죽어버려라(vajjhantu, √vadh, to slay) 603; 646
죽어야 하는(mātiya, √mṛ = macca) 496
죽었다(amarā, √mṛ Aor3Sg) 779
죽은(mata, √mṛ) 44; 73; 91; 194; 316; 554
죽음 없음을 본(amataddasa) 296; 336
죽음의 침상(mata-sāyika) 501 [설명]
죽음1(maraṇa, √mṛ) 20; 196; 518 [설명]; 553; 571; 606; 607; 654; 655; 670; 685; 686; 708; 709; 712; 778; 1002~1004; 1275
죽음을 정복함(maraṇa-abhibhu) 1180
죽음이 아님(amaraṇa) 1004
죽음2(maccu, √mṛ) 7[설명]; 253; 256; 448~450; 1146~1149; 1213; 1277
죽음과 늙음(maccu-jarā) 1093
죽음을 제거한(maccu-hāyi) 129 [설명]; 1177[설명]; 1236; 1249
죽음의 영역(maccu-dheyya) 1278
죽음의 올가미(maccu-pāsa) 268; 300; 463
죽음의 왕(maccu-rāja) 7; 253; 411; 571
죽음의 왕의 군대(maccu-rājassa senā) 7[설명]
죽음3(cuti, √cyu, to move, to stir) 997
죽음과 다시 태어남(cutūpapāta) 909; 917; 1181
죽음4(vadha, √vadh, to slay) 1117
죽음과 질병의 소굴인(vadha-roga-nīḷa) 1093
죽음 없음[不死, amata] a+√mṛ) 21; 35[설명]; 61A; 69[설명]; 168; 330; 947; 980; 981A; 1103; 1115; 1243
죽음 없는 경지(amata-pada, √mṛ) 1110[설명]
죽음 없음[不死]으로 귀결되는(amato-gadha) 168[설명]; 179; 673; 748
죽음 없음[不死, amara] a+√mṛ) 219[설명]

죽음 없음[不死]을 위한 고행(amara tapa) 219[설명]
죽음 없음에 도달함(amatassa patti) 1103[설명]
죽음 없음의 항아리(amata-ghaṭikā) 199[설명]
죽지 않는(amara) 276
죽이다(hanati, √han, to smite, to kill Pre3Sg) 139; (hanti, Pre3Sg) 139; (hanāma, Pre1Pl) 705
죽인 뒤(hantvā) 743; 1092
죽인 뒤(hantvāna) 745
죽임을 당하다(haññanti) 662
죽지 [마라](vihaññittho [mā~], vi+√han, to smite, to kill Inj Aor2 Sg) 385
죽지 않음을 뻐기는 [뱀의] 무리들을 잘 피한(ta-amata-mada-saṅgha-suppahīna) 310[설명]
준 뒤(daditvā, √dā) 532
준다면(dajja, √dā Opt3 Sg; Imp2 Sg) 468
준마(ājānīya) 174
준마(ājañña) 358
준마이신 인간(purisājañña) 629; 1084; 1179
준비가 된(samavaṭṭhita, saṁ+ava+√sthā, to stand) 1265
준비함(saṁvidhāna, saṁ+vi+√dhā) 291; 293
줄기가 메마르게 된(vinaḷī-katā) 216
줄어드는(ūna) 451
중상모략[兩舌, pisuṇa]) 1018
중상모략을 하지 않는(ritta-pesuṇa) 502~506
중생(satta, √as, to be) 166; 437; 491; 781; 915; 917
모든 중생(sabba-satta) 427; 481; 624
중시하지 않는(agaru) 953
중[中, majjhima]) 627 ☞ 한밤중[中夜]
쥐구멍(mūsika-sobbha) 229
즈음에(pati) 517; 628
즉시(khippa) 18; 446; 476; 539; 755[주]; 1173; 1270
즉시에(tāvade) 650; 998
즉시에(tāvadeva) 968
즐거운(vitta2, √vid, to know, to sense) 178; 899
즐거움(sukha) 93[설명]; 663[설명]; 664; 669 ☞ 행복(sukha)
즐거워하는 것에 따라(yathā-sukhaṁ) 77; 1130
즐거움을 주는(ramma, √ram, to re-joice) 1062; 1064; 1144
즐거움을 주는 대지(ramma-tala) 1065
즐거워할 것이다(ramissanti, √ram) 992
즐겨라(bhuñja, √bhuj, to enjoy, to eat) 461
즐긴다(paribhuñjare, √bhuj Med Pres3Pl) 940
즐길 것이다(ramissāmi) 545
즐길만 한(ramma) 63[설명]; 539
즐긴 뒤(paricāretvā, pari+√car) 96[설명]
즐김이 없음/ 숲이 아님(avanatha) 1214[설명]
증가하다, 자라다(vaḍḍhati, √vṛdh, to grow) 98[설명]; 635; 795; 797; 799; 801; 803; 805; 1025
증가시키다(vaḍḍhenti) 456; 575
증득하기 어려운(dullabha, dus+√labh, to get) 71; 210
증득하다(adhigacchati, adhi+√gam) 586[설명]
증득하다(adhigacchanti) 102[설명]

증득하였다(ajjhagamā, Aor3Sg) 1218
증득하였다(ajjhagamiṁ, Aor 1Sg) 117; 349
증득한 뒤(adhigamma) 1106
증득할 것이다(adhigacche, Opt3Sg) 11
증득하였다(aphassayi, √spṛś, to touch Aor3Sg) 1172; 1202
증득한(samāpanna, saṁ+ā+√pad, to go) 650[설명]; 998
증오하는(viddesi) 547
증장시킬 것이다(anubrūhayaṁ, anu+√bṛh2, to make big or strong) 23; 27; 233
증장시키는(anubrūhanta) 925
증장하다, 증가하다(vaḍḍhati, √vṛdh, *to* grow) 35; 75[설명]; 399; 1025
증장시킴(vaḍḍhana) 141[설명]
증장한(vuḍḍha) 46; 788
증장하다(pavaḍḍhanti, pra+√vṛdh) 400
증장하는(pavaḍḍhanta) 931
증장한(abhivaḍḍha, abhi+√vṛdh) 400
지극한 행복(su-sukha) 227; 263
지금만의(ajjatana) 552
지금・여기(diṭṭhe vā dhamme) 1263
지나가 버리는(vītivattanta, vi+ati+√vṛt, to turn) 1198; 1200
지나가는(upaccaga, upa+ati+√gam, to go) 403; 653; 1004; 1005
지나가다(accayati, ati+√i, to go) 145
지나가 버리다(acceti) 231
지나치게 강한(accāraddha, ati+ā+√rabh, to take hold, to grasp) 638
지냈다(atināmayi, ati+√nam, to bend, to bow Aor3Sg) 366
지배(vasa) 831
지배된(aṭṭita, √ard/ṛd, to stir, to dissolve) 157; 406
지배를 따르는(vasa-anuga, √vaś, to desire, to be eager) 926
지배자(issara) 822; 914; 1138; 1139
지배자가 없는(anissara) 713[설명]
지붕 [산의~](paricchada, pari+√chad to cover) 115
지성(buddhi, √budh, to wake, to know) 75[설명]
위대한 지성을 가짐(mahā-buddhi) 1015
지어야 한다, 보여야 한다(kareyya, √kṛ Pot3Sg) 305; 740; 1018; 1019; 1214
지역(khitta2, √kṣip, to throw) 1104 [설명]
지옥(niraya, nis+√i, to go) 258; 304; 403; 790; 1005; 1091A; 1112 [설명]; 1187; 1188; 1220
지옥 중생(nerayika) 62; 1128
지옥에 태어나는(niraya-saṁvattani-ka, saṁ+√vṛt, to turn) 1112
지와 견(ñāṇa-dassana, √jñā, √dṛś) 171; 395
지와 견을 증득함(ñāṇa-dassana-patti) 395
지와까 꼬마라밧짜(Jīvaka Komāra-bhacca) 26A
지은1(kata, √kṛ, to make) 56; 59; 80; 127
지은, 행한, 실천한(kata) 24; 55; 63; 66; 107; 108; 112; 117; 220; 224; 270; 274; 286; 302; 314; 319; 330; 332; 349; 410; 465; 515; 562; 604; 639; 656; 792; 872; 886; 891; 903; 1050; 1088; 1126; 1185; 1260; 1264
지은2(pakata, pra+√kṛ) 80[설명]; 81; 346
지은 업(pakata kamma) 80[설명]

지은 뒤, 드러낸 뒤(pātu-karitvāna) 630
지자(viññu, vi+√jñā) 667; 668; 703 [주]; 1075; 1077
지적인 발달 정도(gati, √gam, to go) 557[설명]
지족하는(santuṭṭha, saṁ+√tuṣ, to be content) 581[설명]
☞ 만족하는(santuṭṭha)
지키려 하는(anurakkhituṁ, anu+√rakṣ to protect) 945[설명]
지킴(gopa, √gup, to protect) 729
지탱하기 위해서 [몸을~](yāpanattha, √yā, to go) 923
지팡이를 의지하는(daṇḍa-parāyanā, parā+√i, to go) 462
지혜(ñāṇa, √jñā, to know) 420; 1044
지혜의 벼락을 떨어지게 하는(ñāṇa-vajira-nipātana) 419[설명]
큰 지혜를 가진(mahā-ñāṇi) 1014; 1090
지혜 없이(ayoniso) 219; 291
지혜 없이 마음에 잡도리함 (ayoniso manasikāra) 157[설명]
지혜가 적은(appa-buddhi, √budh) 667
지혜로운(budha, √budh, to wake, to know) 250
지혜롭게(yoniso) 77; 158; 269; 273; 293; 301; 318; 347[설명]; 409; 1116; 1117; 1130;
지혜롭게 마음에 잡도리함(yoniso manasikāra) 269[설명]
지혜롭게 반조하였다(yoniso pacca-vekkhisaṁ) 347[설명]
지혜롭게 주시하라(paṭipassa yoni-so) 1116[설명]
지혜롭게 말을 하는(manta-bhāṇi, √bhaṇ, to speak) 2[설명]; 1006; 1007
지혜를 가져서(ñatvā, √jñā) 370[설명]; 371~374
지혜의 길(mona-patha) 68[설명]
지혜의 달인(vedagu) 10[설명]
직계제자/제자(antevāsi) 334
직접(paccakkha, prati+akṣa D) 407
진리(sacca, √as, to be) 88[설명]; 492; 593[설명]; 1098
네 가지 성스러운 진리[四聖諦, cattāri ariya-saccāni] 492[설명]; 1258
성스러운 진리(ariya-sacca) 215; 492[설명]
진실(sacca) 137; 461; 1229[설명]
진미로 가득한 [음식](sudhā) 91
진실하게(yathā-tathaṁ) 1196; 1199 [설명]
진정한 이름(sacca-nāma) 533; 692; 879
진창과 먼지가 제거될 수 없는(ahāriya-raja-mattika) 759
진흙(palipa) 89[설명]
질문1(pañha, √prach, to ask) 482; 483; 1196; 1199
질문2(pucchā, √prach) 747
질문3(puṭṭha, √prach) 1276
질문받은(pucchita, √prach) 950
질문을 받은(puṭṭha) 1196; 1199
질문을 하였다(apucchi, √prach Aor3 Sg) 482; 949
질책하다(codesi, √cud, to impel) 376
질책한(codita) 241
질책해야 하는(codayatta) 637[설명]
질투와 자만(issā-māna) 375
질투하는(issukī, √īrṣ, to envy, to be jealous) 952
짐1(bhāra, √bhṛ, to bear) 604[설명]; 656; 792; 891; 1021; 1050; 1088; 1185

너무 많은 짐(atibhāra) 659
짐을 내려놓은1(bhāra-nikkhepana) 708[설명]
짐을 내려놓은2(ohita-bhāra) 604 [설명]
짐을 내려놓은3(panna-bhāra) 1021 [설명]
짐2(dhura) 173; 659
짐을 잘 감당하는(dhurassaha) 659
짐 나르는 막대기(byābhaṅgi, vi+ā+√bhañj, to break) 623
집1(gahaka) 183[설명]
집 짓는 자(gaha-kāra) 183[설명]; gaha-kāraka 184[설명]
집2(geha) 34; 184[주]; 1110
집3(ghara) 195; 381; 557; 712
집4(kula) 579[설명]
집/가문(kula) 124; 248; 495; 533; 556; 1053; 1118; 1119
집5(niketa, ni+√ci1, to gather) 36[주]
집 없이 머묾(aniketa-vihāra) 36 [설명]
집6(agāra) 134
집을 나와 집 없이 [된](agārasma-anagāriyaṁ) 46; 48; 107; 136; 380; 605; 645; 657; 688; 793; 1186; 1209
집을 떠난 자(anāgāra) 581
집 없이 [됨](anagāriyā) 108; 512; 912; 1255
집중하지 못하는(asamāhita, a-saṁ+ā+√dhā, to put) 159; 617; 958[설명]
집착[固守, parāmāsa] parā+√mṛś, to touch) 342[설명]
집착 없이 다니는(asaṅga-cāri, a+√sañj, to hang) 1105
집착하지 않는 마음으로(asaṅga-mānasa) 1119
집착하는(sita, √śri, to resort) 188; 518[주]; 1112; 1217[주]
60가지로 집착하는 (saṭṭhi-sita) 1217[설명]
집착하지 않는(asita) 38; 671; 1184 [설명]; 1242
집착하지 않는(anissita, a+ni+√śri) 92; 1141
짓는, 행하는(karanta)√kṛ) 146; 232; 1207
짓다 [업을~](pakubbati, pra+√kṛ, to make) 144
짚더미(palāla-cchadana) 208
짚으로 덮은 곳(palāla-cchannaka) 208
짜낙까(Cāṇakka) 381A[주]
짝[두 번째]이 없는(adutiya) 54[설명]; 541[주]; 896[설명]; 1091[설명]
짝쿠빨라 장로(Cakkhupāla thera) 95A[행장]
짠다굿따/짠드라굽따(Candagutta) 381A
짠다나 장로(Candana thera) 299A [행장]
짠다나 천신(Candana) 27A
짠다나말라(Candanamāḷa) 187A[주]
짠다빳조따 왕(Caṇḍappajjota) 494A
짠드라굽따 마우리야(Candragupta Maurya) 381A
짤라1(Cāla) 42
짤라2(Cālā) 42A; 141A; 577A
짧은(appa) 782
짧은 시간(muhutta) 909[설명]; 1181
짬빠(Campa) 28A
쩨디(Ceḍi) 892A
쩨띠/쩨띠야(Ceti/Cetiya) 155; 892A
쪼개버렸다(padālayiṁ, pra+√dal, to burst Aor 1Sg) 627
쪼개버리다(padālaye, Opt3Sg) 1105

쪼개야 하다(padāleyya, Opt3Sg) 596
쪼개진(padālita) 128[설명]
쪼개버릴 것이다(dālayissāmi, √dal Fut1Sg) 544
쫓아간(anudhāvita, anu+√dhāv1, to run) 941
쭉정이(palāpa) 1237
쭌다(Cunda) 42A; 66A; 577A
쭌다 사미(Cunda samaṇuddesa) 141A; 1018A
쭌다까(Cundaka) 66A; 141A
쭐라가왓차 장로(Cūla-gavaccha thera VRI:Cūḷa-vaccha) 11A[행장]
쭐라간다라(짧은 간다라) 주문(Cūla-Gandhāra-vijjā) 9A
쭐라까 장로(Cūḷaka thera) 211A[행장]
쭐라빤타까 장로(Culla/Cūḷa-Panthaka thera) 510A; 557A[행장]
쭐라빨라(Cūlapāla) 95A
찌하찌하 우는(cihacihābhinadita) 49 [설명]
찔리는(tujjamāna, √tud, to push, to thrust) 780
찔린1(otiṇṇa, ava+√tṝ, to cross) 448
찔린2(viddha, √vyadh, to pierce) 754; 791
찟따 장자(Citta gahapati) 115A; 120A
찟따까 장로(Cittaka thera) 22A[행장]
찢어버리자(dālemu, √dal, to burst Imp1Pl) 1146[설명]; 1148
찢어버리기 어려운(duppadālaya, dus+pra+√dal) 680

【차】

차가운(sīta) 544
차가운 물(sīta-vārī) 13
차가운 물(vāri-sīta) 1063
차가운 바람과 노는(sīta-vāta-kīḷita) 22
차가운 바람으로부터 보호하는(sīta-vāta-paritta) 922
차가운 숲(sīta-vana) 540
차가운 숲(Sītavana) 6[설명][주]; 540 [주]; 632A[주]
차는 시기[上弦]의 [달](sukka-pakkha) 294
차려입은 [잘~](su-vasana, √vas2, to clothe, to wear) 117; 267; 268; 300; 459; 463
차례대로(anupubbena) 865
차례대로 빠짐이 없이(sa-padānaṁ) 579[설명]
차례대로 탁발하는(sa-padāna-cārī) 847
찬나 장로(Channa thera) 69A[행장]
찬탄(kitti, √kīrt, to mention, to tell) 35; 294; 611; 618; 664; 1221
찬탄과 명성을 증장시킴(kitti-siloka-vaddhani, √vṛdh, to grow) 551
찬탄할 것이다(kittayissāmi, Fut1 Sg) 693
찰흙(mattika) 937
참다운 사문됨(samaṇa-sādhutā) 114 [설명]
참되지 못한(asata, a+√as, to be) 994
참된 목적(sadattha, sat+√arth, to wish for) 112[설명]) 332; 1260
참된 사람(sappurisa) 179[설명]; 264; 1012[설명]; 1019; 1124
참선을 하다(jhāyati, √dhyai, to think, *to* meditate) 41[설명]; 466; 518; 519; 520; 522; 523; 524; 525; 526; 843[설명]; 844; 864; 892[설명];

894; 895; 998[설명]; 1059~1061; 1084[설명]; 1167; (jhāyāmi) 1036
참선을 하는1(jhāyi) 148; 266; 597; 680[설명]; 696; 726; 920; 1012; 1108; 1136
참선을 하는2(jhāyanta) 22[설명]; 85 [설명]; 884
참선을 하라(jhāya) 43[설명]; 119 [설명]; 414
참선을 하라(jhāyāhi) 415
참선을 해야 한다(jhāyeyya, Pot3 Sg) 37[설명]
참선하기를 원하는(jhāyitu-kāma) 1066
참으로1(handa) 538; 658; 1017
참으로2(have) 203; 303; 533; 873
참으로3(kira) 335; 1276
참으로4(nāma) 84; 163; 370~374
참으로4(nanu) 1108; 1129; 1143
참으로5(nūna) 109[설명]; 338; 545
참으로6(sudaṁ) 1[설명]; 1~10; 122; 124; 1208; 1279
참으로7(tathattaṁ) 1221
참으로8(vata) 88; 104; 227; 252; 263; 287; 290; 340; 549; 779; 868; 1085; 1159; 1209; 1239; 1256; 1257; 1261; 1278
참으로9(ve) 111; 137; 140; 152; 370; 372; 470; 502; 600; 692; 707; 742; 830; 970; 972; 1057; 1192; 1204; 1227; 1229; 1230
참을성이 있는(sātatika) 843~861; 1012; 1148[설명]; 1149
찻단따 숲(Chaddanta-bhavana) 673A
찻단따 코끼리(Chaddantā nāga) 673A
찻단따 호수(Chaddantadaha) 688
찻단따 호수의 언덕(Chaddanta-daha-tīra) 673A
창고지기(kosārakkha) 1031; 1047; 1048
찾는1(esanta, ā+√iṣ1, to desire) 763
찾는2(gavesanta, gava+ā+√iṣ1) 183
찾는3(samekkhamāna, saṁ+√īkṣ, to see) 547
찾다1(esati, ā+√iṣ1) 896
찾다2(pariyesati, pari+ā+√iṣ1) 308
찾음(esanā) 123
찾다3(vindati, √vid, to know, to sense) 518[설명]
찾아내는 자(pavattar, pra+√vṛt, to turn) 993
찾아보기 어려운(sudullabha, √labh, to get) 137
찾아서 살펴보는(samanvesanta, sam+anu+√iṣ1, to desire) 1250
찾아온(āgata, ā+√gam) 3
찾았다(anvesaṁ, anu+√iṣ1) 219
찾지 못하는(asaṁvinda, a+saṁ+√vid) 717
채권자(dhanika) 1106
채색된(cittita, √citr, to shine, be bright) 736
채우고 [가득~](pharitvāna, √sphur, *to* jerk, to twitch) 436
채우는 [가득~](pharamāna) 351
채찍(kasā) 878
처녀(kumāri) 58
처음(paṭhama) 510
천둥을 치는 구름(megha-dundubhi = meghoyeva dundubhi) 522
천둥을 치다1(gajjati, √garj, to roar) 522
천둥을 치다2(gaḷagaḷāyati, √gṝ1, to call, to roar) 189
천만 년(vassa-koṭi, √vṛṣ, to *rain*) 96
천박한(saṅkassara) 277
천상(sagga) 96[설명]; 280; 532; 609;

618
천상에 가는(sagga-gāmi) 62
천상의 몸(sagga-kāya) 259
천상세계(deva-loka) 915
천상세계[26가지~](chabbīsati-devalokabheda sagga) 304[주]
천상 [세 가지~](ti-diva) 242[설명]; 534[설명] ☞ 삼십삼천(ti-diva) 534 [설명]
천상의(dibba) 535
천신(devatā) 909; 1181; 1194 ☞ 신1/2(神, deva/devatā)
천신들 [일만 명의~](dasa-deva-sahassa) 1082
천한 태생(kaṇha-abhijātika, abhi+√jan/jā, to generate, to give birth) 833
철저하게 알다(parijānanti, pari+√jñā, *to* know) 226[설명]; 262; 322
철저하게 안 뒤(pariññāya) 162; 369 [설명]
철저하게 알아진(pariññāta) 90; 120; 161[설명]; 440; 489
철저하게 앎(pariññā) 518
철환(ayoguḷa) 714
청동 접시(kaṁsa) 97; 862
청련화(Nīlotpala) 47
청신사(upāsaka, upa+√ās, to sit) 187[설명]
청옥의 색깔(veḷuriya-vaṇṇa) 1190
청정1(suddhi, √śudh, to purify) 219 [설명]; 341; 342; 893
청정을 원하는(suddhi-kāma) 586 [설명]
청정하지 않은(asuddhi) 342
청정한 도(suddhi-magga) 219
청정2(visuddhi, vi+√śudh) 415; 676 ~678; 1234
청정하고 빛나는[아주~](suvisuddha-paṇḍara) 308
청정한 지혜를 가진(visuddhi-ñāṇa) 331
청정범행(brahma-cariya) 277; 631 [주]; 679; 709; 710[주]; 836; 837; 1027; 1274
청정범행의 추구(brahma-cariya-anuciṇṇa) 236[설명]
청정범행이 증장하는(virūḷha-brahma-cariya) 1079
청정범행을 닦는 동료 수행자(sabrahma-cārī) 278; 387~392; 1078
청정범행을 완성한(brahma-cariya-ssa kevali) 679[설명]
청정에 [이르는] 도(magga visuddhiyā) 676[설명]
청정하게 되었다(visujjhi, vi+√śudh) 916
청정하게 하였다(visodhayiṁ, vi+√śudh) 627
청정하게 해야 하다(visodhaye, vi+√śudh Opt3Sg) 612; 613
청정한1(suddha, √śudh) 348[설명]
청정한 마음(suddha-citta) 438[설명]
청정한2(visuddha, vi+√śudh) 1222
청정한3(sodhita, √śudh) 590
청정한4(dhona, √dhāv2, to rinse, to wash) 1271
청정한 믿음(pasāda, pra+√sad, to sit) 204[설명]; 221; 508; 509
청정한 믿음(pasādaniya) 591
청정한 믿음(pasanna) 382~384
청정한 믿음을 가져(pasādetvā) 912
청정한 믿음을 가진다(pasīdāmi, pra+√sad) 673; 1276
청정한 믿음을 가졌다(pasīdimha, Aor1Pl) 1254
청정한 믿음을 가진(pāsādika) 949 [설명]

청정한 믿음을 내야 한다(pasīdeyya, Pot3Sg) 833
청정한 믿음을 내게 하는(pāsādika, pra+ā+√sad) 432
청정해진(visodhita, vi+√śudh) 332; 379; 516; 562; 1262
청춘(vaya) 118[설명]
체득하게 할 것이다(vedayissati, √vid, to know, to sense) 750
체득하다(samadhigacchanti, saṁ+adhi+√gam) 4
체득한(vidita, √vid) 1098
체득한 뒤(viditvā) 260; 1273
잘 체득된(su-vidita) 260
체험한 것(vedayitā, √vid) 416
쳐다보는(pekkhamāna, pra+√īkṣ, to see) 182
쳐다보았다(udikkhisaṁ, ud+√īkṣ Aor 1Sg) 268
쳐부수었다(padhaṁsayi, pra+√dhvaṁs, to scatter) 64
초막1(kuṭi) 57; 60; 127
초막2(kuṭikā) 1[설명]; 51～56; 58; 59; 125; 325; 326
초저녁과 한밤중(pubba-apara-ratta) 413
초저녁[初夜, paṭhama yāma]) 627 [설명]
촉촉한(alla) 982
초청1(nimantana, ni+√mantr, to take counsel) 284
초청2(uddesa, ud+√diś, to point) 284
총명함을 갖춘(gatimanta, √gam) 1049[설명]
최고의 도사(puruttama) 622
최고의 인간1(uttama-puggala) 264 [설명]
최고의 인간2(purisuttama) 480; 510 [주]; 623; 629; 921; 1084; 1179
최고의 패를 가진 것(kaṭa-ggaha √grah to seize = jayaggāha) 462[설명]
최상(agga) 70[설명]) 354; 426; 619; 1244
최상의 맛(rasagga) 103[설명]
최상의(uttama) 614; 616; 631
최상의 도(magga uttama) 767[설명]
최상의 사람(naruttama) 480
최상의 인간이여(mārisa) 629; 1179; 1199
최상의 지혜로 알다(abhijānāma, abhi+√jñā, to know) 647[설명]; 1084; 1085
최상의 지혜로 안(abhiññāta) 828
최상의 지혜로 알아야 하는(abhiññeyya) 828[설명]
최상의 지혜의 완성을 성취한(abhiññā-pāramippatta) 1262[설명]
최상인1(samukkaṭṭha, saṁ+ud+√kṛṣ, to drag, to plough) 632
최상인2(seṭṭha) 614; 615; 619; 758
추구하는(patthenta, pra+√arth, to wish for) 264
추구하다(upasevanti, upa+√sev, to attend upon) 456
추방당한(dūrakantanā) 1123[설명]
추수된(atihita, ati+√hṛ, to take) 381
추악한 것을 쥐고 있는(duṭṭhulla-gāhi) 1217[설명]
추위(sīta) 232; 385; 386
너무 추운(atisīta) 231; 529
축복(siva) 421[설명]; 520[설명]; 1140
축생의 모태(tiracchāna-yoni) 258
축생이 된(tiracchāna-gata) 1128
축적(sannidhi, saṁ+ni+√dhā) 698
축적된(saṅghāta, saṁ+√granth, to bind, to tie) 519[설명]
축적한다(saṅkaḍḍhanti, saṁ+√kṛṣ, to drag, to plough) 941

출가(pabbajjā, pra+√vraj, to proceed) 624; 724; 789; 837; 869
출가하였다(pabbajiṁ, Aor1Sg) 73; 107; 108; 311; 377; 512; 912; 1255
출가하자(pabbajissāma, Opt1Pl) 462; 835
출가시켜라(pabbājehi, Imp2Sg) 476
출가시켰다(pabbājayi, Aor3Sg) 176
출가하게 한 뒤(pabbājetvāna) 477
출가하기가 어려운(duppabbajja) 111[설명]
출가한(pabbajita) 24; 42; 46; 48; 59; 72[설명]; 136; 181; 222; 248; 380; 405; 429; 461; 605; 645; 657; 688; 787~789; 793; 1009; 1107; 1132; 1186
출가한 뒤(pabbajitvā) 725
출가할 것이다(pabbajissāmi, Fut1Sg) 834
출가생활(sāmañña) 36; 228~230; 587; 788[설명]
출가생활의 목적(sāmaññattha) 936
출가하였다(abhinikkhamiṁ, abhi+nis+√kram, to stride Aor1Sg) 1110 [설명]
출가한(nikkhanta, nis+√kram, to stride) 1209
잘 출가하는(su-nikkama, su+nis+√kram) 212
출리出離(nekkhamma, nis+√kram) 458; 640[설명]
출리로 향하는(nekkhamma-ninna, nis+√kram) 1089; 1090
출리로 인도하는(niyyānika, nis+√yā, to go) 418[설명]; 1115[설명]
출정한 뒤(niraṅkatvā VRI: nirākatvā/, nis+ā+√kṛ) 478[설명]
출현(pātu-bhāva) 830
출현하다(uppajjanti, ud+√pad, to go) 1256
춤과 노래(nacca-gīta, √gai, to sing) 893; 911
춤추다(naccati, √nṛt, to dance) 267
춤추다(naccanti) 1190
춤을 추었다(anaccuṁ, √nṛt, to dance Aor3Pl) 164
춤추는 여인(naṭṭakī) 267
충복(paddhagū) 632
충분하다(arahasi, √arh, to deserve) 822
충분한1(alaṁ) 43; 771; 772; 773; 983~985; 1066; 1067; 1107; 1132; 1134; 1138; 1139; 1157
충분한2(vipula) 588
충성을 바치는(anuyanta, anu+√yā, to go) 823
취기 오른 코끼리(hatthi-ppabhinna, pra+√bhid, to split) 77; 1130
취기 오른 코끼리가 다니는 (matta-kuñjara-sevita, √mad, to rejoice, to be glad) 539
취착(upādāna, upa+ā+√dā, to give) 1278[설명]
취착의 자취가 남아있는[有餘](sa-upādi-sesa) 1274
취착으로부터 풀려난(upādāna-ppamocana) 420[설명]
취착의 멸진(upādānakkhaya) 640 [설명]
취착의 멸진을 기뻐하는(upādāna-kkhayārāma) 1012
취착 없음(anupādāna) 711[설명]; 840; 843; 844; 1059~1061
취착하지 않는(anupādāya) 673[설명]
취착이 [완전히] 없어진(sabbaso an-upādāya) 673[설명]

취착이 없음(anādānā, an+ā+√dā, to give) 491[설명]; 890
취착하지 않는(anādiyāna, an+ā+√dā) 416
취하였다(aggahi, √grah, to seize Aor3Sg) 897
취한(matta, √mad, to rejoice, to be glad) 423; 1139; 1253
측량할 수 없는(appameyya, a+pra+√mā, to measure) 382~384
측량할 수 없는(anappameyya) 1089
치는 [쐐기를~](tacchanta, √takṣ, to fashion, to build) 744[설명]
치달려왔다(sandhāvissaṁ, saṁ+√dhāv1, to run Aor1Sg) 78
치달리다(upadhāvanti, upa+√dhāv1) 1209
치달린 뒤(vidhāvitā, vi+√dhāv1) 932
치료하는(tikicchanta, √cit, to perceive, know = khamanta) 444
치장을 한(alaṅkata) 267; 268; 300; 459; 463; 773; 1157
치장하는 것(maṇḍana, √maṇḍ, to deck = alaṅkaraṇa) 157; 681
치장한(vibhūsitā, vi+√bhūs, to attend upon, to adorn) 459
치장한 [잘~](citta-kata) 769; 770; 1020-2; 1157
친견(dassana, √dṛś) 75[설명]; 485; 508; 829; 1037; 1038
친구1(mitta, mitra D) 249; 292; 294; 588; 610; 681; 780; 1035; 1109
친구2(sahāya) 780
친구가 됨(sakhitā, √sac, to accompany) 1018; 1019
친숙해진(santhava, saṁ+√stu, to praise) 103
친족(bandhu, √bandh, to bind) 240
친지(ñātaka, √jñā, to know) 1109
친척(ñāti, √jñā) 240; 241; 255; 779; 780
친척들과 친족들에 대한 애정(ñāti-bandhava-pema) 241
친척들과 형제들(ñāti-bhātaro) 892
칠일 밤(satta-ratta) 838
칠엽굴(七葉窟, Sattapaṇṇiguhā) 234A; 1167
칠엽굴의 문(Sattapaṇṇi-guhāya dvāra) 234
침모(針母, sibbinī, √siv/sīv, to sew) 663[설명]
침묵(tuṇhī-bhāva, √tuṣ, to be content) 650; 998; 999
침상(mañcaka, √mañc, to scaffold) 408
침상과 좌구(sayanāsana, √śī, to lie, ā+√sad, to sit) 229[설명]; 484
칭송(pasaṁsā, pra+√śaṁs, to praise, to recite) 609; 611; 664; 668
칭송된(pasaṁsita) 507
칭송받는(pasattha, pra+√śaṁs) 1100
칭송하다(pasaṁsare, Med Pre3 Pl) 1077
칭송한다(pasaṁsanti) 159; 1075
칭송(vaṇṇa, √varṇ, to paint, to depict) 611; 1182
칭송 받은(vaṇṇita) 554; 1124

【카】

카디라와니야 장로(Khadiravaniya thera) 42A[행장]
카디라와니야 레와따 장로(Khadira-vaniya-Revata VRI) = 레와따 장로 645A[행장]
칸다수마나 장로(Khaṇḍasumana

thera) 96A[행장]
칼1(asi) 869
칼2(satti, √śak, to be able) 39[설명]; 40; 1162; 1163
칼3(sattha, √śas, to cut, to kill) 407; 756; 790; 1095
칼이 없는(asattha) 757; 878; 914
칼날(khura) 737[설명]
커다란(brahati, √bṛh2, to make big or strong) 151
코끼리1(gaja) 356; 968; 1091; 1139
코끼리2(kuñjara) 194; 256; 357; 1147; 1149
코끼리 소리가 울리는(kuñjara-abhiruda) 1062
코끼리3(nāga) 31; 244; 684; 692; 696; 697; 704; 967[설명]; 1105; 1141; 1184; 1279
코끼리4(hatthi) 355
코끼리의 목(hatthi-gīvā) 197; 842
코끼리의 몸통(hatthi-kkhandha) 198
코끼리의 몸통으로부터 떨어진(hatthi-kkhandha-avapatita) 194
코끼리5 소리가 울리는(vāraṇa-abhirudā, abhi+√rud, to weep) 1064
쿳자소비따 장로(Khujjasobhita thera) 234A[행장]
크고 험한 바위(puthu-sila) 113; 601; 1070
큰(mahā) 1131
큰 숲(mahā-vana) 541; 868; 920
큰 이로움을 주는(mahā-hita) 928
키따까 장로1(Khitaka thera) 104A[행장]
키따까 장로2(Khitaka VRI: Nitaka thera) 191A[행장]

【타】

타나(Thāna) 70A
타당치 않은 것(asabbha) 994
타당하지 않은(ayoga, a+√yuj, to join) 320[설명]
타버린(jhāpita, √kṣai, to burn) 67[설명]
타오르는(jalita, √jval, to flame) 1204
타오르는(tapanta, √tap, to heat) 426
타오른(pajjalita, pra+√jval) 3; 702
타화자재천(Paranimmitavasavatti) 47; 253
탁발(piṇḍa, √piṣ, to crush) 197; 1054; 1172
탁발음식(piṇḍa) 381
탁발음식(piṇḍa-pāta) 484; 938; 983
탁발음식만 수용하는(piṇḍa-pāti) 845
탁발음식만 수용하는 자(piṇḍapātika) 1120; 1146; 1147
탁발에서 돌아온(piṇḍapāta-paṭi-kkanta) 896; 1059; 1060; 1061
탁발을 함(piṇḍika) 248; 268; 579
탁발하는 발우에 들어온 것(uñchā-pattāgata) 155[설명]; 843; 844; 1146~1149
탁월한(pavara, pra+√vṛ2, to choose) 358
탄식하다(paridevesi, pari+√div, to lament, to pain, to vex) 706
탄식하는(paridevita) 1110
탈 것(ativāha, ati+√vah, to carry) 616
탈 것을 가진(sa-vāhana, √vah) 177; 1166
탐닉하였다(anuyuñjisaṁ, anu+√yuj, to join Aor1Sg) 157

탐욕(rāga, √rañj/raj, to color) 18 [설명]; 79[설명]; 133; 134; 188; 282; 378; 1092
탐욕을 여의지 못한(avīta-rāga) 1111
탐욕이 빛바랜 마음을 가진(viratta-citta) 806; 808; 810; 812; 814; 816
탐욕과 관련된(rāgūpasaṁhita) 674 [설명]; 674; 1224
탐욕을 원인으로 하는(rāga-adhikaraṇa = rāga-hetu) 734
탐욕을 의지하는(rāga-nissita) 760
탐욕에 빠진(ratta, √rañj/raj, to color) 734
탐욕을 가진(luddha, √lubh, to desire, to be lustful) 776
탐욕을 여읜(vīta-rāga) 12[설명]; 56 [설명]; 327; 416; 704; 972; 992
탐욕의 빛바램(virāga, vi+√rañj/raj) 673
탐욕의 빛바램에 의지한(virāga-nissita) 599
탐욕이 빛바래다(virajjati, vi+√rañj/raj) 247[설명]
탐욕을 빛바래게 하라(virājaya) 57
탐욕이 빛바랜(viratta, vi+√rañj/raj) 191; 192
탐착하는(anugiddha, anu+√gṛdh, to be greedy, to covet) 580
탐착하다(rajjanti, √rañj/raj = rāgaṁ janenti) 280[설명]; 281; 282
탐하기 마련인(rajanīya, √rañj/raj) 191; 192
탐하다(rajjati, √rañj/raj, to color) 247[설명]
탐하지 않은(agiddha, a+√gṛdh) 923
태내(kucchi) 534
태생의 자만(jāti-mada, √jan/jā) 423
태양1(bhāṇumā) 1252
태양2(sūriya) 477; 517; 628
태양3(ādicca) 426; 820
태양의 후예(ādicca-bandhu) 26 [설명]; 158; 417[설명]; 1237
태양이 아직 지지 않은(anoggata, an+ava+√gam) 477
태어나다1(jāyati, √jan/jā, to generate, to give birth) 533
태어난(jāta) 64; 221; 533; 553; 620; 700; 701; 911
태어난(janita) 150
태어난다면(jāyetha, √jan/jā Opt3 Sg) 552
태어나다2(upeti, upa+√i) 152
태어날 곳[行處, gati] √gam, to go) 215[설명]; 216; 557
태어남(jāti, √jan/jā) 135[설명]; 183; 255; 429; 479; 486; 1275
태어남과 늙음(jāti-jarā) 412
태어남과 늙음의 두려움(jāti-jarā-bhaya) 413
태어남과 죽음을 제거한(pahīna-jāti-maraṇa) 679; 1271
태어남과 죽음의 저 언덕에 도달한 (jāti-maraṇa-pāragu) 1022
100번 태어남 (jāti-sata) 1170
태어남의 윤회(jāti-saṁsāra) 67[설명]; 87; 90; 254; 257; 344; 908
태어남 [다시~](upapatti, upa+√pad, to go) 997
태어남과 죽음의 윤회(jāti-maraṇa-saṁsāra) 202; 339
태우다(ḍahanti, √dah, to burn) 779
태우다(ḍahāmi) 1204
태울 것이다(ḍahissasi) 1205
택하였다(aggahiṁ, √grah, to seize Aor1Sg) 97; 862
털끝(vālagga) 26; 1160; 1161

털끝만 한(vālagga-matta) 652; 1001
털끝이 곤두섬(lomahaṁsa) 189; 190
털이 곤두섬으로부터 벗어난(apeta-lomahaṁsa) 6; 8
토대(vatthu) 81[설명]
토한(āvamituṁ, ā+√vam, to vomit) 1125
토해낸(vanta, √vam) 1125
토해낸 뒤(vamitvāna, √vam) 116; 576
토합시다 [사자후를~](nadissāma, √nad, to sound Fut1Pl) 175
톱의 비유(kakacūpama) 445[설명]
통곡하다(kandanti, √krand, to cry out) 779
통제(vasa, √vaś, to desire, to be eager) 1132; 1145
통제하에 있는(vasa-anuvattaka, vasa+anu+√vṛt, to turn) 1134
통제를 받도록 할 것이다(vasānayissaṁ, vasa+ā+√nī, to lead Fut1Sg = vasaṁ ānayissaṁ) 1139
통찰지(paññā) 3[설명]; 46[설명]; 126[설명]; 141; 314; 499; 520; 550; 551; 634; 660; 675~678; 695; 717; 784; 865; 929; 998; 1025; 1098; 1099; 1142; 1145; 1182
통찰지가 머리인(paññā-sīsa) 1090
통찰지가 없는(appaññāta) 129[설명]
통찰지로 보다(paññāya passati) 675[설명]; 717[설명]
통찰지로 본 뒤(paññāya passitvā) 520[설명]
통찰지로 이루어진(paññā-maya) 1094; 1095
통찰지를 가진(paññavanta) 70[설명]; 165; 501; 547; 619; 1019[설명]; 1077
통찰지를 가진(sappañña) 0-2[설명]; 177[설명]; 499; 550; 1030
통찰지를 가진 [큰~] (mahā-pañña) 100; 1231
통찰지를 무기로 하는(paññā-vudha) 763
통찰지와 함께 하는(paññā-sahita) 551[설명]
통찰지의 바라밀(paññā-pāramita) 1015
통찰지의 위력(paññā-vibhava) 556[설명]
통찰지의 힘을 가진(paññā-bali) 12[설명]
통찰하다(vipassati, vi+√dṛś, to see) 471; 472; 1029
통찰하는(vipassānta) 398; 1071; 1091; (vipassamāna) 1093
통찰하는 분(vipassi) 1269
통찰하여(vipassitvā) 0-3[설명];
통찰하라(vipassa, Imp2Sg) 1117
통치(rajja) 823
통치하는(āvasanta, ā+√vas3, to dwell = pasāsenta pra+√śās, to oder) 777
통치하였다(anusāsayiṁ, anu+√śās, to oder Aor1Sg) 914
툴라꿋티까 성읍(Thullakoṭṭhika-nigama) 769A
특상을 정려함(lakkhaṇūpanijjhāna) 12[설명]; 680[설명]
백 가지의 특징을 가지고 있는(sata-lakkhaṇa-dhāri) 106[설명]
특성(viyañjana, vi+√añj, to anoint, to smear = vyañjana) 819[설명]
튼튼한(daḷha) 863
튼튼한 말뚝(daḷha-khila) 680[설명]
티 없는(viraja, vi+√rañj/raj, to color) 227[설명]; 263; 481; 521; 1238

【파】

파괴되다(lujjate, √ruj/luj, to break Pass) 929
파내라(khaṇatha, √khan, to dig) 402 [설명]
파도(ūmi) 681
파렴치한 자(apāṭuka) 940
파멸로 끝이 나는(vipatyanta) 574[설명]
파멸하게 하다(vināsaye, vi+√naś, to be lost Caus of nassati) 1027
파멸을 겪는(vināsa-dhāri) 1132
파멸하게 하라(khaṇi, √khan, to dig = ummūlehi) 1173
파멸하다(vipajjati, vi+√pad) 574
파멸할 것이다(parā-bhavissasi, parā+√bhū) 1144[설명]
파멸함(parā-bhava) 1144[설명]
파벌에 가담하는(vagga-gata) 1217 [설명]
파악한 [잘~](suggahīta, su+√grah, to seize) 1028
팍구나 달(Phaggunīmāsa) 345
판가름하였다(pāmiṁsu, pra+√mā, to measure Aor3Pl) 469
팔1(bāhā f, √bṛh2, to make big or strong) 151; 406
팔2(bāhu m, √bṛh2) 559
팔억 년(asīti vassa-koṭiyo) 96[설명]
팔[정도, 八正道](aṭṭha) 166[설명]; 218; 1172
팔만사천 가지(caturāsīti-sahassāni) 1024
패 [최고의~](kaṭa Sk kṛta) 462[설명]
패한(parājita, parā+√i) 194
퍼져있는(oḍḍita, ud+√lī, to cling) 268; 300; 463
편 뒤(santharitvāna, saṁ+√stṛ, to strew) 367
편안하게 사는(samajīvi, sama-√jīv, to live = samaṁ jīvanta) 441[설명]
편안한(phāsu) 537; 538[설명]
편안하게 머묾(phāsu-vihāra) 538 [설명]; 983~985
편안함을 바라는(phāsu-kāma) 1067
편안함(sama, √śam2, to be quiet) 747[설명]; 1101
편안함을 얻은(paṭippassaddhi-laddha, prati+pra+√śram, to be weary) 916
평온의 흰 상아를 가진(upekkhā-seta-dantavā, upa+√īkṣ, to see) 694
평지 ☞ 땅(thala) 991
평탄하거나 거친(sama-visama) 321
평화(santi, √śam2, to be quiet) 32; 260[설명]; 364; 369; 434; 672; 876[설명]
평화로운(santa) 11[설명]; 118; 252 [설명]; 521; 791[설명]; 916; 1209; 1218
평화로운 경지(santa pada) 1218 [설명]
평화로운 마음을 가진(santa-citta) 326; 642; 671
평화로움(santi) 905[설명]
평화로움으로 기운(santim ārabbha) 905[설명]
평화를 가져오는(santika) 123[설명]
포기하라(nivattatha, ni+√vṛt, to turn) 637[설명]
포기해야 하다(ossajjeyya, VRI:ossajeyya, ava+√sṛj, to emit Pot3Sg) 321[설명]
포장된(onaddha, ava+√nah, to tie, to bind) 770; 1157
포행을 하였다(caṅkamiṁ, √kram, to stride Aor1Sg) 272

포행을 할 것이다(caṅkamissāmi) 540
포효하다(nadati, √nad, to sound) 177[설명]; 832
폭력(sāhasā, √sah, to prevail) 743
폭류(ogha, √vah, to carry) 89[설명]; 441; 572[설명]; 633[설명]; 680; 878; 894; 1131; 1243
폭류를 건넌(ogha-tiṇṇa) 15[설명]
폭류에 가라앉은(ogha-saṁsīdana) 572[설명]
폭류와 올가미(ogha-pāsa) 680 [설명]
큰 폭류(mahogha) 7; 88; 285[설명]; 681; 764
표범(dīpi) 1113
표상(nimitta, ni+√mā, to measure) 98[설명]; 99; 794; 796; 798; 800; 802; 804; 1105; 1224
표상 없는 해탈[無相解脫, animitta-vimokkha]) 92[설명]; 1226[설명]
표상 없음(animitta) 92[설명]; 1226 [설명]
표상을 잘 잡아야 하는(suggahīta-nimitta) 584[설명]
푸는(muñca, √muc, to release) 750
푸른(nīla) 22
푸른 가사를 두른(nīla-cīvara-pāru-ta) 959[설명]
푸른 구름의 색깔(nīlabbha-vaṇṇa) 13; 1063
푸른 목을 가진 [아주~](sunīla-gīva) 211; 1136
푸른색 구름의 산마루와 같은(nīl-abbha-kūṭa-sadisa) 1064
푸른빛을 발하는(harit-obhāsa, ava+√bhās, to shine) 217
푼 뒤(pakiriya, pra+√kṝ, to catter, to strew) 779
풀(tiṇa) 232; 1101; 1137
풀과 나무와 같은 [세상](tiṇa-kaṭṭha-sama) 717[설명]
풀려난1(visaññutta/visaṁyutta, vi+saṁ+√yuj, to join) 644; 1021[설명]; 1022
풀려난2(mutta, √muc, to release) 89 [설명]; 680[설명]; 711; 712
풀려난3(nissaṭa, nis+√sṛ, to flow) 122; 458[설명]
풀려날 수 있는(pamuccituṁ, pra+√muc) 253[설명]
풀어라(pamuñca) 414[설명]
풀무(bhasta) 1134
풀이 무성한(susaddala) 211
풀이 죽은 마음(dummana) 558; 617; 1208
품은(parihariya, pari+√hṛ, to take = dhāretvā) 534
품행1(iriyā-pathiya) 591
품행에 대한 청정한 믿음(iriyāpathi-ya pasādaniya) 591[설명]
품행이 방정한(kalyāṇa-iriyā-patha) 432
품행2(samācāra, saṁ+ā+√car, to move) 727
품행3(vatta, √vṛ2, to choose) 947
품행4 [어떤~](kim-ākappa, ā+√kḷp, to be adapted) 950[설명]
풋사 부처님(Phussa bhagavā) 466A
풋사 장로(Phussa thera) 949A[행장]
풋사라 불리는(Phussa-savhaya) 949[설명]
풍부한(vipula) 104; 351; 436
피곤하다(kilamati, √klam, to be weary) 1073;
피난처(leṇa) 308[설명]; 309
피난처를 찾지 않은(aleṇa-dassi) 308[설명]

피난처가 없는(attāṇa, a+√trā/trai, to rescue) 449
피부(taca) 770
피부에 묶인(tac-onaddha, ava+√nah, to tie, to bind) 1151
피부색(vaṇṇa, √varṇ, to paint, to depict) 423[설명]
피부인 외피로 감겨있는(camma-kañcuka-sannaddha) 569
피안을 찾는 자(pāra-gavesi) 771～773; 1020; 1157
피하다(parivajjeti, pari+√vṛj, to twist) 457
피하다(parivajjayate) 1152[설명]
피하는(parivajjayanta) 698
피한(parivajjita) 89
피해야 한다(parivajjeyya, Pot3Sg) 147[설명]; 265; 494; 1072; 1073; 1153
피함(vāritta, √vṛ1, to cover) 591[설명]
피해야 하는(vajje, √vṛj, to twist) 741
필수품1(paccaya) 484[설명]; 924
필수품2(parikkhāra) 924
핑계거리(lesa-kappa) 941

【하】

하고자 하는1(atthika, √arth, to wish for) 995
하고자 하는2(kattu-kāma, √kṛ, to make) 542
하나 됨에 몰입된(ekatta-nirata) 49[설명]
하나의 꽃(eka-puppha) 96[설명]
하나의 법(eka-dhamma) 230[설명]
하녀와 하인(dāsi-dāsa) 957
하녀들의 무리에 에워싸인(dāsī-gaṇa-purakkhata) 299
하늘1(nabha) 50; 211; 278; 360; 522; 1078; 1252
하늘2(vehāsa) 564; 909; 1215
하늘3(gagana) 1068
하다(vattenti, √vṛt, to turn Caus) 935
하라1(atthu, √as, to be = bhāvitā bahulīkatā hotu) 1225
하라2(bhava, √bhū, to be, to become = hohi(√bhū, Imp2Sg) 1225
하라3(kārehi, √kṛ, to make Imp2Sg) 823
하려고 하다(kātum icchati) 225; 261
하루(divasa) 345
하룻밤(eka-ratti) 165[설명]; 166
하리따 장로1(Hārita thera) 29A[행장]
하리따 장로2(Hārita thera) 9A; 261A[행장]
하심(下心, nīca mana) 579; 621; 735; 1173
하였다(ahosi, √bhū Aor 2/3Sg) 927
하인(bhataka) 606; 654; 685; 1003
하지 않아야 할(akicca, a+√kṛ) 635; 636; 934
하찮은 사람(kāpurisa) 124; 495[주]; 1018; 1053
학(balākā f) 307; 308
학도(māṇava) 73; 80; 661; 720[설명]; 788
학습받은(sikkhita, √śikṣ, to learn, train, study) 976; 1210
학습을 받는(sikkhāpenta) 975
학습 [계목]을 받아 지닌(sikkhā-sājīva-sampanna) 513
학습계목(sikkhā-pada) 488[설명]
한 곁에(ekam antaṁ) 317; 560; 565; 624

한 끝에 집중된(ekodi-bhāvita) 916
한 자리에서만 먹는(ekāsani) 848
한 뒤(hutvā, √bhū) 1009
한 뒤(hutvāna) 778; 1240
한 번씩(sakiṁ) 259
한거1(閑居, viveka, vi+√vic, to separate, to sift) 6[설명]; 23; 27; 233; 695; 925; 930
☞ 떨쳐버림(viveka)
한거와 연결된(viveka-paṭisaññuta) 598[설명]
한거(閑居)를 증장시킬 것이다(vivekaṁ anubrūhayaṁ) 23[설명]
한거2(閑居, paviveka, pra+vi+√vic) 597; 640[설명]
한거를 기뻐하는(paviveka-rata) 899
한거에서 오는(pavivekiya) 669
한거에서 오는 괴로움(paviveka-dukkha) 669
한거의 맛(paviveka-rasa) 85[설명]
한거를 하기 위함(paṭisallāna-kāraṇa, prati+saṁ+√lī, to cling) 577
한거하는 [끊임없이~](pavivitta, pra+vi+√vic) 148[설명]; 266; 726[설명]; 859; 920
한계(velā) 613[설명]
한계를 넘은(ativela) 582
한계가 없어진(vimariyādi-kata) 184 [설명]
한 끝으로 된(ekagga) 406; 920; 1225
한낮(majjhantika) 345
한다(acchati, √ās, to sit) 936
한량없는(amita) 1099; 1101
한밤(nisītha) 3; 524
한밤중[中夜, majjhima yāma]) 627
한적한1(vivitta, vi+√vic, to separate, to sift) 577
한적한2(pavivitta, pra+vi+√vic) 581
한적한3(rahita, √rah, to desert) 524
한적한 곳(raho) 239
한적한 곳에 간(raho-gata) 109[설명]
한쪽 다리(eka-pāda) 284
한쪽 어깨(ekaṁsa) 481
할 것이다(kāhasi, √kṛ, to make Fut2 Sg) 184[설명]
할 것이다(kāhisi) 1134
할 것이다(kāhāmi, Fut1Sg) 103
할 것이다(kassaṁ, √kṛ Fut1Sg = karissāmi) 381
할 것이다/일 것이다(siyā, √as, to be Opt 2/3Sg) 33; 321; 585; 682; 982; 986; 987; 1008; 1027; 1182
할 수 있는(kātuṁ, √kṛ) 739
할 수 있다1(pahomi, pra+√bhū, to be, to become) 1140
할 수 있다2(sakkoti, √śak, to be able) 735; 739
할 수 있었다(asakkhiṁ, Aor1Sg) 88; 253
할아버지(ayyaka) 536[설명]
함께 기뻐함[喜, muditā]) 1233
함께 모아진(samāgama, saṁ+ā+√gam *to* go) 713[설명]
함께 지내는(samāgama) 75
함께하는 모임(samāgama) 1096
함께 모인(samāgata) 255; 402; 1234
함께 모은 뒤(saṁharitvāna, saṁ+√hṛ, to take) 481
합당함(sāmīci f) 484
합장1(añjali, √ṛj, to go, to direct) 1272
합장2(pañjali, pra+√ṛj) 628
합장을 한(pañjalī-kata) 460; 463; 836; 841; 1083; 1178
합장한(pañjalika) 1173
핫타로하뿟따 장로(Hatthārohaputta

thera) 77A[행장]
항상1(nicca) 34[설명]; 148; 156[설명]; 266; 353; 449; 468; 636; 652; 769; 899; 979; 1001
항상한(nicca) 121[설명]; 1200
항상2(sadā) 36; 68; 137; 448[설명]; 503; 568; 585; 611; 648; 963; 1015; 1079; 1090; 1120; 1140; 1245
해, 년(年, vassa, √vṛṣ, to rain) 65; 1107
해골(aṭṭhi) 770; 1157
해골 무더기로 만든 움막(aṭṭhi-kaṅkala-kuṭika) 1150
해골이라는 인식(aṭṭhi-saññā) 18
해당되는(ārabbha, ā+√rabh, to take hold, to grasp) 1165
해당하다(agghati, √arh, to deserve) 1171
해로운(ahita) 547
해를 끼치다(viheṭhaye, vi+√hīḍ/hel, to be hostile Med Opt3Sg = bādh-eyya) 727; 729
해 마친 것(katanta, √kṛ, to make) 0-3 [설명]
해야 할 것(karaṇīya, √kṛ) 225; 261; 642
해야 할 일을 다 한(kata-kicca, √kṛ) 433; 541; 607; 711; 1061
해야 할 일을 다 한(kata kicca) 63 [설명];
해야 한다1(karīyati, √kṛ, to make) 635
해야 한다(kāraye, √kṛ) 494; 1072; 1073
해야 한다2(vattetha, √vṛt, to turn Opt3Sg = vatteyya) 742
해야 할 일(kicca, √kṛ) 63[설명]; 167; 350A; 635; 636; 719; 727[주]; 741
해야 할 일(kattabbaka) 330[설명]
[여러 가지] 해야 할 일(kiccākicca) 939
해야 할 일을 하는(kicca-kārī) 727 [설명]; 729
해야 할 일이 남아있는(sa-karaṇīya) 1045
해체(vibhajja, vi+√bhaj, to divide, to share) 1209A
해체해서(pavibhajja) 1242[설명]
해치다(hiṁsati, √hiṁs, to injure) 237
해치다(hiṁsāmi) 879
해치리라(hiṁse, Opt3Sg) 876
해치지 않는(ahiṁsa) 757
해쳐야 하다(vihiṁseyya, vi+√hiṁs Pot3Sg) 1227
해침(vihesā f) 795[설명]; 797; 799; 801; 803; 805
해코지 않음(avihiṁsā) 693
해치는(upaghāta, upa+√han, to smite, to kill) 583
해코지 할 것이다(dubbhissasi, √dabh, to deceive, to harm Fut2Sg) 1129 [설명]
해탈(vimokkha, vi+√muc, to release) 92; 906[설명]; 1202
여덟 가지 해탈[八解脫, aṭṭha vimokkha]) 1172[설명]
해탈시켜 주었다(vimocayi) 290
해탈을 원하는(mutyapekha) 1264
해탈의 꽃으로 덮인(vimutti-kusuma-sañchanna) 100
해탈하는(vimuccamāna) 181[설명]
해탈한(vimutta) 1[설명]; 92; 270; 365; 441[설명]; 642; 961; 996; 1176; 1274
완전히 해탈한(su-vimutta) 493
해탈한(vippamutta, vi+pra+√muc)

47[설명]; 438; 441; 516; 596; 658; 1017; 1250
해탈한 [바른 구경의 지혜로~](sammad-aññā vimutta) 441[설명]
해탈의 행복(vimutti-sukha) 545
해탈하다(vimuccati, vi+√muc) 641 [설명];
해탈하였다(vimucci) 182; 270; 274; 302; 319; 410; 465; 477
해태(thīna, √styai, to stiffen) 74 [설명]
해태·혼침(thīna-middha) 74[설명]; 759; 1010
행동거지(iriya, √īr, to move) 921
행동하다(iriyanti) 276
행동할 것이다(kassāmi, √kṛ, to do) 1138; 1139
행복(sukha) 1; 11[설명]; 16[설명]; 35 [설명]; 63[설명]; 51~54; 93; 104 [설명]; 220[설명]; 225; 227[설명]; 232; 236[설명]; 261; 303[설명]; 325; 326; 409; 529; 551[설명]; 746; 842; 986[설명]; 1125; 1143; 1159[설명]; 1221
행복한(sukha) 35; 85; 137; 220; 228 ~230; 242; 264; 293; 600; 669; 884; 888; 986; 1133; 1145
☞ 즐거움(sukha)
행복(sukha)의 뜻 8가지 1[설명]
세 가지 행복(sukha) 609[설명]
세속을 여읜 행복(nirāmisa-sukha) 16[설명]
행복을 가져오는(sukha-adhivāha) 494[설명]
행복을 추구하는(sukhattha) 35[설명]
행복하게 머무는(sukhāvaha) 141; 538; 1052; 1072
행복하게 머묾(sukha-vihāra) 1246 [설명];
행복하게 살아가는(sukha-jīvi, √jīv, *to* live) 208
행복하게 자란(sukhedhita, √ṛdh, to prosper = sukha-saṁvaḍḍhita) 475
행복한(sukhī) 526[설명]; 555; 1092
행복한(sukhita) 103; 386; 545; 665
행복한 법(sukha-dhamma) 662
행복을 누리는(summano = sumano) 618
행사하다 [폭력을~](ālopati, ā+√lup, to break) 743
행복한 마음(sumana) 523[설명]; 725
행실 [바른~](ācāra) 590[설명]
행실과 행동의 영역 [바른~](ācāra-gocara) 590[설명]
행위자(kāraka, √kṛ, to make) 542
행하는(karonta) 794; 796; 798; 800; 802; 804
행하는(kubbanta) 324
행하다, 만들다(karoti, Pre3Sg) 144; 152; 374; 693; 784; 1038; (karonti, Pre3Pl) 75; 776; (karosi, Pre2Sg) 1121; 1127; (karotha, Pre2Pl) 403; 719; 762
행할 것이다(karissaṁ, Fut1Sg) 167; 1122; (karissasi, Fut2Sg) 207; 350; 435; (karissati, Fut3Sg) 37; 84; 119; 257; 973
행하라(karohi, Imp2Sg) 412; 413; 1116; (akāsi, Inj2Sg) 1207
행하였다(akāsiṁ, Aor1Sg) 219; 626
행하지 않는(akaronta) 226; 262; 322
행한1(kata) 266; 642; 1123; 1126
행한2(kārī) 1277
행한 뒤(katvā) 55; 481; 578; 746;

831; (katvāna) 197; 241; 487; 882; (karitvā) 638; (karitvāna) 29; 285; 579; 621; 721
행한(samāna2, √as, to be PAP) 1107
행하였다(carimha, √car, to move Aor 1Pl) 138[설명]
행할 것이다(carissaṁ) 1122
행함(caritaka) 36
행해야 하다(careyya, Pot3Sg) 142; 251; 946
행함(ācara, ā+√car) 610
향기로운 냄새가 나는(surabhi-gandhika) 544
향기를 내는 [좋은~](su-gandhaka) 324
향기를 뿜는다(pavanti, pra+√vā1, to blow = gandhaṁ vissajjenti) 528
허공(ākāsa) 92; 1155
허공과 같은(ākāsa-sama) 1156
허락된(kappiya, √kḷp, to be adapted) 984
허용되다(kappate) 488
허락하는(anumañña, anu+√man, to think) 72
허비하다(jiyyate, √jṛ, to lose Pre3Sg) 247
허점을 찾는(ujjhāna-saññi) 958
헌공(āhuti, ā+√hu , to sacrifice) 566
헌공을 하다(juhāmi, √hu, to sacrifice) 343[설명]
헌신적인(bhattimā, √bhaj, to divide, to share) 370
헌신하는(niviṭṭha, ni+√viś, to enter) 926[설명]; 1217
헌신한다(saṁsevase, sam+√sev Med Pre2Sg) 1143
헛된1(mogha) 159; 160
헛되지 않은(amogha) 203[설명]; 334; 451[설명]; 508; 837; 995; 996; 1274; 1276
헛된2(anibbisanta, a+nis+√viś) 78
헝클어진 머리를 한(jaṭila-bhūta) 377
헤너 물감으로 붉게 칠한(alattaka-katā) 771[설명]; 1020; 1157
헤너 물감으로 붉게 칠한 발(alattakakatā-pādā) 459[설명]
헤란냐까니 장로(Herañññakāni thera) 145A[행장]
헤아릴 수 없는(asaṅkheyya, a+saṁ+√khyā, to see) 202[설명]
헤어진 옷을 입은(bhinna-paṭandhara) 1092
현명한(paṇḍita, √paṇḍ, to go, to move) 4[설명]; 252[설명]; 370[설명]; 371~374
현자1(paṇḍita, √paṇḍ, to go, move) 75; 106; 148[설명]; 200; 226; 252; 262; 266; 293; 322; 518; 582; 585; 725; 877; 993; 1018; 1019
현자2(dhīra, √dhī, to think, to see) 4; 6; 19; 305; 370[설명]; 500; 618; 665; 782; 783; 964; 1184; 1269
현재에(etarahi) 180
현혹시키다(vañcesi, √vañc, to move crookedly) 1276
현혹하게 하는(sammoha, saṁ+√muh, to be crazed) 252
혈통 좋은1(ājānīya, ā+√jan, to generate, to give birth) 476[설명]
혈통 좋은2(ājañña, ā+√jan) 16[설명]; 45; 173; 433; 659
혐오스럽지 않은(appaṭikūla, a+prati+√kūl, to cover, to hide) 734
혐오하다(jigucchanti, √gup, to protect) 316
혐오할 것이다(jigucchissanti, Fut3Pl) 961
혐오를 받는(jigucchita) 621

혐오하지 않는(ajegucchā) 961
협잡꾼(vañcanika, √vañc, to move crookedly) 940
형(兄, bhātā) 557
형제(bhātā) 242
형색[色, rūpa] √rūp, to put into shape) 46; 98[설명]; 118; 455; 643; 730; 770[설명]; 794; 806; 807; 895; 1099; 1125
형색에서 생겨난(rūpa-sambhava) 795
형색을 가진(rūpa-gata) 1215
형색의 표상이라는 거처에서 배회하고 묶임(rūpa-nimitta-niketa-visāra-vinibandha) 36[설명]
형성된 것(saṅkhāra, saṁ+√kṛ, to make) 102[설명]; 121[설명]; 676; 677; 715; 1159; 1161; 1175; 1180
형성된(saṅkhata) 260[설명]
형성된 것들의 흐름(saṅkhāra-santati) 716[설명]
형성되지 않은(asaṅkhata) 521; 725
형성된 것들이 가라앉은(saṅkhārūpa-sama) 11
모든 형성된 것들(sabbe saṅkhārā) 676[설명]
형태[色, rūpa] √rūp) 118[설명]; 1158
형형색색의 밀림(sucitta-kānana) 1144
형형색색의 털로 덮인(sucitta-patta-cchadana) 1136
호랑이(byaggha) 1113
호수1(rahada) 759
호수2 [큰~](mahā-sara) 430
호의를 가져라(abhippasādehi, abhi+pra+√sad, to sit Imp2 Sg) 1173
호족(bhogi, √bhuj, to enjoy, eat = bhogiya/bhogika) 823
호지하라(dhāretha, √dhṛ, to hold Opt 3Sg) 174
호지하라(upadhārehi, upa+√dhṛ) 951
혹독한(kaṭuka) 146; 737; 1122
혹시(vā) 407[설명]
혹한[惑, adhimucchita] adhi+√muc, to release) 732; 1175
혼란스럽게 한다(mathenti, √math, to stir, to shake) 674; 787
혼란스럽지 않은(anākula, an+ā+√kul, to turn round) 1144
혼란하지 않은(apurakkhata, a+puras+√kṛ, to make) 37[설명]; 251
혼자1(ekāki) 541; 1091
혼자2(ekaka) 62; 189; 190; 726
혼자 다니는(eka-cāri) 1122
혼자 머무는(eka-vihāri) 538[설명]
혼침(middha, √mid, to be fat) 74 [설명]; 271; 904
혼침에 빠진(middhi) 17
홀로 앉음1(paṭisallāna, prati+saṁ+√lī, to cling) 478[설명]
홀로 앉음에서 일어난(paṭisallāna-vuṭṭhita) 478[설명]
홀로 앉음2(ekāsana, eka+ā+√sañj, to hang) 239[설명]; 650
화나게 하는(kopita, √kup, to be angry) 1126
화살1(salla) 124; 404[설명]; 448[설명]; 495; 756; 757; 767[설명]; 830; 1053
화살에 꿰찔러진(salla-viddha) 967
화살2(usu) 26; 1160; 1161
화살을 만드는 자(usu-kāra) 19[설명] 29; 877
화살3(kaṇḍa) 164
화살대(tejana) 19; 29; 877
화살의 거리(pabbedha, pra+√vyadh, to pierce) 163[설명]
화염(joti, √dyut, to shine) 415

화장용 [장작] 더미(cita, √ci1, to gather) 779
화장품(vilepana, vi+√lip/limp, to smear) 615
화환을 두른(māla-dhāri) 459
화환을 두른(mālini) 267
확고부동한(akuppa, a+√kup, to be angry) 182[설명]
확고부동함(akuppatā) 364[설명]
확고하게 서다(patitiṭṭhati, prati+√sthā to stand) 45; 173
확고하게 하였다(adhiṭṭhahi, Aor3Sg adhi+√sthā) 1131
확고하게 지니라(adhiṭṭhehi) 560
확고했던(adhiṭṭhita) 768
확고하게 하지 않는다(anuṭṭhahe, an+ud+√sṭhā Opt3Sg) 1033[설명]
확고한1(asaṁhīra, a+saṁ√hṛ, to take) 1243
확고한2(ṭhita) 191; 192; 644
확고한3(avaṭṭhita, ava+√sthā, to stand) 1140
확고한4(suppatiṭṭhita, su+prati+√sthā) 507; 651; 1000
확고함(ṭhitatta, √sthā) 5[설명]; 7; 8; 38
확고함을 가진(dhitimanta, √dhṛ, to hold) 6[설명]; 1049[설명]
확고함을 궁극으로 삼는(dhiti-ppara) 1134[설명]
확립되었다(samatiṭṭhatha, saṁ+√sthā =saṇṭhāsi, thāsi Aor3Sg) 269[설명] 273; 301; 318; 409; 464
확립된1(patiṭṭhita, pra+√sthā) 358 [설명]; 1023; 1211
확립됨(patiṭṭhita/patiṭṭhitatta) 1229[설명]
확립된2(upaṭṭhita, upa+√sthā) 1079
확립한 뒤(upaṭṭhapetvāna, Caus) 946
확신을 가져라(adhimuñcassu, adhi+√muc, to release) 829
환영하는(svāgata, su+ā+√gam) 287
환희가 많은(pāmojja-bahula, pra+√mud, to be merry) 11[설명]
활발발한1(udagga) 382[설명]; 383; 384 ☞ 고무된
활발발한 구름(udagga-megha) 110
활발발한2(nava) 110; 1102
활짝 핀(sampupphite, saṁ+√puṣp, to flower) 1137
황금1(jāta-rūpa) 790
황금2(kañcana) 691
황금빛 피부를 가진(kañcana-sanni-bha-ttaca) 821
황금색(suvaṇṇa-vaṇṇa, √varṇ, to paint, to depict) 818
황금으로 만든(haritāmaya) 164[설명]
황금으로 만들어진(suvaṇṇaya, √varṇ, to paint, to depict) 163
황소(balivadda, VRI: balibadda) 1025
회의적인 견해(anudiṭṭhi, anu+√dṛś, to see) 754
회중1(會衆, sabha) 1198
회중2(會衆, parisā f, pari√sad, to sit) 209; 942; 1269
획득(pariggaha, pari+√grah, to seize) 419[설명]
후회하다(anutappati, anu+√tap heat) 225; 261
훈도하다(anusāsati, anu+√śās, to order) 86
훈도하였다(anusāsi, Aor3Sg) 66 [설명]; 334
훈도해야 한다(anusāseyya, Pot3 Sg) 994
훈도한(anusiṭṭha) 335
훈도하기 쉬운(subbaca, su+√vac, to

say) 978
훈습(薰習, vāsanā, √vās, to perfume) 9A
훈육된 [잘~](su-sikkhitaṁ, su+√śikṣ *to* learn, to train, to study) 608
훌륭하게 말하는 자(citta-kathi) 234 [설명]; 235; 1021
훌륭한(sādhu) 36[설명]; 212; 335
훌륭한 부처님의 교법(su-Buddha-sāsana) 212
휘둘린(mathita)√math, to stir, to shake) 102[설명]; 659
휘영청 밝은 밤(dosinā Sk jyotsnā) 306[설명]; 1119[설명]
휘영청 밝은 보름밤(dosina-puṇṇa-māsi) 1119[설명]
휘지 않는 [곧은] 이름을 가진(anoma-nāma) 1263[설명]
휘지 않는 [완전한] 정진을 가진(an-oma-vīriya) 1273
휘지 않는 [완전한] 통찰지를 가진 (anoma-pañña) 1272
휘지 않는 [완전한] 통찰지를 가진 분 (anoma-pañña) 1263[설명]
휩쓸려가는(vuyhamāna, √vah, to carry) 88; 285; 880
흐름(sota, √sru, to flow) 349[설명]; 739; 761; 762; 1265; 1275
다섯 가지 흐름(sota) 761[설명]
아홉 가지 흐름(sota) 1151[설명]
아홉 개 구멍의 흐름(nava-sota) 279; 1152
흐르는(sota) 402
흐르다(savanti, √sru, to flow) 761 [설명]
흐르는 [이리저리~](uggharanta, ud+√kṣar, to flow, to stream, to glide) 394
흐르는 [저리로~](paggharanta, pra+√kṣar) 394
흔들 것이다(byādhayissanti, PED: vyā-, √vyath, to waver Fut3Pl) 1211
흔들 것이다(byādhayissasi, PED: vyā-, Fut2Sg) 46
흔들었다(kampayiṁ, √kamp, to tremble) 1164
흔들었다(kampayi) 1192; 1194
흔들리는1(cala, √cal, to move, to stir) 247; 1110; 1111; 1121
흔들리는2(erita, √īr, to set in motion) 260[설명]
늘 흔들리는(sad'erita) 260[설명]
흔들리다1(anupakampati, anu+pra+√kamp) 191; 192
흔들리다2(pavedhāmi, pra+√vyath, *to* waver Pre1Sg) 754[설명]
흔들리게 하다(pavedhenti, Caus Pre3Pl) 644
흔들리다3(phandati, √spand, to quiver) 49
흔들리다4(samīrati, saṁ+√īr, to set in motion) 643
흔들리다5(vikampati, vi+√kamp, to tremble) 1011; 1076
흔들리지 않는1(anāvila, an+ā+vi+√lul to be lively, to roll about) 438 [설명]; 1008
흔들리지 않는2(asaṁhāriya, a+saṁ+√hṛ, to take) 372[설명]
흔들림(kelisā/keliyo) 1010[설명]
흔들림 없는1(acala, a+√cal) 264[설명]; 507; 651; 1000
흔들림 없는 행복(acala sukha) 264 [설명]
흔들림 없는2(aneja, an+√ej/īj/īñj, to *stir, to move*) 1216
흔들림 없는(aniñjita) 386

흔들림 없는 행위(āneñja-abhisaṅkh-āra) 243A
흔들림 없는3(asallīna, a+saṁ+√lī, to *cling*) 906
흔들림 없는4(asaṁkuppa, a+saṁ+√kup, to *be angry*) 649[설명]
흔들어 없애다(niddhunāti, nis+√dhū, *to* shake) 2[설명]
흔들어버려라(niddhunāhi) 416
흔들어 없애버리다(dhunāti, √dhū) 2; 1006
흘러가다(sarati, √sṛ, to flow) 755 [설명]
흘러나오다(sandati, √syand, to move on) 568
흘러나오다(sandanti) 279; 739; 1151
아홉 개 구멍으로 오염물이 흘러나오는(nava-sota-sandani) 1134
흘러내리는(savatī, PAP √sru, to flow = sandanta) 316
흙으로 만든 발우(mattikā-patta) 97 [설명]; 127A
흠이 없는(anaṅgaṇa, an+√añj, to anoint, to smear) 652; 1001
흩날리는(erita, √īr, to move) 104; 235[설명]
흩어버리다(abhikirati, abhi+√kṝ, to scatter, to strew) 598
흩어지게 하다(vihāne, vi+√han, to smite, to kill Opt3Sg) 1268
희디흰(susukka-sukka) 212
흰 치아를 가진(susukka-dāṭha) 818
희열(pīti) 382[설명]; 383; 384
희열과 행복(pīti-sukha) 104[설명]; 351; 436
흰색의(odāta) 961
흰 [옷](odātaka) 973
흰 색깔로 된 [옷](avadātaka) 965 [설명]
히말라야(Himavanta) 13A
히말라야 산(Himavanta) 189A; 692
힘(bala) 188; 352; 437; 450; 595; 614; 672; 1114[주]
다섯 가지 힘[五力, pañca bala]) 358[설명]
열 가지 힘[十力](dasa-bala) 2A
힘 있는(balavā) 357; 501; 744
힘과 정진을 부지런히 닦은(āraddha-bala-vīriya) 165[설명]
힘이 약한(dubbala) 501; 557; 956
힘들다(kicchati, √kṛp, to lament) 1073
힘든(kiccha) 111; 475
힘든(kicchanta) 962
힘센 사람(balava) 744[설명]
힘센 장정(ugga-putta) 1210
힘을 사용하는(pasaha, VRI: pasakka) 356
힘줄의 실들에 묶여 있는(nhāru-sutta-nibandhana) 570

『테라가타』 출판은 초기불전연구원을 후원해 주시는 아래 스님들과
신심단월님들의 보시가 있었기에 가능하였습니다.
깊이 감사드립니다.

설판재자: 북천 스님
무상과 이미선, 보련화 김톨라니
자문위원: 고산 스님, 대우 스님, 일연 스님, 재연 스님, 정보 스님, 지웅 스님, 총지스님, 하한수 스님, 현묵 스님, 혜안 스님, 박웅석, 박희순, 배인혜, 송민영, 송정욱, 이근순, 이현옥, 정상진, 조승희, 차분남, 채병화, 최동엽, 최윤호, 허용건

후원회원: 강명주, 강연숙, 강인숙, 고선화, 고옥자, 고정곤, 고현주, 공화숙, 권성욱, 김경애, 김경예, 김경연, 김기래, 김나경, 김명희, 김미경, 김미정, 김법영, 김석화, 김성경, 김수정, 김숙자, 김송아, 김승석, 김승옥, 김신우, 김연주, 김의철, 김정숙, 김정애, 김준우, 김준태, 김지수, 김지원, 김차희, 김하용, 김학란, 류미숙, 류창완,

박상호, 박성미, 박영호, 박은영, 박종운, 박주형, 박청자, 박흥식, 박희구, 배현호, 백은정, ㈜보성스톤, 서미현, 석원진, 손동란, 송문자, 송석진, 송영상, 송영태, 송원영, 송정욱, 신영천, 예원자, 오숙자, 오종근, 우정식, 유욱종, 유지현, 윤정희, 이경숙, 이상우, 이상이, 이송자, 이수일, 이순자, 이순재, 이영애, 이유현, 이정숙, 이정훈, 이정희, 이종원, 이창준, 이철웅, 이향숙, 이희도, 장기재, 장민규, 장상재, 장정열, 제따부미, 조부관, 조은환, 조숙자, 조향숙, 좌혜진, 주호연, 진병순, 차곡지, 최경희, 최두리, 최영주, 최은영, 한영규, 한정만, 한창현, 허종범, 화엄경보현행, 황금심, 황성문, 성함을 모르는 불자님들

김상호·이영희 복위 故 김준석, 故 박순임
故 아리야와사

역자 **각묵스님**

1957년 밀양 생. 1979년 화엄사 도광 스님을 은사로 사미계 수지. 1982년 범어사에서 자운 스님을 계사로 비구계 수지. 7년간 제방 선원에서 안거 후 인도로 유학, 인도 뿌나 대학교(Pune University)에서 10여 년간 산스끄리뜨, 빠알리, 쁘라끄리뜨 수학. 현재 실상사 한주, 초기불전연구원 지도법사

역·저서로 『금강경 역해』(2001, 12쇄 2023), 『아비담마 길라잡이』(전 2권, 대림 스님과 공역, 2002, 12쇄 2016, 전정판 4쇄 2021), 『네 가지 마음챙기는 공부』(2003, 개정판 9쇄 2022), 『디가 니까야』(전 3권, 2006, 8쇄 2022), 『상윳따 니까야』(전 6권, 2009, 7쇄 2023), 『초기불교 이해』(2010, 8쇄 2022), 『니까야 강독』(I/II, 2013, 6쇄 2023), 『담마상가니』(전 2권, 2016), 『초기불교 입문』(2017, 4쇄 2023), 『위방가』(전 2권, 2018), 『이띠웃따까』(2020), 『우다나』(2021)

테라가타 3

2024년 3월 13일 초판 1쇄 발행

옮긴 이 | 각묵 스님
펴낸 이 | 대림 스님
펴낸 곳 | **초기불전연구원**
경남 김해시 관동로 27번길 5-79
전화: (055)321-8579
홈페이지 | http://tipitaka.or.kr
http://cafe.daum.net/chobul
이 메 일 | chobulwon@gmail.com
등록번호 | 제13-790호(2002.10.9)
계좌번호 | 국민은행 604801-04-141966 차명희
하나은행 205-890015-90404(구.외환147-22-00676-4) 차명희
농협 053-12-113756 차명희
우체국 010579-02-062911 차명희

ISBN: 978-89-91743-47-2(04220)
ISBN: 978-89-91743-44-1(세트)

값 | 35,000원